Kohlhammer

BWL Bachelor Basics

Herausgegeben von Horst Peters

Horst Peters

Wirtschaftsmathematik

Lehrbuch

5., aktualisierte Auflage

Verlag W. Kohlhammer

5., aktualisierte Auflage 2022

Umschlagabbildung: Yvonne Prancl - Fotolia.com
Gesamtherstellung: W. Kohlhammer GmbH, Stuttgart

Print:
ISBN 978-3-17-034900-1

E-Book-Formate:
pdf: ISBN 978-3-17-034901-8
epub: ISBN 978-3-17-034902-5

Geleitwort des Herausgebers

Das vorliegende Lehrbuch ist Teil der Lehrbuchreihe BWL Bachelor Basics. Dieses Buch sowie alle anderen Werke der Reihe folgen einem Konzept, das auf die Leserschaft – nämlich Studierende der Wirtschaftswissenschaften – passgenau zugeschnitten ist.
Ziel der Lehrbuchreihe BWL Bachelor Basics ist es, die zu erwerbenden Kompetenzen in einem wirtschaftswissenschaftlichen Bachelor-Studiengang wissenschaftlich anspruchsvoll, jedoch zugleich anwendungsorientiert und kompakt abzubilden. Dies bedeutet:

- Ein hoher wissenschaftlicher Anspruch geht einher mit einem gehobenen Qualitätsanspruch an die Werke. Präzise Begriffsbildungen, klare Definitionen, Orientierung an dem aktuellen Stand der Wissenschaft seien hier nur beispielhaft erwähnt. Die Autoren sind ausgewiesene Wissenschaftler und Experten auf ihrem Gebiet. Die Reihe will sich damit bewusst abgrenzen von einschlägigen »Praktikerhandbüchern« zweifelhafter Qualität, die dem Leser vorgaukeln, Betriebswirtschaftslehre könnte man durch Abarbeiten von Checklisten erlernen.
- Zu einer guten Theorie gehört auch die Anwendung der wissenschaftlichen Erkenntnisse, denn Wissenschaft sollte kein intellektueller Selbstzweck sein. Deshalb steht stets auch die Anwendungsorientierung im Fokus. Schließlich verfolgt der Studierende das Ziel, einen berufsqualifizierenden Abschluss zu erwerben. Die Bücher haben diese Maxime im Blick, weshalb jedes Buch neben dem Lehrtext u. a. auch Praxisbeispiele, Übungsaufgaben mit Lösungen sowie weiterführende Literaturhinweise enthält.
- Zugleich tragen die Werke dem Wunsch des Studierenden Rechnung, die Lehr- und Lerninhalte kompakt darzustellen, Wichtiges zu betonen, weniger Wichtiges wegzulassen und sich dabei auch einer verständlichen Sprache zu bedienen. Der Seitenumfang und das Lesepensum werden dadurch überschaubar. So eignen sich die Bücher der Lehrbuchreihe Bachelor Basics auch hervorragend zum Selbststudium und werden ein wertvoller Begleiter der Lehrmodule sein.

Die Reihe umfasst die curricularen Inhalte eines wirtschaftswissenschaftlichen Bachelor-Studiums. Sie enthält zum einen die traditionellen volks- und betriebswirtschaftlichen Kernfächer, darüber hinaus jedoch auch Bücher aus angrenzenden Fächern sowie zu überfachlichen Kompetenzen. Um auf neue

Themen und Entwicklungen reagieren zu können, wurde die Edition bewusst als offene Reihe konzipiert und die Zahl möglicher Bände nicht nach oben begrenzt.

Die Lehrbuchreihe Bachelor Basics richtet sich im Wesentlichen an Studierende der Wirtschaftswissenschaften an Hochschulen für angewandte Wissenschaften, an dualen Hochschulen, Verwaltungs- und Wirtschaftsakademien und anderen Einrichtungen, die den Anspruch haben, Wirtschaftswissenschaften anwendungsorientiert und zugleich wissenschaftlich anspruchsvoll zu vermitteln. Angesprochen werden aber auch Fach- und Führungskräfte, die im Sinne der beruflichen und wissenschaftlichen Weiterbildung ihr Wissen erweitern oder auffrischen wollen. Als Herausgeber der Lehrbuchreihe möchte ich mich bei allen Autorinnen und Autoren bedanken, die sich für diese Reihe engagieren und einen Beitrag hierzu geleistet haben.

Ich würde mich sehr freuen, wenn das ambitionierte Vorhaben, wissenschaftliche Qualität mit Anwendungsorientierung und einer kompakten, lesefreundlichen und didaktisch an die Bachelor-Studierenschaft abgestimmten Gestaltung zu kombinieren, dem Leser bei der Bewältigung des Bachelor-Lernstoffes hilfreich sein wird und es die Anerkennung und Beachtung erhält, die es meines Erachtens verdient.

Horst Peters

Vorwort zur ersten Auflage

Mathematische Methoden und Anwendungen haben einen festen Stellenwert in der **Wirt-schaftstheorie** und in der **Wirtschaftspraxis.** Grundlegende finanz- und wirtschaftsmathemati-sche Kenntnisse sind deshalb zwingend erforderlich, um den Anforderungen in Studium und Praxis zu genügen.
Die »Mathematik für Wirtschaftswissenschaftler« gehört an allen deutschen Hochschulen zum **unverzichtbaren Standardrepertoire des betriebswirtschaftlichen Grundstudiums.** Sie stellt für viele Studierende jedoch ein nur schwer zu überwindendes Hindernis dar. Um den erforderlichen Leistungsschein zu erwerben, ist zum Semester-ende in aller Regel eine **Klausur** zu absolvieren.
Dieses Buch richtet sich an **alle Studierende eines wirtschaftswissenschaftlichen Studiums.** Es widmet sich vor allem den Studierenden, die sich seit längerer Zeit nicht mehr mit der Mathematik beschäftigt haben oder ohnehin **gewisse Berührungsängste** mit dieser Materie haben.
Ziel dieses Buches ist es, den **klausurrelevanten Lehrstoff** der Mathematik-Veranstaltung an Fachhochschulen, Universitäten und sonstigen Bildungseinrichtungen wie Verwaltungs- und Wirtschaftsakademien oder Berufsakademien abzudecken und ihn so darzustellen, dass ihn auch der mathematisch weniger geschulte Leser nachvollziehen kann. Es umfasst die Themenbereiche **Grundlagen, Finanzmathematik, Differentialrechnung, Lineare Algebra** und **Lineare Optimierung.** Der Stoff basiert auf jahrelangen Vorlesungsveranstaltungen an der FH Düsseldorf und an Verwaltungs- und Wirtschaftsakademien.
Dazu habe ich den Stoff durch **viele Beispiele und Graphiken** veranschaulicht und das Formelwerk auf das notwendige Maß beschränkt. Am Ende der jeweiligen Kapitel finden sich **Übungsaufgaben** mit den dazugehörigen **Lösungen einschließlich Lösungswegen.**
Bei der Erstellung des Manuskripts habe ich stets Wert darauf gelegt, dass der Bezug zur Wirtschaftswissenschaft und zur angewandten Betriebswirtschaft deutlich wird. Dazu kamen mir meine eigenen Erfahrungen in der Wirtschaftspraxis zu Hilfe.
Den Leserinnen und Lesern dieses Buches wünsche ich gutes Gelingen beim Durcharbeiten des Stoffes, viel Erfolg bei der Prüfung und nicht zuletzt auch ein wenig Freude mit der Wirtschaftsmathematik.
Dieser Text enthält naturgemäß Zahlen und Formeln. Sollte sich der eine oder andere Fehler eingeschlichen haben, so geht dies selbstverständlich zu

meinen Lasten. Für entsprechende Hinweise ebenso wie für Kritik und Verbesserungsvorschläge – die Sie über die Adresse horst.peters@fh-duesseldorf.de an mich leiten können – möchte ich mich bereits an dieser Stelle bedanken.

Düsseldorf, im Juni 2002 Prof. Dr. Horst Peters

Vorwort zur 2. Auflage

Die zweite Auflage habe ich zuerst dazu genutzt, einige Fehler der Erstauflage zu beseitigen. Den Studierenden, die mir die Hinweise gaben, sei an dieser Stelle ganz herzlich gedankt.
Zum Zweiten habe ich das komplette Manuskript durchgesehen und – wo es sinnvoll erschien – Ergänzungen oder Kürzungen vorgenommen.
Zum Dritten habe ich die zweite Auflage durch einige Inhalte explizit **erweitert**. Hier sind zu nennen:

- Aufnahme eines Kapitels zur naiven Mengenlehre
- Aufnahme eines Kapitels zur Aussagenlogik
- Aufnahme eines Kapitels zum effektiven Jahreszinssatz
- Aufnahme eines Kapitels zur Investitionsrechnung

Ich hoffe, dass dieses Buch nach der positiven Rückmeldung zur Erstauflage eine noch umfassendere und bessere Unterstützung bei der Bewältigung des Lehrstoffes und bei der Vorbereitung auf die notwendige Prüfung bietet.
Über die bereits **zahlreichen in diesem Lehrbuch enthaltenen Übungsaufgaben** hinaus haben Sie **weitere vielfältige Übungsmöglichkeiten im Übungsbuch Akkerboom/Peters: Übungsbuch zur Wirtschaftsmathematik.** Dieses Buch, das im **Spätherbst 2006** erscheinen wird, ist inhaltlich und strukturell exakt auf das Lehrbuch abgestimmt, so dass es sich ideal als Ergänzung zu diesem Lehrbuch eignet.
»Das Bessere ist der Feind des Guten«. Darum würde ich mich über Anregungen und Kritik – am besten via e-mail an **horst.peters@fh-duesseldorf.de** – freuen und bedanke mich dafür im voraus. Trotz aller Sorgfalt ist bei der Vielzahl an Formeln nie auszuschließen, dass sich der eine oder andere kleine Fehler eingeschlichen hat. Dies geht – wie üblich – zu Lasten des Autors.

Düsseldorf, im Juni 2006 Horst Peters

Vorwort zur 5. Auflage

Für die 5. Auflage wurde das Lehrbuch gründlich durchgesehen, verbliebene kleinere Korrekturen wurden vorgenommen. Außerdem wurden einige inhaltliche Lücken geschlossen: So finden sich z. B. in der Finanzmathematik Ausführungen zum Äquivalenzprinzip, in der Analysis die Herleitung zur Grenzrate der Substitution und in der Linearen Algebra die Input-Output-Analyse als wichtige ökonomische Anwendung. Darüber hinaus wird im Buch ein Kapitel zur Integralrechnung ergänzt. Außerdem wurden einige Übungsaufgaben neu aufgenommen.

Ich wünsche Ihnen viel Erfolg und viele »Aha«-Erlebnisse bei der Durcharbeit des Lernstoffes.

Anregungen und Hinweise auf etwa noch vorhandene Druckfehler senden Sie bitte per E-Mail an horst.peters@hs-duesseldorf.de.

Düsseldorf, im April 2022 Horst Peters

Inhaltsverzeichnis

Abkürzungs- und Symbolverzeichnis

Allgemeine mathematische Abkürzungen und Symbole

$\mathbb{N}, \mathbb{Z}, \mathbb{Q}, \mathbb{R}$	Zahlenmengen: Natürliche Zahlen, Ganze Zahlen, Rationale Zahlen, Reelle Zahlen
e	Eulersche Zahl (e = 2,7182818...)
a, b, c, d,...	beliebige (reelle) Zahlen
x, y, z	Variablen
$\in$ bzw. $\notin$	ist Element von bzw. ist kein Element von
$\setminus$	»ohne« (z. B. $3 \setminus \{0\}$: 3 ohne das Element 0)
{ }	Menge (z. B. {1; 5}: Menge, bestehend aus den Elementen 1 und 5)
$\sqrt{\ }$, $\sqrt[2]{\ }$	n Quadratwurzel, n-te Wurzel aus
$\log_a$, ln	Logarithmus zur Basis a, Logarithmus zur Basis e (Logarithmus naturalis)
T_1, T_2, T_3	Terme
$\wedge$	und
$\vee$	oder
$<, \leq$	kleiner, kleiner oder gleich
$>, \geq$	größer, größer oder gleich
p, q	Koeffizienten für pq-Formel (quadr. Gleichung)
R_{n-1}	Restpolynom bei Polynomdivision
$\Rightarrow$	daraus folgt
$\Leftrightarrow$	Äquivalenz (dann und genau dann)
∞	unendlich
Σ	Summe
f, f(x)	Funktion, Funktion von x
D	Definitionsbereich
D_f	Definitionsbereich der Funktion f
f^{-1}	Umkehrfunktion
$f'(x), f''(x)$	1. Ableitung der Funktion f, 2. Ableitung der Funktion f
lim	Limes (= Grenzwert einer Funktion, z. B. $\lim\limits_{x \to \infty} 1/x = 0$, d. h. wenn man gedanklich x gegen unendlich gehen lässt, geht die Funktion $^1/_x$ gegen 0.
A, B, C	Matrizen A, B, C
A^T	Transponierte Matrix
A^{-1}	Inverse der Matrix A
GE	Geldeinheit
ME	Mengeneinheit

Griechisches Alphabet

α	Α	Alpha	ι	Ι	Iota	ρ	Ρ	Rho
β	Β	Beta	κ	Κ	Kappa	σ	Σ	Sigma
γ	Γ	Gamma	λ	Λ	Lambda	τ	Τ	Tau
δ	Δ	Delta	μ	Μ	My	ν	Υ	Ypsilon
ε	Ε	Epsilon	υ	Ν	Ny	φ	Φ	Phi
ζ	Ζ	Zeta	ξ	Ξ	Xi	χ	Χ	Chi
η	Η	Eta	ο	Ο	Omikron	ψ	Ψ	Psi
θ	Θ	Theta	π	Π	Pi	ω	Ω	Omega

Finanzmathematische Abkürzungen

A	Jährliche Annuität
a	unterjährliche Annuität
a_1 bzw. a_t	erstes bzw. t-tes Folgenelement einer arithmetischen Folge ($t = 1,...n$), auch: Abschreibungsbetrag
c	jährlicher Abschreibungssatz
C	(börsennotierter) Kurs der einer Anleihe
C_E	Emissionskurs (= Ausgabekurs) einer Anleihe
d	konstante Differenz zweier benachbarter Folgenelemente bei arithmetischer Folge
g_1 bzw. g_t	erstes bzw. t-tes Folgenelement einer geometrischen Folge ($t = 1,...n$)
i	Zinssatz als Dezimalzahl (= Zinssatz bezogen auf 1 €, z. B. $i = 0{,}04$: 4 €-Cent bezogen auf 1 €); $i = {}^{p}/_{100}$
$\tilde{i}$	äquivalenter Jahreszins
i^*	effektiver Jahreszinssatz
K_0	Anfangsbestand (Kapital), aber auch: Anschaffungs- /Herstellungskosten
K_m	Endguthaben nach m Perioden
K_n	Kapital oder Buchwert nach n Jahren
K_t	Kapital oder Buchwert nach t Jahren
K_T	Kapital nach T Tagen
m	Anzahl Perioden bei Raten bzw. Renten
n	Anzahl der Folgenelemente, aber auch: Laufzeit, Nutzungsdauer
p	Zinsfuß (bezogen auf 100 €, z. B. $p = 4$: 4 € bezogen auf 100 €)
p. a.	»pro anno« (Zinssatz bezogen auf ein Jahr)

q	konstanter Quotient zweier benachbarter Folgenelemente bei geometrischer Folge, aber auch: $q = 1 + i$ (Aufzinsungsfaktor)
q^{-n}	Abzinsungsfaktor bei Zinssatz i und n Jahren
q^{n}	Aufzinsungsfaktor bei Zinssatz i und n Jahren
q^{t}	Aufzinsungsfaktor bei Zinssatz i und t Jahren
r	jährliche Rente oder gleichmäßige (auch unterjährliche) Rate
r'	konforme Ersatzrate (= fiktive Jahresendzahlung)
R_0	Rentenbarwert für jährliche, nachschüssige
R_0^{∞}	Rentenbarwert bei ewiger (nachschüssiger), jährlicher Rente
RBF (n, i)	Rentenbarwertfaktor für n Jahre und Zinssatz i
REF (n, i)	Rentenendwertfaktor für n Jahre und Zinssatz i
R_n	Rentenendwert (= Endvermögen bei Rentenzahlungen nach n Jahren)
s	Skontosatz (z. B. 0,02 = 2 %)
s_{∞}	Wert der unendlichen (geometrischen) Reihe
S_0	Anfangsschuld (= Schuld zum Zeitpunkt 0)
s_n	Wert einer Reihe bei n Summanden
S_t	Restschuld zum Zeitpunkt t
t	Index des Folgenelements oder Zeitpunkt ($t = 1,\ldots, n$)
T	Verzinsungsdauer in Tagen
T	Tilgungsbetrag
Z_m	Zinsen nach m Perioden
Z_T	Zinsen für T Tage

Ökonomisch relevante Variablen

$\varepsilon_{f,x}$	Punktelastizität von f bzgl. x
C	Konsum
E	Umsatzerlös
$E_{f,x}$	Bogenelastizität von f bzgl. x
G	Gewinn
K	Gesamtkosten
k	Stückkosten
K_f	Fixkosten
k_f	Fixkosten pro Stück bzw. pro ME
K_v	variable Gesamtkosten
k_v	variable Stückkosten
N	Nutzen

p	Stückpreis
r	Input (Produktionseinsatzfaktormengen)
S	Sparbetrag
x	Output, Absatzmenge
Y	Volkseinkommen ($Y = C + S$)

1 Mathematische Grundlagen

Lehrziele

Nach Durcharbeiten dieses Kapitels sollen die Studierenden

- die Grundzüge und den Sinn der Mengenlehre verstehen,
- die wichtigsten Begriffe und Verbindungen der Aussagenlogik beherrschen,
- in der Lage sein, die grundlegenden arithmetischen Rechenregeln und -gesetze sicher anzuwenden,
- das Umgehen mit dem Summen- und Produktzeichen sicher beherrschen,
- in der Lage sein, Beweise mit Hilfe der vollständigen Induktion durchzuführen,
- mit Potenzen, Wurzeln und Logarithmen sicher umgehen können,
- in der Lage sein, Äquivalenzumformungen durchzuführen,
- lineare Gleichungen und quadratische Gleichungen sicher lösen können,
- befähigt sein, nichtlineare Gleichungen aufzulösen, ggf. unter Anwendung des Horner-Schemas oder der Polynomdivision,
- in der Lage sein, Ungleichungen zu lösen.

1.1 Mengen und Zahlenmengen

Wie gemischt auch immer die Erinnerungen und Gefühle an die Mengenlehre aus der Schulzeit sein mögen: Es ist unbestritten, dass die Mengenlehre[1] ein wichtiges Instrumentarium bereit stellt, mit dessen Hilfe oft umfangreiche und komplizierte Problemstellungen und deren Lösungen kompakt und übersichtlich dargestellt werden können. Deshalb wollen wir uns an dieser Stelle mit den wichtigsten Sachverhalten noch einmal vertraut machen.

---

1 Die Mengenlehre wurde begründet von dem deutschen Mathematiker Georg Cantor (1845–1918).

1.1.1 Mengen und Mengenbeziehungen

a) Begriff und Darstellung von Mengen

Definition

Eine **Menge** ist eine Zusammenfassung bestimmter unterschiedlicher Objekte (Dinge). Von jedem Objekt muss eindeutig angebbar sein, ob es zur entsprechenden Menge gehört oder nicht. Die einzelnen Objekte, aus denen eine Menge zusammengesetzt ist, heißen **Elemente** dieser Menge.

Mengen werden üblicherweise mit lateinischen Großbuchstaben bezeichnet (A, B, C, ...). Für die Aufzählung verwendet man in der Regel »geschweifte« Klammern »{« bzw. »}«. Das Symbol »$\in$« steht für die Elementdarstellung, gelesen »ist Element der Menge...«. Ist ein Element nicht in einer Menge enthalten, verwendet man das Symbol »$\notin$«, gelesen »ist nicht Element der Menge ...«. Man kann Mengen angeben durch **Aufzählen**, durch **graphische Darstellung** oder durch **Beschreibung**.

Bemerkungen und Beispiele:

I. (Aufzählung) Die ersten 5 Primzahlen 2, 3, 5, 7, 11 bilden die Menge: »Menge der ersten 5 Primzahlen«. Bezeichnen wir diese Menge mit A, so können wir als Aufzählung schreiben: $A = \{2,3,5,7,11\}$. Es gilt beispielsweise $7 \in A$, d. h. die Zahl (also das Element) 7 ist Element der Menge A, also Element der ersten 5 Primzahlen. Dagegen gilt beispielsweise $6 \notin A$, d. h. 6 ist nicht Element von A.

II. (graphische Darstellung) Für die graphische Darstellung verwendet man sog. **Venn-Diagramme**. Bezogen auf die Menge $A = \{2,3,5,7,11\}$ sähe es folgendermaßen aus:

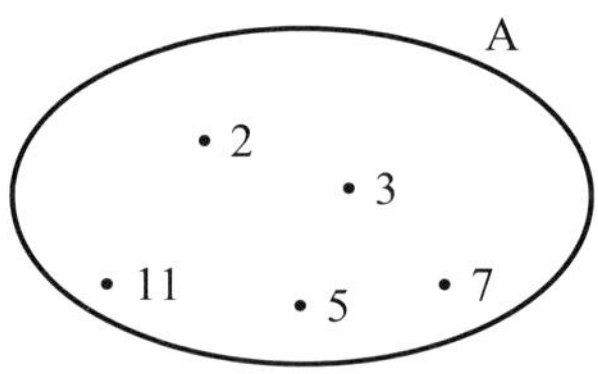

Abb. 1.1: Venn-Diagramm am Beispiel

III. (Beschreibung) Mit »Menge der am heutigen Tag geschlossenen Ehen in Nordrhein-Westfalen« liegt eine beschreibende Darstellung einer Menge vor. Es wäre hingegen sehr mühevoll, jedes Element dieser Menge einzeln aufzuzählen.

IV. Die Menge »Fußballfans von Borussia Mönchengladbach« ist keine Menge nach Cantor, da nicht eindeutig angebbar ist, ob ein Element (»Fußballfan«) zu der Menge gehört oder nicht (ob man sich selbst als Fan sieht oder als solcher von seiner Umwelt wahrgenommen wird, ist subjektiv und nicht objektiv entscheidbar).

V. In der Statistik, insbesondere in der Wahrscheinlichkeitsrechnung, wird Ihnen die Mengenlehre wieder begegnen. Sie wird dort insbesondere angewandt zur Verdeutlichung von Ereignissen und deren Wahrscheinlichkeiten.

Wir wollen noch zwei spezielle Mengen definieren:

Definition

Die Menge, in der alle betrachteten Elemente enthalten sind, wird als **Grundmenge G** bezeichnet. Eine Menge, die kein Element enthält, heißt **leere Menge.**

Für die leere Menge schreibt man entweder { } oder Ø.

Weitere Beispiele:

i. A sei die Menge der ersten 8 Buchstaben unseres Alphabets. Dann ist die Grundmenge die Menge der Buchstaben unseres Alphabets: $G = \{A,B,C,...,X, Y,Z\}$ und für A gilt: $A = \{A,B,C,D,E,F,G,H\}$.

ii. Die Menge A = Menge der Primzahlen zwischen 23 und 29 ist die leere Menge, also $A = \{\}$, da die Zahlen 24, 25, 26, 27 und 28 alle keine Primzahlen sind.

iii. Die Menge der »vollkommenen Zahlen« zwischen 10 und 20 ist leer.[2]

2 Für alle Freunde der Zahlen ein wenig Zahlentheorie am Rande: Unter einer **vollkommenen Zahl** versteht man eine Zahl, die gleich der Summe ihrer Teiler (einschließlich der 1, aber ohne die Zahl selbst) ist. Hiervon gibt es nicht besonders viel. Die erste vollkommene Zahl ist die 6 $(= 1 + 2 + 3)$. Die nächste vollkommene Zahl ist 28 $(= 1 + 2 + 4 + 7 + 14)$. Für den Fall, dass Sie sich selbst auf die Suche machen: Die nächsten vollkommenen Zahlen sind 496 und 8.128.

b) Mengenbeziehungen

Wir wollen uns im Folgenden die Beziehungen zwischen zwei oder mehreren Mengen ansehen.

I. **Gleichheit von Mengen**
Zwei Mengen A und B heißen **gleich**, geschrieben $A = B$, wenn sie dieselben Elemente enthalten.
Beispiel: Für die Mengen $A = \{1,3,5\}$, $B = \{5,3,1\}$ und $C = \{17^{0,} \sqrt[3]{27}, 15 - 10\}$ gilt: $A = B = C$

II. **Teilmengen**
Die Menge A heißt Teilmenge der Menge B, wenn jedes Element der Menge zugleich auch Element von B ist.
Schreibweise: $A \subset B$

Bemerkungen und Beispiele:
a. Für die Mengen $A = \{1,3,5,7\}$ und $B = \{1,2,3,4,5,6,7\}$ gilt: $A \subset B$

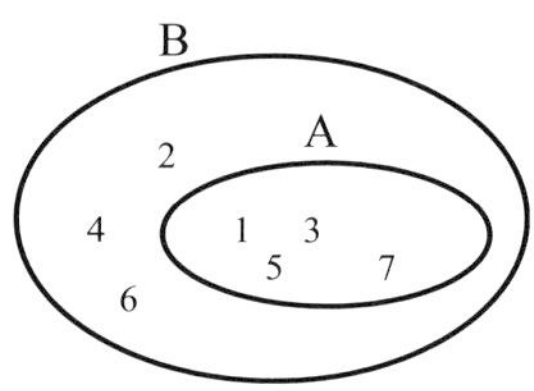

Abb. 1.2

b. Die Menge der Stürmer in einer Fußballmannschaft ist eine Teilmenge der gesamten Mannschaft.
c. Sei $A = \{x|x \text{ ist eine Stadt in Nordrhein-Westfalen}\}$
$B = \{y|y \text{ ist eine Stadt in Deutschland}\}$
$C = \{z|z \text{ ist eine Stadt in Asien}\}$
Dann gilt: $A \subset B$, aber $A \not\subset C$ und $B \not\subset C$.
d. Man vereinbart, dass die leere Menge { } Teilmenge jeder Menge ist.
e. Jede Menge ist auch Teilmenge von sich selbst.

III. **Potenzmenge**
Die Menge P(A) aller Teilmengen M einer gegebenen Menge A heißt Potenzmenge der Menge A, geschrieben:

Beispiel: Es sei $A = \{1,2,3\}$
Dann ist $P(A) = \{\{\ \},\{1\},\{2\},\{3\},\{1,2\},\{1,3\},\{2,3\},\{1,2,3\}\}$

Hat die Menge A n Elemente, dann besitzt die Potenzmenge P(A) 2^n Elemente, d. h. 2^n verschiedene Teilmengen. Die leere Menge { } und die Menge A sind hierbei entsprechend der Eigenschaft einer Teilmenge mitgezählt.
Im obigen Beispiel besitzt die Potenzmenge der Menge A mit $n = 3$ Elementen $2^3 = 8$ Elemente.

Aufgabe 1:
a) Gegeben sei die Menge {a;b;c}. Bestimmen Sie die Potenzmenge!
b) Gegeben sei die Menge {a;b;c;d;e;f;g;h}. Aus wie viel Elementen besteht die Potenzmenge?

1.1.2 Mengenoperationen

Wir kennen Verknüpfungen von Zahlen z. B. durch Addition, Subtraktion etc. Ähnliche Aussagen lassen sich auch für **Mengen** machen.

I. **Durchschnitt zweier Mengen**
Unter dem **Durchschnitt** zweier Mengen (der **Schnittmenge**) versteht man die Menge aller Elemente, die sowohl zu A als auch zu B gehören.
Schreibweise: $A \cap B$
Es gilt: $A \cap B := \{x | x \in A \wedge x \in B\}$. Es liegt also hier die »und«-Verknüpfung vor, also »x in A« *und* »x in B«. Das $\wedge$-Zeichen ist das mathematische Symbol für »und«.
Ferner gilt für n Mengen ($i = 1,...n$, $n \in N$):
$A_1 \cap A_2 \cap A_3 \cap ... A_n = \cap_{i=1}^{n} A_i = \{x | x \text{ liegt in allen Mengen } A_i\}$
Haben zwei Mengen A und B kein gemeinsames Element, d. h. es ist $A \cap B := \{\ \}$, dann heißen diese Mengen **disjunkt** oder auch elementfremd.

Beispiele:
a. $A = \{2,3,5,7,11,13\}$ und $B = \{1,2,3,4,5,6,7,8\}$ $A \cap B = \{2,3,5,7\}$

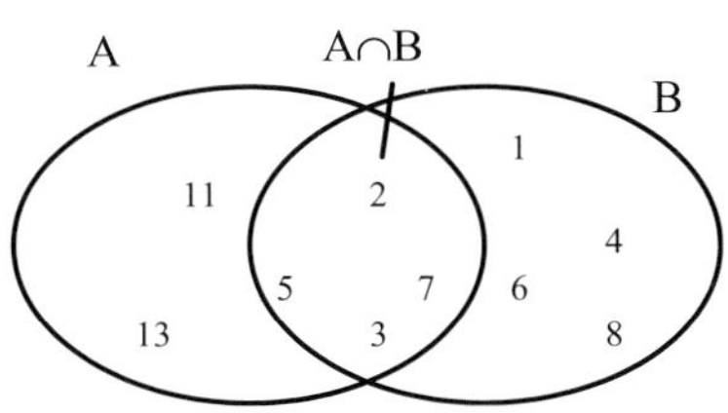

Abb. 1.3

b. Grundmenge G = natürliche Zahlen = {1,2,3,4,5,6,...}. In G seien:
A = Menge der durch 3 teilbaren Zahlen = {3,6,9,12,15,21,24,27,30...}
B = Menge der durch 7 teilbaren Zahlen = {7,14,21,28,35...}
$A \cap B$ = {21,42,63,84,...} = Menge der durch 21 teilbaren Zahlen.

II. **Vereinigung zweier Mengen**

Unter der **Vereinigungsmenge** der Mengen A und B versteht man die Menge aller Elemente, die entweder zu A oder zu B (oder zu beiden) gehören.
Schreibweise: $A \cup B$
Es gilt: $A \cup B := \{x | x \in A \vee x \in B\}$. Es gilt hier die »oder«-Verknüpfung, also »x in A« *oder* »x in B«. Das $\vee$-Zeichen ist das mathematische Symbol für »oder«.
Ferner gilt für n Mengen ($i = 1,...n, n \in N$): $A_1 \cup A_2 \cup A_3 \cup ... A_n = \cup_{i=1}^{n} A_i$ = {x|x liegt in mindestens einer der Mengen A_i}

Beispiele:

a. A = {2,3,5,7,11,13} und B = {1,2,3,4,5,6,7,8} $A \cup B$ = {1,2,3,4,5,6,7,8,11,13}

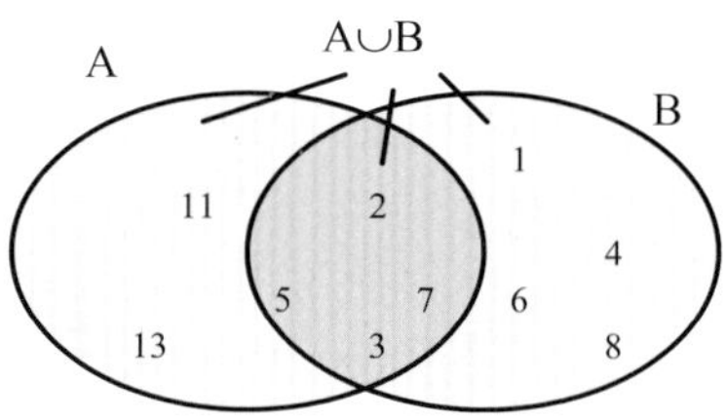

Abb. 1.4

b. Grundmenge G = natürliche Zahlen = {1,2,3,4,5,6,...}. In G seien:
A = Menge der durch 3 teilbaren Zahlen = {3,6,9,12,15,18,21,24,27,30...}
B = Menge der durch 7 teilbaren Zahlen = {7,14,21,28,35...}
$A \cup B$ = {3,6,7,9,12,14,15,18,21,24,27,28,30,33,35,36,39,42,45,...}

III. **Differenz- und Komplementärmenge**

Unter der **Differenzmenge** der Mengen A und B versteht man die Menge aller Elemente, die **zu A, aber nicht zu B** gehören.
Schreibweise: $A \setminus B$ (gelesen »A ohne B«) $A \setminus B := \{x | x \in A \wedge x \notin B\}$
Falls A eine Teilmenge von B ist, so bezeichnet man die Differenzmenge $B \setminus A$ auch als die **Komplementärmenge** von A bezüglich B. Sie besteht aus denjenigen Elementen, die zu B, aber nicht zu A gehören.
Schreibweise: $C_B A$ $C_B A := \{x | x \in B \wedge x \notin A\}$, falls $A \subset B$
Immer möglich ist die Komplementbildung bezüglich der Grundmenge G, hier wird zumeist das Symbol $\overline{A}$ verwendet.
Schreibweise: $\overline{A}$ $\overline{A} = C_G A = G \setminus A = \{x | x \in G \wedge x \notin A\}$

Beispiele:

a. $A = \{1,2,3,4,5,6\}$
$B = \{5,6,7,8,9,10\}$
$D = \{1,2,3,4,5,6,7,8,9\}$, $A \subset D$
$A \setminus B = \{1,2,3,4\}$ Differenzmenge
$B \setminus A = \{7,8,9,10\}$ Differenzmenge
$C_D A = D \setminus A = \{7,8,9\}$ Komplementärmenge

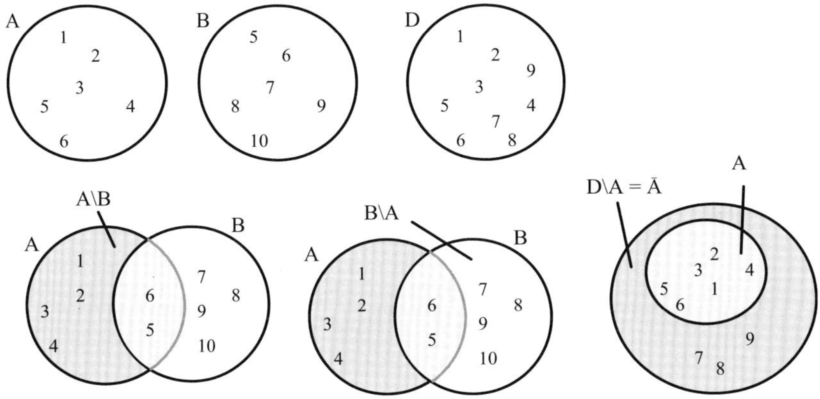

Abb. 1.5

b. G = Kinder einer Schulklasse
A = Menge (Anzahl) der Mädchen in dieser Klasse, $A \subset G$
$\overline{A}$ = Menge (Anzahl) der Jungen in dieser Klasse

Wir wollen abschließend noch einige Gesetze und Rechenregeln der Mengenalgebra zusammenfassen. Wie an anderer Stelle schon einmal erwähnt, werden Sie einige dieser Regeln in der Statistik im Zusammenhang mit der Wahrscheinlichkeitsrechnung wiedersehen.

Regel	Name	Beispiel	Formel
		Es seien $A = \{1,2,3,4,5,6,7\}$ $B = \{5,6,7,8,9,10\}$ $C = \{2,4,6,8,10,12\}$ $G = \mathbb{N}$ (natürliche Zahlen)	

	Regel	Name	Beispiel	Formel
1.	$A \cap B = B \cap A$ $A \cup B = B \cup A$	Kommutativgesetze	$A \cap B = \{5,6,7\} = B \cap A$ $A \cup B = \{1,2,3,4,5,6,7,8,9,10\} = B \cup A$	(1.1)
2.	$(A \cap B) \cap C =$ $A \cap (B \cap C)$ $(A \cup B) \cup C =$ $A \cup (B \cup C)$	Assoziativgesetze	$\underbrace{(A \cap B)}_{\{5,6,7\}} \cap C = \{6\} = A \cap \underbrace{(B \cap C)}_{\{6,8,10\}}$ $\underbrace{(A \cup B)}_{\{1,2,3...,8,9,10\}} \cup C = \{1,2,3,\ldots,8,9,10,12\}$ $= A \cup (B \cup C)$	(1.2)
3.	$A \cup (B \cap C) =$ $(A \cup B) \cap (A \cup C)$ $A \cap (B \cup C) =$ $(A \cap B) \cup (A \cap C)$	Distributivgesetze	$A \cup (B \cap C) =$ $(A \cup B) \cap (A \cup C)$ $\underbrace{\{1,\ldots 7\}}_{A} \cup \underbrace{\{6,8,10\}}_{B \cap C} =$ $\underbrace{\{1,2,\ldots,9,10\}}_{A \cup B} \cap \underbrace{\{1,\ldots,8,10,12\}}_{A \cup C} =$ $\{1,2,3,4,5,6,7,8,10\}$ $\underbrace{\{1,\ldots 7\}}_{A} \cap \underbrace{\{5,6,7,8,9,10,12\}}_{B \cup C} =$ $\underbrace{\{5,6,7\}}_{A \cap B} \cup \underbrace{\{2,4,6\}}_{A \cap C} = \{6\}$	(1.3)
4.	$A \setminus (B \cap C) =$ $(A \setminus B) \cup (A \setminus C)$ $A \setminus (B \cup C) =$ $(A \setminus B) \cap (A \setminus C)$ $\overline{A \cup B} = \overline{A} \cap \overline{B}$; $\overline{A \cap B} = \overline{A} \cup \overline{B}$	De Morgansche Regeln	$\underbrace{\{1,\ldots 7\}}_{A} \setminus \underbrace{\{6,8,10\}}_{B \cap C} =$ $\underbrace{\{1,\ldots 4\}}_{A \setminus B} \cup \underbrace{\{1,3,5,7\}}_{A \setminus C} = \{1,2,3,4,5,7\}$ $\underbrace{\{1,\ldots 7\}}_{A} \setminus \underbrace{\{2,4,5,6,7,8,9,10,12\}}_{B \cup C} =$ $\underbrace{\{1,\ldots 4\}}_{A \setminus B} \cap \underbrace{\{1,3,5,7\}}_{A \setminus C} = \{1,3\}$ $\underbrace{\{11,12,13,\ldots\}}_{\overline{A \cup B}} =$ $\underbrace{\{8,9,10,11,\ldots\}}_{\overline{A}} \cap \underbrace{\{1,2,3,4,11,12,13,\ldots\}}_{\overline{B}}$ $\underbrace{\{1,2,3,4,,8,9,10,11\ldots\}}_{\overline{A \cap B}} =$ $\underbrace{\{8,9,10,11,\ldots\}}_{\overline{A}} \cup \underbrace{\{1,2,3,4,11,12,13,\ldots\}}_{\overline{B}}$	(1.4)

Aufgabe 2: Bilden Sie Durchschnitt $A \cap B$, Vereinigung $A \cup B$ und Differenz $A \setminus B$ folgender Mengen:
a) $A = \{3;4;6;7;8\}$, $B = \{2;4;5;6;7\}$
b) $A = \{a;b;c\}$, $B = \{\,\}$
c) $A = \{\,\}$, $B = \{1;3;5;7\}$

Aufgabe 3: Gegeben sind folgende Mengen: Grundmenge $G = \{1,3,5,7,9,11,13,15\}$, $A = \{1,3,5,9\}$, $B = \{9,11,13,15\}$. Belegen Sie anhand des Beispiels die Gültigkeit folgender Aussage: $\overline{A \cap B} = \overline{A} \cup \overline{B}$!

1.1.3 Zahlenmengen

Nachdem wir uns in den obigen Abschnitten allgemein mit Mengen befasst haben, betrachten wir nun eine besonders wichtige Kategorie von Mengen, die **Zahlenmengen.**
In der Mathematik unterscheidet man verschiedene Zahlenmengen, die sinnvoll aufeinander aufgebaut sind. Alle diese Mengen haben unendlich viele Elemente, dennoch sind diese Mengen unterschiedlich »groß«. Man kann sich gedanklich alle Zahlen auf einem Zahlenstrahl untergebracht vorstellen.

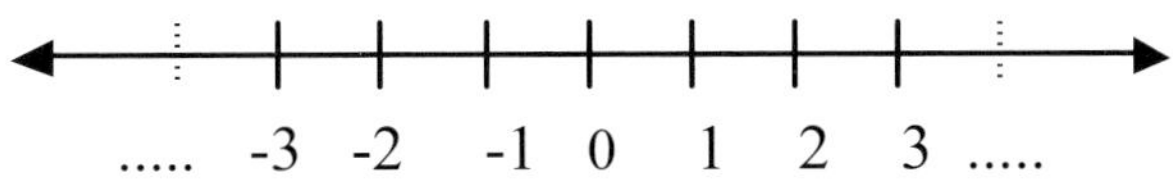

Abb. 1.6

Das einfachste und grundlegendste Zahlensystem sind die **natürlichen Zahlen** (1, 2, 3,...). Sie folgen gewissermaßen dem natürlichen (Ab-)Zählvorgang. Schließt man die 0 und die negativen Zahlen mit ein, so bezeichnet man diese Menge als **ganze Zahlen.** Für die meisten Berechnungen reichen jedoch die ganzen Zahlen nicht aus, denn eine Zahl wie etwa 0,5 ($= \frac{1}{2}$) oder $\frac{2}{3}$ ist nicht in der Menge der ganzen Zahlen enthalten. Hierfür benötigen wir eine neue Zahlenmenge, die wir als **rationale Zahlen** bezeichnen. Die rationalen Zahlen umfassen alle Brüche und damit auch die ganzen Zahlen (z. B. ist $1 = \frac{1}{1}$). Mit den rationalen Zahlen sind allerdings noch nicht alle denkbaren Zahlen erfasst. Der Zahlenstrahl ist noch immer »lückenhaft«. Es gibt Zahlen, die sich nicht als Bruch darstellen lassen, z. B. die beiden Naturkonstanten π ($= 3{,}14159\ldots$) und e ($= 2{,}71828\ldots$, »Eulersche Zahl«) oder etwa $\sqrt{3}$, diese Zahlen heißen irrational. Erweitert man die rationalen Zahlen um die irrationalen

Zahlen, so erhält man die **reellen Zahlen**. Sie decken den Zahlenstrahl komplett ab, deshalb ist es sehr praktisch, wenn man für Berechnungen die reellen Zahlen zu Grunde legt, denn um etwaige »Lücken« braucht man sich dann nicht mehr zu sorgen. Der Vollständigkeit halber sei erwähnt, dass es noch eine weitere Zahlenmenge gibt, die die Menge der reellen Zahlen umfasst. Sie wird als die Menge der **komplexen Zahlen** bezeichnet und im Allgemeinen mit $\mathbb{C}$ abgekürzt. In der Menge der komplexen Zahlen lassen sich Ausdrücke berechnen – wie z. B. $\sqrt{-17}$ – die in der Menge der reellen Zahlen nicht definiert sind. Für die Wirtschaftsmathematik sind sie jedoch von untergeordneter Bedeutung, weshalb wir sie nicht weiter behandeln wollen.

Zusammenfassung:

Zahlen	Begriff	Abk.
1, 2, 3,...	Natürliche Zahlen	$\mathbb{N}$
... −3, −2, −1, 0, 1, 2, 3,...	Ganze Zahlen	$\mathbb{Z}$
Alle Brüche	Rationale Zahlen	$\mathbb{Q}$
Alle rationalen Zahlen plus alle irrationalen Zahlen (z. B. π, e, $\sqrt{2}$)	Reelle Zahlen	$\mathbb{R}$

Für die behandelten Zahlenbereiche gilt somit: $\mathbb{N} \subset \mathbb{Z} \subset \mathbb{Q} \subset \mathbb{R}$

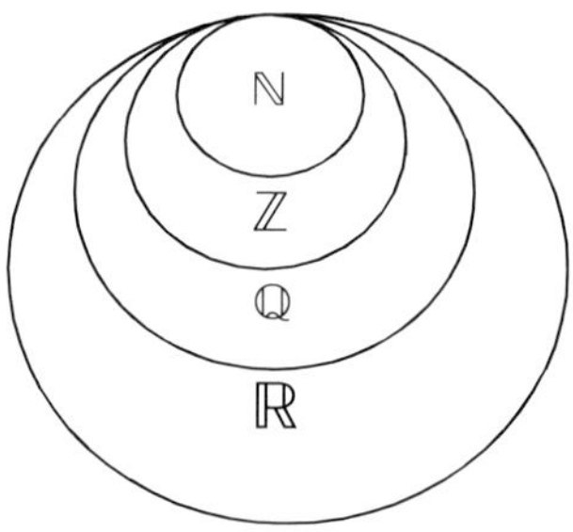

Abb. 1.7

Wir wollen uns zum Abschluss dieses Kapitels noch mit speziellen Mengen reeller Zahlen beschäftigen, nämlich mit den **Intervallen**.

Die Menge der reellen Zahlen, die einer Ungleichung $a \leq x \leq b$ bzw. $a < x < b$ bzw. $a \leq x < b$ bzw. $a < x \leq b$ genügen, nennt man **Intervall.**

Definition

Seien a und b $\in \mathbb{R}$ mit $a < b$. Dann heißen

a) $[a, b] = \{x \in \mathbb{R} \mid a \leq x \leq b\}$ **abgeschlossenes** Intervall von a bis b,
b) $(a, b) = \{x \in \mathbb{R} \mid a < x < b\}$ **offenes** Intervall von a bis b,
c) die Intervalle $[a, b) = \{x \in \mathbb{R} \mid a \leq x < b\}$ und $(a, b] = \{x \in \mathbb{R} \mid a < x \leq b\}$ **halboffene** Intervalle von a bis b. Insbesondere heißen
   i. $[a, b) = \{x \in \mathbb{R} \mid a \leq x < b\}$ **rechtsoffen-linksabgeschlossenes** Intervall von a bis b,
   ii. $(a, b] = \{x \in \mathbb{R} \mid a < x \leq b\}$ **linksoffen-rechtsabgeschlossenes** Intervall von a bis b.

zu a) Beim abgeschlossenen Intervall werden die Endpunkte eingeschlossen. Das Intervall [2,5] umfasst alle reellen Zahlen von 2 bis 5 unter *Einschluss* der Zahlen 2 und 5.
zu b) Beim offenen Intervall werden die Endpunkte ausgeschlossen. Das Intervall (2,5) umfasst alle reellen Zahlen von 2 bis 5 unter *Ausschluss* der Zahlen 2 und 5. Gelegentlich verwendet man in der Literatur für ein offenes Intervall auch die Schreibweise]a, b[.
zu c) Beim halboffenen Intervall gehört jeweils nur ein Endpunkt zum Intervall. Es kann hier an Stelle der reellen Zahlen a oder b auch $\propto$ oder $-\propto$ gesetzt werden. Man spricht dann von einem **uneigentlichen** Intervall.

Beispiele:
a) $[a, \infty) = \{x \in \mathbb{R} | x \geq a\}$
b) $(-\infty, a] = \{x \in \mathbb{R} | x \leq a\}$
c) $(-\infty, \infty) := \mathbb{R}$

1.2 Aussagenlogik

1.2.1 Aussagen

Im Folgenden wollen wir uns mit den Grundbegriffen der Aussagenlogik vertraut machen. Sie sind – ebenso wie die Mengenlehre – grundlegend für das Verständnis weitergehender mathematischer Betrachtungen.
Die Logik ist die Lehre vom folgerichtigen Denken, d. h. sie befasst sich mit den Regeln des Schließens von gegebenen Aussagen auf neue, daraus ableitbare Folgerungen. Sie dient dazu, wissenschaftliche Sachverhalte exakt und widerspruchsfrei zu formulieren.

Wer hat nicht schon einmal den in der Umgangssprache geläufigen Satz verwendet »Ist ja logisch«. In der Regel meint man, dass sich ein neuer Sachverhalt ergeben hat, der sich aus vorausgegangenen erschließt oder erschlossen hat. Ob es sich dabei jedes Mal um einen logischen Vorgang im Sinne der Aussagenlogik handelt, darf allerdings bezweifelt werden.
Wir wollen uns in diesem Kapitel auf die wichtigsten Sachverhalte zur Aussagenlogik beschränken. Zuvor müssen wir allerdings klären, was im mathematischen Kontext überhaupt unter einer Aussage zu verstehen ist.

Definition

Unter einer **Aussage** versteht man einen Satz (in einer gewöhnlichen Sprache), der **entweder wahr (w) oder falsch (f)** ist.

Beispiele und Bemerkungen:

- Der Satz »Düsseldorf liegt am Rhein« ist eine wahre Aussage.
- Der Satz »Der Kölner Dom hat den höchsten Kirchturm der Welt« ist eine falsche Aussage.[3]
- Der Satz »Jeder dritte Kölner trinkt heimlich Altbier« ist keine Aussage, denn der Wahrheitsgehalt ist nicht zweifelsfrei festzustellen.
- Für eine Aussage ist *nicht* erforderlich, dass wir die Antwort kennen, gefordert ist lediglich, dass sie entweder wahr oder falsch ist. So ist zum Beispiel der Satz »Fortuna Düsseldorf wird im Jahr 2033 Deutscher Fußballmeister« eine Aussage. Sie ist entweder wahr oder falsch, obwohl wir den Wahrheitsgehalt heute noch gar nicht ermitteln können.
- Keine Aussage dagegen ist: »Fortuna Düsseldorf wird mit Wahrscheinlichkeit 0,2 Deutscher Fußballmeister im Jahre 2033«.

Aussagen können miteinander **verbunden** werden. Umgangssprachlich verknüpft man Aussagen durch »nicht«, »und«, »oder«, »wenn...dann...«, entweder...oder...« etc. In der Aussagenlogik lassen sich alle Satz- und Gedankengebilde auf wenige Grundoperationen von höchstens zwei Aussagen zurückführen.

3 Der Kölner Dom ist bezogen auf die Kirchturmhöhe mit 157,4 Metern »nur« die Nummer 3 in der Welt. Der höchste Kirchturm der Welt steht in Ulm. Das Ulmer Münster hat eine Höhe von 161,5 Metern. Die Kölner kontern jedoch gerne damit, dass »ihr« Dom dafür 2 Kirchtürme hat, das Ulmer Münster nur einen. Dies soll hier aber nicht weiter vertieft werden.

Man unterscheidet in der Aussagenlogik zwischen folgenden Begriffen: **Negation, Konjunktion, Disjunktion, Implikation** und **Äquivalenz.**

1.2.2 Aussagenverbindungen

I. **Negation** (Verneinung, Symbol ¬, gelesen »nicht«) ¬A

A	¬A
w	f
f	w

Die Negation wird nur auf eine Aussage angewendet (»einstellige« Operation).
Die dazugehörige **Wahrheitstafel** ist oben abgebildet. Wenn also A wahr ist, dann ist ¬A (»nicht A«) falsch und umgekehrt.
Die doppelte Negation führt wieder zur ursprünglichen Aussage: ¬(¬)A = A.

Beispiele:

a) A: Das Auto ist schwarz. ¬A: Das Auto ist nicht schwarz. ¬(¬)A: Das Auto ist nicht nicht schwarz, also ist das Auto schwarz.
Die Negation »nicht schwarz« sagt keineswegs, dass das Auto weiß ist. Es besagt nur, dass es eine andere Farbe als schwarz hat.

b) A: Das Neugeborene ist ein Mädchen. ¬A: Das Neugeborene ist kein Mädchen.
Da das Merkmal »Geschlecht« jedoch ohnehin nur zwei mögliche Ausgänge zulässt, kann man hier von »Nicht-Mädchen« unmittelbar auf: Das Neugeborene ist ein Junge schließen.

II. **Konjunktion** (»UND-Verknüpfung«, Symbol ∧, gelesen »und«) A ∧ B

A	B	A ∧ B
w	w	w
w	f	f
f	w	f
f	f	f

Die Verknüpfung liefert genau dann eine wahre Aussage, wenn beide Teilaussagen richtig sind.

Beispiele:
a) Der Rhein entspringt in der Schweiz und mündet in die Nordsee. (w)
b) $3 + 5 = 8 \wedge 17 + 4 = 21$ (w)
c) $3 \cdot 3 = 9 \wedge 3 + 3 = 9$ (f)

III. **Disjunktion** (»ODER-Verknüpfung«, Symbol $\vee$, gelesen »oder«) $A \vee B$

A	B	$A \vee B$
w	w	w
w	f	w
f	w	w
f	f	f

Die Verknüpfung liefert genau dann eine wahre Aussage, wenn eine der beiden Teilaussagen richtig ist. Nur wenn beide Aussagen falsch sind, ist auch die disjunktive Verknüpfung falsch.

Beispiele:
a) Toni ist ein Junge oder ein Mädchen. (w)
b) $3 \cdot 3 = 9 \vee 3 + 3 = 9$ (w)

IV. **Implikation** (Folgerung, Symbol $\Rightarrow$, gelesen »wenn...dann...«) $A \Rightarrow B$

A	w	w	f	f
B	w	f	w	f
$A \Rightarrow B$	w	f	w	w

Immer, wenn die Aussage A wahr ist, so ist auch B wahr. Oder: Nur dann, wenn die Aussage A wahr ist und die Aussage B falsch ist, ist $A \Rightarrow B$ falsch.
Man kann verallgemeinern: $A \Rightarrow B$ bedeutet dasselbe wie $\neg B \Rightarrow \neg A$
Folgende Ausdrucksweisen sind gleichwertig zu $A \Rightarrow B$:

- A impliziert B
- Aus A folgt B
- A ist **hinreichend** für B

- B ist notwendig für A

Jede Implikation, deren Behauptung (B) wahr ist, ist selbst auch wahr, unabhängig davon, ob die Voraussetzung wahr ist oder nicht. Ebenso ist jede Implikation wahr, deren Voraussetzung (A) falsch ist, unabhängig davon, ob die Behauptung wahr ist oder nicht.

Beispiele:

a) Ich kann mich an einer Fachhochschule in Nordrhein-Westfalen einschreiben (A). Ich habe die Fachhochschulreife (B). (w) somit also $A \Rightarrow B$ (wahr, denn aus der Einschreibung an einer FH folgt, dass man die Fachhochschulreife besitzt).

Ebenso gilt bezogen auf die Negation: Ich habe nicht die Fachhochschulreife ($\neg B$) $\Rightarrow$ ich kann mich nicht an einer FH in NRW einschreiben ($\neg A$), somit also $\neg B \Rightarrow \neg A$. Die Fachhochschulreife ist notwendig für die Einschreibung an einer FH in NRW.

b) Julian sagt zu seinem Klassenkameraden: »Wenn Du mich noch einmal ärgerst (A), dann hole ich meinen großen Bruder (B)!«

Folgende Fälle stehen im Einklang mit der Aussage (siehe Wahrheitstafel):

(1) Julian wird erneut geärgert (A ist wahr). Er holt seinen großen Bruder (B ist wahr).

(2) Julian wird nicht mehr geärgert (A falsch).

a) Er holt nicht seinen großen Bruder (B falsch).

b) Er holt dennoch seinen großen Bruder (B wahr)

Nicht eintreten darf lediglich der Fall, dass Julian seinen großen Bruder nicht holt (B falsch), obwohl er erneut geärgert wurde (A wahr). Denn $A \Rightarrow B$ fordert ja gerade, dass aus A wahr (»geärgert«) zwingend folgt: B wahr (»großen Bruder holen«).

c) A: Die Sonne geht unter. B: Es wird dunkel.

$\neg$A: Die Sonne geht nicht unter. $\neg$B: Es wird nicht dunkel.

Aus A folgt zwingend B ($A \Rightarrow B$). Dies ist gleichbedeutend mit $\neg B \Rightarrow \neg A$, d. h. wenn es nicht dunkel wird, dann geht die Sonne nicht unter.

Es gilt *nicht*: $B \Rightarrow A$, d. h. aus dem Umstand, dass es dunkel wird, folgt nicht zwingend, dass die Sonne unter geht (auch tagsüber kann es bei Schlechtwetter dunkel werden).

d)

i)	Wenn $2 < 4$ [w], so ist 2 geradzahlig.	[w]	w
ii)	Wenn $3 < 4$ [w], so ist 3 geradzahlig.	[f]	f
iii)	Wenn $4 < 4$ [f], so ist 4 geradzahlig.	[w]	w
iv)	Wenn $5 < 4$ [f], so ist 5 geradzahlig.	[f]	w

zu iv): Diese Implikation besagt nicht, dass 5 eine gerade Zahl ist, sondern nur, dass aus dem Wahrheitswert [f] für $5 < 4$ auch der Wahrheitswert [f] für »5 ist geradzahlig« folgt.

V. **Äquivalenz** (Gleichwertigkeit, Symbol $\Leftrightarrow$, »genau dann..., wenn«) $A \Leftrightarrow B$

A	w	w	f	f
B	w	f	w	f
$A \Leftrightarrow B$	w	f	f	w

Immer, wenn die Aussage A wahr ist, so ist auch B wahr und immer, wenn B wahr ist, dann ist auch A wahr.
$A \Leftrightarrow B$ entspricht genau der Aussage $(A \Rightarrow B) \wedge (B \Rightarrow A)$.
Folgende Ausdrucksweisen sind gleichwertig zu $A \Leftrightarrow B$:

- A äquivalent zu B
- A genau dann, wenn B
- A dann und nur dann, wenn B
- A **notwendig und hinreichend** für B

Die Äquivalenz wird insbesondere im Zusammenhang mit **Äquivalenzumformungen** benötigt. Die Äquivalenzumformungen sind gewissermaßen der »Schlüssel« für das Lösen von Gleichungen.

Beispiele:

a) Wenn ich 18 Jahre oder älter bin (A), so bin ich volljährig (B).
Die Aussagen A und B sind äquivalent: Aus dem Alter $\geq$ 18 Jahre folgt die Volljährigkeit, ebenso folgt aus der Volljährigkeit, dass der oder diejenige wenigstens 18 Jahre als ist. Ist andererseits die eine Aussage nicht erfüllt, so ist auch die andere nicht erfüllt.

b) $x = 6 \not\Leftrightarrow x^2 = 36$: Aus $x = 6$ folgt zwar $x^2 = 36$. Aus $x^2 = 36$ folgt aber nicht $x = 6$, denn $x^2 = 36$ liefert zwei reelle Lösungen, nämlich $x = 6$ und $x = -6$.

c) $x = 3 \Leftrightarrow x^3 = 27$: Aufgrund des ungeraden Exponents folgt aus $x^3 = 27$ eindeutig auch $x = 3$ und umgekehrt. Hier besteht also Äquivalenz zwischen den beiden Aussagen.

Aufgabe 4: Bilden Sie die Negation zu folgenden Aussagen:

a) Alle Schafe auf der Weide sind weiß.

b) Es ist nicht wahr, dass $1 + 1 = 2$ ist.

c) Alle Studierende des Jahrgangs schließen das Fach Mathematik mit der Note 2 ab.

Aufgabe 5: Gegeben sind folgende Aussagen:
A: 5 ist ein Teiler von 15, **B:** 7 ist eine ungerade Zahl, **C:** 9 ist eine Primzahl, **D:** 8 ist durch 2 teilbar, **E:** 8 ist eine ungerade Zahl, **F:** 2 ist eine Primzahl. Prüfen Sie folgende Aussagenverbindungen auf ihren Wahrheitswert:

a) $A \wedge B$ b) $A \wedge C$ c) $A \wedge D$ d) $E \Rightarrow F$ e) $E \vee C$ f) $B \Leftrightarrow F$ g) $D \Rightarrow E$ h) $C \Leftrightarrow E$!

1.3 Grundzüge der Arithmetik

1.3.1 Wichtige Regeln und Rechengesetze der Arithmetik

Nach Betrachtung der Mengen und der Logik nähern wir nun etwas vertrauterem Terrain. Die reellen Zahlen und ihre Anwendungen werden uns in den folgenden Kapiteln beschäftigen.
Bevor wir uns jedoch mit »höherstehenden« mathematischen Themen befassen, ist es notwendig, die **elementaren Rechenregeln der Arithmetik** zu verinnerlichen. Dabei seien a, b, c und d beliebige Zahlen aus $\mathbb{R}$:

I.	$-(-a) = a$	
II.	$-a = (-1) \cdot a$	
III.	$-ab = -(a \cdot b) = (-a) \cdot b = a \cdot (-b)$	
IV.	$(-a) \cdot (-b) = ab$	»Minus mal Minus ergibt Plus«
V.	$\frac{a}{b} = a \cdot \frac{1}{b}$	
VI.	$-\frac{a}{b} = -(a : b) = \frac{-a}{b} = \frac{a}{-b}$	
VII.	$\frac{a \cdot c}{b \cdot c} = \frac{a}{b}$	Erweitern bzw. Kürzen von Brüchen
VIII.	aber: $\frac{a+c}{b+c} \neq \frac{a}{b}$	*»Summen kürzen nur die D...«*
IX.	$\frac{a}{b} \cdot \frac{c}{d} = \frac{a \cdot c}{b \cdot d}$	Multiplikation von Brüchen *(»Zähler mal Zähler, Nenner mal Nenner«)*
X.	$\frac{a}{b} + \frac{c}{d} = \frac{a \cdot d + b \cdot c}{b \cdot d}$	Addition von Brüchen *(Gemeinsamer Nenner, dann Zähler addieren)*
XI.	$\frac{a}{b} - \frac{c}{d} = \frac{a \cdot d - b \cdot c}{b \cdot d}$	Subtraktion von Brüchen
XII.	$\frac{\frac{a}{b}}{\frac{c}{d}} = \frac{a}{b} \cdot \frac{d}{c}$	Division durch einen Bruch *(= Multiplikation mit Kehrwert)*
XIII.	$a \cdot b = b \cdot a$	**Kommutativgesetz**
XIV.	$a \cdot (b + c) = a \cdot b + a \cdot c$	**Distributivgesetz**
XV.	aber: $a + b \cdot c \neq (a + b) \cdot c$	*»Punktrechnung vor Strichrechnung«*

XVI. $(a + b)^2 = a^2 + 2ab + b^2$ **1. binomische Formel** (1.5)

XVII. $(a - b)^2 = a^2 - 2ab + b^2$ **2. binomische Formel** (1.6)

XVIII. $(a + b) \cdot (a - b) = a^2 - b^2$ **3. binomische Formel** (1.7)

XIX. $|a| := \begin{cases} a \text{ wenn } a > 0 \\ 0 \text{ wenn } a = 0 \\ -a \text{ wenn } a < 0 \end{cases}$ (Absolut-)Betrag einer Zahl

Beispiele:

a) zu I. $-(-3) = 3$

b) $-3 = (-1) \cdot 3$

c) $-3 \cdot 4 = -(3 \cdot 4) = (-3) \cdot 4 = 3 \cdot (-4) = -12$

d) $(-3) \cdot (-4) = 3 \cdot 4 = 12$

e) $3/4 = 3 \cdot 1/4$

f) $-3/4 = \frac{-3}{4} = \frac{3}{-4}$

g) $\frac{15}{10} = \frac{5 \cdot 3}{5 \cdot 2} = \frac{3}{2}$

h) aber $\frac{5+3}{5+2} = \frac{8}{7} \neq \frac{3}{2}$

i) $\frac{3}{4} \cdot \frac{5}{8} = \frac{15}{32}$

j) $\frac{3}{4} + \frac{2}{3} = \frac{3 \cdot 3 + 2 \cdot 4}{4 \cdot 3} = \frac{17}{12}$

k) $\frac{3}{4} - \frac{2}{3} = \frac{3 \cdot 3 - 2 \cdot 4}{4 \cdot 3} = \frac{1}{12}$

l) $\frac{\frac{3}{4}}{\frac{3}{2}} = \frac{3}{4} \cdot \frac{2}{3} = \frac{1}{2}$

m) $3 \cdot 4 = 4 \cdot 3$

n) $3 \cdot (4 + 5) = 3 \cdot 4 + 3 \cdot 5 = 12 + 15 = 27$

o) aber $3 + 4 \cdot 5 \neq 7 \cdot 5$, denn: $3 + 4 \cdot 5 = 3 + 20 = 23$ (Punkt- vor Strichrechnung)

p) $(3 + 5)^2 = 3^2 + 2 \cdot 3 \cdot 5 + 5^2 = 9 + 30 + 25 = 64$ ($= 8^2$)

q) $(7 - 4)^2 = 7^2 - 2 \cdot 7 \cdot 4 + 4^2 = 49 - 56 + 16 = 9$ ($= 3^2$)

r) $(4 + 3) \cdot (4 - 3) = 4^2 - 3^2 = 16 - 9 = 7$ ($= 7 \cdot 1$)

s) $|17| = 17$, $|-17| = 17$, $|x - 5| = \begin{cases} x - 5 \text{ für } x \geq 0 \\ 5 - x \text{ für } x < 0 \end{cases}$

Aufgabe 6: Lösen Sie die Klammern auf und vereinfachen Sie soweit möglich!

a) $2x - 4y - (2x - (x + 3y))$ b) $a + b - (2a - (b + a) - b)$

c) $(x + 2y) \cdot (u - 3v)$ d) $(x - y - z) \cdot (x + y - z)$

Aufgabe 7: Klammern Sie folgende Ausdrücke aus!

a) $28xz - 14xy + 35ux$ b) $15uvw + 18uv - 33uvx$

Aufgabe 8: Wenden Sie die binomischen Formeln an!
a) $x^2 - x + 0{,}25$ b) $64a^2 - 4b^2$ c) $(7a - 15b) \cdot (15b + 7a)$
d) $(a+b)^3$ e) $(a-b)^3$

Aufgabe 9: Kürzen Sie, falls möglich!
a) $\frac{2x-2}{x-1}$ b) $\frac{4x+2}{8x+4}$ c) $\frac{x+1}{x-1}$

Aufgabe 10: Führen Sie geeignete Operationen mit Brüchen durch!
a) $\frac{5}{2}+\frac{3}{5}$ b) $\frac{7}{6}-\frac{3}{5}$ c) $\frac{3/4}{5/4}$ d) $\frac{a-b}{a+b}+\frac{a+b}{a-b}$

1.3.2 Das Summen- und Produktzeichen

Wenn viele Summanden zu addieren sind, wird es rasch unübersichtlich. Wir werden insbesondere in der Finanzmathematik mit Summen konfrontiert, wenn es darum geht, Zahlungen unter Berücksichtigung von Zinseffekten über einen längeren Zeitraum – beispielsweise 30 Jahre – zu addieren. Um die Darstellung zu vereinfachen, haben die Mathematiker das Summenzeichen Σ eingeführt.[4]

Definition

$$\sum_{i=m}^{n} a_i = a_m + a_{m+1} + a_{m+2} + \ldots + a_n \quad a_i \in \mathbb{R}(i = m, \ldots, n),$$

$n > m, n, m \in \mathbb{Z}$

Insbesondere gelten für m = 1 und für m = 0:

$$\sum_{i=1}^{n} a_i = a_1 + a_2 + a_3 + \ldots + a_n$$

$$\sum_{i=0}^{n} a_i = a_0 + a_1 + a_2 + \ldots + a_n$$

Gelesen (für den Fall $m = 1$): »Summe der a_i von $i = 1$ bis n«.
Der Buchstabe i ist der **Summationsindex** (gelegentlich auch »Laufindex«). Der Summationsindex durchläuft die Summe entsprechend der Indices, wie sie unterhalb und oberhalb des Summenzeichens angegeben sind. Gelegentlich

4 Es handelt sich bei diesem »umgedrehten M« um den griechischen Großbuchstaben Sigma.

verwendet man auch den Buchstaben j oder den Buchstaben t (t als Summationsindex insbesondere in der Finanzmathematik, stellvertretend für einen Zeitpunkt).

Beispiel:
Ein Unternehmer plant die Jahresumsätze seines Unternehmens für die nächsten 8 Jahre. Hierzu stellt er folgende Planzahlen (in Mio. EUR) auf:

Jahr	1	2	3	4	5	6	7	8
Umsätze (Mio. EUR)	2	3	5	7	11	13	17	19
a_i	a_1	a_2	a_3	a_4	a_5	a_6	a_7	a_8

Wir wollen den Gesamtumsatz für die Jahre 1 bis 8 errechnen. Hierzu addieren wir 8 Werte, deren gemeinsames Merkmal darin besteht, dass es sich um Umsätze handelt. Sie unterscheiden sich allerdings durch den Index i, der hier stellvertretend für das Jahr steht. Wir wollen also die Umsätze a_i errechnen und müssen dazu die Indices (hier: Jahre) von 1 bis 8 durchlaufen. Unter Anwendung des Summenzeichens lassen sich beispielhaft folgende Berechnungen anstellen.

Gesamtumsatz des Unternehmers $= \sum_{i=1}^{8} a_i = \underbrace{2}_{a_1} + \underbrace{3}_{a_2} + \underbrace{5}_{a_3} + \ldots + \underbrace{19}_{a_8} = 77$ Mio. EUR

Umsatz der ersten 5 Jahre $= \sum_{i=1}^{5} a_i = 2 + 3 + 5 + 7 + 11 = 28$ Mio. EUR

Umsatz der letzten 5 Jahre $= \sum_{i=4}^{8} a_i := 7 + 11 + 13 + 17 + 19 = 67$ Mio. EUR

Durchschnittsumsatz $= \frac{1}{8} \cdot \sum_{i=1}^{8} a_i = \frac{1}{8} \cdot 77 = 9{,}625$ Mio. EUR

Für die Summen gelten einige Rechenregeln, die nichts anderes sind als Verallgemeinerungen bereits bekannter Gesetzmäßigkeiten für reelle Zahlen a, b und c.

	Rechenregel	Beispiel	Formel
1.	$\sum_{i=1}^{n}(a_i \pm b_i) = \sum_{i=1}^{n} a_i \pm \sum_{i=1}^{n} b_i$ (Assoziativgesetz)	Umsätze eines Unternehmers für zwei Unternehmen: i 1 2 3 4 Σ a_i 2 3 5 7 17 b_i 2 4 6 8 20 Σ 4 7 11 15 37 $\sum_{i=1}^{4}(a_i + b_i) = 4 + 7 + 11 + 15 = 37$ $\sum_{i=1}^{4} a_i + \sum_{i=1}^{4} b_i = 17 + 20 = 37$	(1.8)
2.	$\sum_{i=1}^{n} c \cdot a_i = c \cdot \sum_{i=1}^{n} a_i$ »Ausklammern« (Distributivgesetz)	Umrechnung der Umsätze a_i in eine andere Währung (angenommen: c = 0,8): $\sum_{i=1}^{4} 0{,}8 \cdot a_i = 1{,}6 + 2{,}4 + 4 + 5{,}6 = 13{,}6$ $0{,}8 \cdot \sum_{i=1}^{4} a_i = 0,8 \cdot 17 = 13{,}6$	(1.9)
3.	$\sum_{i=1}^{n} a = \underbrace{a + a + \ldots + a}_{n\ Summanden} = n \cdot a$ (Addieren einer Konstante)	$\sum_{i=1}^{6} 3 = 3 + 3 + 3 + 3 + 3 + 3 = 6 \cdot 3 = 18$	(1.10)

Weitere Beispiele und Bemerkungen:

I. $\sum_{i=1}^{n10} i = 1 + 2 + 3 + \ldots + 9 + 10 = 55$ (Summe der natürlichen Zahlen)

II. $\sum_{i=1}^{5} \frac{1}{i} = \frac{1}{1} + \frac{1}{2} + \frac{1}{3} + \frac{1}{4} + \frac{1}{5} = \frac{60+30+20+15+12}{60} = \frac{137}{60} = 2{,}2833$

III. $\sum_{i=1}^{n} (a_i + b_i)^2 = \sum_{i=1}^{n} a_i^2 + 2 \cdot \sum_{i=1}^{n} a_i b_i + \sum_{i=1}^{n} b_i^2 \neq \sum_{i=1}^{n} a_i{}^2 + \sum_{i=1}^{n} b_i^2$ (1. Binomische Formel)

IV. $\sum_{i=1}^{n} a_i \cdot b_i = a_1 \cdot b_1 + a_2 \cdot b_2 + \ldots + a_n \cdot b_n \neq \underbrace{\sum_{i=1}^{n} a_i \cdot \sum_{i=1}^{n} b_i}_{(a_1 + \ldots a_n) \cdot (b_1 + \ldots b_n)}$

V. $\sum_{i=1}^{n} a_i \cdot b_j = b_j \cdot \sum_{i=1}^{n} a_1 = b_j \cdot (a_1 + a_2 + \ldots + a_n)$... (bj ist eine Konstante, da j kein Summationsindex ist)

VI. $\sum_{i=1}^{n} a_i = \sum_{i=0}^{n-1} a_{i+1}$ (Umindizierung)

VII. $\sum_{i=1}^{\infty} a_1 + a_2 + \ldots$...... (Summe mit »unendlich« vielen Summanden, wird u. a. in der Finanzmathematik bei Grenzbetrachtungen benötigt)

Definition

$$\sum_{i=1}^{n}\sum_{j=1}^{m} a_{ij} = \underbrace{a_{11} + a_{12} + \ldots + a_{1n}}_{i=1} + \underbrace{a_{21} + a_{22} + \ldots + a_{1n}}_{i=2} + \ldots$$
$$+ \underbrace{a_{m1} + a_{m2} + \ldots + a_{mn}}_{i=n}$$

Eine derartige Summe bezeichnet man als **Doppelsumme**. Sie hat n · m Summanden.

Beispiel:
Wir greifen das obige Beispiel auf und unterstellen, der Unternehmer habe auch noch ein zweites Unternehmen, für das er ebenfalls eine Umsatzplanung erstellt:

	Jahr	1	2	3	4	5	6	7	8
$j = 1$	Umsätze Unt. 1 (Mio. EUR)	2	3	5	7	11	13	17	19
	a_{i1}	a_{11}	a_{21}	a_{31}	a_{41}	a_{51}	a_{61}	a_{71}	a_{81}
$j = 2$	Umsätze Unt. 2 (Mio. EUR)	2	4	6	8	10	12	14	16
	a_{i2}	a_{12}	a_{22}	a_{32}	a_{42}	a_{52}	a_{62}	a_{72}	a_{82}

Gesamtumsatz über alle 8 Jahre und über beide Unternehmen
$=\sum_{i=1}^{8}\sum_{j=1}^{2} a_{ij} = a_{11} + a_{12} + \ldots + a_{81} + a_{82} = 2 + 2 + 3 + 4 + \ldots 19 + 16$
$= 149$ Mio. EUR

Wir wollen abschließend noch kurz auf das **Produktzeichen** eingehen, auch wenn es in der wirtschaftswissenschaftlichen Anwendung seltener auftritt. Das Prinzip entspricht weitgehend dem des Summenzeichens.

Definition

$$\prod_{i=m}^{n} a_i = a_m \cdot a_{m+1} \cdot a_{m+2} \cdot \ldots \cdot a_n \quad a_i \in \mathbb{R}(i = m, \ldots, n), \quad n > m, \quad n, m \in \mathbb{Z}$$

Insbesondere gelten für m = 1 und für m = 0:

$$\prod_{i=1}^{n} a_i = a_1 \cdot a_2 \cdot \ldots \cdot a_n$$
$$\prod_{i=0}^{n} a_i = a_0 \cdot a_1 \cdot \ldots \cdot a_n$$

Beispiele und Bemerkungen:

a) Ähnlich wie eine Doppelsumme lässt sich auch ein Doppelprodukt ΠΠ formulieren.
b) $\prod_{i=1}^{3}(2i) = 2 \cdot 4 \cdot 6 = 48$
c) $\prod_{i=1}^{n} a = \underbrace{a \cdot a \cdot \ldots \cdot a}_{n-mal} = a^n$
d) $\prod_{i=1}^{3} 2 = 2^3 = 8$
e) $\prod_{i=1}^{n} i = 1 \cdot 2 \cdot \ldots \cdot (n-2) \cdot (n-1) \cdot n$ (= n! »n Fakultät«, ▸ Kap. 1.3.3)

Aufgabe 11: Berechnen Sie; a) $\sum_{i=1}^{5} \frac{1}{i}$ b) $\sum_{i=1}^{5} \frac{i-a}{i+2}$ c) $\sum_{i=1}^{10}(1+i)^2 - \sum_{i=1}^{10}(1-i)^2$ d) $\sum_{i=1}^{2}\sum_{j=1}^{2}\sum_{k=1}^{2}(i+j+k)$ e) $\prod_{j=3}^{7}(2j+1)$

1.3.3 Fakultät und Binomialkoeffizient

Die beiden nachfolgenden Begriffe finden ihre Anwendung vor allem in der Kombinatorik, die wiederum die Grundlage für die Wahrscheinlichkeitsrechnung und die induktive Statistik darstellt.
Die Größe n! (gelesen: »**n Fakultät**«) ist das Produkt aller natürlichen Zahlen von 1 bis n.

Defintion

n!: $= 1 \cdot 2 \cdot 3 \ldots \cdot (n-1) \cdot n$, $n \in \mathbb{N}$, heißt n **Fakultät**. (1.11)

Beispiele und Bemerkungen:

I. Es ist definiert: $0! := 1$
II. $5! = 1 \cdot 2 \cdot 3 \cdot 4 \cdot 5 = 120$
III. $9! = 362.880$
IV. $\sum_{k=0}^{5} \frac{1}{k!} = \frac{1}{0!} + \frac{1}{1!} + \frac{1}{2!} + \frac{1}{3!} + \frac{1}{4!} + \frac{1}{5!} = \frac{1}{1} + \frac{1}{1} + \frac{1}{2} + \ldots + \frac{1}{120} = \frac{120+120+60+20+5+1}{120} = \frac{326}{120} = 2{,}71667$

V. $\sum_{k=0}^{\infty} \frac{1}{k!} = lim_{n\to\infty} \sum_{k=0}^{n} = \frac{1}{0!} + \frac{1}{1!} + \frac{1}{2!} + \frac{1}{3!} + \frac{1}{4!} + \frac{1}{5!} + \ldots = 2{,}7182818\ldots =: e(Eulersche\ Zahl)$

VI. n! zeigt mit steigendem n ein sehr starkes exponentielles Wachstum. Bei vielen Taschenrechnern endet die Anzeigemöglichkeit bei 69! ($= 1{,}7112 \cdot 10^{98}$).

VII. In EXCEL steht für die Berechnung die Funktion FAKULTÄT(Zahl) zur Verfügung. Auf den meisten Taschenrechnern ist die Fakultät mit x! gekennzeichnet.

VIII. Es gelten die rekursiven Beziehungen $(n + 1)! = (n + 1) \cdot n!$ sowie $n! = n \cdot (n - 1)!$

IX. n! gibt die Anzahl der Permutationen (Vertauschungen) von n verschiedenen Elementen an, d. h. die Zahl der Möglichkeiten, um n verschiedene Elemente unterschiedlich anzuordnen.

X. Wie viele verschiedene dreistellige Zahlen kann man aus den Zahlen 1, 2 und 3 bilden? Es gibt folgende Konstellationen: 123, 132, 213, 231, 312, 321, insgesamt $3! = 6$ Möglichkeiten.

XI. Der Doppelpunkt »:« hinter n! besagt in der Mathematik: »ist definiert als«.

Aufgabe 12: Wie viele verschiedene vierstellige Zahlen kann man aus den Ziffern 1, 2, 3 und 4 bilden? Zählen Sie alle Konstellationen auf!

Definition

Seien n und k natürliche Zahlen einschließlich der 0 und $n \geq k$. Dann ist der **Binomialkoeffizient** $\binom{n}{k}$ (gelesen »n über k«) wie folgt definiert:

$$\binom{n}{k} := \frac{n!}{(n-k)! \cdot k!} \qquad (1.12)$$

Beispiele und Bemerkungen:

I. Die Berechnung des Binomialkoeffizienten ergibt immer eine natürliche Zahl.

II. $\binom{n}{n} = \binom{n}{0} = 1$

III. $\binom{n}{n-1} = \binom{n}{1} = n$

IV. Es gilt die Symmetrie $\binom{n}{k} = \binom{n}{n-k}$

V. $\binom{5}{3} = \frac{5!}{(5-3)! \cdot 3!} = \frac{5!}{2! \cdot 3!} = \frac{5 \cdot 4 \cdot 3 \cdot 2 \cdot 1}{2 \cdot 1 \cdot 3 \cdot 2 \cdot 1} = \frac{5 \cdot 4}{2 \cdot 1} = 10$

VI. $\binom{n}{k}$ist die Anzahl der Möglichkeiten, nach denen man aus n verschiedenen Dingen k Stück *ohne* Berücksichtigung der Reihenfolge und ohne Wiederholung auswählen kann.

VII. So gibt es genau $\binom{49}{6} = \frac{49 \cdot 48 \cdot 47 \cdot 46 \cdot 45 \cdot 44}{6 \cdot 5 \cdot 4 \cdot 3 \cdot 2 \cdot 1} = 13,98$ Mio. Möglichkeiten (»6 aus 49«), um aus 49 Kugeln ohne Wiederholung und ohne Berücksichtigung der Anordnung 6 Kugeln auszuwählen.

VIII. In EXCEL steht für die Berechnung von $\binom{n}{k}$ die Funktion KOMBINATIONEN (n;k) zu Verfügung.

Der Binomialkoeffizient taucht in der Statistik u. a. im Zusammenhang mit der Binomialverteilung wieder auf. Wir wollen hier noch auf die Beziehung des Binomialkoeffizienten zur binomischen Formel hinweisen:

$$(a+b)^2 = a^2 + 2ab + b^2 = \underbrace{\tbinom{2}{0}}_{=1} a^2b^0 + \underbrace{\tbinom{2}{1}}_{=2} a^1b^1 + \underbrace{\tbinom{2}{2}}_{=1} a^0b^2$$

$$(a+b)^3 = (a+b)^2 \cdot (a+b) = a^3 + 3a^2b + 3ab^2 + b^3 = \underbrace{\tbinom{3}{0}}_{=1} a^3b^0 + \underbrace{\tbinom{3}{1}}_{=3} a^2b^1 + \underbrace{\tbinom{3}{2}}_{=3} a^1b^2 + \underbrace{\tbinom{3}{3}}_{=1} a^0b^3$$

$$(a+b)^4 = a^4 + 4a^3b + 6a^2b^2 + 4ab^3 + b^3 = \underbrace{\tbinom{4}{0}}_{=1} a^4b^0 + \underbrace{\tbinom{4}{1}}_{=4} a^3b^1 + \underbrace{\tbinom{4}{2}}_{=6} a^2b^2 + \underbrace{\tbinom{4}{3}}_{=4} a^1b^3 + \underbrace{\tbinom{4}{4}}_{=1} a^0b^4$$

Hier ist bereits ein »System« erkennbar, so dass wir den wichtigen **binomischen Lehrsatz** formulieren wollen.

Binomischer Lehrsatz

Seien n und k natürliche Zahlen einschließlich der 0 und n $\geq$ k. Ferner sei a, b $\in \mathbb{R}$. Dann gilt:

$$(a+b)^n = \sum_{k=0}^{n} \binom{n}{k} a^{n-k} \cdot b^k \quad (1.13)$$

Die in $(a+b)^n$ auftretenden Binomialkoeffizienten lassen sich sehr anschaulich am sog. **Pascalschen Dreieck** erkennen. Die inneren Werte des Dreiecks ergeben sich jeweils als Summe der beiden darüberstehenden Werte. Jede Zahl gibt einen Binomialkoeffizienten an.

Beispiele und Bemerkungen:

I. Durch Ablesen der Werte im Pascalschen Dreieck können wir berechnen:
$$(a+b)^5 = \underbrace{\tbinom{5}{0}}_{=1} a^5b^0 + \underbrace{\tbinom{5}{1}}_{=5} a^4b^1 + \underbrace{\tbinom{5}{2}}_{=10} a^3b^2 + \underbrace{\tbinom{5}{3}}_{=10} a^2b^3 + \underbrace{\tbinom{5}{4}}_{=5} a^1b^4 + \underbrace{\tbinom{5}{5}}_{=1} a^0b^5$$

II. Man kann mit Hilfe des binomischen Lehrsatzes auch die Ausdrücke $(a - b)^n$ errechnen. Hierzu setzen wir $(a + (-b))^n$, d. h. wir ersetzen im binomischen Lehrsatz den zweiten Summand durch –b.

Aufgabe 13: Berechnen Sie: a) $\binom{17}{4}$ b) $\binom{43}{3} \cdot \binom{6}{3}$ c) $(a + b)^6$ d) $(a - b)^4$ e) $(x + 2)^5$!

n=0	1												
n=1	1	1											
n=2	1	2	1										
n=3	1	3	3	1									
n=4	1	4	6	4	1								
n=5	1	5	10	10	5	1							
n=6	1	6	15	20	15	6	1						
n=7	1	7	21	35	35	21	7	1					
n=8	1	8	28	56	70	56	28	8	1				
n=9	1	9	36	84	126	126	84	36	9	1			
n=10	1	10	45	120	210	252	210	120	45	10	1		
n=11	1	11	55	165	330	462	462	330	165	55	11	1	
n=12	1	12	66	220	495	792	924	792	495	220	66	12	1

Abb. 1.8

1.3.4 Vollständige Induktion

Die vollständige Induktion ist eine Beweistechnik. Wenn auch mathematische Beweise in der Mathematik für Wirtschaftswissenschaftler eine nicht so große Rolle spielen, so möchten wir Ihnen das Prinzip dieses Verfahrens dennoch verdeutlichen, da es sich für den Nachweis bestimmter Summenformeln als hilfreich erweist.

Mit dem Prinzip der **vollständigen Induktion** werden Aussagen oder Formeln bewiesen, die für alle natürlichen Zahlen – oder für alle natürlichen Zahlen, die mindestens gleich m sind (also $n \geq m$) – richtig sind. Man muss also zunächst eine Vermutung für eine bestimmte Aussage oder Formel haben, die es dann nachzuweisen gilt. Das Verfahren der vollständigen Induktion verläuft in drei Schritten:

Beweisführung durch vollständige Induktion:

Schritt 1: (**Induktionsanfang**) Beweise die Gültigkeit der Behauptung für den kleinstmöglichen Wert von n (zumeist $n = 0$ oder $n = 1$), $n \in \mathbb{N}$.

Schritt 2: (**Induktionsvoraussetzung**) Wir nehmen an, die Aussage sei wahr für $n = k$ bzw. für alle Werte von n kleiner oder gleich k.

Schritt 3: (**Induktionsschluss**) = Schluss von k auf $k + 1$: Unter Verwendung der Induktionsvoraussetzung wird gezeigt, dass die Behauptung dann auch für $n = k + 1$ richtig ist.

Beispiel:
Eine bekannte Formel ist der Ausdruck für die Summe der natürlichen Zahlen. Mit dem Gauß'schen Trick haben wir im Anhang B gezeigt, dass folgender Zusammenhang gilt:
$\sum_{t=1}^{n} t = 1 + 2 + 3 + \ldots + n = \frac{n\cdot(n+1)}{2}$ Diese Behauptung wollen wir nun mit Hilfe der vollständigen Induktion beweisen.

Schritt 1: Induktionsanfang n = 1

Linke Seite = 1, rechte Seite $= \dfrac{1 \cdot 2}{2} = 1$. Die Formel ist also für n = 1 richtig.

Schritt 2: Die Formel sei für n = k richtig, d. h.

$\sum_{t=1}^{k} t = 1 + 2 + 3 + \ldots + (k-1) + k = \frac{k\cdot(k+1)}{2}$

Schritt 3: Zu zeigen ist, dass die Formel dann auch für k + 1 richtig ist. Dazu ersetzen wir formal k durch k + 1:

$\sum_{t=1}^{k+1} t = 1 + 2 + 3 + \ldots + (k-1) + k + (k+1) = \frac{(k+1)\cdot(k+2)}{2}$

Aus der Induktionsvoraussetzung folgt:

$$\sum_{t=1}^{k+1} t = \sum_{t=1}^{k} t + (k+1) = \frac{k\cdot(k+1)}{2} + (k+1) \overset{\substack{\textit{Haupt-}\\ \textit{nenner}}}{\widehat{=}} \frac{k\cdot(k+1)+2\cdot(k+1)}{2}$$

$$\overset{\substack{(k+1)\ \textit{aus-}\\ \textit{klammern}}}{\widehat{=}} \frac{(k+1)\cdot(k+2)}{2}$$

Die Formel ist also auch für n = k + 1 richtig, falls sie für n = k richtig ist. Da die Formel für n = 1 (k = 1) gilt, gilt sie auch für n = 2 (k = 2), folglich auch für n = 3 (k = 3) usw. Damit ist die Summenformel für jede natürliche Zahl gezeigt.

Aufgabe 14: Für jede reelle Zahl $q \neq 1$ gilt folgender Ausdruck (geometrische Reihe):
$\sum_{t=1}^{n} q^{t-1} = \underbrace{q^0}_{=1} + q + q^2 + q^3 + \ldots + q^{n-1} = \frac{q^n-1}{q-1}$ Weisen Sie diese Formel mit Hilfe der vollständigen Induktion nach!

1.4 Potenzen, Wurzeln und Logarithmen

1.4.1 Potenzen und Wurzeln

Sowohl in der Finanzmathematik als auch in der Analysis tauchen Potenzen auf. Zunächst betrachten wir den besonders anschaulichen Fall, dass der Exponent eine natürliche Zahl ist.

a) Potenzen mit natürlichen Exponenten ($\in\mathbb{N}$)

Man spricht von einer Potenz mit natürlichem Exponenten, wenn man eine reelle Zahl n-mal mit sich selbst multipliziert. Dabei verwendet man folgende Schreibweise:

Definition

$$a^n = \underbrace{a \cdot a \cdot a \cdot \ldots \cdot a}_{n-mal} \text{ mit } a \in \mathbb{R}, n \in \mathbb{N}$$

Die »Grundzahl« (hier: a) heißt Basis und die »Hochzahl« (hier: n) wird als Exponent bezeichnet. Der Gesamtausdruck heißt Potenz (hier: a^n).

Bemerkungen und Beispiele:

I. Es gilt stets (solange keine Klammern gesetzt sind): »Potenzrechnung vor Punktrechnung vor Strichrechnung«, d. h. die Potenzbildung hat Vorrang vor den »üblichen« Operationen »·«, »÷«, »+« und »-«.
II. $3^4 = 3 \cdot 3 \cdot 3 \cdot 3 = 81$
III. $(-3)^4 = (-3) \cdot (-3) \cdot (-3) \cdot (-3) = 81$
IV. aber: $-3^4 = -81$ (»Potenzrechnung vor Strichrechnung«)
V. $(4 \cdot 5)^3 = 20^3 = 8.000$
VI. aber: $4 \cdot 5^3 = 4 \cdot 125 = 500$ (»Potenzrechnung vor Punktrechnung«)
VII. $\left(\frac{1}{2}\right)^3 = \frac{1}{2} \cdot \frac{1}{2} \cdot \frac{1}{2} = \frac{1}{8}$
VIII. $\left(-\frac{1}{2}\right)^4 = \left(-\frac{1}{2}\right) \cdot \left(-\frac{1}{2}\right) \cdot \left(-\frac{1}{2}\right) \cdot \left(-\frac{1}{2}\right) = \frac{1}{16}$
IX. aber: $-\left(\frac{1}{2}\right)^4 = -\frac{1}{16}$
X. **Zehnerpotenzen**
»Große« Zahlen werden häufig durch Zehnerpotenzen dargestellt, z. B.:
$1.000 = 10^3$ (eintausend)
$1.000.000 = 10^6$ (eine Million)
$1.000.000.000 = 10^9$ (eine Milliarde)
$12.345.679 \cdot 27 = 333.333.333 = 3{,}33333333 \cdot 10^8$

Die meisten Taschenrechner »meistern« die Anzeige großer Zahlen ebenfalls mit Hilfe der Zehnerpotenz. Ein Rechner mit achtstelligem Display wird bei der letzten Operation in der Regel die Anzeige $\boxed{3.33333333^{08}}$ liefern, was nichts anderes als $3{,}33333333 \cdot 10^8$ bedeutet.

Für den Umgang mit Potenzen bei natürlichem Exponenten gelten gewisse Rechenregeln, die – vielleicht noch aus Ihrer Schulzeit bekannt – als die fünf **Potenzgesetze** bezeichnet werden:

	Potenzgesetz	Beispiel	Formel
1.	$a^m \cdot a^n = a^{m+n}$ $a \in \mathbb{R}, m, n \in \mathbb{N}$	$2^3 \cdot 2^2 = \underbrace{2 \cdot 2 \cdot 2}_{3-mal} . \underbrace{2 \cdot 2}_{2-mal} = 2^{3+2} = 2^5 = 32$	(1.14)
2.	$\frac{a^m}{a^n} = a^{m-n}$ $a \in \mathbb{R}, m, n \in \mathbb{N}, a \neq 0$	$\frac{2^3}{2^2} = \frac{2 \cdot 2 \cdot 2}{2 \cdot 2} = 2^{3-2} = 2$	(1.15)
3.	$(a \cdot b)^n = a^n \cdot b^n$ $a, b \in \mathbb{R}, n \in \mathbb{N}$	$6^2 = (2 \cdot 3)^2 = 2^2 \cdot 3^2 = 4 \cdot 9 = 36$	(1.16)
4.	$\left(\frac{a}{b}\right)^n = \frac{a^n}{b^n}$ $a, b \in \mathbb{R}, n \in \mathbb{N}, b \neq 0$	$\left(\frac{6}{3}\right)^2 = \frac{6^2}{3^2} = \frac{36}{9} = 4$	(1.17)
5.	$(a^m)^n = a^{m \cdot n}$ $a \in \mathbb{R}, m, n \in \mathbb{N}$	$8^2 = (2^3)^2 = 2^{3 \cdot 2} = 2^6 = 64$	(1.18)

Achtung! Für die Addition bzw. Subtraktion von Potenzen gibt es *keine* entsprechenden Rechenregeln, d. h. Ausdrücke wie z. B. $x^2 + y^2$ oder $x^2 + x^3$ sind nicht mehr zu vereinfachen. Allenfalls kann man ausklammern [z. B. $4x^2 + 8y^2 = 4 \cdot (x^2 + 2y^2)$] oder bei gleicher Potenz zusammenfassen [z. B. $4x^2 + 5x^2 = 9x^2$].

b) Potenzen mit ganzzahligen Exponenten ($\in \mathbb{Z}$)

Wir wollen nun den Potenzbegriff auf ganze Zahlen ausdehnen und definieren folgendermaßen:

Definition

I. $a^{-n} = \frac{1}{a^n}$ mit $a \in \mathbb{R}\backslash\{0\}, n \in \mathbb{Z}$
II. $a^0 = 1$ mit $a \in R\backslash\{0\}$

Bemerkungen und Beispiele:

I. Bedenkt man, dass man einen Quotienten $\frac{a^m}{a^n}$ auch als Produkt schreiben kann in der Form $a^m \cdot \frac{1}{a^n}$, so erkennt man, dass aus Definition I. sofort das 2. Potenzgesetz ableitbar ist, denn $a^m \cdot \frac{1}{a^n} \overbrace{=}^{\text{Definition I.}} a^m \cdot a^{-n} \overbrace{=}^{\text{1.Pot.ges.}} a^{m-n}$

II. $2^{-3} = \frac{1}{2^3} = \frac{1}{8}$

III. $(-2)^{-3} = \frac{1}{(-2)^3} = -\frac{1}{8}$

IV. $17^0 = 1$
V. 0^0 ist nicht definiert.

c) Wurzeln oder Potenzen mit rationalen (gebrochenen) Exponenten ($\in \mathbb{Q}$)

Schließlich ist es sinnvoll, den Potenzbegriff nochmals zu erweitern, wenn man etwa aus der Gleichung $x^2 = 2$ den Wert x bestimmen will. Potenziert man beide Seiten mit ½, so ergibt sich: $\underbrace{(x^2)^{\frac{1}{2}}}_{=x} = 2^{\frac{1}{2}}$ bzw. $x = 2^{\frac{1}{2}}$. Der gesuchte Wert ergibt sich offensichtlich in Form einer Potenz mit der Basis 2 und dem gebrochenen Exponenten ½. Für derartige Berechnungen hat man die **Wurzel** eingeführt.

Definition

I. Die nichtnegative Lösung x von $x^2 = a$, $a \in \mathbb{R}$ und $a \geq 0$ heißt die **Quadratwurzel** $\sqrt[2]{a}$ (auch $\sqrt{a}$) [Schreibweise: $x = \sqrt[2]{a} = \sqrt{a} = a^{\frac{1}{2}}$]
II. Die nichtnegative Lösung x von $x^n = a$, $a \in \mathbb{R}$ und $a \geq 0$, $n \in \mathbb{N}$ heißt die **n-te Wurzel** $\sqrt[n]{a}$ [Schreibweise: $x = \sqrt[n]{a} = a^{\frac{1}{n}}$]
III. Die nichtnegative Lösung x von $x^n = a^m$, $a \in \mathbb{R}$ und $a \geq 0$, $n \in \mathbb{N}$, $m \in \mathbb{Z}$ heißt $\sqrt[n]{a^m}$ [Schreibweise: $x = \sqrt[n]{a^m} = a^{\frac{m}{n}}$]], $\frac{m}{n} \in \mathbb{Q}$

Bemerkungen und Beispiele:

I. Das Wurzelziehen ist die Umkehroperation des Potenzierens, d. h. zieht man die n-te Wurzel und potenziert »hoch n«, dann gelangt man wieder zur Ausgangszahl, z. B. $\left(\sqrt[3]{8}\right)^3 = \left(8^{\frac{1}{3}}\right)^3 = 8$.
II. Es gilt: $\sqrt[n]{a^m} = \left(\sqrt[n]{a}\right)^m$, z. B. $\sqrt[3]{8^5} = \left(\sqrt[3]{8}\right)^5 = 2^5 = 32$
III. Gemäß obiger Definition iii) kann jede Wurzel in eine Potenz umgeschrieben werden, z. B. $\sqrt[5]{4^2} = 4^{\frac{2}{5}}$. Diese Eigenschaft erweist sich in der Differentialrechnung bei der Ableitung von Wurzelfunktionen als vorteilhaft.
IV. Es gilt: $a^{-\frac{m}{n}} = \frac{1}{a^{\frac{m}{n}}} = \frac{1}{\sqrt[n]{a^m}}$, z. B. $32^{-\frac{2}{5}} = \frac{1}{32^{\frac{2}{5}}} = \frac{1}{\sqrt[5]{32^2}} = \frac{1}{4}$
V. Die Wurzel aus einer negativen Zahl ist im Bereich der reellen Zahlen nicht definiert. So ist z. B. $\sqrt{-9}$ nicht definiert.
VI. $\sqrt{0} = 0$
VII. $\sqrt{16} = 4$
VIII. $\sqrt[10]{1.024} = 2$

IX. $\sqrt[4]{4} = \sqrt[4]{2^2} = 2^{\frac{2}{4}} = 2^{\frac{1}{2}} = \sqrt{2} = 1{,}41421...$

X. $\sqrt{-16}$ ist nicht definiert

XI. $-\sqrt{16} = -4$

XII. Die fünf Potenzgesetze bleiben auch für die Potenzen $a^{\frac{m}{n}}$, also für Potenzen mit gebrochenem Exponenten, gültig (siehe folgende Beispiele).

XIII. $\sqrt[4]{256}\cdot\sqrt{256} = 256^{\frac{1}{4}} \cdot 256^{\frac{1}{2}} = 256^{\frac{1}{4}+\frac{1}{2}} = 256^{\frac{3}{4}} = \left(\sqrt[4]{256}\right)^3 = 64$ (1. Potenzgesetz)

XIV. $\frac{\sqrt[3]{8^4}}{\sqrt[3]{8^5}} = \frac{8^{\frac{4}{3}}}{8^{\frac{5}{3}}} = 8^{\frac{4}{3}-\frac{5}{3}} = 8^{-\frac{1}{3}} = \frac{1}{8^{\frac{1}{3}}} = \frac{1}{\sqrt[3]{8}} = \frac{1}{2}$ (Anwendung des 2. Potenzgesetzes)

XV. $\sqrt{4} \cdot \sqrt{9} = 4^{\frac{1}{2}} \cdot 9^{\frac{1}{2}} = (4 \cdot 9)^{\frac{1}{2}} = 36^{\frac{1}{2}} = \sqrt{36} = 6$ (Anwendung des 3. Potenzgesetzes)

XVI. $\frac{\sqrt{100}}{\sqrt{25}} = \frac{100^{\frac{1}{2}}}{25^{\frac{1}{2}}} = \left(\frac{100}{25}\right)^{\frac{1}{2}} = 4^{\frac{1}{2}} = \sqrt{4} = 2$ (Anwendung des 4. Potenzgesetzes)

XVII. $\sqrt{\sqrt[4]{256}} = \left(256^{\frac{1}{4}}\right)^{\frac{1}{2}} = 256^{\frac{1}{4}\cdot\frac{1}{2}} = 256^{\frac{1}{8}} = \sqrt[8]{256} = 2$ (Anwendung des 5. Potenzgesetzes)

1.4.2 Logarithmen

Für bestimmte wirtschafts- und finanzmathematische Berechnungen ist bei Vorliegen einer Potenz der **Exponent** zu bestimmen. Wie lautet etwa die Lösung der Gleichung $2^x = 32$? Potenzen mit gesuchtem Exponenten führen uns auf den Begriff des **Logarithmus**.

Definition

$a^x = c \Leftrightarrow x = \log_a c \quad a \in \mathbb{R}^+ \setminus \{1\}, c \in \mathbb{R}^+, x \in \mathbb{R}$

Sprechweise: »x ist gleich dem Logarithmus von c zur Basis a«.
Der Logarithmus von c zur Basis a gibt den (gesuchten) Exponenten x an, mit dem a potenziert werden muss, um c zu erhalten. Es ist – wie bereits das Wurzelziehen – eine weitere Umkehroperation zum Potenzieren.
Im obigen Zahlenbeispiel kann man also formulieren: $2^x = 32 \Leftrightarrow x = \log_2 32$. In diesem einfachen Fall erkennt man bereits durch »Hinsehen«, dass die Lösung $x = 5$ lautet, d. h. 5 ist der Logarithmus von 32 zur Basis 2. In den meisten Fällen ist jedoch eine Berechnung notwendig, um den Logarithmus zu bestimmen. Wie kann man diese Berechnung praktisch bewerkstelligen?
Während man »früher« Logarithmentafeln verwendete, ist die Logarithmusberechnung heutzutage mit dem Taschenrechner eine vergleichsweise leichte Übung. Bei vielen neueren Modellen kann man $\boxed{\log_a c}$ eingeben und erhält das gewünschte Ergebnis. Andere Taschenrechner wiederum bieten nur

zwei Logarithmusfunktionen an, nämlich die Taste [ln] und die Taste [lg] (gelegentlich auch [log]). Dahinter verbergen sich die beiden gebräuchlichsten Logarithmen, nämlich:

- $\ln c = \log_e c$ natürlicher Logarithmus = Logarithmus zur Basis e (e = 2,718281828... Eulersche Zahl[5])
- $\lg c = \log_{10} c$ dekadischer Logarithmus = Logarithmus zur Basis 10

Diese beiden speziellen Logarithmen reichen aus, um jeden Logarithmus zu einer beliebigen Basis zu berechnen (z. B. $\log_2 32$). Hierfür macht man sich folgende Rechenregel zu Nutze:

Beliebige Basis b $\log_a c = \frac{\log_b c}{\log_b a}$ (1.19)

Basis b = e bzw. b = 10 $\log_a c = \frac{\ln c}{\ln a} = \frac{\lg c}{\lg a}$ (1.20)

Beispiele:

a) $2^x = 32 \Leftrightarrow x = \log_2 32 \overset{b=e}{\overbrace{=}} \frac{\ln 32}{\ln 2} = 5$ (mit Taschenrechner)

b) $1{,}05^x = 2 \Leftrightarrow x = \log_{1,05} 2 \overset{b=10}{\overbrace{=}} \frac{\lg 2}{\lg 1{,}05} = 14{,}2$ (mit Taschenrechner)

Das Beispiel b) enthält bereits eine finanzmathematische Anwendung. 14,2 ist die Anzahl der Jahre, die ein Kapital benötigt, um sich zu verdoppeln, wenn es zu 5 % pro Jahr verzinslich angelegt wird (► Kap. 2).
Aus den fünf Potenzgesetzen lassen sich drei **Logarithmengesetze** ableiten:

	Logarithmengesetz	Beispiel	Formel
1.	$\log_a(c \cdot d) = \log_a c + \log_a d$ $a \in \mathbb{R}^+ \setminus \{1\}, c, d \in \mathbb{R}^+$	$\log_2(4 \cdot 8) = \log_2 4 + \log_2 8 = 2 + 3 = 5$ denn: $2^5 = 32\ (= 4 \cdot 8)$	(1.21)
2.	$\log_a\left(\frac{c}{d}\right) = \log_a c - \log_a d$ $a \in \mathbb{R}^+ \setminus \{1\}, c, d \in \mathbb{R}^+$	$\log_3\left(\frac{243}{9}\right) = \log_3 243 - \log_3 9 = 5 - 2 = 3$ denn: $3^3 = 27\ \left(= \frac{243}{9}\right)$	(1.22)
3.	$\log_a c^r = r \cdot \log_a c$ $a \in \mathbb{R}^+ \setminus \{1\}, c \in \mathbb{R}^+, r \in \mathbb{R}$	$\log_4 16^3 = 3 \cdot \log_4 16 = 3 \cdot 2 = 6$ denn: $4^6 = 4.096\ (= 16^3)$	(1.23)

5 Die Eulersche Zahl e ist benannt nach dem schweizerischen Mathematiker Leonhard Euler (1707-1783). Die Zahl e ist – wie auch die Zahl π (= 3,14159...) – eine Naturkonstante. Sie taucht u. a. überall dort auf, wo wir es mit Wachstumsprozessen zu tun haben. Im Zusammenhang mit der stetigen Verzinsung (► Kap. 2.3.5) wird die Zahl e näher erläutert.

Bemerkungen und Beispiele:

I. Für die Ausdrücke $\log_a(c + d)$ bzw. $\log_a(c - d)$ gibt es *keine* Rechenregeln.

II. Das Logarithmieren und anschließende Potenzieren mit derselben Basis führt wieder auf die Ursprungszahl, d. h. Logarithmieren ist eine Umkehroperation des Potenzierens:

$$a^x = c \Leftrightarrow x = \log_a c \overset{\text{beider-seitiges Potenzieren}}{\widehat{\Leftrightarrow}} \quad a^x = a^{\log_a c} = c$$

Beispiele:

- $3^x = 81 \Leftrightarrow x = \log_3 81$. Potenzieren führt auf $3^x = 3^{\log 3 81} = 81$
- $e^x = 17 \Leftrightarrow x = \ln 17$. Potenzieren führt auf $e^x = e^{\ln 17} = 17$
- $\ln x = 2 \Leftrightarrow \underbrace{e^{\ln x}}_{=x} = e^2 \Leftrightarrow x = e^2$

III. $\log_a a = 1$, denn $a^1 = a$

IV. $\log_a 1 = 0$, denn $a^0 = 1$

V. $\log_a 0$ ist nicht definiert, denn a^x ist immer größer 0.

VI. $\lg 1.000 = \lg 10^3 = 3 \cdot \lg 10 = 3 \cdot 1 = 3$

VII. $\ln e^2 = 2 \cdot \ln e = 2 \cdot 1 = 2$

VIII. $\log_2 1.024 = \log_2 2^{10} = 10 \cdot \log_2 2 = 10 \cdot 1 = 10$

IX. $\log_2 1.025 \overset{\text{Rechen-regel}}{\widehat{=}} \dfrac{\ln 1.025}{\ln 2} = 10{,}0014$

Aufgabe 15: Formen Sie mit Hilfe der Potenzgesetze um!

a) $\dfrac{a^{-x} \cdot (a^2 - 1)^{-x}}{a^3 - a}$ b) $\dfrac{\sqrt[3]{(a+b)^4}}{\sqrt[3]{(a+b)}}$

Aufgabe 16: Berechnen Sie mit Hilfe eines Taschenrechners!

a) $\log_2 17$ b) $\log_{1,05} 3$

1.5 Gleichungen

1.5.1 Äquivalenzumformungen

Äquivalenzumformungen sind das entscheidende Instrument, um Gleichungen und Ungleichungen zu lösen. Zunächst wollen wir uns auf Gleichungen beschränken.

Definition

Eine Gleichung ist die Verbindung zweier Terme T_1 und T_2 durch die Beziehung $T_1 = T_2$.

Ein Term kann dabei eine einzelne Zahl oder auch eine Operation sein (z. B. $4 \cdot x$, $x + 3$ usw.). Eine Gleichung können wir uns anschaulich als Waage vorstellen, die sich in der Balance befindet. Entscheidend ist nicht, wie schwer beide Seiten sind – d. h. wie groß die Terme sind –, sondern einzig relevant ist die *Gleichheit* der beiden Seiten.

Beispiel:
$x + 3 = 7$ bzw. $T_1 = T_2$ mit den Termen $T_1 = x + 3$ und $T_2 = 7$

Definition

Eine Äquivalenzumformung ist eine Umformung, bei der eine Gleichung $T_1 = T_2$ in eine **äquivalente** Gleichung $T_1{}^* = T_2{}^*$ überführt wird.
Wir schreiben: $T_1 = T_2 \Leftrightarrow T_1{}^* = T_2{}^*$

Äquivalent (»gleichwertig«) bedeutet, dass die Gleichungen $T_1 = T_2$ und $T_1{}^* = T_2{}^*$ dieselben Lösungsmengen besitzen.
Folgende Operationen sind Äquivalenzumformungen:

Äquivalenzumformung	Operation	Beispiel
$T_1 = T_2 \Leftrightarrow T_1 + T_3 = T_2 + T_3$	Addition	$x - 4 = 6 \mid +4$ $\Leftrightarrow x = 10$
$T_1 = T_2 \Leftrightarrow T_1 - T_3 = T_2 - T_3$	Subtraktion	$x + 3 = 7 \mid -3$ $\Leftrightarrow x = 4$
$T_1 = T_2 \Leftrightarrow T_1 \cdot T_3 = T_2 \cdot T_3$	Multiplikation	$x \cdot ½ = 3 \mid \cdot 2$ $\Leftrightarrow x = 6$
$T_1 = T_2 \Leftrightarrow \frac{T_1}{T_3} = \frac{T_2}{T_3}$ $(T_3 \neq 0)$	Division	$3x = 6 \mid :3$ $\Leftrightarrow x = 2$
$T_1 = T_2 \Leftrightarrow a^{T_1} = a^{T_2}, a \in \mathbb{R}^+ \backslash \{1\}$	Exponentialbildung	$x = 3 \Leftrightarrow 2^x = 2^3$
$T_1 = T_2 \Leftrightarrow \log_a T_1 = \log_a T_2$, $T_1, T_2 > 0, a \in \mathbb{R}^+ \backslash \{1\}$	Logarithmieren	$e^x = 17 \Leftrightarrow \underbrace{\ln e^x}_{=x} = \ln 17$

Äquivalenzumformung	Operation	Beispiel
$T_1 \cdot T_2 \cdot \ldots \cdot T_n = 0$ $\Leftrightarrow T_1 = 0 \vee T_2 = 0 \vee \ldots \vee T_n = 0$	Produkt mehrerer Terme wird = 0, wenn wenigstens ein Term = 0 wird.	$x \cdot (x+1) \cdot (x^2 - 9) = 0$ $\Leftrightarrow x = 0 \vee x+1 = 0 \vee x^2 - 9 = 0$ $L = \{0; -1; -3; 3\}$
Vorsicht beim Potenzieren und Wurzelziehen! Ein *ungerader* Exponent ist unkritisch, d. h. Potenzieren und Radizieren sind Äquivalenzumformungen! *Vorsicht* ist geboten, wenn der Exponent *geradzahlig* ist: Dann sind Potenzieren und Radizieren *keine* Äquivalenzumformungen (siehe folgende Beispiele).		
Fall 1: Exponent ist *ungerade.*		
$T_1 = T_2 \Leftrightarrow T_1^n = T_2^n$ $n \in \mathbb{N}$, n ungerade	Potenzieren	$x = 2 \mid^3$ $\Leftrightarrow x^3 = 2^3 \Leftrightarrow x^3 = 8$
$T_1 = T_2 \Leftrightarrow \sqrt[n]{T_1} = \sqrt[n]{T_2}$ $n \in \mathbb{N}$, n ungerade	Wurzelziehen (= Radizieren)	$x^3 = 27 \mid \sqrt[3]{\ } \Leftrightarrow x = 3$ $\Leftrightarrow x = \sqrt[3]{27} = 3$
Fall 2: Exponent ist *gerade.*		
$T_1^n = T_2^n \neq T_1 = T_2$ aber: $T_1^n = T_2^n \Leftrightarrow T_1 = T_2 \vee T_1 = -T_2$ $n \in \mathbb{N}$, n gerade	Potenzieren	$x^2 = 9\ (= 3^2) \mid \sqrt{\ } \not\Leftrightarrow x = 3$, aber: $x^2 = 9 \Leftrightarrow x = 3 \vee x = -3$ (2 Lösungen)
$T_1 = T_2 \Leftrightarrow \sqrt[n]{T_1} = \sqrt[n]{T_2} \vee \sqrt[n]{T_1} = -\sqrt[n]{T_2}$ $n \in \mathbb{N}$, n gerade	Wurzelziehen (= Radizieren)	$x^4 = 16 \Leftrightarrow \sqrt[4]{x^4} = \sqrt[4]{16} \vee \sqrt[4]{x^4} = -\sqrt[4]{16}$ bzw. $x = 2 \vee x = -2$

1.5.2 Lineare Gleichungen und lineare Gleichungssysteme

$cx + d = ex + f$ bzw. $ax + b = 0$

Die lineare Gleichung ist die einfachste aller Gleichungen. Die Variable x tritt nur in der ersten Potenz auf.

1. Beispiel:
Eine Autovermietung stellt zwei Tarife zur Auswahl (x = Anzahl gefahrener Kilometer):
Tarif 1: 100 € Festbetrag und 0,60 € pro gefahrenen Kilometer $(100 + 0{,}6 \cdot x)$
Tarif 2: 60 € Festbetrag und 0,80 € pro gefahrenen Kilometer $(60 + 0{,}8 \cdot x)$.
Gesucht ist die Kilometerzahl, bei der die Kosten beider Varianten gleich hoch sind.

Lösung: $100 + 0{,}6 \cdot x = 60 + 0{,}8 \cdot x \,|- 60 \Leftrightarrow 40 + 0{,}6 \cdot x = 0{,}8 \cdot x \,|- 0{,}6 \cdot x$
$\Leftrightarrow 40 = 0{,}2 \cdot x \quad |: 0{,}2 \Leftrightarrow x = \frac{40}{0{,}2} = 200$ Kilometer

Unterhalb 200 Kilometer wäre somit Tarif 2 vorteilhaft, oberhalb 200 Kilometer entsprechend Tarif 1.

2. Beispiel:
Die Hochschule Großherzen hat ein Sommerkonzert für einen gemeinnützigen Zweck veranstaltet. Die Eintrittspreise betrugen 2,50 € für Jugendliche und Studierende sowie 5,00 € für Erwachsene. Insgesamt besuchten 800 Personen das Konzert, die Einnahme betrug 3.080 €. Wie viele Jugendliche/ Studierende und wie viel Erwachsene besuchten das Konzert?

Lösung: x: Anzahl Jugendlicher, 800 – x: Anzahl Erwachsene
$2{,}50 \cdot x + 5 \cdot (800 - x) = 3.080$ lineare Gleichung
$\Leftrightarrow 2{,}50 \cdot x + 4.000 - 5 \cdot x = 3.080 \,|- 4.000 \Leftrightarrow -2{,}5 \cdot x = -920 |:(-2{,}5)$
$\Leftrightarrow x = 368$

Das Konzert besuchten 368 Jugendliche/ Studierende und (800 – 368 =) 432 Erwachsene.

Lineare Gleichungssysteme

Häufig tauchen lineare Gleichungen im Zusammenhang mit **linearen Gleichungssystemen** auf. Wir werden uns in Kapitel 5 (Lineare Algebra) eingehender damit befassen. Sie werden jedoch bereits hier angesprochen, da wir sie für einige Operationen in der Differentialrechnung benötigen werden. Wir beschränken uns jedoch auf die einfachsten Fälle »zwei Gleichungen mit zwei Unbekannten« und »drei Gleichungen mit drei Unbekannten«.

Ein **lineares Gleichungssystem aus zwei Gleichungen und zwei Unbekannten** hat die allgemeine Form:

$$a_1x + b_1y = c_1$$
$$\wedge \quad a_2x + b_2y = c_2 \qquad a_1, b_1, c_1, a_2, b_2, c_2 \in \mathbb{R}$$

x und y sind die unbekannten Variablen, a, b, c sind bekannte Parameter.

Zur Lösung stehen drei gleichwertige Verfahren zur Verfügung: **Additionsverfahren, Gleichsetzungsverfahren und Einsetzungsverfahren**. Alle drei Verfahren verfolgen das Ziel, das Gleichungssystem auf eine Gleichung mit einer Unbekannten zu reduzieren. Es bleibt jedem selbst überlassen, für welche dieser drei Methoden er sich entscheidet. Wir werden alle drei Lösungsverfahren an folgendem Beispiel demonstrieren.

Beispiel:
Die Produktion von Kinderfahrrädern und Rollern erfolgt auf zwei Maschinen:

	Produktionsdauer in Minuten		
	Fahrrad	Roller	Laufzeit der Maschine
Maschine 1	30	15	600
Maschine 2	32	24	720

Wie viel Stück Fahrräder (x) und wie viel Stück Roller (y) können pro Tag produziert werden, wenn beide Maschinen voll ausgelastet sind?

Lösung: $30 \cdot x + 15 \cdot y = 600$ [1] und $32 \cdot x + 24 \cdot y = 720$ [2]
Zunächst empfiehlt es sich, durch geeignete Äquivalenzumformung die Gleichungen zu vereinfachen. Dazu dividieren wir Gleichung [1] durch den größten gemeinsamen Teiler von 30, 15 und 600, nämlich 15, Gleichung [2] dividieren wir durch 8:

$2 \cdot x + y = 40$ [1] und $4 \cdot x + 3 \cdot y = 90$ [2]

a) Additionsverfahren

Beim Additionsverfahren werden jeweils zwei Gleichungen paarweise addiert oder die zweite Gleichung von der ersten subtrahiert. Die Addition/ Subtraktion der *Ursprungsgleichungen* ist mathematisch zwar korrekt, führt in der Regel aber nicht zum gewünschten Ergebnis. Im Beispiel erhielten wir aus der Addition [1] + [2] die Gleichung $6x + 4y = 130$. Wir haben unsere Situation sogar verschlechtert, denn nun liegt nur *eine* Gleichung, jedoch mit *zwei* Unbekannten vor. Das Verfahren bekommt allerdings seinen Sinn, wenn wir die Gleichungen mittels Äquivalenzumformungen so »aufbereiten«, dass bei anschließender Addition/Subtraktion eine Unbekannte eliminiert wird. Im Beispiel wollen wir die Gleichung [1] mit –2 multiplizieren:

$$[1]\cdot(-2): \quad \begin{array}{r} -4x - 2y = -80 \\ + \; 4x + 3y = 90 \\ \hline \boxed{y = 10} \end{array}$$

Um x zu erhalten, setzen wir $y = 10$ in Gleichung [1] ein:
$2x + 10 = 40 \,|- 10 \Leftrightarrow 2x = 30 \,|:2 \Leftrightarrow \boxed{x = 15}$
Es werden täglich 15 Fahrräder und 10 Roller produziert.

b) Gleichsetzungsverfahren

Bei diesem Verfahren werden beide Gleichungen nach derselben Variablen aufgelöst und gleichgesetzt.

[1]: $2 \cdot x + y = 40 \Leftrightarrow y = 40 - 2x$ und [2]: $4x + 3y = 90 \Leftrightarrow y = 30 - \frac{4}{3}x$
Gleichsetzung: $y = y$ bzw. $40 - 2x = 30 - \frac{4}{3}x \mid + 2x - 30$
$\Leftrightarrow 10 = \frac{2}{3}x \mid \cdot \frac{3}{2} \Leftrightarrow \boxed{x = 15}$ eingesetzt in [1]: $y = 40 - 2 \cdot 15$ bzw. $\boxed{y = 10}$

c) Einsetzungsverfahren

Bei diesem Verfahren wird eine Gleichung nach einer Variablen aufgelöst und in die andere Gleichung eingesetzt.

[1]: $2 \cdot x + y = 40 \Leftrightarrow y = 40 - 2x \rightarrow [2]$
[2]: $4x + 3 \cdot (40 - 2x) = 90$
$\Leftrightarrow 4x + 120 - 6x = 90 \Leftrightarrow -2x = -30 \mid :(-2) \Leftrightarrow \boxed{x = 15}$
eingesetzt in [1]: $y = 40 - 2 \cdot 15$ bzw. $\boxed{y = 10}$

Alle drei Verfahren liefern mit vergleichbarem Aufwand die eindeutige Lösung $x = 15$ und $y = 10$.

Grundsätzlich ist auch möglich, dass das Gleichungssystem keine eindeutige oder überhaupt keine Lösung besitzt. Letzteres wäre zum einen mathematisch denkbar, zum anderen ist es möglich, dass das Gleichungssystem zwar eine mathematische Lösung liefert, jedoch ökonomisch keinen Sinn macht, wenn wir etwa im vorliegenden Beispiel für x oder y einen negativen Wert – also eine negative Stückzahl – erhalten hätten.

Beispiele eines Gleichungssystems aus **3 Gleichungen mit 3 Unbekannten** finden sich in der folgenden Übungsaufgabe sowie im Übungsbuch. Der Lösungsweg erfolgt zweistufig. Im ersten Schritt wird aus zweimal zwei Gleichungen jeweils dieselbe Variable eliminiert, so dass man schließlich zwei Gleichungen mit zwei Unbekannten erhält. Im zweiten Schritt rechnet man »wie gewohnt« weiter und löst nach einer Variablen auf. Durch Einsetzen erhält man dann die anderen gesuchten Unbekannten.

Aufgabe 17: Lösen Sie die folgenden Gleichungen nach der angegebenen Variablen auf!

a) $5.000 \cdot (1 + r \cdot \frac{1}{2}) = 5.125$ (nach r)
b) $3a - 5ab = 7b + 2a$ (nach a)

Aufgabe 18: Lösen Sie die folgenden linearen Gleichungssysteme!

a) $6a - 2b = 40 \wedge 2a + 3b = 105$
b) $2x - 3y + z = 8 \wedge x + 2y - 3z = 11 \wedge 5x - 4y + 3z = 15$

1.5.3 Quadratische Gleichungen

$$ax^2 + bx + c = 0 \quad a \neq 0$$

Häufig treten auch quadratische Gleichungen auf. Sie stellen insofern eine Erweiterung der linearen Gleichungen dar, als nun zusätzlich zu dem linearen Ausdruck der quadratische Term ax^2 hinzutritt.
Zur Bestimmung der Lösungsmenge gibt es folgende geläufige Lösungsverfahren: a) abc-Formel, b) pq-Formel, c) quadratische Ergänzung.
Eine quadratische Gleichung hat entweder **zwei**, **eine** oder **gar keine reelle Lösung.**

a) Lösung mit abc-Formel

Die Gleichung $ax^2 + bx + c = 0$ $(a \neq 0)$ mit den vorgegebenen Koeffizienten a, b, und c hat folgende Lösung:
Der Radikand $b^2 - 4ac$ wird als **Diskriminante** bezeichnet. Mit $D = b^2 - 4ac$ gilt:

$$x_{1/2} = \frac{-b \pm \sqrt{b^2 - 4ac}}{2a} \quad \textbf{abc-Formel} \quad (1.24)$$

a) Falls $D > 0 \Rightarrow$ die quadratische Gleichung hat zwei reelle Lösungen
b) Falls $D = 0 \Rightarrow$ die quadratische Gleichung hat eine reelle Lösung
c) Falls $D < 0 \Rightarrow$ die quadratische Gleichung hat keine reelle Lösung

1. Beispiel: (Diskriminante > 0)
$2x^2 - 14x + 20 = 0 \quad D = \mathbb{R}; a = 2, b = -14, c = 20$
$x_{1/2} = \frac{14 \pm \sqrt{14^2 - 4 \cdot 2 \cdot 20}}{2 \cdot 2}; x_1 = \frac{20}{4} = 5, x_2 = \frac{8}{4} = 2; \quad L = \{2; 5\}$

2. Beispiel: (Diskriminante $= 0$)
$3x^2 - 6x + 3 = 0 \quad D = \mathbb{R}; a = 3, b = -6, c = 3$
$X_{1/2} = \frac{6 \pm \sqrt{36 - 4 \cdot 3 \cdot 3}}{6} = \frac{6}{6} = 1; L = \{1\}$

3. Beispiel: (Diskriminante < 0)
$3x^2 - 6x + 4 = 0 \quad D = \mathbb{R}; a = 3, b = -6, c = 4$
$X_{1/2} = \frac{6 \pm \sqrt{36 - 48}}{6} = \frac{6 \pm \sqrt{-12}}{6}$; keine Lösung in $\mathbb{R}$

4. Beispiel:
$4x^2 + x + 17 = 0 \quad D = \mathbb{R}^+$
Der Definitionsbereich $\mathbb{R}^+$ ist typisch für ökonomische Funktionen, wenn es sich bei der Variable x um nichtnegative Größen wie Mengen, Stückzahlen etc. handelt. Hier brauchen wir gar nicht erst anfangen zu rechnen, denn für $x \geq 0$ summieren wir mit $4x^2$ und x zwei nicht-negative Terme zur Zahl 17 hinzu, was niemals zum Ergebnis 0 führen kann, somit ist $L = \{ \}$.

b) Lösung mit pq-Formel

Die quadratische Gleichung $ax^2 + bx + c = 0$ $(a \neq 0)$ ist zunächst in Normalform zu bringen (d. h. Koeffizient = 1). Dazu dividieren wir durch a und erhalten:

$x^2 + \underbrace{\tfrac{b}{a}}_{=p}\,x + \underbrace{\tfrac{c}{a}}_{=q}$ bzw. mit $p = \frac{b}{a}$ und $q = \frac{c}{a}$: $x^2 + px + q = 0$. Die zugehörige Lösungsformel lautet:

$$x_{1/2} = -\frac{p}{2} \pm \sqrt{\left(\frac{p}{2}\right)^2 - q} \quad \textbf{pq-Formel} \qquad (1.25)$$

mit der Diskriminante: $D = \left(\frac{p}{2}\right)^2 - q$.

Wir greifen die Beispiele 1-3 aus a) auf:

1. Beispiel: (Diskriminante > 0)
$2x^2 - 14x + 20 = 0 \,|: 2 \quad D = \mathbb{R} \Leftrightarrow x^2 - 7x + 10 = 0;\ p = -7,\ q = 10$
$x_{1/2} = \frac{7}{2} \pm \sqrt{\frac{49}{4} - 10} = \frac{7}{2} \pm \sqrt{\frac{9}{4}}; x_1 = 5\ x_2 = 2\,; L = \{2; 5\}$

2. Beispiel: (Diskriminante $= 0$)
$3x^2 - 6x + 3 = 0 \,|: 3 \quad D = \mathbb{R} \Leftrightarrow x^2 - 2x + 1 = 0;\ p = -2,\ q = 1$
$x_{1/2} = \frac{2}{2} \pm \sqrt{1 - 1} = 1;\ L = \{1\}$

3. Beispiel: (Diskriminante < 0)
$3x^2 - 6x + 4 = 0 \,|: 3 \quad D = \mathbb{R} \Leftrightarrow x^2 - 2x + \frac{4}{3} = 0;\ p = -2,\ q = \frac{4}{3}$
$x_{1/2} = \frac{2}{2} \pm \sqrt{1 - \frac{4}{3}} = 1 \pm \sqrt{-\frac{1}{3}}$; keine Lösung in $\mathbb{R}$

Hinweis: (Satz von Vieta)

Zwischen den Lösungen x_1 und x_2 sowie p und q bestehen folgende Beziehungen:
$p = -(x_1 + x_2)$ und $q = x_1 \cdot x_2$ (1.26)

Diese Beziehungen lassen sich gut zur Überprüfung des Rechenergebnisses einsetzen. So ergibt etwa die Probe aus dem 1. Beispiel: $-(2+5) = -7$ $(= p)$ ✓ und $2 \cdot 5 = 10$ $(= q)$ ✓

c) Quadratische Ergänzung

Die quadratische Ergänzung macht sich die binomischen Formeln zu Nutze. Dieses Verfahren ist zeitlich etwas aufwendiger als die Anwendung der Lösungsformeln. Es eignet sich insbesondere dann, wenn die Lösungsformeln nicht bekannt sind oder nicht zur Verfügung stehen (gelegentlich in der Klausur der Fall). Quadratische Ergänzung heißt: Addition von $\left(\frac{p}{2}\right)^2$ auf beiden Seiten.

Beispiel:

$2x^2 - 14x + 20 = 0 \mid :2 \quad D = \mathbb{R}$

$\Leftrightarrow x^2 - 7x + 10 = 0$ (Normalform mit $p = -7$ und $q = 10$) bzw. $x^2 - 7x = -10$

Quadratische Ergänzung: Halbieren des Koeffizienten -7 und Quadrieren $[\left(\frac{-7}{2}\right)^2 = \frac{49}{4}]$ und anschließendes Hinzuaddieren auf beiden Seiten der Gleichung. Dies führt auf:

$$x^2 - 7x + \frac{49}{4} = -10 + \frac{49}{4} = \frac{9}{4}$$

Wir können nun auf der linken Seite der Gleichung die 1. binomische Formel »rückwärts« anwenden:

$$\left(x - \frac{7}{2}\right)^2 = \frac{9}{4} \Big| - \frac{9}{4} \Leftrightarrow \left(x - \frac{7}{2}\right)^2 - \frac{9}{4} = 0 \quad \text{statt } \frac{9}{4} \text{ schreiben wir } \left(\frac{3}{2}\right)^2$$

$$\Leftrightarrow \left(x - \frac{7}{2}\right)^2 - \left(\frac{3}{2}\right)^2 = 0$$

Anwendung der 3. binomischen Formel »rückwärts«, $a^2 - b^2 = (a - b) \cdot (a + b)$:

$$\Leftrightarrow \left(x - \frac{7}{2} - \frac{3}{2}\right) \cdot \left(x - \frac{7}{2} + \frac{3}{2}\right) = 0 \quad \Leftrightarrow \left(x - \frac{10}{2}\right) \cdot \left(x - \frac{4}{2}\right) = 0$$

$\Leftrightarrow (x - 5) \cdot (x - 2) = 0 \Leftrightarrow x - 5 = 0$ oder $x - 2 = 0$

$\Leftrightarrow x = 5$ oder $x = 2 \; L = \{2; 5\}$

Die Lösung mit Hilfe der quadratischen Ergänzung liefert uns auch die Zerlegung der Gleichung in die beiden Linearfaktoren $(x - 5)$ und $(x - 2)$. Anstelle der Form $x^2 - 7x + 10 = 0$ lässt sich die Gleichung auch als Produkt von Linearfaktoren, nämlich $(x - 5) \cdot (x - 2) = 0$, schreiben. Die Zerlegung von Gleichungen in ihre Linearfaktoren spielt bei der Lösung von Gleichungen höheren als zweiten Grades eine wichtige Rolle.

Aufgabe 19: Bestimmen Sie die Lösungsmenge folgender quadratischer Gleichungen:

a) $x^2 - 18x + 17 = 0$ b) $x^2 + 10x + 25 = 0$ c) $x^2 - 2x + 4 = 0$

Aufgabe 20: (»Goldener Schnitt«) In der Architektur hat der sog. »goldene Schnitt« eine große Bedeutung. Demnach wird eine Strecke so geteilt, dass das Verhältnis der Gesamtstrecke zur Seite a genau dem Verhältnis der Seite a zu b entspricht. Berechnen Sie die Seiten a und b, wenn die Gesamtstrecke (a + b) 10 Meter lang ist.

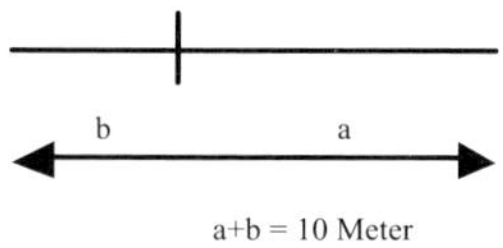

Abb. 1.9

1.5.4 Gleichungen höheren Grades

Die lineare und die quadratische Gleichung sind spezielle Ausprägungen des allgemeinen Gleichungstyps n-ten Grades (n-ter Ordnung):

$$\underbrace{a_n x^n + a_{n-1} x^{n-1} + \ldots + \underbrace{a_3 x^3 + \underbrace{a_2 x^2 + \underbrace{a_1 x^1 + a_0 = 0}_{\text{lineare Gleichung}}}_{\text{quadratische Gleichung}}}_{\text{Gleichung 3. Grades}}}_{\text{Gleichung n-ten Grades}} \quad (a_n \neq 0)$$

Sie werden auch als **Polynomgleichungen n-ten Grades** oder auch **algebraische Gleichungen n-ten Grades** bezeichnet. In der Wirtschaftsmathematik haben wir es auch mit Gleichungen höheren als zweiten Grades zu tun. Für Gleichungen mit $n \geq 3$ gibt es – von einigen, hier nicht weiter betrachteten Spezialfällen abgesehen – keine elementaren Lösungsmethoden mehr. Das folgende Ablaufschema verdeutlicht die Vorgehensweise zur Lösungsfindung.

- Ein **Näherungsverfahren** liefert eine Folge von Werten, die sich der tatsächlichen Lösung beliebig annähern. Ein bekanntes Verfahren ist die Regula falsi (siehe unten). Ein weiteres, leistungsfähiges Verfahren werden wir in Kapitel 3 mit dem **Newton-Verfahren** kennen lernen. Hierzu benötigen wir allerdings Kenntnisse der Differentialrechnung.

- Wenn wir eine Lösung x_1 gefunden haben, sei es durch ein Näherungsverfahren, durch Ausprobieren oder schlichtweg durch »Erraten«, so können wir durch **Abspalten des Linearfaktors** $(x - x_1)$ den Grad der Gleichung von n auf n – 1 reduzieren. Wenn es uns etwa gelingt, aus einer Gleichung 3. Grades eine Lösung zu finden, so reduziert sich das Problem auf eine quadratische Gleichung, für die es die bewährten Lösungsmethoden gibt.
- Als Rechentechnik können wir die **Polynomdivision** oder das **Horner-Schema** anwenden.

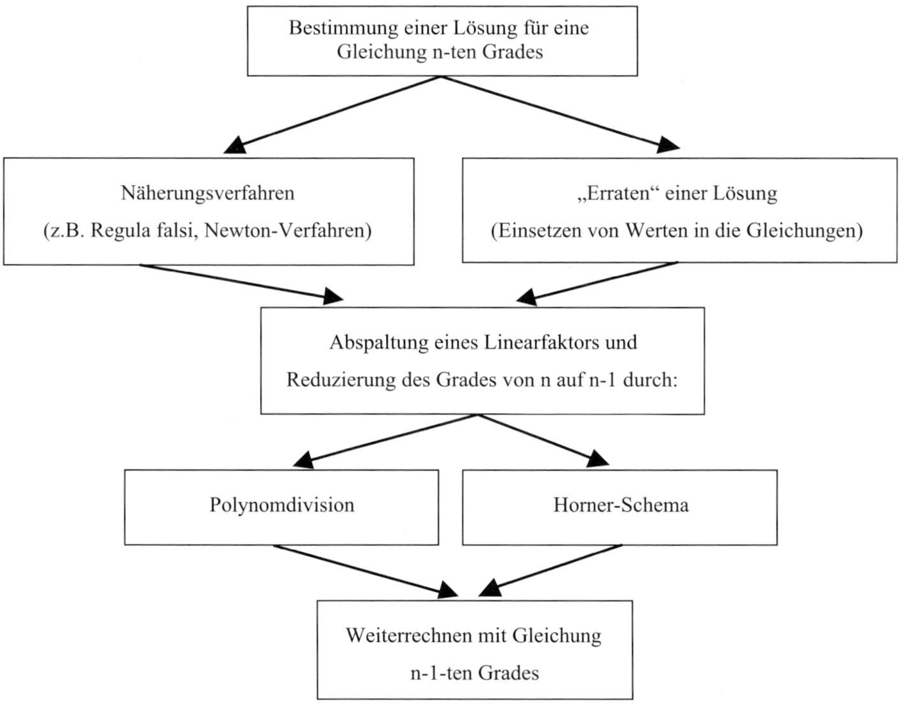

Abb. 1.10: Vorgehen zur Lösung einer Gleichung n-ten Grades

a) Näherungsverfahren, insbesondere Regula falsi

Es gibt in der Mathematik diverse Näherungsverfahren. Sie gehören in das Teilgebiet der sog. numerischen Mathematik. Die Verfahren funktionieren nach dem Iterationsprinzip, d. h. nach Vorgabe eines Startwertes x_1 werden nacheinander weitere Werte x_2, x_3, x_4, ... berechnet mit dem Ziel, dass jeder Folgewert näher an der gesuchten Lösung liegt als der vorhergehende Wert. Die Leistungsfähigkeit wird vor allem an der Iterationsgeschwindigkeit gemessen, d. h. an der Frage, wie viel Iterationsschritte man benötigt, bis man hinlänglich nah an der gesuchten Gleichungslösung ist.

Ein »traditionelles«, bereits seit dem Mittelalter angewandtes Verfahren zur iterativen Nullstellenbestimmung ist die **Regula falsi**. Sie ist vergleichsweise einfach anzuwenden, sowohl auf algebraische Gleichungen als auch auf Wurzelgleichungen, Logarithmusgleichungen etc. und durchaus wirksam. Wir wollen deshalb dieses Verfahren hier vorstellen.

Hierzu fassen wir zunächst die Gleichung als Funktion $f(x) = 0$ auf, so dass wir es mit dem Nullstellenproblem einer Funktion vom Grade $n \geq 3$ zu tun haben (Funktionen ► Kap. 3).

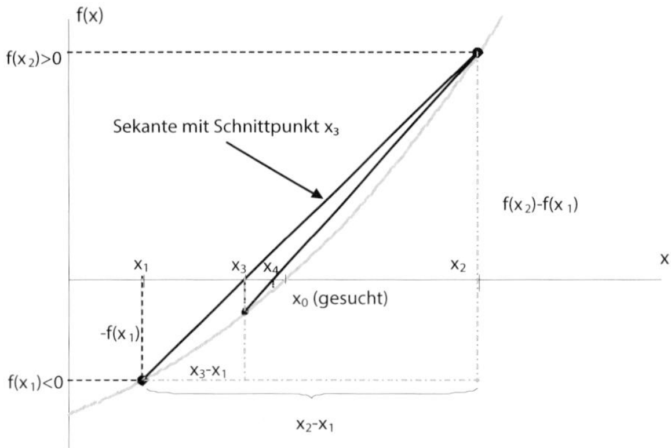

Abb. 1.11: Prinzip der Regula falsi

Nach dem Strahlensatz gilt die Beziehung: $\frac{c}{d} = \frac{a+b}{a}$.

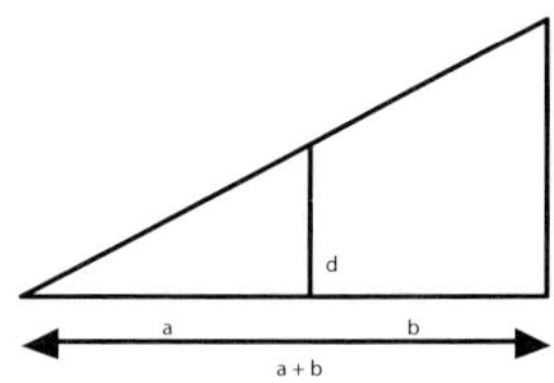

Abb. 1.12: Prinzip des Strahlensatzes

Idee der Regula falsi:

Zunächst legen wir zwei geschätzte Werte x_1 und x_2 fest, wobei der Wert x_1 »links« von der Nullstelle und x_2 »rechts« von der Nullstelle liegt. Es gilt also $f(x_1) < 0$ und $f(x_2) > 0$. Wir legen die Sekante an die beiden Punkte (► Abb. 1.11) und erhalten als Schnittpunkt mit der x-Achse den neuen Wert x_3. x_3 ist unser erster Näherungswert.

Übertragen wir die Gesetzmäßigkeit des Strahlensatzes auf die Dreieckskonstruktion, die sich aus den Werten x_1, x_2 und x_3 ergibt, dann können wir formulieren: $\frac{f(x_2)-f(x_1)}{-f(x_1)} \left(\hat{=} \frac{c}{d}\right) = \frac{x_2-x_1}{x_3-x_1} \left(\hat{=} \frac{a+b}{a}\right)$. Lösen wir nun diese Gleichung nach x_3 auf, dann erhalten wir folgenden Ausdruck: $x_3 = x_1 - f(x_1) \cdot \frac{x_2-x_1}{f(x_2)-f(x_1)} = \frac{x_1 f(x_2)-x_2 f(x_1)}{f(x_2)-f(x_1)}$.

Um x_4 als nächsten Näherungswert zu ermitteln, wählt man entweder das Wertepaar x_1 und x_3 oder x_2 und x_3 aus, je nachdem, welche der beiden Funktionswertepaare unterschiedliche Vorzeichen besitzen (damit wieder ein Wert links und der andere rechts von der gesuchten Nullstelle liegen). Dieses

Verfahren wiederholt man einige Male, bis man schließlich ausreichend nah an der gesuchten Nullstelle x_0 liegt. Im Allgemeinen benötigt man umso weniger Iterationsschritte, je näher die Startwerte bereits an der gesuchten Nullstelle liegen.

Algorithmus der Regula falsi:

Schritt 1: Wähle 2 Startpunkte $(x_1; f(x_1))$ und $(x_2; f(x_2))$ mit $f(x_1) < 0$ und $f(x_2) > 0$, so dass gilt: $f(x_1) \cdot f(x_2) < 0$

Schritt 2: Berechne den ersten Näherungswert nach der Formel:
$x_3 = x_1 - f(x_1) \cdot \frac{x_2 - x_1}{f(x_2) - f(x_1)}$ (1.27)

Schritt 3: x_j $(j = 3,4,5,\ldots)$ sei der vorliegende Näherungswert.
Falls gilt: $f(x_1) \cdot f(x_j) < 0$, dann setze $x_1 =: x_{links}$ und $x_j =: x_{rechts}$
Falls gilt: $f(x_2) \cdot f(x_j) < 0$, dann setze $x_j =: x_{links}$ und $x_2 =: x_{rechts}$
Berechne dann x_{j+1} nach folgender Formel:
$x_{j+1} = x_{links} - f(x_{links}) \cdot \frac{x_{rechts} - x_{links}}{f(x_{rechts}) - f(x_{links})}$ $(j = 3,4,5,\ldots)$ (1.28)
Wiederhole den Vorgang so lange, bis x_{j+1} hinlänglich nah am gesuchten (unbekannten) Wert x_0 liegt.

Beispiel:
Gegeben sei die Gleichung $x^3 - 5{,}6x^2 + 11{,}4x - 8 = 0$, $\quad D = \mathbb{R}$
Wir wollen diese Gleichung als Funktion f(x) auffassen und suchen die Nullstellen dieser Funktion. Eine Wertetabelle liefert uns folgende Ergebnisse:

X	0	0,5	1	1,5	2	2,5
f(x)	-8	-3,575	-1,2	-0,125	0,4	1,125

Wir wählen als Startwerte $x_1 = 1{,}5$ und $x_2 = 2$ mit $f(x_1) = -0{,}125$ (< 0) und $f(x_2) = 0{,}4$ (> 0). Nun berechnen wir den ersten Näherungswert nach Formel (1.27):
$x_3 = 1{,}5 - (-0{,}125) \cdot \frac{2 - 1{,}5}{0{,}4 - (-0{,}125)} = 1{,}6190476$. Einsetzen in die Funktion führt auf den Wert $f(x_3) = 0{,}0218$ (> 0). Offensichtlich nähern wir uns »von rechts« der gesuchten Nullstelle x_0. Da gilt $f(x_1) \cdot f(x_3) < 0$ (wegen $f(x_1) < 0$ und $f(x_3) > 0$), setzen wir: $x_1 =: x_{links}$ und $x_3 =: x_{rechts}$.
Somit berechnen wir nach (1.28):
$x_4 = x_1 - f(x_1) \cdot \frac{x_3 - x_1}{f(x_3) - f(x_1)} = x_{links} - f(x_{links}) \cdot \frac{x_{rechts} - x_{links}}{f(x_{rechts}) - f(x_{links})}$
$= 1{,}5 - (-0{,}125) \cdot \frac{1{,}6190476 - 1{,}5}{0{,}02181 - (-0{,}125)} = 1{,}60136$; $f(x_4) = 0{,}00157612$. Wir sind also bereits nach zwei Iterationsschritten nahe an der Null. Ein nochmaliger Schritt

liefert schließlich: $x_5 = 1{,}6000979$. Dieser Wert liefert $f(x_5) = 0{,}000114$, eine Näherung, die für die meisten Anwendungen ausreichend ist. In der Tat liegt die exakte Nullstelle bei genau $x_0 = 1{,}6$.

b) Polynomdivision und Horner-Schema

Die Möglichkeit, dass man eine algebraische Gleichung bei Existenz einer bestimmten Anzahl reeller Lösungen in genauso so viele Linearfaktoren zerlegen kann, leitet sich aus dem **Fundamentalsatz der Algebra** ab. Dieser Satz gilt jedoch für die Menge der *komplexen* Zahlen und besagt im Wesentlichen, dass eine algebraische Gleichung n-ten Grades *genau* n Lösungen $x_1, x_2, ..., x_n$ besitzt. Für die Menge der *reellen* Zahlen muss man diesen Satz modifizieren: Eine algebraische Gleichung n-ten Grades besitzt *maximal* n Lösungen. Es ist durchaus denkbar, dass die Anzahl reeller Lösungen kleiner als n, gegebenenfalls sogar 0 ist. Nichtsdestotrotz gilt: Hat man i Lösungen ($i = 1,...,n$) gefunden, dann lassen sich i Linearfaktoren $(x - x_1) \cdot (x - x_2) \cdot ... \cdot (x - x_i)$ abspalten und es verbleibt ein Restpolynom vom Grade n-i. Gibt es sogar die Maximalzahl von n reellen Lösungen, dann lässt sich die Polynomgleichung vollständig in n Linearfaktoren zerlegen, also in die Form $(x - x_1) \cdot (x - x_2) \cdot ... \cdot (x - x_{n-1}) \cdot (x - x_n) = 0$. Man sieht zugleich, dass sich, wenn man durch einen Linearfaktor dividiert, der Grad der Gleichung um 1 reduziert. Diese Division durch den Linearfaktor bezeichnet man allgemein als **Polynomdivision**.

Abspaltung eines Linearfaktors und Polynomdivision:

Sei x_1 eine Lösung der algebraischen Gleichung n-ten Grades, so bezeichnet man $(x - x_1)$ als **Linearfaktor** und die Gleichung n-ten Grades lässt sich schreiben in der Form:

$$a_n x^n + \ldots + a_1 x + a_0 = (x - x_1) \cdot R_{n-1}(x) = 0$$

$R_{n-1}(x)$ bezeichnet man als Restpolynom (n - 1)-ten Grades.

Wenn wir durch den Linearfaktor $(x - x_1)$ dividieren, so erhalten wir:

$$R_{n-1}(x) = \frac{a_n x^n + \ldots + a_1 x^1 + a_1}{x - x_1}$$

Diese Methode bezeichnet man als **Polynomdivision.**

Beispiel:

Gegeben sei die Gleichung: $x^3 - 6x^2 + 11x - 6 = 0, \quad D = \mathbb{R}$

Durch Ausprobieren haben wir die Lösung $x_1 = 1$ gefunden. Somit können wir die Polynomdivision – Verfahren wie schriftliches Dividieren – durch den Linearfaktor $(x - 1)$ durchführen:

$$(x^3 - 6x^2 + 11x - 6) : (x - 1) = x^2 - 5x + 6$$
$$-(x^3 - x^2)$$
$$-5x^2 + 11x$$
$$-(-5x^2 + 5x)$$
$$6x - 6$$
$$-(6x - 6)$$
$$0$$

Die Polynomdivision ist ohne Rest »aufgegangen«, was zeigt, dass es sich mit $x = 1$ um eine Lösung handelt. Andernfalls wäre ein Rest geblieben. Nach der Polynomdivision lässt sich die Gleichung schreiben in der Form:

$$(x - 1) \cdot (x^2 - 5x + 6) = 0$$

Dieses Produkt wird = 0, wenn entweder der erste Faktor oder der zweite Faktor Null werden. Aus dem ersten Faktor $(x - 1) = 0$ folgt sofort die bereits bekannte Lösung $x = 1$. Der zweite Faktor führt auf eine quadratische Gleichung, nämlich $x^2 - 5x + 6 = 0$. Die Anwendung der pq-Formel führt auf die weiteren Lösungen $x_{2/3} = \frac{5}{2} \pm \sqrt{\frac{25}{4} - 6}$ bzw. $x_2 = 2$ und $x_3 = 3$. Damit können wir das Polynom vollständig als Produkt von drei ($n = 3$) Linearfaktoren schreiben:

$$x^3 - 6x^2 + 11x - 6 = (x - 1) \cdot (x^2 - 5x + 6) = (x - 1) \cdot (x - 2) \cdot (x - 3) = 0$$

Ausmultiplizieren des Ausdrucks $(x - 1)(x - 2)(x - 3)$ würde wieder zu der Ursprungsform führen.

Eine alternative Methode zur Polynomdivision ist das **Horner-Schema**. Die Idee des Horner-Schemas beruht darauf, dass man eine Gleichung n-ter Ordnung wie folgt aufspalten kann:

Horner-Schema

Eine algebraische Gleichung n-ten Grades: $a_n x^n + a_{n-1} x^{n-1} + a_{n-2} x^{n-2} + \ldots + a_2 x^2 + a_1 x + a_0 = 0$

lässt sich auch in folgender Form darstellen:

$$(\ldots(((a_n x + a_{n-1}) \cdot x + a_{n-2}) \cdot x + a_{n-3}) \cdot x + \ldots + a_1) \cdot x + a_0 = 0$$

Zur Anwendung des Horner-Schemas bei einer bekannten Lösung x_1 gehen wir folgendermaßen vor:

Vorgehen beim Horner-Schema:

- Wir bilden ein Schema mit 3 Zeilen und n Spalten.
- In der 1. Zeile notieren wir die Koeffizienten $a_n, a_{n-1}, \ldots, a_2, a_1, a_0$.

- Den Wert der 1. Spalte in Zeile 2 setzen wir gleich Null.
- Die 3. Zeile ist die Summenzeile: Hier wird die Summe der beiden darüber liegenden Werte aus Zeile 1 und 2 gebildet.
- Der Wert der 2. Zeile ergibt sich durch Multiplikation der Lösung x_1 mit dem Summenwert aus der vorangegangenen Spalte.
- Nach Abschluss des Verfahrens muss sich für den Wert in der Zelle »unten rechts« der Wert 0 ergeben (ansonsten ist x_1 keine Lösung).
- In der Summenzeile liefert das Horner-Schema die Koeffizienten des Restpolynoms $R_{n-1}(x)$.

1. Beispiel:
Gegeben sei wie oben die Gleichung: $x^3 - 6x^2 + 11x - 6 = 0$, $D = \mathbb{R}$ mit der Lösung $x_1 = 1$. Das Polynom hat die Koeffizienten 1, -6, 11 und -6. Das Horner-Schema hat damit folgendes Aussehen:

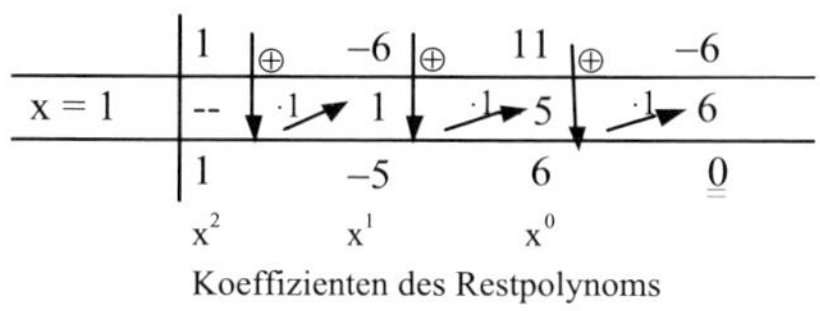

Abb. 1.13

Ergebnis: $(x - 1) \cdot (x^2 - 5x + 6) = 0$

> Hinweis: Falls die gesuchte Lösung ganzzahlig ist, finden wir sie unter den Teilern von a_0. Diese Regel hilft bei der gezielten Suche nach einer Lösung.

2. Beispiel:
Gegeben sei die Gleichung: $x^4 + 2x^3 - 12x^2 + 14x - 5 = 0$, $D = \mathbb{R}$
Wir suchen gezielt eine Lösung aus den Teilern von a_0, also aus den Teilern von -5 und starten einen Lösungsversuch mit $x = -5$:

	1	2	−12	14	−5
x = −5	–	−5	15	−15	5
	1	−3	3	−1	<u>0</u>

Wir lesen in der untersten Zeile die Koeffizienten des Restpolynoms ab und können die Gleichung durch Abspaltung des Linearfaktors (x + 5) folgendermaßen schreiben: $(x + 5) \cdot (x^3 - 3x^2 + 3x - 1) = 0$. Unschwer erkennen wir x = 1 als weitere Lösung und wenden das Horner-Schema ein weiteres Mal an:

	1	2	−12	14	−5
x = −5	–	−5	15	−15	5
	1	−3	3	−1	$\underline{\underline{0}}$
x = 1	–	1	−2	1	
	1	−2	1	$\underline{\underline{0}}$	

Damit erhalten wir $(x + 5) \cdot (x - 1) \cdot (x^2 - 2x + 1) = 0$. Den Term $(x^2 - 2x + 1)$ können wir unter Anwendung der zweiten binomischen Formel in der Form $(x - 1)^2$ schreiben, so dass wir letzten Endes die Ursprungsgleichung vollständig in Linearfaktoren zerlegt haben: $(x + 5) \cdot (x - 1)^3 = 0$. Sie liefert die Lösungen -5 und 1 bzw. L = {-5; 1}.

3. Beispiel:
Gegeben sei erneut die Gleichung: $x^3 - 5{,}6x^2 + 11{,}4x - 8 = 0$, $D = \mathbb{R}$
Nach der Regula falsi hatten wir eine Lösung x = 1,6 ermittelt, so dass wir nun das Horner-Schema anwenden können:

	1	-5,6	11,4	-8
x = 1,6	–	1,6	-6,4	8
	1	-4	5	$\underline{\underline{0}}$

Wir erhalten mit Abspalten des Linearfaktors (x – 1,6) den Ausdruck $(x - 1{,}6) \cdot (x^2 - 4x + 5 = 0)$. Wie sich jedoch mit Hilfe der pq-Formel zeigt, ergibt sich keine weitere reelle Lösung, da die Diskriminante (hier: 4 – 5 = −1) negativ ist. $x^2 - 4x + 5 = 0 \Rightarrow x_{1/2} = 2 \pm \sqrt{4 - 5} \Rightarrow$ keine Lösung in $\mathbb{R}$. Somit also: L = {1,6}.

Aufgabe 21: Bestimmen Sie die Lösungen folgender Gleichungen (jeweils $D = \mathbb{R}$):
a) $3x^3 + 6x^2 + 3x = 0$ b) $x^4 - x^3 - 18x^2 + 52x - 40 = 0$
c) $125x^3 - 225x^2 - 845x + 561 = 0$ (Hinweis: Eine NST liegt bei $^3/_5$)

Aufgabe 22: Bestimmen Sie die Lösungen folgender Gleichung ($D = \mathbb{R}$) unter Anwendung der Regula falsi mit den Startwerten $x_1 = 5$ und $x_2 = 6$: $2x^3 - 6{,}8x^2 - 34{,}72x + 56{,}448 = 0$!

1.5.5 Wurzel-, Bruch- und Exponentialgleichungen

a) Wurzelgleichungen

Bei Wurzelgleichungen tritt die Variable x im Radikanden auf. Wurzelgleichungen können »tückisch« sein, denn um beispielsweise die Lösung einer Quadratwurzel zu bestimmen, müssen als Gegenoperation der Quadratwurzel beide Seiten quadriert werden. Da aber die Quadrierung keine Äquivalenzumformung ist, müssen die errechneten Lösungswerte nicht zwingend mit den Lösungen der Ursprungsgleichung übereinstimmen. Es können »neue« Lösungen hinzutreten, so dass stets die Probe durch Einsetzen in die Ursprungsgleichung durchzuführen ist.

Beispiel:

$2 \cdot \sqrt{x+1} - \sqrt{2x+3} = 1$

Zunächst Bestimmung des Definitionsbereichs: Radikanden ≥ 0, d. h. $x + 1 \geq 0$ und $2x + 3 \geq 0 \Rightarrow x \geq -1$ und $x \geq \frac{2}{3} \Rightarrow D = \{x \in \mathbb{R} | x \geq -1\}$

$2 \cdot \sqrt{x+1} = 1 + \sqrt{2x+3} |^2 \Rightarrow 4 \cdot (x+1) = (1 + \sqrt{2x+3})^2 |$ Ausmultiplizieren

$\Leftrightarrow 4x + 4 = 1 + 2 \cdot \sqrt{2x+3} + 2x + 3 \Leftrightarrow 2x = 2 \cdot \sqrt{2x+3} |^2 \Rightarrow 4x^2 = 4 \cdot (2x+3) |:4$

$\Leftrightarrow x^2 - 2x - 3 = 0$ |pq-Formel $\Leftrightarrow x_1 = -1$ oder $x_2 = 3$

Probe: $x_1 = -1$ eingesetzt: $0 - 1 = 1$ falsch; $x_2 = 3$ eingesetzt: $4 - 3 = 1$ wahr $\Rightarrow L = \{3\}$; -1 ist keine Lösung.

b) Bruchgleichungen

Bruchgleichungen sind Gleichungen, bei denen die Lösungsvariable x im Nenner auftritt. Hier ist die Bestimmung des Definitionsbereichs wichtig, damit sichergestellt ist, dass nicht durch die Zahl 0 dividiert wird.

Beispiel:

$\frac{1}{x+1} - \frac{4}{x+3} = 0 \quad D = \mathbb{R} \setminus \{-1; -3\}$ |Multiplikation mit $(x + 1) \cdot (x + 3)$

$\Leftrightarrow (x + 3) - 4 \cdot (x + 1) = 0 \Leftrightarrow x + 3 - 4x - 4 = 0 \Leftrightarrow -3x - 1 = 0 \Leftrightarrow -3x = 1$

$\Leftrightarrow x = -\frac{1}{3} \quad L = \left\{-\frac{1}{3}\right\}$

c) Exponentialgleichungen

Exponentialgleichungen sind Gleichungen, bei denen die Lösungsvariable x mindestens einmal im Exponenten auftritt. Die Lösung findet man durch Logarithmieren.

Beispiel:

$3^{x+1} = 6^{x-1} \,|\, \ln \quad D = \mathbb{R} \qquad \Leftrightarrow \ln 3^{x+1} = \ln 6^{x-1} \,|\, 3.$ Log. gesetz

$\Leftrightarrow (x+1) \cdot \ln 3 = (x-1) \cdot \ln 6 \Leftrightarrow x \cdot \ln 3 + \ln 3 = x \cdot \ln 6 - \ln 6$

$$\Leftrightarrow \underbrace{ln3 + ln6}_{\ln(3 \cdot 6)} = x \cdot \underbrace{ln6 - ln3}_{\ln\left(\frac{6}{3}\right)} \Leftrightarrow \ln 18 = x \cdot \ln 2 \,|: \ln 2 \Rightarrow x = \frac{ln18}{ln2} = 4{,}1699$$

Bestimmen Sie für die folgenden Aufgaben die Definitionsbereiche und lösen Sie nach x auf!

Aufgabe 23: (Wurzelgleichungen) a) $\frac{6}{\sqrt{x+4}} + \sqrt{5x - 24} = \sqrt{x+4}$

b) $\frac{1}{\sqrt{x+5}} = \frac{4}{x}$

Aufgabe 24: (Bruchgleichung) a) $\frac{5x}{x-4} + \frac{x}{x+1} = \frac{6x}{x-1}$ b) $\frac{1}{x-1} + \frac{1}{x+1} = 0$

Aufgabe 25: (Exponentialgleichungen) a) $4^{x-3} = \frac{1}{16}$ b) $3^{4x-4} = \frac{3^{x-1}}{3}$

1.6 Ungleichungen

Ungleichungen treten u. a. in der linearen Optimierung auf. Sie repräsentieren dann beispielsweise Kapazitäts- oder Budgetbeschränkungen.
Bei einer Ungleichung werden zwei Terme gegenübergestellt, für die anstelle des »=«-Zeichens nun die Relationen »>«, »<«, »≥« oder »≤« gelten. Im Vergleich zur Behandlung von Gleichungen gibt es einige Unterschiede zu beachten, auf die wir hinweisen wollen.
Die wichtigsten Regeln bei Äquivalenzumformungen:

- Addition und Subtraktion auf beiden Seiten der Ungleichung verändern die Relation nicht (analog wie bei Gleichungen).
- Multiplikation und Division mit einer positiven Zahl bzw. durch eine positive Zahl ist analog wie bei Gleichungen.
- Multiplikation und Division mit einer negativen Zahl bzw. durch eine negative Zahl führt zur Umkehrung des Ungleichheitszeichens, also Wechsel von »>« auf »<« und umgekehrt.

- Kehrwertbildung führt zur Umkehrung des Ungleichheitszeichens.
- Ein Produkt zweier Faktoren ist *größer* null, wenn entweder beide Faktoren größer Null oder beide Faktoren negativ sind (»Plus« mal »Plus« oder »Minus« mal »Minus«).
- Ein Produkt zweier Faktoren ist *kleiner* Null, wenn ein Faktor größer Null und der andere Faktor negativ ist (»Plus« mal »Minus« oder »Minus« mal »Plus«).

Beispiele:

a) $x + 4 < 7 \quad |-4 \qquad \Leftrightarrow x < 3$

b) $x - 5 \geq 12 \quad |+5 \qquad \Leftrightarrow x \geq 17$

c) $4 \cdot x < 20 \quad |:4 \qquad \Leftrightarrow x < 5$

d) $-3 \cdot x \leq 27 \quad |:(-3) \qquad \Leftrightarrow x \geq -9$ (Umkehrung des Ungleichheitszeichens)

e) $0 < x < y \Leftrightarrow \frac{1}{x^n} > \frac{1}{y^n}\ n > 0$ (Umkehrung des Ungleichheitszeichens)

f) $x \cdot y > 0 \Leftrightarrow x > 0$ und $y > 0$ oder $x < 0$ und $y < 0$

g) $x \cdot y < 0 \Leftrightarrow x > 0$ und $y < 0$ oder $x < 0$ und $y > 0$

h) $x^2 > 16 \Leftrightarrow x^2 - 16 > 0 \Leftrightarrow (x - 4) \cdot (x + 4) > 0$

$\Leftrightarrow x - 4 > 0 \wedge x + 4 > 0 \vee x - 4 < 0 \wedge x + 4 < 0$

$\Leftrightarrow x > 4 \wedge x > -4 \vee x < 4 \wedge x < -4$

$\Leftrightarrow x > 4 \vee x < -4$

i) $x^2 \leq 36 \Leftrightarrow x^2 - 36 \leq 0 \Leftrightarrow (x - 6) \cdot (x + 6) \leq 0$

$\Leftrightarrow x - 6 \leq 0 \wedge x + 6 \geq 0 \vee x - 6 \geq 0 \wedge x + 6 \leq 0$

$\Leftrightarrow \underbrace{x \leq 6 \wedge x \geq -6}_{-6 \leq x \leq 6} \vee \underbrace{x \geq 6 \wedge x \leq -6}_{\text{nicht möglich}} \Leftrightarrow -6 \leq x \leq 6$

j) $\frac{x}{x-1} > -2 \quad |\cdot(x - 1) \qquad x \neq 1$

Eine Fallunterscheidung ist notwendig, da bei Multiplikation mit x-1unklar ist, ob mit einer positiven oder negativen Zahl multipliziert wird.

Fall 1: $x - 1 > 0$ bzw. $x > 1$ (keine Änderung des Ungleichheitszeichens)

$\Leftrightarrow x > -2 \cdot (x - 1) \Leftrightarrow x > -2x + 2 \ |+ 2x$

$\Leftrightarrow 3x > 2 \Leftrightarrow x > \frac{2}{3}$ Lösung: $x > 1$

Fall 2: $x - 1 < 0$ bzw. $x < 1$ (Umkehrung des Ungleichheitszeichens)

$\Leftrightarrow x < -2 \cdot (x - 1) \Leftrightarrow x < -2x + 2 \ |+ 2x$

$\Leftrightarrow 3x < 2 \Leftrightarrow x < \frac{2}{3}$ Lösung: $x < \frac{2}{3}$

$\Rightarrow L = \{x | x < \frac{2}{3} \vee x > 1\}$ keine Lösung: $^2/_3 \leq x \leq 1$.

Aufgabe 26: Bestimmen Sie die Lösungsmengen folgender Ungleichungen:

a) $6 - x^2 < 0$ b) $-6x + 4 \geq x - 6$ c) $\frac{-4}{x-4} < x$

2 Finanzmathematik

Lehrziele

Nach Durcharbeiten dieses Kapitels sollen die Studierenden

- das Prinzip der arithmetischen und geometrischen Folgen und Reihen beherrschen und es als Grundlage aller finanzmathematischen Berechnungen begreifen,
- Abschreibungen als Anwendung von Folgen und Reihen verstehen,
- in der Lage sein, finanzmathematische Fragestellungen der Zins- und Zinseszinsrechnung eigenständig einzuordnen und zu bearbeiten und dabei insbesondere jährliche, unterjährige und stetige Zinseffekte sachgerecht zu berücksichtigen,
- die Vorgehensweise zur Berechnung von Effektivzinssätzen verstehen,
- die Rentenrechnung, insbesondere die Berechnung von Rentenend- und -barwerten, sowohl auf jährlicher wie auf unterjähriger Basis beherrschen,
- die wichtigsten Tilgungsformen kennen und in der Lage sein, Zinsen, Tilgungsbeträge und Annuitäten zu berechnen sowie einen Tilgungsplan aufzustellen
- in der Lage sein, die wichtigsten Kennzahlen der dynamischen Investitionsrechnung anzuwenden und ökonomisch zu interpretieren.

2.1 Folgen und Reihen

Eine Zahlenfolge ist eine Hintereinanderreihung von Zahlenwerten (z. B. die Folge der Primzahlen 2, 3, 5, 7, 11, 13, ...). Sie hat ein Anfangselement – im Beispiel der Primzahlen das Element 2 – und danach entweder endlich oder unendlich viele weitere Elemente. Man spricht entsprechend von **endlicher** oder **unendlicher** Folge. Man versucht in der Regel, die Gesetzmäßigkeit einer Folge zu bestimmen und in einen Formelausdruck zu fassen. Gelingt dies, so kann man mühelos jedes beliebige Folgenelement berechnen.[6]
Für die Finanzmathematik interessieren uns nur zwei spezielle Folgen: die **arithmetische** Folge und die **geometrische** Folge. Alle finanzmathematischen

6 Für die Folge der Primzahlen ist dies bis heute noch nicht gelungen. Man weiß zwar, dass die Folge unendlich ist, d. h. es gibt unendlich viele Primzahlen, aber es existiert keine Gesetzmäßigkeit, nach der man z. B. die 17. Primzahl berechnen könnte.

Anwendungen und Berechnungen bauen auf diesen beiden Folgentypen auf, so dass es sinnvoll ist, sich vorab mit diesen beiden Folgentypen zu befassen.

2.1.1 Arithmetische Folgen und Reihen

Eine **arithmetische Folge** ist eine Zahlenfolge, bei der die Differenz zweier benachbarter Folgenelemente konstant ist. Der konstante Abstand wird mit d bezeichnet.

Beispiel:
Ein Unternehmer plant die Umsätze für die nächsten 5 Jahre und unterstellt dabei folgende Planzahlen (Angaben in Mio. €):

Jahr	**1**	**2**	**3**	**4**	**5**
Szenario 1	2	8	14	20	26
Folgenelement	a_1	a_2	a_3	a_4	a_5

Die Planzahlen folgen einer bestimmten Gesetzmäßigkeit: Ausgehend vom Initialwert $a_1 = 2$ wächst der Umsatz Jahr für Jahr um einen konstanten Betrag, nämlich 6 Mio. €; oder anders ausgedrückt: Die Differenz zwischen zwei aufeinanderfolgenden Jahren ist konstant gleich 6 Mio. €. Es handelt sich dabei um eine arithmetische Folge.
Wir wollen im Folgenden eine Gesetzmäßigkeit ableiten, damit wir in der Lage sind, allein durch Kenntnis des Anfangselements und des Abstands d *jedes beliebige* Folgenelement zu berechnen. Dies erfolgt nach dem Prinzip der **Rekursion** (»Rückführung«), d. h. man beginnt beim vorgegebenen Anfangselement a_1 und führt jedes Folgenelement a_t immer wieder auf das Initialelement a_1 zurück.

$a_1 = 2$

$a_2 = 8 = 2 + 6 = a_1 + d$

$a_3 = 14 = 8 + 6 = a_2 + d = a_1 + 2 \cdot d$

$a_4 = 20 = 14 + 6 = a_3 + d = a_1 + 3 \cdot d$

...

$a_t = a_{t-1} + d = a_1 + (t - 1) \cdot d$

Somit ergibt sich das **allgemeine Bildungsgesetz für eine arithmetische Folge** bei gegebenem Anfangselement a_1 und konstantem Abstand d:

$$a_t = a_1 + (t - 1) \cdot d \quad \text{für alle } t \geq 1 \text{ und } t \in \mathbb{N} \; (2.1)$$

Beispiele:

1. Für das obige Szenario ($a_1 = 2$ und $d = 6$) errechnet sich der Umsatz im Jahr $t = 5$: $a_5 = 2 + (5 - 1) \cdot 6 = 26$.
2. Für die Folge 3, 7, 11, 15, 19, ... lautet das 37. Element: $a_{37} = 3 + (37 - 1) \cdot 4 = 147$.

Häufig interessiert jedoch nicht nur das soundsovielte Folgenelement, sondern man will die **Summe** aller Folgenelemente wissen. Man spricht dann von einer **Reihe**, abgekürzt s_n. Handelt es sich um eine arithmetische Folge, so spricht man, wenn man die Folgenelemente aufaddiert, vom Wert einer **arithmetischen Reihe**.

Beispiele:

a) Wie hoch ist der Gesamtumsatz des Unternehmers über die 5 Jahre, also $s_5 = 2 + 8 + 14 + 20 + 26$?

b) Wie lautet der Wert der Summe $s_{37} = 3 + 7 + 11 + 15 + 19 + ... + 147$?

Wir werden sehen, dass man auch für die arithmetische Reihe eine Gesetzmäßigkeit entwickeln kann.

Es gilt allgemein für eine Reihe: $s_n = \sum_{t=1}^{n} a_t$

Falls a_t eine arithmetische Folge ist, gilt: $s_n = \sum_{t=1}^{n}[a_1 + (t-1) \cdot d] = \underbrace{\sum_{t=1}^{n} a_1}_{a_1 \cdot n} + d \cdot \underbrace{\sum_{t=1}^{n} t}_{X} - \underbrace{\sum_{t=1}^{n} d}_{d \cdot n}$

Als einzige unbekannte Größe in unserer Formel verbleibt die mit X gekennzeichnete Summe. Es handelt sich dabei um die Summe der natürlichen Zahlen, d. h. $X = 1 + 2 + 3 + 4 + ... + n$. Für diese Summe können wir eine Gesetzmäßigkeit angeben[7].

Sie lautet: $X = 1 + 2 + 3 + 4 + ... + n = \frac{n \cdot (n+1)}{2}$. Fassen wir zusammen, erhalten wir das allgemeine Bildungsgesetz für eine arithmetische Reihe:

7 Vgl. Anhang B »Herleitung der Formeln für arithmetische und geometrische Reihe« am Ende des Buches. Das gezeigte Verfahren wird als »Gauß'scher Trick« bezeichnet und geht auf eine Anekdote zurück, nach der Carl Friedrich Gauß als Junge zusammen mit seinen Mitschülern von ihrem verkaterten Lehrer die Aufgabe gestellt wurde, die Zahlen von 1 bis 100 zusammenzuzählen. Der Lehrer, der hoffte, nun eine Weile seine Ruhe zu haben, war schnell wieder nüchtern, als der junge Gauß bereits nach wenigen Minuten das Ergebnis präsentieren konnte. Eine alternative Beweismöglichkeit erfolgt über die vollständige Induktion (► Kapitel 1.3.4).

$$s_n = d \cdot \frac{n \cdot (n+1)}{2} + (a_1 - d) \cdot n \qquad (2.2)$$

Beispiele:

1. Der Gesamtumsatz des Unternehmers über 5 Jahre beträgt $s_5 = d \cdot \frac{5 \cdot (5+1)}{2} + (2 - 6) \cdot 5 = 70$.
2. Der Wert der Summe $3 + 7 + 11 + 15 + 19 + ... + 147$ ($147 = 37$. Element) beträgt $s_{37} = 4 \cdot \frac{37 \cdot (37+1)}{2} + (3 - 4) \cdot 37 = 2.775$.

2.1.2 Geometrische Folgen und Reihen

Bleiben wir bei unserem Unternehmer, der als Alternative zum oben dargestellten Szenario folgende Umsätze (in Mio. €) für die nächsten 5 Jahre schätzt:

Jahr	**1**	**2**	**3**	**4**	**5**
Szenario 2	2	4	8	16	32
Folgenelement	g_1	g_2	g_3	g_4	g_5

Auch hier ist eine Gesetzmäßigkeit erkennbar. Der prognostizierte Umsatz wächst jedoch nicht mehr um einen konstanten Absolutbetrag, sondern um einen konstanten *Faktor*, nämlich den Faktor 2. Dieses Merkmal ist kennzeichnend für eine geometrische Folge.

Verallgemeinernd lässt sich festhalten: Eine **geometrische Folge** ist eine Zahlenfolge, bei der der Quotient zweier benachbarter Folgenelemente (bzw. der Steigerungsfaktor) konstant ist.

Auch für die geometrische Folge gilt es, eine Gesetzmäßigkeit abzuleiten. Zur Kennzeichnung der geometrischen Folge in Abgrenzung zur arithmetischen Folge bezeichnen wir die Folgenelemente nun mit g_1, g_2 usw. Der konstante Quotient wird mit q bezeichnet.

$g_1 = 2$

$g_2 = 4 = 2 \cdot 2 = g_1 \cdot 2$

$g_3 = 8 = 4 \cdot 2 = g_2 \cdot 2 = g_1 \cdot 2^2$

$g_4 = 16 = 8 \cdot 2 = g_3 \cdot 2 = g_1 \cdot 2^3$

...

$g_t = g_{t-1} \cdot q = g_1 \cdot q^{t-1}$

Damit können wir das **allgemeine Bildungsgesetz für eine geometrische Folge** bei gegebenem Anfangselement g_1 und konstantem Quotienten q formulieren:

$$g_t = g_1 \cdot q^{t-1} \quad \text{für alle } t \geq 1, t \in \mathbb{N} \; (2.3)$$

Beispiele:

1. Für das obige Szenario ($g_1 = 2$ und $q = 2$) errechnet sich der Umsatz im Jahr $t = 5$: $g_5 = 2 \cdot 2^{5-1} = 2 \cdot 2^4 = 2 \cdot 16 = 32$
2. Die Folge 100;120;144;172,8;207,36;... ist eine geometrische Folge, denn der Quotient zweier benachbarter Elemente ist konstant = 1,2 (bzw. die Steigerungsquote ist 20 %). Gesucht sei das 17. Element dieser Folge. Es ist: $g_1 = 100$ und $q = 1{,}2 \Rightarrow g_{17} = 100 \cdot 1{,}2^{17-1} = 1.848{,}84$
3. Eine geometrische Folge kann auch absteigend sein, z. B. 100;50;25;12,5;6,25; ... Gesucht sei hier das 11. Folgenelement. Mit $g_1 = 100$ und $q = \frac{1}{2}$ erhalten wir $g_{11} = 100 \cdot \left(\frac{1}{2}\right)^{11-1} = 0{,}09766$

Wie bei der arithmetischen Folge wollen wir auch für die geometrische Folge die **Summe** der Folgenelemente, also den Wert der **geometrischen Reihe**, berechnen. Wir müssen also schreiben: $s_n = \sum_{t=1}^{n} g_t = \sum_{t=1}^{n} g_1 \cdot q^{t-1} = g_1 \cdot \underbrace{\sum_{t=1}^{n} q^{t-1}}_{=Y}$. Aufzulösen bleibt der Summenausdruck Y mit $Y = q^0 + q^1 + q^2 + \ldots + q^{n-2} + q^{n-1}$. Mit Hilfe eines weiteren Gauß'schen Tricks lässt sich auch dieser Ausdruck vereinfachen[8], und zwar zu $Y = \frac{q^n - 1}{q-1}$. Damit erhalten wir zusammengefasst das **allgemeine Bildungsgesetz für eine geometrische Reihe**:

$$s_n = g_1 \cdot \frac{q^n - 1}{q - 1} \quad q > 0, q \neq 1 \qquad (2.4)$$

8 Die Herleitung ist erneut im Anhang B wiedergegeben.

Beispiele:

1. Der Gesamtumsatz des Unternehmers über 5 Jahre beträgt in obigem Beispiel: $s_5 = 2 \cdot \frac{2^5-1}{2-1} = 2 \cdot 31 = 62$ Mio. €
2. Ein Angestellter habe ein aktuelles Jahreseinkommen von 50 000 € (t = 0). Wie hoch wird sein Jahreseinkommen in 10 Jahren (t = 10) sein und wie hoch ist sein erlöstes Gesamteinkommen über die gesamten 10 Jahre, wenn er mit einer jährlichen Einkommenssteigerung von 5 % rechnet?

t = 0	t = 1	t = 2	...	t = 9	t = 10
g_1	g_2	g_3	...	g_{10}	g_{11} (d. h. n = 11)
50.000	$50.000 \cdot 1{,}05^1$	$50.000 \cdot 1{,}05^2$	...	$50.000 \cdot 1{,}05^9$	$50.000 \cdot 1{,}05^{10}$

Im ersten Teil der Frage ist das Einkommen im Jahre 10, also der 11. Folgenwert der geometrischen Folge mit $g_1 = 50.000$ und $q = 1{,}05$ gesucht. Es gilt damit: $50.000 \cdot 1{,}05^{11-1} = 81.444{,}73$ €. Im zweiten Teil der Frage ist nach dem Wert der geometrischen Reihe gefragt. Die Lösung lautet: $s_{11} = 50.000 \cdot \frac{1{,}05^{11}-1}{1{,}05-1} = 710.339{,}36$ €.

Achtung! Das Beispiel 2 hat gezeigt: Entscheidend bei der Anwendung der Formeln für Folgen und Reihen ist *nicht* die *Anzahl der Jahre*, *sondern* die *Anzahl der Folgenelemente*. Man sollte deshalb zuerst die Folge aufstellen und die Folgenelemente durch den Index durchnummerieren. Anhand des Indexes des letzten Folgenelements (im Bsp.: 11) kann man dann sofort die zugehörige Formel verwenden.

Abschließend wollen wir noch der Frage nachgehen, wie sich der Wert der geometrischen Folge entwickelt, wenn die Anzahl der Folgenelemente »sehr groß« wird. Man spricht dann von einer **unendlichen geometrischen Reihe**. Falls $q > 1$, so wird auch die Summe der Folgenelemente beliebig groß (Exponentialeffekt), d. h. sie hat keinen endlichen Grenzwert. Man sagt auch die Reihe **divergiert**.
Dies ist jedoch nicht so für den Fall $0 < q < 1$. Wir wollen für diesen Fall eine Grenzbetrachtung durchführen. Gesucht ist s_∞ mit $s_\infty = \lim\limits_{n\to\infty} s_n = \lim\limits_{n\to\infty} g_1 \cdot \frac{q^n-1}{q-1} = g_1 \cdot \lim\limits_{n\to\infty} \frac{q^n-1}{q-1} \overbrace{=}^{\cdot(-1)} g_1 \cdot \lim\limits_{n\to\infty} \frac{1-q^n}{1-q}$. Für $0 < q < 1$ wird der Ausdruck q^n für »sehr große« Werte von n »beliebig klein«, geht also gegen 0, so dass im

Ergebnis stehen bleibt: $g_1 \cdot \frac{1}{1-q}$. Die Reihe hat mit $g_1 \cdot \frac{1}{1-q}$ einen endlichen Grenzwert, man sagt sie **konvergiert**. Sie kann sich dem Wert $g_1 \cdot \frac{1}{1-q}$ beliebig annähern, ohne ihn jemals zu erreichen.
Wir wollen das Ergebnis zusammenfassen: Wenn s_n eine endliche geometrische Reihe ist und es gilt $0 < q < 1$, dann hat die **unendliche Reihe** einen endlichen Grenzwert und gilt:

$$s_\infty = \lim_{n\to\infty} s_n = \lim_{n\to\infty} g_1 \cdot \frac{q^n - 1}{q - 1} = g_1 \cdot \frac{1}{1-q}, 0 < q < 1 ,$$

s_n endliche geometrische Reihe (2.5)

Beispiel:
Wir betrachten die Folge aus dem obigen Beispiel: 100; 50; 25; 12,5; 6,25.... Wie hoch ist die Summe aller Folgenelemente, selbst wenn die Zahl der Folgenelemente beliebig groß wird?

Zur Lösung:
Wir haben mit $q = \frac{1}{2}$ die Bedingung für eine unendliche geometrische Reihe erfüllt. Mit $g_1 = 100$ gilt schließlich: $s_\infty = 100 \cdot \frac{1}{1-0{,}5} = 200$. Die Summe aller Folgenelemente wird niemals den Wert 200 überschreiten.
Man kann sich diesen Gedanken auch folgendermaßen veranschaulichen: Ein Spaziergänger hat eine Gesamtstrecke von 200 Metern zu bewältigen. Er schreitet zunächst eine Strecke von 100 Metern ab. Danach geht er nur noch 50 Meter (hat also insgesamt 150 Meter zurückgelegt). Die dritte, vierte etc. Etappe betragen 25 Meter, 12,5 Meter etc. Wenn er jedes weitere Teilstück gegenüber dem vorherigen halbiert, so nähert er sich seinem Ziel beliebig an, er wird die Zielmarke jedoch niemals berühren (auch wenn dies praktisch kaum mehr darstellbar ist), geschweige denn überschreiten. Der Grenzwert dieser unendlichen Reihe beträgt also 200 Meter.

2.1.3 Finanzmathematische Anwendungen von Folgen und Reihen (Übersicht)

Die folgende Tabelle gibt einen Überblick über die Anwendung der arithmetischen und geometrischen Folgen und Reihen in der Finanzmathematik und in der Abschreibungsrechnung. Daran wird zugleich erkennbar, dass das gesamte Instrumentarium der Finanzmathematik letztlich auf diesen beiden Folgen- bzw. Reihentypen aufbaut.

Begriff und Formel	Anwendung	Kap.
Arithmetische Folge $a_t = a_1 + (t-1) \cdot d$	Einfache Zinsrechnung (Einmalzahlung) Lineare Abschreibung Arithmetisch-degressive Abschreibung	2.3.1 2.2
Arithmetische Reihe $s_n = \sum_{t=1}^{n} a_t = d \cdot \frac{n \cdot (n+1)}{2} + (a_t - d) \cdot n$	Rentenartige Zahlungen bei einfacher Verzinsung Ratentilgung Arithmetisch-degressive Abschreibung	2.3.1 2.5.3
Geometrische Folge $g_t = g_1 \cdot q^{t-1}, g > 0$	Auf- und Abzinsung einzelner Beträge Geometrisch-degressive Abschreibung	2.3.2 2.2.2
Geometrische Reihe $s_n = g_1 \cdot \sum_{t=1}^{n} q^{t-1} = g_1 \cdot \frac{q^n - 1}{q - 1}$ (endlich) $s_\infty = g_1 \cdot \frac{1}{1-q}$ (unendlich), $0 < q < 1$	Rentenrechnung Annuitätenrechnung	2.4 2.5.2

Aufgabe 27: Ein Großvater möchte für sein Enkelkind etwas Geld ansparen und steckt ihm deshalb nach folgendem Prinzip Geld ins Sparschwein: in der 1. Woche 1 €-Cent, in der zweiten Woche 2 €-Cent, in der dritten Woche 4 €-Cent usw.

a) Welchen Betrag in € muss der Großvater seinem Enkelkind in der 20. Woche ins Sparschwein stecken?
b) Welchen Betrag hätte der Großvater nach 20 Wochen für sein Enkelkind gespart?

Aufgabe 28: 30 Studierende sitzen in einem Biergarten an einem Tisch zusammen, jeder hat ein Glas Bier vor sich stehen. Nun will jeder Studierende mit jedem anderen das Bierglas anstoßen. Wie oft wird insgesamt angestoßen?

Aufgabe 29: In einem Preisausschreiben winken als 1. Preis 100.000 €, als 2. Preis 50.000 €, als 3. Preis 25.000 € usw. Welcher Geldbetrag wird maximal ausgeschüttet, selbst wenn man die Folge »beliebig« groß werden lässt?

2.2 Abschreibungen

2.2.1 Überblick

Abschreibungen lassen sich als Anwendung von arithmetischen und geometrischen Folgen interpretieren, gehören somit – obwohl keine Zahlungen vorliegen – im weiteren Sinne zur Finanzmathematik.
Der Aufwand für Betriebsmittel (Gebäude, Maschinen, Fahrzeuge) wird in der Gewinn- und Verlustrechnung (GuV) in Form von **Abschreibungen** oder auch Absetzung für Abnutzung (kurz: AfA) erfasst. Die Abschreibungsdauer richtet sich nach der **betriebsgewöhnlichen Nutzungsdauer**, die für das betreffende Wirtschaftsgut den **AfA-Tabellen** entnommen werden kann.
Es wäre beispielsweise nicht sachgerecht, eine Maschine über 1 Mio. €, die für 10 Jahre angeschafft wird und nach und nach verschleißt, im Jahre der Anschaffung zu 100 % als Aufwand zu verbuchen. Dies würde bedeuten, dass der Buchwert »auf einen Schlag« auf 0 € sinkt. Sinnvollerweise verteilt man die 1 Mio. € Investitionsauszahlungen auf 10 Jahre, d. h. man schreibt sie über 10 Jahre ab. In der Bilanz erscheint dann jeweils der **Restbuchwert**.
Die Faktoren für die Bestimmung der Abschreibungen sind: die Bemessungsgrundlage (Abschreibungsvolumen), die Abschreibungsdauer und die Abschreibungsmethode. Uns beschäftigt hier die Frage, nach welcher **Abschreibungsmethode** die Wertminderung zu erfassen ist. Wir wollen uns auf die planmäßige Abschreibung konzentrieren[9]. Die planmäßige Abschreibung bringt den vorhersehbaren planmäßigen Werteverzehr der Vermögensgegenstände zum Ausdruck.
Bezogen auf Grundstücke und Gebäude wollen wir uns zunächst auf die steuerlich zulässigen Abschreibungsmethoden gemäß § 7 Einkommensteuergesetz (EStG) konzentrieren:

- Grundstücke werden im Allgemeinen nicht abgeschrieben.
- Gebäude des Betriebsvermögens sind zwingend **linear** abzuschreiben.
- Für bewegliche Wirtschaftsgüter (Maschinen, Fahrzeuge) gibt es neben der **linearen** Abschreibung grundsätzlich auch die Möglichkeit zur **degressiven** Abschreibung. Da in der Wirtschaftspraxis oft das Ziel verfolgt wird, möglichst früh möglichst viel abzuschreiben, wird dieser Methode häufig der Vorzug gegenüber der linearen AfA gegeben. Man unterscheidet

---

9 Die vielfältigen Regelungen zu außerplanmäßigen Abschreibungen würden den Rahmen dieses Kapitels sprengen.

insbesondere zwischen der **geometrisch-degressiven** und der **arithmetisch-degressiven** Abschreibung.[10]

- Bei Wirtschaftsgütern, deren Leistung über die Jahre erheblich schwankt, kann – in der Praxis jedoch selten – die Abschreibung nach Maßgabe der Leistung – z. B. über ein Zählwerk – vorgenommen werden (**Leistungsabschreibung**).[11]

Inwieweit die Abschreibungsmethoden in der Praxis einsetzbar sind, ist zu unterscheiden, ob sie handelsrechtlich und steuerrechtlich zulässig und für die Kostenrechnung zur Berechnung kalkulatorischer Abschreibungen zweckmäßig einsetzbar sind. Die folgende Tabelle gibt hierzu einen Überblick:[12]

	Lineare Abschreibung	**Geometrisch-degressive Abschreibung**	**Arithmetisch-degressive Abschreibung**
Handelsbilanz	zulässig gem. § 253 HGB	zulässig gem. § 253 HGB	zulässig gem. § 253 HGB
Steuerbilanz	zulässig nach § 7 (1) EStG	abhängig von der aktuellen Rechtslage[12]	nicht zulässig
IFRS/ US-GAAP[13]	zulässig straight-line method	zulässig deminishing balanced method	zulässig sum-of-the-years-digits method
Kostenrechnung	zulässig (üblich in der betrieblichen Praxis)	zulässig, aber ohne praktische Bedeutung	zulässig, aber ohne praktische Bedeutung

10 Grundsätzlich gibt es auch die progressive Abschreibung, die im Laufe der Nutzungsdauer ansteigende Wertminderung unterstellt. Da dieser Methode jedoch kaum praktische Bedeutung zukommt, wird an dieser Stelle nicht weiter auf sie eingegangen.

11 Der Leistungsabschreibung werden zwei Nachteile zugeschrieben: Erstens ist es schwer, die erwartete Gesamtkapazität (= Ausgangsgröße für die Berechnung) zu prognostizieren. Zweitens ist dieses Verfahren nicht in der Lage, zeitabhängigen Verschleiß zu erfassen. Würde ein Wirtschaftsgut in einer Periode gar nicht genutzt, so käme es rechnerisch zu keiner Abschreibung, obwohl unstrittig eine Wertminderung vorliegt.

12 Im Kontext »Corona« ist die geometrisch-degressive Abschreibung ausnahmsweise zulässig für bewegliche Güter des Anlagevermögens, die in den Jahren 2020 oder 2021 angeschafft wurden. Der maximale Abschreibungssatz beträgt 25 Prozent.

Im Folgenden wollen wir uns die genannten Abschreibungsmethoden näher ansehen.[13]

2.2.2 Lineare und degressive Abschreibung

Die lineare AfA führt auf eine arithmetische Folge, während die geometrisch-degressive AfA eine geometrische, jedoch absteigende Folge darstellt. Da eine geometrische Folge mit fallenden Beträgen aber niemals den Zielwert 0 erreichen kann, ist es notwendig, dass man nach einer bestimmten Anzahl von Jahren auf die lineare AfA wechselt. Dies gestattet der Gesetzgeber ausdrücklich, jedoch nicht den umgekehrten Weg (Eselsbrücke: »*Degressiv und linear geht klar, linear und degressiv geht schief*«). Die (seltenere) arithmetisch-degressive Abschreibung lässt sich als Anwendung der arithmetischen Folge und der arithmetischen Reihe interpretieren.

Abkürzungen:

n	(betriebsgewöhnliche) Nutzungsdauer
t	Zeitpunkt ($t = 1, \ldots, n$)
c	jährlicher Abschreibungssatz (z. B. 25 % bzw. 0,25)
d	Degressionsbetrag bei arithmetisch-degressiver Abschreibung
K_0	Anschaffungs- oder Herstellungskosten
K_t	Buchwert nach t Jahren
K_n	Wert am Ende der Nutzungsdauer (0 oder Schrottwert)
a bzw. a_t	Abschreibungsbetrag (zum Zeitpunkt t)

Im Folgenden wollen wir der Einfachheit halber stets unterstellen, dass das Wirtschaftsgut vollständig, d. h. auf einen Restwert von 0 € (bzw. symbolisch auf 1 € Erinnerungswert) abgeschrieben werden soll.

Beispiel:
Ein Unternehmer kauft eine Maschine mit Anschaffungskosten 180.000 € bei einer betriebsgewöhnlichen Nutzungsdauer (=Abschreibungsdauer) $n = 8$ Jahre.

I. Die Maschine soll **linear** auf 0 € abgeschrieben werden, d. h. $K_8 = 0$ und $a = \frac{180.000}{8} = 22.500$ €. Daraus ergibt sich folgender Abschreibungsplan:

13 IFRS = International Financial Reporting Standards (IFRS), US-GAAP = United States Generally Accepted Accounting Principles. Es handelt sich hierbei um die gängigen internationalen Rechnungslegungsstandards.

Jahr	Wert zu Jahresbeginn	Abschreibung im Jahr	Restbuchwert
1	180.000 €	22.500 €	157.500 €
2	157.500 €	22.500 €	135.000 €
3	135.000 €	22.500 €	112.500 €
4	112.500 €	22.500 €	90.000 €
5	90.000 €	22.500 €	67.500 €
6	67.500 €	22.500 €	45.000 €
7	45.000 €	22.500 €	22.500 €
8	22.500 €	22.500 €	---

II. Alternativ soll die Maschine mit dem Höchstsatz 25 % jährlich geometrisch-degressiv abgeschrieben werden.

Jahr	Wert zu Jahresbeginn	Abschreibung im Jahr	Restbuchwert
1	180.000 €	45.000 €	135.000 €
2	135.000 €	33.750 €	101.250 €
3	101.250 €	25.312,50 €	75.937,50 €
4	...	...	...

Verallgemeinerung (geometrisch-degressive AfA)

Jahr	Wert zu Beginn des Jahres	Abschreibung im Jahr	Buchwert am Jahresende
1	K_0	$K_0 \cdot c$	$K_0 - K_0 \cdot c = K_0 \cdot (1-c)$
2	$K_0 \cdot (1-c)$	$K_0 \cdot (1-c) \cdot c$	$K_0 \cdot (1-c) - K_0 \cdot (1-c) \cdot c = K_0 \cdot (1-c)^2$
3	$K_0 \cdot (1-c)^2$	$K_0 \cdot (1-c)^2 \cdot c$	$K_0 \cdot (1-c)^3$
⋮	⋮	⋮	⋮
T	$K_0 \cdot (1-c)^{t-1}$	$K_0 \cdot (1-c)^{t-1} \cdot c$	$K_0 \cdot (1-c)^t$

Geometrisch-degressive Abschreibung

Abschreibungsbetrag im Jahre t	$a_t = K_0 \cdot (1 - c)^{t-1} \cdot c$	(2.6a)
Restwert nach t Jahren	$K_t = K_0 \cdot (1 - c)^{t-1}$	(2.6b)

Der Restwert folgt der Gesetzmäßigkeit einer geometrischen Folge (▶ Kap. 2.3) mit $t + 1$ abnehmenden Folgenwerten ($q = 1 - c$).

Im Beispiel:
$c = 0{,}25$, $K_0 = 180.000$ €. Im Jahre 4 wäre die AfA
$a_4 = 180.000 \cdot (1 - 0{,}25)^{4-1} \cdot 0{,}25 = 18.984{,}38$ € und der Restbuchwert wäre
$K_4 = 180.000 \cdot (1 - 0{,}25)^4 = 56.953{,}12$ €.
Um in den »Genuss« der geometrisch-degressiven AfA zu gelangen, zugleich aber nach Ablauf der betriebsgewöhnlichen Nutzungsdauer die Vollabschreibung zu erreichen, hat sich in der Praxis die **Kombination aus anfänglicher geometrisch-degressiver AfA mit späterem Übergang auf die lineare AfA** durchgesetzt. Der Umstieg sollte sinnvollerweise in dem Jahr erfolgen, in dem erstmalig der lineare AfA-Betrag höher wird als der entsprechende geometrisch-degressive Betrag.
Auf Basis der obigen Beispielzahlen erhält man folgendes Ergebnis:

Geometrisch-degressive AfA (25 %) mit Wechsel auf lineare AfA (Werte gerundet auf ganze €)

Jahr	Wert zu Jahresbeginn	AfA-Wert bei linearer AfA	AfA-Wert bei geom.-degr. AfA	Abschreibung im Jahr	Buchwert am Jahresende	AfA-Methode
1	180.000 €	22.500 €	45.000 €	45.000 €	135.000 €	geom.-degr.
2	135.000 €	19.286 €	33.750 €	33.750 €	101.250 €	geom.-degr.
3	101.250 €	16.875 €	25.313 €	25.313 €	75.937 €	geom.-degr.
4	75.937 €	15.187 €	18.984 €	18.984 €	56.953 €	geom.-degr.
5	56.953 €	14.238 €	14.238 €	14.238 €	42.715 €	linear
6	42.715 €	14.238 €	10.679 €	14.238 €	28.477 €	linear
7	28.477 €	14.238 €	7.119 €	14.238 €	14.239 €	linear
8	14.239 €	14.238 €	3.560 €	14.237 €	1 €	linear

Verallgemeinerung

Jahr	Restlaufzeit (Jahre)	Buchwert zu Jahresbeginn	Geom-degr. AfA	Lineare AfA	Buchwert am Jahresende
1	n	K_0	$K_0 \cdot c$	$\frac{K_0}{n}$	K_1
2	n – 1	K_1	$K_1 \cdot c$	$\frac{K_1}{n-1}$	K_2
:	:	:	:	:	:
t	n – t+1	K_{t-1}	$K_{t-1} \cdot c$	$\frac{K_{t-1}}{n-(t-1)} = \frac{K_{t-1}}{n-t+1}$	K_t

Der Unternehmer wird in *dem* Jahr von der geometrisch-degressiven auf die lineare Abschreibung übergehen, in dem erstmalig die lineare AfA – bezogen auf die Restnutzungsdauer – größer (oder gleich) ist als die geometrisch-degressive AfA. Formal ist diese Bedingung erfüllt, falls gilt:

$$\frac{K_{t-1}}{n-t+1} \geq K_{t-1} \cdot c \text{ bzw. nach Auflösen: } t \geq n+1-\frac{1}{c} \qquad (2.7)$$

Im Beispiel:
$c = 0{,}25$, $n = 8 \Rightarrow t \geq 8 + 1 - 4$ bzw. $t \geq 5$, d. h. der Wechsel sollte im Jahre 5 erfolgen. Dieses Ergebnis wird in der obigen Zahlentabelle bestätigt.

Schließlich soll die Anlage über 8 Jahre **arithmetisch-degressiv** abgeschrieben werden. Bei der arithmetisch-degressiven Abschreibung – auch **digitale** Abschreibung genannt – fallen die jährlichen Abschreibungsbeträge stets um den gleichen Betrag. Die Abschreibungsbeträge bilden eine arithmetische Folge. Wir wollen den Sachverhalt zunächst allgemein erörtern.

Jahr	Buchwert zu Jahresbeginn	Arith.-degr. AfA	Buchwert am Jahresende
1	K_0	$a_1 = n \cdot d$	$K_1 = K_0 - n \cdot d$
2	$K_0 - n \cdot d$	$a_2 = (n-1) \cdot d$	$K_2 = K_1 - (n-1) \cdot d = K_0 - d \cdot [n + (n-1)]$

Jahr	Buchwert zu Jahresbeginn	Arith.-degr. AfA	Buchwert am Jahresende
3	$K_0 - d \cdot [n + (n-1)]$	$a_3 = (n-2) \cdot d$	$K_3 = K_2 - (n-2) \cdot d = K_0 - d \cdot [n + (n-1) + (n-2)]$
:	:	:	:
t	$K_0 - d \cdot [n + \ldots (n - t + 2)]$	$a_t = (n - t + 1) \cdot d$	$K_t = K_{t-1} - (n - t + 1) \cdot d = K_0 - d \cdot [n + \ldots (n - t + 1)]$
:	:	:	:
n	$K_0 - d \cdot [n + \ldots + 2]$	$a_n = 1 \cdot d = d$	$K_n = K_{n-1} - d = K_0 - d \cdot \underbrace{[n + \ldots + 1]}_{\text{arithm. Reihe}} = K_0 - d \cdot \frac{n \cdot (n+1)}{2}$

Damit ein Restwert von 0 erreicht wird, muss – abgeleitet aus obigen Berechnungen in der Tabelle – gelten: $K_0 = d \cdot \frac{n \cdot (n+1)}{2} \overset{!}{=} 0$. Somit also: $d = \frac{K_0}{\frac{n \cdot (n+1)}{2}}$.

Arithmetisch-degressive Abschreibung

Abschreibungsbetrag im Jahre t	$a_t = (n - t + 1) \cdot d$	(2.8 a)
Degressionsbetrag	$d = \frac{K_0}{\frac{n \cdot (n+1)}{2}}$	(2.8 b)

Bezogen auf unser Beispiel bedeutet dies: $d = \frac{180.000}{\frac{8 \cdot (8+1)}{2}} = 5.000$ €. Abschreibungsplan:

Jahr	Wert zu Jahresbeginn	Abschreibung im Jahr	Restbuchwert
1	180.000	40.000	140.000
2	140.000	35.000	105.000
3	105.000	30.000	75.000
4	75.000	25.000	50.000
5	50.000	20.000	30.000
6	30.000	15.000	15.000

Jahr	Wert zu Jahresbeginn	Abschreibung im Jahr	Restbuchwert
7	15.000	10.000	5.000
8	5.000	5.000	0

Die Wirkung der drei Abschreibungsmethoden lässt sich anhand der kumulierten Abschreibungsbeträge verdeutlichen. Das Beispiel zeigt die deutlich höhere Abschreibungswirkung der degressiven Abschreibungsmethoden gegenüber der linearen Abschreibung.

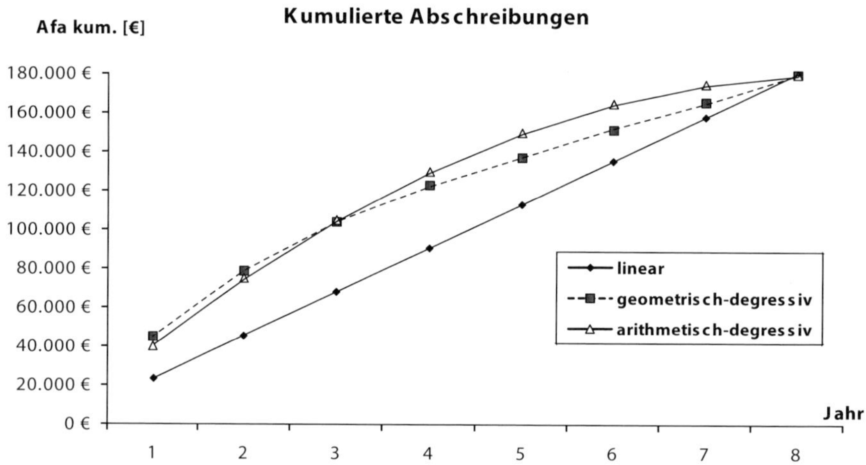

Abb. 1.14

Für weiter gehende Ausführungen zu Abschreibungen verweisen wir auf die einschlägige betriebswirtschaftliche Literatur.

Aufgabe 30: Eine Maschine hat einen Anschaffungswert von € 60.000. Die zulässige Abschreibungsdauer betrage 12 Jahre. Die Anlage soll – sofern aufgrund der AfA-Methode möglich – vollständig abgeschrieben werden.

a) Erstellen Sie den Abschreibungsplan auf Basis der linearen Abschreibung!
b) Erstellen Sie den Abschreibungsplan auf Basis der geometrisch-degressiven Abschreibung (20 %) mit Wechsel auf lineare Abschreibung!
c) Stellen Sie die kumulierten Abschreibungsbeträge in Abhängigkeit der Zeit für beide Abschreibungsmethoden in einem gemeinsamen Koordinatensystem dar!

2.3 Zins- und Zinseszinsrechnung

Im Folgenden befassen wir uns mit der Anwendung von Folgen und Reihen auf finanzmathematische Fragestellungen. Dabei geht es in diesem Abschnitt vorrangig um die **Verzinsung von Einmalbeträgen.**
Die Verzinsung von Einmalbeträgen hängt von drei Größen ab, Kapital, Laufzeit und Zinssatz:

- Das **Kapital** ist ein vorgegebener Vermögensbetrag, entweder ein »heutiger« Anfangsbestand oder ein in der Zukunft liegender Endbetrag.
- Die **Laufzeit** gibt den Zeitraum an, über den Kapital zur Verfügung gestellt und verzinst wird. Die Laufzeit wird üblicherweise in Tagen, Monaten, Quartalen oder Jahren angegeben.
- Der **Zinssatz** bemisst das Entgelt für die zeitweise Kapitalüberlassung. Er wird in der Regel als Prozentsatz »p. a.« (z. B. 5 % p. a.) bzw. als Dezimalzahl (z. B. 0,05 p. a.) oder als Bruch (z. B. $\frac{5}{100}$ p. a.) angegeben. Das Kürzel »p. a.« (»pro anno«) gibt an, dass sich der Zinssatz auf ein Jahr bezieht.

Zu unterscheiden ist zwischen **einfacher Zinsrechnung** und **Zinseszinsrechnung.** Bei der einfachen Zinsrechnung wird das Kapital linear, d. h. proportional zur Zeit verzinst. Zinseszinsen dagegen entstehen dadurch, dass Zinsen einem Konto gutgeschrieben und in den Folgeperioden wieder mitverzinst werden. Die folgende Tabelle gibt Auskunft über die Zinsgepflogenheiten für die wichtigsten Anlageformen.

Konto- bzw. Anlageform	**Zinsgutschrifts-/ belastungstermine**	**Verzinsungsmethode**	**Zinseffekte**
Laufendes Konto (Girokonto, Kontokorrentkonto)	In der Regel quartalsweise, zum 31.03., 30.06., 30.09., 31.12. eines Kalenderjahres oder monatsweise zum Ende eines Kalendermonats	Deutsche Zinsmethode, d. h. 1 Jahr = 360 Tage, 1 Monat = 30 Tage	Innerhalb eines Quartals (Monats) einfache Verzinsung; Zinseszinsen erst nach Überschreiten eines Quartals (Monats) oder mehrerer Quartale (Monate).
Sparbuch, Bausparkonto	Zum 31.12. eines Kalenderjahres	Deutsche Zinsmethode	Innerhalb eines Kalenderjahres einfache Verzinsung; Zinseszinsen nach Überschreiten eines oder mehrerer Zinsgutschrifttermine (31.12.).

Konto- bzw. Anlageform	Zinsgutschrifts-/ belastungstermine	Verzinsungs-methode	Zinseffekte
Termingelder oder Kredite auf EURIBOR-Basis[1]	Nach Ablauf der Anlagefrist (1 Monat, 3, 6 oder 12 Monate)	Euro-Zinsmethode, d. h. taggenaue Auszählung, bezogen auf 360 Tage.	Innerhalb einer Termingeldperiode einfache Verzinsung; Zinseszinseffekte bei mehreren hintereinandergeschalteten Termingeldanlagen und Nichtauszahlung der Zinsen.
Festverzinsliche Wertpapiere (z. B. Industrieanleihen, Kommunalobliga-tionen o. Ä.)	Jährlich oder halbjährlich zu einem vom Emittenten (z. B. Bund, Kommune) festgelegten Zinszahlungszeitpunkt	Zinsen werden stets für eine volle Zinsperiode (Jahr oder Halbjahr) gutgeschrieben. Bei Erwerb des Wertpapiers werden für den Zeitraum zwischen letzter Zinszahlung und Wertpapiererwerb sog. »Stückzinsen« taggenau ($^{actual}/_{actual} = {}^{365}/_{365}$) berechnet.	Zwischen zwei Zinszahlungsterminen einfache Verzinsung; Zinseszinseffekte nach »Überschreiten« eines Zinsgutschrifttermins.

1 EURIBOR = EURopean InterBank Offered Rate. Es handelt sich um den Zinssatz für Termingelder in Euro, die zwischen Banken gehandelt werden.

Außerdem ist für unsere Zinsberechnungen noch bedeutsam, ob eine Zahlung am *Ende* einer Periode (z. B. Jahr, Monat) oder am *Anfang* erfolgt. Im ersten Fall sprechen wir von **nachschüssiger**, im anderen Fall von **vorschüssiger** Zahlung. Falls nichts anderes ausdrücklich erwähnt wird, ist von nachschüssigen Zahlungen auszugehen.

2.3.1 Einfache (lineare) Verzinsung

Beispiel:

Ein Sparer eröffnet am 25. April ein mit 1,5 % pro Jahr verzinstes Sparbuch und zahlt sofort 1 000 € darauf ein. Der erste Verzinsungstag ist der 26. April. Weitere Ein- oder Auszahlungen erfolgen bis zum Jahresende nicht. Wie hoch ist sein Endguthaben am 31.12. nach Zinsgutschrift bei Anwendung der deutschen Zinsmethode?

Zur Lösung:
Der Anlagezeitraum beträgt 245 Tage. Die Zinsen werden dem Sparer anteilig für 245 Tage bzw. für ein $\frac{245}{360}$ Jahr gutgeschrieben: Zinsen $= 1.000 \cdot \frac{1,5}{100} \cdot \frac{245}{360} =$ 10,21 €. Endbestand per 31.12. $= 1.000 + 10,21 = 1010,21$ €.
Abkürzungen:

K_0 Anfangsbestand (Kapital)
T Verzinsungsdauer in Tagen
p Zinsfuß, bezogen auf 100 €
(z. B. p = 1,5, d. h. 1,5 € Zinsen auf 100 €)
i = Zinssatz, bezogen auf 1 €
(z. B. i = 0,015 = d. h. 1,5 Cent Zinsen auf 1 €)
Z_T Zinszahlung/ -belastung für T Tage
K_T Endbestand nach T Tagen

Dann gilt: $Z_T = K_0 \cdot \frac{p}{100} \cdot \frac{T}{360} = K_0 \cdot i \cdot \frac{T}{360}$ sowie $K_T = K_0 + Z_T$
$= K_0 \cdot \left(1 + \frac{p}{100} \cdot \frac{T}{360}\right)$ bzw.

$$K_T = K_0 \cdot \left(1 + i \cdot \frac{T}{360}\right) \quad (2.9)$$

Im Beispiel:
$K_0 = 1.000$, $i = 0,015$, $T = 245 \Rightarrow Z_{245} = 1.000 \cdot 0,015 \cdot \frac{245}{360} = 10,21$ € sowie $K_{245} = 1.000 \cdot \left(1 + 0,015 \cdot \frac{245}{360}\right) = 1.010,21$ €

> Achtung! Beachten Sie stets die Regel »Punktrechnung vor Strichrechnung«. In obigem Beispiel rechnen Sie also zuerst den Ausdruck $0,015 \cdot \frac{245}{360}$ aus und addieren anschließend die Zahl 1. Bitte **nicht**: $1,015 \cdot \frac{245}{360}$

Beispiele und Anwendungen zur einfachen Zinsrechnung:

I. **Zinsstaffel** (Abrechnung eines laufenden Kontos nach deutscher Zinsmethode)

Kontostand	31.12.2020:	5.000 € Habensaldo
Bewegungen:	15.01.2021:	+ 2.000 €
	31.01.2021:	- 3.000 €
	28.02.2021:	+ 1.000 €

Kontoabschluss per 31.03.2021 bei 1 % p.a. Guthabenverzinsung (der nächstfolgende Tag sei jeweils der erste Verzinsungstag)?

Lösung:

Saldo (Guthaben)	Zinstage	Zinsen
5.000	15	$Z_{15} = 5.000 \cdot 0{,}01 \cdot \frac{15}{360} = 2{,}08$ €
7.000	15	$Z_{15} = 7.000 \cdot 0{,}01 \cdot \frac{15}{360} = 2{,}92$ €
4.000	30	$Z_{30} = 4.000 \cdot 0{,}01 \cdot \frac{30}{360} = 3{,}33$ €
5.000	30	$Z_{30} = 5.000 \cdot 0{,}01 \cdot \frac{30}{360} = 4{,}17$ €
Summe	90	$Z_{gesamt} = Z_{90} = Z_{15} + Z_{15} + Z_{30} + Z_{30}$

$$
\begin{aligned}
Z_{90} &= 5.000 \cdot 0{,}01 \cdot \frac{15}{360} + 7.000 \cdot 0{,}01 \cdot \frac{15}{360} + 4.000 \cdot 0{,}01 \cdot \frac{30}{360} \\
&\quad + 5.000 \cdot 0{,}01 \cdot \frac{30}{360} \\
&= \frac{0{,}01}{360} \cdot \underbrace{\left(\underbrace{5.000 \cdot 15}_{\text{Zinszahl 1}} + \underbrace{7.000 \cdot 15}_{\text{Zinszahl 2}} + \underbrace{4.000 \cdot 30}_{\text{Zinszahl 3}} + \underbrace{5.000 \cdot 30}_{\text{Zinszahl 4}} \right)}_{\text{Gesamtzinszahl}} \\
&= \frac{0{,}01}{360} \cdot 450.000 = 12{,}50 \text{ €}
\end{aligned}
$$

Wie das Beispiel zeigt, können wir die Berechnung besonders »ökonomisch« durchführen, indem wir einfach die sog. **Zinszahlen** (Bestand mal Tage) berechnen, die Zinszahlen zur Gesamtzinszahl aufsummieren und die Gesamtzinszahl schließlich mit $\frac{\text{Zinssatz}}{360}$ multiplizieren. Die staffelförmige Berechnung ist in der folgenden Tabelle noch einmal zusammengefasst dargestellt:

Text	Valuta	Soll	Haben	Saldo	Tage T	Zinszahlen
Saldovortrag	31.12.20		5 000 €	+5 000 €	15	75 000
Gutschrift	15.01.21		2 000 €	+7 000 €	15	105 000
Abbuchung	31.01.21	3 000 €		+4 000 €	30	120 000
Gutschrift	28.02.21		1 000 €	+5 000 €	30	150 000
Abschluss	31.03.21			+5 000 €		
				Σ	**90**	**450 000**

$$Z = 450.000 \cdot \frac{0{,}01}{360} = 12{,}50\ €$$

> Achtung! Der Divisor ist **stets 360 Tage**, unabhängig vom Abrechnungszeitraum. Wenn man also – wie im Beispiel – ein laufendes Konto über 90 Tage abrechnet, so ist dennoch durch 360 zu dividieren und nicht etwa durch 90. Der abzurechnende Zeitraum (z. B. 90 Tage) ist in der Zinszahl enthalten.

- **Skonto**

Beispiel:
Ein Lieferant stellt einem Kunden folgende Rechnung:
- 10 000 €, zahlbar innerhalb von 7 Tagen abzüglich 3 % Skonto oder
- Zahlung innerhalb von 21 Tagen netto.

Für welche Zahlungsform sollte sich der Abnehmer (Liquidität sei vorausgesetzt) entscheiden?

Lösung:
Der Kunde hat die Möglichkeit, entweder in 7 Tagen 9 700 € oder 14 Tage später 10 000 € zu zahlen. Der Lieferant gewährt dem Kunden also einen Lieferantenkredit über 9 700 € mit einer Laufzeit von 14 Tagen, für den 300 € Zinsen fällig werden. Um eine Vorteilhaftigkeitsentscheidung zu treffen, berechnen wir den äquivalenten Jahreszinssatz $\tilde{\imath}$ dieses Lieferantenkredits nach der Formel für einfache Verzinsung:
$Z = 300 = 9.700 \cdot \tilde{\imath} \cdot \frac{14}{360} \Leftrightarrow \tilde{\imath} = \frac{300}{9.700} \cdot \frac{360}{14} = 0{,}7953 = 79{,}53\,\%$ p. a.
Durch die Inanspruchnahme des dreiwöchigen Zahlungsziels würde der Abnehmer einen Kredit in Anspruch nehmen, der einem Jahreszins von über 79 % p.a. entspricht. Er sollte deshalb den Skonto – notfalls unter Inkaufnahme einer immer noch günstigeren kurzfristigen Kontoüberziehung – nach Möglichkeit ausnutzen.

Verallgemeinerung:

Es gilt: $$\underbrace{K\cdot(1-s)\cdot\left(1+\tilde{\imath}\cdot\frac{T}{360}\right)}_{\text{durch Skontosatz s reduzierte Zahlung K, aufgezinst über t Tage}} = \underbrace{K}_{\text{Rechnungsbetrag netto (100 \%)}}$$

Auflösen nach $\tilde{\imath}$ führt auf den von K *unabhängigen* äquivalenten Jahreszinssatz:

$$\tilde{\imath} = \frac{s}{1-s} \cdot \frac{360}{T} \qquad (2.10)$$

II. **Zinsgutschrift bei regelmäßiger Zahlung**
Die folgende Fragestellung ist für die Behandlung unterjähriger Zahlungen in der Rentenrechnung und Tilgungsrechnung von großer Bedeutung.

Beispiel:
Ein Bausparer zahlt auf seinen mit 2,5 % p.a. verzinsten Bausparvertrag jeweils zum Monats*ende* Raten über r = 100 € ein. Wie hoch ist sein Kontostand zum Jahresende (31.12.), wenn sein Guthaben zu Jahresbeginn 5 000 € beträgt?

Lösung:
Zu berechnen sind die Zinsen nach 12 Monaten, d. h. Z_{12}:

t		Rate r	Guthaben	Zinstage bzw. -jahr	Zinsen
0	31.12.		5.000 + 0 · 100	30 bzw. $\frac{1}{12}$	
1	31.01.	100	5.000 + 1 · 100	30 bzw. $\frac{1}{12}$	$\frac{0{,}025}{12} \cdot (5.000 + 0 \cdot 100)$
2	28.02.	100	5.000 + 2 · 100	30 bzw. $\frac{1}{12}$	$\frac{0{,}025}{12} \cdot (5.000 + 1 \cdot 100)$
3	31.03.	100	5.000 + 3 · 100	30 bzw. $\frac{1}{12}$	$\frac{0{,}025}{12} \cdot (5.000 + 2 \cdot 100)$
:	:	:	:	:	:
11	30.11.	100	5.000 + 11 · 100	30 bzw. $\frac{1}{12}$	$\frac{0{,}025}{12} \cdot (5.000 + 10 \cdot 100)$
12	31.12.	100	5.000 + 12 · 100	30 bzw. $\frac{1}{12}$	$\frac{0{,}025}{12} \cdot (5.000 + 11 \cdot 100)$
	Σ	1.200	6.200	360 bzw. $\frac{12}{12}$	Z_{12}

$$Z_{12} = \frac{0{,}025}{12} \cdot \left[12 \cdot 5.000 + 100 \cdot (\underbrace{0 + 1 + 2 + \ldots + 10 + 11}_{\substack{\textit{arithm. Reihe mit} \\ a_1=1, d=1, n=11}}) \right]$$

$$= \frac{0{,}025}{12} \cdot \left[12 \cdot 5.000 + 100 \cdot \frac{11 \cdot 12}{2} \right]$$

$$= 0{,}025 \cdot \left[5.000 + 12 \cdot 100 \cdot \frac{11}{2 \cdot 12} \right] \quad (*)$$

$$K_{12} = 5.000 + 12 \cdot 100 + Z_{12} = 5.000 + 12 \cdot 100 + 0{,}025 \cdot 5.000 + 0{,}025 \cdot 12 \cdot 100 \cdot \frac{11}{2 \cdot 12}$$
$$= 5.000 \cdot (1 + 0{,}025) + 12 \cdot 100 \cdot \left(1 + 0{,}025 \cdot \frac{11}{2 \cdot 12}\right) = 5.125 + 1.213{,}75$$
$$= 6.338{,}75\ €$$

Verallgemeinerung:

m	Anzahl Perioden (im Bsp. 12 Monate)
K_0	Anfangsguthaben (im Bsp. 5 000 €)
r	gleichmäßige Rate (im Bsp. 100 €)
i	Zinssatz p.a. als Dezimalzahl (im Bsp. 0,025)
K_m bzw. Z_m	Endguthaben bzw. Zinsen nach m Perioden

Ausdruck (*) wird zu:
$Z_m = i \cdot \left(K_0 + m \cdot r \cdot \frac{m-1}{2m}\right)$ Zinsen für m **nachschüssige,** gleichmäßige Zahlungen (2.11)

$K_m = K_0 + m \cdot r + Z_m = K_0 + m \cdot r + i \cdot \left(K_0 + m \cdot r \cdot \frac{m-1}{2m}\right)$ bzw. nach Auflösen:

$$K_m = \underbrace{K_0 \cdot (1+i)}_{\text{aufgezinstes Anfangsguthaben}} + \underbrace{m \cdot r \cdot \left(1 + i \cdot \frac{m-1}{2m}\right)}_{\text{aufgezinste Ratenzahlungen}}$$ Endbestand bei m **nachschüssigen,** gleichmäßigen Zahlungen (2.12)

Falls die Zahlungen **vorschüssig** (z. B. am Monatsanfang) erfolgen, verändern sich die Ausdrücke folgendermaßen:

$Z_m = i \cdot \left(K_0 + m \cdot r \cdot \frac{m+1}{2m}\right)$ Zinsen für m **voschüssige,** gleichmäßige Zahlungen (2.13)

$K_m = K_0 \cdot (1+i) + m \cdot r \cdot \left(1 + i \cdot \frac{m+1}{2m}\right)$ Endbestand bei m **vorschüssigen,** gleichmäßigen Zahlungen (2.14)

Die Ausdrücke $\frac{m-1}{2m}$ bzw. $\frac{m+1}{2m}$ geben – jeweils bezogen auf ein Jahr – die **durchschnittliche Verzinsungsdauer** der gleichmäßigen Ratenzahlungen an. Im Beispiel monatlicher Zahlungen (m = 12) beträgt die durchschnittliche

Verzinsungsdauer einer Rate somit $\frac{11}{24}$ (nachschüssig) bzw. $\frac{13}{24}$ (vorschüssig) eines Jahres. Dies entspricht wegen einer durchschnittlichen Verzinsungsdauer von 5,5 Monaten bzw. 165 Tagen. Im Falle vorschüssiger Zahlungen sind dies 6,5 Monate bzw. 195 Tage.

Aufgabe 31: Ein Sparer eröffnet am 17.04. ein mit 1,5 % p. a. verzinstes Sparkonto und zahlt 5.000 € ein. Wie hoch ist das Endvermögen am 31.12. nach Zinsgutschrift, wenn ansonsten keine weiteren Bewegungen zu verzeichnen sind?

Aufgabe 32: Ein Lieferant stellt seinem Kunden einen Betrag in Höhe von 5.000 € plus 19 % MwSt. in Rechnung, zahlbar innerhalb von 7 Tagen unter Abzug von 2 % Skonto oder innerhalb von 30 Tagen netto. Berechnen Sie den äquivalenten Jahreszinssatz!

Aufgabe 33: Rechnen Sie ein Sparkonto (2 % p. a. Verzinsung p. a.) zum 31.12. ab: Stand am 31.12. des Vorjahres: 4.500 €, Abhebung am 15.03.: 2.000 €, Einzahlung am 31.05.: 5.000 €, Einzahlung am 30.09.: 3.000 €, Abhebung am 15.12.: 4.000 €!

Aufgabe 34: Ein Sparer zahlt bei einem Jahresanfangsbestand von 3.000 € zweimal im Monat jeweils nachschüssige, gleichmäßige Beträge à 250 € auf sein Bausparkonto ein, das mit 2,5 % p. a. verzinst wird.

a) Wie hoch ist sein Endbestand am 31.12. nach Zinsgutschrift?
b) Der Sparer möchte statt der 24 Einzahlungen à 250 € (= insgesamt 6.000 €) eine Einmalzahlung à 6.000 € tätigen. Wann (nach wie viel Tagen) muss diese Zahlung erfolgen, damit er das gleiche Endvermögen wie in a) erzielt?

2.3.2 Zinseszinsrechnung bei jährlicher Verzinsung

Wir wollen uns nun mit dem Fall beschäftigen, dass ein Kapital über mehrere Jahre angelegt und jährlich verzinst wird. Bleiben die jährlichen Zinsen auf dem Konto »stehen«, so werden sie in den Folgejahren wieder mit verzinst, es entstehen dabei **Zinseszinsen.** Die Zinseszinsen führen dazu, dass sich das Kapital im Verhältnis zur Zeit nicht mehr linear, sondern exponentiell entwickelt. Es liegt hier eine Anwendung der geometrischen Folge vor.
Wir unterstellen wie bisher **Einmalzahlungen.** Die Einmalzahlung kann entweder ein »heutiger« Wert sein, von dem man einen zukünftigen Wert bestimmt. Das Vorausrechnen von der Gegenwart in die Zukunft bezeichnet man als **Aufzinsung.** Es kann aber auch eine zukünftige Zahlung oder ein zukünftiger Zahlungsanspruch gegeben sein, den man in die Gegenwart »zurückrechnen« will. Diesen Rückrechnungsvorgang bezeichnet man als **Abzinsung.**

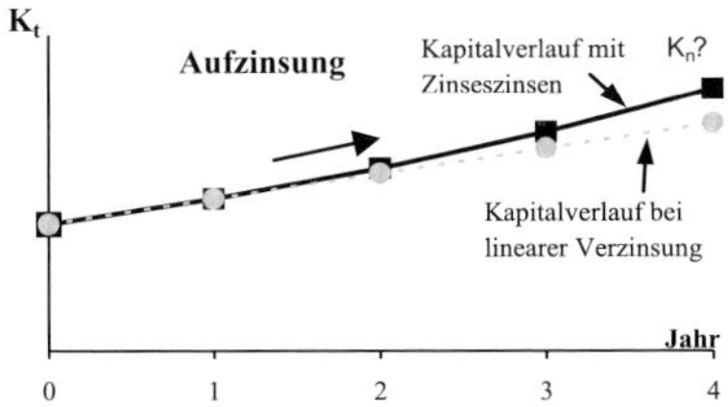

Abb. 2.1: Aufzinsung bei jährlicher Verzinsung

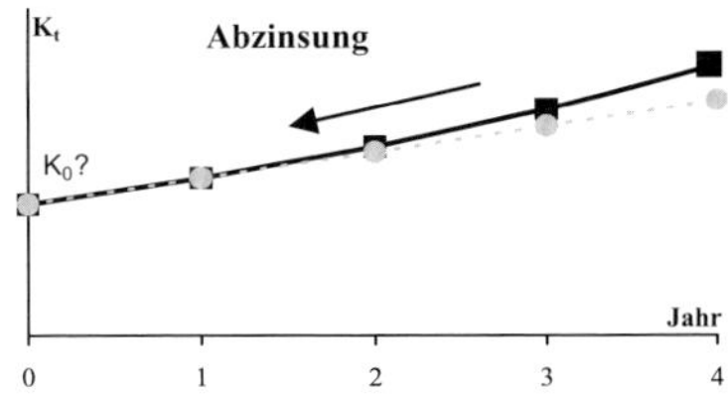

Abb. 2.2: Abzinsung bei jährlicher Verzinsung

a) Jährliche Aufzinsung

Beispiel:

Ein Anleger legt 1.000 € für 4 Jahre zu 5 % p. a. verzinslich an. Zinsen werden am Ende eines Jahres gutgeschrieben und in den Folgejahren mit verzinst. Wie hoch ist das Guthaben nach 4 Jahren?

Lösung:

Entwicklung des Endvermögens nach 4 Jahren (K_4):

$K_0 = 1.000$

$K_1 = 1.000 + 1.000 \cdot 0{,}05 = 1.000 \cdot 1{,}05 = K_0 \cdot 1{,}05 = 1.050$

$K_2 = K_1 + K_1 \cdot 0{,}05 = K_1 \cdot 1{,}05 = K_0 \cdot 1{,}05^2 = 1.102{,}50$

$K_3 = K_2 + K_2 \cdot 0{,}05 = K_2 \cdot 1{,}05 = K_0 \cdot 1{,}05^3 = 1.157{,}63$

$K_4 = K_3 + K_3 \cdot 0{,}05 = K_3 \cdot 1{,}05 = K_0 \cdot 1{,}05^4 = 1.215{,}51$

[Zum Vergleich (lineare Verzinsung): $K_4 = 1.000 \cdot (1 + 0{,}05 \cdot 4) = 1.200$ €]

Das errechnete Endguthaben können wir folgendermaßen zerlegen:

$$1.215{,}51 = \underbrace{1.000}_{\text{Anfangskapital}} + \underbrace{200}_{\text{Zinsen auf das Anfangskapital}} + \underbrace{15{,}51}_{\text{Zinsen auf gutgeschriebene Zinsen (=Zinseszinsen)}}$$

Verallgemeinerung:

Abkürzungen:

n Jahre

i Zinssatz als Dezimalzahl

q $= 1 + i$

K_0 Anfangskapital

K_n Endkapital oder Endwert

Ersetzen wir die Zahlen des Beispiels durch Buchstaben, so erhalten wir den allgemeinen Ausdruck für das **Endkapital bei jährlicher Aufzinsung**:

$$K_n = K_0 \cdot (1 + i)^n \text{ bzw. } K_n = K_0 \cdot q^n \quad q^n\text{: Aufzinsungsfaktor} \quad (2.15)$$

Das Endkapital bzw. der Endwert errechnet sich einfach aus dem Produkt des Anfangskapitals mit dem Faktor q^n, der sich durch den Zinssatz i und der Laufzeit n bestimmt. $\mathbf{q^n}$ wird als **Aufzinsungsfaktor** bezeichnet und ist tabelliert (▶ Anhang D, Tab. 1). Die Werte $K_1, K_2, \dots K_n$ bilden eine geometrische Folge mit $n + 1$ Folgeelementen.

Im Beispiel:
$K_4 = 1.000 \cdot 1{,}05^4 = 1.215{,}51$ €

Beispiele und Anwendungen zur Aufzinsung

I. Nach wie viel Jahren verdoppelt sich ein Anfangskapital, wenn es zu 5 % p. a. angelegt wird?

Lösung:
Es muss gelten: $K_n = 2 \cdot K_0$ bzw. $K_0 \cdot 1{,}05^n = 2 \cdot K_0 \Leftrightarrow 1{,}05^n = 2$.
Es gibt 2 Lösungsmöglichkeiten:
1. Lösung durch Verwendung der Tabelle für Aufzinsungsfaktoren (▶ Anhang D, Tab. 1); bei gegebenem Zinssatz 0,05 suchen wir das Jahr, in dem der Aufzinsungsfaktor erstmalig den Wert 2 erreicht. Im Beispiel ist dies bei n = 15 der Fall, d. h. frühestens nach 15 Jahren hat sich das Kapital verdoppelt.
2. Lösung durch Logarithmieren: $\Leftrightarrow \log_{1,05} 2 \overset{\text{Umrechnungs-regel}}{\widehat{=}} \frac{\ln 2}{\ln 1{,}05} = \frac{0{,}693}{0{,}049} = 14{,}21$
Die nächste ganzzahlige Jahreszahl ist n = 15 Jahre.

II. Eine Bank bietet ein Sparzertifikat mit folgenden Konditionen: 7 Jahre Kapitalbindung bei gestaffelten Zinssätzen von 1 %, 2 %, 3 %, 4 %, 5 %, 6 % und 7 %. Wie hoch ist das Guthaben bei Anlage von 1.000 €?

Lösung:
Bei wechselnden Zinssätzen braucht man nur die Aufzinsungsfaktoren miteinander zu multiplizieren:
$K_7 = 1.000 \cdot 1{,}01 \cdot 1{,}02 \cdot 1{,}03 \cdot 1{,}04 \cdot 1{,}05 \cdot 1{,}06 \cdot 1{,}07 = 1.000 \cdot 1{,}31423 = 1.314{,}23$ €

III. Wie hoch ist die durchschnittliche, jährliche Verzinsung (Rendite) des Sparzertifikats gemäß II.?

Lösung:
Gesucht ist derjenige *konstante* Zinssatz, der zu demselben Endvermögen führt, wie auf Basis der wechselnden Zinssätze.
Gesucht: i^* mit $1.000 \cdot (1 + i^*)^7 = 1.314{,}23$ bzw. $(1 + i^*)^7 = 1{,}31423$
$\Leftrightarrow 1 + i^* = \sqrt[7]{1{,}31423} = 1{,}0398$, somit $i^* = 0{,}0398 = 3{,}98$ % p. a.

> Achtung! Man könnte auch auf die Idee kommen, den Durchschnittszinssatz mit dem arithmetischen Mittel zu berechnen, im Beispiel also einfach $\frac{0{,}01+...+0{,}07}{7} = 0{,}04$. Dies führt zwar im vorliegenden Fall zu einem nahezu identischen Resultat, ist aber vom Verfahren her **falsch**. Richtig und sachgerecht ist die oben gezeigte Vorgehensweise. Diesen Mittelwert (im Beispiel 1,0398) bezeichnet man als **geometrisches Mittel**. Merke also: Bei Aufzinsungs- ebenso wie bei Wachstumsvorgängen ist zur Berechnung der durchschnittlichen Verzinsungs- bzw. Wachstumsrate das geometrische und **nicht** das arithmetische Mittel zu verwenden.

IV. (Aufzinsung mit **Inflation**) Ein Anleger legt 10.000 € zu einem Zinssatz von 5 % p. a. für 20 Jahre an. Wie hoch ist sein nominelles Vermögen nach 20 Jahren und wie hoch ist dessen realer Wert, wenn von einer jährlichen Inflationsrate von 2 % p. a. ausgegangen wird?

Lösung:
Die Inflationsrate bestimmt die Kaufkraft. Eine positive Inflationsrate führt zu einem Kaufkraftverlust, d. h. zu einem Wertverlust des Geldes. Ohne Berücksichtigung der Inflation beträgt das Endvermögen nach 20 Jahren: $K_{20} = 10.000 \cdot 1{,}05^{20} = 26.532{,}98€$. Finanzmathematisch entspricht die Inflationsberücksichtigung einer Abzinsung (Diskontierung) in Höhe der Inflationsrate. Im Beispiel: $K_{20} = 10.000 \cdot \frac{1{,}05^{20}}{1{,}02^{20}} = \left(\frac{1{,}05}{1{,}02}\right)^{20} = 17.855{,}93€$. Das Realvermögen bzw. die Kaufkraft am Ende der 20 Jahre liegt somit bei 17.855,93 €, was einem Kaufkraftverlust im Jahre 20 von 8.677,05 € entspricht.
Diese Überlegung lässt sich zugleich verallgemeinern. Wir nehmen die **jährliche Inflationsrate** als konstant an und bezeichnen sie mit dem Buchstaben **z**. Dann berechnet sich die Kaufkraft K_n^{real} nach n Jahren: $\boxed{K_n^{real} = K_0 \cdot \frac{(1+i)^n}{(1+z)^n} = K_0 \cdot \left(\frac{1+i}{1+z}\right)^n}$. Die reale Verzinsung beträgt mithin $\frac{1+i}{1+z} - 1 = \frac{i-z}{1+z}$, in obigem Beispiel wären dies 2,94 % p. a.

b) Jährliche Abzinsung

Beispiel:
Ein Studierender möchte sich in 4 Jahren zum Ende seines Studiums ein neues Auto leisten. Er rechnet mit einem Kaufpreis von 15.000 €. Welchen Einmalbetrag muss er »heute« anlegen, damit er sein Sparziel erreicht, wenn sein Anlagebetrag jährlich mit 6 % verzinst wird?

Lösung:

Im vorliegenden Beispiel ist der Zukunftswert 15.000 € (= K_4) gegeben und in die Gegenwart »zurückzurechnen«. Dies lässt sich ausgehend von der Aufzinsungsformel sofort bewerkstelligen:

$K_0 \cdot 1{,}06^4 = 15.000 \mid : 1{,}06^4 \Leftrightarrow K_0 = \frac{15.000}{1{,}06^4} = 15.000 \cdot 1{,}06^4 = 11.881{,}41$ €

Der Student muss also »heute« 11.881,41 € anlegen, um in 4 Jahren unter Berücksichtigung von Zinsen und Zinseszinsen über genau 15.000 € zu verfügen.

Verallgemeinerung:

$$K_n = K_0 \cdot q^n \Leftrightarrow K_0 = \frac{K_n}{q^n} \quad \text{bzw.} \quad K_0 = K_n \cdot q^{-n} \qquad q^{-n}\text{: Abzinsungsfaktor (2.16)}$$

Den Vorgang der finanzmathematischen Rückrechnung von der Zukunft in die Gegenwart bezeichnet man als **Abzinsung** oder auch **Diskontierung**. Der Faktor $\mathbf{q^{-n}}$ heißt **Abzinsungsfaktor** und ist tabelliert (▶ Anhang D, Tab. 2). Den abdiskontierten Wert K_0 bezeichnet man als **Barwert**.

Abzinsungsvorgänge haben in der Betriebswirtschaft eine große Bedeutung, denn dadurch sind wir in der Lage, Planzahlen oder sonstige zukünftige Zahlungsverpflichtungen oder -ansprüche zum gegenwärtigen Zeitpunkt zu bewerten. Das Prinzip wird z. B. in der Investitionsrechnung oder in der Unternehmensbewertung angewendet.

Beispiel:

Ein Vater will zur Geburt seines Kindes einen Betrag zu 6 % p. a. so anlegen, dass dem Kind in 18 Jahren 20.000 € zur Ausbildungsfinanzierung zur Verfügung stehen. Welchen Betrag muss der treusorgende Vater heute anlegen?

Lösung:

Gegeben: $K_{18} = 20.000$; $i = 6$ % p. a. gesucht: K_0

$K_0 = 20.000 \cdot 1{,}06^{-18} = 20.000 \cdot 0{,}3503 = 7.007{,}88$ €

Aufgabe 35:

a) Ein Sparkassenzertifikat mit einer Laufzeit von 5 Jahren garantiert folgende Zinsen in 5 aufeinander folgenden Jahren (p. a.): 2,75 %, 3,00 %, 3,25 %, 4,00 %, 5,00 %. Der Anlagebetrag wird am Ende der Laufzeit zusammen mit den Zinsen ausgezahlt. Wie hoch ist das Endvermögen bei einem Anlagebetrag von 10.000 €?

b) Wie hoch ist die durchschnittliche jährliche Verzinsung (»Wachstumsrate«) aus dieser Geldanlage?

c) Angenommen, in den fünf Jahren bestehe eine konstante jährliche Inflationsrate von 1,5 Prozent. Wie hoch ist der reale Wert des Kapitals nach fünf Jahren und wie hoch ist die reale durchschnittliche Verzinsung?

Aufgabe 36:
a) Ein Sparer legt 4.000 € verzinslich zu 6 % p. a. für 10 Jahre an. Wie hoch ist sein Endvermögen?
b) Nach wie viel Jahren hätte sich sein Vermögen verdreifacht?
c) Der Sparer strebt eine Verdopplung seines Vermögens bereits nach 10 Jahren an. Wie hoch müsste seine jährliche Verzinsung sein, damit er das Sparziel erreicht?

Aufgabe 37: Ein Aktionär hat in den vergangenen Jahren folgende Renditen erzielt: +20 %, +5 %, -50 %, +10 %, +/-0 %
a) Wie hoch war seine durchschnittliche, jährliche Rendite?
b) Wie hoch wäre sein Endkapital bei einem Anfangsbestand von 5.000 €?

2.3.3 Unterjährige Verzinsung

Die Zinsangabe ist in der Regel auf ein Jahr bezogen, d. h. »p. a.«. Es ist jedoch keineswegs zwingend, dass die Zinsen auch im Jahresrhythmus gutgeschrieben oder belastet werden. Die Zinsperioden können auch kürzer sein, wie dies etwa beim laufenden Konto der Fall ist (in der Regel Monats- oder Quartalsabrechnung). Sind die Zinsperioden kürzer als ein Jahr und »überschreiten« wir einen oder mehrere der unterjährigen Verzinsungstermine, so fallen **unterjährige Zinseszinsen** an.

Beispiel:
Ein Girokonto ist zum 31.12.2020 um 1.000 € überzogen. Die Bank berechnet für die Überziehung 12 % p. a. Zinsen. Wir nehmen der Einfachheit halber an, dass auf diesem Konto im gesamten Jahr 2021 keine Bewegungen stattfinden. Wie hoch ist der Kontostand per 31.12.2021 bei Quartalsabrechnung?

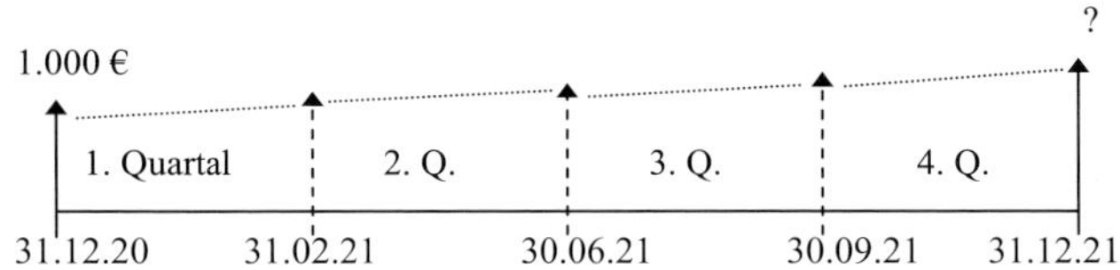

Abb. 2.3

Lösung:
Im (hier **nicht** vorliegenden) Falle der jährlichen Kontoabrechnung zum 31.12. (wie beim Sparbuch) wäre der Kontostand per 31.12.2020 ganz einfach (1.000 · 1,12 =) 1.120 €. Hier liegt jedoch Quartalsabrechnung vor, was zu einem anderen Ergebnis führt, wie folgende Entwicklung zeigt:

$K_0 = 1.000$ per 31.12.2020

$$K_1 = 1.000 \cdot \left(1 + \frac{0{,}12}{4}\right) = 1.030 \qquad \text{per } 31.03.2021$$

$$K_2 = K_1 \cdot \left(1 + \frac{0{,}12}{4}\right) = 1.000 \cdot \left(1 + \frac{0{,}12}{4}\right)^2 = 1.060{,}90 \qquad \text{per } 30.06.2021$$

$$K_3 = K_2 \cdot \left(1 + \frac{0{,}12}{4}\right) = 1.000 \cdot \left(1 + \frac{0{,}12}{4}\right)^3 = 1.092{,}73 \qquad \text{per } 30.09.2021$$

$$K_4 = K_3 \cdot \left(1 + \frac{0{,}12}{4}\right) = 1.000 \cdot \left(1 + \frac{0{,}12}{4}\right)^4 = 1.125{,}51 \qquad \text{per } 31.12.2021$$

Der Kontostand liegt also mit 1.125,51 € um 5,51 € höher als im Falle jährlicher Verzinsung. Dieser Mehrbetrag resultiert aus der unterjährigen Verzinsung, bzw. aus den unterjährigen Zinseszinsen.

Verallgemeinerung:
Abkürzungen:
n Anzahl Jahre (im Bsp.: n = 1)
m Anzahl unterjähriger Verzinsungsperioden bzw. Anzahl unterjähriger Verzinsungstermine (im Bsp.: m = 4)

K_0

$$K_1 = K_0 \cdot \left(1 + \frac{i}{m}\right) \qquad \text{nach } \frac{1}{m} \text{ Jahr}$$

$$K_2 = K_0 \cdot \left(1 + \frac{i}{m}\right)^2 \qquad \text{nach } \frac{1}{m} \text{ Jahr}$$

$\vdots$

$$K_m = K_0 \cdot \left(1 + \frac{i}{m}\right)^m \qquad \text{nach 1 Jahr}$$

$$K_{m+1} = K_0 \cdot \left(1 + \frac{i}{m}\right)^{m+1} \qquad \text{nach } 1 + \frac{1}{m} \text{ Jahren}$$

$\vdots \qquad \vdots$

$$K_{m \cdot n} = K_0 \cdot \left(1 + \frac{i}{m}\right)^{m \cdot n} \qquad \text{nach n Jahren}$$

Endbestand bei unterjähriger Verzinsung nach n Jahren bzw. k Verzinsungsperioden:

$$K_{m \cdot n} = K_0 \cdot \left(1 + \frac{i}{m}\right)^{m \cdot n} \qquad (2.17a)$$

$$K_k = K_0 \cdot \left(1 + \frac{i}{m}\right)^{k}, k \in \mathbb{N} \qquad (2.17b)$$

Der unterjährige Zinssatz $\frac{i}{m}$ heißt **relativer Zinssatz.** (2.18)

Im Beispiel:

m = 4 Quartale, n = 1 Jahr, i = 0,12, relativer Zinssatz $= \frac{0{,}12}{4} = 0{,}03$

$$\Rightarrow K_{36} = 1.000 \cdot \left(1 + \frac{0{,}12}{4}\right)^{4} = 1.125{,}51 \text{ €}$$

Weiteres Beispiel:

Ein Anleger legt für 36 Monate einen Betrag in Höhe von 10.000 € zu 6 % p. a. an, wobei die Zinsen monatlich gutgeschrieben werden. Wie hoch ist sein Endkapital?

Lösung: m = 12, k = 36, i = 0,06, relativer Zinssatz $\frac{i}{m} = \frac{0{,}06}{12}$

$$\Rightarrow K_{36} = 10.000 \cdot \left(1 + \frac{0{,}06}{12}\right)^{36} = 11.966{,}81 \text{ €}$$

Gelegentlich will man trotz unterjährlicher Verzinsungsvorgänge einen bestimmten vorgegebenen nominellen Jahreszinssatz nicht überschreiten. Dies führt uns auf die Frage nach einem äquivalenten unterjährigen Zinssatz bei gegebenem Jahreszins. Diesen unterjährigen Zinssatz bezeichnet man als **konformen Zinssatz**.

Beispiel:

Oma Berta leiht ihrem Enkel Anton 10.000 € zur Studienfinanzierung und vereinbart einen Zinssatz in Höhe von 6 % p. a. Die Oma will ihrem Enkel die Tilgung des Darlehens dauerhaft stunden, erwartet lediglich, dass hierauf Zinsen gezahlt werden, wobei sie die Zinsen gerne monatlich ausgezahlt haben möchte. Welcher monatliche Zinssatz ist hier zu veranschlagen?

Lösung:

Zur Ermittlung eines äquivalenten unterjährigen Zinssatzes könnte man zunächst vermuten, dass der relative Zinssatz zu veranschlagen sei, also $\frac{i}{m} = \frac{0{,}06}{4} = 0{,}005 = 0{,}5\,\%$ p. m. Dies würde dem Sachverhalt jedoch nicht ganz gerecht, denn dann wäre der (äquivalente) Endwert nach 12 Monaten $10.000 \cdot \left(1 + \frac{0{,}06}{12}\right)^{12} = 10.616{,}78$ €, was Zinsen in Höhe von 616,78 € entspricht. Dem Zinssatz 6 % p. a. entsprechen jedoch nur 600 € an Zinsen zum Jahresende. Offensichtlich führt der Ansatz des relativen Zinssatzes $\frac{i}{m}$ zu einer Überschätzung des tatsächlich anzusetzenden Zinssatzes. Dies liegt daran, da der relative Zinssatz ein linearisierter Zinssatz ist, der den unterjährigen Zinseszinseffekt unberücksichtigt lässt. Gesucht wird hingegen derjenige unterjährige Zinssatz i_k, für den gilt: $10.000 \cdot (1 + i_k)^{12} = 10.600$ € ($= 10.000 \cdot (1 + i)$). Die Auflösung führt auf: $(1 + i_k)^{12} = 1{,}06 \mid \sqrt[12]{\ } \Rightarrow i_k = 0{,}004868 = 0{,}4868\,\%$ p. m.

Verallgemeinerung:
Abkürzungen:

i	gegebener Jahreszinssatz (Nominalzinssatz)
i_k	konformer, unterjähriger Zinssatz (gesucht) (z. B. pro Monat p. m.)
m	Anzahl unterjähriger Verzinsungsperioden bzw. Anzahl unterjähriger Verzinsungstermine
n	Anzahl Jahre

Gesucht ist der unterjährige Zinssatz, der folgende Bedingung erfüllt:

$$\underbrace{K_0 \cdot (1+i)^n}_{\substack{\text{Endkapital bei}\\ \text{jährl. Verzinsung}\\ \text{mit dem nominellen}\\ \text{Zinssatz } i}} = \underbrace{K_0 \cdot (1+i_k)^{m \cdot n}}_{\substack{\text{Endkapital bei}\\ \text{unterjährl. Verzinsung}\\ \text{mit dem konformen}\\ \text{unter jährl. Perioden-}\\ \text{zinssatz}}} \quad \Big| : K_0 \text{ sowie } \sqrt[n]{\ }$$

$$\Rightarrow (1+i) = (1+i_k)^m \Big| \sqrt[m]{\ } \Rightarrow \sqrt[m]{(1+i)} = (1+i_k)$$

$i_k = \sqrt[m]{(1+i)} - 1$ konformer unterjähriger Zinssatz (2.19)

Weiteres Beispiel:
Tanja arbeitet nach ihrem betriebswirtschaftlichen Studium im Controlling. Sie steht vor der Aufgabe, einen auf *Jahres*basis erstellten Finanzplan in einen Plan auf *Monats*basis umzurechnen. Während sie die meisten Planzahlen wie z. B. die Umsätze (korrekterweise) einfach durch 12 dividiert, sollte sie bei der Umrechnung der Zinsen anders vorgehen. Einer Division durch 12 käme dem relativen Zinssatz gemäß (2.18) gleich, eine *adäquate* Umrechnung erzielt sie hingegen mit dem konformen monatlichen Zinssatz. Angenommen, es würden jährlich 120.000 € an Zinsen fällig (1,5 Mio. € Finanzierungsbetrag, 8 % p. a. Zinssatz), dann sollte die Controllerin zur sachgerechten Umrechnung in Monatswerte gemäß (2.19) einen Monatszins von $i_k = \sqrt[12]{1{,}08} - 1 = 0{,}006434 = 0{,}6434\,\%$ veranschlagen, somit also 9.651,04 € Zinsen pro Monat (und nicht etwa 10.000 €).

Aufgabe 38: Ein Sparer zahlt am 30.09. eines Jahres einen Betrag von 10.000 € auf ein mit 1,5 % p. a. verzinstes Sparbuch ein und lässt diesen Betrag dort ohne weitere Transaktionen »liegen«. Genau drei Jahre später löst er das Sparbuch wieder auf.

a) Wie hoch ist der Betrag, den die Bank dem Sparer auszahlt?
b) wie a), jedoch legt der Sparer den Betrag auf einem Girokonto (Quartalsabrechnung) an (Zinssatz ebenfalls 1,5 % p. a.).
c) wie a), jedoch legt der Sparer den Betrag als Monatsgeld mit automatischer Prolongation an, d. h. er bekommt monatlich die Zinsen seinem Kapital gutgeschrieben (Zinssatz ebenfalls konstant 1,5 % p. a.).

2.3.4 Stetige Verzinsung

Für einen Moment verlassen wir die Finanzmathematik, um uns Wachstumsvorgängen zuzuwenden. Wir wollen den Begriff der »Verzinsung« weiter fassen. Aufzinsung ist doch nichts anderes als ein Wachstumsvorgang: Ein vorgegebener Anfangsbestand wächst auf Basis eines Zinssatzes im Laufe der Zeit nach und nach an. Der Bestand erhöht sich jedoch immer nur zu vorbestimmten Zeitpunkten – den Zinsterminen – z. B. zum Ende eines Quartals (Girokonto) oder zum Ende eines Jahres (Sparbuch), d. h. das Kapital wächst in zeitlich festgelegten Schrittfolgen.
Wachstumsvorgänge treten aber nicht nur in der Finanzmathematik, sondern in vielerlei anderen Bereichen auf: Bevölkerungswachstum, Wirtschaftswachstum, biologisches Wachstum etc. Der Unterschied dieser Wachstumsprozesse zum finanzmathematischen »Wachstum« besteht aber darin, dass sich das Wachstum nicht zu festgelegten »Verzinsungsterminen«, sondern ständig, also stetig vollzieht. Man spricht deshalb bei diesen Wachstumsprozessen von stetigem Wachstum oder auch von **stetiger Verzinsung**. Stetige Verzinsung bedeutet, dass sich der Bestand permanent verändert und in jedem Moment stellt der aktuelle Bestand die Bemessungsgrundlage für den nächsten Moment dar. Es werden dem Bestand also permanent Zinseszinsen »gutgeschrieben«.
Mathematisch lässt sich stetige Verzinsung durch eine Grenzbetrachtung der unterjährigen Verzinsung beschreiben, indem wir beliebig kurze Verzinsungsperioden bzw. eine beliebig hohe Anzahl an Verzinsungsperioden bzw. -terminen (also $m \to \infty$) unterstellen. Wir betrachten also das Endkapital für den Fall $m \to \infty$ gemäß (2.17a):

$$\lim_{m \to \infty} K_{m \cdot n} = \lim_{m \to \infty} K_0 \cdot \left(1 + \frac{i}{m}\right)^{m \cdot n}$$

Man könnte zunächst vermuten, dass ein »unendlich oft« verzinstes Kapital auch unendlich groß werden müsste. Dem ist aber nicht so, denn der relative Zinssatz wird ja für $m \to \infty$ ebenfalls beliebig klein. In der Tat hat obiger Ausdruck einen Grenzwert, der sich daraus ableitet, dass der Ausdruck $\left(1 + \frac{1}{m}\right)^m$ für $m \to \infty$ gegen die **Eulersche Zahl e** ($=$ 2,71828...) geht. Nach einigen Umformungen, auf deren Darstellung wir hier verzichten, erhält man folgende Ausdrücke:

$$\lim_{m\to\infty} K_0 \cdot \left(1+\frac{i}{m}\right)^m = K_0 \cdot e^i$$ Bestand nach 1 Jahr (2.20)

$$\lim_{m\to\infty} K_0 \cdot \left(1+\frac{i}{m}\right)^{m\cdot n} = K_0 \cdot e^{i\cdot n}$$ Bestand nach n Jahren (2.21)

Für beliebig gesetzte Zeitpunkte t (z. B. Tage) lässt sich (2.21) auch anders schreiben als:

$K_t = K_0 \cdot e^{i\cdot t}$

Diese Formeln ermöglichen einfache Berechnungen von Beständen bei allen stetigen Wachstums- oder Zerfallsprozessen. Wichtig ist dabei die Erkenntnis, dass die Zahl e eine **Naturkonstante** und nicht etwa ein künstlich erzeugter Zahlenwert ist. Demzufolge taucht sie auch bei allen Arten von Wachstumsprozessen in der Mathematik und Volkswirtschaft auf, ebenso in der Statistik (Normalverteilung, Poisson-Verteilung).

Beispiele:

I. Auf welchen Wert wächst ein Betrag von 100 € bei 10 % p. a. Verzinsung in drei Jahren bei jährlicher (a), monatlicher (b) und stetiger Verzinsung (c) an?

Lösung:

a) $K = 100 \cdot 1{,}1^3 = 133{,}10$ €

b) $K = 100 \cdot \left(1 + \frac{0{,}1}{12}\right)^{12\cdot 3} = 134{,}82$ €

c) $K = 100 \cdot e^{0{,}1\cdot 3} = 134{,}99$ €

Der unter c) errechnete Wert ist der Grenzwert, d. h. der Maximalwert, der bei einem Zinssatz bzw. einer Wachstumsrate von 10 % p. a. überhaupt möglich ist.

II. In Lummerland leben gegenwärtig (in $t = 0$) 5 Mio. Menschen. Für die nächsten 10 Jahre wird mit einem Bevölkerungswachstum von durchschnittlich 5 % p. a. gerechnet. Wie viel Menschen würden gemäß dieser Wachstumsprognose in 10 Jahren in Lummerland leben?

Lösung:

$K_0 = 5$ [Mio.], $K_{10} = 5 \cdot e^{0{,}05\cdot 10} = 8{,}24$ Mio.

III. Nach wie viel Jahren hätte Lummerland bei weiterhin 5 % Bevölkerungswachstum pro Jahr 10 Mio. Einwohner?

Lösung:

$5 \cdot e^{0{,}05\cdot n} = 10 \Leftrightarrow e^{0{,}05\cdot n} = 2 \Leftrightarrow 0{,}05\cdot n = \ln 2 \Leftrightarrow n = \frac{\ln 2}{0{,}05} = 13{,}86$, also nach knapp 14 Jahren.

Aufgabe 39: Beantworten Sie die Aufgabe 38 für den Fall stetiger Verzinsung!

Aufgabe 40: In Kleinkleckersdorf leben 50.000 Menschen. Die Stadt rechnet (bei »stetiger« Verzinsung) mit einer jährlichen Zuwachsrate von 2 %.

a) Mit welcher Einwohnerzahl ist dann bei stetiger Verzinsung in 10 Jahren zu rechnen?
b) Welche jährliche Zuwachsrate wäre nötig, damit in 10 Jahren 65.000 Einwohner in Kleinkleckersdorf wohnen? Unterstellen Sie wiederum stetige Verzinsung!
c) Berechnen Sie die jährliche Zuwachsrate wie in b), gehen Sie abweichend von b) jedoch nicht von stetiger, sondern von jährlicher Verzinsung aus!

Aufgabe 41:

a) An einem bestimmten Tag (28.01.2020, $t = 0$) wurde in Deutschland *ein* Mensch registriert, an einem Virus erkrankt zu sein. Nach genau 100 Tagen betrug die Zahl registrierter Infektionen rund 170 Tausend. Berechnen Sie die durchschnittliche tägliche Wachstumsrate.
b) Nach 500 Tagen (11.06.2021, neues $t = 0$) betrug die Zahl der registrierten Infizierten rund 3,72 Mio, nach 660 Tagen (18.11.2021) waren es 5,23 Mio. Berechnen Sie für diesen Zeitraum erneut die durchschnittliche, tägliche Wachstumsrate und ermitteln Sie – bei Fortschreibung dieser Wachstumsrate – nach wieviel Tagen seit Registrierung des Virus die 8-Millionen-Grenze (i) bzw. die 10-Millionen-Grenze (ii) erreicht wäre.
c) Berechnen Sie die durchschnittliche, tägliche Wachstumsrate über den gesamten Zeitraum von 660 Tagen.

(Quelle: Statistik-Portal Statista, Daten zum Coronavirus COVID-19)

2.3.5 Effektivverzinsung

Der effektive Jahreszins hat im Kreditwesen eine große Bedeutung, er findet seinen Niederschlag in der **Preisangabenverordnung (PAngV)**[14]. Die PAngV ist neben dem Gesetz gegen den unlauteren Wettbewerb die wichtigste Rechtgrundlage des deutschen Preisangabenrechts. Die PAngV verpflichtet insbesondere zur Angabe des End- und Grundpreises und regelt – neben der Art und Weise der Preisauszeichnung unter anderem im Handel, Internet, in

14 Der Text und die Formel zu PAngV sind abrufbar unter der Seite des Bundeswirtschaftsministeriums https://www.bmwi.de/Redaktion/DE/Gesetze/Wirtschaft/PAngV.html. Die aktuelle Version der PAngV datiert vom 28. Mai 2022.

Gaststätten und an Tankstellen – insbesondere auch die **Pflicht zur Angabe des effektiven Jahrezinses** bei Verbraucherdarlehen (§ 16 PAngV):

> § 16 PAngV, (1): »Wer als Unternehmer den Abschluss von Verbraucherdarlehen im Sinne des § 491 des Bürgerlichen Gesetzbuches anbietet, hat als Preis die ... Gesamtkosten des Verbraucherdarlehens für den Verbraucher, ausgedrückt als jährlicher Prozentsatz des Nettodarlehensbetrags ... anzugeben und als effektiven Jahreszins zu bezeichnen.
> § 16 PAngV, (2): »Der anzugebende effektive Jahreszins...ist mit der ... angegebenen mathematischen Formel und nach den ... zugrunde gelegten Vorgehensweisen zu berechnen...«.
> § 16 PAngV, (3): »In die Berechnung des anzugebenden effektiven Jahreszinses sind als Gesamtkosten die vom Verbraucher zu entrichtenden Zinsen und alle sonstigen Kosten einschließlich etwaiger Vermittlungskosten einzubeziehen...«.

Nicht in die Berechnung des effektiven Jahreszinses gehen hingegen ein: Kosten für Versicherungen und Sicherheiten, Überweisungs- und Kontoführungsgebühren, Kosten, die aus der Nichterfüllung von Pflichten aus dem Kreditvertrag zu tragen sind, Notarkosten.
Mathematisch beziffert der effektive Jahreszins den Zinssatz, mit dem sich der Kredit bei regelmäßigem Kreditverlauf, ausgehend von den tatsächlichen Zahlungen des Kreditgebers und des Kreditnehmers, auf der Grundlage taggenauer Verrechnung aller Leistungen abrechnen lässt. Es gilt die **exponentielle Verzinsung auch im unterjährigen Bereich.**
Der effektive Jahreszinssatz ist also im Kern ein **fiktiver jährlicher Zins**, der unter Berücksichtigung unterjähriger Effekte sowie sonstiger preisbestimmender Faktoren (wie z. B. Abschläge vom Auszahlungsbetrag (= **Disagio**), Vermittlungskosten, Bearbeitungsgebühren) eine Information über den tatsächlichen Preis des »Produktes« Kredit sowie eine Vergleichsmöglichkeit zwischen verschiedenen Kreditangeboten liefern soll. Zu beachten ist jedoch, dass der Effektivzins als Informationsgröße zum Preisvergleich nur tauglich ist, wenn die Laufzeiten der Kredite identisch sind.
Der effektive Jahreszins lässt sich nur in Ausnahmefällen **algebraisch** lösen, in der Regel verwendet man **Näherungsverfahren** (z. B. Regula falsi, Newton-Verfahren oder computergestützte Lösung). Die Formel zur Berechnung des effektiven Jahreszinses gemäß PAngV lautet:

$$\underbrace{\sum_{k=1}^{m} C_k(1+X)^{-t_k}}_{\substack{\text{Summe der abgezinsten}\\ \text{Auszahlungsbeträge aus}\\ \text{einem Verbraucherdarlehen}}} = \underbrace{\sum_{l=1}^{m'} D_l(1+X)^{-s_l}}_{\substack{\text{Summe der abgezinsten Tilgungs-,}\\ \text{Zins- oder Kostenzahlungen}\\ \text{des Verbraucherdarlehens}}} \qquad t_1 =: 0 \qquad (2.22)$$

Abkürzungen:

X effektiver Jahreszins (= gesuchte Variable)
m laufende Nummer des letzten Verbraucherdarlehen-Auszahlungsbetrags
k laufende Nummer eines Verbraucherdarlehen-Auszahlungsbetrags, wobei $1 \leq k \leq m$
C_k Höhe des Verbraucherdarlehen-Auszahlungsbetrags mit der Nummer k
t_k der in Jahren oder Jahresbruchteilen (1 Jahr = 365 Tage bzw. 366 Tage für ein Schaltjahr, 52 Wochen oder 12 gleich lange Monate, 1 Monat = 30,41666 Tage, d. h. 365/12) ausgedrückte Zeitraum zwischen der ersten Verbraucherdarlehensvergabe und dem Zeitpunkt der einzelnen nachfolgenden in Anspruch genommenen Verbraucherdarlehen-Auszahlungsbeträge, wobei $t_1 = 0$
m´ die laufende Nummer der letzten Tilgungs-, Zins- oder Kostenzahlung
l die laufende Nummer einer Tilgungs-, Zins- oder Kostenzahlung
D_l der Betrag einer Tilgungs-, Zins- oder Kostenzahlung
s_l der in Jahren oder Jahresbruchteilen (Erläuterung siehe t_k) ausgedrückte Zeitraum zwischen dem Zeitpunkt der Inanspruchnahme des ersten Verbraucherdarlehen-Auszahlungsbetrags und dem Zeitpunkt jeder einzelnen Tilgungs-, Zins- oder Kostenzahlung

Zur praktischen Anwendung dieser Formel sind also stets die **Zahlungsströme zu generieren.** Der Nominalzinssatz i taucht in der Formel überhaupt nicht auf. Der Nominalzinssatz i ist ja ohnehin die Bemessungsgrundlage, auf deren Basis sich die fälligen Zinszahlungen zu den jeweiligen Zeitpunkten darstellen lassen.

Beispiele:

I. Erik nimmt ein Darlehen in Höhe von 1.000 € auf, das genau 18 Monate nach Darlehensauszahlung in einem Betrag à 1.200 € zurückzuzahlen ist. Wie hoch ist der effektive Jahreszins?

Lösung:

In diesem Fall ist gar kein Nominalzins explizit angegeben. 18 Monate entsprechen genau 1,5 Jahren oder (1,5 · 365 =) 547,5 Tagen. Nach Formel (2.22) ergibt sich folgender Ansatz:

$$1.000 = \frac{1.200}{(1+i^*)^{\frac{547,5}{365}}} = \frac{1.200}{(1+i^*)^{\frac{18}{12}}} = \frac{1.200}{(1+i^*)^{1,5}} \Leftrightarrow (1+i^*)^{1,5} = 1,2 | \sqrt[1,5]{}$$

$$\Leftrightarrow (1+i^*) = 1,12924 \Leftrightarrow i^* = 0,12924 = 12,92\,\%\text{ p. a.}$$

II. Wie I., jedoch behält der Darlehensgeber 3 % der Darlehenssumme (= 30 €) für Kreditwürdigkeits- und Bearbeitungskosten ein, so dass Erik nur 970 € ausgezahlt werden.

Lösung:

$970 = \frac{1.200}{(1+i^*)^{\frac{547,5}{365}}} = \frac{1.200}{(1+i^*)^{\frac{18}{12}}} = \frac{1.200}{(1+i^*)^{1,5}} \Leftrightarrow (1+i^*)^{1,5} = 1,2371 | \sqrt[1,5]{}$

$\Leftrightarrow (1 + i^*) = 1,1524 \Leftrightarrow i^* = 0,1524 = 15,24\,\%$ p. a.

III. Die Darlehenssumme betrage 1.200 €. Der Nominalzinssatz betrage 10 %. Das Darlehen ist durch zwei Raten à 600 € plus Zinsen nach einem halben bzw. nach einem Jahr zurückzuzahlen.

Lösung:

Der Zahlungsbetrag nach einem halben Jahr beträgt $600 + 1.200 \cdot \frac{0,1}{2} = 660$ €, während er, bezogen auf die verbliebene Restschuld von 600 €, nach einem Jahr noch $600 + 600 \cdot \frac{0,1}{2} = 630$ € beträgt. Der effektive Jahreszinssatz berücksichtigt nun den unterjährigen Effekt, d. h. durch die Zahlung von 600 € bereits nach einem halben Jahr ist der Kredit effektiv etwas »teurer« als 10 %.

$1.200 = \frac{660}{(1+i^*)^{0,5}} + \frac{630}{(1+i^*)} | \cdot (1+i^*) \Leftrightarrow 1200 \cdot (1+i^*) = 660 \cdot \underbrace{(1+i^*)^{0,5}}_{=\sqrt{(1+i^*)}} + 630$

Setzen wir nun der Einfachheit halber $(1 + i^*) =: x$ und bringen alle Terme auf eine Seite, dann erhalten wir folgende Wurzelgleichung: $1.200x - 660 \cdot \sqrt{x} - 630$. Diese Wurzelgleichung lässt sich algebraisch dadurch lösen, dass wir zunächst den Wurzelausdruck »isolieren« und dann beide Seiten quadrieren: $1.200x - 630 = 660 \cdot \sqrt{x} |^2 \Rightarrow (1.200x - 630)^2 = 435.600x$. Die Anwendung der zweiten binomischen Formel und Umstellen führt schließlich auf eine quadratische Gleichung: $\underbrace{1.440.000}_{a} x^2 - \underbrace{1.947.600}_{b} x + \underbrace{396.000}_{c} = 0$. Die Anwendung der abc-Formel für quadratische Gleichungen ergibt folgenden Ausdruck: $x_{1/2} = \frac{1.947.600 \pm \sqrt{1.947.600^2 - 4 \cdot 1.440.000 \cdot 396.900}}{2 \cdot 1.440.000} = 0,67625 \pm 0,42625$. Relevant ist hier nur der »+«-Wert, also $0,67625 + 0,42625 = 1,1025 = 1 + i^* \Leftrightarrow i^* = 0,1025 = 10,25\,\%\,p.a.$

IV. Das Beispiel aus Kapitel 2.3.3 (unterhalb von Formel 2.18) können wir auch wie folgt umformulieren: Ein Kredit über 10.000 € wird bei 6 % Zinssatz monatlich verzinst und ist nach 36 Monaten in einem Betrag einschließlich Zinsen zurückzuzahlen. Der Rückzahlungsbetrag wurde bereits mit $10.000 \cdot \left(1 + \frac{0,06}{12}\right)^{36} = 11.966,81$ € berechnet. Umgeschrieben: $10.000 = \frac{11.966,81}{\left(1+\frac{0,06}{12}\right)^{36}}$. Wie hoch ist der effektive Jahreszins?

Lösung:

$10.000 = \frac{11.966,81}{(1+i^*)^3}$ bzw. $\frac{11.966,81}{\left(1+\frac{0,06}{12}\right)^{36}} = \frac{11.966,81}{(1+i^*)^3} \Leftrightarrow \left(1 + \frac{0,06}{12}\right)^{3 \cdot 12} = (1+i^*)^3$ bzw. $\left(1 + \frac{0,06}{12}\right)^{12} = 1 + i^*$

$$\Rightarrow i^* = \left(1 + \tfrac{0{,}06}{12}\right)^{12} - 1 = 0{,}0617 = 6{,}17\,\%\text{ p. a.}$$

Verallgemeinerung:

$$K_0 = \left(1 + \frac{i}{m}\right)^{m \cdot n} = K_0 \cdot (1 + i^*)^n \overset{\sqrt[n]{\;}}{\Rightarrow} \left(1 + \frac{i}{m}\right)^m = (1 + i^*) \text{ bzw.}$$

$i^* = \left(1 + \frac{i}{m}\right)^m - 1$ Effektiver Jahreszins bei einer Einmalanlage zum Nominalzinssatz i und unterjähriger Verzinsung (m Verzinsungsperioden) (2.23)

V. Die Darlehenssumme betrage 1.000 €. Der Darlehensnehmer hat folgende Raten zurückzuzahlen: nach 3 Monaten 272 €, nach 6 Monaten 272 € und nach 12 Monaten 544 €.

Lösung:

$1.000 = \frac{272}{(1+i^*)^{0{,}25}} + \frac{272}{(1+i^*)^{0{,}5}} + \frac{544}{(1+i^*)^1} \mid \cdot (1 + i^*)$ bzw.

$1.000 \cdot (1 + i^*) - 272 \cdot (1 + i^*)^{0{,}75} - 272 \cdot (1 + i^*)^{0{,}5} - 544 = 0$

Diese Gleichung ist algebraisch nicht mehr lösbar, so dass hier ein Näherungsverfahren oder Computerunterstützung notwendig sind. Wenden wir ein solches Verfahren an, dann ergibt sich als Lösung $i^* = 0{,}13185$ bzw. $i^* = 13{,}185\,\%$ p. a.

Aufgabe 42: Bodo nimmt bei einem Zinssatz von 8 % p. a. ein Darlehen über 2.000 € auf. Das Darlehen ist in den nächsten zwei Jahren durch zwei jährliche Teilbeträge von jeweils 1.000 € plus Zinsen zurückzuzahlen.

a) Wie hoch ist der effektive Jahreszins nach PangV, wenn keine weiteren Gebühren anfallen?

b) Wie hoch ist der effektive Jahreszins, wenn die Bank Bearbeitungsgebühren von 3 % auf den Darlehensbetrag berechnet, welche sie ihm zum Zeitpunkt der Darlehensauszahlung in Rechnung stellt (d. h. der Auszahlungsbetrag reduziert sich um 3 %)?

c) Wie b), jedoch zahlt Bodo das Darlehen über eine Laufzeit von 4 Jahren in 4 jährlich nachschüssigen Beträgen von jeweils 500 € plus Zinsen zurück (Lösung mit Näherungsverfahren, z. B. Regula falsi mit Startwerten 9 % und 10 %).

d) Erläutern Sie, warum die Ergebnisse in b) und c) voneinander abweichen!

2.3.6 Gemischte Verzinsung

In der Praxis sind Geldanlagen über ausschließlich ganzzahlige Zinsperioden die Ausnahme. Die Regel sind »gemischte« Verzinsungsvorgänge.

Beispiel:
Ein Sparer zahlte am 15.09.2020 einen Betrag von 5.000 € auf sein mit 2 % p. a. verzinstes Sparbuch ein. Weitere Ein- und Auszahlungen erfolgten nicht. Am 12.03.2023 löst der Sparer sein Sparbuch wieder auf. Welchen Betrag wird die Bank dem Sparer real auszahlen?

Lösung:

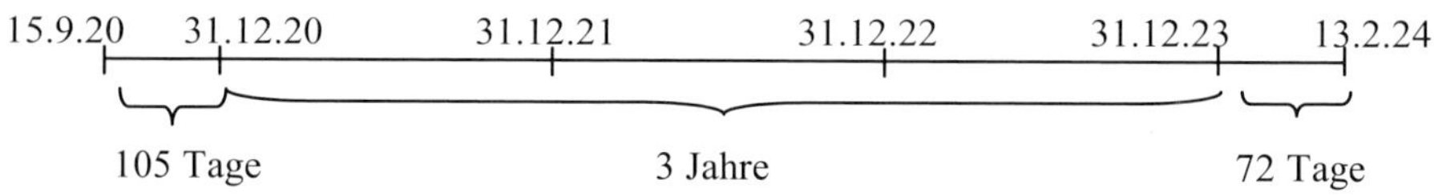

Abb. 2.4

Der Anlagezeitraum beträgt 105 Tage, 3 Jahre und 72 Tage. Das Endvermögen berechnet sich wie folgt:

$$\begin{aligned} K &= 5.000 \cdot \left(1 + 0{,}02 \cdot \tfrac{105}{360}\right) \cdot 1{,}02^3 \cdot \left(1 + 0{,}02 \cdot \tfrac{72}{360}\right) \\ &= 5.000 \cdot 1{,}00583 \cdot 1{,}0612 \cdot 1{,}004 = 5.358{,}34\ € \end{aligned}$$

Einen Näherungswert können wir mit weniger Rechenaufwand ermitteln, indem wir exponentielle, unterjährige oder stetige Verzinsung unterstellen. Der Anlagezeitraum beträgt insgesamt $\frac{105+3\cdot 360+72}{360} = \frac{1.257}{360} = 3{,}4917$ Jahre. Es ergibt sich folgendes Endkapital...

- ... bei exponentieller Verzinsung: $K = 5.000 \cdot 1{,}02^{\frac{1.257}{360}} = 5.357{,}95$ €
- ... bei unterjähriger (täglicher) Verzinsung: $K = 5.000 \cdot \left(1 + \frac{0{,}02}{360}\right)^{1.257} = 5.361{,}64$ €
- ... bei stetiger Verzinsung: $K = 5.000 \cdot e^{0{,}02 \cdot 3{,}4917} = 5.361{,}65$ €

Die exponentielle Verzinsung kommt dem realen Wert am nächsten. Dies liegt in unserem Beispiel daran, dass der Aufzinsungsfaktor $1{,}02^{\frac{1.257}{360}}$ nicht anderes ist als:

$1{,}02^{\frac{1.257}{360}} = 1{,}02^{\frac{105}{360}} \cdot \underbrace{1{,}02^3}_{1{,}02^{\frac{1.080}{360}}} \cdot 1{,}02^{\frac{72}{360}}$, d. h. bis auf die insgesamt 177 Tage stimmt die Berechnung mit der realen überein. Die gemischte Verzinsung ist mit ihrem

»Mix« aus linearer und exponentieller Verzinsung finanzmathematisch inkonsistent, jedoch aus der Sicht der Anleger »verbraucherfreundlicher«.

2.3.7 Äquivalenzprinzip und Zeitwert

Zum Abschluss des Kapitels zur Zins- und Zinseszinsrechnung wollen wir auf einen der wichtigsten Begriffe der Finanzmathematik überhaupt hinweisen, nämlich das **Äquivalenzprinzip.** Dieses Prinzip tauchte in Kapitel 2.3.5 zur Berechnung des effektiven Jahreszinses bereits auf, ohne dass wir es als Äquivalenzprinzip explizit bezeichnet haben. Das Äquivalenzprinzip lässt sich folgendermaßen definieren:

> **Äquivalenzprinzip**: Gegeben seien zwei Zahlungen oder Zahlungsreihen (z. B. Leistung/ Gegenleistung oder Zahlungsreihe A versus Zahlungsreihe B). Dann heißen die beiden Zahlungen äquivalent bzw. die Zahlungsreihen äquivalent zum Zeitpunkt t, wenn sie zum Zeitpunkt (Stichtag) t denselben Wert aufweisen.

Für die Überprüfung der Äquivalenz ist stets die Zinsmethode vorzugeben und für beide Zahlungsströme gleichermaßen anzuwenden. Der zum Zeitpunkt t mittels Auf- Abzinsung ermittelte Wert wird als **Zeitwert K_t** bezeichnet, der Zinssatz heißt Kalkulationszinssatz.

Bemerkungen und Hinweise:

I. Der Zeitwert ist eine Verallgemeinerung des Barwert- und Endwertbegriffs. Der Barwert K_0 ist der Zeitwert eines Zahlungsstroms oder einer Zahlung zum Zeitpunkt 0, der Endwert K_n ist der Zeitwert eines Zahlungsstroms oder einer Zahlung zum Zeitpunkt n.
II. Das Äquivalenzprinzip besagt letztlich, dass wir Zahlungen bzw. Zahlungsströme erst dann miteinander korrekt vergleichen können, wenn wir sie mit derselben Verzinsungsmethode auf denselben Zeitpunkt beziehen.
III. Das Äquivalenzprinzip besagt zugleich, dass – was ein beliebter Fehler ist - nicht statthaft ist, Zahlungen, die zu unterschiedlichen Zeitpunkten auftreten, miteinander zu vergleichen oder gegeneinander zu saldieren.
IV. Die Formel 2.22 zur Ermittlung des effektiven Jahreszinses berücksichtigt ebenfalls das Äquivalenzprinzip. Alle Aus- und Einzahlungen aus dem Verbraucherdarlehen werden auf den einheitlichen Zeitpunkt 0 abgezinst. Gesucht ist derjenige Zinssatz, bei dem der Barwert der Darlehensauszahlungen dem Barwert der Einzahlungen entspricht.

Beispiele:

a) Laura bekommt von ihrer Oma folgendes Angebot: Sie enthält entweder 1.000 € sofort, 1.050 € in einem Jahr oder 1.100 € in zwei Jahren. Für welche Zahlung sollte sie sich entscheiden, wenn von einem Zinssatz 5 % p. a. ausgegangen wird?

Lösung:
Die drei Zahlungen finden zu drei unterschiedlichen Zeitpunkten statt und dürfen so nicht miteinander verglichen werden. Die Bewertung erfolgt über die Zeitwerte. Wir unterstellen annahmegemäß exponentielle Verzinsung (also die Zinseszinsmethode).

	1.000 € (t = 0)	1.050 € (t = 1)	1.100 € (t = 2)
Barwert (= Zeitwert t = 0)	1.000 €	1.000 €	997,73 €
Zeitwert t = 1	1.050 €	1.050 €	1.047,62 €
Endwert (= Zeitwert t = 2)	1.102,50 €	1.102,50 €	1.100 €

Das Ergebnis zeigt, dass Laura zwischen 1.000 € »heute« und 1.050 € in t = 1 indifferent ist, während die 1.100 €-Zahlung im Vergleich unvorteilhaft ist. Wie wichtig es ist, die Verzinsungsmethode vorab festzulegen, sieht man daran, dass wir – wenn wir statt der exponentiellen Verzinsung lineare Verzinsung gewählt hätten – bei linearer Verzinsung für alle drei Zahlungen dieselben Zeitwerte erhalten hätten, somit zwischen allen drei Zahlungen indifferent gewesen wären.

b) Lars erhält für die Bezahlung seiner neuen Küche folgende Angebote. Angebot A: 2.000 € sofort und die restlichen 2.000 € am Ende des zweiten Jahres. Angebot B: 1.000 € sofort, weitere 1.000 € am Ende des ersten Jahres und Schlusszahlung 2.000 € am Ende des zweiten Jahres. Welches Angebot sollte Lars annehmen, wenn er mit einem Kalkulationszinssatz von 4 % p. a. rechnet?

t	0	1	2
Angebot A	2.000 €		2.000 €
Angebot B	1.000 €	1.500 €	1.500 €

Lösung:
Zunächst Endwertvergleich: $K_2^A = 2.000 \cdot 1{,}04^2 + 2.000 \cdot 1{,}04^0 = 4.163{,}20€$, $K_2^B = 1.000 \cdot 1{,}04^2 + 1.500 \cdot 1{,}04^1 + 1.500 \cdot 1{,}04^0 = 4.141{,}60€$
Barwertvergleich: $K_0^A = 2.000 \cdot 1{,}04^0 + 2.000 \cdot 1{,}04^{-2} = 3.849{,}11€$, $K_0^B = 1.000 \cdot 1{,}04^0 + 1.500 \cdot 1{,}04^{-1} + 1.500 \cdot 1{,}04^{-2} = 3.829{,}14€$.
Lars sollte sich für Angebot B entscheiden, da sich bei Endwert- oder auch Barwertvergleich ein Preisvorteil für Angebot B ergibt.

c) Anne kauft ein neues Auto für 20.000 €, das sie mit einer Laufzeit von 60 Monaten zu 100 % kreditfinanziert. Die recht arglose Anne lässt sich vom Verkäufer zwei Angebote ausarbeiten, ohne die Konditionen (Anzahlung, etwaige Schlusszahlung, Tilgungsplan, effektiver Jahreszins etc.) zu hinterfragen. Der Verkäufer präsentiert Anne folgende Angebote: 21.562,43 € (= Angebot 1) oder 21.974,24 € (= Angebot 2) jeweils Gesamtzahlung über 60 Monate. Frage: Welches der beiden Angebote ist günstiger?

Lösung:
Ohne Kenntnis der Zahlungsreihen ist diese Frage nicht beantwortbar. Die beiden angegebenen Gesamtbeträge sind für eine Bewertung untauglich, denn hier wurde gerade das Äquivalenzprinzip verletzt. Der Tilgungsplan sieht 60 Monate und damit 60 Zeitpunkte vor, ein Vergleich darf nur durch Zeitwertvergleich (z. B. Barwertvergleich) erfolgen, nicht aber durch die Aufsummierung von Zahlungsbeträgen zu 60 verschiedenen Zeitpunkten. Ohne hier weiter auf die Rechnung einzugehen, wurden die beiden Angebote auf Basis desselben Zinssatzes und derselben Zinsmethode gerechnet, einmal mit Vollamortisation (nach 60 gleichen Zahlungen ist der Kredit vollständig getilgt, Angebot 1) und einmal mit Teilamortisation (führt zu niedrigeren Raten) und Schlusszahlung in Höhe von 6.000 € (Angebot 2). Somit haben wir völlig unterschiedliche Zahlungsstrukturen, der Barwert jedoch beträgt für beide Angebote 20.000 €, d. h. finanzmathematisch sind – ungeachtet der arithmetischen Aufsummierung – beide Angebote äquivalent.

Das Äquivalenzprinzip sollten Sie sich einprägen, denn es ist fundamental für das Verständnis der Finanzmathematik. Spätestens beim Lesen des Kapitels 2.6 (Investitionsrechnung) wird Ihnen dieses Grundprinzip wieder begegnen.

2.4 Rentenrechnung

Als **Rente** bezeichnet man eine in gleichen Zeitabständen regelmäßig wiederkehrende Zahlung gleichen Betrages. Die Rentenrechnung befasst sich mit der finanzmathematischen Behandlung von Rentenzahlungsreihen unter Berücksichtigung von Zinseszinseffekten. Im Gegensatz zur Zinseszinsrechnung befassen wir uns nicht mit Einmalzahlungen, sondern mit *mehreren* (rentenartigen) Zahlungen.
Die beiden wichtigsten Fragestellungen der Rentenrechnung sind:

1. Wie kann man vorgegebene Renten zu einem einzigen äquivalenten Wert zusammenfassen?
2. Wie kann man einen vorgegebenen Betrag »verrenten«, d. h. in eine zum Einmalbetrag äquivalente Rentenzahlungsreihe transformieren?

Wir wollen zunächst den »Basisfall« untersuchen, der darin besteht, dass sowohl die Zahlungen als auch die Verzinsung **jährlich nachschüssig** erfolgen. Dieser Fall ist für viele Betrachtungen ausreichend. Kompliziertere, aber in der Regel auch genauere Konstellationen ergeben sich, wenn man unterstellt, dass Zahlungen und/oder Zinstermine unterjährig erfolgen. Beginnen wollen wir jedoch mit dem Basisfall.

2.4.1 Rentenendwert bei jährlichen, nachschüssigen Renten

Beispiel:
Ein Anleger legt jährlich 500 € zum Jahresende zu 4 % p. a. an. Wie hoch ist sein Endvermögen nach 4 Jahren?

Lösung

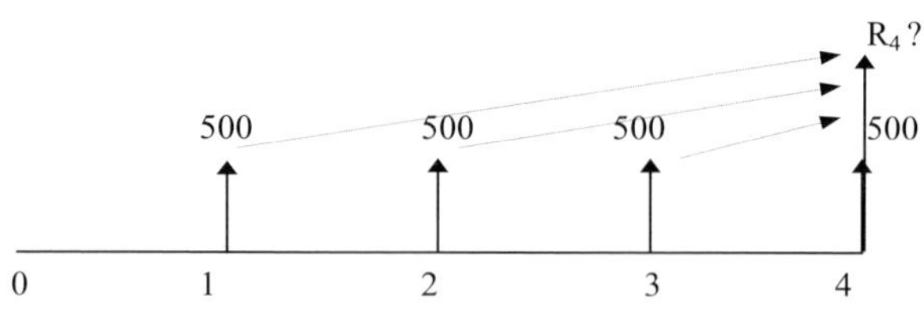

Abb. 2.5

Der gesuchte Wert heißt Rentenendwert (R_n). Er errechnet sich aus der Aufsummierung der 4 aufgezinsten Renten:

$$R_4 = 500 \cdot 1{,}04^3 + 500 \cdot 1{,}04^2 + 500 \cdot 1{,}04^1 + 500 \cdot \underbrace{1{,}04^0}_{=1}$$

$$= 500 \cdot (1{,}04^3 + 1{,}04^2 + 1{,}04^1 + 1{,}04^0) = \underbrace{500 \cdot \textstyle\sum_{t=1}^{4} 1{,}04^{t-1}}_{\substack{\textit{geometrische Reihe} \\ \textit{mit } n=4,\ g_1=500,\ q=1{,}04}}$$

$$= 500 \cdot \frac{1{,}04^4 - 1}{1{,}04 - 1} = 2.123{,}23\ €$$

Verallgemeinerung:
Abkürzungen:

n Jahre
q $= 1 + i$ Aufzinsungsfaktor für 1 Jahr
r jährliche nachschüssige Rente
R_n Rentenendwert (Wert zum Zeitpunkt n)

$$R_n = r \cdot (q^{n-1} + q^{n-2} + \ldots + q^1 + q^0) = \underbrace{r \cdot \textstyle\sum_{t=1}^{n} q^{t-1}}_{\textit{geometr. Reihe}} = r \cdot \frac{q^n - 1}{q - 1} \text{ bzw.}$$

$R_n = r \cdot \frac{q^n-1}{q-1} = r \cdot \frac{q^n-1}{i} = r \cdot REF(n;i)$ Rentenendwert bei jährlichen, nachschüssigen Renten (2.24)

Der Rentenendwert errechnet sich aus dem Produkt der Rente mit einem von i und n abhängigen Faktor. Der Faktor $\frac{q^n-1}{i}$ heißt **Rentenendwertfaktor REF(n; i)** und ist tabelliert (▶ Anhang D, Tab. 3).

Weitere Beispiele:

a) Ein Sparer hat als Sparziel 100.000 € in 20 Jahren. Dieses Ziel will er durch 20 jährliche, nachschüssige Renten erreichen, wobei die Verzinsung durchgängig 5 % p. a. beträgt. Wie hoch müssen seine Raten sein?

Lösung:
Es geht hier offenbar um die Verrentung eines zukünftigen Vermögenswertes. Gesucht ist die Rente r bei gegebenem Rentenendwert 100.000 €.

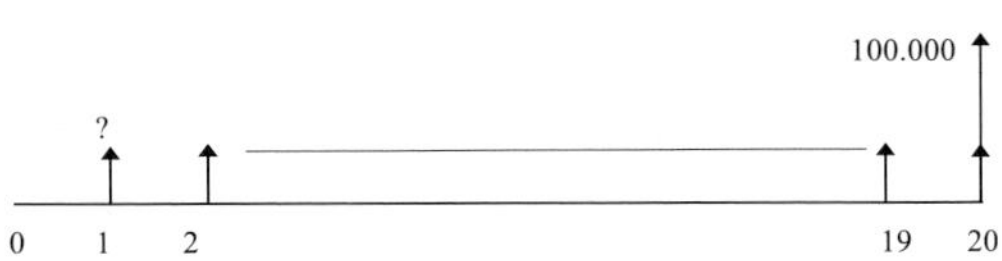

Abb. 2.6

Formel (2.24) stellen wir um und erhalten, nach r aufgelöst, folgenden Ausdruck:

$r = R_n \cdot \frac{i}{q^n - 1} = \frac{R_n}{REF(n;i)}$ Jährliche, nachschüssige Rente bei gegebenem Rentenendwert (2.25)

Im Beispiel beträgt die jährliche Rente somit $r = 100.000 \cdot \frac{0,05}{1,05^{20} - 1} = 3.024$€

b) Ein Sparer legt jährlich zum Jahresende 6.000 € zu 6 % p. a. an. Wie viel Jahre dauert es, bis er ein vorgegebenes Sparziel von 150.000 € erreicht hat?

Lösung:
Gesucht ist hier die Laufzeit bei gegebenen Größen Rentenendwert, Rente und Zins. Dazu lösen wir Gleichung (2.24) nach n auf:
$R_n = r \cdot \frac{q^n - 1}{i} \Leftrightarrow q^n = \frac{R_n}{r} \cdot i + 1$. Logarithmieren führt schließlich auf:

$n = \frac{\ln\left(\frac{R_n}{r} \cdot i + 1\right)}{\ln q}$ Laufzeit n bei gegebenem Endvermögen R_n und Rente r (2.26)

Im Beispiel: $n = \frac{\ln 2,5}{\ln 1,06} = 15,7$ Jahre

c) Ein Sparer legt jährlich zum Jahresende 500 € zu 6 % p. a. mit 3 %iger **Dynamisierung** an, d. h. sein Sparbetrag erhöht sich jährlich um 3 % (515 € im Jahre 1, 530,45 € im Jahre 2 etc.). Wie hoch ist der Rentenendwert nach 20 Jahren?

Lösung:
Wir wollen die Aufgabe zunächst allgemein lösen. Dazu bezeichnen wir die Dynamisierungsrate mit k (hier: 0,03), den Dynamisierungsfaktor mit g (= 1 + k) (hier: 1,03). Die Zahlungsreihe hat folgendes Aussehen:

Abkürzungen:

n	Jahre
q	= 1 + i Aufzinsungsfaktor für 1 Jahr
r	jährliche nachschüssige Rente
k	Dynamisierungsrate (z. B. 0,03)
g	= 1 + k Dynamisierungsfaktor
R_n^{dyn}	Rentenendwert bei Dynamisierung

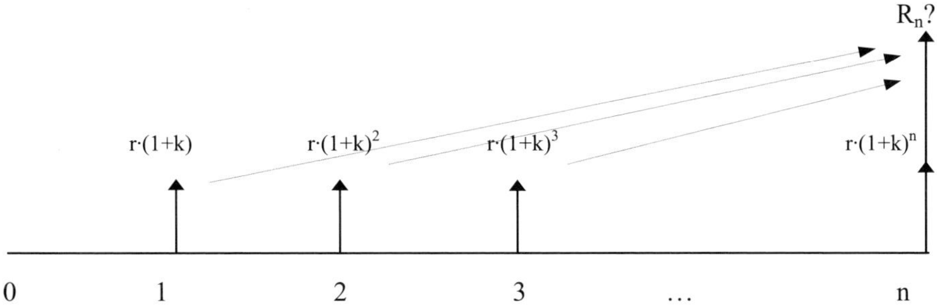

Abb. 2.7

$$R_n = r \cdot (g \cdot q^{n-1} + g^2 \cdot q^{n-2} + \ldots + g^{n-1} \cdot q^1 + g^n \cdot q^0)$$
$$= r \cdot g^n \cdot \left(\frac{q^{n-1}}{g^{n-1}} + \frac{q^{n-2}}{g^{n-2}} + \ldots + \frac{q^1}{g^1} + \frac{q^0}{g^0}\right)$$
$$= r \cdot g^n \cdot \underbrace{\left(\left(\frac{q}{g}\right)^{n-1} + \left(\frac{q}{g}\right)^{n-2} + \ldots + \left(\frac{q}{g}\right)^1 + \left(\frac{q}{g}\right)^0\right)}_{\text{geometr. Reihe mit Basis } \frac{q}{g}}$$

Folglich gilt für den Rentenendwert bei Dynamisierung:

$R_n^{dyn} = r \cdot g^n \cdot \frac{\left(\frac{q}{g}\right)^n - 1}{\frac{q}{g} - 1}$ Rentenendwert bei jährlichen, nachschüssigen Renten und jährlicher Dynamisierung der Rente (2.27)

Im Beispiel berechnet sich der Rentenendwert: $R_n^{dyn} = 500 \cdot 1{,}03^{20} \cdot \frac{\left(\frac{1{,}06}{1{,}03}\right)^{20} - 1}{\frac{1{,}06}{1{,}03} - 1} =$ 24.050,92 € (zum Vergleich ohne Dynamisierung: $R_{20} = 18.392{,}80$ €)

Aufgabe 43: Bruno hat ein Geldvermögen von 30.000 € und spart zusätzlich jährlich zum Jahresende jeweils 5.000 €. Alle Beträge werden mit 5 % p. a. verzinst.

a) Über welchen Betrag verfügt Bruno nach 20 Jahren?
b) Nach wie viel Jahren hätte er 500.000 € zusammengespart?
c) Wie hoch ist das Endvermögen nach 20 Jahren bei 2prozentiger Dynamisierung ab $t = 1$?

2.4.2 Rentenbarwert bei jährlichen, nachschüssigen Renten

Der **Rentenbarwert** bestimmt den äquivalenten Gegenwartswert zu einer vorgegebenen Rentenzahlungsreihe. Er errechnet sich aus einer Folge von Abzinsungen, wie folgendes Beispiel zeigt.

Beispiel:
Der Sieger eines Preisausschreibens gewinnt über 4 aufeinanderfolgende Jahre eine Zahlung von je 1.500 €, zahlbar jeweils zum Jahresende. Alternativ wird ihm angeboten, sich seinen Gewinn bereits »heute« als Einmalbetrag auszahlen zu lassen. Der Veranstalter kalkuliert dabei, dass der Auszahlungsbetrag zu 3 % p. a. sicher angelegt werden kann. Wie hoch muss der Einmalbetrag sein, damit er zu den vier Rentenbeträgen genau äquivalent ist?

Lösung:

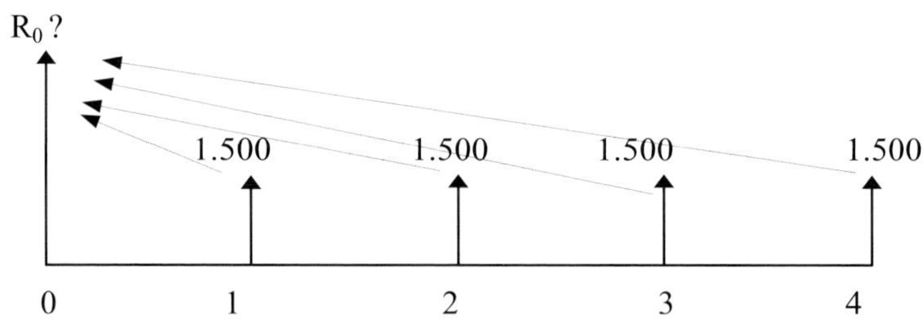

Abb. 2.8

Der gesuchte Wert ist der Rentenbarwert R_0.

$$R_0 = 1.500 \cdot 1{,}03^{-1} + 1.500 \cdot 1{,}03^{-2} + 1.500 \cdot 1{,}03^{-3} + 1.500 \cdot 1{,}03^{-4}$$
$$= 1.500 \cdot (1{,}03^{-1} + 1{,}03^{-2} + 1{,}03^{-3} + 1{,}03^{-4})$$
$$= 1.500 \cdot 1{,}03^{-4} \cdot \underbrace{(1{,}03^{3} + 1{,}03^{2} + 1{,}03^{1} + 1{,}03^{0})}_{REF(4\ Jahre;3\ \%)}$$
$$= 1.500 \cdot 1{,}03^{-4} \cdot \frac{1{,}03^{4} - 1}{0{,}03} = 1.500 \cdot \frac{1 - 1{,}03^{-4}}{0{,}03} = 1.500 \cdot 3{,}7171$$
$$= 5.575{,}65\ €$$

Probe anhand eines »Kontenplans« (sämtliche Angaben in €):

Jahr	Vermögen zu Jahresbeginn	Zinsen (3 % p. a.)	Entnahme	Vermögen zum Jahresende
1	5.575,65	167,27	–1.500	4.242,92
2	4.242,92	127,29	–1.500	2.870,21
3	2.870,21	86,11	–1.500	1.456,31
4	1.456,31	43,69	–1.500	0

Der Rentenbarwert ermöglicht die jährliche Entnahme der Rente, so dass am Ende der Laufzeit das Vermögen gerade »aufgebraucht« ist. Der Rentenbarwert ist also äquivalent zu den vier Rentenzahlungen.

Verallgemeinerung:
Abkürzungen:
n Jahre
q $= 1 + i$ Aufzinsungsfaktor für 1 Jahr
r jährliche nachschüssige Rente
R_0 Rentenbarwert (Wert zum Zeitpunkt 0)

$$R_0 = r \cdot (q^{-1} + q^{-2} + \ldots + q^{-n}) = r \cdot q^{-n} \cdot \underbrace{(q^{n-1} + q^{n-2} + \ldots + q^1 + q^0)}_{REF(n;i)} = r \cdot q^{-n} \cdot \frac{q^n - 1}{i} \text{ bzw.}$$

$R_0 = r \cdot \frac{1-q^{-n}}{i} = r \cdot RBF(n;i)$ Rentenbarwert bei jährlichen, nachschüssigen Renten (2.28)

Der Rentenbarwert R_0 ergibt sich als Produkt aus der Rente mit einem durch die Größen n und i bestimmten Faktor. Dieser Faktor heißt **Rentenbarwertfaktor RBF(n; i)**, deren Werte in Tabelle 4 des Anhangs D wiedergegeben sind. Außerdem gelten folgende Beziehungen zwischen Rentenbarwert und Rentenendwert:

$R_0 = R_n \cdot q^{-n}$ (2.29) sowie $RBF(n;i) = REF(n;i) \cdot q^{-n}$ (2.30)

Weitere Beispiele und Ergänzungen:

a) Ewige Rente

Von einer ewigen Rente spricht man, wenn Rentenzahlungen zeitlich unbegrenzt sind. Wir können in diesem Fall keine Laufzeit angeben (z. B. jährliche, konstante Dividendenzahlungen eines auf unbegrenzte Dauer ausgelegten Unternehmens).

Beispiel:
Abweichend zu obigem Beispiel zahlt der Veranstalter des Preisausschreibens eine Rente von 1.500 € jährlich »auf Lebenszeit«, d. h. ohne zeitliche Begrenzung. Wie hoch ist der zu dieser ewigen Rente äquivalente Rentenbarwert? Die Verzinsung werde weiter mit 3 % p. a. angenommen.

Die Abzinsungsfaktoren q^{-1}, q^{-2}, q^{-3}, ... bilden eine geometrische Folge mit absteigenden Folgengliedern. Eine ewige Rente bedeutet nun eine Folge mit unendlich vielen Folgenelementen. Wie wir bereits bei der unendlichen geometrischen Folge gesehen haben (▶ Kap. 2.1.2), hat die Summe der Folgenelemente einen endlichen Grenzwert, wie wir auch formal zeigen können:

$R_0^\infty = \lim\limits_{n\to\infty} R_0 = \lim\limits_{n\to\infty} r \cdot \frac{1-q^{-n}}{i} \overset{q^{-n}\to 0}{\underset{n\to\infty}{\widehat{=}}} \frac{r}{i}$ Rentenbarwert bei ewiger Rente (jährlich, nachschüssig) (2.31)

Mit der Unterstellung der ewigen Rente vereinfacht sich die Formel für den Rentenbarwert zu $\frac{r}{i}$.
Im Beispiel: $R_0^\infty = \frac{1.500}{0{,}03} = 50.000$ €
Egal, wie lang die 1.500 €-Zahlungsreihe auch ist, die Summe der abgezinsten Zahlungen wird den Wert 50.000 € niemals überschreiten. Die Bewertung einer Zahlung wird aufgrund des zunehmenden Abzinsungseffekts umso geringer, je weiter sie in der Zukunft liegt. So hätte etwa eine 1.500 €-Zahlung bei 3 % p. a. Verzinsung in 50 Jahren einen Gegenwartswert von lediglich rund 342 €, auf Basis eines Zinses von z. B. 8 % p. a. sogar nur von 31,98 €.
Die ewige Rente ist aufgrund ihrer Einfachheit auch als **»Praktikerformel«** beliebt und ermöglicht, den Wert zukünftiger Zahlungen (z. B. bei der Unternehmensbewertung) durch Annahme einer ewigen Rente grob abzuschätzen.

b) Rentenbarwert mit Abzinsung

Ein Gesellschafter eines Unternehmens hat einen Pensionsanspruch auf eine 10-jährige Betriebsrente in Höhe von jährlich 10.000 €, zahlbar jährlich nachschüssig, erstmals zum Ende des 4. Jahres. Alternativ kann sich der Gesellschafter seinen Pensionsanspruch auch bereits »heute« als einmalige Abfindungszahlung auszahlen lassen. Wie hoch ist die Abfindungszahlung bei Kalkulation mit einem Zinssatz 5 % p. a.?

Lösung:

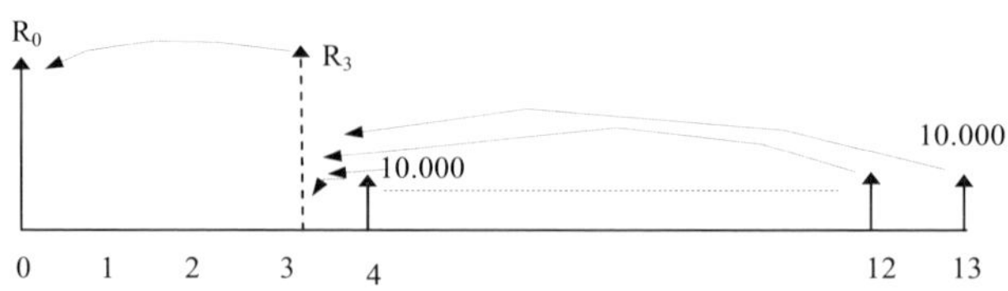

Abb. 2.9

$R_0 = 10.000 \cdot RBF(10\,J.; 5\,\%) \cdot 1{,}05^{-3} = 10.000 \cdot 7{,}7217 \cdot 0{,}8638$
$= 66.700{,}05$ €

Erläuterung: Es handelt sich annahmegemäß um nachschüssige Zahlungen, d. h. durch Multiplikation mit dem Rentenbarwertfaktor zinst man auf den »fiktiven« Zeitpunkt »0« ab, dies ist hier der Zeitpunkt 3 (Rentenwert R_3). Um den Rentenbarwert von Zeitpunkt 3 auf 0 zurückzurechnen, ist dieser Wert noch mit dem Abzinsungsfaktor für 3 Jahre zu multiplizieren.

c) Kurs einer Anleihe

Eine **Anleihe** (Synonyme: Schuldverschreibung, Obligation) ist aus der Sicht des Schuldners ein Instrument der Fremdfinanzierung. Anleihen werden über den Kapitalmarkt emittiert, d. h. ausgegeben und später auf dem **Rentenmarkt** gehandelt. Emittenten sind z. B. der Bund (Bundesobligationen), große Unternehmen (Industrieobligationen), Kommunen (Kommunalobligationen) oder andere Länder (Länderanleihen).
Aus der Sicht des Gläubigers (Käufer der Anleihe) stellt sich eine Anleihe als festverzinsliches Wertpapier dar. Anleihen verbriefen dem Käufer einen festen Anspruch auf jährliche oder halbjährliche Zinsen auf Basis des Nominalzinssatzes (Kupon) und werden am Ende der festgeschriebenen Laufzeit zum Nominalwert zurückgezahlt. Für den Emittenten stellt sich die Frage, zu welchem Kurs er die Anleihe ausgeben soll.
Der Ausgabepreis hängt maßgeblich vom aktuellen Kapitalmarktzinsniveau für »vergleichbare« Anleihen (gleiche Laufzeit, gleiches Risiko) ab. Der mutmaßliche Ausgabekurs sowie der sich später einstellende gehandelte Kurs lassen sich mit Hilfe der Rentenrechnung berechnen. Dazu folgendes Beispiel:

Beispiel:
Eine Anleihe sei gestückelt in Anteile à 100 €. Der Nominalzins der Anleihe betrage 5 % p. a., zahlbar jährlich nachschüssig. Die Laufzeit der Anleihe sei 10 Jahre. Nach Ablauf der 10 Jahre wird die Anleihe zum Nominalwert (= 100) zurückgezahlt.

1) Wie hoch wird der Ausgabekurs (C_E) sein bei einem aktuellen Kapitalmarktzins von a) 4 % b) 5 % c) 6 %?
2) Mit welchem Kurs (C) wird die Anleihe nach genau 6 Jahren – somit *Restlaufzeit 4 Jahre* – am Rentenmarkt notieren bei angenommenem Marktzinssatz von a) 4 % b) 5 % c) 6 %?

Lösung zu 1):

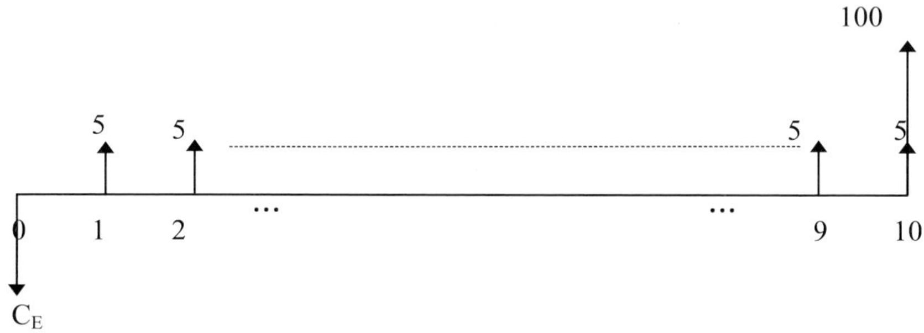

Abb. 2.10

Der Erwerber der Anleihe hat beim Kauf einer Anleihe von 100 € einen zukünftigen Zahlungsanspruch von 5 € pro Jahr (Zinsen) sowie 100 € (Nominalwert) nach Ablauf der 10 Jahre. Den Emissionskurs wird der Emittent dabei so festlegen, dass die »tatsächliche« Verzinsung (Rendite) gerade der Marktverzinsung entspricht. Falls – wie in a) – der Marktzins bei 4 % liegt, ist die Anleihe mit 5 % attraktiver als der »Markt«. Der Ausgabekurs wird deshalb über 100 (»über pari«) liegen. Liegt der Marktzins – wie in c) – dagegen bei 6 %, so ist die Anleihe im Vergleich zum »Markt« unattraktiv. Sie wird erst dadurch marktgerecht, indem der Ausgabepreis auf einen Wert unter 100 (»unter pari«) festgelegt wird. Der Kaufpreisabschlag von 100 wird dann so bemessen sein, dass er die Schlechterstellung durch den niedrigeren Zins gerade kompensieren kann. Entspricht die Nominalverzinsung dagegen dem Marktzins – wie in b) – so ist ein Ausgabekurs von 100 (»zu pari«) zu erwarten.
Wir können den fairen Ausgabekurs finanzmathematisch exakt bestimmen, denn er stellt nichts anderes dar als den Barwert der zukünftigen Zahlungsansprüche. Die Zahlungsreihe ist eine »Kombination« aus einer Rentenreihe (Zinsen) und einer Einmalzahlung (Nominalwert im Jahre 10), die es auf den Zeitpunkt 0 abzuzinsen gilt, und zwar auf Basis des gültigen Marktzinses:

Zu a) $C_E = 5 \cdot RBF(10J; 4\,\%) + 100 \cdot 1{,}04^{-10} = 5 \cdot 8{,}1109 + 100 \cdot 0{,}6756 = 108{,}11$

b) $C_E = 5 \cdot RBF(10J; 5\,\%) + 100 \cdot 1{,}05^{-10} = 5 \cdot 7{,}7217 + 100 \cdot 0{,}6139 = 100$

c) $C_E = 5 \cdot RBF(10J; 6\,\%) + 100 \cdot 1{,}06^{-10} = 5 \cdot 7{,}3601 + 100 \cdot 0{,}5584 = 92{,}64$

Lösung zu 2):

Nach Notierung der Anleihe am Rentenmarkt bilden sich Kurse durch Angebot und Nachfrage. Diese Kurse werden sich so einstellen, dass die »effektive« Verzinsung der Anleihe dem Marktzins entspricht. Dies können Sie im Übrigen selbst rechnerisch überprüfen, indem Sie aus dem Finanzteil Ihrer Zeitung

Anleihenkonditionen entnehmen und den errechneten Kurs mit dem am Markt gebildeten Kurs vergleichen. Wir führen die gleiche Rechnung durch wie unter 1), zinsen jedoch nur für die verbleibende Restlaufzeit ab:

Zu a) $C_E = 5 \cdot RBF(4J; 4\,\%) + 100 \cdot 1{,}04^{-4} = 5 \cdot 3{,}6299 + 100 \cdot 0{,}8548 = 103{,}63$

b) $C_E = 5 \cdot RBF(4J; 5\,\%) + 100 \cdot 1{,}05^{-4} = 5 \cdot 3{,}5460 + 100 \cdot 0{,}8227 = 100$

c) $C_E = 5 \cdot RBF(4J; 6\,\%) + 100 \cdot 1{,}06^{-4} = 5 \cdot 3{,}4651 + 100 \cdot 0{,}7921 = 96{,}54$

Wenn wir die Ergebnisse aus 1) und 2) miteinander vergleichen, so stellen wir fest, dass durch die kürzere Laufzeit in 2) die Ausschläge nach »oben« und »unten« geringer werden (103,63 gegenüber 108,11 und 96,54 gegenüber 92,64).

Abschließend wollen wir unser Ergebnis noch **verallgemeinern**.

Verallgemeinerung:

Abkürzungen:

n	Laufzeit der Anleihe (im Bsp. 10 Jahre)
t	Restlaufzeit der Anleihe (im Bsp. 4 Jahre)
i	Nominalzins (im Bsp. 0,05)
$\hat{\imath}$	Kapitalmarktzins
C_E	Emissionskurs (=Ausgabekurs) der Anleihe
C	(börsennotierter) Kurs der gehandelten Anleihe

$C_E = 100 \cdot i \cdot RBF(n;\hat{\imath}) + 100 \cdot (1 + \hat{\imath})^{-n}$ Emissionskurs der Anleihe bei jährlich nachschüssigen Zinszahlungen (2.32)

$C = 100 \cdot i \cdot RBF(t;\hat{\imath}) + 100 \cdot (1 + \hat{\imath})^{-t}$ Kurs der Anleihe mit Restlaufzeit t (2.33)

d) Berechnung der Rente bei gegebenem Rentenbarwert

Ein Studierender bekommt zum Start des BWL-Studiums 20.000 € zwecks Studienfinanzierung von seinen Eltern geschenkt. Welchen jährlichen Betrag kann er vier Jahre lang zum Jahresende entnehmen, wenn sich der Restbetrag jeweils mit 5 % p. a. verzinst?

Lösung:

Der Studierende will das gegebene Anfangskapital über 4 Jahre verrenten, gesucht ist also die Rente r. Aus der Rentenbarwertformel (2.28) erhält man durch Umstellen:

$r = R_0 \cdot \frac{i}{1-q^{-n}} = \frac{R_0}{RBF(n;i)}$ Jährlich nachschüssige Rente bei gegebenem Rentenbarwert (2.34)

Im Beispiel: $r = \frac{20.000}{RBF(4;5\%)} = \frac{20.000}{3,5460} = 5.640,24$ €. Probe durch »Kontenplan« (alle Angaben in €):

Jahr	Guthaben Jahresbeginn	Zinsen (5 % p. a.)	Entnahme	Guthaben Jahresende
1	20.000,00	1.000,00	–5.640,24	15.359,76
2	15.359,76	767,99	–5.640,24	10.487,51
3	10.487,51	524,38	–5.640,24	5.371,64
4	5.371,64	268,58	–5.640,24	≈ 0

e) Berechnung der Entnahmedauer

Ein Pensionär hat sich ein privates Geldvermögen von 200.000 € erspart. Aus diesem Vermögen möchte er sich selbst eine nachschüssige Rente über jährlich 20.000 € auszahlen. Den Restbetrag kann er zu 5 % p. a. verzinslich anlegen. Nach wie viel Jahren ist das Vermögen aufgezehrt?

Lösung:
Gesucht ist hier die Laufzeit n bei gegebenem Rentenbarwert 200.000 € und einer Rente 20.000 €. Wir lösen deshalb die Rentenbarwertformel (2.28) nach n auf: $R_0 = r \cdot \frac{1-q^{-n}}{i} \Leftrightarrow q^{-n} = 1 - \frac{R_0}{r} \cdot i \Leftrightarrow q^n = \frac{1}{1-\frac{R_0}{r} \cdot i}$. Logarithmieren führt auf:

$n = \frac{-\ln\left(1-\frac{R_0}{r} \cdot i\right)}{\ln q}$ Entnahmedauer bei Rentenbarwert und jährlich nachschüssigen Renten (2.35)

Im Beispiel: $n = \frac{-\ln 0,5}{\ln 1,05} = \frac{0,693}{0,0488} = 14,2$ Jahre

Aufgabe 44: Ein Studierender kalkuliert zu Beginn seines Studiums, dass er 5 Jahre studieren wird und dass er 6.000 € pro Jahr zum (über)leben braucht.

a) Welchen Einmalbetrag benötigt der Studierender zum Studienbeginn, der es ihm ermöglicht, 5 Jahre lang jeweils zum Jahresende genau 6.000 € zu entnehmen? Den Restbetrag legt er jeweils verzinslich zu 4,5 % p. a. an.

b) Verdeutlichen Sie Ihr Ergebnis anhand eines »Kontenplans«!

Aufgabe 45: Eine zu 8 % p. a. kreditfinanzierte Investition (Maschine) habe eine Laufzeit von 10 Jahren und ein Investitionsvolumen in $t = 0$ in Höhe von 100.000 €. Die jährlichen (nachschüssigen) Einzahlungsüberschüsse werden wie folgt geschätzt: 30.000 € Jahr 1, 20.000 € Jahr 2, je 10.000 € Jahre 3-10.

a) Bestimmen Sie durch Barwertberechnung, ob die Maschine gekauft werden soll!
b) Man nimmt an, der Unternehmer korrigiert seine Planung und unterstellt für die gesamten 10 Jahre konstante jährliche Einzahlungsüberschüsse. Wie hoch müssten die Einzahlungsüberschüsse sein, damit die Investition vorteilhaft ist?

Aufgabe 46:

a) Einem Arbeitnehmer steht ab 01.01.2026 eine 20-jährige Betriebsrente über 20 mal 3.000 € - zahlbar jeweils jährlich zum 01.01. erstmalig am 01.01.2026 - zu. Das Unternehmen erklärt sich bereit, dem Arbeitnehmer zum 01.01.2021 den Barwert dieser 20 Zahlungen auf Basis eines Zinssatzes von 7 % p. a. als Einmalbetrag auszuzahlen. Berechnen Sie den Einmalbetrag!
b) Gehen Sie abweichend von a) von einer ewigen Rente anstelle von 20 Jahren aus!

Aufgabe 47: Eine (Teil-)Schuldverschreibung (Anleihe) mit einer Laufzeit von 10 Jahren und einem Nominalwert 100 € wird zum Zeitpunkt $t = 0$ emittiert (ausgegeben). Der Nominalzinssatz beträgt 5 % p. a., die Rückzahlung erfolgt in $t = 10$ zum Nominalwert. Zinsen sind zahlbar in $t = 1, 2, 3, ..., 10$.

a) Wie hoch muss der »faire« Ausgabekurs C_E der Anleihe sein, wenn die durchschnittliche Verzinsung für vergleichbare 10-jährige Anleihen 4 % p. a. beträgt?
b) Angenommen, die 10-Jahres-Anleihe würde als sog. »Null-Kupon-Anleihe« (auch Zero-Bond genannt) ausgegeben werden. Darunter versteht man eine Anleihe, die mit einem Zinssatz von 0 % Zinsen ausgestattet ist und lediglich zum Nominalwert in $t = 10$ zurückgezahlt wird. Wie hoch wäre der Ausgabekurs für diese Null-Kupon-Anleihe?

2.4.3 Vorschüssige, jährliche Renten

Der bislang betrachtete Standardfall nachschüssiger, jährlicher Renten ist für viele Berechnungen ausreichend. Im Folgenden wollen wir aber auch untersuchen, wie Zahlungen zu behandeln sind, die von diesem Standardfall abweichen. In diesem Kapitel werden nun Renten betrachtet, die zu Jahres*beginn*, also **vorschüssig**, erfolgen.

Beispiel:
Ein Anleger legt über einen Zeitraum von 4 Jahren jährlich zu Jahresbeginn jeweils 1.000 € verzinslich zu 5 % p. a. an. Wie hoch sind der Rentenend- und der Rentenbarwert?

Lösung:

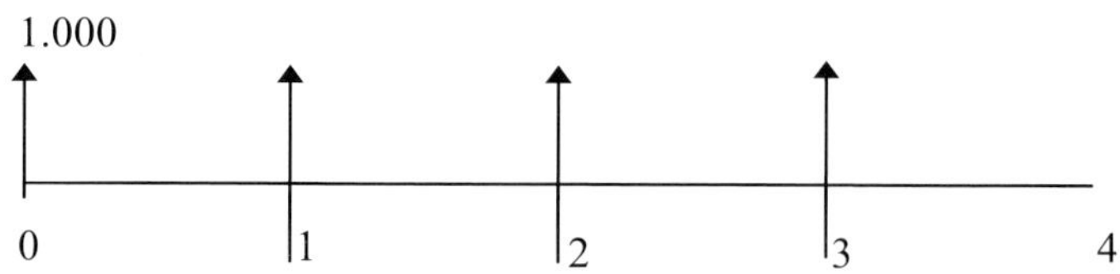

Abb. 2.11

$$R_4^V = 1.000 \cdot 1{,}05^4 + 1.000 \cdot 1{,}05^3 + 1.000 \cdot 1{,}05^2 + 1.000 \cdot 1{,}05^1$$
$$= 1.000 \cdot (1{,}05^4 + \ldots + 1{,}05^1) = 1.000 \cdot 1{,}05 \cdot \underbrace{(1{,}05^3 + \ldots + 1{,}03^0)}_{REF(4\ Jahre;5\ \%)}$$
$$= 1.000 \cdot 1{,}05 \cdot \frac{1{,}05^4 - 1}{0{,}05}$$
$$= R_4^N \cdot 1{,}05 = 4.310{,}13 \cdot 1{,}05 = 4.525{,}63\ €$$

Der Rentenendwert für vorschüssige Zahlungen ergibt sich einfach durch Multiplikation des Rentenendwerts für nachschüssige Zahlungen mit dem Faktor 1,05. Dieses Ergebnis ist nicht überraschend, denn die gesamte Zahlungsreihe ist gegenüber der Zahlungsreihe für nachschüssige Zahlungen um ein Jahr nach »links« verschoben, so dass jede Zahlung genau ein Jahr länger verzinst wird. Dies entspricht gerade dem Faktor 1,05.
Ähnlich verhält es sich mit dem Rentenbarwert:

$$R_0^V = 1.000 \cdot (1{,}05^0 + \ldots + 1{,}05^{-3}) = 1.000 \cdot 1{,}05 \cdot \underbrace{(1{,}05^{-1} + \ldots + 1{,}03^{-4})}_{RBF(4\ Jahre;5\ \%)}$$
$$= 1.000 \cdot 1{,}05 \cdot \frac{1 - 1{,}05^{-4}}{0{,}05}$$
$$= R_0^N \cdot 1{,}05 = 3.545{,}95 \cdot 1{,}05 = 3.723{,}25\ €$$

Außerdem gilt: $3.723{,}25 \cdot 1{,}05^4 = 4.525{,}63$ €.

Verallgemeinerung:
Abkürzungen:
R_0^V Rentenbarwert für vorschüssige, jährliche Zahlungen
R_0^N Rentenbarwert für nachschüssige, jährliche Zahlungen
R_n^V Rentenendwert für vorschüssige, jährliche Zahlungen
R_n^N Rentenendwert für nachchüssige, jährliche Zahlungen
Rentenendwert:

$$R_n^V = r \cdot (q^n + q^{n-1} + \ldots + q^1) = r \cdot q \cdot (q^{n-1} + \ldots + q^0) = r \cdot q \cdot \frac{q^n - 1}{i}$$ bzw.

$R_n^V = R_n^N \cdot q = r \cdot q \cdot \frac{q^n-1}{i}$ Rentenendwert (2.36) und Rentenendwertfaktor für vorschüssige Renten (2.37)
$REF^V(n;i) = REF^N(n;i) \cdot q$

Rentenbarwert:

$$R_0^V = r \cdot (q^0 + q^{-1} + \ldots + q^{-(n-1)}) = r \cdot q \cdot (q^{-1} + \ldots + q^{-n}) = r \cdot q \cdot \frac{1 - q^{-n}}{i}$$ bzw.

$R_0^V = R_0^N \cdot q = r \cdot q \cdot \frac{1-q^{-n}}{i}$ Rentenbarwert (2.38) und Rentenbarwertfaktor für vorschüssige Renten (2.39)
$RBF^V(n;i) = RBF^N(n;i) \cdot q$

Dieses Ergebnis gilt auch für die ewige Rente, d. h.

$R_0^{V\infty} = q \cdot \frac{r}{i}$ Rentenbarwert bei ewiger Rente (jährlich, vorschüssig) (2.40)

Aufgabe 48: Lösen Sie Aufgabe 44 für den Fall vorschüssiger Zahlungen!

Aufgabe 49: Welchen Betrag muss ein Lottomillionär am 01.01. eines Jahres einzahlen, um anschließend 30 Jahre lang eine vorschüssige Jahresrente in Höhe von 100.000 € beziehen zu können (i = 6 % p. a.)?

Aufgabe 50: Wie lange kann ein Sparer von einem Kapital in Höhe von 300.000 € »zehren«, wenn er jährlich vorschüssig 30.000 € entnimmt und den Restbetrag jeweils zu 6 % p. a. anlegt?

2.4.4 Unterjährige Renten

a) Unterjährig lineare Zinsverrechnung

Wir wollen anhand der folgenden Beispiele nun noch untersuchen, wie unterjährige Renten finanzmathematisch korrekt erfasst werden. Dazu unterstellen wir weiterhin **jährliche Zinsverrechnung**. Dies bedeutet, dass die unterjährige Verzinsung linear erfolgt.

Beispiel:
Eine leitende Angestellte zahlt aus ihrer jährlichen Tantieme drei Jahre lang 6.000 € jeweils zum 30.04. auf ihr mit 3 % p. a. verzinstes Bausparkonto ein. Wie hoch ist ihr Bausparguthaben zum Ende des dritten Kalenderjahres?

Lösung:

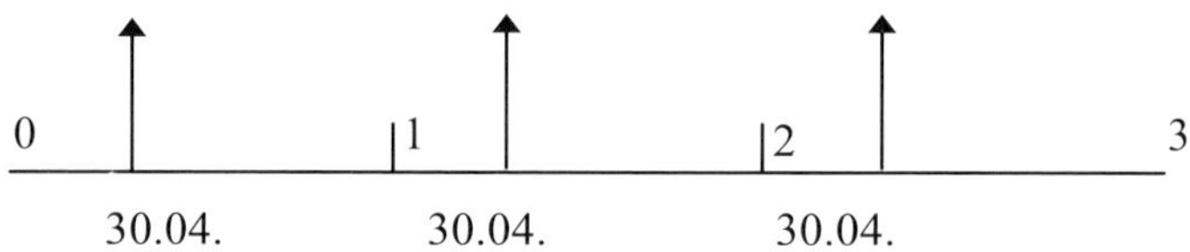

Abb. 2.12

Offensichtlich wird die erste Zahlung 2 Jahre und 8 Monate verzinst, die zweite Zahlung 1 Jahr und 8 Monate sowie die dritte Zahlung 8 Monate. Die unterjährige Verzinsung erfolgt dabei linear:

$$R_3 = 6.000 \cdot \left(1 + 0{,}03 \cdot \frac{8}{12}\right) \cdot 1{,}03^2 + 6.000 \cdot \left(1 + 0{,}03 \cdot \frac{8}{12}\right) \cdot 1{,}03^1$$

$$+ 6.000 \cdot \left(1 + 0{,}03 \cdot \frac{8}{12}\right) \cdot 1{,}03^0$$

$$= \underbrace{6.000 \cdot \left(1 + 0{,}03 \cdot \tfrac{8}{12}\right)}_{\text{Rente, unterjährig bis zum Jahresende aufgezinst}} \cdot \left[\underbrace{1{,}03^2 + 1{,}03^1 + 1{,}03^0}_{REF(3\ Jahre;3\,\%)}\right] = 6.120 \cdot \frac{1{,}03^3 - 1}{0{,}03}$$

$$= 6.120 \cdot 3{,}0909 = 18.916{,}31\ €$$

Die unterjährig aufgezinste Rente (hier: 6.120 €) wird als **konforme Ersatzrate** oder auch als **fiktive Jahresendzahlung** bezeichnet. Die unterjährige Rente wird dabei jahresanteilig bis zum Jahresende aufgezinst. Man erzeugt also durch Aufzinsung aus einer unterjährigen Zahlung eine (fiktive) nachschüssige, jährliche Rente.

Zur **praktischen Berechnung** geht man stets in **zwei Schritten** vor:

1. Schritt: Berechnung der konformen Ersatzrate $\tilde{r}$ durch lineare Aufzinsung bis Jahresende.

2. Schritt: Multiplikation der Ersatzrate mit dem Rentenfaktor für nachschüssige Zahlungen.

Beispiel:

Abweichend vom 1. Beispiel zahlt die Angestellte 3 Jahre lang monatlich-nachschüssige Raten à 500 € auf ihr Bausparkonto ein.

In der Summe zahlt sie damit zwar ebenfalls 6.000 € im Jahr bzw. 18.000 € in 3 Jahren, jedoch im Monatsrhythmus. Pro Jahr erfolgen somit 12 Zahlungen.

Lösung:

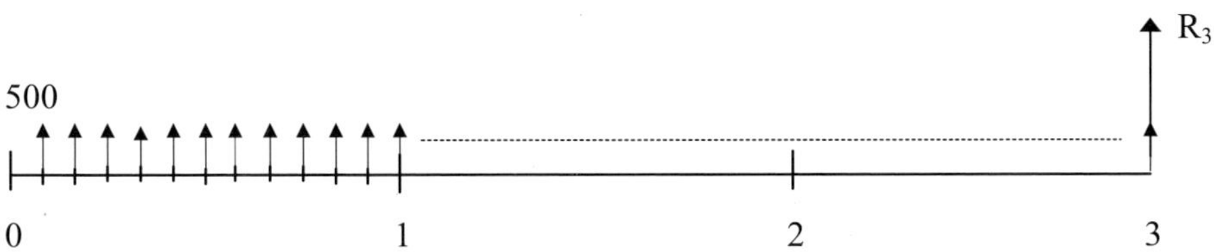

Abb. 2.13

1. Schritt: Berechnung der Ersatzrate. Wie unterjährige, gleichmäßige Raten finanzmathematisch zu behandeln sind, haben wir in Kapitel 2.3.1, Beispiel III. besprochen. Gemäß Ausdruck (2.12) erhalten wir:

$$\tilde{r} = 500 \cdot 12 \cdot \left(1 + 0{,}03 \cdot \frac{12-1}{212}\right) = 6.000 \cdot 1{,}01375 = 6.082{,}50\ €$$

2. Schritt: Berechnung des Rentenendwertes

$$R_3 = 6.082{,}50 \cdot \text{REF}(3\ \text{J.}; 3\,\%) = 6.082{,}50 \cdot 3{,}0909 = 18.800{,}40\ €$$

Verallgemeinerung:

Abkürzung:

$\tilde{r}$ konforme Ersatzrate (= fiktive Jahresendzahlung)

Vorgehen zur Berechnung des Rentenend- bzw. -barwertes:

1. Schritt: Berechnung der fiktiven Jahresendzahlung $\tilde{r}$

Falls 1 unterjährige Zahlung pro Jahr: $\tilde{r} = r \cdot \left(1 + i \cdot \frac{T}{360}\right)$ (2.41)

Falls m nachschüssige, unterjährige Zahlungen pro Jahr:

$$\tilde{r} = r \cdot m \cdot \left(1 + i \cdot \frac{m-1}{2m}\right) \quad (2.42)$$

Falls m vorschüssige, unterjährige Zahlungen pro Jahr:

$$\tilde{r} = r \cdot m \cdot \left(1 + i \cdot \frac{m+1}{2m}\right) \quad (2.43)$$

2. Schritt: Berechnung des Rentenendwerts R_n bzw. des Rentenbarwerts R_0 für nachschüssige Zahlungen

$$R_n = \tilde{r} \cdot REF(n;i) = \tilde{r} \cdot \frac{q^n-1}{i} \text{ bzw. } R_0 = \tilde{r} \cdot RBF(n;i) = \tilde{r} \cdot \frac{1-q^{-n}}{i} \quad (2.44)$$

Beispiel:

Ein Bausparer hat einen Bausparvertrag über 150.000 € und möchte in 8 Jahren seinen 40 %-igen Sparanteil (= 60.000 €) durch regelmäßige, nachschüssige Monatszahlungen angespart haben. Wie hoch müssen die Sparraten sein, um das Sparziel zu erreichen, wenn die Guthabenverzinsung 3 % p. a. beträgt?

Lösung:

Schritt 1: $\tilde{r} \cdot REF(8\text{ J.};3\,\%) = 60.000$ bzw. $\tilde{r} = \frac{60.000}{REF(8J.;3\,\%)} = 6.747{,}38$ €

Schritt 2: Rückrechnung von Jahresendzahlung in Monatszahlung

$r \cdot 12 \cdot \left(1 + \frac{0{,}03}{12} \cdot \frac{12-1}{2}\right) = 6.747{,}38$ nach r auflösen!

$r = \frac{6.747{,}38}{121{,}01375} = 554{,}66$ € monatliche Sparrate

Verallgemeinerung:

Vorgehen zur Berechnung der unterjährigen Sparrate bei gegebenem Rentenendwert:

1. Schritt: Berechnung der fiktiven Jahresendzahlung $\tilde{r}$

$$\tilde{r} = \frac{R_n}{REF(n;i)} = R_n \cdot \frac{i}{q^n-1} \quad (2.45)$$

2. Schritt: Berechnung von r aus $\tilde{r}$ mit einem der obigen Ausdrücke (2.41) bis (2.43).

b) Unterjährig exponentielle Zinsverrechnung

In Anlehnung an Kapitel 2.3.3 wollen wir noch den Fall untersuchen, dass nicht nur die Renten, sondern auch die Zinsverrechnung **unterjährig** erfolgen. Wir wollen uns hier auf den bedeutendsten Spezialfall konzentrieren, dass die Rentenzahlungszeitpunkte der Renten und die Zinsverrechnungstermine übereinstimmen.

Beispiel:

Eine Angestellte spart über einen Zeitraum von 3 Jahren (= 36 Monaten) jeweils monatlich nachschüssig 300 € zu einem garantierten Zinssatz von 4 % p. a. Die Zinsen werden dem Konto ebenfalls monatlich zum Monatsende gutgeschrieben. Wie hoch ist das Guthaben nach 3 Jahren?

Lösung:

Durch die monatliche Zinsgutschrift müssen wir nun auch den unterjährigen Zinseszinseffekt berücksichtigen.

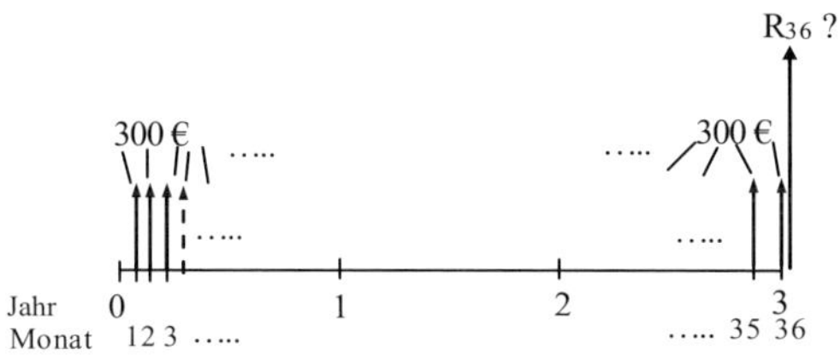

Abb. 2.14

Unter Zuhilfenahme von Formel (2.17) können wir den Rentenendwert berechnen:

$$R36 = 300 \cdot \left(1 + \frac{0{,}04}{12}\right)^{35} + 300 \cdot \left(1 + \frac{0{,}04}{12}\right)^{34} + \ldots + 300 \cdot \left(1 + \frac{0{,}04}{12}\right)^{1}$$

$$+ 300 \cdot \left(1 + \frac{0{,}04}{12}\right)^{0}$$

$$= 300 \cdot \Bigg[\underbrace{\left(1+\frac{0{,}04}{12}\right)^{35} + \left(1+\frac{0{,}04}{12}\right)^{34} + \ldots + \left(1+\frac{0{,}04}{12}\right)^{1} + \left(1+\frac{0{,}04}{12}\right)^{0}}_{\textit{Geometrische Reihe mit } n=36 \textit{ und } q=\left(1+\frac{0{,}04}{12}\right)}\Bigg]$$

$$= 300 \cdot \frac{\left(1 + \frac{0{,}04}{12}\right)^{36} - 1}{{}^{0{,}04}\!/_{12}}$$

$$= 300 \cdot 38{,}1816 = 11.454{,}47\ €$$

Verallgemeinerung:
Abkürzungen:

r Unterjährige Rente

m Anzahl unterjähriger Zahlungs-/Verzinsungsperioden

i Zinssatz p.a.

$R_{m \cdot n}$ ($= R_{m \cdot n}^{N}$) Rentenendwert für m·n unterjährige nachschüssige Zahlungen/ Zinsperioden

R_0 ($= R_0^N$) Rentenbarwert für m·n unterjährige nachschüssige Zahlungen/ Zinsperioden

$R_{m \cdot n}^{V}$ Rentenendwert für m·n unterjährige vorschüssige Zahlungen/ Zinsperioden

R_0^V Rentenbarwert für m·n unterjährige vorschüssige Zahlungen/ Zinsperioden

Rentenendwert für m·n unterjährige nachschüssige Zahlungen/Zinsperioden:

$$R_{m\cdot n} = r \cdot \Bigg[\underbrace{\left(1+\frac{i}{m}\right)^{m\cdot n-1} + \left(1+\frac{i}{m}\right)^{m\cdot n-2} + \ldots + \left(1+\frac{i}{m}\right)^{1} + \left(1+\frac{i}{m}\right)^{0}}_{\text{Geometrische Reihe mit } m\cdot n \text{ Folgeelementen und } q=\left(1+\frac{i}{m}\right)} \Bigg]$$

$$= r \cdot \frac{\left(1+\frac{i}{m}\right)^{m\cdot n-1}-1}{\left(1+\frac{i}{m}\right)-1} \text{ somit}$$

$R_{m\cdot n} = r \cdot \frac{\left(1+\frac{i}{m}\right)^{m\cdot n}-1}{\frac{i}{m}}$ Renten*end*wert für m·n *nach*schüssige Zahlungsperioden (= Zinsperioden) (2.46)

Für die Barwertberechnung müssen wir nur den Rentenendwert (2.46) mit dem Abzinsungsfaktor $\left(1+\frac{i}{m}\right)^{-m\cdot n}$ abzinsen und erhalten nach Umstellen:

$R_0 = r \cdot \frac{1-\left(1+\frac{i}{m}\right)^{-m\cdot n}}{\frac{i}{m}}$ Renten*bar*wert für m·n *nach*schüssige Zahlungsperioden (= Zinsperioden) (2.47)

Schließlich gelten:

$R^V_{m\cdot n} = R^N_{m\cdot n} \cdot \left(1+\frac{i}{m}\right)$ Renten*end*wert für m·n *vor*schüssige Zahlungsperioden (= Zinsperioden) (2.48)

bzw.

$R^V_0 = R^N_0 \cdot \left(1+\frac{i}{m}\right)$ Renten*bar*wert für m·n *vor*schüssige Zahlungsperioden (= Zinsperioden) (2.49)

Bemerkungen:

I. Die Formeln (2.46) und (2.47) sind Verallgemeinerungen der Ausdrücke (2.24) und (2.28). Setzen wir m = 1 (jährliche Renten und jährliche Verzinsung), dann sind die Formelausdrücke jeweils identisch.

II. Die unterjährige, exponentielle Zinsverrechnung hat besonders große Bedeutung in der Tilgungsrechnung (▸ Kap. 2.5). Tilgungszahlungen und Annuitäten erfolgen in der Regel nicht jährlich, sondern meistens quartalsweise oder monatlich. In dem selben Rhythmus wird auch die Zinsverrechnung vorgenommen.

Aufgabe 51: Ein Pensionär hat einen Betrag von 50.000 € angespart. Diesen Betrag möchte er über einen Zeitraum von 20 Jahren »verrenten«. Welche monatliche, nachschüssige Zusatz-rente kann er sich aus diesem Betrag auszahlen, wenn er den Restbetrag jeweils »konservativ« zu 4 % p. a. anlegt und Zinsgutschriften zum Jahresende erfolgen?

Aufgabe 52:
a) Ein Sparer legt Geldbeträge für 20 Jahre zu 6 % p. a. verzinslich an. Wie hoch ist bei jährlicher Zinsverrechnung sein Endvermögen nach 20 Jahren, wenn der Sparer i) jährlich 3.600 € zum Jahresende, ii) jährlich 3.600 € zur Jahresmitte, iii) monatlich 300 € zum Monatsende anlegt?
b) Lösen Sie a) iii) für den Fall monatlicher Zinsverrechnung!

Aufgabe 53: Ein heute 55-Jähriger Arbeitnehmer hat in 12 Jahren einen Anspruch auf eine monatliche Betriebsrente von 600 €, die nachschüssig bezahlt wird. Durch welche Gegenleistung kann sie heute bei einem Zinssatz von 6 % p. a. und einer angenommenen Lebenserwartung von 85 Jahren abgelöst werden? Unterstellen Sie unterjährig lineare Verzinsung.

Aufgabe 54: Mark (25 Jahre) spart 40 Jahre jeweils 200 € monatlich nachschüssig (Zinssatz 5 % p. a.). Wie viel Rente erhält er anschließend für weitere 25 Jahre monatlich vorschüssig (Zins 3 % p. a.)? Unterstellen Sie unterjährig lineare Verzinsung.

Aufgabe 55: Die 22-Jährige Lisa will in 45 Jahren (also ab 67) eine 25-Jährige, monatlich-vorschüssige Rente in Höhe von 3.000 € beziehen. Welchen quartalsweise-nachschüssigen Betrag muss sie hierzu über den 45-Jahres-Zeitraum einzahlen (Zinssatz einheitlich 4 % p. a.)? Unterstellen Sie unterjährig lineare Verzinsung.

2.5 Tilgungsrechnung

2.5.1 Tilgungsformen

In der Tilgungsrechnung beschäftigen wir uns mit Krediten und seinen verschiedenen Ausgestaltungsformen. Ein Kredit kann sich, unabhängig von Art und Höhe, folgendermaßen charakterisieren lassen:
Der Kreditgeber (= Gläubiger) stellt dem Kreditnehmer (= Schuldner) einen bestimmten Geldbetrag für eine bestimmte Zeitspanne leihweise zur Verfügung. Dieser Kreditbetrag ist innerhalb der Kreditlaufzeit nach einer vereinbarten

Rückzahlungsform wieder zurückzuzahlen, also zu **tilgen**. Außerdem verlangt der Kreditgeber vom Kreditnehmer als Entgelt für die zeitweise Überlassung der Geldmittel einen Kreditzins, der zusätzlich zu der Tilgung zu entrichten ist. Hinsichtlich der **Auszahlungsbedingungen**, der **Zinszahlungen** und der **Tilgungsformen** existiert in der Kreditpraxis eine Vielzahl an Ausgestaltungsformen.

- So kann etwa die Auszahlung als Einmalbetrag, in mehreren »Tranchen« oder aber bedarfsweise, wie etwa beim Kontokorrent- bzw. beim Dispositionskredit, erfolgen.
- Die Zinsen können z. B. jährlich, quartalsweise oder monatlich nachschüssig fällig sein. Die Zinsen werden in der Regel auf die Restschuld berechnet.
- Hinsichtlich der Tilgung unterscheidet man drei typische Tilgungsformen: Ratentilgung, Annuitätentilgung und gesamtfällige Tilgung:

Ratentilgung

Bei der **Ratentilgung** wird der Kreditbetrag in konstanten Tilgungsraten zurückgezahlt; die Zinsen sind zusätzlich zu zahlen. Die Belastung (Tilgung + Zinsen) ist bei der Ratentilgung somit typischerweise in den ersten Tilgungsperioden vergleichsweise hoch, während sie aufgrund der geringeren Restschuld über die Zeit (linear) abnimmt. Man findet die Ratentilgung vor allem bei Firmenkrediten.

Annuitätentilgung

Bei der **Annuitätentilgung** ist die Belastung (= Annuität) zu jedem Tilgungszeitpunkt gleich hoch. Die Annuität wird vorab finanzmathematisch exakt errechnet. Sie besteht aus einem über die Zeit wechselnden Tilgungs- und Zinsanteil, wobei typischerweise in den ersten Perioden der Zinsanteil vergleichsweise hoch, der Tilgungsanteil klein ist. Im Laufe der Zeit kehrt sich dieses Verhältnis durch »ersparte Zinsen« um. In der Kreditpraxis kennt man das Annuitätendarlehen vor allem aus Hypothekendarlehen zur Finanzierung einer Immobilie sowie bei Konsumentenkrediten. Aus Sicht des Kreditnehmers, der zuvor nicht selten Miete gezahlt hat und damit ebenfalls einer konstanten Belastung ausgesetzt war, wird es zumeist als vorteilhaft empfunden, auch in der Abzahlungsphase konstante Zahlungen zu tätigen, was bei der Ratentilgung nicht möglich ist.
Hinsichtlich der Annuitätenberechnung kann man entweder die Laufzeit vorgeben und erhält den exakt »verrenteten« Kreditbetrag; jedoch ergeben sich typischerweise »krumme« Beträge. Um »glatte« Beträge zu erhalten, gibt man häufig den Tilgungsanteil in % vor (z. B. »2 % Tilgung plus ersparte Zinsen«), sodass sich bei dieser **Prozentannuität** eine »krumme« Laufzeit ergibt, was sich durch eine Schlusszahlung gegen Ende der Laufzeit regeln lässt.

Gesamtfällige Tilgung

Bei der **gesamtfälligen Tilgung** wird der Kreditbetrag am Ende der Laufzeit als Einmalbetrag zurückgezahlt. In der Zwischenphase werden nur Zinsen fällig. Diese Tilgungsform ist typisch für Zwischenfinanzierungskredite, bei denen nach Ablauf der Finanzierungsbetrag durch einen Einmalbetrag (z. B. Neukredit, fällige Lebensversicherung) abgelöst wird. Zum anderen findet man die gesamtfällige Tilgung bei Anleihen (Schuldverschreibungen, festverzinsliche Wertpapiere) vor, wenn der Nominalbetrag zum Ende der Laufzeit zu 100 % zurückgezahlt wird.
Wir wollen uns in diesem Kapitel auf die Annuitäten- und die Ratentilgung konzentrieren. Die Abbildung zeigt den typischen Verlauf von Zinsen, Tilgung und Belastung für diese beiden Tilgungsformen.

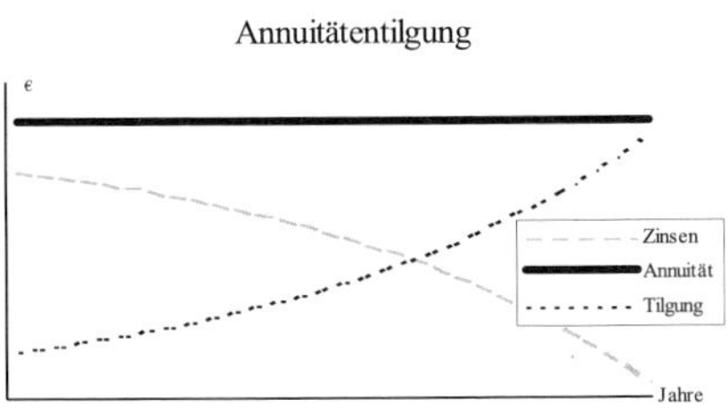

Abb. 2.15: Annuitätentilgung

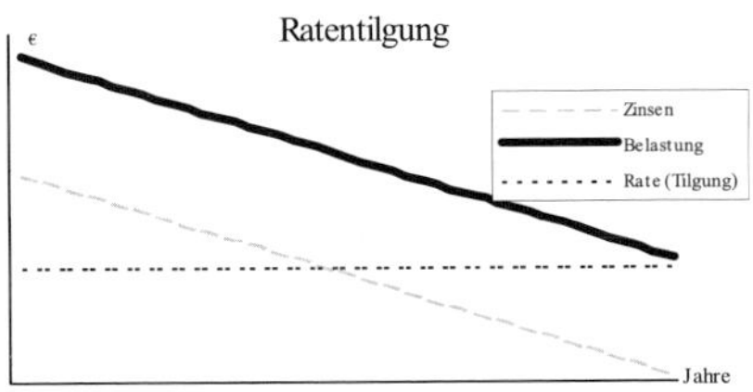

Abb. 2.16: Ratentilgung

> Gelegentlich wird darüber diskutiert, welche der Tilgungsformen - Ratentilgung oder Annuitätentilgung - die vorteilhaftere sei. Diese Frage lässt sich leicht beantworten: Finanzmathematisch sind nach dem Äquivalenzprinzip beide Tilgungsformen völlig gleichwertig, da in beiden Fällen der Kreditbetrag finanzmathematisch korrekt über die Zeit verteilt wird. Verschieden ist jedoch die zeitliche *Verteilung* der Zahlungen. Die Ratentilgung zeigt zunächst eine höhere Belastung als die Annuitätentilgung, während sie später geringer wird. Aufgrund der unterschiedlichen Zahlungsstrukturen sind deshalb auch die Nominalwerte der Zinszahlungen über die Gesamtlaufzeit nicht identisch, was jedoch über die Vorteilhaftigkeit nichts aussagt.

In der Tilgungsrechnung interessieren nun vor allem folgende Fragen:

- Wie hoch ist die finanzmathematisch exakte Annuität?
- Wie hoch ist die Restschuld zu einem beliebigen Zeitpunkt innerhalb der Tilgungsphase?

- Wie wird ein Tilgungsplan erstellt?
- Wie hoch ist die Effektivverzinsung des betreffenden Kredits?

Mit den ersten drei Fragen werden wir uns im Folgenden beschäftigen, die Effektivverzinsung haben wir bereits in Kapitel 2.3.5 behandelt.

2.5.2 Annuitätentilgung

a) Jährliche Annuität

Beispiel:
Ein Hausbesitzer nimmt zur Finanzierung seines neuen Eigenheims ein Darlehen über 100.000 € bei einem Zinssatz von 6 % p. a. auf.[15] Das Darlehen ist über einen Zeitraum von 12 Jahren durch jährliche, gleich hohe, nachschüssige Beträge (Annuitäten) zurückzuzahlen, die Zinsen werden jeweils auf die Restschuld berechnet. Wie hoch ist die Annuität A?

Lösung:

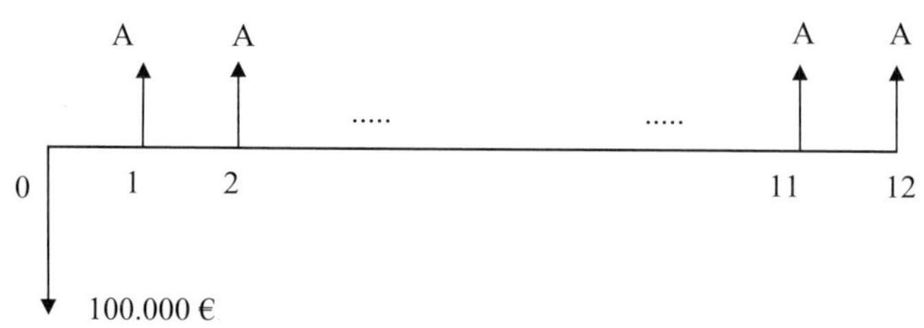

Abb. 2.17

15 Der hier angegebene Zinssatz von 6 % p. a. mag die jüngeren Leserinnen und Leser überraschen, da zur Zeit Immobilienzinssätze unter 3 % p. a. nicht unüblich sind. Man sollte hier jedoch beachten, dass sich die Zinssätze in Deutschland auf historischen Tiefstständen befinden. Zum Vergleich: 1994 lag der Effektivzinssatz für Immobiliendarlehen bei rund 9 % p. a., um die Jahrtausendwende bei 6 % p. a. und in der Zeit der Finanzkrise um 2008 noch bei rund 5 % p. a. Erst nach 2008 trat der »Sinkflug« der Zinssätze ein und bewegt sich seit geraumer Zeit auf sehr niedrigem Level. Davon profitieren nicht nur die Darlehensnehmer (also Immobilienkäufer), sondern auch die Immobilienvermarkter, da das Absinken der Zinssätze mit einem Anstieg der Immobilienpreise einhergegangen ist.

Die Annuität ist nichts anderes als eine Verrentung des in $t = 0$ ausgezahlten Kreditbetrags (hier: 100.000 €). Der Kreditbetrag lässt sich interpretieren als Rentenbarwert, zu dem die Renten (= Annuitäten) gesucht sind. Deshalb:

$$100.000 = A \cdot RBF(12\text{ J.}; 6\,\%) \Leftrightarrow A = 100.000 \cdot \frac{1}{RBF(12J.;6\%)} = 100.000 \cdot \frac{1}{8{,}38844}$$
$$= 11.927{,}70\ €$$

Wie der folgende Tilgungsplan zeigt, wäre auf Basis der errechneten Annuität das Darlehen nach 12 Jahren gerade zurückgezahlt. Zu jedem Zeitpunkt sind Zins- und Tilgungsanteil verschieden.

Jahr	Anfangsschuld	Zinsen	Annuität	Tilgung	Restschuld
1	100.000,00 €	6.000,00 €	11.927,70 €	5.927,70 €	94.072,30 €
2	94.072,30 €	5.644,34 €	11.927,70 €	6.283,37 €	87.788,93 €
3	87.788,93 €	5.267,34 €	11.927,70 €	6.660,37 €	81.128,56 €
:	:	:	:	:	:
11	21.868,16 €	1.312,09 €	11.927,70 €	10.615,61 €	11.252,55 €
12	11.252,55 €	675,15 €	11.927,70 €	11.252,55 €	0,00 €
Σ		43.132,44 €	143.132,44 €	100.000,00 €	

Verallgemeinerung:

Abkürzungen:

S_0 Schuldbetrag im Zeitpunkt 0 (Anfangsschuld)
S_t Restschuld zum Zeitpunkt t ($t = 1,\dots,n$)
n Kreditlaufzeit in Jahren
i Kreditzinssatz p.a. als Dezimalzahl (z. B. 0,06)
A jährliche Annuität
T Tilgungsbetrag
Z Zinsbetrag

Es gilt dann für die Annuität: $S_0 = A \cdot RBF(n;i) \Leftrightarrow A = S_0 \cdot \frac{1}{RBF(n;i)}$

$\Leftrightarrow A = S_0 \cdot \frac{1}{1-q^{-n}} = S_0 \cdot AF(n;i)$ Jährliche Annuität (2.50)

Die Annuität errechnet sich als Produkt aus der Anfangsschuld und einem von n und i abhängigen Faktor, dem **Annuitätenfaktor AF(n;i)**. Dessen Werte sind im Anhang D als Tabelle 5 wiedergegeben.
Für die Annuität gilt für jeden Zeitpunkt stets: A = Z + T bzw. T = A - Z. Der Tilgungsanteil ergibt sich aus der Differenz der vorab errechneten Annuität und den fälligen Zinsen (vgl. Tilgungsplan). Ferner gilt für die Restschuld zu einem beliebigen Zeitpunkt t:

$S_t = S_0 \cdot q^t - A \cdot \frac{q^t-1}{i}$ Restschuld zum Zeitpunkt t (2.51)

$= S_t = S_0 \cdot q^t - A \cdot REF(t;i) = q^t \cdot (S_0 - A \cdot RBF(t;i))$
Ausdruck (2.51) lässt sich plausibel interpretieren. Würde der Kreditnehmer bis zum Zeitpunkt t keine Annuitäten entrichten, wäre die Schuld auf $S_0 \cdot q^t$ angewachsen. Dieser Betrag wird gemindert durch die Summe der auf den Zeitpunkt t aufgezinsten Annuitäten.

Beispiel:
Wie hoch ist die Restschuld nach 8 Jahren bei obigem Darlehen (100.000 € Darlehen, 30 Jahre, 6 % p. a. Zinssatz)?

Lösung:
$S_8 = 100.000 \cdot 1{,}06^8 - 11.927{,}70 \cdot \frac{1{,}06^8-1}{0{,}06} = 159.384{,}81 - 118.054{,}03$
$= 41.330{,}75$ €

b) Unterjährliche Annuität

Beispiel:
Wir greifen das obige Beispiel auf und fragen uns, wie hoch die Annuität sein muss, wenn der Bauherr die Annuitäten *monatlich* zum Monatsende entrichtet, wobei die Zinsverrechnung ebenfalls monatlich erfolgt? Die unterjährlichen Annuitäten werden mit a bezeichnet.

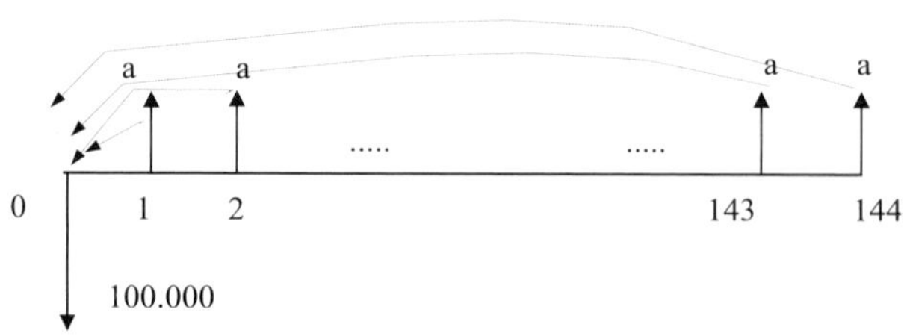

Abb. 2.18

Lösung:

Aufgrund der monatlichen Verzinsung ist die Laufzeit nun nicht mehr mit 12 Jahren, sondern mit $(12 \cdot 12 =)$ 144 Monaten aufzufassen. Es ergibt sich sodann folgender Rechenansatz:

$$100.000 = a \cdot \left[\left(1+\frac{i}{12}\right)^{-1} + \left(1+\frac{i}{12}\right)^{-2} + \ldots + \left(1+\frac{i}{12}\right)^{-143} + \left(1+\frac{i}{12}\right)^{-144}\right]$$

$$= a \cdot \left(1+\frac{i}{12}\right)^{-144} \cdot \left[\underbrace{\left(1+\frac{i}{12}\right)^{143} + \left(1+\frac{i}{12}\right)^{142} + \ldots + \left(1+\frac{i}{12}\right)^{1} + \left(1+\frac{i}{12}\right)^{0}}_{\text{Geometrische Reihe mit } n=144\ q=(1+\frac{i}{12}) \text{ und } g_1=1}\right]$$

$$= a \cdot \left(1+\frac{i}{12}\right)^{-144} \cdot \frac{\left(1+\frac{i}{12}\right)^{144}-1}{i/12} = a \cdot \frac{1-\left(1+\frac{i}{12}\right)^{-144}}{i/12}$$

Aufgelöst nach a: $a = 100.000 \cdot \frac{i/12}{1-\left(1+\frac{i}{12}\right)^{-144}} \overset{i=0,06}{\widehat{=}} 100.000 \cdot 0,0097585 = 975,85$ €

Die zur Jahresannuität in Höhe von 11.927,70 € äquivalente Monatsannuität beträgt bei *monatlicher Zinsverrechnung* 975,85 €.

Dieses Ergebnis können wir auch am Tilgungsplan verdeutlichen:

Jahr	Monat	Anfangs-schuld	Zinsen	Annuität	Tilgung	Restschuld
1	1	100.000,00 €	500,00 €	975,85 €	475,85 €	99.524,15 €
1	2	99.524,15 €	497,62 €	975,85 €	478,23 €	99.045,92 €
1	3	99.045,92 €	495,23 €	975,85 €	480,62 €	98.565,30 €
1	4	98.565,30 €	492,83 €	975,85 €	483,02 €	98.082,28 €
1	5	98.082,28 €	490,41 €	975,85 €	485,44 €	97.596,84 €
1	6	97.596,84 €	487,98 €	975,85 €	487,87 €	97.108,97 €
1	7	97.108,97 €	485,54 €	975,85 €	490,31 €	96.618,67 €
1	8	96.618,67 €	483,09 €	975,85 €	492,76 €	96.125,91 €
1	9	96.125,91 €	480,63 €	975,85 €	495,22 €	95.630,69 €
1	10	95.630,69 €	478,15 €	975,85 €	497,70 €	95.132,99 €
1	11	95.132,99 €	475,66 €	975,85 €	500,19 €	94.632,81 €
1	12	94.632,81 €	473,16 €	975,85 €	502,69 €	94.130,12 €
2	1	94.130,12 €	470,65 €	975,85 €	505,20 €	93.624,92 €

Jahr	Monat	Anfangs-schuld	Zinsen	Annuität	Tilgung	Restschuld
2	2	93.624,92 €	468,12 €	975,85 €	507,73 €	93.117,19 €
:	:	:	:	:	:	:
12	8	4.806,91 €	24,03 €	975,85 €	951,82 €	3.855,09 €
12	9	3.855,09 €	19,28 €	975,85 €	956,57 €	2.898,52 €
12	10	2.898,52 €	14,49 €	975,85 €	961,36 €	1.937,16 €
12	11	1.937,16 €	9,69 €	975,85 €	966,16 €	971,00 €
12	12	971,00 €	4,85 €	975,85 €	971,00 €	0,00 €
Σ			40.522,43 €	140.522,43 €	100.000,00 €	

Verallgemeinerung:

Abkürzungen:

S_0 Schuldbetrag im Zeitpunkt 0 (Anfangsschuld)

n Kreditlaufzeit in Jahren

m Anzahl der unterjährlichen Zahlungs- (= Verzinsungs-)perioden (z. B. m = 12)

i Kreditzinssatz p. a. als Dezimalzahl (z. B. 0,06)

a unterjährliche Annuität

$$S_0 = a \cdot \left[\left(1+\frac{i}{m}\right)^{-1} + \left(1+\frac{i}{m}\right)^{-2} + \ldots + \left(1+\frac{i}{m}\right)^{-(m\cdot n-1)} + \left(1+\frac{i}{m2}\right)^{-m\cdot n}\right]$$

$$= a \cdot \left(1+\frac{i}{m}\right)^{-m\cdot n} \cdot \left[\underbrace{\left(1+\frac{i}{m}\right)^{m\cdot n-1} + \left(1+\frac{i}{m}\right)^{m\cdot n-2} + \ldots + \left(1+\frac{i}{m}\right)^{1} + \left(1+\frac{i}{m}\right)^{0}}_{\text{Geometrische Reihe mit } n=m\cdot n,\ q=(1+\frac{i}{m}) \text{ und } g_t=1}\right]$$

$$= a \cdot \left(1+\frac{i}{m}\right)^{-m\cdot n} \cdot \frac{\left(1+\frac{i}{m}\right)^{m\cdot n}-1}{i/m} = a \cdot \frac{1-\left(1+\frac{i}{m}\right)^{-m\cdot n}}{i/m}$$

Aufgelöst nach a:

$$a = S_0 \cdot \frac{i/m}{1-\left(1+\frac{i}{m}\right)^{-m\cdot n}}$$ Unterjährige Annuität (Zinsperiode = Zahlungsperiode) (2.52)

Formel (2.52) ist eine Verallgemeinerung von (2.50) für den Fall m = 1.

c) Prozentannuität

Wir wollen uns auf die jährliche Annuität beschränken.

Beispiel:
Der Hausbesitzer vereinbart – abweichend von a) – mit seiner Bank folgende Konditionen: »8 % p. a. Tilgung + ersparte Zinsen«. Somit ergibt sich für die jährliche Annuität ein »glatter« Betrag, nämlich 100.000 · (0,06 + 0,08) = 14.000 €. Gesucht sind die Kreditlaufzeit sowie die fällige Abschlusszahlung.

Lösung:
Hierzu verwenden wir die Restschuldformel, setzen $S_t = 0$ und lösen nach t auf. Das Ergebnis wird eine »krumme« Laufzeit sein.

$$S_t = 100.000 \cdot 1{,}06^t - 14.000 \cdot \frac{1{,}06^t - 1}{0{,}06} \overset{!}{=} 0 \Leftrightarrow \ldots \Leftrightarrow$$

$$\underbrace{8.000}_{\substack{\textit{Tilgung}\\ \textit{un 1. Jahr}}} \cdot 1{,}06^t = \underbrace{14.000}_{\textit{Annuität}}$$

$$\Leftrightarrow 1{,}06^t = 1{,}75 \Leftrightarrow t = \frac{ln 1{,}75}{ln 1{,}06} = \frac{0{,}5596}{0{,}05827} = 9{,}6 \text{ Jahre}$$

(= 9 volle Jahre + 0,6 Restjahr)

Zur Ermittlung der Abschlusszahlung berechnen wir einfach die Restschuld nach 9 Jahren, d. h. wir berechnen S_9:

$S_9 = 100.000 \cdot 1{,}06^9 - 14.000 \cdot \frac{1{,}06^9 - 1}{0{,}06} = 8.069{,}47$ €. Die Abschlusszahlung zum Ende des 9. Jahres beträgt somit 8 069,47 €. Sollte sie allerdings erst am Ende des 10. Jahres getätigt werden, so beträgt die Abschlusszahlung einschließlich Zinsen (8.069,47 · 1,06 =) 8.553,64 €. Dieses Ergebnis lässt sich auch aus dem Tilgungsplan ablesen:

Jahr	Anfangs-schuld	Zinsen	Annuität	Tilgung	Restschuld
1	100.000,00 €	6.000,00 €	14.000,00 €	8.000,00 €	92.000,00 €
2	92.000,00 €	5.520,00 €	14.000,00 €	8.480,00 €	83.520,00 €
3	83.520,00 €	5.011,20 €	14.000,00 €	8.988,80 €	74.531,20 €
:	:	:	:	:	:
8	32.849,30 €	1.970,96 €	14.000,00 €	12.029,04 €	20.820,26 €
9	20.820,26 €	1.249,22 €	14.000,00 €	12.750,78 €	8.069,47 €

Jahr	Anfangs-schuld	Zinsen	Annuität	Tilgung	Restschuld
10	8.069,47 €	484,17 €	8.553,64 €	8.069,47 €	0,00 €
Σ		34.553,64 €	134.553,64 €	100.000,00 €	

2.5.3 Ratentilgung

Beispiel:
Der Hausbesitzer aus Kapitel 2.5.2 erwägt alternativ eine Ratentilgung. Wie hoch sind die Tilgungsraten sowie die Restschuld nach 8 Jahren?

Lösung:
Die Tilgungsbeträge ergeben sich einfach aus $\frac{S_0}{12} = \frac{100.000}{12} = 8.333{,}33$ €. Die Restschuld folgt der Gesetzmäßigkeit einer arithmetischen Folge und errechnet sich nach dem 8. Jahr: $S_8 = 100.000 \cdot (1 - \frac{8}{12}) = 33.333{,}33$ €. Der Tilgungsplan hat folgendes Aussehen:

Verallgemeinerung:

Jahr	Anfangs-schuld	Zinsen	Rate (Tilgung)	Belastung	Restschuld
1	100.000,00 €	6.000,00 €	8.333,33 €	14.333,33 €	91.666,67 €
2	91.666,67 €	5.500,00 €	8.333,33 €	13.833,33 €	83.333,33 €
3	83.333,33 €	5.000,00 €	8.333,33 €	13.333,33 €	75.000,00 €
:	:	:	:	:	:
10	25.000,00 €	1.500,00 €	8.333,33 €	9.833,33 €	16.666,67 €
11	16.666,67 €	1.000,00 €	8.333,33 €	9.333,33 €	8.333,33 €
12	8.333,33 €	500,00 €	8.333,33 €	8.833,33 €	0,00 €
Σ		39.000,00 €	100.000,00 €	139.000,00 €	

Abkürzungen:
S_0 Schuldbetrag im Zeitpunkt 0 (Anfangsschuld)
S_t Restschuld zum Zeitpunkt t ($t = 1,\ldots,n$)
n Kreditlaufzeit in Jahren

i Kreditzinssatz p.a. als Dezimalzahl (z. B. 0,06)
T Tilgungsbetrag (Rate)
Z Zinsbetrag
A_t Belastung (Zins + Tilgung) im Zeitpunkt t
Es gilt dann für die **Tilgungsrate T** und die **Restschuld S_t**:

$$T = \frac{S_0}{n} (2.53) \; und \; S_t = S_0 \cdot \left(1 - \frac{t}{n}\right) (2.54)$$

Für die Zinsen im Zeitpunkt t gilt:

$$Z_t = S_{t-1} \cdot i = S_0 \cdot i \cdot \left(1 - \frac{t-1}{n}\right) = \frac{S_0 \cdot i \cdot n}{n} - \frac{S_0 \cdot i \cdot (t-1)}{n} = \frac{S_0}{n} \cdot i \cdot (n - (t-1))$$
$$= \frac{S_0}{n} \cdot i \cdot (n - t + 1)$$

Die Zahlungsbelastung $A_t = T + Z_t$ beträgt dann:

$$A_t = \frac{S_0}{n} + \frac{S_0}{n} \cdot i \cdot (n - t + 1) = \frac{S_0}{n} \cdot [1 + i \cdot (n - t + 1)]$$

Zusammengefasst gelten sodann für die Zinsen Z_t und die Gesamtbelastung A_t folgende Ausdrücke:

$$Z_t = \frac{S_0}{n} \cdot i \cdot (n - t + 1)(2.55a) \; und \; A_t = \frac{S_0}{n} \cdot [1 + i \cdot (n - t + 1)](2.55b)$$

Im Beispiel:
Nehmen wir beispielhaft das Jahr 10: $T = \frac{100.000}{12} = 8.333{,}33$ € konstant.

$$Z_{10} = \frac{100.000}{12} \cdot 0{,}06 \cdot (12 - 10 + 1) = 1.500 \text{ €}$$

$$A_{10} = \frac{100.000}{12} \cdot [1 + (12 - 10 + 1) \cdot 0{,}06] = 8.333{,}33 \cdot (1 + 3 \cdot 0{,}06)$$
$$= 9.833{,}33 \text{ €}$$

$$S_{10} = 100.000 \cdot \left(1 - \frac{10}{12}\right) = 16.666{,}67 \text{ €}$$

Aufgabe 56: Ein Hypothekendarlehen (Annuitätendarlehen) über nominell 200.000 € habe eine Laufzeit von 30 Jahren bei einem Zinssatz von 8 % p. a.
a) Wie hoch ist die jährliche Belastung (Annuität)?
b) Wie hoch ist die Restschuld am Ende des 5., 15., 25. Jahres?
c) Stellen Sie den Tilgungsplan für die ersten 3 Jahre auf!
d) Lösen Sie die Aufgaben a) - c) für den Fall der Ratentilgung!

Aufgabe 57:

a) Natalia kauft sich für 25.000 € ein neues Auto mit folgenden Konditionen: Anzahlung 5.000€ (eigenfinanziert), Darlehen 20.000 € mit Laufzeit 48 Monate, Zinssatz nominal 4 % p. a., Tilgung durch 48 monatliche Annuitäten, keine Schlusszahlung. Berechnen Sie die Monatsannuität a.

b) Abweichend von a) gelten folgende Konditionen: Tilgung des Darlehens durch 47 monatliche Annuitäten sowie durch eine Schlusszahlung in Höhe von 6.250 € (= 25 % des Kaufpreises). Berechnen Sie erneut die Monatsannuität a.

c) Erstellen Sie zu a) und b) jeweils einen Tilgungsplan (am besten mit Hilfe eines Tabellenkalkulationsprogramms).

2.6 Investitionsrechnung

2.6.1 Einführung

Entscheidungen über Investitionen haben in der Betriebswirtschaftslehre einen hohen Stellenwert, da sie das unternehmerische Geschehen maßgeblich beeinflussen. Dies liegt zum einen daran, dass die Beträge in ihrer Höhe alles andere als vernachlässigbar sind, zum anderen »wirken« sie in der Regel über einen mehrjährigen Zeitraum. Typische Investitionen sind: Kauf einer neuen Maschine oder eines neuen Maschinenparks, Erwerb eines neuen Fahrzeugs oder sogar eines Fuhrparks, Bau und Betrieb eines neuen Zweigwerks oder einer neuen Niederlassung. Auch die Auszahlungen, die im Rahmen der Gründung eines Unternehmens notwendig sind oder auch Beteiligungen an einem Unternehmen können als Investition aufgefasst werden.

Um eine Investition zu beurteilen, sind sowohl **qualitative** (politische Motive, Image etc.) als auch **quantitative** Kriterien maßgeblich. In der Investitions*rechnung* beurteilt man eine Investition anhand der quantitativen Kriterien. Mit Hilfe der Investitionsrechnung kann man zahlenmäßig unterlegen, ob, in welchem Ausmaß und wie »schnell« sich eine Investition »rechnet«.

Die moderne Investitionsrechnung ist eine **Zahlungsrechnung**, die die Zeitpunkte der Zahlungsein- und ausgänge durch Aufzinsen und Abzinsen explizit in die Berechnungen einbezieht. Man bezeichnet sie auch als **dynamische Investitionsrechnung** im Vergleich zu den statischen Methoden, die sich nur auf einen Zeitpunkt beziehen. Die dynamischen Investitionsrechnungsverfahren bauen damit auf der **Finanzmathematik** auf. Rechengrundlage sind also nicht etwa Aufwands- und Ertragsgrößen aus der Gewinn- und Verlustrechnung, sondern Einzahlungen und Auszahlungen. Abschreibungen als nicht

zahlungswirksame Aufwendungen haben in der dynamischen Investitionsrechnung nichts zu suchen.
In der Unternehmenspraxis erstellt man eine **Planungsrechnung**, mit der man die zukünftigen Zahlungsströme prognostiziert. Neben den mit der Investition verbundenen Auszahlungen für den Kauf der Anlage(n) prognostiziert man – in der Regel auf Jahresbasis – insbesondere die Einzahlungen aus der Umsatztätigkeit sowie die operativen Auszahlungen (vor allem Auszahlungen für Waren- und Materialeinkauf, Personal, Miete, Reparaturen etc., *nicht* jedoch Zinsen). Im Ergebnis zeigt sich dann ein (hoffentlich positiver) Saldo aus Ein- und Auszahlungen, nämlich die **Einzahlungsüberschüsse**.
Idealtypischerweise lässt sich – als Resultat einer teilweise recht umfangreichen Planungsrechnung – eine Investition somit darstellen als eine **Zahlungsreihe**, die mit einer Auszahlung (oder mehreren Auszahlungen) beginnt und in der Zukunft Einzahlungsüberschüsse erwirtschaftet. Die Zahlungen werden in der Regel als jährlich nachschüssig veranschlagt. Ferner werden die zukünftigen Zahlungen als **sicher** angenommen[16].
Für die Auf- und Abzinsungsvorgänge ist ein Zinssatz heranzuziehen. Üblicherweise unterstellt man einen einheitlichen Zinssatz, den sog. **Kalkulationszinssatz.** Über den Kalkulationszinssatz werden implizit die **Finanzierungskosten** (Kreditzinsen, entgangene Zinserträge, seitens der Konzernleitung vorgegebene »Zielrenditen«), die ja in der Zahlungsreihe nicht enthalten sind, in die Berechnung einbezogen. Mit dem einheitlichen Kalkulationszinssatz nimmt man zu Gunsten der Einfachheit eine gewisse Unschärfe in Kauf, denn schließlich unterstellt man, dass Sollzins und Habenzins identisch sind.
Mit Hilfe der Investitionsrechnung werden Kennzahlen gebildet, aus denen Entscheidungen abgeleitet werden. Die Kennzahlen, die wir kennen lernen werden, sind der **Kapitalwert**, der **Endwert**, die **Annuität**, die **Amortisationsdauer** und der **interne Zinsfuß**:

- Mit dem **Kapitalwert** und dem **Endwert** als zeit*punkt*bezogene Kennzahlen wird beurteilt, ob eine Investition für sich betrachtet vorteilhaft ist oder – bei mehreren konkurrierenden Investitionsprojekten – welche Investition am vorteilhaftesten ist.
- Mit der **Annuität** als zeit*raum*bezogener Kennzahl kann ebenfalls über die Vorteilhaftigkeit entschieden werden.

---

16 Nichtsdestotrotz werden in der unternehmerischen Praxis zumeist mehrere alternative Planszenarien durchgerechnet (z. B. optimistic case, realistic case, worst case), so dass man über derartige Alternativrechnungen zumindest behelfsweise die Unsicherheit abgreifen kann.

- Die **Amortisationsdauer** gibt die Zeitspanne an, bis sich die Investition »gerechnet«, also amortisieret hat.
- Der **interne Zinsfuß** wird auch als **dynamische Rendite** bezeichnet und gibt uns – z. B. im Vergleich mit den Finanzierungskosten – als Prozentwert an, inwieweit sich die Investition »rechnet«.

Die aufgeführten Kennzahlen schließen sich nicht gegenseitig aus, sondern ergänzen sich. So werden auch in der unternehmerischen Praxis in der Regel parallel mehrere Kennzahlen errechnet, um so ein »rundes« Gesamtbild über die Wirtschaftlichkeit der Investitionsvorhaben zu erhalten. Wir wollen uns die Kennzahlen im Folgenden näher ansehen.

2.6.2 Kapitalwert und Endwert

Die vielleicht wichtigsten Kennzahlen sind der Endwert und der Kapitalwert. Wir wollen sie vorab wie folgt definieren:

Definition

Gegeben sei die Zahlungsreihe eines Investitionsprojekts ($e_0, e_1, e_2, \ldots e_t, \ldots, e_{n-1}, e_n$) sowie ein Kalkulationszinssatz i. Ferner sei $q = 1 + i$.
Dann heißen:
$EW = \sum_{t=0}^{n} e_t \cdot q^{n-t}$ der **Endwert** (2.56)
und
$NBW = \sum_{t=0}^{n} e_t \cdot q^{-t}$ der **Kapitalwert** oder **Nettobarwert** (2.57)
eines Investitionsprojekts.

- Der Endwert ist nichts anderes als die Summe der auf den Zeitpunkt n aufgezinsten Zahlungen und Zahlungsüberschüsse.
- Der Kapitalwert ist die Summe der auf den Zeitpunkt $t = 0$ abgezinsten Zahlungen und Zahlungsüberschüsse.

Zwischen Endwert und Kapitalwert gilt folgende Beziehung:

$EW = NBW \cdot q^n$ (2.58) bzw. $EW \cdot q^{-n} = NBW$ (2.59)

Der Nettobarwert (englisch: **Net Present Value**, NPV) bezieht sowohl die Investitionsauszahlungen als auch die Einzahlungsüberschüsse in die Berech-

nung ein. Zinst man hingegen nur die Einzahlungsüberschüsse ab, so spricht man vom Bruttobarwert (englisch: **Gross Present Value**, GPV).
Das Programm Excel bietet zur Berechnung des Kapitalwerts die Funktion **NBW** an.

1. Beispiel:
Ein Unternehmer plant eine Investition mit einer heutigen Auszahlung ($t = 0$) in Höhe von 50.000 €. Die Investition soll vollständig aus Eigenmitteln finanziert werden. Die Planungen gehen davon aus, dass die Investition 3 Jahre lang Einzahlungsüberschüsse erwirtschaftet, und zwar 10.000 € im ersten, 20.000 € im zweiten und 30.000 € im dritten Jahr. Wie für derartige Planrechnungen üblich, setzen wir die Einzahlungsüberschüsse jeweils in einem Betrag zum Ende des jeweiligen Geschäftsjahres an. Unterjährige Zinseffekte werden also vernachlässigt oder sind bereits eingerechnet.
Wir wollen die Investition $(e_0,e_1,e_2,e_3) = (-50,10,20,30$ T€) am Zahlenstrahl verdeutlichen, wobei die Auszahlung durch den nach unten gerichteten Pfeil gekennzeichnet ist, während Einzahlungsüberschüsse nach oben zeigen:

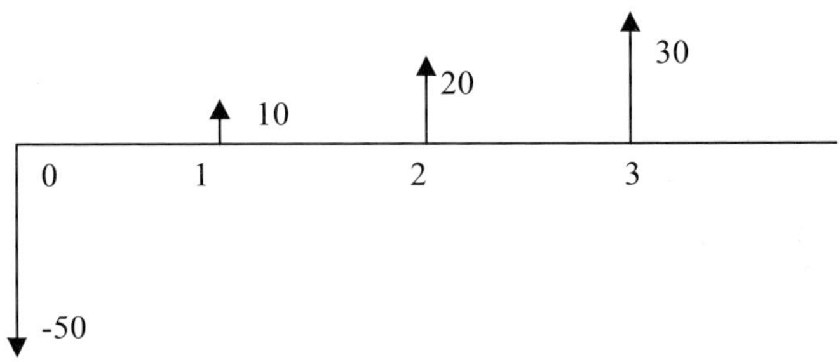

Abb. 2.19

Alternativ hätte der Unternehmer die Möglichkeit, 50.000 € verzinslich zu 6 % p. a. anzulegen bzw. alternativ zu investieren. Frage: Ist die Investition vorteilhaft oder unvorteilhaft?

Lösung:
Wie bewertet man verschiedene Zahlungen bzw. Zahlungsüberschüsse zu verschiedenen Zeitpunkten? Gäbe es keine Zinsen oder würden wir sie ignorieren, wäre die Bewertung höchst einfach: 50.000 € Auszahlung stehen 60.000 € Einzahlungsüberschüssen gegenüber, ergibt per Saldo ein Plus von 10.000 €.
Ganz so einfach ist die Lösung leider nicht, denn eine Grundregel der Finanzmathematik besagt ja gerade(► Kap. 2.3.7), dass Zahlungen zu verschiedenen

Zeitpunkten niemals einfach addiert werden dürfen, denn jede zeitliche Verschiebung induziert Zinseffekte, die rechnerisch zu berücksichtigen sind. Sinnvoll und richtig ist es dagegen, wenn wir alle Zahlungen durch Auf- oder Abzinsung auf ein und denselben Zeitpunkt beziehen.

Wir wollen zunächst den **Bezugszeitpunkt 3** wählen, also den **Endwert** berechnen. Gemäß (2.56) ergibt sich folgende Rechnung:

$EW = -50 \cdot 1{,}06^3 + 10 \cdot 1{,}06^2 + 20 \cdot 1{,}06^1 + 30 \cdot 1{,}06^0 = -59{,}5508 + 62{,}436 = 2.885{,}20$ €

Der Wert 59,5508 T€ gibt das Endvermögen an, das dem Unternehmer bei alternativer Anlage zu 6 % p. a. bliebe. 62,436 T€ sind hingegen die aufgezinsten Einzahlungsüberschüsse. Der Endwert ist somit nichts anderes als der Saldo aus Endvermögen bei Alternativanlage und Investitionsdurchführung. Der Wert 2.885,20 € sagt aus, dass aus dem Projekt netto ein Überschuss in dieser Höhe verbleibt, was dafür spricht, dass die Investition vorteilhaft ist.

Nun wählen wir als Bezugszeitpunkt den **Zeitpunkt 0** und zinsen alle zukünftigen Zahlungsgrößen auf den Zeitpunkt 0 ab, d. h. wir berechnen zunächst den **Bruttobarwert**. Als Abzinsungssatz (Kalkulationszinssatz) wählen wir den Zinssatz der Alternativanlage, 6 % p. a.:

10.000 € im Jahre 1 entsprechen im Zeitpunkt 0: $10.000 \cdot 1{,}06^{-1}$	=	9.433,96
20.000 € im Jahre 2 entsprechen im Zeitpunkt 0: $20.000 \cdot 1{,}06^{-2}$	=	17.799,93
30.000 € im Jahre 3 entsprechen im Zeitpunkt 0: $30.000 \cdot 1{,}06^{-3}$	=	25.188,58
		Σ 52.422,47

Der errechnete Betrag 52.422,47 € ist die Summe der auf den Zeitpunkt 0 abgezinsten Einzahlungsüberschüsse. Würde etwa die Investition genau 52.422,47 »kosten«, so würde der Unternehmer eine Rendite auf seine Investition von exakt 6 % p. a. erzielen. Dieses Ergebnis könnte er aber auch über die Alternativanlage erreichen. Der Unternehmer wäre also indifferent (unentschieden) zwischen alternativer Anlage und Investitionsdurchführung. Tatsächlich »kostet« die Investition jedoch nur 50.000 €, d. h. zwischen dem Bruttokapitalwert und der Auszahlung verbleibt ein positiver Saldo von 2.422,47 € (Nettobarwert). Das bedeutet, dass sich der Investor mit seiner Investition besserstellt als mit der Alternativanlage, die Rendite liegt über 6 % p. a.

Entscheidend für die Beurteilung einer Investition ist somit die Differenz zwischen Bruttobarwert und Investitionsauszahlung, also der **Nettobarwert**.

2. Beispiel:

Eine Investition über 100 T€ in $t = 0$ ist auf 10 Jahre angelegt. Es wird für die Jahre 1 bis 10 mit konstanten Einzahlungsüberschüssen über 15 T€ gerechnet. Die Investition wird voll kreditfinanziert zu einem Zinssatz von 10 % p. a. Ist die Investition vorteilhaft?

Lösung:
Man könnte vermuten, dass eine Investition von 100.000 €, der Überschüsse über insgesamt 150.000 € gegenüberstehen, vorteilhaft sein sollte. Wir wollen unsere Abschätzung aber anhand des Kapitalwerts und des Endwerts überprüfen. Da es sich um eine rentenartige Zahlungsreihe handelt, können wir die Formeln für den Rentenbarwert und den Rentenendwert anwenden:

$NBW = -100 + 15 \cdot RBF(10;10\,\%) = -100 + 92{,}1685 = -7{,}83$ T€

$EW = -100 \cdot 1{,}1^{10} + 15 \cdot RBF(10;10\,\%) = -259{,}374 + 239{,}06 = = -20{,}31$ T€

Der folgende fiktive Tilgungsplan bestätigt unser Ergebnis: Die Einzahlungsüberschüsse reichen nicht aus, um den ausstehenden Kredit über 100 T€ einschließlich Zinsen zurückzuzahlen, d. h. es verbleibt am Ende des 10. Jahres ein negativer Saldo in Höhe des Endwerts. Bei einem Finanzierungssatz von 10 % ist die Investition mithin unvorteilhaft.

Jahr	Konto Jahresbeginn	Zinsen	e^t	Konto Jahresende
1	−100,00	−10,00	15	−95,00
2	−95,00	−9,50	15	−89,50
3	−89,50	−8,95	15	−83,45
4	−83,45	−8,35	15	−76,80
5	−76,80	−7,68	15	−69,47
6	−69,47	−6,95	15	−61,42
7	−61,42	−6,14	15	−52,56
8	−52,56	−5,26	15	−42,82
9	−42,82	−4,28	15	−32,10
10	−32,10	−3,21	15	−20,31

Wir können mit Hilfe des Endwerts und des Kapitalwerts allgemein gültige **Entscheidungsregeln** ableiten: Die Investition ist gegenüber der Unterlassensalternative (= Verzicht auf die Investition) projektindividuell

- *vorteilhaft*, falls der Kapitalwert bzw. der Endwert *positiv* ist,
- *unvorteilhaft*, falls der Kapitalwert bzw. der Endwert *negativ* ist und
- *weder vorteilhaft noch unvorteilhaft*, falls der Kapitalwert bzw. der Endwert gleich 0 ist (Indifferenz).

Im Falle von Auswahlentscheidungen – d. h. es stehen mehrere miteinander konkurrierende Projekte zur Auswahl – ist das Projekt zu wählen, das den **höchsten Kapitalwert** aufweist. Diese Regel leitet sich aus dem Aquivalenzprinzip der Finanzmathematik (▶ Kap. 2.3.7) ab. Voraussetzung hierfür ist, dass der maximale Kapitalwert positiv ist, ansonsten ist die Unterlassensalternative zu wählen. Der Endwert ist bei Auswahlentscheidungen nur dann problemlos anwendbar, wenn die zur Auswahl stehenden Projekte identische Projektlaufzeiten haben und somit auf denselben Endzeitpunkt bezogen werden. Bei unterschiedlichen Laufzeiten und Aufzinsung auf unterschiedliche Endzeitpunkte kann es hingegen zu Fehlentscheidungen kommen.
Diese Entscheidungsregeln gelten **unabhängig von der Finanzierungsform,** d. h. es ist irrelevant, ob die Investition zu 100 % aus Fremdmitteln, zu 100 % aus Eigenmitteln oder aus einer Mischung daraus finanziert wird. Im Falle 100 %-iger Fremdfinanzierung zieht man als Kalkulationszinssatz in der Regel den Kreditzinssatz heran. Ferner sind das Kapitalwert- und das Endwertkriterium kompatibel mit dem unternehmerischen Ziel der **Endvermögensmaximierung**[17].
Ökonomisch kann man den Kapitalwert und den Endwert recht anschaulich **interpretieren**:

- Ein positiver Kapitalwert gibt den Betrag an, um den die Investition höher ausfallen darf, ohne dass das Projekt unvorteilhaft wird. Ein negativer Kapitalwert gibt hingegen den Betrag an, der bei der Investition »eingespart« werden müsste, um das Projekt vorteilhaft werden zu lassen.
- Ein positiver (negativer) Endwert gibt die positive (negative) Endvermögensdifferenz an zwischen dem Endvermögen aus der Investition und dem Endvermögen aus der Alternativanlage (▶ Anhang C).

Aufgabe 58: Ein Investor verfügt über 100.000 €, die er einerseits zu 5 % p. a. festverzinslich anlegen kann. Andererseits kann er auch in ein Projekt mit 3 Jahren Laufzeit investieren, aus dem er im 1. Jahr 20T€, im 2. Jahr 40T€ und im 3. Jahr 50 T€ an Zahlungsüberschüssen erwartet. Zu welcher Entscheidung würden Sie dem Investor raten?

17 Im Anhang C finden sich vertiefende Ausführungen und Herleitungen zum Endwert als investitionstheoretische Entscheidungskennzahl.

2.6.3 Äquivalente Annuität

Gelegentlich will man die Vorteilhaftigkeit nicht nur durch einen Wert am Anfang (Kapitalwert) oder am Ende (Endwert) des Betrachtungszeitraums quantifizieren, sondern man will wissen, was denn die Vorteilhaftigkeit »pro Jahr« bedeutet. Dies führt uns auf die bereits bekannte Überlegung, einen Einmalbetrag zu »verrenten«, also finanzmathematisch exakt gleichmäßig über die Zeit zu verteilen. Wir stellen wieder die Definition voran:

Definition

Gegeben seien die Zahlungsreihe eines Investitionsprojekts ($e_0, e_1, e_2, \ldots e_t, \ldots, e_{n-1}, e_n$) sowie ein Kalkulationszinssatz i. Ferner sei $q = 1 + i$.
Dann heißt die Größe A, die der Bedingung
$\sum_{t=0}^{n} A \cdot q^{-t} = \underbrace{\sum_{t=0}^{n} e_t \cdot q^{-t}}_{NBW}$ genügt, **äquivalente Annuität** (2.60).

Wir können nun schreiben: $\sum_{t=0}^{n} A \cdot q^{-t} = A \cdot \sum_{t=1}^{n} q^{-t} = A \cdot RBF(n;i)$
$\Leftrightarrow A \cdot RBF(n;i) = NBW \quad \Leftrightarrow A = NBW \cdot \underbrace{\frac{1}{RBF(n;i)}}_{=AF(n;i)} \Leftrightarrow$

$$A = NBW \cdot AF(n;i) \quad (2.61)$$

Die äquivalente Annuität ist also der gleichbleibende Betrag von $t = 1$ bis $t = n$, dessen Barwert gleich dem Kapitalwert der Investition ist.
Aus Formel (2.61) können wir ablesen, dass die äquivalente Annuität dasselbe Vorzeichen hat wie der Nettobarwert. Wir können somit folgende Entscheidungsregel formulieren:
Die Investition ist gegenüber der Unterlassensalternative projektindividuell

- *vorteilhaft*, falls die äquivalente Annuität *positiv* ist,
- *unvorteilhaft*, falls die äquivalente Annuität *negativ* ist und
- weder vorteilhaft noch unvorteilhaft, falls die äquivalente Annuität gleich 0 ist (Indifferenz).

Im Falle mehrerer konkurrierender Projekte ist die äquivalente Annuität als Entscheidungskriterium (»das Projekt mit der höchsten äquivalenten Annuität ist am vorteilhaftesten«) nur tauglich, wenn die Laufzeiten identisch sind, andernfalls kann es zu Fehlentscheidungen kommen.

Ökonomisch interpretieren kann man die äquivalente Annuität dahingehend, dass eine positive äquivalente Annuität den jährlichen Betrag angibt, der maximal zusätzlich entnommen werden darf, ohne dass das Projekt gegenüber der Unterlassensalternative unvorteilhaft wird. Eine negative äquivalente Annuität hingegen gibt den jährlichen Betrag an, der mindestens zusätzlich eingelegt werden müsste, damit das Projekt gegenüber der Unterlassensalternative vorteilhaft wird.

Vereinfacht lässt sich die (positive) äquivalente Annuität als **durchschnittlicher jährlicher Nettoüberschuss** gegenüber der Unterlassensalternative interpretieren.

Die erwähnten möglichen Fehlentscheidungen sind dadurch bedingt, da die äquivalente Annuität eine periodenbezogene Kennzahl ist. Nehmen wir etwas übertrieben an, für ein 2-jähriges Projekt errechnet sich eine äquivalente Annuität von 100 T€, d. h. zwei Jahre lang könnten 100 T€ zusätzlich entnommen werden. Ein anderes Projekt mit 10 Jahren Laufzeit habe nur eine äquivalente Annuität von 95 T€, d. h. 10 Jahre lang könnten 95 T€ zusätzlich entnommen werden. Es ist wohl unmittelbar plausibel, dass letzteres Projekt vorteilhafter ist als das erste, d. h. ein mögliches Kriterium, das Projekt mit der höheren äquivalenten Annuität zu wählen, wäre hier eine ökonomische Fehlentscheidung im Sinne der Endvermögensmaximierung.

Beispiel:

Wir greifen auf die obigen Zahlen zurück und unterstellen die Investition $(e_0, e_1, e_2, e_3) = (-50,10,20,30$ T€). Wir hatten oben bereits einen Kapitalwert NBW = 2.422,47 € errechnet. Aus (2.61) können wir die äquivalente Annuität berechnen: $A = 2.422{,}47 \cdot AF(3;6\,\%) = 906{,}27$ €. Dies ist der Betrag, den der Unternehmer jährlich zusätzlich »zur Verfügung« hat gegenüber der Unterlassensalternative.

Aufgabe 59: Ein Investor verfügt über 100 T€, die er einerseits zu 5 % p. a. festverzinslich anlegen kann. Andererseits kann er auch in ein Projekt mit 4 Jahren Laufzeit investieren, aus dem er im 1. Jahr 50 T€, im 2. Jahr 40 T€, im 3. Jahr 30 T€ und im 4. Jahr 20 T€ an Zahlungsüberschüssen erwartet. Berechnen Sie den durchschnittlichen, jährlichen Periodenüberschuss (also die äquivalente Annuität)!

2.6.4 Amortisationsdauer

Viele kennen sicher die umgangssprachliche Formulierung, dass sich eine Investition »amortisieren« muss. Gefragt ist hier nach einer Zeitspanne. Als Bemessungsgrundlage wollen wir wieder unser »Universalkriterium«, den

Kapitalwert heranziehen. Als **Amortisationsdauer** bezeichnen wir den Zeitraum bis zu dem ersten Zeitpunkt, zu dem der Kapitalwert des Investitionsprojekts **erstmals positiv** wird.

Definition

Gegeben sei die Zahlungsreihe eines Investitionsprojekts ($e_0,e_1,e_2,...e_t,...,e_{n-1},e_n$) sowie ein Kalkulationszinssatz i. Ferner sei $q = 1 + i$.
Als **Amortisationsdauer t*** einer Investition bezeichnet man (ausgehend von t=0) den Zeitraum bis zu dem Zeitpunkt, in dem der Barwert aller bis dahin angefallenen Einzahlungen erstmalig größer ist als der Barwert aller bis dahin angefallenen Auszahlungen. Formal:

$$\underbrace{\sum_{t=0}^{t^*-1} e_t \cdot q^{-t}}_{\substack{\text{Kapitalwert bis}\\ \text{zum Zeitpunkt}\\ t-1\ (\leq 0)}} \leq 0 < \underbrace{\sum_{t=0}^{t^*} e_t \cdot q^{-t}}_{\substack{\text{Kapitalwert bis}\\ \text{zum Zeitpunkt}\\ t\ (>0)}} \qquad (2.62)$$

Beispiel:
Gegeben seien eine Investition in t = 0 in Höhe von 100.000 € und Einzahlungsüberschüsse in den Jahren 1 bis 10 von je 20.000 €. Die Investition sei zu 10 % p. a. kreditfinanziert. Wenig überraschend ist, dass die Investition über den *Gesamtzeitraum* betrachtet vorteilhaft ist: NBW = –100 + 20 · RBF(10;10 %) = 22,89 T€. Mathematisch handelt es sich um ein Nullstellenproblem (NBW = 0), das sich aufgrund des Spezialfalls rentenartiger Zahlungsüberschüsse sogar algebraisch auflösen lässt. Setzen wir die Werte in Formel (2.35) ein, dann erhalten wir: n = t* = 7,27. Mit anderen Worten: Nach 7 Jahren hat sich die Investition noch nicht amortisiert, während sie sich nach 8 Jahren amortisiert hat. Dies bestätigt auch unsere Rechnung: NBW(t =7) = –100 + 20 · RBF (7;10 %) = –2,63 T€, NBW(t = 8) = –100 + 20 · RBF (8;10 %) = +6,7 T€. Die Amortisationsdauer beträgt also 8 Jahre.
Haben wir es nicht mit rentenartigen Zahlungen zu tun – was der Normalfall ist – dann können wir die Amortisationsdauer nicht explizit berechnen. Wir müssen uns damit behelfen, für die in Frage kommenden Jahre die Kapitalwerte zu berechnen, um dann das Jahr t als t* zu identifizieren, in dem der Kapitalwert erstmals positiv wird.
Zur **ökonomischen Bedeutung** der Amortisationsdauer ist folgendes festzustellen:

- Die Amortisationsdauer gibt eine wichtige *ergänzende* Information zu dem Investitionsvorhaben, denn die Geschäftsführung interessiert in der Regel nicht nur, ob eine Investition vorteilhaft ist, sondern auch, »wie schnell« sie damit »im grünen Bereich« ist.

- Als generelles Entscheidungskriterium (z. B. »wähle das Projekt mit der kürzesten Amortisationsdauer«) ist sie hingegen untauglich, denn dadurch würden Projekte, die vielleicht substanzstark sind, sich aber erst vergleichsweise spät amortisieren, systematisch benachteiligt.
- Außerdem ist zu bedenken, dass man die Zahlungsströme *nach* der Amortisationsdauer ($t^* + 1, ..., n$) nicht mehr berücksichtigt. Möglicherweise ist ein Projekt *insgesamt unvorteilhaft*, obwohl es sich bereits nach t^* Jahren amortisiert, wenn es in den »späten« Jahren negative Einzahlungsüberschüsse aufweist. Hier wäre seitens der Geschäftsführung zu entscheiden, ob man das Projekt als Ganzes unterlässt oder ob es möglich ist, das Projekt nicht bis zum Zeitpunkt n durchzuführen, sondern vorzeitig abzubrechen. Würde etwa damit gerechnet, dass eine Anlage in den letzten Jahren durch erhöhten Reparatur- und Instandsetzungsbedarf kaum noch Einzahlungsüberschüsse erwirtschaftet, dann wird man evtl. versuchen, sie vor dem ursprünglich kalkulierten Projektende »abzustoßen«.

Aufgabe 60: Eine Radiologiepraxis investiert in einen neuen Kernspintomographen. Die Projektdauer sei 5 Jahre. Der Anschaffungsauszahlung in Höhe von 1 Mio. € stehen in den folgenden 5 Jahren Einzahlungsüberschüsse über 500 T€, 400 T€, 300 T€, 150 T€ und –50T€ gegenüber. Als Zielrendite werde 15 % festgelegt. Berechnen Sie die Amortisationsdauer und geben Sie eine Handlungsempfehlung!

2.6.5 Interner Zinsfuß

Die bisher betrachteten Kennzahlen Kapitalwert und Endwert beziehen sich auf *absolute* Vermögensänderungen, während mit dem internen Zinsfuß als **Renditekennzahl** eine Messgröße für *relative* Vermögensänderungen vorliegt. Sie hat in der unternehmerischen Praxis eine große Bedeutung, wenn sie auch in der Regel »zu Fuß« etwas umständlich zu berechnen ist.
Wir haben bislang den Kapitalwert auf Basis eines **fest vorgegebenen Kalkulationszinssatzes** kennen gelernt. Nun kann man aber den Kalkulationszinssatz durchaus auch als Variable ansehen, so dass wir den Kapitalwert als Funktion des Kalkulationszinssatzes, NBW(i), auffassen können.

Beispiel:
Gegeben sei eine Investition mit der Zahlungsreihe (–100, 50, 40, 30). Sie soll zu 100 % kreditfinanziert werden. Es liegen 4 Kreditangebote vor:

Angebot 1: Zinssatz 9 % p. a. ⇒ NBW = +2,7
Angebot 2: Zinssatz 10 % p. a. ⇒ NBW = +1,05
Angebot 3: Zinssatz 11 % p. a. ⇒ NBW = –0,55
Angebot 4: Zinssatz 12 % p. a. ⇒ NBW = –2,12

Angebote 1 und 2 sind vorteilhaft, Angebote 3 und 4 unvorteilhaft. Offenbar nimmt der Kapitalwert mit steigendem Kalkulationszinssatz ab. Wir wollen dies an der Kapitalwertfunktion für beliebige Kalkulationssätze verdeutlichen.

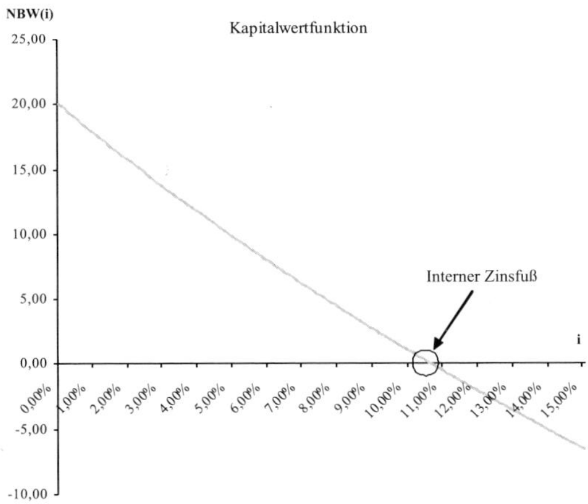

Abb. 2.20: Kapitalwertfunktion und interner Zinsfuß

Wie das Beispiel gezeigt hat, gibt es offenbar einen »kritischen« Zinssatz, an dem der Kapitalwert genau null wird. Dieser Zinssatz wird allgemein als **interner Zinsfuß** bezeichnet.

Definition

Gegeben sei die Zahlungsreihe eines Investitionsprojekts ($e_0, e_1, e_2, \ldots e_t, \ldots, e_{n-1}, e_n$) sowie ein Kalkulationszinssatz i. Ferner sei $q = 1 + i$.
Als **internen Zinsfuß i*** der Zahlungsreihe bezeichnet man den Wert des Kalkulationszinssatzes i, auf dessen Basis sich für den Kapitalwert gerade der Wert null ergibt. Formal ausgedrückt:
$NBW(i^*) = \sum_{t=0}^{n} e_t \cdot (1 + i^*)^{-t} = 0$ (2.63)

Mathematisch führt dies auf ein Nullstellenproblem einer algebraischen Gleichung n-ten Grades, das sich – von einigen Spezialfällen abgesehen – nicht explizit auflösen lässt. Die Lösung gelingt stattdessen mit Näherungsverfahren wie Regula falsi oder Newton-Verfahren oder man löst das Problem computergestützt. In MS-Excel steht für die Interne-Zinsfuß-Bestimmung die Funktion IKV zur Verfügung. Im Beispiel errechnet sich (computergestützt) ein interner Zinsfuß von 10,652 %.

Die Berechnung des internen Zinsfußes ist immer dann eindeutig, wenn es sich um eine sog. **Normalinvestition** handelt, d. h. anfänglichen Auszahlungen folgen nur noch Einzahlungsüberschüsse. Es gibt also nur einen Vorzeichenwechsel in der Zahlungsreihe. Dann hat nämlich die Kapitalwertfunktion den oben skizzierten charakteristischen, monoton fallenden Verlauf. Im Falle mehrerer Vorzeichenwechsel ist die Eindeutigkeit nicht mehr zwingend gegeben; hierauf wollen wir an dieser Stelle allerdings nicht eingehen und verweisen auf die einschlägige Literatur zur Investitionsrechnung.

Wir wollen unterstellen, dass es sich um eine Normalinvestition handelt. Dann können wir zur **ökonomischen Bedeutung** des internen Zinsfußes festhalten:

- Wenn die Investition vollständig kreditfinanziert wird (siehe obiges Beispiel), dann gibt uns der interne Zinsfuß die maximale Kostenbelastung an, die das Projekt gerade noch verkraften kann, ohne unvorteilhaft zu werden. Wir können den internen Zinsfuß somit als **dynamische Rendite** interpretieren.
- Wenn die Investition hingegen aus eigenen Mitteln finanziert wird, dann gibt uns der interne Zinsfuß den Alternativanlagezinssatz oder die Zielrendite an, die erzielt oder festgelegt werden kann, ohne dass das Projekt unvorteilhaft wird. Auch unter dieser Annahme können wir den internen Zinsfuß als Rendite interpretieren.
- Der interne Zinsfuß einer Normalinvestition lässt sich auch als Verzinsung des »durchschnittlich gebundenen Kapitals« des betrachteten Investitionsprojekts interpretieren.

Für Normalinvestitionen können wir schließlich folgende **Entscheidungsregeln** aufstellen: Die Investition ist gegenüber der Unterlassensalternative projektindividuell

- *vorteilhaft*, falls der interne Zinsfuß größer ist als der Kalkulationszinssatz (d. h. es gilt $\mathbf{i^*} > \mathbf{i}$),
- *unvorteilhaft*, falls der interne Zinsfuß kleiner ist als der Kalkulationszinssatz (d. h. es gilt $\mathbf{i^*} < \mathbf{i}$) und
- *weder vorteilhaft noch unvorteilhaft*, falls der interne Zinsfuß gleich dem Kalkulationszinssatz ist (d. h. es gilt $\mathbf{i^*} = \mathbf{i}$).

Für *Auswahlentscheidungen* im Falle konkurrierender Projekte etwa im Sinne wie »Wähle das Projekt mit dem größten internen Zinsfuß!« ist das Kriterium hingegen *ungeeignet*. Dies soll folgendes abschließendes Beispiel verdeutlichen.

Beispiel:
Gegeben seien die Zahlungsreihen zweier alternativer Investitionsprojekte. Projekt 1 = (–100,80,20,20) und Projekt 2 = (–100,20,40,65). Betrachtet man nur die Nominalwerte (also die Summe der Zahlungen), dann ergibt sich für Projekt 1 ein Nominalwert von +20, für Projekt 2 ein Nominalwert von +25, d. h. bei einem Zinssatz von 0 sowie bei einem Zinssatz nahe bei 0 ist Projekt 2 vorteilhaft. Nehmen wir allerdings beispielhaft einen Kalkulationszinssatz von 8 % p. a. an und berechnen die Kapitalwerte, so stellen wir folgendes fest: NBW (Projekt 1) = 7,1 und NBW (Projekt 2) = 4,41. Nun ist Projekt 1 vorteilhaft. Dies lässt sich an der Zahlungsstruktur erklären. Projekt 1 erzielt »früh« recht hohe Überschüsse, Projekt 2 dagegen erst »spät«. Je höher der Kalkulationszinssatz ist, umso stärker ist der Abzinsungseffekt, d. h. umso geringer schlagen die »späten« Überschüsse zu Buche. Je höher also der Kalkulationszinssatz ist, um so ungünstiger ist dies für Projekt 2 im direkten Vergleich zu Projekt 1. Es gibt somit keine Eindeutigkeit hinsichtlich des internen Zinsfußes als Entscheidungskriterium für Auswahlentscheidungen. In der graphischen Darstellung erkennt man, dass sich die Kapitalwertfunktionen schneiden (und zwar an der Stelle i = 4,858 %). »Links« des Schnittpunktes ist Projekt 2 vorteilhaft, rechts davon (bis zum internen Zinsfuß) Projekt 1.

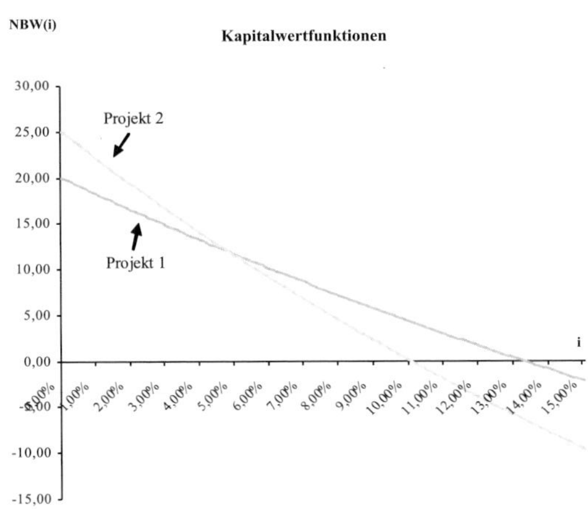

Abb. 2.21: Kapitalwertfunktion bei Auswahlentscheidungen

Aufgabe 61: Gegeben sei eine Investition (–100, 60, 60). Berechnen Sie den internen Zinsfuß dieser Zahlungsreihe (Hinweis: Da es sich hier nur um eine 2-jährige Investition handelt, führt das Problem auf eine quadratische Gleichung, die sich wie gewohnt auflösen lässt.)

2.6.6 Zusammenfassung investitionstheoretischer Kennzahlen

Wir wollen abschließend die zu einer Zahlungsreihe $(e_0, e_1, \ldots e_t, \ldots, e_n)$ berechneten investitionstheoretischen Kennzahlen zusammenfassen, insbesondere im Hinblick darauf, inwieweit und in welcher Form sie als **Entscheidungskriterium** für unternehmerische Investitionsentscheidungen geeignet sind. Dabei wollen wir ausschließlich den Fall einer **Normalinvestition** zu Grunde legen, d. h. den Auszahlungen folgen ausschließlich nichtnegative Einzahlungsüberschüsse (nur 1 Vorzeichenwechsel).

Kennzahl	Entscheidungsregel bei projektindividuellen Entscheidungen (nur 1 Projekt)	Entscheidungsregel für Auswahlentscheidungen bei mehreren konkurrierenden Projekten	Kapitel
Kapitalwert (Nettobarwert) $NBW = \sum_{t=0}^{n} e_t \cdot q^{-t}$	uneingeschränkt geeignet Projekt vorteilhaft $\Leftrightarrow NBW > 0$ Projekt unvorteilhaft $\Leftrightarrow NBW < 0$	uneingeschränkt geeignet wähle das Projekt mit dem maximalen Kapitalwert (sofern > 0)	2.6.2
Endwert $EW = \sum_{t=0}^{n} e_0 \cdot q^{n-t}$	uneingeschränkt geeignet Projekt vorteilhaft $\Leftrightarrow EW > 0$ Projekt unvorteilhaft $\Leftrightarrow EW < 0$	Geeignet nur bei identischer Laufzeit (Aufzinsung auf gleichen Bezugszeitpunkt); Falls erfüllt: wähle das Projekt mit dem maximalen Endwert (sofern > 0)	2.6.2
Äquivalente Annuität $A = NBW \cdot AF(n;i)$	uneingeschränkt geeignet Projekt vorteilhaft $\Leftrightarrow A > 0$ Projekt unvorteilhaft $\Leftrightarrow A < 0$	Geeignet nur bei identischer Laufzeit; Falls erfüllt: wähle das Projekt mit der höchsten Äquivalenten Annuität (sofern > 0)	2.6.3

Kennzahl	**Entscheidungsregel bei projektindividuellen Entscheidungen (nur 1 Projekt)**	**Entscheidungsregel für Auswahlentscheidungen bei mehreren konkurrierenden Projekten**	**Kapitel**
Amortisationsdauer t^* mit $\sum_{t=0}^{t^*-1} e_t \cdot q^{-t} \leq 0 < \sum_{t=0}^{t^*} e_t \cdot q^{-t}$	Die Amortisationsdauer dient der zusätzlichen Information, wie »schnell« sich ein Projekt »amortisiert« hat. Eine generelle Entscheidungsregel gibt es aber nicht.		2.6.4
Interner Zinsfuß i^* mit $\sum_{t=0}^{n} e_0 \cdot (1+i^*)^{-t} = 0$	Bei Normalinvestition uneingeschränkt geeignet Projekt vorteilhaft $\Leftrightarrow i^* > i$ Projekt unvorteilhaft $\Leftrightarrow i^* < i$	ungeeignet	2.6.5

3 Differentialrechnung in einer Variablen

Lehrziele

Nach Durcharbeiten dieses Kapitels sollen die Studierenden

- den Funktionsbegriff und die wichtigsten Funktionseigenschaften beherrschen,
- die wichtigsten ökonomisch relevanten Funktionstypen und deren ökonomische Anwendung kennen,
- das Prinzip des Differentialquotienten und die Ableitungsregeln beherrschen,
- in der Lage sein, Elastizitäten zu berechnen,
- befähigt sein, Nullstellen, Extremwerte und Wendepunkte zu berechnen,
- in der Lage sein, wichtige ökonomische Fragestellungen (z. B. Umsatz- und Gewinnmaximierung, Break-Even-Punkt-Berechnung, Betriebsoptimum und Betriebsminimum, optimale Bestellmenge, Produktions- und Produktivitätsmaximum) zu erfassen und mit Hilfe der Differentialrechnung zu lösen,
- das Newton-Verfahren zur näherungsweisen Nullstellenberechnung beherrschen.

Grundlegend für die Differentialrechnung sind **Funktionen**. Mit Hilfe von Funktionen können Zusammenhänge zwischen verschiedenen (ökonomisch relevanten) Größen beschrieben werden. In der Schulmathematik werden die Schülerinnen und Schüler bereits ausführlich mit Funktionen konfrontiert, jedoch werden diese Funktionen unter Verwendung der üblichen Variablen-Abkürzungen x, y, z, f(x) etc. ganz allgemein und ohne »greifbaren« Anwendungsbezug behandelt. In der Wirtschaftsmathematik bekommen diese Variablen nun eine ökonomische Bedeutung. Sie stehen für Größen wie Absatzmenge, Umsatz, Kosten und Gewinn. Diese Größen werden wir in Form von **Funktionen** (Preis-Absatz-Funktion, Umsatzfunktion, Kostenfunktion, Gewinnfunktion usw.) wiederfinden.
Wir werden im Folgenden ökonomische Funktionen analysieren und uns insbesondere mit zwei Fragenkomplexen befassen:

1. Analyse des **Änderungsverhaltens** ökonomischer Größen und Funktionen, z. B.:

- Wenn man – ausgehend vom aktuellen Niveau – die Produktionsmenge sukzessive ausweitet, in welchem Maße steigen dann die Kosten?
- Welche Auswirkung auf den Umsatz und den Gewinn eines Unternehmers hat eine Erhöhung bzw. Senkung des Verkaufspreises?
- Derartige Überlegungen zur Untersuchung von Veränderungen ökonomischer Größen werden als **Marginalanalyse** bezeichnet.

2. Bestimmung von **Optimalwerten**, z. B.:
   - Bei welcher Produktionsmenge werden die Stückkosten minimal?
   - Bei welchem Preis erzielt der Unternehmer seinen maximalen Umsatz?

Ein dritter Aspekt tritt zusätzlich dadurch auf, dass durch das Arbeiten mit ökonomischen Funktionen das Verständnis für wirtschaftliche Zusammenhänge geschärft wird.

3.1 Funktionen mit einer unabhängigen Veränderlichen

3.1.1 Funktionsbegriff

Gegeben seien zwei Mengen X und Y. Eine Funktion ist eine Abbildung, die jeder Größe $x \in X$ *genau eine* zweite Größe $y \in Y$ zuordnet.

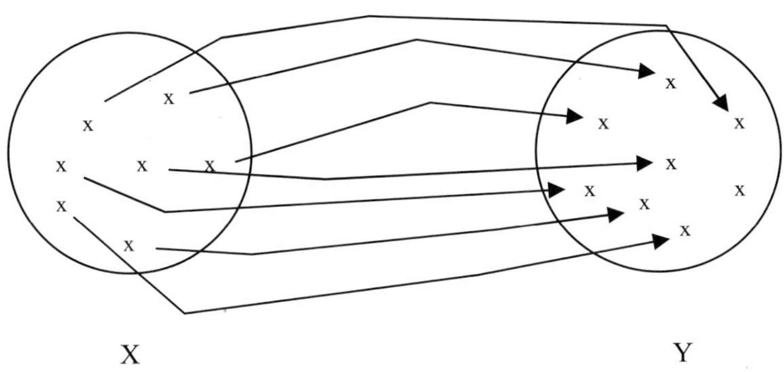

Abb. 3.1

Die allgemeine Schreibweise lautet: $f: x \rightarrow f(x)$ oder $y = f(x)$, gelesen »y ist eine Funktion von x«. x wird dabei als die **unabhängige Variable**, y als die **abhängige Variable** bezeichnet.

Die Menge X heißt **Definitionsbereich**, Y heißt **Zielmenge.** Die Menge der Funktionswerte aus der Zielmenge, die die abhängige Variable annimmt, heißt

Wertebereich. Zielmenge und Wertemenge können identisch sein, müssen es aber nicht zwingend. Der Wertebereich kann auch kleiner sein als die Zielmenge (z. B. $y = x^2$, Definitionsbereich und Zielmenge jeweils $\mathbb{R}$, Wertebereich jedoch $\mathbb{R}^+$ einschließlich der 0).

Beispiele für Funktionen:

1. Steuertabelle: Jedem zu versteuernden Einkommen (x-Werte) wird die zu zahlende Einkommensteuer (y-Werte) zugeordnet.
2. Telefontarife: In Abhängigkeit der Telefonminuten (x-Werte) und gegebenenfalls einer Grundgebühr ergibt sich die zu entrichtende Telefongebühr.
3. Börsenkurse: Während der Handelszeit lässt sich für einen bestimmten börsengehandelten Finanztitel zu jeder Uhrzeit (x-Wert) ein Börsenkurs (y-Wert) zuordnen.

Neben der verbalen Beschreibung (wie in den Beispielen) lassen sich drei Darstellungsformen für Funktionen unterscheiden, die **tabellarische**, die **analytische** und die **graphische** Darstellung. Diese Darstellungsformen schließen sich keineswegs aus, sondern ergänzen sich gegenseitig.

- Die **tabellarische** Darstellung in Form einer **Wertetabelle** ist sinnvoll, wenn die Funktionsgleichung nicht bekannt bzw. nicht ermittelbar ist (z. B. Börsenkurs der Alpha AG der letzten 100 Tage, Temperaturen um 12 Uhr in Düsseldorf der letzten 365 Tage). Ist die Funktionsgleichung dagegen bekannt, jedoch recht kompliziert, so ist eine Wertetabelle eine geeignete Hilfe, um sich durch die Berechnung einiger besonders prägnanter Funktionswerte ein Bild über den Funktionsverlauf machen zu können.
- Mit der **analytischen** Darstellungsform gibt man ein Funktionsgesetz f(x) in allgemeiner Form an, so dass man für jeden x-Wert des Definitionsbereichs den zugehörigen y-Wert berechnen kann.
- Schließlich lässt sich eine Funktion $y = f(x)$ auch **graphisch** in einem zweidimensionalen, rechtwinkligen Koordinatensystem darstellen. Die x-Werte werden auf der Horizontalen (Abszisse), die y-Werte als Resultante auf der Senkrechten (Ordinate) abgetragen. Das Koordinatensystem wird in vier **Quadranten** (siehe unten) eingeteilt. Für ökonomische Betrachtungen sind vor allem die Quadranten I und IV von Bedeutung, da viele ökonomisch relevante unabhängige Variablen (Stückzahlen, Preise, Minuten usw.) nur nichtnegative Werte annehmen können, so dass die »linke« Seite des Koordinatensystems häufig per se ausscheidet.

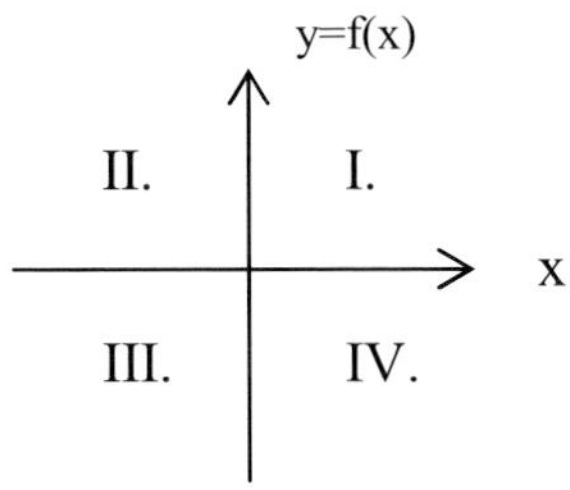

Abb. 3.2

Beispiel:
Ein (fiktiver) Telefonanbieter verlangt eine monatliche Grundgebühr von 20 € sowie innerhalb Deutschlands eine entfernungs- und tageszeiten*un*abhängige, sekundenweise abgerechnete Telefongebühr von 10 €-Cent pro Minute. Damit ist ein Zusammenhang zwischen der Gesprächsdauer (x) und der Monatsgebühr (y bzw. f(x)) gegeben. Wir wollen diesen Zusammenhang tabellarisch, analytisch und graphisch darstellen:

Wertetabelle:	Gesprächsminuten im Monat x	Monatsgebühr (€) y
	0	20
	50	25
	100	30
	200	40
	500	70
	1 000	120

Als Definitionsbereich kommen nur nicht-negative Werte in Betracht, somit $x \geq 0$. Ausgehend von einem Sockelbetrag 20 € steigt die Gebühr proportional zur Gesprächsdauer um 0,10 €-Cent pro Minute an. Wir können daraus folgende Funktionsvorschrift ableiten:
$y = f(x) = 20 + 0{,}1 \cdot x$ x: Gesprächsminuten im Monat, y: Monatsgebühr
Der Graph der Funktion zeigt einen linear ansteigenden Verlauf der Gebühren in Abhängigkeit der Gesprächsminuten.

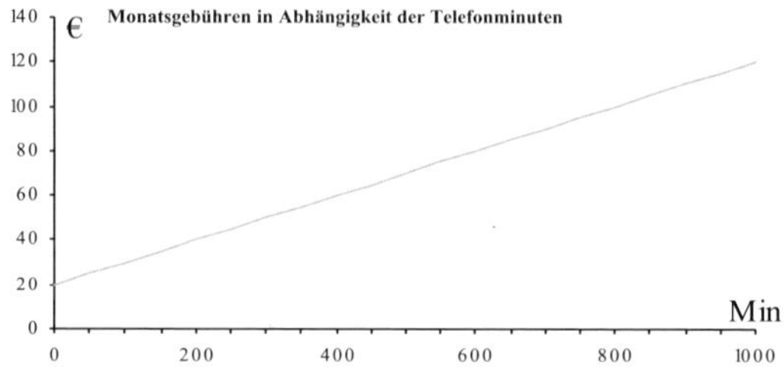

Abb. 3.3: Graphische Darstellung einer Funktion

Bislang haben wir nur die Variablen x und y verwendet, wie es in der »reinen« Mathematik üblich ist. Für die Bezeichnung *ökonomischer* Größen dagegen verwendet man davon abweichend üblicherweise folgende Abkürzungen:

Typische unabhängige Variable (»x-Werte«)	Typische abhängige Variable (»y-Werte«)	
i: Zinssatz	C: Konsum	N: Nutzen
p: Stückpreis[18]	G: Gewinn	E: Umsatzerlös
r: Input	k: Stückkosten	x: Output, Absatzmenge
t: Zeit	K: Gesamtkosten	Y: Einkommen

Aufgabe 62:

Herr Schwäbli will sein Haus renovieren lassen. Dazu kauft er im Baumarkt ausreichend Tapeten, Kleister und sonstiges Material für 1.000 € ein, welches er dem Maler zur Verfügung stellt. Der Maler rechnet auf Stundenbasis für 25 € pro Arbeitsstunde ab.

a) Stellen Sie die Kostenfunktion K(x) (x: Arbeitsstunden, K: Kosten) und eine dazugehörige Wertetabelle auf und skizzieren Sie die Funktion in einem Koordinatensystem
b) Herr Schwäbli hofft, dass die Renovierung insgesamt nicht mehr als 3.000 € kosten wird. Wie viele Arbeitsstunden stehen dem Maler dann zur Verfügung?

18 Der Stückpreis kann auch als abhängige Variable aufgefasst werden. Die Preis-Absatz-Funktion (Zusammenhang zwischen Stückpreis und Absatzmenge) wird sowohl in der Form p(x) als auch in der Form x(p) formuliert.

3.1.2 Funktionseigenschaften

Zur Analyse von Funktionen gehört die Untersuchung bestimmter Eigenschaften sowie bestimmter charakteristischer Punkte. Die wichtigsten Eigenschaften sind:

a) Monotonie	b) Symmetrie	c) Stetigkeit
d) Beschränktheit	e) Umkehrbarkeit	f) Steigung
g) Krümmung		

Die beiden Eigenschaften Steigung und Krümmung lassen sich besonders einfach mit Hilfe der Differentialrechnung erklären. Wir werden uns in Kapitel 3.2 damit eingehend befassen. Die anderen Eigenschaften werden wir im Folgenden in kompakter Form analysieren.

a) Monotonie

Mit der Monotonieeigenschaft will man erfassen, ob eine Funktion einen steigenden oder fallenden Verlauf hat. In der Regel lässt sich das Monotonieverhalten aus der graphischen Darstellung erkennen. Monoton steigend (fallend) bedeutet: Mit steigendem x-Wert steigt (fällt) der f(x)-Wert oder bleibt mindestens konstant. Formal gilt:

f(x) ist **monoton steigend**, falls gilt: $f(x + \Delta x) \geq f(x)$
f(x) ist **monoton fallend**, falls gilt: $f(x + \Delta x) \leq f(x)$

In der Mathematik verwendet man die Schreibweise Δ bzw. Δx, um (in der Regel kleine) absolute Abstände zwischen zwei Punkten zu bezeichnen. Wollte man etwa den Abstand zwischen den beiden x-Werten $x_1 = 2$ und $x_2 = 2{,}4$ kennzeichnen, so würde man einfach schreiben: $\Delta x = 0{,}4$.

Beispiel:
Ein Produzent hat in einer Periode Fixkosten in Höhe von 100 GE und produktionsmengenabhängige (variable) Kosten von 0,5 GE pro Stück. Die Gesamtkostenfunktion und die dazugehörige Stückkostenfunktion lauten:

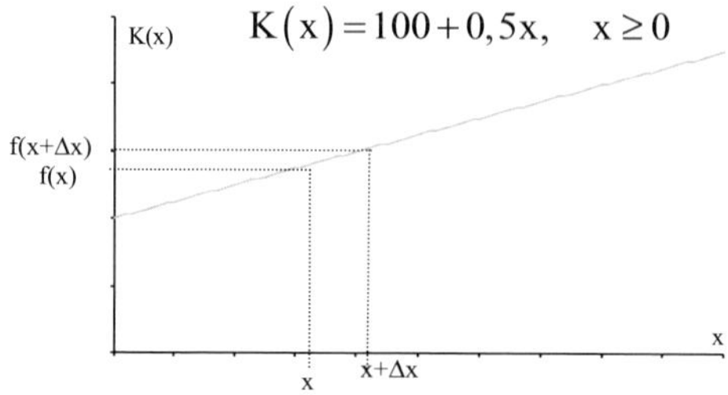

Abb. 3.4: Monoton steigende Gesamtkostenfunktion

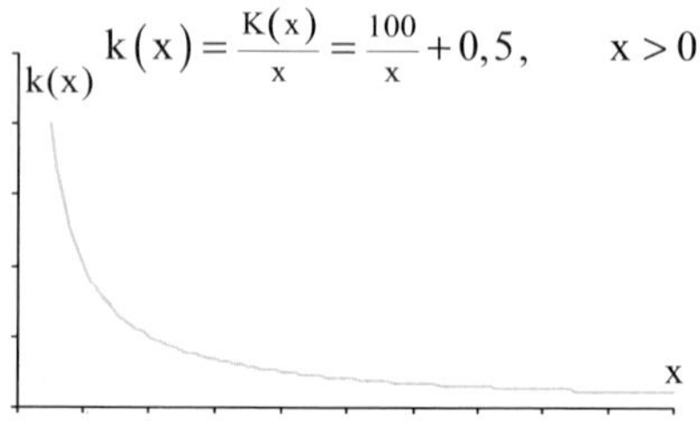

Abb. 3.5: Monoton fallende Stückkostenfunktion

Während die Gesamtkostenfunktion einen monoton steigenden Verlauf zeigt, ist die zur linearen Kostenfunktion gehörende Stückkostenfunktion monoton fallend (Fixkostendegression).

b) Symmetrie

Man unterscheidet **Achsensymmetrie** und **Punktsymmetrie**.
Mit **Achsensymmetrie** wird die Symmetrie der Funktion zu einer vertikalen Achse bezeichnet. Ist die Funktion im speziellen Fall spiegelsymmetrisch zur y-Achse, so wird sie als **gerade** bezeichnet. Ein Beispiel für eine gerade Funktion ist die Normalparabel $f(x) = x^2$. Formal gilt:

$f(a - x) = f(a + x)$	Achsensymmetrie zur Achse a
$f(x) = f(-x)$	Symmetrie zur y-Achse (f ist gerade)

Beispiel:
$f(x) = (x - 2)^2, x \in \mathbb{R}$
An der »Spiegelachse« $x = 2$ ist die Parabel »klappsymmetrisch«.

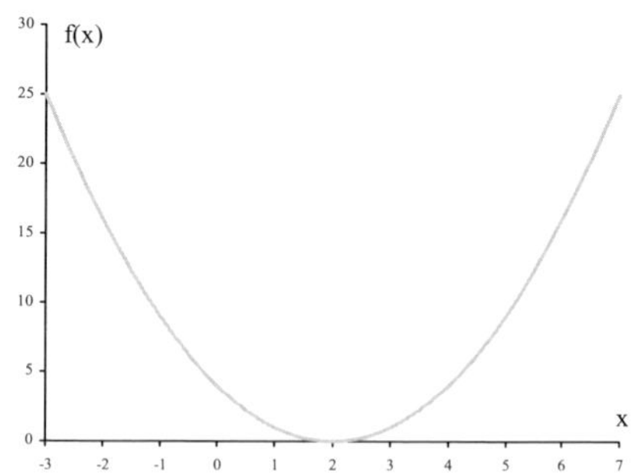

Abb. 3.6: Achsensymmetrie

Eine Funktion ist dagegen **ungerade**, wenn sie **punktsymmetrisch** zum Ursprung ist. In diesem Fall gilt: $f(x) = -f(-x)$

Beispiel:
$f(x) = x^3, x \in \mathbb{R}$
Diese Funktion ist punktsymmetrisch zum Ursprung, wie rechtsstehende Skizze verdeutlicht.

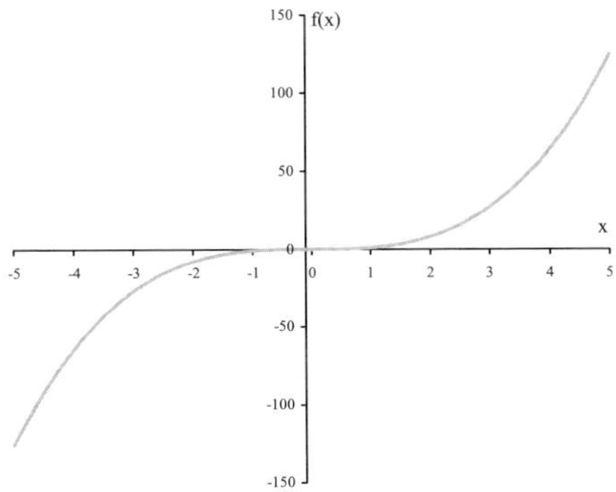

Abb. 3.7: Punktsymmetrie

c) Stetigkeit

Die Stetigkeit ist eine weitere wichtige Funktionseigenschaft. Funktionen, die auf ihrem gesamten Definitionsbereich stetig sind, sind gegenüber unstetigen Funktionen – also Funktionen mit wenigstens einer Unstetigkeitsstelle – leichter zu »handhaben«, da man sich nicht um etwaige »Definitionslücken« kümmern muss.
Damit eine Funktion f an einer Stelle x_0 stetig ist, müssen drei Bedingungen erfüllt sein:

- f muss an der Stelle x_0 definiert sein.
- Der Grenzwert $\lim_{x \to x_0} f(x)$ muss existieren.
- Der Grenzwert muss gleich $f(x_0)$ sein.

Für unsere Zwecke reichen die beiden folgenden, eher »unmathematischen« alternativen Formulierungen aus:

1. Eine Funktion ist stetig, wenn man sie »in einem Zuge« – ohne mit dem Stift absetzen zu müssen – durchzeichnen kann.
2. Eine Funktion ist stetig, wenn sie weder einen »Pol«, eine »Lücke«, noch einen »Sprung« besitzt.

Aus der zweiten Formulierung geht bereits hervor, dass es drei Kategorien von Unstetigkeiten gibt, nämlich den **Pol**, die **Lücke** und den **Sprung**. Die Unstetigkeit beschränkt sich dabei in der Regel auf eine begrenzte Zahl von Unstetigkeitsstellen.

1. Pol

Ein Pol ist eine Senkrechte, für die die Funktion an dieser Stelle nicht definiert ist. Er tritt typischerweise bei gebrochen-rationalen Funktionen an den Stellen auf, für die der Nenner den Wert 0 annehmen würde.
Typisch für einen Pol an der Stelle x_0 ist, dass die Funktion für $x \longrightarrow x_0$ gegen $-\infty$ oder gegen $+\infty$ geht.

Beispiel:

$f(x) = \frac{1}{x}, x \in \mathbb{R}\backslash\{0\}$

An der Stelle $x = 0$ ist die Funktion nicht definiert und folglich nicht stetig. Die Funktion zeigt einen hyperbelförmigen Verlauf mit den Grenzwerten $+\infty$ und $-\infty$, je nachdem, ob man sich der Null »von rechts« oder »von links nähert.

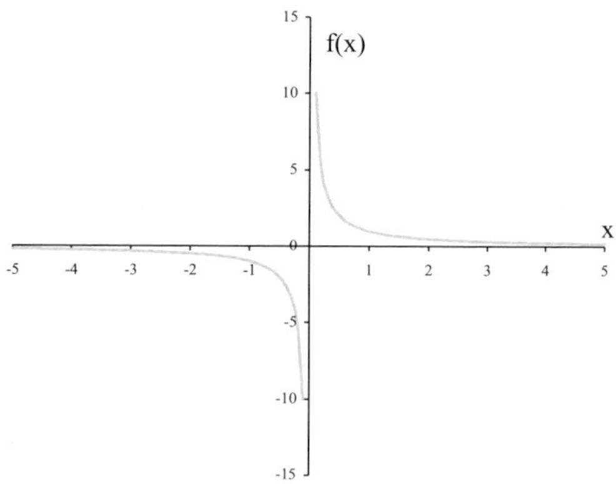

Abb. 3.8: Unstetigkeit durch Polstelle

2. Lücke

Lücken werden auch als **hebbare Unstetigkeitsstellen** bezeichnet, wie folgendes Beispiel zeigt:

Beispiel:

$f(x) = \frac{x^2 - 9}{x - 3}, x \in \mathbb{R} \backslash\{3\}$

Der einzig »kritische« Punkt ist die Stelle $x = 3$, da die Funktion an $x = 3$ nicht definiert ist (wegen Division durch null). Der Zähler lässt sich jedoch gemäß dritter binomischer Formel umschreiben zu $(x - 3) \cdot (x + 3)$, so dass wir kürzen und den Ausdruck folgendermaßen schreiben können:

$f(x) = \frac{(x-3)\cdot(x+3)}{x-3} = x+3,$
$x \in \mathbb{R} \setminus \{3\}$

Aus der gebrochen-rationalen Funktion ist – wie in nebenstehender Darstellung erkennbar – eine lineare Funktion geworden, jedoch mit der Besonderheit, dass sie an der Stelle $x = 3$ nicht definiert ist. An der Stelle $x = 3$ hat die Funktion somit eine **Lücke.**

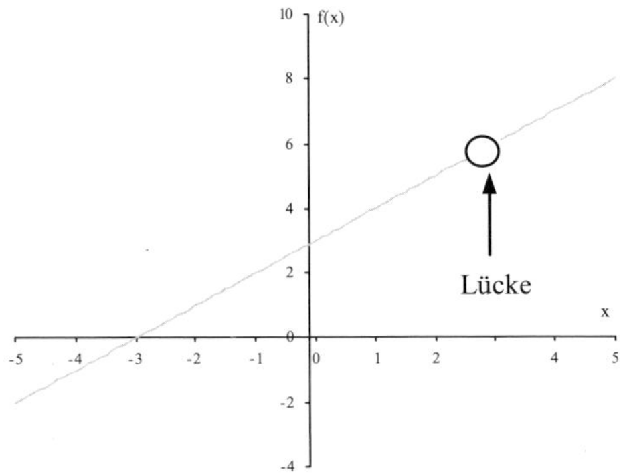

Abb. 3.9: Hebbare Unstetigkeit durch Lücke

Das Charakteristische an der Lücke ist, dass sich die Funktion sowohl linksseitig als auch rechtsseitig dieser Lücke beliebig annähert. Die Funktion erinnert an eine durchgehende Straße, die an einem Punkt (im Beispiel: $x = 3$) unterbrochen ist. Aufgrund der beidseitigen Annäherung können wir diesen Punkt durch geeignete Definition überbrücken, man sagt, die Unstetigkeit ist **hebbar**.

Im Beispiel nähern wir uns, von links oder von rechts an den Wert $x = 3$ herangehend, dem Funktionswert 6 an. Es bietet sich also an, die Funktion folgendermaßen neu zu definieren:

$$f(x) = \begin{cases} \frac{x^2-9}{x-3}, & \text{für } x \neq 3 \\ 6, & x = 3 \end{cases}$$

f(x) ist also gegeben durch die Ursprungsfunktion, mit Ausnahme der Stelle $x = 3$. Für $x = 3$ erhält sie »künstlich« den zugeordneten Wert $f(3) = 6$.

Mit diesem »Trick« haben wir durch künstliche Überbrückung der Unstetigkeitsstelle eine stetige Funktion geschaffen.

Verallgemeinerung:

Die Funktion hat an der Stelle x_0 eine Lücke, wenn $x_0 \notin D_f$, jedoch ein linksseitiger und ein rechtsseitiger Grenzwert existieren und identisch sind. Die Unstetigkeit ist dann hebbar.

3. Sprung

Beispiel:
Für Inlandsbriefe erhebt die Deutsche Post AG (Stand 2022) folgende Gebühren:

Standardbrief	bis	20 Gramm	0,85 €
Kompaktbrief	bis	50 Gramm	1,00 €
Großbrief	bis	500 Gramm	1,60 €
Maxibrief	bis	1.000 Gramm	2,75 €

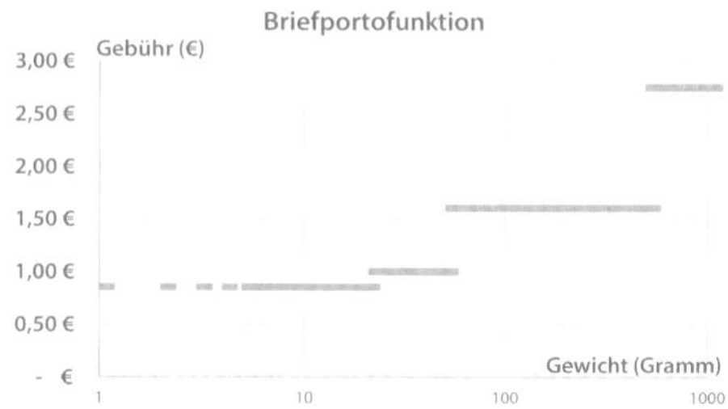

Abb. 3.10: Unstetigkeit durch Sprünge

Wie die Abbildung verdeutlicht, hat die Funktion an den Stellen 20 Gramm, 50 Gramm und 500 Gramm aufgrund der »sprunghaften« Tarifänderungen an diesen Grenzen jeweils einen **Sprung.** Charakteristisch für einen Sprung ist, dass linksseitiger und rechtsseitiger Grenzwert beide existieren, jedoch – im Gegensatz zur Lücke – verschieden sind. So ist etwa bei Annäherung an 20 Gramm der linksseitige Grenzwert 0,85 €, während der rechtsseitige Grenzwert 1,00 € beträgt. Diese Art von Unstetigkeit ist *nicht hebbar.*
Derartige »Treppenfunktionen« tauchen in der Ökonomie häufiger auf, insbesondere im Zusammenhang mit Preisen oder Tarifen, wenn die Preisanpassungen nicht allmählich, sondern nach Überschreiten kritischer Grenzen (im Beispiel oben: Gewicht) »sprunghaft« erfolgen.

d) Beschränktheit/ Grenzwerte

Aus mathematischer Sicht interessiert häufig, ob eine Funktion gegen einen bestimmten Funktionswert tendiert, wenn man sich einer bestimmten Grenze beliebig annähert. Wir greifen hier die für die ökonomische Untersuchung besonders bedeutsamen Fälle $x \to 0$ und $x \to \infty$ heraus. Vor allem interessiert der Fall $x \to \infty$, ob der Funktionswert »über alle Grenzen« wächst oder fällt oder ob er sich einer endlichen Grenze annähert. Von besonderer Bedeutung sind derartige Fragen im Zusammenhang mit Sättigungseffekten.

1. Beispiel: Logistische Funktion
Eine Funktion, die häufig zur Trendprognose herangezogen wird, ist die **logistische Funktion.** Sie hat die allgemeine Form:
$y(t) = \frac{a}{1+b\cdot e^{-c\cdot t}}$ y(t): Bestand; t: Zeit; a, b, c: Parameter mit a: Sättigungsgrenze
Es gilt: $\lim_{t\to\infty} y(t) = a$, denn $e^{-c\cdot t}$ geht für $t \to \infty$ gegen 0
Gegeben sei eine logistische Funktion mit $a = 1\,200$, $b = 5$ und $c = 0{,}5$. Die Funktion erreicht die Sättigungsgrenze bei 1.200, wie die Abbildung verdeutlicht.

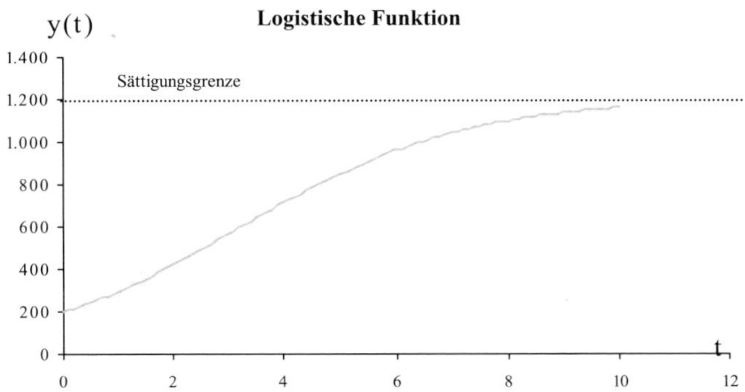

Abb. 3.11: Logistische Funktion

2. Beispiel: Stückkostenfunktion bei linearer Gesamtkostenfunktion
Eine lineare Kostenfunktion sei gegeben durch: $K(x) = 5x + 100,\ x \geq 0$
Gesucht ist das Verhalten der Stückkostenfunktion für $x \to 0$ und $x \to \infty$
Man bezeichnet die Abnahme der Fixkosten pro Stück bei steigender Produktionsmenge auch als **Fixkostendegression.**

Die Stückkostenfunktion lautet: $k(x) = \frac{K(x)}{x} = \underbrace{5}_{k_v} + \underbrace{\frac{100}{x}}_{k_f}$

Es gilt: $\lim\limits_{x \to 0}\left(5 + \frac{100}{x}\right) = \infty$ sowie

$\lim\limits_{x \to \infty}\left(5 + \frac{100}{x}\right) = 5$, da $\lim\limits_{x \to \infty} \frac{100}{x} = 0.$

Die Stückkostenfunktion hat einen hyperbelförmigen Verlauf.

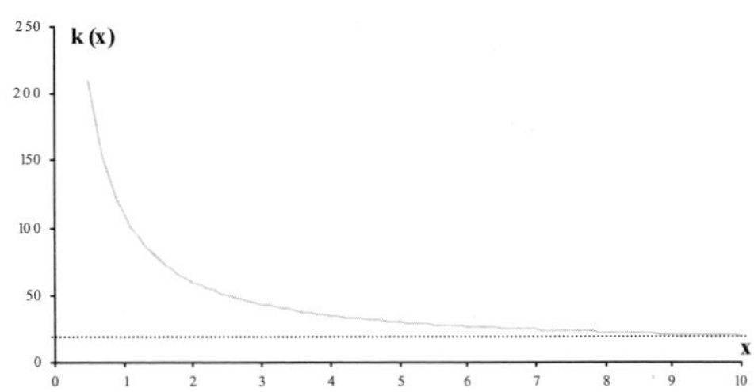

Abb. 3.12: Stückkostenfunktion

e) Umkehrbarkeit

Häufig interessiert bei einer gegebenen Funktion y(x) die Umkehrung, d. h. die Funktion x(y). Sie wird als **Umkehrfunktion** bezeichnet.

Beispiel (Fortsetzung des Beispiels aus Kapitel 3.1.1):
Jemand will wissen, wie viel Gesprächsminuten er bei einem vorgegebenen Monatsgebührenbudget telefonieren kann. Gegeben ist also die Größe y (Monatsgebühren), gesucht sind die Minuten x, d. h. gesucht ist die Zuordnung $x = x(y)$. Dazu lösen wir die Funktion y(x) nach x auf:

$y = 20 + 0{,}1x \Leftrightarrow x = x(y) = 10y - 200,\ y \geq 20$

Da es üblich ist, die unabhängige Variable mit x zu bezeichnen, vertauschen wir wieder die Variablen x und y und schreiben:

$y = 10x - 200,\ y \geq 20$

So kann man beispielsweise mit einem Budget von 80 € 600 Minuten (= 10 Stunden) lang telefonieren. Graphisch ist die Umkehrfunktion eine Spiegelung an der 45°-Achse.

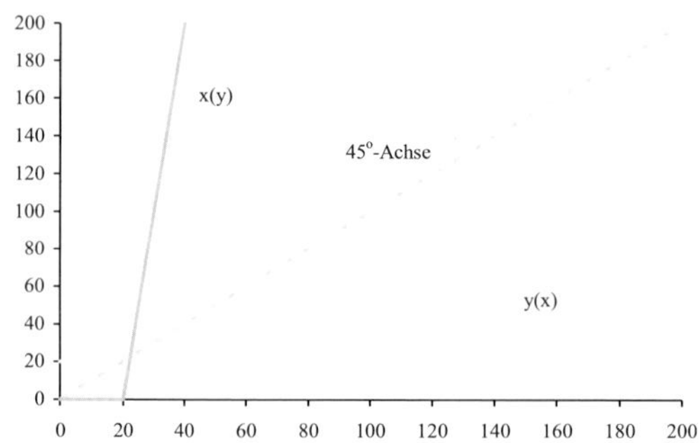

Abb. 3.13: Umkehrfunktion durch Spiegelung an der 45°-Achse

Verallgemeinerung (Umkehrfunktion):

Voraussetzung dafür, dass man zu einer Funktion die **Umkehrfunktion** oder auch **inverse Funktion** ermitteln kann, ist die sog. **Bijektivität** der Funktion. Eine Funktion ist **bijektiv (eineindeutig)**, wenn jedem x-Wert genau ein y-Wert eindeutig zugeordnet werden kann. Oder: Zwei verschiedene x-Werte haben zwangsläufig auch zwei verschiedene y-Werte.

Schreibweise: $x = f^{-1}(y)$

Praktisch ermittelt man die Umkehrfunktion durch Vertauschen der Variablen x und y bzw. der unabhängigen Variablen mit der abhängigen Variablen. Graphisch ergibt sich die Umkehrfunktion aus der Spiegelung der Funktion an der 45°-Achse. Die Umkehrung der Umkehrfunktion ergibt wieder die Ursprungsfunktion.

Weitere Beispiele:

1. Die Funktion $y = x^2$ ist nicht umkehrbar, da sie nicht bijektiv ist. Jeder Funktionswert > 0 hat zwei Urbilder (z. B. 16 hat die Urbilder –4 und 4).
2. Die Funktion $y = x^3$ ist umkehrbar: $x = f^{-1}(y) = \sqrt[3]{y}$ bzw. nach Variablenvertauschung:
   $y = f^{-1}(x) = \sqrt[3]{y}$.

Aufgabe 63: Gegeben sei die Kostenfunktion $K(x) = \frac{1}{2}x^2 + 200$ $(x \geq 0)$. Weisen Sie formal nach, dass die Funktion K(x) monoton steigend und die zugehörigen Fixkosten pro Stück $k_f(x)$ monoton fallend sind!

Aufgabe 64: Bestimmen Sie von folgenden Funktionen den Definitionsbereich, untersuchen Sie die Funktionen auf Unstetigkeiten und geben Sie an, ob es sich an der betreffenden Unstetigkeitsstelle um eine (hebbare) »Lücke«, um einen »Pol« oder um eine »Sprungstelle« handelt!

a) $f(x) = \frac{x^2-16}{x+4}$ $(x = -4)$ b) $f(x) = \frac{2}{(4-x)^2}$ $(x = 4)$ c) $f(x) = 2^{\frac{1}{x}}$ $(x = 0)$

Aufgabe 65: Ermitteln Sie die Grenzwerte folgender Funktionen:
a) $f(x) = \left(1 + \frac{1}{x}\right)^x$, $x \rightarrow \infty$ b) $f(x) = \frac{1-a^x}{1-a}$, $x \rightarrow \infty$
c) $(x) = \frac{60}{e^{\frac{2}{x}}+5}$, $x \rightarrow 0^+, 0^-, \infty, -\infty$

Aufgabe 66: Gegeben sei die Funktion $y(x) = 0{,}5x^2 + 2$. Skizzieren Sie die Funktion in einem Koordinatensystem und bilden Sie, sofern möglich, die Umkehrfunktion.

3.1.3 Überblick über die wichtigsten Funktionstypen

Die Funktionstypen können nach ihrer mathematischen Struktur oder nach ihrer ökonomischen Aussage gegliedert werden. Hinsichtlich ihrer *mathematischen* Struktur können wir die Funktionstypen folgendermaßen gliedern:

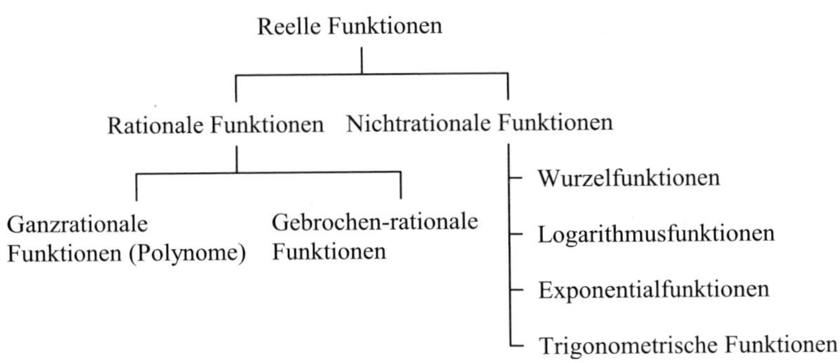

Abb. 3.14: Struktur der Funktionstypen

Im Folgenden wollen wir die wichtigsten *ökonomischen* Funktionstypen präsentieren. Einige haben wir bereits in Beispielen kennen gelernt. Im weiteren Verlauf tauchen diese Funktionsarten auch immer wieder auf.

- **Kostenfunktion** – Zusammenhang zwischen Produktionsmenge und Gesamtkosten.
  Allgemeine Form: $K(x) = K_v(x) + K_f(x)$ = variable Gesamtkosten + Fixkosten K(x) kann linear, quadratisch oder auch dritten Grades (ertragsgesetzliche Kostenfunktion) sein. Denkbar sind grundsätzlich auch sonstige nicht lineare Verläufe.
- **Stückkostenfunktion** – Zusammenhang zwischen Produktionsmenge und Stückkosten; ergibt sich aus der Gesamtkostenfunktion.
  Allgemeine Form: $k(x) = \frac{K(X)}{x} = \frac{K_v(x)}{x} + \frac{K_f}{x}$ = variable Stückkosten + Fixkosten pro Stück
- **Preis-Absatz-Funktion** – Zusammenhang zwischen Stückpreis p und Absatzmenge (= Nachfrage) x. Die Preis-Absatz-Funktion (Nachfragefunktion) kann in der Form p(x) oder auch x(p) gegeben sein. Häufig wird aus Vereinfachungsgründen ein linearer, fallender Verlauf der Preis-Absatz-Funktion unterstellt. Der Preis-Absatz-Funktion liegt zumeist eine Monopolsituation zu Grunde. Diese ist dadurch gekennzeichnet, dass der Stückpreis innerhalb einer gewissen Bandbreite vom Monopolisten frei wählbar ist, jedoch hat die Preisgestaltung Auswirkungen auf die Nachfrage nach dem Gut.
- **Umsatzfunktion** – Zusammenhang zwischen Absatzmenge x und Verkaufserlös E(x) oder Zusammenhang zwischen Stückpreis p und Verkaufserlös E(p).
  Allgemeine Form: $E(x) = p \cdot x$ oder auch $E(p) = p \cdot x$
  Ist der Preis fest vorgegeben (typisch für Konkurrenzsituationen), so ist E(x) eine lineare Funktion (Gerade). Ist der Preis jedoch in Form einer Preis-Absatz-Funktion gegeben (typisch für Angebotsmonopol), so ist die Umsatzfunktion nichtlinear. Ist die Preis-Absatz-Funktion linear (häufiger Fall), dann wird die Umsatzfunktion quadratisch.
- **Gewinnfunktion** – Zusammenhang zwischen Produktionsmenge (= Absatzmenge) und dem Gewinn. Der Gewinn wird definiert als Saldo aus »Umsatz minus Kosten«.
  Allgemeine Form: $G(x) = E(x) - K(x)$
  Der Verlauf bzw. der Grad der Gewinnfunktion richtet sich nach dem Verlauf von Umsatz- und Kostenfunktion. Sind etwa die Umsatzfunktion quadratisch und die Kostenfunktion dritten Grades, so ist auch die Gewinnfunktion dritten Grades.

- **Produktionsfunktion** – Zusammenhang zwischen Input und Output zur formalen Beschreibung eines Produktionsprozesses.
  Allgemeine Form: $x = x(r)$, $r \geq 0$ mit r: Input (Faktoreinsatzmenge) und x: Output (Ausbringungsmenge)
  Man unterscheidet im Wesentlichen folgende drei Typen:
  1. Ertragsgesetzliche Produktionsfunktion (»Ertragsgesetz«)
  2. Neoklassische Produktionsfunktion (substitutional)
  3. Limitationale Produktionsfunktion

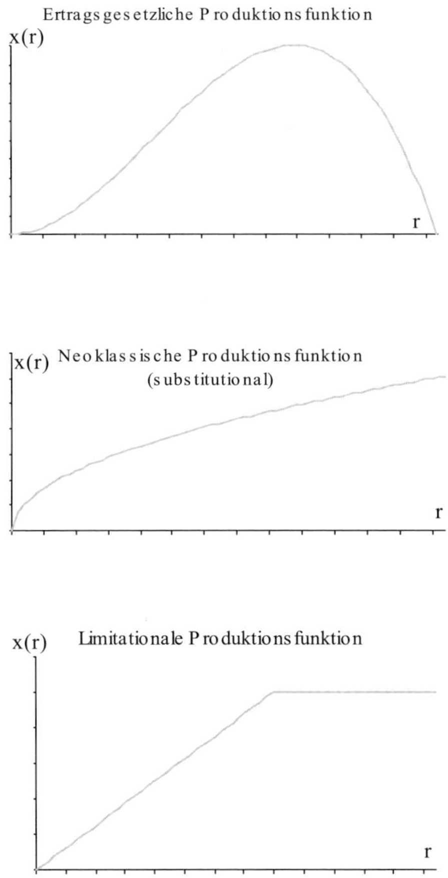

Abb. 3.15: Verlaufsformen von Produktionsfunktionen

- **Konsumfunktion** – Zusammenhang zwischen Volkseinkommen und gesamtwirtschaftlichen Konsumausgaben.
  Allgemeine Form: C(Y) mit C: Konsum, Y: Volkseinkommen

Häufig unterstellt man für den Konsum einer gesamten Volkswirtschaft eine lineare Konsumfunktion. Zur Beschreibung der Nachfrage nach bestimmten Konsumgütern (z. B. Nahrungsmittel, Kleidung etc.) können die Konsumfunktionen andere nichtlineare Verläufe zeigen (**Engelfunktionen**). Die **Sparfunktion** S(Y) ergibt sich durch $S(Y) = Y - C(Y)$.
- **Nutzenfunktion** – Zusammenhang zwischen Haushaltskonsum und seinem Nutzen, d. h. seinem Grad der Bedürfnisbefriedigung.

Darüber hinaus lernen wir Funktionen kennen, die in Abhängigkeit der Zeit definiert sind, z. B.:

- **Wachstumsfunktion** – Bestand einer exponentiell wachsenden oder fallenden Größe (z. B. Bevölkerung, Bruttosozialprodukt) in Abhängigkeit der Zeit.
- **Logistische Funktion** – Bestand einer Größe, die einer Sättigungsgrenze zustrebt in Abhängigkeit der Zeit.
- **Produktlebenszyklus** – Zusammenhang zwischen Absatz eines Produkts (mengenmäßiger Umsatz) in Abhängigkeit der Zeit (Lebensdauer im Markt).

3.1.4 Ökonomische Anwendungen von Funktionen

Wir wollen nun der in Kapitel 3.1.3 dargestellten Baumstruktur folgen und für die jeweiligen Funktionstypen einige wichtige ökonomische Fragestellungen aufzeigen. Beginnen werden wir mit den ganzrationalen Funktionen.

I. Ganzrationale Funktionen

a) Lineare Funktion (Polynom 1. Ordnung)

$f(x) = ax + b$ häufig auch: $y = mx + b$

Die lineare Funktion ergibt graphisch das Bild einer Geraden. Die charakteristischen Größen einer Geraden sind die Steigung (a bzw. m) und der Schnittpunkt mit der y-Achse (b). Eine Steigung von 0,75 bedeutet etwa, dass man 0,75 Einheiten nach »oben« geht, wenn man sich eine Einheit nach »rechts« bewegt.

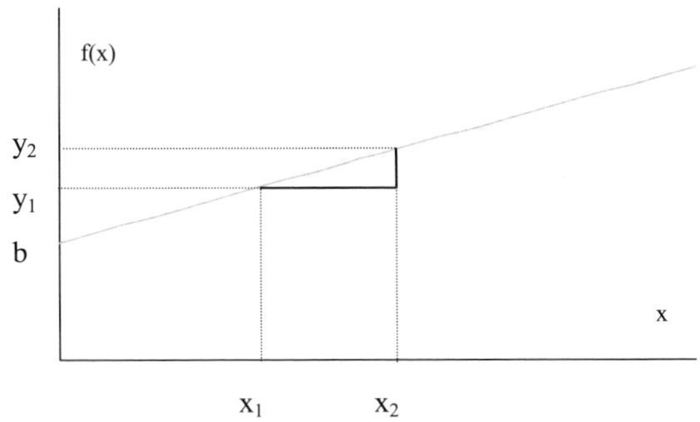

Abb. 3.16: Lineare Funktion

Beispiele:

1. Die Gerade $y = 3x + 2$ hat den y-Achsenabschnittpunkt $y = 2$ und die Steigung 3. Sie verläuft damit relativ steil nach »oben«.
2. Die Gerade $y = 0{,}2x$ verläuft vergleichsweise flach und schneidet den Ursprung (0; 0).
3. Die Gerade $y = -x + 10$ verläuft fallend und schneidet die y-Achse an der Stelle $y = 10$.

Eine Gerade ist eindeutig definiert entweder

- durch Kenntnis zweier Punkte auf der Geraden $(x_1; y_1)$ und $(x_2; y_2)$
- oder durch Kenntnis eines Punktes $(x_1; y_1)$ und des Steigungsmaßes m.

Die beiden entsprechenden Formeln zur Ermittlung der allgemeinen Geradengleichung heißen **2-Punkte-Form** und **Punkt-Steigungs-Form**. Sie lauten folgendermaßen:

$$y = \underbrace{\frac{y_2-y_1}{x_2-x_1}}_{m} \cdot x + \underbrace{y_1 - \frac{y_2-y_1}{x_2-x_1} \cdot x_1}_{b} \qquad \text{2-Punkte-Form} \qquad (3.1)$$

$$y = m \cdot x + \underbrace{(y_1 - m \cdot x_1)}_{b} \qquad \text{Punkt-Steigungs-Form} \qquad (3.2)$$

Beispiele:

I. Bekannt sind zwei Punkte einer Geraden, (0; 10) und (5; 16). Wie lautet die allgemeine Geradengleichung?

Lösung: 2-Punkte-Form $y = \frac{16-10}{5-0} \cdot x + 10 - \frac{16-10}{5-0} \cdot 0 = 1{,}2x + 10$

II. Bekannt sind die Steigung –2 und der Punkt (2; 4). Wie lautet die allgemeine Geradengleichung?

Lösung: Punkt-Steigung-Form $y = -2x + (4 - (-2) \cdot 2) = -2x + 8$

Ökonomische Anwendungen linearer Funktionen
Die Gerade ist aufgrund ihrer einfachen Struktur die beliebteste und häufigste Form zur Beschreibung ökonomischer Sachverhalte. Hervorzuheben sind die lineare Kostenfunktion K(x), die lineare Preis-Absatz-Funktion p(x) und die lineare Umsatzfunktion E(x). Sind sowohl Kosten- als auch Umsatzfunktion linear, so ist auch die Gewinnfunktion $G(x) = E(x) - K(x)$ eine lineare Funktion.

1. Beispiel: (Bestimmung des Break-Even-Punktes)
Ein Händler verkauft ein bestimmtes Gut zum Stückpreis von 6 GE, welches er für 4 GE einkauft. Seine fixen Kosten betragen 200 GE. Wieviel Stück muss der Händler verkaufen, um seine Gewinnschwelle (**Break-Even-Punkt**) zu erreichen?

Lösung:
Die Kostenfunktion und die Umsatzfunktion lauten: $K(x) = 4x + 200$ und $E(x) = 6x$.
Für die Gewinnschwelle gilt: $G = 0$.
Gleichsetzen $E(x) = K(x)$ führt auf $x^* = 100$. Bei Verkauf von $x = 100$ Stück hätte der Händler seine Fixkosten »verdient«. Jedes weitere verkaufte Stück würde ihm einen Gewinn in Höhe von 2 GE (**Stückdeckungsbeitrag**) einbringen. Der Umsatz am Break Even $x = 100$ beträgt $E(100) = 600$ GE.

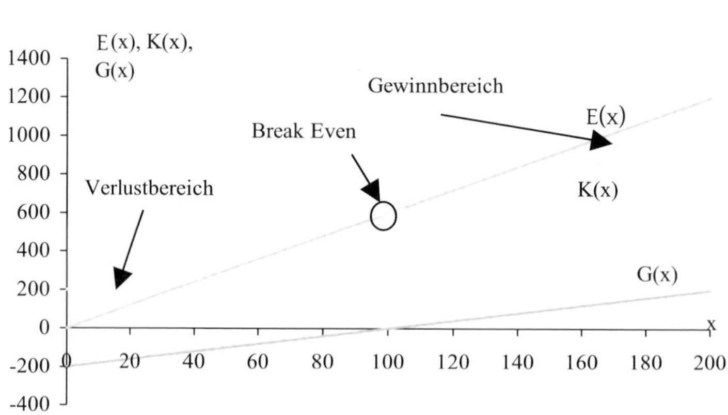

Abb. 3.17: Bestimmung des Break-Even-Punktes

Verallgemeinerung:
Abkürzungen:
K_f Fixkosten
k_v variable Stückkosten
p Stückpreis
x Stückzahl oder Menge
Im Falle einer linearen Umsatz- und Kostenfunktion lässt sich die Gewinnfunktion darstellen durch:
$G(x) = E(x) - K(x) = p \cdot x - (k_v \cdot x + K_f) = (p - k_v) \cdot x - K_f$
Nullsetzen der Gewinnfunktion führt auf den **Break-Even-Punkt**:

$x^* = \frac{K_f}{p-k_v}$ Gewinnschwelle (Break Even) bei linearen Kosten- und Umsatzfunktionen (3.3)

Ähnliche Ergebnisse erhalten wir, wenn wir einen Kostenvergleich vornehmen, wie aus dem 2. Beispiel deutlich wird.

2. Beispiel: (Vergleich zweier Kostenfunktionen)
Ein Internet-Anbieter bietet die Tarife A und B an. Im Tarif A wird eine monatliche Grundgebühr von 5 € und eine »Surf«gebühr von 2 €-Cent pro Minute erhoben. Tarif B ist grundgebührenfrei, jedoch werden 3 €-Cent für die »Surfminute« erhoben. Für welchen Tarif sollte sich der Nutzer entscheiden?
Tarif A: $K_A^f = 5$ und $k_A^f = 0{,}02 \Rightarrow K_A = 5 + 0{,}02x$
Tarif B: $K_B^f = 0$ und $k_B^f = 0{,}03 \Rightarrow K_B = 0{,}03x$
Wir setzen die Kostenfunktionen gleich und lösen nach x auf:
$5 + 0{,}02x = 0{,}03x \Leftrightarrow x^* = \frac{50-0}{0{,}03-0{,}02} = 500$ Minuten $= 8$ Std. 20 Min.

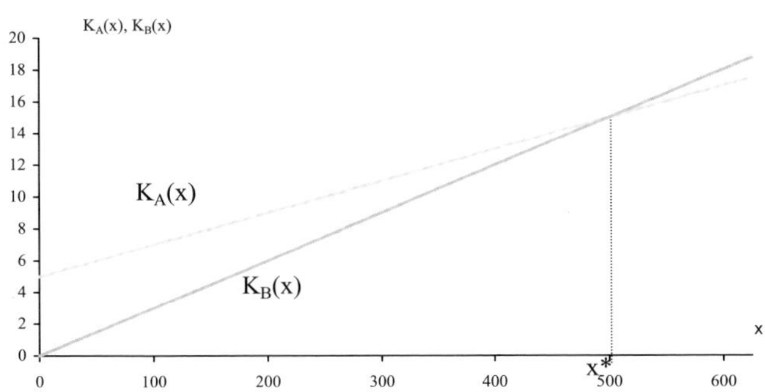

Abb. 3.18: Kostenvergleich zweier linearer Kostenfunktionen

Bis zu einer Surfdauer von $x^* = 500$ Minuten im Monat ist Tarif B günstiger, während der »Vielsurfer«-Tarif A ab einer Surfzeit von 500 Minuten kostengünstiger ist.

Verallgemeinerung:
Gegeben seien zwei lineare Kostenfunktionen $K_1(x)$ und $K_2(x)$ mit der Eigenschaft $K_{1f} > K_{2f}$, aber $K_{1v} < K_{2v}$. Dann lässt sich aus der Bedingung $K_1(x) = K_2(x)$ ein kritischer Wert x^* bestimmen, bei dem die Gesamtkosten genau gleich sind:

$x^* = \frac{K_1^f - K_2^f}{k_1^v - k_2^v}$ Schnittpunkt zweier linearer Kostenfunktionen (kritische Menge x^*) (3.4)

Für alle Werte $x < x^*$ ist K_2 niedriger, für $x > x^*$ ist K_1 niedriger.

3. Beispiel: (Mehrfach geknickte lineare Kostenfunktionen)
Ein Copy-Center-Betreiber hat folgende Preisstaffelung:

1–20 Kopien	0,15 € pro Kopie
jede weitere Kopie bis 50 Stück	0,10 € pro Kopie
jede weitere Kopie ab 51 Stück	0,05 € pro Kopie

Es handelt sich hierbei um eine stückweise definierte lineare Kostenfunktion von folgender Gestalt:

$$K(x) = \begin{cases} 0{,}15x & 0 < x \leq 20 \\ 3 + 0{,}1 \cdot (x - 20) & 20 < x \leq 50 \\ 6 + 0{,}05 \cdot (x - 50) & 50 < x \end{cases}$$

$$= \begin{cases} 0{,}15x & 0 < x \leq 20 \\ 0{,}1x + 1 & 20 < x \leq 50 \\ 0{,}05x + 3{,}5 & 50 < x \end{cases}$$

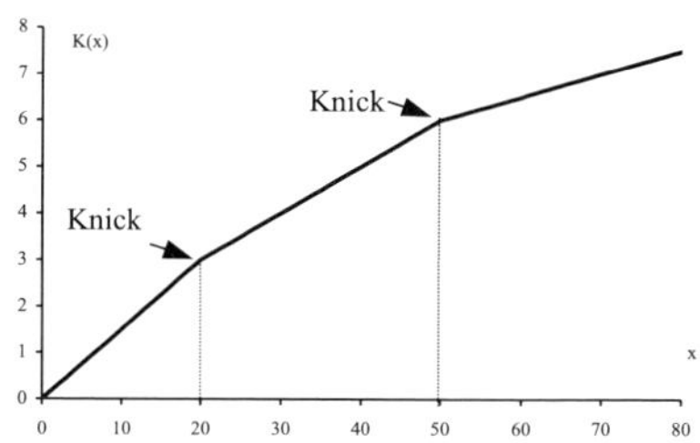

Abb. 3.19: Mehrfach geknickte lineare Kostenfunktion

b) Quadratische Funktion (Polynom 2. Ordnung)

$f(x) = a_2x^2 + a_1x + a_0$ oder $f(x) = ax^2 + bx + c$ $x \in \mathbb{R}$, $a_2 \neq 0$ bzw. $a \neq 0$

Graphisch präsentiert sich die quadratische Funktion als **Parabel**. Der Koeffizient a (bzw. a_2) ist verantwortlich für den Verlauf der Parabel:

- Ist $a > 0$, so ist die Parabel nach oben geöffnet (»Schüssel«). Im Falle $a < 0$ ist sie unten offen (»Hügel«).
- Je näher a bei 0 liegt, umso breiter ist die Parabel, bei »sehr großem« oder »sehr kleinem« Koeffizienten a hingegen ist die Parabel vergleichsweise schmal.

Ökonomische Anwendungen quadratischer Funktionen

1. Beispiel: (Quadratische Kostenfunktion)

$K(x) = 0{,}1x^2 + 10$

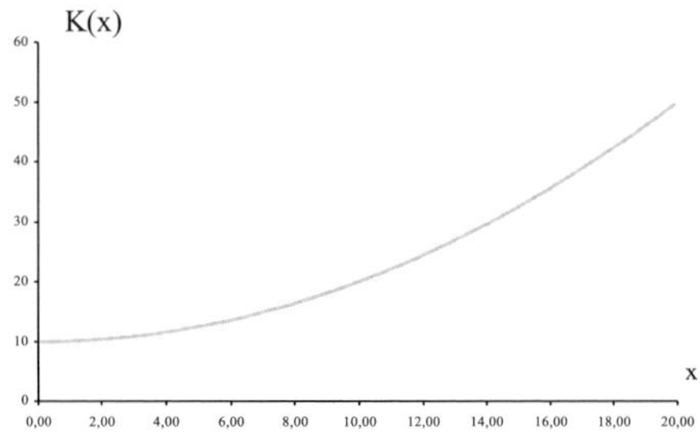

Abb. 3.20: Quadratische Kostenfunktion

2. Beispiel: (Quadratische Stückkostenfunktion)

$K(x) = 0{,}05x^3 - x^2 + 10x$ Gesamtkosten (Funktion 3. Grades)

$k(x) = \frac{K(x)}{x} = 0{,}05x^2 - x + 10$ Stückkosten (Funktion 2. Grades)

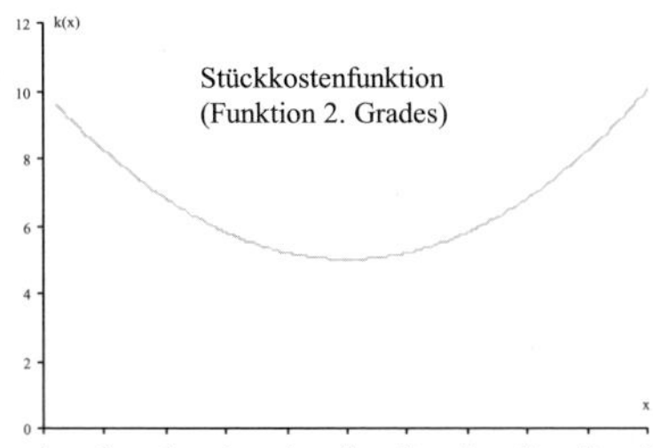

Abb. 3.21: Stückkostenfunktion – Funktion 2. Grades

3. Beispiel: (Quadratische Umsatzfunktion)

Gegeben sei eine lineare Preis-Absatz-Funktion: $p(x) = 100 - x$, $(0 \leq x \leq 100)$.

Daraus lässt sich die Umsatzfunktion aufstellen:
$E(x) = p \cdot x = p(x) \cdot x = (100 - x) \cdot x = 100x - x^2$
Diese Funktion hat die Form einer nach unten geöffneten Parabel.

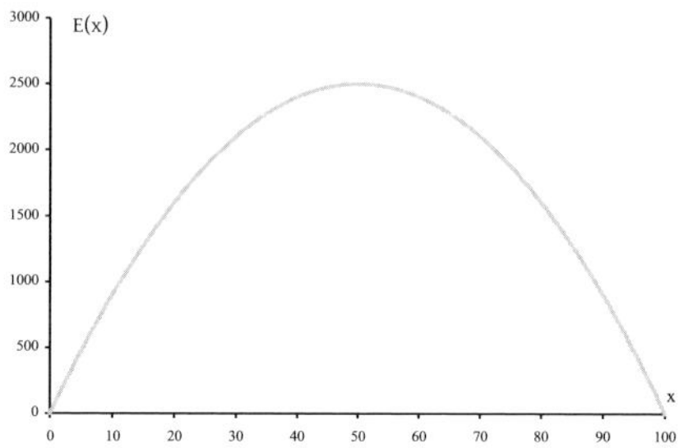

Abb. 3.22: Quadratische Umsatzfunktion

c) Polynome dritten und höheren Grades

$f(x) = a_n x^n + a_{n-1} x^{n-1} + \ldots + a_1 x + a_0 = \sum_{i=0}^{n} a_i x_i$
$a_n \neq 0$ Polynom n-ten Grades

Ein wichtiges Problem bei Polynomen ist die Bestimmung der Nullstellen. Setzt man das Polynom gleich 0, so wird aus der *Funktion* n-ten Grades eine *Gleichung* n-ten Grades. Die praktische Vorgehensweise zur Berechnung von Nullstellen wollen wir wie folgt zusammenfassen:

- Grundsätzlich hat ein Polynom n-ten Grades maximal n reelle Nullstellen (▶ Kap. 1.5.4).
- Lineare und quadratische Funktionen sind unproblematisch, d. h. deren Nullstellen lassen sich explizit berechnen. Für quadratische Gleichungen stehen die p-q-Formel bzw. die abc-Formel zur Verfügung (▶ Kap. 1.5.3 bzw. Formeln 1.24 und 1.25).
- Die Nullstellen von Polynomen dritten und höheren Grades lassen sich in der Regel nicht mehr explizit errechnen. Als ersten Ausweg kann man versuchen, durch »Erraten« oder durch »Ausprobieren« eine Nullstelle zu finden, was man durch Einsetzen überprüfen kann. Ist dies gelungen, so lässt sich mittels Horner-Schema oder Polynomdivision (▶ Kap. 1.5.4) der Grad des Nullstellenproblems von n auf n–1 reduzieren. Gelingt dies etwa bei einem Polynom dritten Grades, so verbleibt eine quadratische Gleichung, die wir nach den bekannten Formeln auflösen können. Sollte die »Probiermethode« nicht funktionieren, so bleibt als zweiter Ausweg die Anwendung

eines **Näherungsverfahrens**. Ein geeignetes Verfahren – zugleich eine Anwendung der Differentialrechnung – ist das **Newton-Verfahren**, das wir in Kapitel 3.3.5 ansprechen werden. Als alternative Methode steht die Regula falsi (► Kap. 1.5.4) zur Verfügung.

Ökonomische Anwendungen von Polynomen dritten und höheren Grades

1. Beispiel: (Ertragsgesetzliche Kostenfunktion)

$f(x) = x^3 - 17x^2 + 114x + 72$, mit $x \geq 0$

Das Bild der Funktion zeigt nachstehende Graphik. Die ertragsgesetzliche Kostenfunktion zeigt zunächst einen degressiv, später einen progressiv ansteigenden Verlauf der Gesamtkosten.

Das produzierte Gut kann annahmegemäß zu einem festen Stückpreis von $p = 60$ GE abgesetzt werden. Die dazugehörige Umsatzfunktion lautet entsprechend: $E(x) = 60x$. Gesucht ist der Mengenbereich, in dem der Unternehmer einen Gewinn erzielt.

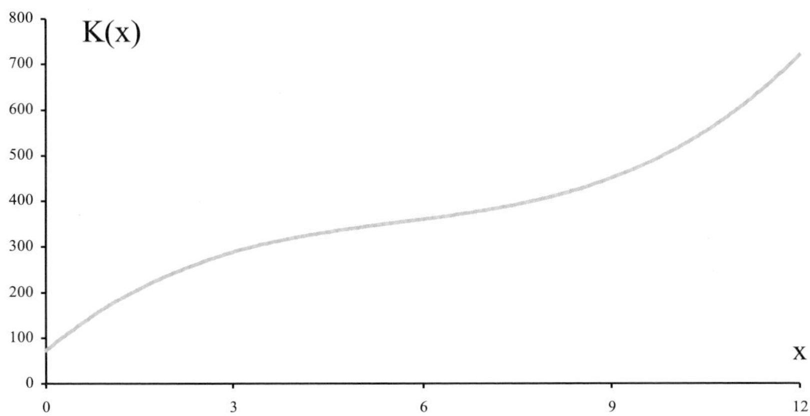

Abb. 3.23: Ertragsgesetzliche Kostenfunktion

Lösung:

1. Zeichnerische Lösung

Wir tragen dazu die Kosten- und die Umsatzfunktion in ein gemeinsames Koordinatensystem ein.

In Zone I gilt: $K > E \Rightarrow G < 0$

In Zone II gilt: $E > K \Rightarrow G > 0$

In Zone III gilt: $K > E \Rightarrow G < 0$

Einen Gewinn erzielt der Unternehmer also, wenn er Stückzahlen bzw. Mengeneinheiten im Intervall $[x_{01}; x_{02}]$ produziert.

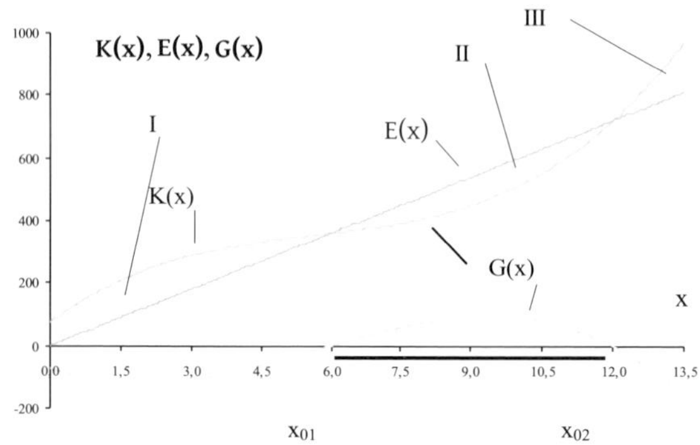

Abb. 3.24: Graphische Ermittlung der Gewinngrenzen

2. Rechnerische Lösung

Zu berechnen sind die in der Zeichnung angedeuteten Intervallgrenzen x_{01} und x_{02}. Für diese beiden Werte gilt: G = 0. Wir haben also die Nullstellen der Gewinnfunktion zu berechnen:

$G(x) = E(x) - K(x) = 60x - (x^3 - 17x^2 + 114x + 72\,x) = -x^3 + 17x^2 - 54x - 72$

Wir setzen $G(x) = 0$ bzw. $-x^3 + 17x^2 - 54x - 72 = 0$ bzw.

$x^3 - 17x^2 + 54x + 72 = 0$

Wir suchen gezielt eine Nullstelle aus den Teilern des letzten Summands 72 und starten – wie auch aus der Zeichnung erkennbar wird – einen Lösungsversuch x = 6 und wenden das Horner-Schema (▶ Kap. 1.5.4) an:

	1	−17	54	72
x = 6	–	6	−66	−72
	1	−11	−12	0

Wir haben den Funktionswert 0 errechnet und damit eine Lösung gefunden. Durch Abspalten des Linearfaktors (x – 6) können wir das Polynom auf den Grad 2 reduzieren, wobei uns die unterste Zeile des Horner-Schemas die Koeffizienten des Restpolynoms liefert:

Abspalten des Linearfaktors (x – 6): $(x_1 - 6) \cdot \underbrace{(x^2 - 11x - 12)}_{\overset{!}{=}0} = 0$

Zur Lösung der Gleichung $x^2 - 11x - 12 = 0$ wenden wir die p-q-Formel an. Mit $p = -11$ und $q = -12$ ergeben sich gemäß Formel (1.25) folgende Lösungswerte:

$x_{2,3} = \frac{11}{2} \pm \sqrt{\frac{121}{4} - (-12)} = 5{,}5 \pm \sqrt{\frac{121}{4} + \frac{48}{4}} = 5{,}5 \pm 6{,}5$

$\Rightarrow x_2 = 12, x_3 = -1$

Da –1 außerhalb des ökonomisch sinnvollen Definitionsbereichs liegt, kommt dieser Wert als Lösung nicht in Frage. Die Gewinngrenzen heißen damit: $x_{01} = 6$ und $x_{02} = 12$, der Gewinnbereich mithin $6 < x < 12$.

2. Beispiel: (Ertragsgesetzliche Produktionsfunktion[19])
Gegeben sei die Produktionsfunktion $x(r) = -r^3 + 17r^2 + 60r$, mit $r \geq 0$

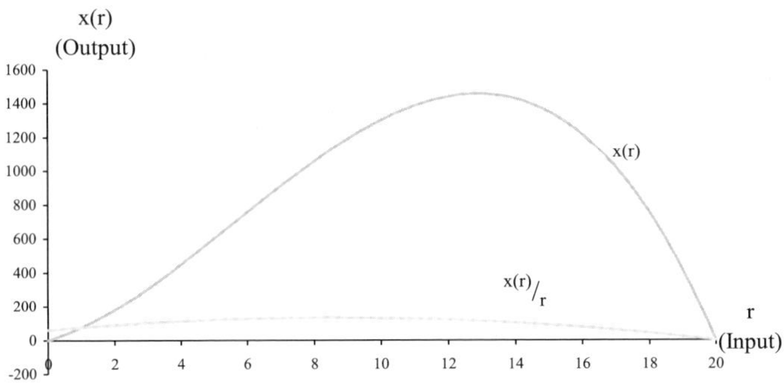

Abb. 3.25: Ertragsgesetzliche Produktionsfunktion

Die Funktion $\frac{x(r)}{r} = -r^2 + 17r + 60$ heißt Durchschnittsertrags- oder auch Produktivitätsfunktion. Sie gibt für jede Faktoreinsatzmenge den durchschnittlichen Output pro Stück bzw. pro Mengeneinheit an. Wir werden in Kapitel 3.3.7 auf die ertragsgesetzliche Produktionsfunktion zurückkommen.

II. Gebrochen-rationale Funktionen

Unter einer gebrochen-rationalen Funktion versteht man den Quotienten zweier ganzrationaler Funktionen. Die allgemeine Form lautet:

$$f(x) = \frac{a_n x^n + a_{n-1} x^{n-1} + \ldots + a_1 x + a_0}{b_m x^m + b_{m-1} x^{m-1} + \ldots + b_1 x + b}$$

19 Der häufig als »Ertragsgesetz« bezeichnete Verlauf einer ertragsgesetzlichen Produktionsfunktion hat seinen Ursprung in der Landwirtschaft. Variiert man aus den Produktionsfaktoren Arbeit, Boden, Saatgut, Dünger etc. einen Faktor bei Konstanz der anderen Faktoren, so folgen die landwirtschaftlichen Erträge (Output) häufig dem ertragsgesetzlichen Verlauf.

»Problempunkte« sind die Nullstellen des Nenners, an denen die Funktion nicht definiert und somit auch nicht stetig ist. Gebrochen-rationale Funktionen tauchen in der Wirtschaftsmathematik eher selten auf, am ehesten im Zusammenhang mit Durchschnittsgrößen bei der Division durch x.

Beispiel:
$K(x) = x^3 - 17x^2 + 114x + 72,\ x \geq 0$. Die dazugehörige Durchschnittskostenfunktion lautet:
$k(x) = \frac{K(x)}{x} = \frac{x^3 - 17x^2 + 114x + 72}{x} = x^2 - 17x + 114 + \frac{72}{x},\ x \neq 0$. k(x) ist eine gebrochen-rationale Funktion mit einer Polstelle bei $x = 0$.

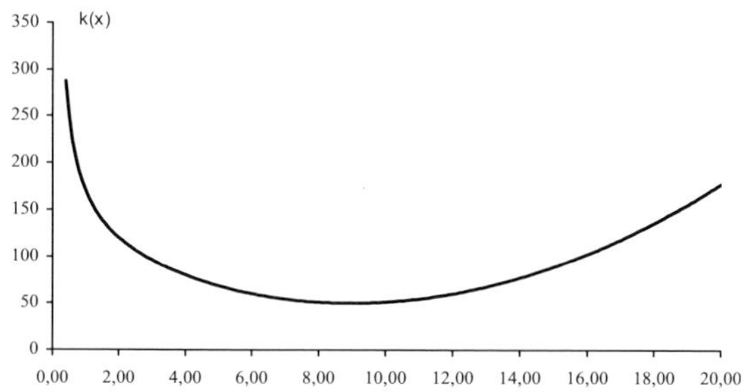

Abb. 3.26: Durchschnittskostenfunktion

III. Nichtrationale Funktionen

a) Exponentialfunktion

Grundform: $f(x) = a^x$ mit $a > 0, a \neq 1$

Von herausragender Bedeutung ist die Exponentialfunktion, da sie immer dann auftaucht, wenn wir es mit Wachstumsvorgängen (Bevölkerungswachstum, Wirtschaftswachstum etc.) zu tun haben. Besonders relevant ist die Exponentialfunktion mit der Eulerschen Zahl e (= 2,71828...) als Basis, also die Funktion mit der Grundform $f(x) = e^x$.

Achtung! Die Exponentialfunktion wird – z. B. bei der Berechnung der Ableitungen – »gerne« verwechselt mit dem ganzrationalen Ausdruck x^a. Beachten Sie jedoch: Bei der Exponentialfunktion tritt, im Unterschied zur ganzrationalen Funktion, die unabhängige Variable im Exponent (und nicht in der Basis) auf.

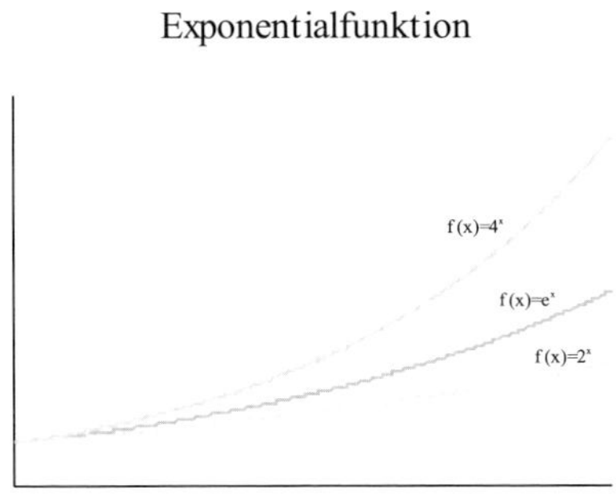

Abb. 3.27 Exponentialfunktion

Ökonomische Anwendung der Exponentialfunktion

Zur Berechnung einer Bestandsgröße zu einem bestimmten Zeitpunkt ist bei kontinuierlichen Wachstums- oder Zerfallsprozessen die Exponentialfunktion wie folgt heranzuziehen:

t: Zeit
i: Jährliche Wachstumsrate
B_0: Bestand im Zeitpunkt 0 (Anfangsbestand)
B(t): Bestand im Zeitpunkt t

$$B(t) = B_0 \cdot e^{i \cdot t} \quad (3.5)$$

Beispiel:

Für die nächsten 5 Jahre werde für ein Land ein Wirtschaftswachstum (Wachstum des Bruttoinlandsprodukts) von 1,6 % pro Jahr vorausgesagt.

a) Wie hoch wäre dann der Index des BIP bei einem aktuellen Wert von 100?
b) Nach wieviel Jahren wäre bei gleicher Wachstumsrate ein BIP-Index von 115 erreicht?

Lösung:

a) $B(5) = 100 \cdot e^{0,016 \cdot 5} = 108,33$.
b) $100 \cdot e^{0,016 \cdot t} = 115 \Leftrightarrow e^{0,016 \cdot t} = 1,15 \Leftrightarrow 0,016 \cdot t = \ln 1,15 \Leftrightarrow t = 8,73$ Jahre.

Eine weitere Anwendung der Exponentialfunktion findet sich bei der Beschreibung von Sättigungseffekten (Logistische Funktion ▶ Kap 3.1.2)

b) Logarithmusfunktion

Grundform: $f(x) = \log_a x$ bzw. (mit Basis e): $f(x) = \ln x \ (x > 0)$

Die Logarithmusfunktion ist die Umkehrfunktion der Exponentialfunktion, was durch Spiegelung der Funktion an der 45°-Achse deutlich wird. Die Logarithmusfunktion hat zur Beschreibung ökonomischer Prozesse eine vergleichsweise geringe Bedeutung.

c) Wurzelfunktion

Grundform: $f(x) = \sqrt[n]{x}$, mit $x > 0$

Die Wurzelfunktion ist die Umkehrfunktion der Potenzfunktion $f(x) = x^n$.

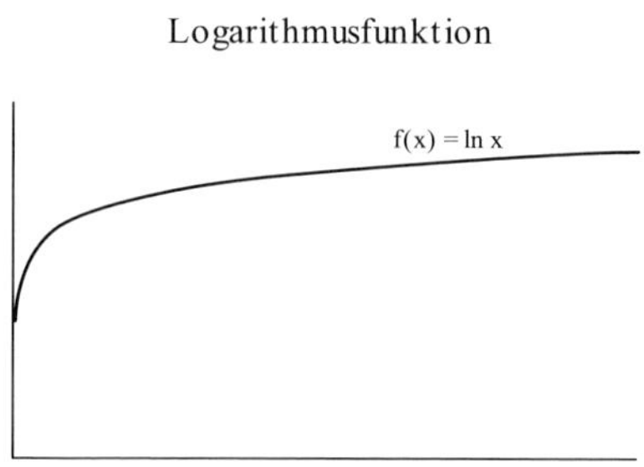

Abb. 3.28: Logarithmusfunktion

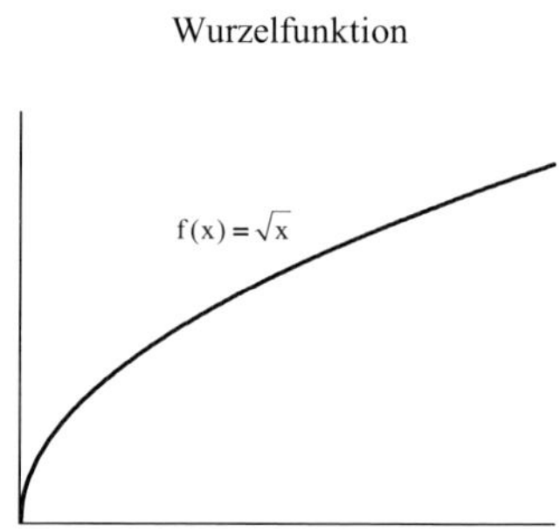

Abb. 3.29: Wurzelfunktion

Ökonomische Anwendung der Wurzelfunktion: Produktionsfunktion vom Typ COBB-DOUGLAS (▶ Kap. 4.1)

d) Trigonometrische Funktionen

Die trigonometrischen Funktionen (sin x, cos x, tan x, cot x) haben vielfältige Anwendungen in technischen Bereichen. Für die Wirtschaftswissenschaften können wir sie jedoch mit gutem Gewissen beiseitelegen.

Aufgabe 67: Ein Industriebetrieb (Ein-Produkt-Unternehmen) bezieht einen Rohstoff zum Einkaufspreis von 1,50 GE pro kg. Für die Herstellung einer Mengeneinheit des Fertigproduktes werden jeweils 2 kg des Rohstoffes benötigt.

Weitere variable Kosten pro ME:

Fertiglöhne	1,70 GE
Variable Fertigungsgemeinkosten	0,80 GE
Variable Vertriebsgemeinkosten	0,50 GE

Fixe Kosten pro Monat:

Fertigungsgemeinkosten	11.000 GE
Vertriebsgemeinkosten	5.000 GE
Andere Gemeinkosten	2.000 GE

Der Verkaufspreis einer ME des Fertigproduktes ist auf 12 GE festgesetzt worden.

a) Bestimmen Sie den Break-Even-Punkt, d. h. diejenige Menge, ab der die Unternehmung kostendeckend arbeitet!

b) Stellen Sie die Erlös-, die Kosten- sowie die Gewinnfunktion in einem gemeinsamen Koordinatensystem dar und kennzeichnen Sie die Gewinn- und Verlustzone!

Aufgabe 68: Ein Unternehmer weiß aus der Vergangenheit, dass bei der Produktion eines bestimmten Gutes die Gesamtkosten bei der Produktion von $x = 2\,000$ Stück etwa 4.400 GE und bei der Produktion von $x = 10\,000$ Stück etwa 6.000 GE betrugen.

a) Ermitteln Sie die Kostenfunktion bei unterstelltem linearem Kostenverlauf! Wie hoch sind die Fix- und die variablen Stückkosten?

b) Die Preis-Absatz-Funktion betrage $p(x) = 8{,}2 - 0{,}001x$. Bestimmen Sie den ökonomisch sinnvollen Definitionsbereich und ermitteln Sie die Umsatzfunktion $E(x)$!

c) Berechnen Sie die Gewinngrenzen und skizzieren Sie $E(x)$ und $K(x)$ in einem gemeinsamen Koordinatensystem!

d) Angenommen der Unternehmer hat aufgrund seiner Produktionsprogrammplanung nur die Wahl, 2 000 Stück oder 10 000 Stück zu produzieren. Welche Stückmenge sollte er präferieren?

Aufgabe 69: In einem Angebotsmonopol lassen sich die Preis-Absatz-Funktion und die Kostenfunktion folgendermaßen beschreiben:

$p(x) = -10x + 68,\ K(x) = 2x^3 - 18x^2 + 60x + 32$

x: abgesetzte bzw. produzierte Menge, p: Stückpreis, K: Gesamtkosten

a) Bestimmen Sie den ökonomisch sinnvollen Definitionsbereich!

b) Ermitteln Sie die Umsatzfunktion $E(x)$ und die Gewinnfunktion $G(x)$!

c) Berechnen Sie die Gewinngrenzen!

d) Skizzieren Sie $E(x)$ und $G(x)$ in einem Koordinatensystem!

Aufgabe 70: Der Produzent eines Gutes produziere mit folgender Gesamtkostenfunktion:
$K(x) = 8.000 + 0{,}1x^2$
Dieses Gut kann er gemäß folgender Preis-Absatz-Funktion absetzen:
$x(p) = -10p + 1.000$ (p: Stückpreis; x: abgesetzte Stückzahl)

a) Stellen Sie die Preis-Absatz-Funktion in der Form p(x) dar und ermitteln Sie die Umsatzfunktion E(x)! Ermitteln Sie dann den ökonomisch sinnvollen Definitionsbereich für die Umsatz- und die Kostenfunktion!
b) Ermitteln Sie die Gewinn- und Verlustzone des Produzenten, d. h. berechnen Sie die Gesamtheit der Stückzahlen und der dazugehörigen Preise, zu denen der Produzent einen Gewinn bzw. Verlust erzielt!

Aufgabe 71: Eine quadratische Funktion (Polynom 2. Grades) hat an den Stellen $x = -2$ und $x = 3$ jeweils eine Nullstelle sowie an der Stelle $x = 0$ den Funktionswert -6. Ermitteln Sie die Funktionsvorschrift!

Aufgabe 72: Die Konsumausgaben C (in €/Monat) eines Haushalts hängen vom Haushaltseinkommen Y (in €/Monat) in folgender Weise ab: $C(Y) = 60 \cdot \sqrt{0{,}2 \cdot Y + 16}$
a) Ermitteln Sie den ökonomisch sinnvollen Definitionsbereich der Konsumfunktion!
b) Berechnen Sie das Existenzminimum!
c) Von welchem Monatseinkommen an wird die monatliche Sparsumme positiv?
d) Bei welchem Monatseinkommen verbraucht der Haushalt für Konsumzwecke genau 90 % seines Einkommens (d. h. Sparquote = 10 %)?

3.2 Differentialquotient

3.2.1 Ableitungsbegriff

Bei der Analyse der Funktionseigenschaften in Kapitel 3.1.2 haben wir bewusst eine Eigenschaft ausgespart, die der **Steigung.** Erst die mathematische Erfassung führt uns zur Differentialrechnung und eröffnet uns damit neue Möglichkeiten der ökonomischen Analyse.
Die Differentialrechnung geht zurück auf den deutschen Mathematiker und Philosoph LEIBNIZ (1646-1716) sowie auf den englischen Mathematiker, Physiker und Astronom NEWTON (1643-1727).

Um die Idee der Differentialrechnung zu veranschaulichen, wenden wir uns für einen Moment der Physik zu. Wir wollen die Bewegung zweier Autos beschreiben. Die Fahrzeuge fahren 250 Meter von A nach B. Beide Fahrzeuge benötigen für ihre Fahrstrecke 15 Sekunden, jedoch sind die Bewegungen unterschiedlich:

- Fahrzeug 1 fährt die Strecke mit konstanter Geschwindigkeit.
- Fahrzeug 2 dagegen beschleunigt am Startpunkt A und passiert nach 15 Sekunden den Zielpunkt B.

Frage: Mit welchen Geschwindigkeiten fahren die Fahrzeuge 1 und 2?
Antwort:

- Für das Fahrzeug 1 können wir die Frage sofort beantworten. Die Bewegung ist linear, die Geschwindigkeit v – also das Verhältnis Weg zu Zeit – ist konstant.
  $v_1 = \frac{250m}{15s} = 16{,}67\frac{m}{s} = 60\frac{km}{h}$, somit $y = 16{,}67x$ (x: Sekunden, y: Meter)
- Die Geschwindigkeit für das Fahrzeug 2 können wir nicht unmittelbar angeben. Aufgrund der beschleunigten Bewegung ist die Momentangeschwindigkeit in jedem Zeitpunkt verschieden. Da das Fahrzeug in 15 Sekunden 250 Meter zurückgelegt hat, können wir lediglich die Durchschnittsgeschwindigkeit 60 km/h angeben. Wie hoch aber ist die **Momentangeschwindigkeit**?
  Zur Beschreibung der beschleunigten Bewegung unterstellen wir die quadratische Funktion $y = \frac{250}{225} \cdot x^2 = 1{,}11x^2$.

Wertetabelle:	x [Sek.]	0	3	6	9	12	15
	y [Meter]	0	10	40	90	160	250

Die Bewegungen der Fahrzeuge 1 und 2 lassen sich an folgenden Abbildungen veranschaulichen:
Wie hoch ist etwa die Momentangeschwindigkeit nach exakt 9 Sekunden? Gewiss nicht $60\frac{km}{h}$, denn $60\frac{km}{h}$ ist nur der Durchschnittswert über die Gesamtdauer 15 Sekunden.
Die lineare Funktion (Fahrzeug 1) ist nichts anderes als die Sekante der Kurve (Fahrzeug 2) zwischen 0 und 15 Sekunden. Damit wir uns der »Stelle«

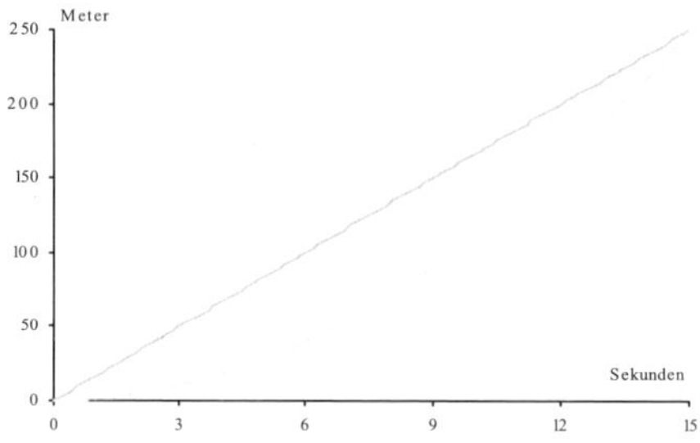

Abb. 3.30: Konstante und beschleunigte Bewegung

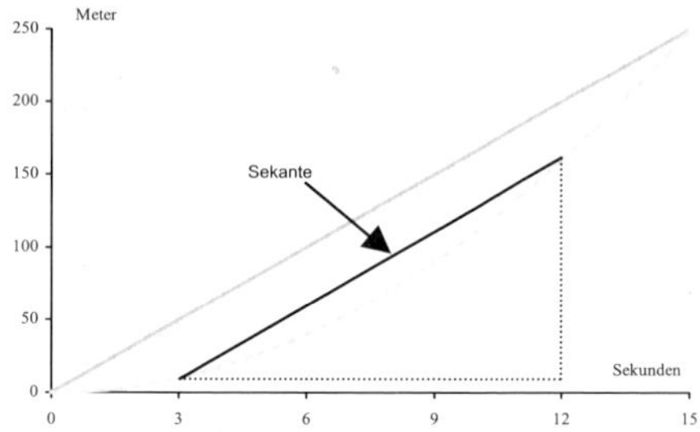

Abb. 3.31: Steigungsdreieck zur Bestimmung der Durchschnittsgeschwindigkeit

9 Sekunden nähern, verkürzen wir einfach das Intervall und legen die Sekante an das Kurvenstück zwischen 6 und 12 Sekunden. Die Durchschnittsgeschwindigkeit zwischen 6 und 12 Sekunden lässt sich folgendermaßen berechnen:

$$\bar{v} = \frac{\Delta y}{\Delta x} = \frac{y(12) - y(6)}{12 - 6} = \frac{160 - 40}{6} = 20\frac{m}{s} = 72\frac{km}{h}$$

Die Durchschnittsgeschwindigkeit ist das Verhältnis des y-Teilstücks zum x-Teilstück. Wenn wir uns an die Trigonometrie erinnern, so haben wir es mit dem Verhältnis »Gegenkathete durch Ankathete« eines rechtwinkligen Dreiecks zu tun. Dieses Verhältnis ist der Tangens des Steigungswinkels α. Wir können also schreiben:

$$\tan\alpha = \frac{120m}{6s} = 20\frac{m}{s} = 72\frac{km}{h}$$

Wenn wir das Problem verallgemeinern und die linke Intervallgrenze mit x, die rechte Grenze mit $x + \Delta x$ bezeichnen, so können wir schreiben:

$$\tan\alpha = \frac{y(x + \Delta x) - y(x)}{(x + \Delta x) - x} = \frac{y(x + \Delta x) - y(x)}{\Delta x} = \frac{\Delta y}{\Delta x}$$

Dieser Ausdruck heißt **Differenzenquotient**, denn wir bilden den Quotienten zweier messbarer Differenzen, nämlich Δx und Δy. Auf die Funktion $y = 1{,}11x^2$ bezogen bedeutet dies:

$$\tan\alpha = \frac{1{,}11 \cdot (x+\Delta x)^2 - 1{,}11x^2}{\Delta x} \overset{\text{1.binom. Formel}}{\widehat{=}} \frac{1{,}11x^2 + 2{,}22 \cdot x \cdot \Delta x + 1{,}11\Delta x^2 - 1{,}11x^2}{\Delta x} = 2{,}22x + 1{,}11\,\Delta x$$

Der Ausdruck $2{,}22x + 1{,}11\,\Delta x$ gibt den durchschnittlichen Anstieg der Funktion, also die Durchschnittsgeschwindigkeit, zwischen x und Δx an.

Wir wollen von der *Differenzen*rechnung zur *Differential*rechnung übergehen. Offenbar erhalten wir eine immer bessere Näherung für die gesuchte Momentangeschwindigkeit, je kleiner das Intervall Δx ist. Wir lassen deshalb das Intervall Δx beliebig klein werden, so dass die beiden Punkte x und $x + \Delta x$ nahezu zu einem einzigen Punkt »verschmelzen«. Konsequenterweise wird aus der *Sekante* (also der Verbindungsstrecke) zwischen zwei Punkten die *Tangente* an einem einzigen Punkt.

Für die mathematische Darstellung bilden wir den Grenzübergang:

$\lim\limits_{\Delta x \to \infty} \tan \alpha = \lim\limits_{\Delta x \to \infty} (2{,}22x + 1{,}11\Delta x) = 2{,}22\ \mathrm{x}$

Die Steigung der Tangente für einen beliebigen Wert x – also die Momentangeschwindigkeit – beträgt 2,22x. Im Falle x = 9 Sekunden beträgt die Momentangeschwindigkeit $v = 2{,}22 \cdot 9 = 20\frac{m}{s} = 72\frac{km}{h}$. Durch Einsetzen können wir für das Fahrzeug 2 folgende Momentangeschwindigkeiten berechnen:

x [Sek.]	0	3	6	9	12	15
v [km/h] Momentangeschwindigkeit	0	24	48	72	96	120

Durch den Grenzübergang $\Delta x \to 0$ werden die Abstände beliebig klein und damit praktisch nicht mehr messbar. Man spricht deshalb nicht mehr von einer Differenz, sondern von einem **Differential**, aus dem Differenzenquotient wird folglich der **Differentialquotient**. Den Vorgang, den Differentialquotienten zu berechnen, nennt man **differenzieren.**

Allgemein schreiben wir: $\lim\limits_{\Delta x \to 0} \tan \alpha = \lim\limits_{\Delta x \to 0} \frac{\Delta y}{\Delta x} = \frac{dy}{dx} = \frac{df}{dx} = f'(x)$ (3.6)

Sprechweise: »f′(x) ist die erste Ableitung von f(x)«

Anstelle der Symbole Δx und Δy (für Differenzen) verwenden wir nun die Symbole dx und dy (für Differentiale). Wenn wir also den Differentialquotienten (= die erste Ableitung der Funktion) berechnen, so berechnen wir die Steigung der Tangente an einem beliebigen Punkt.

Ein wichtige Frage ist die, ob sich bei einer Funktion der Differentialquotient überhaupt eindeutig berechnen lässt, d. h. ob die Funktion in jedem Punkt ihres Definitionsbereichs **differenzierbar** ist. Generell ist eine Funktion an einer Stelle x bzw. an einer Stelle x_0 differenzierbar, wenn der Grenzwert (3.6) existiert. Dies bedeutet umgekehrt aber auch, dass nicht jede Funktion an jedem Punkt differenzierbar sein muss. Denken wir etwa an die mehrfach geknickte lineare Kostenfunktion aus Kapitel 3.1.4. An den Knickstellen ist die Funktion nicht differenzierbar, da sie »von links kom-

mend« eine andere Steigung hat als »von rechts kommend«. Die erste Ableitung ist also an diesen Stellen nicht definiert.
Es gibt wichtige Zusammenhänge zwischen **Stetigkeit** und **Differenzierbarkeit** einer Funktion: Ist eine Funktion in einem Punkt x_0 nicht stetig (Lücke, Sprung, Pol), so ist sie auch nicht differenzierbar. Ist eine Funktion dagegen differenzierbar in x_0, so ist sie auch stetig. Aus der Stetigkeit folgt jedoch *nicht* die Differenzierbarkeit (siehe mehrfach geknickte Kostenfunktion).

Wichtig ist die Erkenntnis, dass wir es nun nicht mehr mit messbaren Größen, sondern mit »unendlich kleinen« Abständen, den Differentialen, zu tun haben. Nichtsdestotrotz wird diese Regel bei der ökonomischen Interpretation der Anschaulichkeit und Praktikabilität halber nicht konsequent durchgehalten. Es macht ja auch kaum Sinn, wenn wir z. B. etwa die Nachfrageeffekte untersuchen unter der Annahme, dass der Anbieter den Preis »um eine unendlich kleine Preiseinheit erhöht«. Er kann den Preis allenfalls um eine Geldeinheit, eine Menge um ein Stück bzw. eine Mengeneinheit verändern etc. Diese kleinen mathematischen Ungenauigkeiten können wir als Ökonomen jedoch zu Gunsten einer ökonomisch plausiblen Interpretation in Kauf nehmen.

Ableitungen und ihre Anwendungen werden uns für den Rest dieses und des nächsten Kapitels verfolgen. Zum besseren Verständnis der Differentialrechnung sollte sich der Leser deshalb verinnerlichen, dass er bei der Berechnung der Ableitung die Steigung der Tangente an der betreffenden Stelle ermittelt.

Weiteres Beispiel:
Ein Unternehmer veräußert ein Produkt und sieht sich folgender Preis-Absatz-Funktion ausgesetzt: $p(x) = 10 - 0{,}1x$ $(0 \leq x \leq 100)$. Die möglichen Umsätze lassen sich durch folgende Umsatzfunktion darstellen:

$$E(x) = x \cdot p(x) = x \cdot (10 - 0{,}1x)$$
$$= -0{,}1x^2 + 10x \quad (0 \leq x \leq 100)$$

Wie groß ist die Steigung der Tangente für allgemeines x, also die erste Ableitung der Funktion E(x)?
Legen wir gedanklich verschiedene Tangenten an die Umsatzfunktion, so sehen wir, dass die Steigung für x-Werte zwischen 0 und 50 positiv, während sie für x-Werte zwischen 50 und 100 negativ ist. An der Stelle $x = 50$ verläuft die Tangente genau waagerecht, d. h. die Steigung ist 0. Wir berechnen zunächst den Differenzenquotienten:

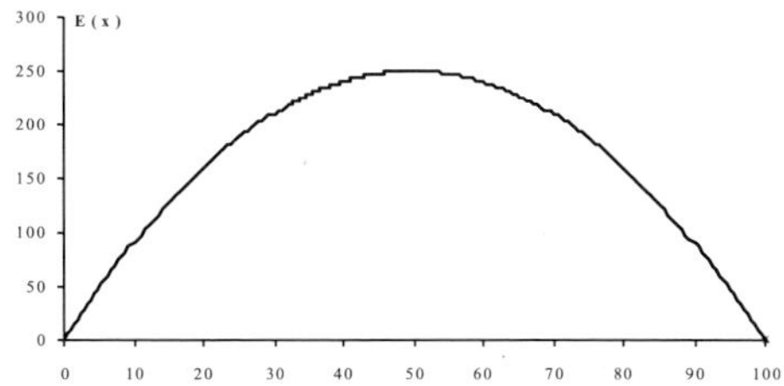

Abb. 3.32: Umsatzfunktion

$$\tan\alpha = \frac{E(x+\Delta x)}{\Delta x} = \frac{\left[-0{,}1\cdot(x+\Delta x)^2 + 10\cdot(x+\Delta x)\right] - \left[-0{,}1x^2 + 10x\right]}{\Delta x}$$

$$\frac{1}{\Delta x}\cdot\left(\cancel{-0{,}1x^2} - 0{,}2x\cancel{\cdot\Delta x} - 0{,}1\cdot\Delta x^2 \cancel{+10x} + 10\cancel{\Delta x + 0{,}1x^2 - 10x}\right)$$

$$= -0{,}2x + 10 - 0{,}1\,\Delta x$$

Der gefundene Ausdruck gibt die durchschnittliche Steigung der Umsatzfunktion zwischen x und Δx an. Um die Steigung der Tangente an einer beliebigen Stelle x zu berechnen, bilden wir den Grenzübergang und damit die erste Ableitung:

$\lim\limits_{\Delta x \to 0}(10 - 0{,}2x - 0{,}1\,\Delta x) = 10 - 0{,}2x = E'(x)$. Die Ableitungsfunktion E'(x) ist wiederum eine von x abhängige Funktion.

Die folgende Wertetabelle gibt die Steigung der Funktion an ausgewählten Punkten an:

X	0	10	20	30	40	50	60	70	80	90	100
E'(x)	10	8	6	4	2	0	−2	−4	−6	−8	−10

Am Beispiel dieser Umsatzfunktion wollen wir verdeutlichen, wie hilfreich die Differentialrechnung zur Analyse von Funktionen ist:

- An der Stelle x = 50 ist die erste Ableitung gleich null. Dies ist genau der Punkt, an dem die Funktion ihr Maximum erreicht, der Umsatz also maximal wird. Die erste Ableitung ist offenbar dienlich bei der Bestimmung von Optimalwerten.
- Die erste Ableitung gibt Aufschluss über Veränderungen. So sagt uns z. B. das Steigungsmaß 6 an der Stelle x = 20, um wie viel (Geld-)Einheiten [GE] der Umsatz steigen würde, wenn es dem Unternehmer gelingen würde, die Nachfrage um eine (Mengen)Einheit [ME] zu erhöhen, nämlich 6 GE. Dabei

kann die Größe »Mengeneinheit« beliebig klein gewählt werden, was jedoch nur bei beliebig teilbaren Gütern (»**Schüttgütern**«) möglich ist. Bei abzählbaren Gütern (»**Stückgütern**«) wäre die kleinste Mengeneinheit 1 Stück. Die mathematische Vergröberung bei Stückgütern müssen wir aus Plausibilitätserwägungen heraus in Kauf nehmen.

Bei einer Verkaufszahl von beispielsweise $x = 10$ würde eine Nachfragebelebung zu einer relativ starken Umsatzerhöhung führen ($E' = 8$), während dieser Effekt ausgehend von $x = 40$ vergleichsweise gering wäre ($E' = 2$). Für Verkaufszahlen $x > 50$ würde eine Nachfragesteigerung (bedingt durch Preissenkungen) sogar zu Umsatzrückgängen führen.
Derartige Interpretationen des ökonomischen Sachverhalts erschließen sich nur aus der Kenntnis der ersten Ableitung und nicht allein aus der Ursprungsfunktion.

3.2.2 Ableitungsregeln

Es wäre auf Dauer zu umständlich, zur Berechnung der Ableitung einer Funktion jedes Mal zunächst den Differenzenquotienten aufzustellen, um anschließend über den Grenzübergang $\Delta x \to 0$ zum Differentialquotienten zu gelangen. Praktischerweise lassen sich für die in Kapitel 3.1.3 aufgezeigten Funktionstypen allgemein gültige Ableitungsregeln angeben. Auf die zum Teil recht mühevollen Herleitungen der Ableitungsregeln wollen wir verzichten, stattdessen beschränken wir uns hier auf die Darstellung der Regeln mit einigen Beispielen.
Wir müssen zunächst unterscheiden zwischen der **Grundform** einer Funktion und einer **zusammengesetzten Funktion**.
Grundformen sind z. B.: $f(x) = a \cdot x^n$, $f(x) = \sqrt{x}$, $f(x) = a^x$, $f(x) = \log_a x$ usw.
Zusammengesetzte Funktionen sind entweder die Summe, die Differenz, das Produkt oder Quotient zweier oder mehrerer Funktionen oder eine Schachtelfunktion $y = f(g(x))$.

Beispiele:
Gegeben seien zwei Funktionen mit den Grundformen $f(x) = e^x$ und $g(x) = 2x$.
Dann lassen sich daraus folgende zusammengesetzte Funktionen angeben:
Summe $y = e^x + 2x$ Differenz $y = e^x - 2x$
Produkt $y = e^x \cdot 2x$ Quotient $y = \frac{e^x}{2x}$
Schachtelfunktion $y = e^{2x} = f(g(x))$ »Argument« der Funktion nicht x, sondern 2x.
Wir werden zunächst die Ableitungen der Grundformen, anschließend die Ableitung der zusammengesetzten Funktionen in kompakter Form angeben.

a) Ableitung der Grundformen

Name	Funktion	Ableitung	Bedingungen	Formel
Potenzfunktion (Term eines Polynoms)	$f(x) = a \cdot x^n$	$f'(x) = n \cdot a \cdot x^{n-1}$	x beliebig, $n \in \mathbb{N}$	(3.7)
	$f(x) = a \cdot x^k$	$f'(x) = k \cdot a \cdot x^{k-1}$	x beliebig, $k \in \mathbb{R}$	(3.8)
Wurzelfunktion	$f(x) = \sqrt[n]{x}$	$f'(x) = \frac{1}{n \cdot \sqrt[n]{x^{n-1}}}$	$x > 0, n \in \mathbb{N}$	(3.9)
Exponentialfunktion	$f(x) = a^x$	$f'(x) = a^x \cdot \ln a$	x beliebig, $a > 0$	(3.10)
	$f(x) = e^x$	$f'(x) = e^x$	x beliebig	(3.11)
Logarithmusfunktion	$f(x) = \log_a x$	$f'(x) = \frac{1}{x \cdot \ln a}$	$a, x > 0$	(3.12)
	$f(x) = \ln x$	$f'(x) = \frac{1}{x}$	$x > 0$	(3.13)

Die Wurzelfunktion ist häufig recht umständlich abzuleiten, wenn man sie in der Wurzelschreibweise belässt. Es empfiehlt sich deshalb, die Wurzelfunktion in die Potenzform umzuschreiben, dann »wie gewohnt« abzuleiten und bei Bedarf wieder in die Wurzelform umzuschreiben. Dabei machen wir uns folgende Regeln zu Nutze: $\sqrt[n]{x^m} = x^{\frac{m}{n}}$ und $\frac{1}{x^n} = x^{-n}$. Damit gilt auch: $x^{-\frac{m}{n}} = \frac{1}{x^{\frac{m}{n}}} = \frac{1}{\sqrt[n]{x^m}}$. Siehe dazu auch die folgenden Beispiele.

Beispiele:

a) $f(x) = 3 \cdot x^4 \quad \rightarrow \quad f'(x) = 4 \cdot 3 \cdot x^3 = 12x^3$ (Regel 3.7)

b) $f(x) = 4 = 4 \cdot x^0 \quad \rightarrow \quad f'(x) = 0 \cdot 4 \cdot x^{-1} = 0$ (Regel 3.8)
(Die Ableitung einer Konstanten ist stets null)

c) $f(x) = \frac{1}{x} = x^{-1} \quad \rightarrow \quad f'(x) = -1 \cdot x^{-2} = -\frac{1}{x^2}$ (Regel 3.8)

d) $f(x) = \sqrt{x} = x^{\frac{1}{2}} \quad \rightarrow \quad f'(x) = \frac{1}{2} \cdot x^{-\frac{1}{2}} = \frac{1}{2 \cdot x^{\frac{1}{2}}} = \frac{1}{2 \cdot \sqrt{x}}$ (Regel 3.9)

e) $f(x) = \sqrt[3]{x} = x^{\frac{1}{3}} \quad \rightarrow \quad f'(x) = \frac{1}{3} \cdot x^{-\frac{2}{3}} = \frac{1}{3 \cdot x^{\frac{2}{3}}} = \frac{1}{3 \cdot \sqrt[3]{x^2}}$ (Regel 3.9)

f) $f(x) = 4^x \quad \rightarrow \quad f'(x) = 4^x \cdot \ln 4$ (Regel 3.10)

g) $f(x) = \log_2 x \quad \rightarrow \quad f'(x) = \frac{1}{x \cdot \ln 2}$ (Regel 3.12)

b) Ableitung zusammengesetzter Funktionen

Name	Funktion	Ableitung	Formel
Konstanter Faktor	$f(x) = a \cdot u(x)$	$f'(x) = a \cdot u'(x)$	(3.14)
Summe	$f(x) = u(x) + v(x)$	$f'(x) = u'(x) + v'(x)$	(3.15)
Differenz	$f(x) = u(x) - v(x)$	$f'(x) = u'(x) - v'(x)$	(3.16)
Produkt	$f(x) = u(x) \cdot v(x)$	$f'(x) = u'(x) \cdot v(x) + u(x) \cdot v'(x)$	(3.17) **Produktregel**
Quotient	$f(x) = \frac{u(x)}{v(x)}$	$f'(x) = \frac{u'(x)v(x) - u(x) \cdot v'(x)}{v^2(x)}$	(3.18) **Quotientenregel**
Schachtel-funktion	$f(x) = u(v(x))$	$f'(x) = \underbrace{u'(v(x))}_{\text{»äußere« Ableitung}} \cdot \underbrace{v'(x)}_{\text{»innere« Ableitung}}$	(3.19) **Kettenregel**

Beispiele:

a) $f(x) = 4 \cdot \ln x \quad \rightarrow f'(x) = 4 \cdot (\ln x)' = \frac{4}{x}$ (Regel 3.14)

b) $f(x) = 4 \cdot \ln x + 2x \quad \rightarrow f'(x) = \frac{4}{x} + 2$ (Regel 3.15)

c) $f(x) = e^x - x^e \quad \rightarrow f'(x) = e^x - e \cdot x^{e-1}$ (Regel 3.16)

d) $f(x) = \underbrace{4x}_{u(x)} \cdot \underbrace{\ln x}_{v(x)} \quad \rightarrow f'(x) = 4 \cdot \ln x + 4x \cdot \frac{1}{x} = 4 \cdot \ln x + 4$

$= 4 \cdot (\ln x + 1)$ (Regel 3.17)

e) $f(x) = \frac{1+x^2}{1+x} = \frac{u(x)}{v(x)} \quad \rightarrow f'(x) = \frac{2x \cdot (1+x) - (1+x^2) \cdot 1}{(1+x)^2} = \frac{2x + 2x^2 - 1 - x^2}{(1+x)^2}$

$= \frac{x^2 + 2x - 1}{(1+x)^2}$ (Regel 3.18)

f) $f(x) = \ln(4x^2 + 1) \quad \rightarrow u(v(x)) = \ln v(x)$ und $v(x) = 4x^2 + 1$

$f'(x) = \frac{1}{v} \cdot v' = \frac{1}{4x^2+1} \cdot 8x = \frac{8x}{4x^2+1}$ Regel (3.19)

g) $f(x) = \sqrt{x^2 + 1} \quad \rightarrow u(v(x)) = \sqrt{v(x)}$ und $v(x) = x^2 + 1$

$f'(x) = \frac{1}{2 \cdot \sqrt{v}} \cdot v' = \frac{1}{2 \cdot \sqrt{x^2+1}} \cdot 2x = \frac{x}{\sqrt{x^2+1}}$ Regel (3.19)

> Das Beherrschen der Ableitungsregeln ist gewissermaßen das »kleine Einmaleins« der Differentialrechnung und deshalb zwingende Voraussetzung. Durch konsequentes Üben erwirbt man im Allgemeinen jedoch bald die notwendige Sicherheit, um Funktionen rasch und fehlerfrei ableiten zu können.

Abschließend wollen wir noch auf eine weitere »beliebte« Fehlerquelle hinweisen:

Achtung! Die Ableitung einer Konstanten ist stets null. Ist die Konstante allerdings ein Vorfaktor eines von der Variablen abhängigen Ausdrucks, so bleibt diese Konstante erhalten.
Beispiel: $f(x) = 4 \rightarrow f'(x) = 0$, aber: $f(x) = 4x^2 \rightarrow f'(x) = 4 \cdot (x^2)' = 8x$
Welche Größe eine Konstante und welche eine Variable ist, erkennen wir an der Funktion. f(x) bedeutet, dass x die (unabhängige) Variable ist. Würde die Funktion etwa lauten: $f(x) = xyz$, so ist ausschließlich x die Variable, während y und z als konstante Parameter aufzufassen sind. Die Ableitung würde folglich lauten: $f'(x) = y \cdot z$.

c) Höhere Ableitungen

Für bestimmte Anwendungen (Extremwertbestimmung, Wendepunktbestimmung) ist es notwendig, auch die zweite oder gar dritte Ableitung einer Funktion zu berechnen. Wir schreiben dann entsprechend $f''(x)$, $f'''(x)$ usw. Gelegentlich verwendet man für die zweite Ableitung auch die Schreibweise $\frac{d^2f}{dx^2}$; wir werden jedoch die Schreibweise $f''(x)$ benutzen.

Beispiele:

1. $f(x) = 4x^3 \rightarrow f'(x) = 12x^2 \rightarrow f''(x) = 24x \rightarrow f'''(x) = 24$
   $\rightarrow f^{iv}(x) = 0$
2. $f(x) = e^x \rightarrow f'(x) = f''(x) = ... = e^x$
3. $f(x) = \frac{1}{x^2} = x^{-2} \rightarrow f'(x) = -2x^{-3} = -\frac{2}{x^3} \rightarrow f''(x) = 6x^{-4} = \frac{6}{x^4}$
   $\rightarrow f'''(x) = -24x^{-5} = -\frac{24}{x^5}$

Aufgabe 73: Bei der Herstellung eines Gutes entstehen bei einer Stückzahl $x = 10$ Gesamtkosten von 120 GE, während bei $x = 20$ Gesamtkosten von 160 GE entstehen. Die Fixkosten betragen 100 GE.

a) Stellen Sie die quadratische Kostenfunktion vom Typ $K(x) = ax^2 + bx + c$ auf!
b) Berechnen Sie über den Differenzenquotienten die erste Ableitung von K(x) und ermitteln Sie die Tangentensteigungen an den Stellen $x = 10$ und $x = 20$!
c) Bestätigen Sie Ihr Ergebnis, indem Sie die Ableitung $K'(x)$ mit Hilfe der entsprechenden Rechenregeln bestimmen!

Aufgabe 74: Bestimmen Sie zu folgenden Funktionen die angegebenen Ableitungen:

a) $f(x) = x^3 + e^x$ (f′)
b) $f(x) = \frac{x+3}{x^2-4}$ (f′)

c) $f(x) = x^6 \cdot \sqrt{x}$ (f')
d) $f(x) = x \cdot \ln x^2 - 2x$ (f')
e) $f(x) = \ln(x + 3)^2$ (f')
f) $f(x) = 5x^4 + \ln x + e^x$ (f', f'', f''')
g) $f(x) = 5e^x \cdot x^2$ (f', f'')

3.3 Anwendungen der Differentialrechnung

3.3.1 Die erste Ableitung ausgewählter ökonomischer Funktionen (Analyse absoluter Veränderungen)

Generell gibt $f'(x)$ an, um welchen Absolutbetrag sich $f(x)$ ändert, wenn man die unabhängige Variable x um eine »infinitesimal« kleine Einheit variiert. Dies ist in der Ökonomie in der Regel nicht praktikabel. Wir können Mengen um eine Mengeneinheit (Stück, Kilogramm etc.) oder Geld um eine Geldeinheit (1 €, 100 € etc.) verändern, nicht jedoch um beliebig kleine Einheiten. Damit man aber die Differentialrechnung in der Ökonomie anwenden kann, nimmt man bewusst eine Ungenauigkeit in Kauf: Man verändert Größen gedanklich um eine messbare Einheit, also Δx, geht aber rechnerisch so vor, als ob x um eine nicht messbare Einheit dx verändert wurde.
Im Folgenden werden wir für ausgewählte ökonomische Funktionen einige derartige Grenzbetrachtungen anstellen.
Um den Kurvenverlauf zu analysieren, ist neben der ersten Ableitung auch die zweite Ableitung hilfreich.

- Aus der **ersten Ableitung** können wir erkennen, ob eine Funktion monoton steigend oder fallend verläuft. Im Fall $f'(x) > 0$ verläuft sie steigend (eine geringfügige Erhöhung von x bewirkt auch eine Erhöhung von f), im Fall $f'(x) < 0$ verläuft sie fallend (eine geringfügige Erhöhung von x bewirkt eine Verringerung von f).
- Aus der **zweiten Ableitung** können wir etwas über die Art der Monotonie, d. h. insbesondere über die Krümmung aussagen. Gilt etwa für eine monoton steigende Funktion auch noch $f''(x) > 0$ bzw. $[f'(x)]' > 0$, so ist der Verlauf der (positiven) Tangentensteigungen monoton wachsend, d. h. die Funktion steigt *progressiv* an. Anderenfalls ($f''(x) < 0$) würde sie *degressiv* anwachsen. Allgemein bezeichnet man eine Funktion mit der Eigenschaft $f''(x) > 0$ als **konvex**, im Falle $f''(x) < 0$ dagegen als **konkav**.

Durch Kombination aus Verlauf der ersten und zweiten Ableitung können wir nun vier verschiedene Konstellationen unterscheiden:

I. $f'(x) > 0$ und $f''(x) > 0$ monoton steigend und konvex $\Rightarrow$ progressiv steigend
II. $f'(x) > 0$ und $f''(x) < 0$ monoton steigend und konkav $\Rightarrow$ degressiv steigend
III. $f'(x) < 0$ und $f''(x) > 0$ monoton fallend und konvex $\Rightarrow$ abnehmend fallend
IV. $f'(x) < 0$ und $f''(x) < 0$ monoton fallend und konkav $\Rightarrow$ zunehmend fallend

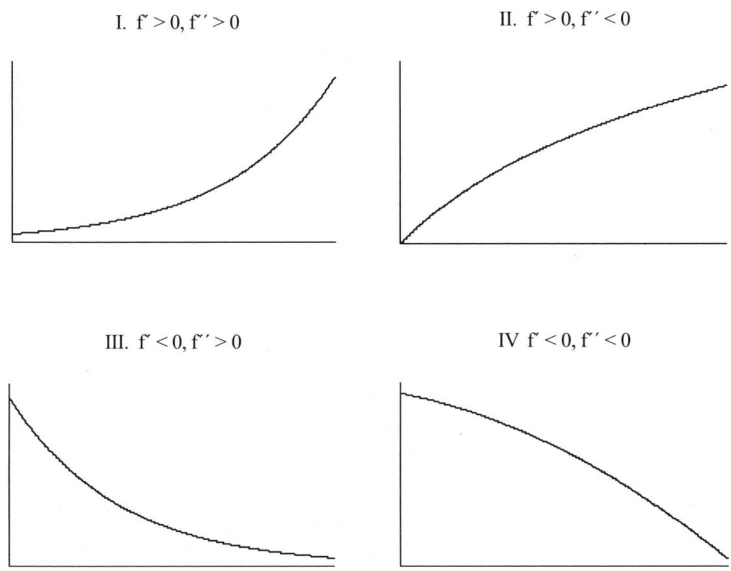

Abb. 3.33: Steigungs- und Krümmungsverhalten von Funktionen

Die aufgezeigten Eigenschaften müssen nicht für die gesamte Funktion gelten. Eine Funktion wechselt häufig ihr Krümmungsverhalten, wie wir es beispielsweise bei der quadratischen Umsatzfunktion (zunächst degressiv steigend, anschließend zunehmend fallend) kennen gelernt haben.

- Punkte, an denen die Funktion von einem monoton steigenden in einen monoton fallenden Verlauf übergeht, heißen **Maximum**.
- Punkte, an denen die Funktion von einem monoton fallenden in einen monoton steigenden Verlauf übergeht, heißen **Minimum**.
- Punkte, an denen die Funktion von einem konvexen in einen konkaven Verlauf übergeht (oder umgekehrt), heißen **Wendepunkt**.

Ausgewählte ökonomische Funktionen und ihre erste Ableitung:

- **Umsatzfunktion** E(x) oder E(p)
  Die erste Ableitung $E'(x) = \frac{dE}{dx}$ heißt **Grenzerlösfunktion bezogen auf die Menge** bzw. $E'(p) = \frac{dE}{dp}$ **Grenzerlösfunktion bezogen auf den Preis.** Der Grenzerlös gibt an, um wie viel Geldeinheiten (GE) der Umsatzerlös variiert, wenn sich die Nachfrage x bzw. der Preis p um eine Einheit verändern.
- **Kostenfunktion** K(x)
  $K'(x) = \frac{dK}{dx}$ heißt **Grenzkostenfunktion.** Die Grenzkosten geben an, um wie viel GE die Gesamtkosten steigen oder fallen, wenn die Produktionsmenge um eine ME ausgeweitet oder reduziert wird. In der Regel gilt $K'(x) > 0$, jedoch ist hinsichtlich der Art des Anstiegs zu differenzieren, wie die folgenden Abbildungen verdeutlichen:

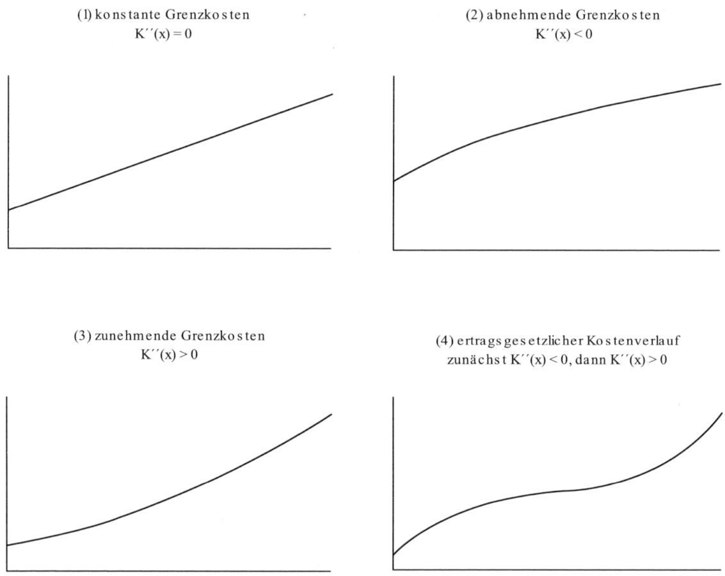

Abb. 3.34: Typische Verlaufsformen von Kostenfunktionen

- **Gewinnfunktion** G(x)
  $G'(x) = \frac{dG}{dx}$ heißt **Grenzgewinn.** Der Grenzgewinn gibt die Veränderung des Gewinns bei Veränderung der Produktions-/ Absatzmenge um eine Mengeneinheit an.
  Wegen $G(x) = E(x) - K(x)$ gilt: $G'(x) = E'(x) - K'(x) =$ Grenzerlös – Grenzkosten

Es gilt: $G'(x) > 0$, falls Grenzerlös > Grenzkosten
$G'(x) < 0$, falls Grenzerlös < Grenzkosten

- **Produktionsfunktion** $x(r)$
  $x'(r) = \frac{dx}{dr}$ heißt Grenzproduktivität, $\frac{x(r)}{r}$ heißt Produktivität (Durchschnittsertrag)
  Die **Grenzproduktivität** gibt an, um wie viel ME sich der Output verändert, wenn man den Input um eine ME erhöht. Unter **Produktivität** versteht man allgemein die Ausbringungsmenge geteilt durch die Einsatzmenge (z. B. Arbeitseinsatz → Arbeitsproduktivität).

Beispiel: Ertragsgesetzliche Produktionsfunktion
Der ertragsgesetzliche Verlauf weist bei sukzessiver Mengenerhöhung eines Produktionsfaktors zunächst zunehmende, danach abnehmende Grenzerträge und nach Überschreiten des Outputmaximums abnehmende Erträge auf, wie es in der Abbildung dargestellt ist. Die Produktivitätsfunktion zeigt einen parabelförmigen Verlauf. Die folgende Graphik gibt einen zusammenfassenden Überblick.

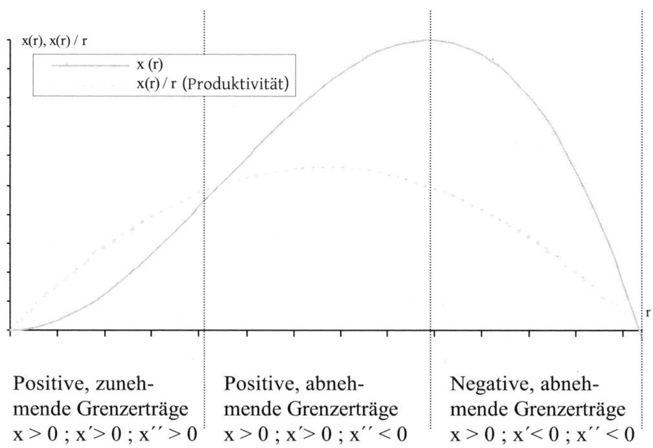

Abb. 3.35: Zonen der ertragsgesetzlichen Produktionsfunktion

Weitere, an dieser Stelle nicht weiter vertiefte Begriffe, die sich nach demselben Prinzip interpretieren lassen, sind:

- **Grenznutzen:** Nutzenzuwachs bei Konsum einer zusätzlichen Mengeneinheit eines Konsumgutes;
- **Marginale Konsumquote:** Sie gibt an, wie viel GE mehr konsumiert werden, wenn das Haushaltseinkommen um eine (marginale) GE steigt.

- **Marginale Sparquote:** Sie gibt an, wie viele GE mehr gespart werden, wenn das Haushaltseinkommen um eine (marginale) GE steigt.
- **Grenzsteuersatz:** Er gibt an, wie viel €-Cent jemand zusätzlich Steuern zahlen muss, wenn sich sein zu versteuerndes Einkommen um 1 € erhöht. Der Grenzsteuersatz gibt gewissermaßen die Besteuerung des »letzten Euro« an. Dieser Prozentsatz ist aufgrund der im Einkommensteuergesetz verankerten Freibeträge sowie der Steuerprogression stets höher als der Durchschnittssteuersatz.

3.3.2 Elastizitäten (Analyse relativer Veränderungen)

Elastizitäten sind ein wichtiges Analyseinstrument, das vor allem in der Volkswirtschaft und im Marketing eingesetzt wird. In der Volkswirtschaft interessiert beispielsweise, wie sich eine Veränderung des Volkseinkommens auf das Konsumverhalten auswirkt. Im Marketing ist die Elastizität ein sinnvolles Planungsinstrument zur Erfassung und Abschätzung der Auswirkung von Preiserhöhungen oder -reduzierungen auf die Absatzmenge sowie auf Umsatz und Gewinn.
Elastizitäten stellen auf **relative Veränderungen** ab. Die Grenzen bei der Funktionenanalyse durch absolute Änderungen werden an folgendem **Beispiel** deutlich:
Ein Aktienindex steige an einem »guten« Börsentag von 1 000 auf 1 050 Punkte, also um 50 Indexpunkte ($= +5\,\%$). Die Aktie A sei an diesem Tag von 50 € auf 55 € gestiegen, während die Aktie B von 500 € auf 505 € gestiegen sei. Der Börsenkurs beider Aktien hat sich um den *gleichen Absolutbetrag*, nämlich 5 €, erhöht, d. h. die absolute Veränderung $\Delta\text{Index} = +\Delta 5$ ist für beide Aktien gleich. *Prozentual* liegt jedoch ein gewaltiger Unterschied vor: Aktie A ist um 10 %, Aktie B ist nur um 1 % gestiegen. Der Anstieg der Aktie A ist also – bezogen auf den Ausgangswert – *relativ* stärker als bei Aktie B. Die Größe, die die relativen (prozentualen) Veränderungen misst, ist die **Elastizität**. Sie liefert uns Informationen über das Ausmaß von relativen Veränderungen, die wir bei Analyse der Absolutveränderungen nicht erhalten.

Beispiel:
Gegeben sei die Preis-Absatz-Funktion: $x(p) = -2p + 30,\ 0 \leq p \leq 15$
Fall 1: Aktueller Stückpreis sei $p = 2$ GE $\Rightarrow x(2) = 26$
Fall 2: Aktueller Stückpreis sei $p = 12$ GE $\Rightarrow x(12) = 6$
Wir wollen untersuchen: Was bewirkt eine Preiserhöhung um 1 €?
Analyse absoluter Veränderungen
Fall 1: $\Delta p = +1 \Rightarrow x(3) = 24 \Rightarrow \Delta x = -2$; **Fall 2:** $\Delta p = +1 \Rightarrow x(13) = 4 \Rightarrow \Delta x = -2$

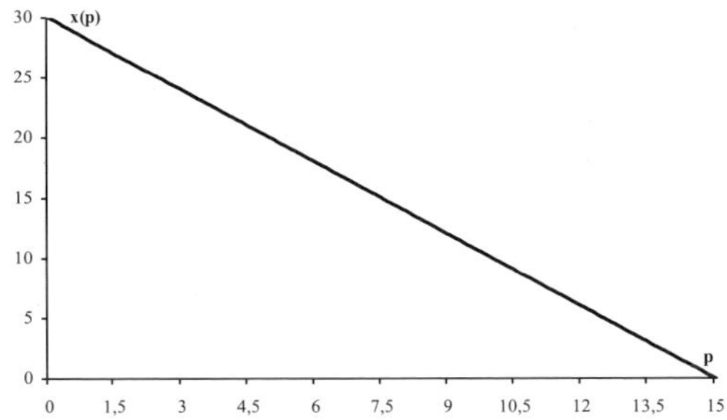

Abb. 3.36: Lineare Preis-Absatz-Funktion

Ergebnis: *Ursache* (Preis steigt um 1 GE) *und Wirkung* (Nachfrage sinkt um 2 ME) sind identisch, oder: $x'(p) = -2 =$ konstant

Analyse relativer Veränderungen

Fall 1: Ursache: Preiserhöhung von $p = 2$ auf $p = 3 \rightarrow +$ **50 %**
Wirkung: Verringerung der Nachfrage von $x = 26$ auf $x = 24 \rightarrow$ **−7,7 %**

Fall 2: Ursache: Preiserhöhung von $p = 12$ auf $p = 13 \rightarrow +$ **8,3 %**
Wirkung: Verringerung der Nachfrage von $x = 6$ auf $x = 4 \rightarrow$ **−33,3 %**

Wie wir beim Vergleich sehen, sind sowohl Ursache als auch Wirkung höchst unterschiedlich. Um die Ursachen- und Wirkungsänderungen vergleichbar zu machen, setzen wir sie einfach ins Verhältnis zueinander:

Fall 1: $\frac{-7{,}7\,\%}{+50\,\%} = \frac{-0{,}154\,\%}{1\,\%} = -0{,}154;$ **Fall 2:** $\frac{-33{,}3\,\%}{+8{,}3\,\%} = \frac{-4\,\%}{1\,\%} = -4$

Der Wert -0,154 bzw. -4 gibt an, um wieviel Prozent sich die Nachfrage (durchschnittlich) verändert, wenn man den Stückpreis um 1 % variiert. Diese Zahl heißt die **Preiselastizität der Nachfrage.** Das negative Vorzeichen deutet auf den negativen Zusammenhang zwischen der Ursachengröße (Preis) und der Wirkungsgröße (Nachfrage) hin, d. h. eine *Erhöhung* des Preises bewirkt eine *Verringerung* der Nachfrage und umgekehrt.

Die Elastizität ist eine dimensionslose Zahl und kann somit unabhängig von der verwendeten Einheit (z. B. Geldeinheiten, Mengeneinheiten) als Vergleichskriterium herangezogen werden. Die Elastizität ist ein Maß für die »Heftigkeit« der Reaktion der Wirkungsgröße bei 1 %-iger Veränderung der Ursachengröße.

Im Beispiel hat in Fall 1 eine relativ große Ursachenveränderung (Preis +50 %) eine verhältnismäßig kleine Wirkung (Nachfrage -7,7 %), das Elastizitätsmaß ist entsprechend klein (unelastische Marktreaktion). Anders verhält es sich in Fall 2: Eine vergleichsweise kleine Ursache (Preis +8,3 %) bewirkt eine heftige

Reaktion (Nachfrage –33,3 %), der Absolutbetrag der Elastizität ist entsprechend hoch (elastische Marktreaktion).

Verallgemeinerung:
Gegeben sei eine Funktion f(x). Ferner seien:
$\frac{\Delta x}{x} =$ relative %-Veränderung der unabhängigen Variablen (Ursachengröße) (im Beispiel: +50 % und +8,3 %)
$\frac{\Delta f}{f} =$ relative %-Veränderung der abhängigen Variablen (Wirkungsgröße) (im Beispiel: -7,7 % und –33,3 %)

Dann definieren wir: $$E_{fx} = \frac{\frac{\Delta f}{f}}{\frac{\Delta x}{x}} = \frac{\Delta f}{\Delta x} \cdot \frac{x}{f(x)} \qquad (3.20)$$

$E_{f,x}$ heißt **Bogenelastizität von f bezüglich x** im Intervall [x; x + Δx].

> Beachten Sie, dass die Veränderung der *Ursachengröße* stets im *Nenner*, die %-Veränderung der *Wirkungsgröße* dagegen im *Zähler* steht.

Die Größe $\frac{\Delta f}{\Delta x}$ ist der bekannte Differenzenquotient, der im Allgemeinen nur recht umständlich zu berechnen ist. Wir wissen aber, dass wir eine umso bessere Näherung des Differenzenquotienten erhalten, je kleiner Δx ist. Für Δx → 0 wird aus dem Differenzenquotienten der Differentialquotient, also die erste Ableitung f′(x). Somit können wir schreiben:

$$\lim_{\Delta x \to \infty} E_{f,x} = \varepsilon_{f,x} = f'(x) \cdot \frac{x}{f(x)} \qquad (3.21)$$

$\varepsilon_{f,x}$ heißt **Punktelastizität von f bezüglich x.** $\varepsilon_{f,x}$ ist selbst wieder eine von x abhängige Funktion, die **Elastizitätsfunktion.** Sie gibt uns für jeden beliebigen x-Wert die zugehörige Elastizität an. Die Punktelastizität ist unter Anwendung der Ableitungsregeln in der Regel erheblich einfacher zu berechnen als die Bogenelastizität.

> Im Falle einer linearen Funktion f(x) – z. B. eine Preis-Absatz-Funktion – sind Bogenelastizität und Punktelastizität identisch, da f′(x) konstant ist und dem Differenzenquotienten entspricht. Ansonsten weichen die Werte voneinander ab. Obwohl die Punktelastizität die %-Veränderung von f bei »beliebig kleiner« Veränderung von x (also um dx) angibt, ist es im öko-

nomischen Sprachgebrauch üblich, sie dahingehend zu interpretieren, dass die Ursachengröße um 1 % variiert wird.

Im Beispiel:

$$x(p) = -2p + 30 \Rightarrow x'(p) = -2 \Rightarrow \varepsilon_{x,\,p} = -2 \cdot \frac{p}{-2p + 30} = \frac{-2p}{-2p + 30}$$

$\varepsilon_{x,\,p}$ ist die von p abhängige Elastizitätsfunktion, die einen hyperbelförmigen Verlauf zeigt. Wir können die Elastizitäten für bestimmte Preise durch Einsetzen berechnen:

$$p = 2 \Rightarrow \varepsilon_{x,\,2} = -2 \cdot \frac{2}{-2 \cdot 2 + 30} = -0{,}154;$$

$$p = 12 \Rightarrow \varepsilon_{x,\,12} = -12 \cdot \frac{2}{-2 \cdot 2 + 30} = -4$$

Wir wollen nun den Definitionsbereich von p = 0 bis p = 15 »durchlaufen« und die dazugehörigen Elastizitäten berechnen. Dabei zeigt sich, dass sich für die Preiselastizität der Nachfrage von $\varepsilon = 0$ (p = 0) bis $\varepsilon = -\infty$ (p = 15) ergeben. Abbildung 3.37 verdeutlicht das Spektrum der Elastizitäten.

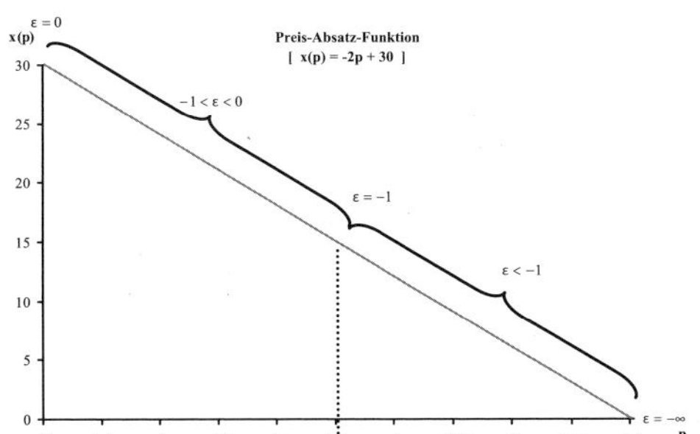

Abb. 3.37: Preiselastizität der Nachfrage

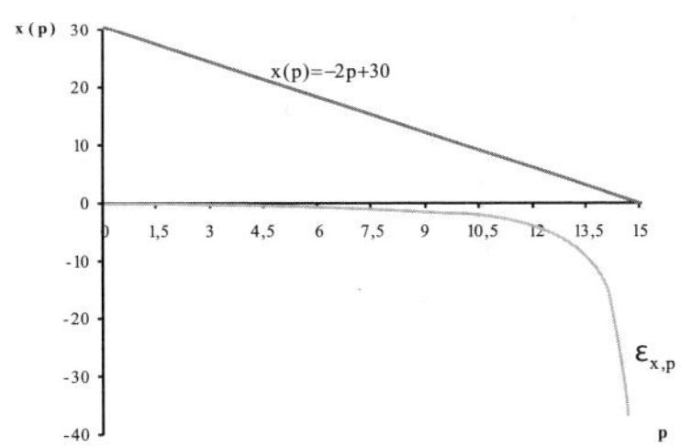

Abb. 3.38: Elastizitätsfunktion

Im Allgemeinen verwendet man folgende begriffliche Einteilung:

$\varepsilon_{f,x} > 1$ oder $\varepsilon_{f,x} < -1$	elastisch	Wirkung relativ stärker als Ursache (überproportionale Reaktion)
$\varepsilon_{f,x} = 1$ oder $\varepsilon_{f,x} = -1$	ausgeglichen elastisch	Wirkung relativ identisch mit Ursache
$-1 < \varepsilon_{f,x} < 1$	unelastisch	Wirkung relativ schwächer als Ursache (unterproportionale Reaktion)

Wichtige Elastizitäten sind in folgender Tabelle aufgeführt:

Funktionstyp		Elastizität
Nachfragefunktion (Preis-Absatz-Funktion) x(p) bzw. p(x)	$\varepsilon_{x,p}$ $\varepsilon_{p,x}$	Preiselastizität der Nachfrage Nachfrageelastizität des Preises
Nachfragefunktion in Abhängigkeit zweier verbundener Güter	$\varepsilon_{x_1,p_2}, \varepsilon_{x_2,p_1}$,	Kreuzpreiselastizität der Nachfrage (relative Nachfrageänderung des einen Produkts bei relativer Preisveränderung des anderen Produkts)
Produktionsfunktion	$\varepsilon_{x,r}$	Produktionselastizität
Kostenfunktion	$\varepsilon_{K,x}$	Kostenelastizität
Umsatzfunktion	$\varepsilon_{E,x}$	Umsatzelastizität
Konsumfunktion	$\varepsilon_{C,Y}$	Einkommenselastizität des Konsums

Elastizitäten werden empirisch erhoben. So lassen sich für die Preiselastizität der Nachfrage typische Produktgruppen angeben, die elastisch oder unelastisch reagieren. Nachfrage*elastisch* auf Preisveränderungen reagieren typischerweise substituierbare und nicht lebensnotwendige Güter (z. B. Genussmittel). Unelastisch reagieren in der Regel lebensnotwendige oder/und nicht substituierbare Güter (z. B. Benzin, Grundnahrungsmittel, Medikamente).

Aufgabe 75: Ein Lebensmitteldiscounter verkauft ein bestimmtes Produkt aus seinem Sortiment für 3,99 € und verkauft davon durchschnittlich 5.000 Stück pro Monat und Filiale. Die Verkaufsleitung erwägt nun, in einer Sonderaktion den Preis in einem Monat auf 3,79 € zu senken. Aus der Vergangenheit weiß sie jedoch auch, dass die Nachfrage nach diesem Produkt bei Preissenkungen »bestenfalls« ausgeglichen elastisch, tendenziell unelastisch reagiert.

a) Würden Sie der Verkaufsleitung zu der Preissenkungsmaßnahme raten unter dem Ziel einer Umsatzsteigerung?
b) Welche Nachfrageelastizität wäre mindestens erforderlich, damit sich die Maßnahme zur Umsatzsteigerung lohnt?

Aufgabe 76: Gegeben ist die Preis-Absatz-Funktion: $x(p) = 18 - 2p$ $(0 \leq p \leq 9)$.

a) Ermitteln Sie den Wert der Preiselastizität der Nachfrage für $p = 5$ GE!

b) Bei welchem Preis bewirkt eine 3 %-ige Preissenkung eine ca. 6 %-ige Nachfragesteigerung?

Aufgabe 77: Gegeben ist die Preis-Absatz-Funktion in Abhängigkeit der nachgefragten Menge:

$P(x) = -\frac{1}{3}x + 5 \ (0 \leq x \leq 15).$

a) Berechnen Sie die Umsatzfunktion E(x)!
b) Berechnen Sie die Preiselastizität der Nachfrage sowie die Preiselastizität des Umsatzes – jeweils in Bezug auf die Menge – für $x_1 = 6$ und $x_2 = 9$!
c) Stellen Sie einen allgemeinen Zusammenhang zwischen der Preiselastizität des Umsatzes und der Preiselastizität der Nachfrage dar!

3.3.3 Extremwertbestimmung

Eine besonders große Bedeutung für die Behandlung ökonomischer Probleme hat die Bestimmung von Extremwerten (Optima), d. h. von Minima oder Maxima. Dazu benötigen wir zunächst die Zielfunktion, die es zu minimieren oder maximieren gilt. Ökonomisch sinnvolle Zielsetzungen sind beispielsweise:

- Produktion zu minimalen Stückkosten (Betriebsoptimum),
- Produktion zu minimalen variablen Stückkosten (Betriebsminimum),
- Maximierung des Umsatzerlöses,
- Maximierung des Gewinns.

Bevor wir uns konkreten ökonomischen Fragestellungen zuwenden, wollen wir die Vorgehensweise zur Bestimmung von Extremwerten allgemein erörtern. Dazu betrachten wir parallel zwei Funktionen:

$f_1(x) = x^2 - 10x + 29$ nach oben geöffnete Parabel

$f_2(x) = -x^2 + 10x + 5$ nach unten geöffnete Parabel

Die Ableitungen lauten: $f_1'(x) = 2x - 10$ und $f_2'(x) = -2x + 10$

$f_1''(x) = 2$ und $f_2''(x) = -2$

Die Funktionen $f_1(x)$ und $f_2(x)$ sowie die Ableitungsfunktionen sind untenstehend dargestellt.

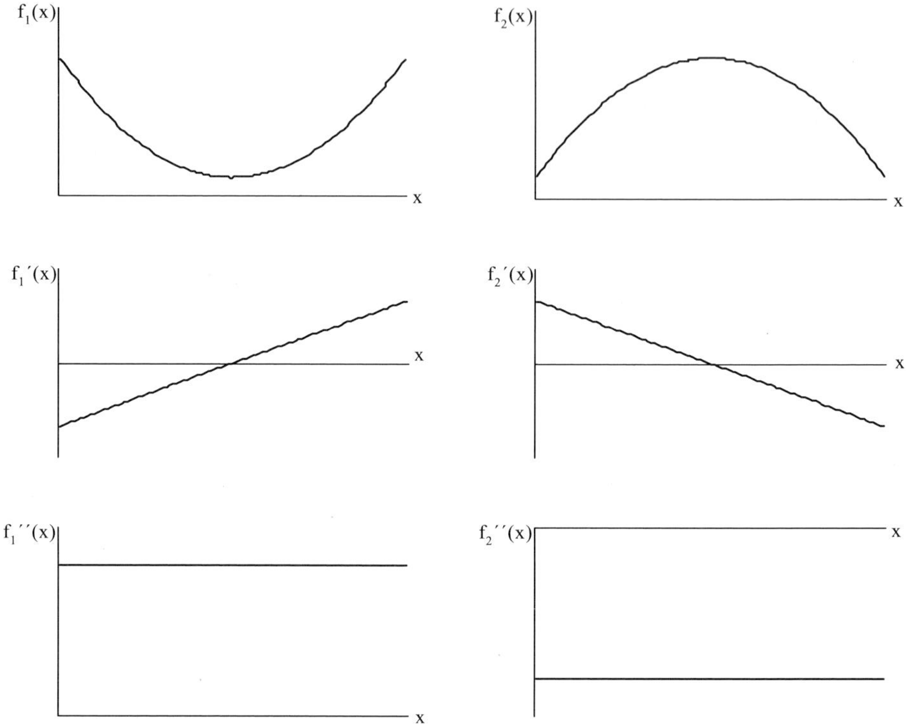

Abb. 3.39: Funktionen und Ableitungsfunktionen

Ferner gelten folgende Relationen im Beispiel:

$f_1'(x) < 0$	falls $x < 5$	monoton fallend	$f_2'(x) > 0$	falls $x < 5$	monoton steigend
$f_1'(x) > 0$	falls $x > 5$	monoton steigend	$f_2'(x) < 0$	falls $x > 5$	monoton fallend
$\mathbf{f_1'(x) = 0}$	**falls** $\mathbf{x = 5}$		$\mathbf{f_2'(x) = 0}$	**falls** $\mathbf{x = 5}$	
$\mathbf{f_1''(x) > 0}$		Konvex	$\mathbf{f_2'(x) < 0}$		konkav

Gemeinsames Merkmal und damit notwendige Voraussetzung für einen Extremwert – unabhängig ob Minimum oder Maximum – ist die **Nullstelle der Ableitungsfunktion f′**. Dieses Kriterium wird als **notwendige Bedingung** für ein Extremum bezeichnet. Zugleich erkennen wir aber auch, dass die nach oben geöffnete Parabel (mit Minimum) einen **konvexen** ($f'' > 0$), die nach unten geöffnete Parabel (mit Maximum) einen **konkaven** Verlauf ($f'' < 0$) zeigt. Über die **zweite Ableitung** können wir also identifizieren, ob es sich bei dem Extremwert um ein Minimum oder ein Maximum handelt. Dieses Kriterium wird als **hinreichende Bedingung** bezeichnet. Wir wollen die Regel zur Ermittlung eines Extremwerts folgendermaßen zusammenfassen:

Verallgemeinerung (3.22):

Notwendige Bedingung für einen Extremwert an der Stelle x^*: $\mathbf{f'(x^*) = 0}$
Hinreichende Bedingung für Extremwert an der Stelle x^*, sofern die Bedingung $f'(x^*) = 0$ erfüllt ist:

- Falls $f''(x^*) > 0 \Rightarrow$ Minimum an x^*
- Falls $f''(x^*) < 0 \Rightarrow$ Maximum an x^*

Praktisches Vorgehen zur Extremwertbestimmung:

(1) Berechnung der ersten und zweiten Ableitung.
(2) Nullsetzen der ersten Ableitung und Ermittlung der Nullstellen.
(3) Nachprüfen, ob Nullstellen im mathematischen als auch im ökonomisch sinnvollen Definitionsbereich liegen (z. B. keine negativen Mengeneinheiten und Geldeinheiten).
(4) Einsetzen der nach Prüfung gemäß (3) übrig gebliebenen x^*-Werte und Bestimmung über die zweite Ableitung, ob Minimum oder Maximum vorliegt.
(5) Gegebenenfalls Berechnung der Funktionswerte, also $f(x^*)$.

Beispiel:

a) $f(x) = x^2 - 10x + 29$; $f'(x) = 2x - 10 \overset{!}{=} 0 \Leftrightarrow x^* = 5$
$f''(x) = 2$, somit auch $f''(x^*) = 2 > 0 \Rightarrow$ Minimum an $x^* = 5$; $f(5) = 4$

b) $f(x) = -x^2 + 10x + 5$; $f'(x) = -2x + 10 \overset{!}{=} 0 \Leftrightarrow x^* = 5$
$f''(x) = -2$, somit auch $f''(x^*) = -2 < 0 \Rightarrow$ Maximum an $x^* = 5$; $f(5) = 30$

Weitere Beispiele:

1. Ein Gut wird zum Festpreis $p = 60$ GE verkauft und nach der Kostenfunktion $K(x) = x^3 - 13x^2 + 66x + 72$ $(x \geq 0)$ hergestellt. Gesucht ist

die Herstellungsmenge, bei der der Unternehmer seinen Gewinn maximiert.

Lösung:
Zunächst ist die Gewinnfunktion aufzustellen:
$G(x) = E(x) - K(x) = 60x - (x^3 - 13x^2 + 66x + 72) = -x^3 + 13x^2 - 6x - 72 \ (x \geq 0)$
(1) Berechnung der Ableitungen: $G'(x) = -3x^2 + 26x - 6$; $G''(x) = -6x + 26$
(2) Nullsetzen der ersten Ableitung: $G'(x) = 0 \Leftrightarrow -3x^2 + 26x - 6 = 0$
abc-Formel mit $a = -3$, $b = 26$, $c = -6$: $x_{1/2} = \frac{-26 \pm \sqrt{26^2 - 72}}{2 \cdot (-3)} \Rightarrow x_1{}^* = 8{,}439$, $x_2{}^* = 0{,}237$
(3) Grundsätzlich liegen beide Werte im Definitionsbereich. Hätten wir jedoch vorab die Gewinngrenzen (= Nullstellen der Gewinnfunktion bzw. Schnittpunkte der Umsatz- mit der Kostenfunktion, hier: $x_{01} = 3$ und $x_{02} = 12$) berechnet, so hätten wir den Wert $x = 0{,}237$ im Vorhinein ausschließen können. Dies wird auch in der obigen Zeichnung deutlich.

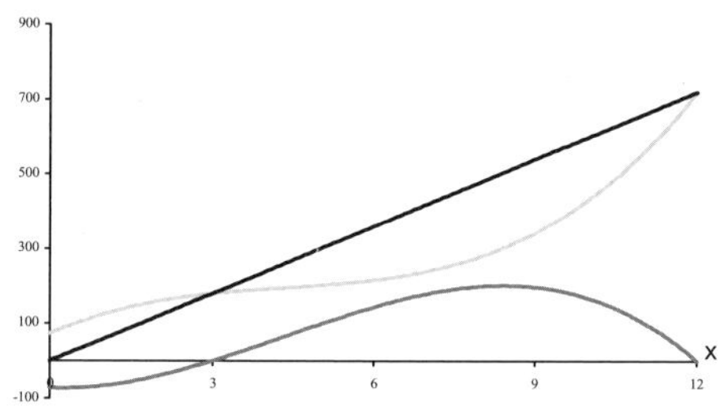

Abb. 3.40

(4) Einsetzen in die zweite Ableitung:
$f''(x_1{}^*) = -6 \cdot 8{,}439 + 26 = -24{,}634 < 0 \Rightarrow$ Maximum an $x_1{}^*$
$f''(x_2{}^*) = -6 \cdot 0{,}237 + 26 = 24{,}578 > 0 \Rightarrow$ Minimum an $x_2{}^*$
(5) Berechnung des y-Wertes: $(x_1{}^*; f(x_1{}^*)) = (8{,}439; 202{,}185)$

2. Ein neu auf dem Markt eingeführter Staubsauger-Roboter weise aufgrund früherer Erfahrungen mit vergleichbaren Produkten einen Produktlebenszyklus auf, der sich durch folgende Funktion näherungsweise beschreiben lässt:
$X(t) = 10 \cdot e^{-\frac{(t-20)^2}{100}}$, t: Zeit (Wochen), X: mengenmäßiger Absatz (1.000 Stück)
Nach wie viel Wochen wird für das Produkt das Absatzmaximum erzielt?

Lösung:

Ableitung der Funktion X(t) mit Kettenregel: $X'(t) = 10 \cdot e^{-\frac{(t-20)^2}{100}} \cdot \left(-\frac{2\cdot(t-20)}{100}\right)$

$= 10 \cdot e^{-\frac{(t-20)^2}{100}} \cdot \left(-\frac{t-20}{50}\right) \overset{!}{=} 0.$

X´(t) kann nur den Wert null erreichen, wenn der Faktor $-\dfrac{t-20}{50}$ null wird. Dies ist bei genau $t^* = 20$ Wochen der Fall.

Nachweis des Maximums über die zweite Ableitung (Produktregel):

$u = 10 \cdot e^{-\frac{(t-20)^2}{100}} = U(t) \qquad v = -\frac{t-20}{50}$

$u' = X'(t) \qquad v' = -\frac{1}{50}$

$X''(t) = -\frac{t-20}{50} \cdot X'(t) - \frac{1}{50} \cdot X(t)$. $X''(20) = 0 - \frac{1}{50} \cdot X''(20) < 0 \Rightarrow$ Maximum bei t = 20. Der maximale Absatz beträgt $X^* = X^*(20) = 10.000$ Stück.

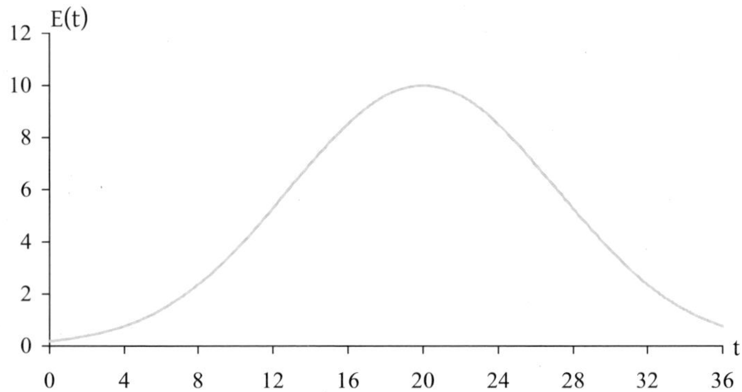

Abb. 3.41: Umsatzfunktion in Abhängigkeit der Zeit

3. Gegeben sei eine Preis-Absatz-Funktion mit der Funktionsvorschrift $p(x) = 18 \cdot e^{-0{,}0012x}$. Gesucht sind die umsatzmaximierende Absatzmenge x* sowie der umsatzmaximierende Preis p*.

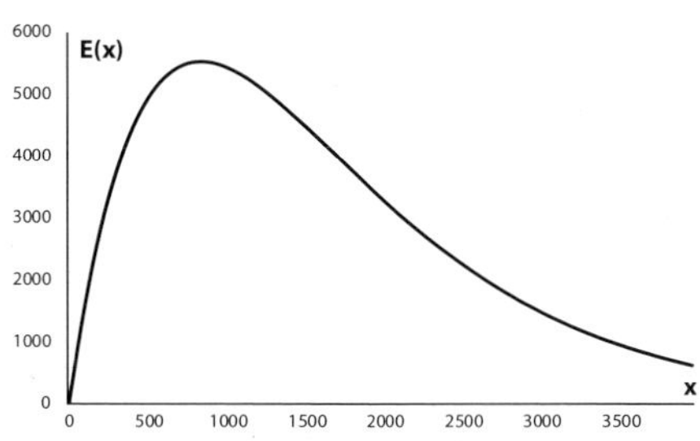

Abb. 3.42

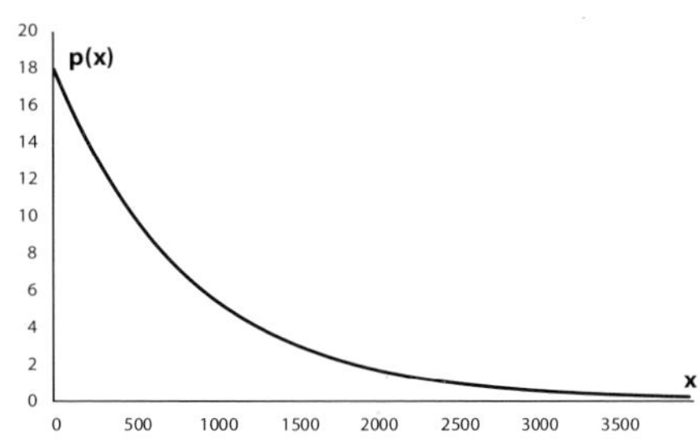

Abb. 3.43

Lösung:
Die Umsatzfunktion lautet: $E(x) = p(x) \cdot x = 18e^{-0{,}0012x} \cdot x = \underbrace{18x}_{u(x)} \cdot \underbrace{e^{-0{,}0012x}}_{v(x)}$

Berechnung der ersten Ableitung via Produktregel.
Nebenrechnung: $u(x) = 18x; u'(x) = 18; \quad v(x) = e^{-0{,}0012x} v(x) = e^{-0{,}0012x};$
$v'(x) = -0{,}0012 \cdot e^{-0{,}0012x}.$
Somit: $E'(x) = 18 \cdot e^{-0{,}0012x} + 18x \cdot (-0{,}0012) \cdot e^{-0{,}0012x}$
$= \underbrace{18e^{-0{,}0012x}}_{stets>0} \cdot \underbrace{(1 - 0{,}0012x)}_{\overset{!}{=}0} \overset{!}{=} 0 \Rightarrow 1 - 0{,}0012x = 0 \Leftrightarrow x^* = 833{,}33.$

Berechnung der zweiten Ableitung, ebenfalls mit Produktregel:
$E''(x) = \underbrace{-18 \cdot 0{,}0012e^{-0{,}0012x}}_{u'(x)} \cdot \underbrace{(1 - 0{,}0012x)}_{v(x)} + \underbrace{18e^{-0{,}0012x}}_{u(x)} \cdot \underbrace{(-0{,}0012)}_{v'(x)}$
$= \underbrace{-18 \cdot 0{,}0012e^{-0{,}0012x}}_{<0} \cdot \underbrace{(1 - 0{,}0012x + 1)}_{=1 für\ x=833{,}33, somit >0} < 0 (\textit{für}\ x = 833{,}33)$
$\Rightarrow \textit{Maximum an}\ x^* = 833{,}33\ p^* = p(x^*) = p(833{,}33)$
$= 18 \cdot e^{-0{,}0012 \cdot 833{,}33} = 18 \cdot e^{-1} = 6{,}62GE$

Aufgabe 78: Gegeben seien folgende Preis-Absatz-Funktionen:
a) $p(x) = -0{,}2x + 30$
b) $p(x) = 150 \cdot e^{-0{,}1x}$

Ermitteln Sie die Absatzmengen und die zu fordernden Preise, bei denen ein Umsatzmaximum erzielt wird. Skizzieren Sie jeweils die Preis-Absatz-Funktion und die Umsatzfunktion in einem gemeinsamen Koordinatensystem!

3.3.4 Wendepunktbestimmung

Der Wendepunkt ist derjenige »kritische« Punkt, an dem die Funktion ihr Krümmungsverhalten ändert, d. h. an dem sie von konvexen in konkaven oder von konkaven in konvexen Verlauf übergeht. Mathematisch erfolgt die Berechnung über die zweite Ableitung.

Allgemeine Regel zur Wendepunktbestimmung (3.23):

Notwendige Bedingung für einen Wendepunkt an der Stelle x_W: $\mathbf{f''(x_W) = 0}$
Hinreichende Bedingung für einen Wendepunkt an der Stelle x_W, sofern die Bedingung $f''(x_W) = 0$ erfüllt ist: $\mathbf{f'''(x_W) \neq 0}$

Praktisches Vorgehen zur Wendepunktbestimmung:

(1) Berechnung der zweiten und dritten Ableitung.
(2) Nullsetzen der zweiten Ableitung und Ermittlung der Nullstellen.
(3) Nachprüfen, ob Nullstellen sowohl im mathematischen als auch im ökonomisch sinnvollen Definitionsbereich liegen (z. B. keine negativen Mengeneinheiten und Geldeinheiten).
(4) Einsetzen der nach Prüfung gemäß 3. übriggebliebenen x_W-Werte und Nachprüfen über die dritte Ableitung, ob gilt: $f'''(x_w) \neq 0$.
(5) Gegebenenfalls Berechnung der Funktionswerte, also $f(x_W)$.

Falls $f'''(x_w) < 0 \Rightarrow$ Übergang konvex zu konkav
Falls $f'''(x_w) > 0 \Rightarrow$ Übergang konkav zu konvex

Beispiel:
Gegeben sei folgende ertragsgesetzliche Produktionsfunktion
$x(r) = -0{,}5r^3 + 20r^2 + 100r \quad r \geq 0$ r: Produktionseinsatzfaktormenge (Input)
x: Ausbringungsmenge (Output)
Gesucht ist der Wendepunkt, also die Grenze, an der die Produktionsfunktion von einem progressiv ansteigenden (konvexen) in einen degressiv ansteigenden (konkaven) Verlauf übergeht.

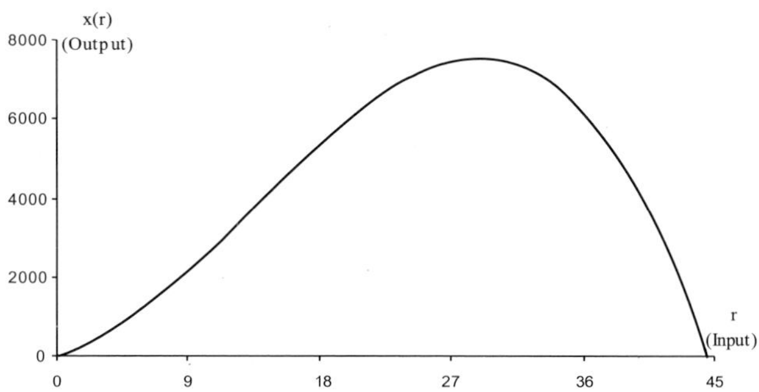

Abb. 3.44: Wendepunkt bei ertragsgesetzlicher Produktionsfunktion

Lösung:
$x'(r) = -1{,}5r^2 + 40r + 100$; $x''(r) = -3r + 40 = 0 \Leftrightarrow r_W = 13{,}33$; $x'''(r) = -3 \neq 0$
$\Rightarrow$ Wendepunkt bei $r = 13{,}33$ ME
$x(r_W) = x(13{,}33) = 3.703{,}7$

Es gibt Wendepunkte (also $f''=0$), für die auch $f'=0$ gilt, d. h. die Tangente am Wendepunkt ist waagerecht. In diesem Fall liegt kein Extremwert vor, sondern ein sog. **Sattelpunkt**. Sattelpunkte spielen bei ökonomischen Funktionen jedoch eine eher geringe Rolle und werden an dieser Stelle nicht weiter thematisiert.

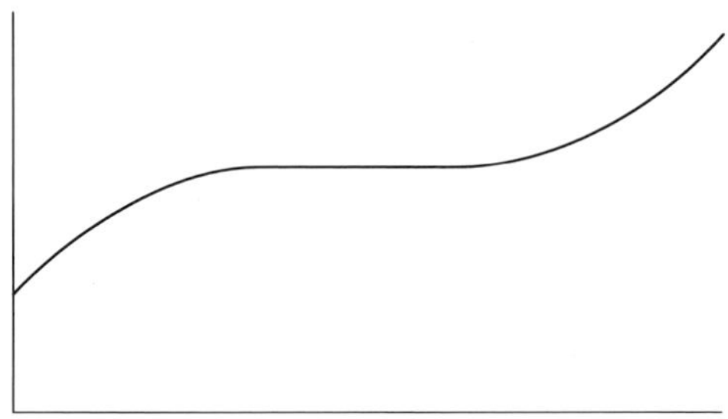

Abb. 3.45: Sattelpunkt

Aufgabe 79: Legen Sie die Preis-Absatz-Funktion $p(x) = 150 \cdot e^{-0,1x}$ (▶ Aufgabe 78) zu Grunde und berechnen Sie den Wendepunkt der Umsatzfunktion!

3.3.5 Nullstellenbestimmung mittels Newton-Verfahren

Nullstellenprobleme tauchen in der Ökonomie immer wieder auf, z. B.

- bei der Ermittlung der Gewinngrenzen ($G = 0$),
- bei der Berechnung von Optimalwerten durch die Regel »1. Ableitung gleich null«,
- bei der Berechnung der internen Rendite und des Effektivzinssatzes in der Investitionsrechnung bzw. Finanzmathematik.

Solange die »gleich null« gesetzten Funktionen linear oder quadratisch sind, haben wir kein Berechnungsproblem. Ist die Funktion dagegen dritten oder höheren Grades, stehen in der Regel keine Lösungsformeln zur expliziten Berechnung der Nullstellen zur Verfügung. Wir benötigen deshalb **Näherungsverfahren**.
Mit der Regula falsi hatten wir bereits in Kapitel 1.5.4 ein Verfahren zur iterativen Nullstellenbestimmung kennen gelernt. Leistungsfähiger hingegen ist das im Folgenden behandelte **Newton-Verfahren** bzw. der Newton-

Algorithmus[20]. Es benötigt im Allgemeinen weniger Iterationsschritte als die Regula falsi, um dem gesuchten Lösungswert »sehr nahe« zu kommen.
Hat man schließlich eine Nullstelle ermittelt, dann kann man mittels Polynomdivision oder Horner-Schema den Grad des Polynoms um eins reduzieren.

Idee:
Zunächst legen wir einen geschätzten Startwert x_1 fest und legen an den Funktionswert $f(x_1)$ die Tangente (vgl. Abbildung). Der Schnittpunkt der Tangente mit der x-Achse bestimmt unseren ersten Näherungswert x_2. An den Punkt $f(x_2)$ legen wir erneut die Tangente usw. In der Regel haben wir nach spätestens drei Iterationsschritten eine hinlänglich gute Annäherung an unsere gesuchte Nullstelle x_0.

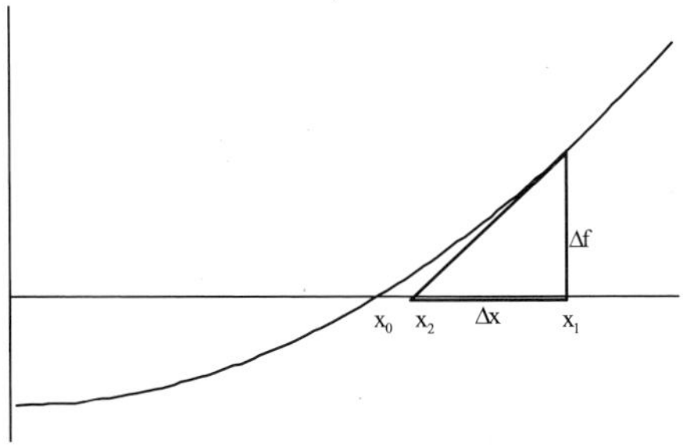

Abb. 3.46: Prinzip des Newton-Verfahrens

Algorithmus des Newton-Verfahrens

Schritt 1: Man wähle den Startpunkt $(x_1;f(x_1))$. Für die Steigung der Tangente an Punkt $(x_1;f(x_1))$ gilt nach dem bekannten Steigungsdreieck

$$\tan\alpha = f'(x_1) = \frac{f(x_1)}{x_1 - x_2} \Leftrightarrow x_2 = x_1 - \frac{f(x_1)}{f'(x_1)}$$

Führen wir dieses Verfahren mehrmals hintereinander durch, erhalten wir nacheinander die Werte x_2, x_3, x_4 etc. Verallgemeinernd können wir deshalb für einen beliebigen Schritt j schreiben:

Schritt j: $x_{j+1} = x_j - \frac{f(x_j)}{f'(x_j)}$, $j = 1, 2,...$ Newton-Verfahren (Algorithmus) (3.24)

1. Beispiel: (Kosten- und Preis-Absatz-Funktion)
Gegeben seien eine Kostenfunktion K(x) sowie eine Preis-Absatz-Funktion p(x): $K(x) = 0{,}1x^3 + 3$ und $p(x) = 6 - x$, $x \geq 0$. Gesucht sind die Gewinngrenzen.

20 Unter einem Algorithmus versteht man eine Folge von Arbeitsanweisungen, durch die der Lösungsweg des mathematischen Problems detailliert beschrieben wird und die als Grundlage zur Umsetzung in ein Computerprogramm dient.

Lösung:

Aufstellen der Gewinnfunktion: $G(x) = E(x) - K(x) = x \cdot p(x) - K(x)$
$= 6x - x^2 - (0{,}1x^3 + 3) = -0{,}1\,x^3 - x^2 + 6x - 3$
$G(x) = 0 \Leftrightarrow -0{,}1\,x^3 - x^2 + 6x - 3 = 0 \Leftrightarrow x^3 + 10x^2 - 60x + 30 = 0$
Wir haben eine Gleichung dritten Grades vorliegen, aus der wir nicht einfach durch »Probieren« eine Lösung ermitteln können. Wir wenden deshalb das Newton-Verfahren an und definieren:
$f(x) = x^3 + 10x^2 - 60x + 30$ sowie $f'(x) = 3x^2 + 20x - 60$

Newton-Algorithmus: $x_{j+1} = x_j - \dfrac{x_j^3 + 10x_j^2 - 60x_j + 30}{3x_j^2 + 20x_j - 60}, \quad j = 1, 2, \ldots$

Zunächst suchen wir einen geeigneten Startwert und stellen dazu eine Wertetabelle auf.

x	0	1	2	3	4
f(x)	30	–19	–42	–33	14

Die Vorzeichenwechsel zeigen, dass zwischen 0 und 1 sowie zwischen 3 und 4 jeweils eine Nullstelle liegen muss. Wir wollen die Nullstelle zwischen 3 und 4 berechnen und wählen als Startwert $x_1 = 3{,}5$.

$x_2 = x_1 - \dfrac{-14{,}625}{46{,}75} = 3{,}8128 \quad \Rightarrow \quad x_2 = 3{,}8128$ ist unser erster Näherungswert.

$x_3 = 3{,}8128 - \dfrac{2{,}0368}{59{,}8698} = 3{,}7788$; $x_4 = 3{,}7788 - \dfrac{0{,}0228}{58{,}4131} = 3{,}7784$

Der Näherungswert x_4 hat sich gegenüber x_3 kaum noch verändert, was dafür spricht, dass wir mit x_4 eine »brauchbare« Näherung gefunden haben.
Probe: $G(x_4) = G(3{,}7784) \approx 0$ ✓
Mit dem Wert $x_{01} = 3{,}7784$ können wir nun mit Hilfe des Horner-Schemas die andere Gewinngrenze ermitteln:

	1	10	–60	30
x = 3,7784	–	3,7784	52,0603	–30
	1	13,7784	–7,9397	0

Damit ergibt sich folgende Gleichung: $(x - 3{,}7784) \cdot \underbrace{(x^2 + 13{,}7784x - 7{,}9397)}_{\overset{!}{=}0} = 0$

pq-Formel mit p = 13,7784, q = -7,9397:

$$x_{02,03} = -\frac{13{,}7784}{2} \pm \sqrt{\left(\frac{13{,}7784}{2}\right)^2 + 7{,}9397} = -6{,}8892 \pm 7{,}4432$$

$x_{02} = 0{,}554$ [$x_{03} = -14{,}3324$ irrelevant, da außerhalb des Definitionsbereichs]
Damit haben wir die gesuchten Gewinngrenzen gefunden: x = 0,554 und x = 3,7784.
Der Gewinnbereich lautet also $0{,}554 < x < 3{,}7784$.

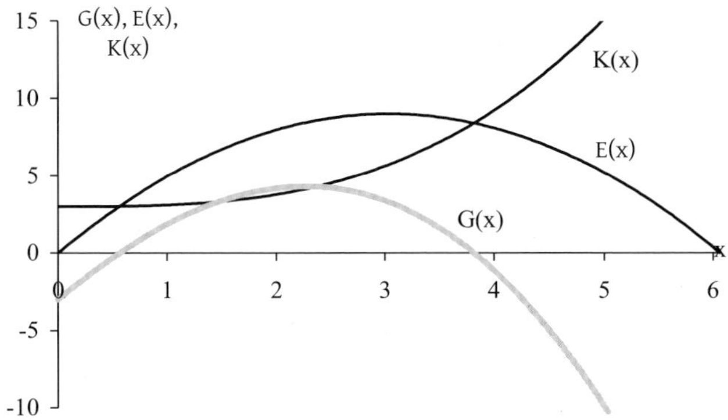

Abb. 3.47: Newton-Verfahren: Bestimmung der Gewinngrenzen

2. Beispiel: (Renditeberechnung)
Ein Sparer hat ein Sparziel von 18.000 € in 10 Jahren, welches er durch rentenartige Sparbeträge jeweils zum Jahresende à 1.200 € erreichen will. Welche jährliche Verzinsung (Rendite) benötigt der Sparer, damit er dieses Sparziel erreicht?

Lösung:
Gesucht ist der Zinssatz (die Rendite) i mit 1.200 · REF(10 J.;i) = 18.000 (▸ Formel 2.24) bzw. REF(10 J.;i) = 15 bzw. $\frac{(1+i)^{10}-1}{i} = 15$. Umstellen der Gleichung führt uns auf die Gleichung zehnten Grades: $(1 + i)^{10} - 15i - 1 = 0$. Wir definieren uns diese Gleichung als Funktion, deren Nullstelle gesucht wird: $f(i) = (1 + i)^{10} - 15i - 1 = 0$ mit der Ableitung $f'(i) = 10 \cdot (1 + i)^9 - 15$. Newton-Algorithmus: $i_{j+1} = i_j - \frac{(1+i_j)^{10}-15i_j-1}{10(1+i_j)^9-15}$.
Durch Probieren finden wir heraus, dass der gesuchte Zinssatz zwischen 8 % und 9 % liegen muss, denn: f(0,08) = -0,04(< 0) und f(0,09) = 0,017(> 0). Wir wählen daher mit $x_1 = 0{,}085$ einen Startwert zwischen diesen beiden Werten.

Anfangswert $x_1 = 0{,}085 = 8{,}5\%$

$$x_2 = 0{,}085 - \frac{1{,}085^{10} - 15 \cdot 0{,}085 - 1}{10 \cdot 1{,}085^9 - 15} = 0{,}085 - \frac{-0{,}01402}{5{,}8386} = 0{,}0874$$

$$x_3 = 0{,}0874 - \frac{0{,}000497}{6{,}2571} = 0{,}08732$$

$$x_4 = 0{,}08732 - \frac{0{,}0000118}{6{,}243} = \underline{\underline{0{,}08732}}$$

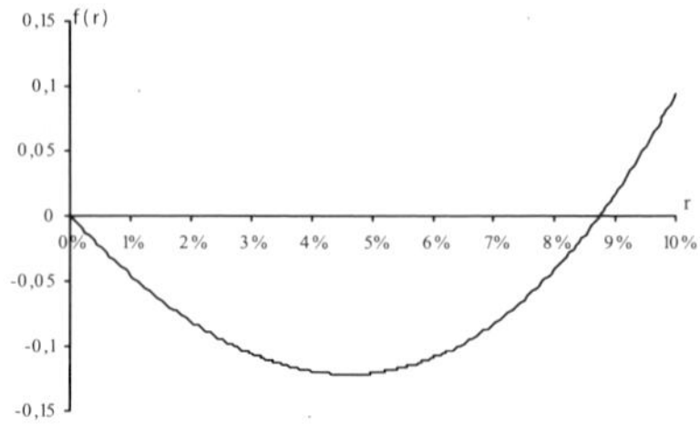

Abb. 3.48: Newton-Verfahren: Renditeberechnung

Die gesuchte Zielverzinsung beträgt damit 8,732 % p. a. Probe: $1.200 \cdot \frac{1{,}08732^{10} - 1}{0{,}08732}$ $= 17.999{,}96$ € ≈ 18.000 €.

> Der Startwert sollte »hinlänglich nah« an der tatsächlichen Nullstelle liegen. Ein »zu weit entfernter« Anfangswert kann zu dem unerwünschten Effekt führen, dass sich die mit dem Newton-Algorithmus errechneten Schätzwerte von der gesuchten Nullstelle entfernen (Divergenz).

Aufgabe 80: Ein Unternehmer vermarktet ein bestimmtes »beliebig teilbares« Produkt, für das er eine Monopolstellung hat. Die Herstellungskosten K für dieses Produkt seien durch folgende ertragsgesetzliche Kostenfunktion gegeben: $K(x) = 0{,}25x^3 - 4{,}15x^2 + 38{,}1x + 122{,}4$. Die Preis-Absatz-Funktion ist gegeben durch: $p(x) = -x + 64$ $(0 \leq x \leq 64)$. p: Preis des Gutes pro ME in GE, x: produzierte (=abgesetzte) Menge in ME.

a) Stellen Sie die Umsatz- und die Gewinnfunktion auf!

b) Ermitteln Sie die Gewinngrenzen! Wählen Sie als Startwert $x_1 = 3$!

3.3.6 Zusammenfassung Kurvendiskussion

In den vorangegangenen Kapiteln haben wir eine Vielzahl an Funktionseigenschaften und Möglichkeiten der Funktionenanalyse kennen gelernt. Die systematische Untersuchung einer Funktion wird häufig als **Kurvendiskussion** bezeichnet.

In der folgenden Übersicht wollen wir die wichtigsten Untersuchungsergebnisse zusammenfassen, wobei je nach Aufgabenstellung und Art der Funktion auch einige Punkte wegfallen können.

- **Definitions- und Wertebereich**
  In welchem Bereich ist f definiert und welche Werte kann die Funktion annehmen? Für die unabhängige Variable (Definitionsbereich) kommen häufig nur positive Werte in Betracht (Preis, Mengen, Zeit). Die Funktionswerte (Wertebereich) können entweder *nur* nichtnegativ (Kosten, Umsatz, Produktionsmenge, Konsum) oder aber zusätzlich auch negativ sein (Gewinn).
- **Stetigkeit**
  Ist die Funktion im gesamten Definitionsbereich stetig oder gibt es Lücken, Pole oder Sprünge? Falls ja, wie verläuft die Funktion, wenn man sich der Unstetigkeitsstelle nähert? Unberücksichtigt bleiben kann die Untersuchung der Stetigkeit bei ganzrationalen Funktionen, da diese im Bereich der reellen Zahlen immer stetig sind.
- **Beschränktheit/ Grenzwerte (nicht immer relevant)**
  Wie verhält sich die Funktion für $x \longrightarrow \infty$? Hat sie einen endlichen Grenzwert (Sättigung) oder steigt bzw. fällt sie »über alle Grenzen« hinweg? Gegebenenfalls ist auch das Verhalten der Funktion für $x \longrightarrow 0$ zu untersuchen.
- **Monotonie (nicht immer relevant)**
  In welchem Bereich verläuft die Funktion monoton steigend ($f'(x) > 0$) und in welchem Bereich monoton fallend ($f'(x) < 0$)?
- **Krümmung (nicht immer relevant)**
  In welchem Bereich verläuft die Funktion konvex ($f''(x) > 0$) und in welchem Bereich konkav ($f''(x) < 0$)?
- **Nullstellen (Schnittpunkt mit der x-Achse)**
  Zu lösen: $f(x) \overbrace{=}^{!} 0$. Unproblematisch bei linearen und quadratischen Funktionen, da explizit nach x auflösbar.
  Falls Polynome dritten oder höheren Grades:
  - Entweder Ermittlung einer Nullstelle durch Ausprobieren. Danach Reduzierung des Polynomgrades von n auf n-1 mittels Horner-Schema oder Polynomdivision.
  - Falls »Probiermethode« nicht erfolgreich, dann Anwendung eines Näherungsverfahrens (z. B. Newton-Verfahren), anschließend weiter mit Horner-Schema.

  Bei Vorliegen einer nichtrationalen Funktion ist die Gleichung durch geeignetes Potenzieren, Logarithmieren oder Wurzelziehen nach x aufzulösen, ansonsten Anwendung eines Näherungsverfahrens.
  Relevant ist die Nullstellenberechnung der Ursprungsfunktion insbesondere bei der Ermittlung der Gewinngrenzen (Nullstellen der Gewinnfunktion).

- **Extremwerte**
  Ist die Funktion im gesamten Definitionsbereich differenzierbar? Grundsätzlich gilt: An Unstetigkeitsstellen ist eine Funktion auch nicht differenzierbar. Wir wollen die Differenzierbarkeit hier unterstellen.
  Zu lösen: $f'(x) \overbrace{=}^{!} 0$ und Berechnung der kritischen Werte x^* als Lösung dieser Gleichung.
  Falls $f''(x^*) < 0 \Rightarrow$ Maximum
  Falls $f''(x^*) > 0 \Rightarrow$ Minimum
  Bedarfsweise Berechnung der Funktionswerte $f(x^*)$.
  Die Vorgehensweise zur Lösung der Gleichung $f'(x) = 0$ erfolgt wie unter »Nullstellen« dargestellt. Relevant ist die Extremwertbestimmung für ökonomische Probleme »aller Art« (z. B. Umsatzmaximum, Gewinnmaximum, Betriebsoptimum, Betriebsminimum, Produktivitätsmaximum etc.)
- **Wendepunkte**
  Zu lösen: $f(x) \overbrace{=}^{!} 0$ und Berechnung der kritischen Werte x_W als Lösung dieser Gleichung.
  Falls $f'''(x_W) \neq 0 \Rightarrow$ Wendepunkt an x_W liegt vor.
  Falls $f'''(x_W) = 0 \Rightarrow$ keine Aussage möglich.
  Bedarfsweise Berechnung der Funktionswerte $f(x_w)$.
- **Elastizitäten** (nicht immer relevant)
  Wie stark ist das Ausmaß der relativen Änderung von f bei relativer Änderung von x? Berechnung erfolgt durch Aufstellen der Elastizitätsfunktion $\varepsilon_{f,\,x}$: $\varepsilon_{f,x} = f\,'(x) \cdot \frac{x}{f(x)}$ und Einsetzen der gewünschten x-Werte.
- **Graphische Darstellung**
  Abschließendes Schaubild der Funktion oder der Funktionen in einem Koordinatensystem.

3.3.7 Ausgewählte ökonomische Anwendungsbeispiele

Die wichtigsten ökonomischen Funktionen haben wir bereits kennen gelernt und an einem Zahlenbeispiel erörtert. Ziel dieses Kapitels ist es, die an verschiedenen Stellen aufgetauchten Funktionen nun »einzusammeln« und in kompakter Form im ökonomischen Gesamtzusammenhang zu präsentieren.

Umsatzmaximierung

Die Zielsetzung der Umsatzmaximierung ist dem Absatzbereich zuzuordnen. Es geht um die Frage, welche Menge eines Gutes im Markt abgesetzt werden soll bzw. welcher Preis zu fordern ist, damit der Umsatzerlös maximal wird. Dazu ist vorauszusetzen, dass es einen Zusammenhang zwischen Stückpreis

und Nachfrage (Absatz) gibt. Dieser Zusammenhang präsentiert sich in Gestalt einer Preis-Absatz-Funktion p(x) oder x(p), vor allem im **Angebotsmonopol**. Der Umsatz ergibt sich sodann als Funktion $E(x) = x \cdot p(x)$ oder $E(p) = x(p) \cdot p$. Hat der Unternehmer dagegen keinen Preisgestaltungsspielraum (p fix), wie es typischerweise im **Polypol** der Fall ist, dann lautet die Umsatzfunktion einfach $E(x) = p \cdot x$, d. h. der Umsatz steigt proportional mit der abgesetzten Menge.
Im Falle einer (in der Regel monoton fallenden) Preis-Absatz-Funktion konkurrieren die Größen Preis und Absatzmenge miteinander und können zu einem optimalen Kompromiss geführt werden (Umsatzmaximum).

Beispiel:
Den Preis für ein Produkt kalkuliert ein monopolistischer Unternehmer mit folgender Preis-Absatz-Funktion:
$p(x) = -x + 20$ (Ökonomisch sinnvoller Definitionsbereich: $0 \leq x \leq 20$)
Die Umsatzfunktion lautet: $E(x) = p \cdot x = p(x) \cdot x = (-x + 20) \cdot x = -x^2 + 20x$.
Die Umsatzfunktion ist eine nach unten geöffnete Parabel mit den Nullstellen $x = 0$ und $x = 20$. Die Grenzerlösfunktion $E'(x) = -2x + 20$ ist eine lineare, monoton fallende Funktion.
Notwendige Bedingung für ein Umsatzmaximum: $E'(x) = 0 \Leftrightarrow -2x + 20 = 0 \Leftrightarrow x^* = 10$
Hinreichende Bedingung: $E''(x)^* < 0$; $E''(x) = -2 < 0 \Rightarrow$ Maximum an $x^* = 10$
$E^* = E(x^*) = E(10) = 100$ GE.
Die drei Funktionen E(x), E′(x) und p(x) sind in Abbildung 3.44 veranschaulicht.

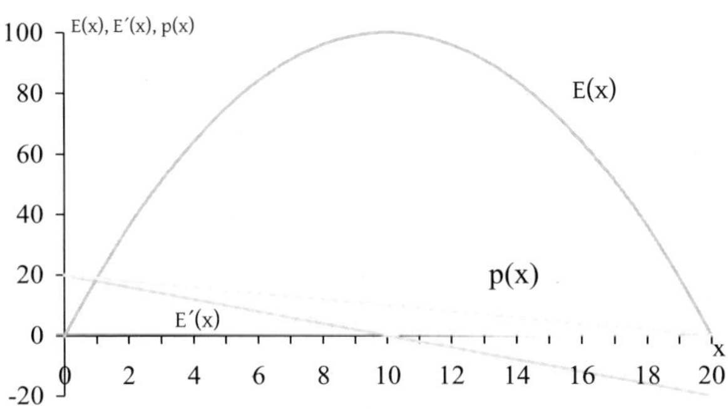

Abb. 3.49: Funktionen E(x), E′(x) und p(x)

Gewinnmaximierung (Cournot´scher Punkt)

Das folgende Modell zur Gewinnmaximierung geht auf den französischen Mathematiker und Nationalökonom COURNOT (1801-1877) zurück. Wir knüpfen an die Preis-Absatz-Funktion des vorangegangenen Beispiels an und fragen uns, ob der Unternehmer im Umsatzmaximum auch sein Gewinnmaximum erzielt. Die Antwort lautet »nein«, denn für die Ermittlung des Gewinns sind die Herstellungskosten mit ins Kalkül zu ziehen. Bevor wir das obige Beispiel unter Einbeziehung von Kosten weiterführen, wollen wir die Überlegung in allgemeiner Form anstellen.

Gewinn = Umsatzerlöse – Kosten bzw. $G(x) = E(x) - K(x)$
Ableitung der Gewinnfunktion: $G'(x) = E'(x) - K'(x)$
Notwendige Bedingung für ein Gewinnmaximum: $G'(x) = 0 \Leftrightarrow$
$E'(x) - K'(x) = 0$
$E'(x) = K'(x)$ bzw. Grenzerlös = Grenzkosten

Das Gewinnmaximum liegt also an der Stelle, an der Umsatzfunktion und Kostenfunktion dieselbe Steigung haben. Da $E'(x) = 0$ die notwendige Bedingung für ein Umsatzmaximum ist, wären Umsatz- und Gewinnmaximum nur identisch, wenn $K'(x) = 0$ gelten würde. Dies ist aber in aller Regel nicht der Fall, denn die Kostenfunktion ist üblicherweise monoton steigend: $K'(x) > 0$.

Beispiel:
Der Unternehmer (Monopolist) aus dem obigen Beispiel produziere mit progressiv ansteigenden variablen Kosten und Fixkosten von 70 GE. Die Kostenfunktion laute: $K(x) = 0{,}1x^2 + 70$. Die Grenzkostenfunktion ist dann: $K'(x) = 0{,}2x$.
Graphisch können wir die gewinnmaximale Absatzmenge aus dem Schnittpunkt von $E'(x)$ und $K'(x)$ ermitteln ($E'(x) = K'(x)$).
Zur exakten Berechnung stellen wir zunächst die Gewinnfunktion auf:
$G(x) = E(x) - K(x) = -x^2 + 20x - (0{,}1x^2 + 70) = -1{,}1x^2 + 20x - 70$
Die Gewinn*grenzen* ermitteln wir aus der Bedingung $G(x) = 0$ mit Hilfe der Lösungsformel für quadratische Gleichungen (abc-Formel):

$$x_{01,02} = \frac{-20 \pm \sqrt{20^2 - 4 \cdot (-1{,}1) \cdot (-70)}}{2 \cdot (-1{,}1)} = \frac{-20 \pm \sqrt{92}}{-2{,}2}, \text{ somit } x_{01} = 4{,}731 \text{ und } x_{02} = 13{,}45$$

Der Gewinnbereich lautet: $4{,}731 < x < 13{,}45$.
Das Gewinn*maximum* berechnen wir aus der Bedingung $G'(x) = 0$. Es muss innerhalb des Gewinnbereichs liegen.

$G'(x) = -2{,}2x + 20$; $-2{,}2x + 20 = 0 \Leftrightarrow x^{**} = 9{,}09$
Die hinreichende Bedingung ist wegen $G''(x) = -2{,}2\ (< 0)$ erfüllt.
Der maximale Gewinn beträgt $G^{**} = G(x^{**}) = G(9{,}09) = 20{,}91$.
Der vom Unternehmer zu fordernde Preis für das Erreichen des Gewinnmaximums ergibt sich durch Einsetzen in die Preis-Absatz-Funktion: $p(9{,}09) = p^{**} = 10{,}91$.
Der gewinnmaximale Preis wird auch als **Cournot-Preis** bezeichnet. Der Punkt $(x^{**}; p^{**})$ auf der Preis-Absatz-Funktion heißt **Cournot'scher Punkt**. Abbildung 3.50 verdeutlicht noch einmal alle relevanten Funktionen sowie den Cournotschen Punkt.

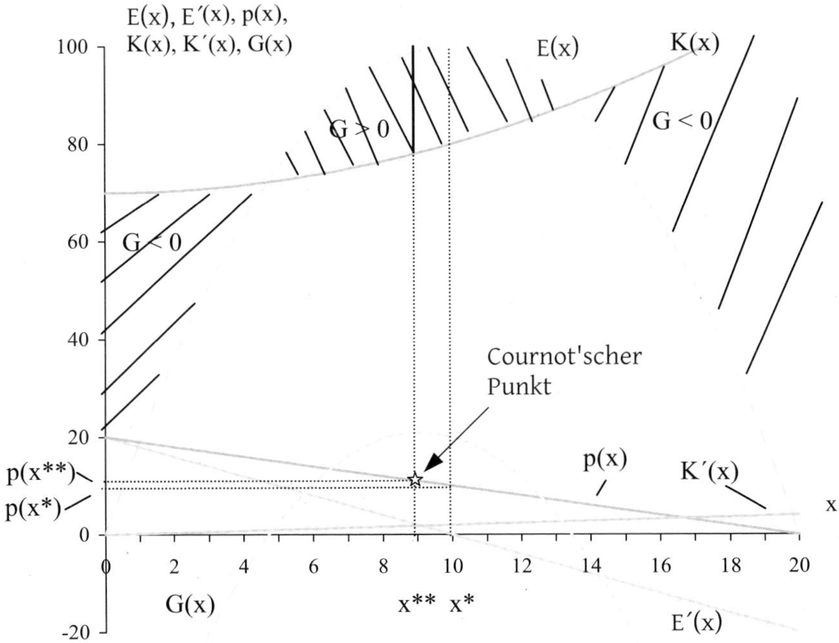

Abb. 3.50: Bestimmung des Cournot´schen Punktes

Ergänzung:
Befindet sich der Anbieter in einem Markt mit **vollständiger Konkurrenz**, so wird der Preis p als »vom Markt vorgegeben«, also als fixe Größe angenommen. Damit ergibt sich für die Gewinnfunktion $G(x) = p \cdot x - K(x)$ und als notwendige Bedingung für ein Gewinnmaximum $G'(x) = p - K'(x) \overset{!}{=} 0$ bzw. $p = K'(x)$. Der Anbieter erzielt also sein Gewinnmaximum, wenn gilt: **Preis = Grenzkosten**.

Optimale Bestellmenge

Im folgenden Modell geht es um ein Problem aus der **Beschaffungsplanung.** Güter, die nicht selbst produziert werden, müssen zugekauft und zur Überbrückung der Zeit zwischen Beschaffung und Verwendung/ Auslieferung gelagert werden. Dabei entstehen neben den unmittelbaren Beschaffungskosten (=Menge mal Einstandspreis) zwei Kategorien von Kosten:

- **Bestellfixe Kosten** (Mittelbare Beschaffungskosten): Sie variieren nicht mit der Bestellmenge, sondern fallen pro Bestellvorgang an. Es handelt sich hier um die Kosten der Einkaufsabteilung, der Güterannahme und -prüfung.
- **Lagerkosten**: Sie hängen vom mengen- und wertmäßigen Lagerbestand und von der Lagerdauer ab. Es handelt sich vor allem um die Zinskosten für das gebundene Kapital, Raumkosten und Versicherungskosten.

Diese beiden Kostenkategorien stehen im Konflikt zueinander:

- Um die bestellfixen Kosten niedrig zu halten, sollten möglichst wenige Bestellungen aufgegeben werden. Dies impliziert aber **große** Bestellmengen.
- Um die Lagerkosten niedrig zu halten, sollten die Lagerbestände klein gehalten werden. Dieses Ziel führt jedoch zu häufigen Bestellungen und folglich zu **kleinen** Bestellmengen.

Das Ziel besteht darin, einen optimalen Kompromiss zwischen diesen beiden konfliktären Zielsetzungen herbeizuführen. Das Ergebnis ist die optimale Bestellmenge, die wir berechnen wollen.
Um das Lagerhaltungsmodell überschaubar zu halten, treffen wir folgende vereinfachende Annahmen:

a) linearer, über die Zeit konstanter Lagerabgang,
b) »sofortige« Lagerauffüllung, wenn der Lagerbestand auf null gesunken ist.

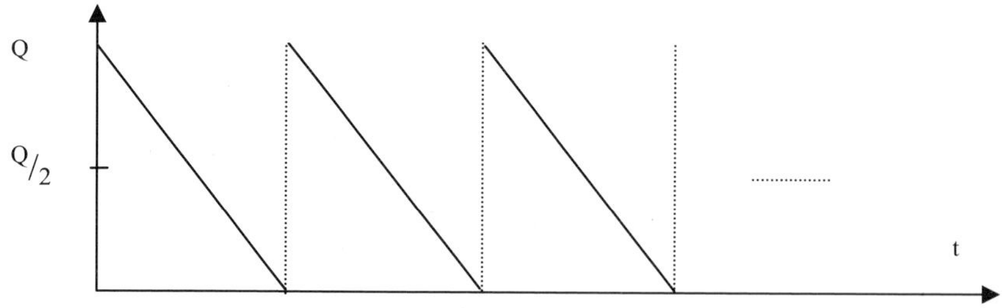

Abb. 3.51: Einfaches Lagerhaltungsmodell

Gesucht ist die Bestellmenge Q, bei der die Gesamtkosten pro Jahr minimal werden.

Abkürzungen:

B	Jahresbedarf $[^{ME}/_{Jahr}]$	gegeben
l	Lagerstückkosten pro Jahr $[^{GE}/_{Stück}$ und Jahr] (= Zins- und Lagerkostensatz mal Stückpreis)	gegeben
K_f	Bestellfixe Kosten pro Bestellung $[^{GE}/_{Bestellung}]$	gegeben
Q	Bestellmenge $[^{ME}/_{Bestellung}]$	unbekannt
Q*	optimale Bestellmenge	unbekannt
z	Anzahl der Bestellungen im Jahr	unbekannt
K	Gesamtkosten pro Jahr	unbekannt

Aufstellen der Kostenfunktion:

K = Lagerkosten pro Jahr + Bestellfixe Kosten pro Jahr

= Lagerstückkosten·Ø-Lagerbestand + Kosten pro Bestellung·Anzahl Bestellungen

$= l \cdot \frac{Q}{2} + \quad K_f \cdot z$

Ferner gilt: $B = z \cdot Q \Leftrightarrow z = \frac{B}{Q}$

Einsetzen führt auf: $K = K(Q) = l \cdot \frac{Q}{2} + K_f \cdot \frac{B}{Q}$ Gesamtkosten pro Jahr (Zielfunktion)

Es handelt sich um eine nur von Q abhängige Funktion. Alle anderen Größen (l, K_f, B) sind bekannte Parameter.

Notwendige Bedingung für Minimum: $K'(Q) = 0$

$$K'(Q) = \frac{l}{2} - \frac{K_f \cdot B}{Q^2};\ K'(Q) = 0 \Leftrightarrow \frac{l}{2} - \frac{K_f \cdot B}{Q^2} = 0 \Leftrightarrow Q^2 = \frac{2 \cdot K_f \cdot B}{l} \Rightarrow$$

$$Q^* = \sqrt{\frac{2 \cdot K_f \cdot B}{l}}$$ »Andler'sche Bestellmengenformel« (3.25)

Hinreichende Bedingung für Minimum: $K''(Q^*) > 0$

$K''(Q) = \frac{2 \cdot K_f \cdot B}{Q^3} > 0$, da alle Größen $> 0 \Rightarrow$ Es liegt ein Minimum vor.

Die Abbildung 3.52 veranschaulicht das Optimierungsproblem. Die variablen Lagerkosten pro Jahr ($l \cdot \frac{Q}{2}$) haben einen in Abhängigkeit der Bestellmenge Q linear ansteigenden Verlauf, denn mit zunehmendem Bestellvolumen nimmt entsprechend das gebundene Kapital zu. Die bestellfixen Kosten pro Jahr ($K_f \cdot \frac{B}{Q}$) dagegen zeigen einen hyperbelförmig abnehmenden Verlauf, denn je höher die Bestellmenge, umso geringer sind die Zahl der Bestellungen und zwangsläufig auch die bestellfixen Kosten. Die graphische Addition der beiden gegenläufigen Kurven ergibt schließlich die »schüsselförmige« Gesamtkostenkurve mit dem Kostenminimum bei Wahl der Bestellmenge Q*.

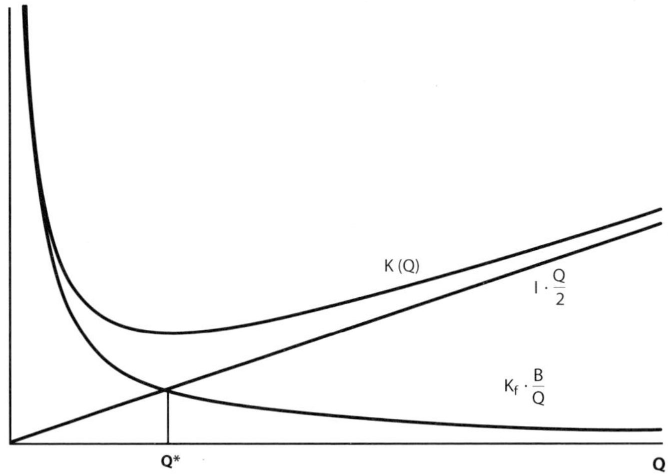

Abb. 3.52: Kostenverläufe im Lagerhaltungsmodell

Die Graphik weist darauf hin, dass das Minimum genau am Schnittpunkt der beiden Kostenkurven erreicht wird. Dies wird formal deutlich, wenn wir uns noch einmal die Optimalitätsbedingung betrachten: $\frac{l}{2} - \frac{K_f \cdot B}{Q^2} = 0$. Multiplizieren wir die Gleichung mit Q und stellen um, erhalten wir: $\frac{l}{2} \cdot Q = \frac{K_f \cdot B}{Q}$, d. h. im Optimum sind variable Lagerkosten pro Jahr und bestellfixe Kosten pro Jahr identisch.
Ein zu dem Modell zur Bestellmengenplanung ähnliches Modell gibt es zur Losgrößenplanung bei Eigenfertigung. Dabei geht es um die Frage, wie viel Mengeneinheiten eines Gutes in wie viel Produktionszyklen getätigt werden sollen. An die Stelle der bestellfixen Kosten treten dabei die Rüstkosten. Die Denk- und Vorgehensweise dieses Modells ist ansonsten identisch mit dem Modell zur Berechnung der optimalen Losgröße und wird deshalb hier nicht weiter behandelt.

Beispiel:
Ein Unternehmen habe einen Materialbedarf von 400.000 Stück im Jahr. Das durch die Lagerung gebundene Kapital wird mit 1.000 GE pro Stück kalkuliert. Der jährliche Zins- und Lagerkostensatz betrage 10 %. Pro Bestellung einer Charge des Materials fallen an bestellfixen Kosten 8.000 GE an. Welche Stückzahl sollte bestellt und wie viel Bestellungen im Jahr sollten getätigt werden?

Lösung:
Aus der Aufgabenstellung können wir entnehmen: $B = 400.000$ Stück, $K_f = 8.000$ GE und $l = 1.000 \cdot 0{,}1 = 100$ GE. Einsetzen in die Formel führt uns auf die optimale Bestellmenge: $Q^* = \sqrt{\frac{2 \cdot 400.000 \cdot 8.000}{100}} = 8.000$ Stück. Die Anzahl der Bestellungen beträgt folglich $z = \frac{400.000}{8.000} = 50$, d. h. rund eine Bestellung pro Woche.

Die minimalen Kosten betragen: $K^* = K(Q^*) = 100 \cdot 4.000 + 8.000 \cdot 50 = 400.000 + 400.000 = 800.000$ GE

Die folgende Wertetabelle für einige ausgewählte Bestellzyklen zeigt, dass tatsächlich das Optimum »in der Mitte« (hier $z = 50$) liegt.

Anzahl Bestellungen im Jahr (z)	Bestellfixe Kosten	Lagerkosten	Gesamtkosten
1 (1 x 400.000 Stück) Vorratshaltung für das Gesamtjahr	8.000 €	20,00 Mio. €	20,008 Mio. €
10 (10 x 40.000)	80.000 €	2 Mio. €	2,08 Mio. €
25 (25 x 16.000)	200.000 €	800.000 €	1,00 Mio. €
50 (50 x 8.000)	400.000 €	400.000 €	800.000 €
75 (75 x 5.333)	600.000 €	266.667 €	866.667 €
100 (100 x 4.000)	800.000 €	200.000 €	1,00 Mio. €
200 (200 x 2.000)	1.60 Mio. €	100.000 €	1,70 Mio. €

Betriebsoptimum und Betriebsminimum

Das **Betriebsoptimum** wird bei der Produktionsmenge erzielt, bei der die **Gesamtkosten pro Stück** minimal sind. Unter dem **Betriebsminimum** versteht man das **Minimum der variablen Stückkosten**.

Beispiel:
Gegeben sei die ertragsgesetzliche Kostenfunktion: $K(x) = 0{,}25x^3 - 3x^2 + 16x + 64$ $(x \geq 0)$

Gesucht sind das Betriebsoptimum und das Betriebsminimum sowie der Wendepunkt der Kostenfunktion.

Lösung:
Betriebsoptimum:
Zunächst stellen wir die zu minimierende Stückkostenfunktion auf:

$$\frac{K(x)}{x} = k(x) = 0{,}25x^2 - 3x + 16 + \frac{64}{x}$$

$k'(x) = 0{,}5x - 3 - \frac{64}{x^2}$. $k'(x) = 0$ führt auf: $0{,}5x^3 - 3x^2 - 64 = 0$

$$\Leftrightarrow x^3 - 6x^2 - 128 = 0$$

Wir suchen ganzzahlige Lösungen als Teiler von 128 und starten mit einem Lösungsversuch bei $x = 8$:

	1	-6	0	128
x = 8	–	8	16	128
	1	2	16	0

Damit ergibt sich folgende Gleichung: $(x-8)\cdot\underbrace{(x^2+2x+16)}_{\stackrel{!}{=}0}=0$

$x = 8 = x_{opt}$ ist der einzige Lösungskandidat, da der verbleibende quadratische Ausdruck für nichtnegative x-Werte (≥ 0) niemals null werden kann.
Hinreichende Bedingung: $k''(8) > 0$

$k''(x) = 0{,}5 + \frac{128}{x^3}$ (>0 für $x \geq 0$) $\Rightarrow$ Minimum an $x = 8$

Bei einer Produktionsmenge von $x = 8$ produziert der Unternehmer zu minimalen Stückkosten. Die minimalen Stückkosten betragen $k_{opt} = k(8) = 16$ GE.
Die zum Betriebsoptimum (im Beispiel: $x = 8$ ME) gehörigen Stückkosten – hier 16 GE – werden in der Mikroökonomie auch als **langfristige Preisuntergrenze** bezeichnet. Bei einem Preis in Höhe des Betriebsoptimums befindet sich das Unternehmen in einer Null-Gewinn-Situation unter Einschluss der Fixkosten. In diesem Fall können die Konsumenten das betreffende Produkt zum (auf lange Sicht) günstigsten Preis bei minimalem Ressourcenverbrauch erwerben. Zweckmäßig ist diese Vorgehensweise für Unternehmen, die ohne Gewinnerzielungsabsicht produzieren (Nonprofit-Unternehmen) oder die sich in einem Verdrängungswettbewerb befinden.

Betriebsminimum:

Die zu minimierende Funktion der variablen Stückkosten lautet:

$\frac{K_v(x)}{x} = k_v(x) = 0{,}25x^2 - 3x + 16$

$k_v'(x) = 0{,}5x - 3 = 0 \Leftrightarrow x_{min} = 6$

$k_v''(x) = 0{,}5\ (> 0) \Rightarrow$ Minimum an $x = 6$, $k_{min} = k(6) = 7$ GE

Die zum Betriebsminimum (im Beispiel: $x = 6$ ME) gehörigen variablen Stückkosten – hier 7 GE – werden als **kurzfristige Preisuntergrenze** bezeichnet. Man verzichtet kurzfristig auf die Deckung der Fixkosten, um etwa in einem harten Preiskampf nicht vom Markt verdrängt zu werden. Man erzielt einen Deckungsbeitrag von genau null und nimmt bewusst kurzfristig Verluste in Kauf.

Bei Produktion einer Ausbringungsmenge zwischen Betriebsoptimum und Betriebsminimum (im Beispiel: $6 < x < 8$) wird ein positiver Deckungsbeitrag erwirtschaftet, der wenigstens einen Teil der Fixkosten abdeckt.

Wendepunkt:

Der Wendepunkt der ertragsgesetzlichen Kostenfunktion ist zugleich das **Minimum der Grenzkosten.**

$K'(x) = 0{,}75x^2 - 6x + 16,\ K''(x) = 1{,}5x - 6,\ K'''(x) = 1{,}5 \neq 0$

$K''(x) = 0$ bzw. $1{,}5x - 6 = 0 \Leftrightarrow x_W = 4$

Die Analyse führt also auf die kritischen Werte $x_{opt} = 8$, $x_{min} = 6$ und $x_w = 4$, d. h. es gilt die Relation $x_w < x_{min} < x_{opt}$

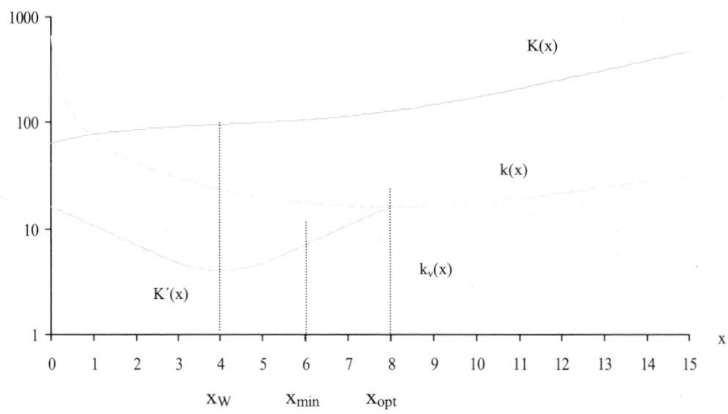

Abb. 3.53: Betriebsoptimum und Betriebsminimum

Ertragsgesetzliche Produktionsfunktion und Produktivitätsmaximum

Beispiel:

In einem Produktionsprozess lasse sich die Ausbringungsmenge (Output) bei Variation einer Inputgröße durch folgende ertragsgesetzliche Produktionsfunktion darstellen:

$x(r) = \frac{1}{20} \cdot r^3 + \frac{3}{5} \cdot r^2$ $(r > 0)$, r: Einsatzmenge, x: mengenmäßiger Ertrag (Output)

Gesucht sind

- die kritischen Mengen maximalen Gesamtertrags und maximaler Produktivität,
- der Bereich positiver Erträge,
- die Bereiche positiver und negativer Grenzerträge,
- die Bereiche zunehmender und abnehmender Grenzerträge.

Lösung:

Maximaler Gesamtertrag:

$$x'(r) = -\frac{3}{20}r^2 + \frac{6}{5}r;\ x'(r) = 0 \Leftrightarrow r \cdot \left(-\frac{3}{20}r + \frac{6}{5}\right) = 0$$

$$r_1{}^* = 0\ (\notin D_f);\ r_2{}^* = \frac{\frac{6}{5}}{\frac{3}{20}} = \frac{6 \cdot 20}{3 \cdot 5} = 8$$

$$x''(r) = -\frac{6}{20}r + \frac{6}{5};\ x''(r_2{}^*) = -1{,}2\ (< 0) \Rightarrow \text{Maximum an } r = 8,\ x(8) = 12{,}8.$$

Maximale Produktivität:

Die Produktivitätsfunktion lautet: $\frac{x(r)}{r} = -\frac{1}{20}r^2 + \frac{3}{5}r$

Notwendige Bedingung für das Produktivitätsmaximum: $\left(\frac{x(r)}{r}\right)' = 0$

$$\left(\frac{x(r)}{r}\right)' = -\frac{1}{10}r + \frac{3}{5} = 0 \Leftrightarrow r^*_{\text{prod}} = \frac{\frac{3}{5}}{\frac{1}{10}} = 6$$

$$\left(\frac{x(r)}{r}\right)'' = -\frac{1}{10}\ (< 0) \Rightarrow \text{Maximum an } r = 6.\ \frac{x(6)}{6} = 1{,}8$$

Den gesuchten Wert kann man auch graphisch recht anschaulich ermitteln, und zwar mit Hilfe eines sog. **Fahrstrahls**. Ein Fahrstrahl ist eine vom Nullpunkt ausgehende Halbgerade. Wir wählen dazu einen beliebigen Fahrstrahl, der die Ertragskurve im aufsteigenden Teil der Funktion durchstößt (▶ Abb. 3.49). Die Steigung des Fahrstrahls ist gerade das Verhältnis von Gegenkathete zu Ankathete (Tangens des Steigungswinkels), also $\frac{x(r)}{r}$. Die Steigung des Fahrstrahls entspricht somit dem Wert der Produktivität. Folglich ist das Produktivitätsmaximum an der Stelle erreicht, an der die Steigung des Fahrstrahls maximal wird. Der Fahrstrahl mit maximaler Steigung ist gerade die *Tangente* an die Ertragsfunktion, der entsprechende Punkt auf der Produktivitätsfunktion ist das Produktivitätsmaximum.

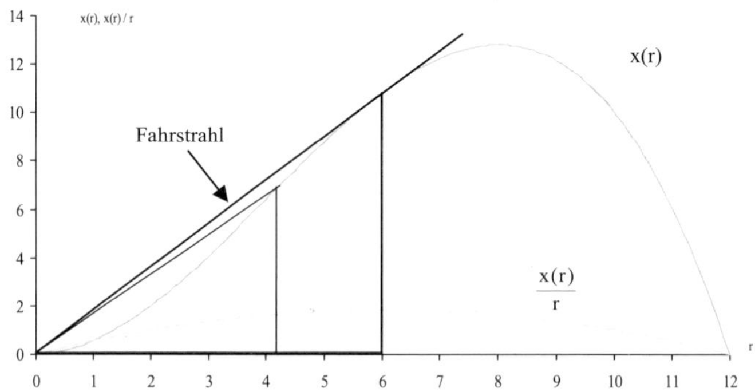

Abb. 3.54: Fahrstrahlanalyse

Bereich positiver Gesamterträge:

$$x(r) > 0 \Leftrightarrow \underbrace{r^2}_{>0} \cdot \underbrace{\left(-\tfrac{1}{20}r + \tfrac{3}{5}\right)}_{\substack{>0,\\ \mathit{falls}\ -\frac{1}{20}r+\frac{3}{5}>0}} > 0; -\frac{1}{20}r + \frac{3}{5} \Leftrightarrow r < 12$$

Bereich positiver und negativer Grenzerträge:

Bedingung für positive Grenzerträge: $x'(r) > 0$

Bedingung für negative Grenzerträge: $x'(r) < 0$

$$x'(r) > 0\ (< 0) \Leftrightarrow \underbrace{r}_{>0} \cdot \underbrace{\left(-\tfrac{3}{20}r + \tfrac{6}{5}\right)}_{\substack{>0,\\ \mathit{falls}\ -\frac{3}{20}r+\frac{6}{5}>0\\ <0,\\ \mathit{falls}\ -\frac{3}{20}r+\frac{6}{5}<0}} > 0\ (< 0)$$

Bereich positiver Grenzerträge (monoton steigend): $-\frac{3}{20}r + \frac{6}{5} > 0$ bzw. $r < 8$

Bereich negativer Grenzerträge (monoton fallend): $-\frac{3}{20}r + \frac{6}{5} < 0$ bzw. $r > 8$

Bereich steigender und fallender Grenzerträge:

Bedingung für steigende Grenzerträge: $x''(r) > 0$

Bedingung für fallende Grenzerträge: $x''(r) < 0$

$$x''(r) > 0\ (< 0) \Leftrightarrow -\frac{3}{10}r + \frac{6}{5} > 0\ (< 0)$$

Bereich steigender Grenzerträge (konvex): $r < 4$

Bereich fallender Grenzerträge (konkav): $r > 4$

An der Schnittstelle zwischen konvexem und konkavem Verlauf ($x''(r) = 0$) liegt folglich der **Wendepunkt** der Ertragsfunktion, d. h. $r_W = 4$.

Die Analyseergebnisse können wir folgendermaßen zusammenfassen:

$0 < r < 4$ positive Erträge, positive, steigende Grenzerträge,

$4 < r < 8$ positive Erträge, positive, fallende Grenzerträge,

$8 < r < 12$ positive Erträge, negative, fallende Grenzerträge.

Außerdem gilt: $r_W < r^*_{prod} < r^*$, d. h. das Produktivitätsmaximum liegt zwischen Wendepunkt und Ertragsmaximum.

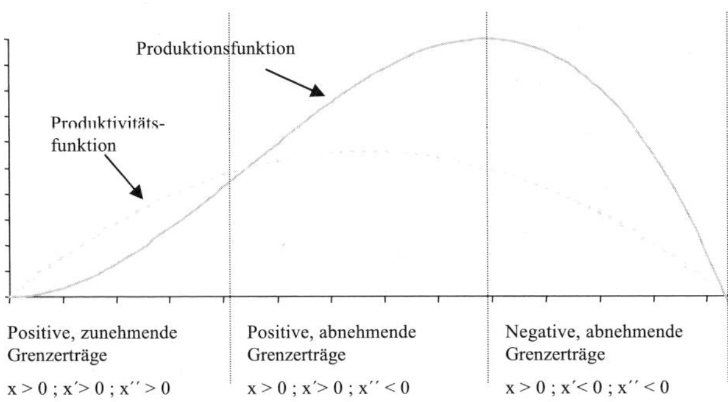

Abb. 3.55: Analyse der ertragsgesetzlichen Produktionsfunktion

Aufgabe 81: Ein monopolistischer Anbieter eines beliebig teilbaren Gutes beschreibt die Abhängigkeit der Kosten von der hergestellten Menge x mit der folgenden Funktion K: $K(x) = 0{,}3x^3 - 1{,}8x^2 + 5x + 30$ ($x \geq 0$). Die Preis-Absatz-Funktion p lautet folgendermaßen: $p(x) = -0{,}9x + 15$ ($0 \leq x \leq 16{,}67$). Berechnen Sie die Grenzen der Gewinnzone!

Aufgabe 82: Ein Handelsunternehmen bietet Computer an und stellt bezüglich der Preisfindung folgende Kalkulation an:

- Bei einem Preis von 2.000 GE ist in einem Monat mit einer Verkaufszahl von 600 Stück zu rechnen.
- Bei einem Preis von 2.400 GE rechnet man dagegen nur mit 520 verkauften Stück.

a) Berechnen Sie für beide Konstellationen die im Monat erzielbaren Umsatzerlöse!
b) Das Unternehmen unterstellt eine lineare Preis-Absatz-Funktion p(x), wie sie unten skizziert ist. Die beiden in a) dargestellten Preis-Mengen-Kombinationen liegen auf dieser Geraden. Ermitteln Sie die Funktionsgleichung p(x) der Preis-Absatz-Funktion!
c) Stellen Sie die Umsatzfunktion auf und berechnen Sie die umsatzmaximale Absatzmenge x*, den im Umsatzmaximum zu fordernden Preis p* sowie den maximalen Umsatz U*!
d) Bestimmen Sie die Preiselastizität der Nachfrage im Umsatzmaximum!

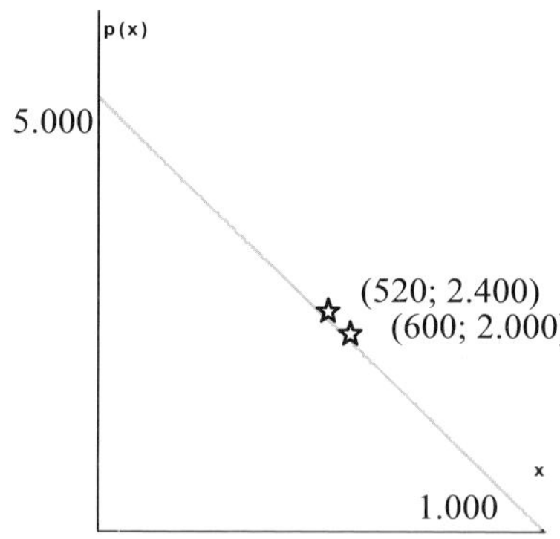

Abb. 3.56

Aufgabe 83: Ein Unternehmer habe ein Monopol auf ein bestimmtes Produkt, für das er eine Preis-Absatz-Funktion $x(p) = a + b \cdot p$ ($a > 0$, $b < 0$) veranschlagt. Der aktuelle Stückpreis für dieses Produkt betrage $p = 20$ GE, die

Absatzmenge zu diesem Preis betrage $x = 10$ ME. Ferner habe die Preiselastizität der Nachfrage beim Preis $p = 20$ GE den Wert $\varepsilon_{x,p} = -1$.

a) Erläutern Sie, was es ökonomisch bedeutet, dass der Wert der Elastizität der nachgefragten Menge bezüglich des Preises den Wert –1 hat!
b) Ermitteln Sie aus den vorliegenden Angaben die Parameter a und b und stellen Sie die Preis-Absatz-Funktion auf!
c) Der Unternehmer hat seine Absatzerwartungen noch einmal modifiziert und geht nun von folgender Preis-Absatz-Funktion aus: $x(p) = -\frac{2}{3} \cdot p + \frac{70}{3}$ Stellen Sie die Funktion x(p) in der Form p(x) dar und ermitteln Sie die Umsatzfunktion sowie den Preis, mit dem der Unternehmer seinen Umsatz maximiert!
d) Der Unternehmer sieht sich in seinem Produktionsprozess folgender Kostenfunktion gegenüber: $K(x) = 0{,}1x^3 - 2{,}7x^2 + 28{,}7x + 27$. Erläutern Sie den Begriff des Betriebsminimums und berechnen Sie die Stückzahl, bei der der Unternehmer im Betriebsminimum produziert!
e) Der Produktionsleiter behauptet, sein Betriebsoptimum läge bei $x = 14{,}172$ ME. Zeigen Sie, dass er Recht hat.
f) Unterstellen Sie eine Preis-Absatz-Funktion $p(x) = -1{,}5x + 35$ und stellen Sie auf Basis der in d) gegebenen Kostenfunktion die Gewinnfunktion auf und berechnen Sie die Gewinngrenzen x_{01} und x_{02}!
g) Berechnen Sie auf Basis der in f) aufgestellten Gewinnfunktion die Stückzahl x^{**} und den dazugehörigen Preis p^{**}, bei der der Unternehmer seinen Gewinn maximiert!

Aufgabe 84: Ein Unternehmer habe ein Monopol auf ein bestimmtes Produkt, für das er eine Preis-Absatz-Funktion $p(x) = 15 - x$ (p: Stückpreis in GE, x: verkaufte Menge in ME) veranschlagt. Außerdem unterstellt er einen ertragsgesetzlichen Verlauf für die Kostenfunktion, die folgende Funktionsvorschrift aufweist: $K(x) = 0{,}05x^3 - 0{,}8x^2 + 7{,}25x + 7{,}5$ $(x \geq 0)$
a) Berechnen Sie den Wendepunkt der Kostenfunktion $(x_W, K(x_W))$!
b) Skizzieren Sie den Verlauf der Kostenfunktion in einem Koordinatensystem! Markieren Sie den Bereich *degressiv* steigenden Verlaufs und den Bereich *progressiv* steigenden Verlaufs von K(x)!
c) Berechnen Sie die Produktionsmenge x_{Bmin}, bei der der Unternehmer sein Betriebsminimum erzielt!
d) Zeigen Sie, dass das Betriebsoptimum x_{Bopt} den (auf drei Dezimalstellen gerundeten) Wert $x = 8{,}939$ annimmt! Zeigen Sie ferner, dass die Funktion der durchschnittlichen Gesamtkosten kein weiteres Minimum mehr besitzt!
e) Stellen Sie obige Preis-Absatz-Funktion in der Form x(p) auf und berechnen Sie die Preiselastizität der Nachfrage für $p = 7{,}5$ GE!

f) Berechnen Sie die Menge x^*, bei der der Unternehmer seinen maximalen Umsatz erzielt!
g) Stellen Sie die Gewinnfunktion auf und berechnen Sie die Gewinngrenzen x_{01} und x_{02}!
h) Berechnen Sie auf Basis der in g) aufgestellten Gewinnfunktion die Stückzahl x^{**} und den dazugehörigen Preis p^{**}, bei der der Unternehmer seinen Gewinn maximiert!

Aufgabe 85: Ein Unternehmer verkauft sein Produkt zum Stückpreis von $p = 3$ GE. Die Gesamtkosten der Produktion lassen sich in Abhängigkeit der hergestellten Menge (= verkauften Menge) x durch folgende Funktion beschreiben: $K(x) = -2 \cdot (1 - x)^3 + 4 \; (x \geq 0)$

a) Wie hoch sind die Fixkosten?
b) Berechnen Sie den Wendepunkt der Kostenfunktion $(x_W, K(x_W))$! Wie hoch sind die Grenzkosten am Wendepunkt und wie nennt man im mathematischen Sinne diesen Punkt?
c) Berechnen Sie näherungsweise das Betriebsoptimum x_{Bopt} mit dem Newton-Verfahren! Wählen Sie als Startwert $x = 2$ und führen Sie zwei Iterationsschritte durch!
d) Berechnen Sie die Gewinngrenzen x_{01} und x_{02}!
e) Berechnen Sie die Menge x^*, bei der der Unternehmer seinen Gewinn maximiert!

Aufgabe 86: Gegeben sei die ertragsgesetzliche Produktionsfunktion $x(r) = -0{,}15r^3 + 2r^2 + 12r$ mit r: Einsatzfaktormenge (Input), x: Ausbringungsmenge (Output).

a) Berechnen Sie den Bereich positiver Ausbringungsmenge (d. h. die Nullstellen der Funktion) und legen Sie anschließend den Definitionsbereich fest!
b) Berechnen Sie die Zonen steigenden und fallenden Outputs sowie steigender und fallender Grenzerträge!
c) Skizzieren Sie die Funktion in einem Koordinatensystem!

Aufgabe 87:

Für ein Massengut besteht in einem Unternehmen ein Jahresbedarf von 100 000 Stück. Das Unternehmen kann diesen Bedarf durch periodische Bestellzyklen decken. Die bestellfixen Kosten betragen 1 250 GE pro Bestellung. Die Ware wird nach Eingang auf Lager genommen (variable Lagerkosten seien 10 GE pro Stück und Jahr) und linear über die Zeit verbraucht. Nach Erreichen eines Lagerbestands von 0 wird annahmegemäß das Lager »sofort« auf den Bestand Q aufgefüllt.

a) Stellen Sie die Kostenfunktion in Abhängigkeit von Q auf, in der die variablen Lagerkosten und die bestellfixen Kosten Kosten für das gesamte Jahr erfasst werden!
b) Berechnen Sie die optimale Bestellmenge Q^* und die Zahl der Bestellungen pro Jahr!

4 Differentialrechnung für Funktionen mit mehreren unabhängigen Veränderlichen

Lehrziele

Nach Durcharbeiten dieses Kapitels sollen die Studierenden

- das Prinzip der partiellen Ableitung kennen und partielle Ableitungen berechnen können,
- in der Lage sein, Extremwertaufgaben ohne Nebenbedingungen zu bearbeiten,
- befähigt sein, eine Extremwertaufgabenstellung mit Nebenbedingungen in einem mathematischen Ansatz zu formulieren,
- das Lagrange-Verfahren und die Substitutionsmethode als Lösungsverfahren zu Extremwertaufgaben mit Nebenbedingungen beherrschen.

4.1 Partielle Ableitung

Im vorangegangenen Kapitel hatten wir uns ausschließlich mit Funktionen bei *einer* unabhängigen Veränderlichen beschäftigt. Das heißt: Die Kenntnis einer Variablen bestimmt den Wert der Funktion. Viele reale Erscheinungsformen sind jedoch multifaktorell, d. h. ihr Wert bestimmt sich erst durch die Kenntnis mehrerer Parameter, z. B.:

- Die Fläche eines Rechtecks ist eindeutig durch die Größen »Länge« und »Breite« bestimmt.
- Das aufgezinste Vermögen nach n Jahren bei vorgegebenem Anfangsvermögen hängt von den zwei Parametern »Zinssatz« und »Laufzeit« ab.
- Der Umsatz eines Unternehmers errechnet sich aus den Größen »Stückpreis« und »Menge«.
- Die Herstellung eines Produkts bestimmt sich nicht aus einer einzigen »Zutat«, sondern aus einer bestimmten Anzahl verschiedener Produktionseinsatzfaktoren.

Diese Zusammenhänge lassen sich mit Hilfe von Funktionen mit mehreren unabhängigen Veränderlichen darstellen, z. B.:

- $f(L;B) = L \cdot B$ Fläche eines Rechtecks (»Länge« mal »Breite«)
- $K_n = f(i;n) = K_0 \cdot (1 + i)^n$
  Aufgezinstes Vermögen bei gegebenem Anfangsvermögen in Abhängigkeit der Parameter i (Zinssatz) und n (Laufzeit in Jahren)
- $E(p;x) = p \cdot x$
  Umsatzerlös als Produkt aus Stückpreis p und Absatzmenge x
- $x(r_1,..., r_n)$
  Ausbringungsmenge (Output) eines Produkts als Ergebnis der Kombination der Einsatzmengen (Inputs) $r_1, ..., r_n$

Die allgemeine Schreibweise für Funktionen mit n Veränderlichen lautet:
$f(x_1, ..., x_n)$
Für den Fall zweier unabhängiger Variablen ($n = 2$) schreiben wir:
$f(x_1; x_2)$ oder $z = f(x; y)$
Im Folgenden werden wir uns vorwiegend auf den Fall mit zwei unabhängigen Variablen konzentrieren. Dieser (einfachste) Fall hat den Vorteil, dass er noch graphisch darstellbar ist. Dabei bildet jeder Punkt (x_0, y_0) einen Punkt in der x-y-Ebene. Der z-Wert ist dann der Bildpunkt im dreidimensionalen Raum.
Die folgende Abbildung zeigt den Graph der Funktion $f(L; B) = L \cdot B$ (= Länge mal Breite) zur Flächenberechnung eines Rechtecks.

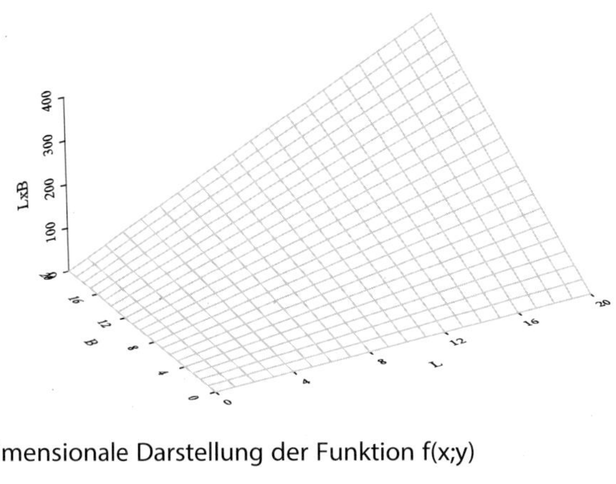

Abb. 4.1: Dreidimensionale Darstellung der Funktion f(x;y)

Wir wollen nun die Funktion $f(x_1,...,x_n)$ und insbesondere die Funktion $f(x; y)$ ableiten. Bei einer Funktion $f(x)$ war die Situation eindeutig: $f'(x)$ war die Steigung der Tangente in y-Richtung (nach oben oder unten), wenn man sich in x-Richtung (nach rechts oder links) bewegt. Befindet sich der Punkt $(x; y)$ jedoch in einer Ebene, das Bild der Funktion im dreidimensionalen Raum, so können wir uns ausgehend von einem Punkt in jede beliebige Himmelsrichtung bewegen.

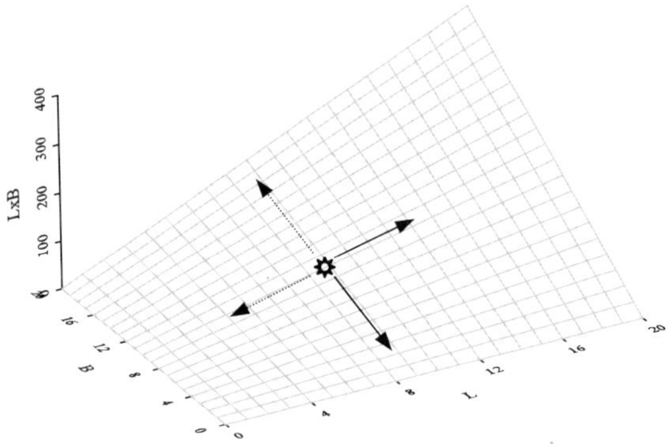

Abb. 4.2: Partielle Ableitung

Die dargestellte Abbildung lässt sich mit einem schräg aufgespannten Segeltuch vergleichen. Ein Käfer, der sich auf diesem Tuch befindet, lässt sich zwar durch seine (x; y; z)-Koordinate eindeutig lokalisieren. Nicht eindeutig jedoch ist die Richtung, in die er sich bewegen wird.
Aus der unendlichen Vielzahl möglicher Richtungen wollen wir zwei Richtungen herausgreifen, nämlich die x-Richtung (parallel zur y-Achse) und die y-Richtung (parallel zur x-Achse). Wir untersuchen also die Funktion in x-Richtung und in y-Richtung. Der Vorgang zur Berechnung der Steigung einer Funktion bei (infenitesimal kleiner) Veränderung der x-Koordinate oder der y-Koordinate heißt **partielle Ableitung.**

> **Prinzip der partiellen Ableitung:**
> Bis auf eine Variable werden alle Variablen konstant gehalten und nur nach dieser Variablen wird gemäß den Ableitungsregeln für Funktionen mit einer unabhängigen Veränderlichen abgeleitet.

Wenn wir also eine Funktion $f(x_1,...,x_n)$ partiell nach x_1 ableiten wollen, so betrachten wir gedanklich die übrigen Variablen $x_2,...,x_n$ als konstant und leiten »wie gewohnt« nach dieser einen Variablen (x_1) ab. Diesen Vorgang führen wir analog für die Variablen x_2, x_3,..., x_n durch, so dass wir insgesamt n partielle Ableitungen zu berechnen haben.
Die partielle Ableitung lässt sich anhand der Funktion f(x;y) folgendermaßen geometrisch interpretieren: Um die partielle Ableitung nach x zu berechnen,

legen wir gedanklich an einem bestimmten Wert $y = y_0$ eine Schnittebene parallel zur x-Achse in die Funktion. Die verbleibende Funktion wird dann »wie gewohnt« nach x abgeleitet. Genauso verfährt man mit der partiellen Ableitung nach y (Festlegung von $x = x_0$ und Legen einer Schnittebene parallel zur y-Achse).

Stellen Sie sich der Einfachheit halber ein ungeschältes »Frühstücksei« vor, das sich vor Ihnen auf dem Tisch im Eierbecher befindet. Der Tisch in Blickrichtung entspricht annahmegemäß der y-Achse, quer zur Blickrichtung sei die x-Achse. Nun durchschneiden Sie mit einem scharfen Messer das Ei parallel zu Ihrer Blickrichtung (somit an einem bestimmten x-Punkt, $x = x_0$). Das Bild dieses »Kegelschnitts« (nur die Schale ist relevant, nicht das »Innere«) ist eine nach unten geöffnete parabelförmige Funktion entlang der y-Achse, also Ihrer Blickrichtung. Wenn wir die partielle Ableitung nach y berechnen, dann berechnen wir die Tangentensteigung genau dieser Parabel, die genau da ihr Maximum hat, wo auch das »Ei« die Spitze hat.

Ähnlich wie die Ableitungen bei eindimensionalen Funktionen f(x), so benötigen wir auch die partiellen Ableitung für die Extremwertbestimmung von mehrdimensionalen Funktionen $f(x_1,x_2,...x_n)$ bzw. f(x;y).

Schreibweise für die erste partielle Ableitung:

Gegeben sei eine Funktion $f(x_1,...,x_n)$. Dann schreiben wir:

Erste partielle Ableitung nach x_1: f_{x_1} oder $\frac{\partial f}{x_1}$

(...)

Erste partielle Ableitung nach x_n: f_{x_n} oder $\frac{\partial f}{x_n}$

Insgesamt sind somit n erste partielle Ableitungen zu berechnen.

Spezialfall n = 2

Gegeben sei die Funktion f(x;y):

Erste partielle Ableitung nach x: f_x oder $\frac{\partial f}{x}$

Erste partielle Ableitung nach y: f_y oder $\frac{\partial f}{y}$

Schreibweise für die zweite partielle Ableitung:

Für den Nachweis der hinreichenden Bedingung bei der Extremwertbestimmung benötigen wir auch die **zweite partielle Ableitung**. Bei einer Funktion mit n unabhängigen Veränderlichen gibt es n^2 zweite partiellen Ableitungen zu berechnen. Im Spezialfall n = 2 sind es vier partielle zweite Ableitungen, nämlich zweimal hintereinander nach x bzw. y, zunächst nach x und anschließend nach y sowie zunächst nach y und anschließend nach x.

Falls eine Funktion $f(x_1,...,x_n)$ gegeben ist mit den ersten partiellen Ableitungen $f_{x_1},..., f_{x_n}$, so schreiben wir allgemein für die zweite partielle Ableitung:

$f_{x_i x_j}(x_1,\ldots,x_n) \quad i, j = 1,\ldots, n$

Spezialfall n = 2

Gegeben sei eine Funktion f(x; y) mit den partiellen ersten Ableitungen $f_x(x;y)$ und $f_y(x;y)$:

Zweite partielle Ableitung, zweimal nach x: f_{xx} oder $\frac{\partial^2 f}{\partial x^2}$

Zweite partielle Ableitung, zweimal nach y: f_{yy} oder $\frac{\partial^2 f}{\partial y^2}$

Zweite partielle Ableitung, zunächst nach x, dann nach y: f_{xy} oder $\frac{\partial^2 f}{\partial x \partial y}$

Zweite partielle Ableitung, zunächst nach y, dann nach x: f_{yx} oder $\frac{\partial^2 f}{\partial y \partial x}$

Die zweiten partiellen Ableitungen lassen sich als quadratische Matrix, bekannt als **Hesse-Matrix**, schreiben:

$$\begin{bmatrix} f_{x_1x_1} & f_{x_1x_2} & \dots & f_{x_1x_n} \\ f_{x_2x_1} & f_{x_2x_2} & \dots & f_{x_2x_n} \\ \vdots & \vdots & & \vdots \\ f_{x_nx_1} & f_{x_nx_2} & \dots & f_{x_nx_n} \end{bmatrix} \text{bzw. für } n = 2: \begin{bmatrix} f_{xx} & f_{xy} \\ f_{yx} & f_{yy} \end{bmatrix}$$

Für die zweite partielle Ableitung gilt dabei folgende **wichtige Regel**[21]:

Es gilt stets $= f_{x_iy_j} = f_{y_jx_i}$ i, j = 1,..., n bzw. für n = 2: $f_{xy} = f_{yx}$

Es führt also zu demselben Ergebnis, ob wir zuerst nach x und dann nach y oder zunächst nach y und anschließend nach x ableiten. Im Falle n = 2 sind also nur drei verschiedene zweite partielle Ableitungen zu berechnen, nämlich f_{xx}, f_{yy} und f_{xy} ($= f_{yx}$).

Beispiele:

1. Fläche eines Rechtecks mit den Maßen L (Länge) und B (Breite), L > 0, B > 0.
   $f(L;B) = L \cdot B$
   Erste partielle Ableitungen: $f_L\ (L;B) = B$ und $f_B\ (L;B) = L$
   Zweite partielle Ableitungen: $f_{LL}\ (L;B) = 0$, $f_{BB}\ (L;B) = 0$, $f_{LB}\ (L;B) = f_{BL}\ (L;B) = 1$
   Interpretation von f_L (L; B): Erhöht man bei Konstanz der Breite die Länge um eine geringfügig kleine Einheit, so erhöht sich die Fläche um den Wert B. Entsprechende Interpretation für f_B.

21 Es handelt sich bei dieser Regel um den sogenannten Satz von Schwarz.

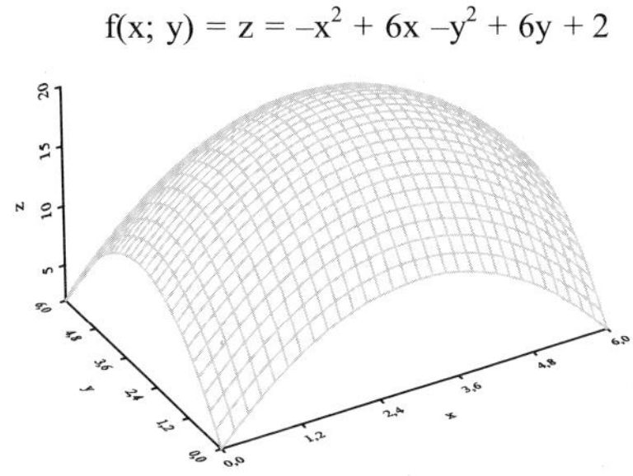

2. $f(x;y) = -x^2 + 6x - y^2 + 6y + 2$
$= -(x^2 - 6x + 9) - (y^2 - 6y + 9) + 20$
$= -(x-3)^2 - (y-3)^2 + 20$
$= -[(x-3)^2 + (y-3)^2] + 20$
$f_x(x;y) = -2x + 6$ u. $f_y(x;y) = -2y + 6$
$f_{xx}(x;y) = -2,\ f_{yy}(x;y) = -2$
$f_{xy}(x;y) = f_{yx}(x;y) = 0$

Abb. 4.3: Dreidimensionale Darstellung von f (x;y) mit Maximum

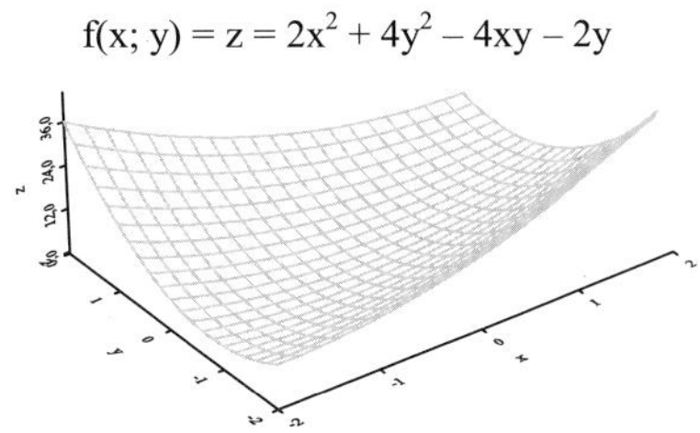

3. $f(x;y) = 2x^2 + 4y^2 - 4xy - 2y$
$f_x(x;y) = 4x - 4y$
und $f_y(x;y) = 8y - 4x - 2$
$f_{xx}(x;y) = 4,\ f_{yy}(x;y) = 8$
$f_{xy}(x;y) = f_{yx}(x;y) = -4$

Abb. 4.4: Dreidimensionale Darstellung von f (x;y) mit Minimum

4. (**Produktionstheorie**) Die wichtigste gesamtwirtschaftliche **neoklassische Produktionsfunktion**[22] ist die **COBB-DOUGLAS-Produktionsfunktion**. Sie hat für zwei Produktionsfaktoren r_1 und r_2 die allgemeine Form $x(r_1, r_2) = a \cdot r_1^{\alpha} \cdot r_2^{\beta}$ bzw., in ihrer häufigsten Erscheinungsform, $x(K;L) = a \cdot K^{\alpha} \cdot L^{\beta}$ mit: $0 \leq \alpha, \beta$ und $a > 0$, x: Güterproduktion, L: Produktionsfaktor Arbeit, K: Produktionsfaktor Kapital, a: positive Konstante, die alle nicht gesondert eingesetzten Einflussgrößen umfasst, α und β sind empirisch zu ermittelnde Größen.

Wir wollen hier auf die besonderen Eigenschaften der COBB-DOUGLAS-Produktionsfunktion, die bereits häufig mit positivem Ergebnis empirisch überprüft wurde, eingehen:

- Die Faktoren lassen sich technisch substituieren (»**substitutionale** Produktionsfunktion«).

22 Die neoklassische Wirtschaftstheorie ist eine Weiterentwicklung der klassischen Nationalökonomie. Sie wird datiert auf die Zeit 1870–1930. Wichtige Vertreter der Neoklassik: A. Marshall, L. Walras und C. Menger.

- Die Exponenten geben die **partiellen Produktionselastizitäten**[23] an:

$$\varepsilon_{x,K} = \underbrace{x_K(K;L)}_{\substack{\text{partielle}\\ \text{Ableitung}\\ \text{nach } K}} \cdot \frac{K}{x(K;L)} = \alpha \cdot a \cdot K^{\alpha-1} \cdot L^{\beta} \cdot \frac{K}{a \cdot K^{\alpha} \cdot L^{\beta}} = \alpha$$

$$\varepsilon_{x,L} = \underbrace{x_L(K;L)}_{\substack{\text{partielle}\\ \text{Ableitung}\\ \text{nach } L}} \cdot \frac{L}{x(K;L)} = \beta \cdot a \cdot K^{\alpha} \cdot L^{\beta-1} \cdot \frac{L}{a \cdot K^{\alpha} \cdot L^{\beta}} = \beta$$

d. h. eine etwa 1 %-ige Veränderung des Faktors K bzw. L bewirkt eine Veränderung der Gesamtproduktion von α % bzw. von β %.

- Die **Grenzerträge** sind *positiv*, jedoch *abnehmend*. Nachweis über die ersten und zweiten partiellen Ableitungen:

$$x_K\,(K;L) = \alpha \cdot a \cdot K^{\alpha-1} \cdot L^{\beta} > 0 \quad x_{KK}\,(K;L) = \alpha \cdot \Big(\underbrace{\alpha - 1}_{<0}\Big) \cdot a \cdot K^{\alpha-2} \cdot L^{\beta} < 0$$

$$x_L\,(K;L) = \beta \cdot a \cdot K^{\alpha} \cdot L^{\beta-1} > 0 \quad x_{LL}\,(K;L) = \beta \cdot \Big(\underbrace{\beta - 1}_{<0}\Big) \cdot a \cdot K^{\alpha} \cdot L^{\beta-2} < 0$$

- Die **Skalenerträge (Economies of Scale)** sind für $\alpha + \beta = 1$ konstant, für $\alpha + \beta > 1$ sind sie zunehmend, für $\alpha + \beta < 1$ abnehmend:

$$x(\lambda K;\lambda L) = a \cdot (\lambda K)^{\alpha} \cdot (\lambda L)^{\beta} = \underbrace{a \cdot K^{\alpha} \cdot L^{\beta} \cdot \lambda^{\alpha+\beta}}_{\lambda \cdot x \text{ falls } \alpha+\beta=1}, \ \lambda > 0$$

bzw. Berechnung der **Skalenelastizität:**

$$\varepsilon_{x,\lambda} = \underbrace{x_{\lambda}}_{\substack{\text{partielle}\\ \text{Ableitung}\\ \text{nach } \lambda}} \cdot \frac{\lambda}{L} = (\alpha + \beta) \cdot a \cdot K^{\alpha} \cdot L^{\beta} \cdot \lambda^{\alpha+\beta-1} \cdot \frac{\lambda}{K^{\alpha} \cdot L^{\beta} \cdot \lambda^{\alpha+\beta}} = \alpha + \beta$$

Für den wichtigen Spezialfall $\alpha + \beta = 1$ gilt also, dass eine Vervielfachung der Einsatzmengen um den Faktor λ zu einer Erhöhung der Produktionsergebnisse auf das $\lambda^{\alpha+\beta}$-fache führt. Man sagt auch, die Funktion ist homogen vom Grad 1 (proportionale Veränderung des Outputs x). Generell gilt: Eine Vervielfachung der Einsatzmengen um den Faktor λ führt zu einer Erhöhung der Produktionsergebnisse auf das $\lambda^{\alpha+\beta}$-fache, d. h. die Funktion ist **homogen vom Grad** $\alpha + \beta$. Wenn wir die Produktionsmenge fest vorgeben, so können wir die Outputgröße x als Konstante auffassen. Lösen wir schließlich $x = a \cdot r_1^{\alpha} \cdot r_2^{\beta}$ nach r_2 auf, so erhalten wir nach Umstellen der Gleichung eine Funktion $r_2(r_1)$ mit folgendem Aussehen: $r_2(r_1) = \left(\frac{x}{a}\right)^{\frac{1}{\beta}} \cdot r_1^{-\frac{\alpha}{\beta}}$. Es handelt sich hierbei um eine hyperbelförmige Funktion, die uns alle möglichen r_1-r_2-Kombinationen mit gleichhohem Output x angibt. Eine solche Funktion bezeichnet man auch als

23 Siehe auch zur Wiederholung das Kapitel 3.3.2 »Elastizitäten«.

Isoquante[24]. Dass wir so vorgehen können, ist gerade eine Folge der Substituierbarkeit, d. h. wir können in gewisser Weise r_1 (z. B. Arbeit) durch r_2 (z. B. Kapital) substituieren (und umgekehrt) und erhalten denselben Output.

Beispiel:
Es seien $a = 1$, $\alpha = \beta = 0{,}5$, $x =$ konstant $\Rightarrow r_2(r_1) = x^2 \cdot r_1^{-1} = \frac{x^2}{r_1}$. Für fünf ausgewählte Outputniveaus sind die Isoquanten in der folgenden Abbildung dargestellt.

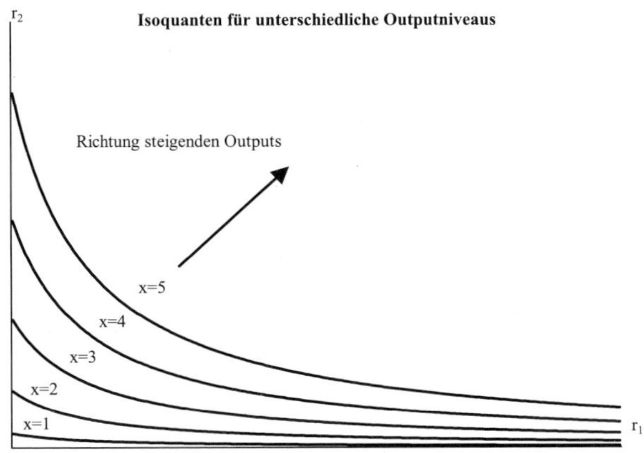

Abb. 4.5: Isoquanten

Die substitutionale Produktionsfunktion sowie die Isoquante führen uns auf den Begriff der **Grenzrate der Substitution** (GRS), einem wichtigen Begriff der Mikroökonomie. Die Grenzrate der Substitution untersucht das wechselseitige Substitutionsverhalten der Produktionsfaktoren und gibt an, wie viel (Mengen-)Einheiten man zur Erzielung desselben Outputs vom Produktionsfaktor r_2 mehr einsetzen muss, wenn man vom Faktor r_1 eine Einheit weniger einsetzt, letztlich also die Produktionsfaktoren r_1 und r_2 gegenseitig substituiert, ohne dass sich die Ausbringungsmenge ändert. Grafisch ist die Grenzrate der Substitution nicht anderes als die Steigung der Isoquante an der betreffenden Stelle. Wir wollen die Grenzrate der Substitution mathematisch herleiten. Hierzu benötigen wir den Begriff des **totalen Differentials**, den wir zunächst erläutern wollen.

24 Griechisch: isos, was »gleich« bedeutet.

Wir haben ja bereits die erste Ableitung einer Funktion f(x) und die erste partielle Ableitung einer Funktion $f(x_1;x_2)$ kennengelernt.

Für die erste Ableitung schreiben wir ja gewöhnlich $f'(x) = \frac{df}{dx}$ Umstellen dieser Gleichung führt auf $df = \left(\frac{df}{dx}\right)dx = f'(x) \cdot dx$ Liegt nun eine Funktion mit mehreren Veränderlichen vor, $y = f(x_1,x_2,\ldots,x_n)$, so können wir die Veränderung von f für eine kleine Veränderung von x_1 als $\frac{\partial f}{\partial x_1} dx_1$ ausdrücken, entsprechend $\frac{\partial f}{\partial x_2} dx_2$ als Veränderung von f für kleine Veränderungen von x_2 etc. Wie aber verändert sich der Funktionswert $y = f(x_1,x_2,\ldots,x_n)$ (Stetigkeit und Differenzierbarkeit vorausgesetzt), wenn sich die Variablen x_1, x_2,..., x_n *gleichzeitig* verändern können? Hierfür berechnen wir die Summe der Einzelveränderungen und damit das totale Differential.

Definition

Gegeben sei eine stetige und differenzierbare Funktion $f(x_1,x_2,\ldots,x_n)$. Dann heißt

$$df = \frac{\partial f}{\partial x_1} dx_1 + \frac{\partial f}{\partial x_2} dx_2 + \ldots + \frac{\partial f}{\partial x_n} dx_n = \sum_{i=1}^{n} \frac{\partial f}{\partial x_i} dx_i$$

das **totale Differential** der Funktion f. Er gibt die Änderung einer Funktion für marginale Änderungen aller Funktionsargumente an.

Im Falle n = 2 gilt einfach: $df = \frac{\partial f}{\partial x_1} dx_1 + \frac{\partial f}{\partial x_2} dx_2$.

Den allgemeinen Fall wollen wir nun auf eine substitutionale Produktionsfunktion mit zwei Produktionseinsatzfaktoren r_1 und r_2 übertragen, $x = f(r_1;r_2)$. Das totale Differential lautet dann: $dx = \frac{\partial f}{\partial r_1} dr_1 + \frac{\partial f}{\partial r_2} dr_2$ Da die Grenzrate der Substitution für eine konstante Ausbringungsmenge berechnet wird, gilt dx = 0.

Somit: $dx = \frac{\partial f}{\partial r_1} dr_1 + \frac{\partial f}{\partial r_2} dr_2 = 0 \Leftrightarrow \boxed{\frac{dr_2}{dr_1} = -\frac{\frac{\partial x}{\partial r_1}}{\frac{\partial x}{\partial r_2}}}$ Die Grenzrate der Substitution zwischen r_1 und r_2 errechnet sich aus dem umgekehrten Verhältnis der Grenzproduktivitäten.

Beispiel:

Gegeben sei die substitutionale Produktionsfunktion $x = 2r_1r_2$. Die Grenzproduktivitäten betragen $\frac{\partial x}{\partial r_1} = 2r_2$ *und* $\frac{\partial x}{\partial r_2} = 2r_1$ Folglich ist $-\frac{\frac{\partial x}{\partial r_1}}{\frac{\partial x}{\partial r_2}} = -\frac{2r_2}{2r_1} = -\frac{r_2}{r_1}$ die Grenzrate der Substitution für allgemeine r_1 und r_2. Angenommen, es würde gelten: $r_1 = 2$ und $r_2 = 4$, dann wäre $GRS = -2$, d. h. wenn man eine kleine Einheit Faktor verringern würde, müsste man den Faktor 2 um zwei Einheiten erhöhen, um denselben Output zu erzielen.

Am Zahlenbeispiel: Mit $r_1 = 2$ und $r_2 = 4$ haben wir einen Output $x = 16$. Nehmen wir $\Delta r_1 = -0{,}01$, dann wäre der Output $x = (2 \cdot 1{,}99 \cdot 4 =)15{,}92$. Gesucht ist Δr_2 mit $2 \cdot 1{,}99 \cdot (4 + \Delta r_2) = 16$. Auflösen nach Δr_2 führt auf $\Delta r_2 = 0{,}02$, was der obigen Aussage entspricht.
Abschließender Hinweis: Die Grenzrate der Substitution findet auch für **Nutzenfunktionen** Anwendung. Statt Produktionsfaktoren haben wir dann Konsummengen, statt dem Output einen Nutzenindex und statt der Isoquante eine **Iso-Nutzenkurve**. Die Grenzrate der Substitution besagt dann, inwieweit wir Güter gegenseitig substituieren können, ohne dass sich der Gesamtnutzen ändert.

Beispiele:

1. (Produktion) Im Zuge der Industrialisierung – verstärkt wird der Effekt durch die Digitalisierung und Automatisierung – findet in vielen Produktionsprozessen ein Tausch des Faktors Arbeit durch den Produktionsfaktor Kapital statt. Standardisierte Prozesse werden häufig durch Roboter durchgeführt, wo »früher« Schichtarbeit notwendig war. Neben der Mengengröße »Output« kommt noch hinzu, dass der Roboter in der Regel fehlerfrei arbeitet, während es beim »Faktor Arbeit« stets auch eine gewisse Fehleranfälligkeit und damit eine durchschnittliche Qualitätseinbuße gibt. Der letztgenannte Qualitätsaspekt wird jedoch durch die GRS nicht erfasst.
2. (Konsum) Nimmt man einem Kleinkind sein Schokoladenei weg, so wird es vermutlich mit großem Gebrüll dagegen protestieren. Die Frage ist, wie viel Gummibärchen man dem Kind bieten muss, bis es wieder den ursprünglichen »Glückszustand« hat wir vorher (wobei hier implizit Nutzen mit Glückszustand gleichgesetzt wurde). Das Gut Gummibärchen soll also das Gut Schokoladenei substituieren, ohne dass das Kind eine Nutzeneinbuße erleidet.

Aufgabe 88: Berechnen Sie die ersten partiellen Ableitungen zu folgenden Funktionen:
a) $f(x;y) = (x - 3)^2 + (y - 4)^2$ b) $f(x_1;x_2;x_3) = x_2 \cdot e^{2x_1+4x_3}$
c) $f(x_1;x_2;x_3) = -x_1^2 + 3x_2^2 + x_3^3 + 3x_1x_2 + 2x_1x_3 + x_2x_3$

Aufgabe 89: Gegeben sei die Produktionsfunktion $x(r_1;r_2) = 2 \cdot \sqrt{r_1 \cdot r_2}$
a) Handelt es sich um eine Produktionsfunktion vom Typ COBB-DOUGLAS? Begründen Sie Ihre Antwort!
b) Berechnen Sie den Homogenitätsgrad!
c) Berechnen Sie die partiellen Grenzproduktivitäten (= Grenzerträge)!
d) Ermitteln Sie die Isoquante für $x = 4$!

Aufgabe 90: Ein Bewohner in Takatukaland konsumiert Food-Artikel (Gut 1) und Non-Food-Artikel (Gut 2). Seine individuelle Nutzenfunktion betrage $N(x_1; x_2) = 4x_1x_2$. Berechnen Sie die Grenzrate der Substitution allgemein und speziell für $x_1 = 15$ und $x_2 = 9$.

4.2 Extremwertbestimmung ohne Nebenbedingungen

Auch für Funktionen mit mehreren Veränderlichen können Maxima oder Minima bestimmt werden. Wir werden uns dabei auf den geometrisch noch darstellbaren Fall mit zwei unabhängigen Veränderlichen beschränken.
Für die Berechnung und für den Nachweis eines Extremwerts oder mehrerer Extremwerte ist folgende Regel anzuwenden:

Extremwertbestimmung bei zwei Veränderlichen (4.1):

Gegeben ist eine Funktion $z = f(x;y)$ mit den ersten partiellen Ableitungen $f_x(x;y)$ und $f_y(x;y)$ sowie den zweiten partiellen Ableitungen $f_{xx}(x;y)$, $f_{yy}(x;y)$ und $f_{xy}(x;y)$.
Dann gilt:
$f(x;y)$ hat an der Stelle $(x^*;y^*)$ einen Extremwert, falls [1] und [2] erfüllt sind:
[1] $\mathbf{f_x(x^*;y^*) = 0}$ und $\mathbf{f_y(x^*;y^*) = 0}$
[2] $\mathbf{f_{xx}(x^*;y^*) \cdot f_{yy}(x^*;y^*) > [f_{xy}(x^*;y^*)]^2}$
[3a] Falls $\mathbf{f_{xx}(x^*;y^*) < 0}$ und $\mathbf{f_{yy}(x^*;y^*) < 0 \Rightarrow}$ **Maximum an** $\mathbf{(x^*;y^*)}$
[3b] Falls $\mathbf{f_{xx}(x^*;y^*) > 0}$ und $\mathbf{f_{yy}(x^*;y^*) > 0 \Rightarrow}$ **Minimum an** $\mathbf{(x^*;y^*)}$

Dieses Verfahren lässt sich »rezeptartig« anwenden, wie im Folgenden aufgeführt:

Praktisches Vorgehen bei der Extremwertbestimmung:

(1) Berechnung von f_x und f_y sowie von f_{xx}, f_{yy} und von f_{xy}
(2) Lösung des Gleichungssystems $f_x = 0$ und $f_y = 0$.
Falls das Gleichungssystem nicht lösbar ist $\Rightarrow$ kein Extremwert
Falls eine oder mehrere Lösungen gefunden wurden $\Rightarrow$ Schritt (3)
(3) Überprüfung der Bedingung [2]: $f_{xx} \cdot f_{yy} > f_{xy}^2$

Falls Bedingung [2] nicht erfüllt $\Rightarrow$ kein Extremwert bzw. keine eindeutige Aussage möglich
Falls Bedingung [2] erfüllt $\Rightarrow$ Extremwert liegt vor $\Rightarrow$ Schritt (4)
(4) Überprüfung anhand der Bedingungen [3a] und [3b], ob Maximum oder Minimum vorliegt.
$f_{xx} < 0$ und $f_{yy} < 0 \Rightarrow$ Maximum
$f_{xx} > 0$ und $f_{yy} > 0 \Rightarrow$ Minimum
(5) Gegebenenfalls Berechnung der Funktionswerte, also $f(x^*;y^*) = z^*$

Beispiele:
Wir greifen auf die Beispiele aus 4.1 zurück.

1. $f(L;B) = L \cdot B$
   (1) $f_L(L;B) = B$ und $f_B(L;B) = L$, $f_{LL}(L;B) = 0$, $f_{BB}(L;B) = 0$, $f_{LB}(L;B) = f_{BL}(L;B) = 1$
   (2) Als rechnerisch einzige Lösung aus $f_L = 0$ und $f_B = 0$ ergibt sich der Punkt $(L^*;B^*) = (0;0)$
   (3) Bedingung [2], $0 \cdot 0 > 1$, ist jedoch verletzt $\Rightarrow$ kein Extremwert
2. $f(x; y) = -x^2 + 6x - y^2 + 6y + 2$
   (1) $f_x = -2x + 6$ und $f_y = -2y + 6$, $f_{xx} = -2$, $f_{yy} = -2$, $f_{xy} = f_{yx} = 0$
   (2) $f_x = 0 \Leftrightarrow -2x + 6 = 0 \Leftrightarrow x^* = 3$; $f_y = 0 \Leftrightarrow -2y + 6 = 0 \Leftrightarrow y^* = 3$
   (3) $-2 \cdot (-2) > 0$ ist erfüllt $\Rightarrow$ Extremwert existiert
   (4) $f_{xx} = -2 < 0$ und $f_{yy} = -2 < 0 \Rightarrow$ Maximum an $(x^*;y^*) = (3;3)$
   (5) Funktionswert $f(x^*; y^*) = z^* = 20$
3. $f(x; y) = 2x^2 + 4y^2 - 4xy - 2y$
   (1) $f_x = 4x - 4y$ und $f_y = 8y - 4x - 2$, $f_{xx} = 4$, $f_{yy} = 8$, $f_{xy} = f_{yx} = -4$
   (2) $f_x = 0 \Leftrightarrow 4x - 4y = 0$
   $f_y = 0 \Leftrightarrow \underline{-4x + 8y - 2 = 0}$
   $4y - 2 = 0 \Leftrightarrow y^* = ½$ (Additionsverfahren)
   $4x = 4 \cdot ½ = 2 \Leftrightarrow x^* = ½$
   Eindeutige Lösung des Gleichungssystems: $(x^*;y^*) = (½;½)$
   (3) Bedingung [2]: $4 \cdot 8 > (-4)^2$ ist erfüllt $\Rightarrow$ Extremwert existiert.
   (4) $4 > 0$ und $8 > 0 \Rightarrow$ Minimum an $(x^*;y^*) = (½;½)$
   (5) $f(x^*;y^*) = z^* = -0{,}5$.
4. Methode der kleinsten Quadrate
   Wir wollen einen »Ausflug« in die deskriptive Statistik unternehmen. Es geht hier um die Ermittlung einer linearen Trendfunktion auf Basis einer bestimmten Anzahl gegebener Mess- oder Beobachtungswerte.

Beispiel:
An sechs Tagen werden folgende Werte eines Aktienindexes (x_i) und eines Aktienkurses (y_i), i = 1, ..., 6 beobachtet:

i	Aktienindex x_i	Aktienkurs y_i
1	85	240
2	90	250
3	100	320
4	110	310
5	120	360
6	150	400

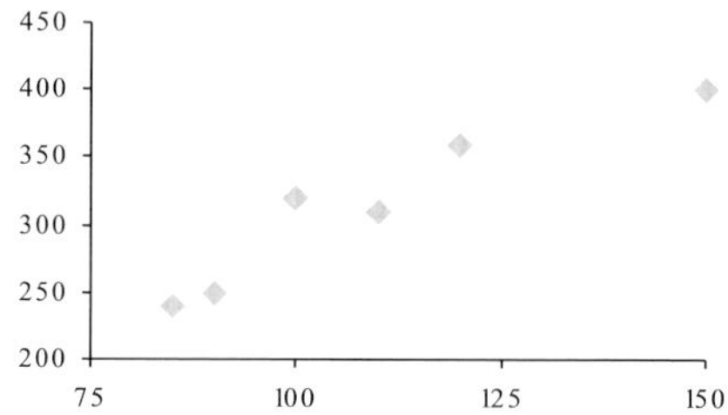

Abb. 4.6: Streuungsdiagramm bei sechs Wertepaaren

Abbildung 4.6 zeigt die Wertepaare (x_i; y_i) in einem Streuungsdiagramm. Diese Beobachtungswertepaare bzw. der Zusammenhang zwischen dem Aktienindex und dem Aktienkurs sollen nun möglichst gut durch eine Trendfunktion, eine sog. **Regressionsfunktion**, beschrieben werden. Der einfachste Funktionstyp ist die lineare Funktion, folglich spricht man bei Annäherung durch eine Gerade von **linearer Regression.** Das Streuungsdiagramm weist darauf hin, dass zwar nicht alle sechs Beobachtungswerte auf einer Geraden liegen, der Trend aber doch in etwa linear zu sein scheint.
Die Methode, nach der man die Regressionsfunktion ermittelt, ist die sog. »**Methode der kleinsten Quadrate**«. Mit dieser Methode wird das Ziel verfolgt, die Summe der Abweichungen zwischen dem jeweiligen Beobachtungswert y_i und dem y-Wert der Regressionsfunktion zu minimieren. Damit sich nicht die Abweichungen nach »oben« und nach »unten« durch Vorzeichenwechsel neutralisieren, quadriert man einfach die Abweichungen.
Wir legen hier die lineare Regression zu Grunde, d.h. wir suchen die Regressionsfunktion vom Typ y = ax + b, also die Parameter a und b, nach der Methode der kleinsten Quadrate.
Mathematischer Ansatz: $Q(a;b) = \sum_{i=1}^{n} (\hat{y}_i - y_i)^2 = \sum_{i=1}^{n} (ax_i + b - y_i)^2 \rightarrow \min!$
$\hat{y}_i$: y-Koordinate der zu bestimmenden Regressionsgerade y = ax + b
y_i: y-Koordinate der Beobachtungs-/Messwerte (x_i; y_i), i = 1,..., n
a: Gesuchtes Steigungsmaß der Regressionsgerade
b: Gesuchter Ordinatenschnittpunkt der Regressionsgerade
Zu bestimmen sind die Parameter a und b. Wir berechnen deshalb die partiellen Ableitungen nach a und b:

$$Q_a(a;b) = \sum_{i=1}^{n} 2 \cdot (ax_i + b - y_i) \cdot x_i$$
$$= 2 \cdot \left[a \cdot \sum_{i=1}^{n} x_i^2 + b \cdot \sum_{i=1}^{n} x_i - \sum_{i=1}^{n} x_i \cdot y_i\right] \qquad [1]$$

$$Q_b(a;b) = \sum_{i=1}^{n} 2 \cdot (ax_i + b - y_i) = 2 \cdot \left[a \cdot \sum_{i=1}^{n} x_i + \underbrace{\sum_{i=1}^{n} b}_{=n\cdot b} - \sum_{i=1}^{n} y_i\right] \quad [2]$$

Die notwendigen Bedingungen lauten: $Q_a = 0$ und $Q_b = 0$. (Der Einfachheit halber lassen wir den Laufindex weg und schreiben Σ).

[1]: $Q_a = 0$ bzw. $a \cdot \Sigma x_i^2 + b \cdot \Sigma x_i - \Sigma x_i y_i = 0$

[2]: $Q_b = 0$ bzw. $a \cdot \Sigma x_i + n \cdot b - \Sigma y_i = 0$

Um das Additionsverfahren anwenden und den Parameter a eliminieren zu können, multiplizieren wir die Gleichung [1] mit Σx_i und die Gleichung [2] mit Σx_i^2:

$$\begin{array}{rl} & a \cdot \Sigma x_i \cdot \Sigma x_i^2 + b \cdot (\Sigma x_i)^2 = \Sigma x_i y_i \cdot \Sigma x_i \\ - & a \cdot \Sigma x_i \cdot \Sigma x_i^2 + n \cdot b \cdot \Sigma x_i^2 = \Sigma y_i \cdot \Sigma x_i^2 \\ \hline & b \cdot ((\Sigma x_i)^2 - n \cdot \Sigma x_i^2) = \Sigma x_i y_i \cdot \Sigma x_i - \Sigma y_i \Sigma x_i^2 \Leftrightarrow \end{array}$$

$$b = \frac{\sum x_i y_i \cdot \sum x_i - \sum y_i \cdot \sum x_i^2}{\left(\sum x_i\right)^2 - n \cdot \sum x_i^2} \quad \text{Ordinatenschnittpunkt (4.2)}$$

Zur Ermittlung des Steigungsmaßes a multiplizieren wir Gleichung [1] mit n und Gleichung [2] mit Σx_i und erhalten durch Subtraktion der beiden Gleichungen:

$$\begin{array}{rl} & n \cdot a \cdot \Sigma x_i^2 + n \cdot b \cdot \Sigma x_i = n \cdot \Sigma x_i y_i \\ - & a \cdot (\Sigma x_i)^2 + n \cdot b \cdot \Sigma x_i = \Sigma y_i \cdot \Sigma x_i \\ \hline & a \cdot (n \cdot \Sigma x_i^2 - (\Sigma x_i)^2) = n \cdot \Sigma x_i y_i - \Sigma y_i \Sigma x_i \Leftrightarrow \end{array}$$

$$a = \frac{n \cdot \sum x_i y_i - \sum x_i \cdot \sum y_i}{n \cdot \sum x_i^2 - \left(\sum x_i\right)^2} \quad \text{Steigungsmaß (4.3)}$$

Die Parameter a (Steigung) und b (y-Achsenabschnitt) bestimmen die Gerade $y = ax + b$ eindeutig.

Das Steigungsmaß (4.3) wird in der Statistik normalerweise verkürzt formuliert. Wenn wir einen kleinen »Trick« anwenden und den Bruch jeweils mit $\frac{1}{n^2}$ erweitern und zudem berücksichtigen, dass für die arithmetischen Mittelwerte gilt: $n \cdot \bar{x} = \sum_{i=1}^{n} x_i$ und $n \cdot \bar{y} = \sum_{i=1}^{n} y_i$, dann lässt sich der Ausdruck (4.3) umstellen zu: $a = \frac{\frac{1}{n} \cdot \sum x_i y_i - \bar{x} \cdot \bar{y}}{\frac{1}{n} \cdot \sum x_i^2 - \bar{x}_i}$. Den Zähler bezeichnet man in der Statistik auch als die **Kovarianz** von x und y (geschrieben: Cov(x;y)), den Nenner als **Varianz** von x (geschrieben: s_x^2). Also lässt sich schreiben: $a = \frac{Cov(x;y)}{s_x^2}$. Den Parameter a berechnet man in der Regel als erstes. Für die vereinfachte

Ermittlung des Ordinatenschnittpunktes macht man sich die Eigenschaft zu Nutze, dass die Regressionsgerade stets durch die Koordinaten der Mittelwerte $(\bar{x};\bar{y})$ geht. In Kenntnis der Steigung a und des Punktes $(\bar{x};\bar{y})$ ergibt sich dann der Parameter b: $b = \bar{y} - a \cdot \bar{x}$.

Beispiel (Fortsetzung): Nebenrechnung

x_i	y_i	x_i^2	$x_i \cdot y_i$
85	240	7.225	20.400
90	250	8.100	22.500
100	320	10.000	32.000
110	310	12.100	34.100
120	360	14.400	43.200
150	400	22.500	60.000
655 Σx_i	1.880 Σy_i	74.325 Σx_i^2	212.200 $\Sigma x_i y_i$

$\Sigma x_i \cdot \Sigma y_i = 655 \cdot 1.880 = 1.231.400$
$(\Sigma x_i)^2 = 655^2 = 429.025$
Einsetzen der berechneten Werte:

$$b = \frac{212.200 \cdot 655 - 1.880 \cdot 74.325}{655^2 - 6 \cdot 74.325} = \frac{-740.000}{-16.925} = 43{,}722,$$

$$a = \frac{6 \cdot 212.200 - 655 \cdot 1.880}{6 \cdot 74.325 - 655^2} = \frac{41.800}{16.925} = 2{,}4697$$

Regressionsgerade: $y = 2{,}4697x + 43{,}722$.
Die Gerade $y = 2{,}4697x + 43{,}722$ ist diejenige Funktion, die die (quadratischen) Abweichungen der Messwerte zur Regressionsgerade minimiert. Sie beschreibt annähernd den linearen Zusammenhang zwischen den beiden Größen x (Aktienindex) und y (Kurs der Aktie). Ferner kann man sie auch als Trend- bzw. Prognosefunktion verwenden. So könnte man bei einem Aktienindex von z. B. 200 erwarten, dass der Kurs der Aktie etwa bei $y(200) = 538$ liegt.

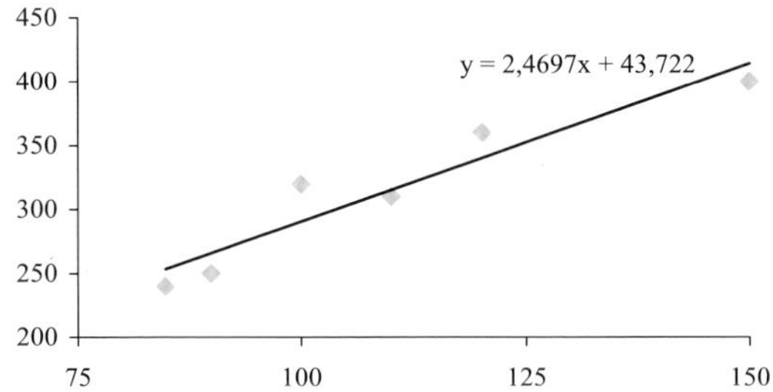

Abb. 4.7: Regressionsgerade

Aufgabe 91: In der folgenden Tabelle sind für sechs aufeinander folgende Monate die Ausbringungsmenge x und die Produktionskosten angegeben. Stellen Sie die sechs Werte in einem Streuungsdiagramm dar und berechnen Sie die Regressionsgerade!

Monat	1	2	3	4	5	6
Ausbringungsmenge (in Tsd. Stück)	2	3	4	6	5	10
Produktionskosten (in Tsd. EUR)	40	50	70	80	80	100

4.3 Extremwertbestimmung unter Nebenbedingungen

4.3.1 Aufgabenstellung

Viele wirtschaftliche Optimierungskalküle sind dadurch gekennzeichnet, dass eine oder mehrere Nebenbedingungen einzuhalten sind. Häufig wird das Extremierungsproblem erst *durch* die Nebenbedingungen sinnvoll.

Beispiele:

- Kostenminimierung bei vorgegebenem Produktionsniveau (Minimalkostenkombination),
- Maximierung der Produktionsmenge bei vorgegebenem Kostenbudget,
- Nutzenmaximierung bei vorgegebenem Budget.

Für alle diese Problemstellungen würde sich *ohne* Nebenbedingung *keine* sinnvolle Fragestellung ergeben. Beispielsweise würde man minimale Kosten per se durch $K = 0$ oder $K = K_{fix}$ (Produktionsverzicht) erreichen bzw. der maximale Output oder der maximale Nutzen wäre jeweils bei ∞ erreicht. Erst *durch* die Annahme, *dass* man überhaupt produziert oder *dass* die Ressourcen (Budget) beschränkt sind, bekommt die Aufgabe ihren Sinn.

Auch hinter dem verbal ausformulierten ökonomischen Prinzip verbirgt sich ein Extremierungsproblem mit Nebenbedingung:

- Erzielung eines maximalen Ergebnisses (= Zielgröße) bei gegebenem Ressourceneinsatz (= Nebenbedingung) $\rightarrow$ **Maximalprinzip**
- Erreichung eines vorgegebenen Ziels (= Nebenbedingung) bei minimalem Ressourceneinsatz (= Zielgröße) $\rightarrow$ **Minimalprinzip**

Im Allgemeinen besteht ein Extremierungsproblem aus einer Zielfunktion und einer bestimmten Anzahl an Nebenbedingungen, die in Gleichungsform gegeben sind. Dabei ist es üblich, die Nebenbedingungen in der Form »= 0« darzustellen.
Ein Optimierungsproblem sieht in allgemeiner Form folgendermaßen aus:

Allgemeine Formulierung eines Optimierungsproblems:

Zielfunktion: $f(x_1,..., x_n) \rightarrow \max!$ (Maximierungsproblem)
oder $f(x_1,..., x_n) \rightarrow \min!$ (Minimierungsproblem)
unter den m Nebenbedingungen

$$g_1\,(x_1,..., x_n) = 0$$
$$\vdots$$
$$g_m\,(x_1,..., x_n) = 0$$

Der einfachste Fall eines derartigen Optimierungskalküls liegt vor bei einer Zielfunktion mit zwei Veränderlichen ($n = 2$) und einer Nebenbedingung ($m = 1$). Wir werden im Folgenden einige Anwendungen betrachten und dabei zwei Lösungsverfahren kennen lernen, das **Lagrange-Verfahren** und die **Substitutionsmethode**.

4.3.2 Lagrange-Verfahren

Die folgende Multiplikatorregel geht auf den französischen Mathematiker LAGRANGE (1736-1813) zurück und stellt ein einfaches, rezeptartig anzuwendendes Verfahren zur Lösung von Extremwertaufgaben unter Nebenbedingungen dar. Das **Lagrange-Verfahren** läuft nach folgenden Schritten ab:

Lagrange-Verfahren:

1. **Schritt:**
   Aufstellen des Optimierungskalküls: $f(x_1,\ldots, x_n) \rightarrow$ max! (oder $\rightarrow$ min!) unter den Nebenbedingungen $g_1(x_1,\ldots, x_n) = 0, \ldots, g_m(x_1,\ldots, x_n) = 0$.
2. **Schritt:**
   Aufstellen der sog. Lagrange-Funktion:
   $L(x_1,\ldots, x_n, \lambda_1,\ldots., \lambda_m) = f(x_1,\ldots, x_n) + \lambda_1 \cdot g_1(x_1,\ldots, x_n) + \ldots + \lambda_m \cdot g_m(x_1,\ldots, x_n)$
   Die Symbole $\lambda_1,\ldots., \lambda_m$ (Lambda) werden als Lagrange-Multiplikatoren bezeichnet. Die Lagrange-Funktion ergibt sich also als Summe der Zielfunktion und der »= 0« gesetzten Nebenbedingungen, wobei jeder Nebenbedingung ein Lagrange-Multiplikator vorangestellt wird.
3. **Schritt:**
   Berechnung und Nullsetzen der partiellen Ableitungen:
   $$n\ Gleichungen\begin{cases} L_{x_1}(x_1,\ldots,x_n)=0 \\ \vdots \\ L_{x_n}(x_1,\ldots,x_n)=0 \end{cases} \quad m\ Gleichungen\begin{cases} L_{\lambda_1}(x_1,\ldots,x_n)=0 \\ \vdots \\ L_{\lambda_m}(x_1,\ldots,x_n)=0 \end{cases}$$
   Es ergibt sich ein Gleichungssystem aus n + m Gleichungen und n+m Unbekannten. Die m Gleichungen entsprechen den Nebenbedingungen.
4. **Schritt:**
   Auflösen des Gleichungssystems nach den gesuchten Variablen $x_1,\ldots,x_n$.

Hinweis:
Das Lagrange-Verfahren liefert nur die *notwendige* Optimalitätsbedingung, d. h. nach Absolvierung des Schritts 4 folgen keine weiteren Schritte. Der Nachweis der *hinreichenden* Bedingung (Nachweis, ob ein Minimum oder Maximum vorliegt) ist nicht möglich. In der Regel sind die Funktionen bereits so gegeben, dass man im Vorhinein weiß, dass ein Extremwert vorliegt und erkennt, ob es sich um ein Minimum oder Maximum handelt. Es geht also »nur« noch um die konkrete Berechnung der gesuchten Werte $x_1,\ldots x_n$.

Bei der Auflösung des Gleichungssystems eliminiert man praktischerweise zunächst die Lagrange-Multiplikatoren $\lambda_1,\ldots, \lambda_m$. Danach kann man die im Optimum gültigen Beziehungen zwischen den Werten $x_1,\ldots x_n$ und schließlich die Zahlenwerte $x_1,\ldots x_n$ bestimmen.

1. Beispiel:

Der Student Bruno Backe ernährt sich ausschließlich von Limonade und Pommes Frites. Seine Nahrungsmittel kauft er sich in der »Pommes-Bude« zu 1 € pro Flasche Limonade und 1,50 € pro Tüte Pommes Frites. Sein Tagesbudget, welches er auch voll ausnutzt, betrage 18 €. Bruno Backes individueller Nutzenindex lasse sich durch folgende Nutzenfunktion beschreiben:

$N(x_1;x_2) = x_1 \cdot x_2$ x_1: Konsummenge Limonade [Flaschen]
x_2: Konsummenge Pommes Frites [Tüten]

Zu bestimmen sind die Mengen x_1 und x_2, die Brunos Nutzen maximieren unter der Nebenbedingung, dass Bruno sein Budget einhält.

Lösung:

Schritt 1: Zielfunktion $N(x_1; x_2) = x_1 \cdot x_2 \rightarrow \max!$
Nebenbedingung $1 \cdot x_1 + 1{,}50x_2 = 18$ bzw. $x_1 + 1{,}5x_2 - 18 = 0$

Schritt 2: Aufstellen der Lagrange-Funktion
$L(x_1, x_2, \lambda) = x_1 \cdot x_2 + \lambda \cdot (x_1 + 1{,}5x_2 - 18)$

Schritt 3: Berechnung und Nullsetzen der partiellen Ableitungen

$$L_{x_1} = x_2 + \lambda \overset{!}{=} 0 \quad (1)$$

$$L_{x_2} = x_1 + 1{,}5\lambda \overset{!}{=} 0 \quad (2)$$

$$L_\lambda = x_1 + 1{,}5x_2 - 18 \overset{!}{=} 0 \quad (3)$$

Schritt 4: (1): $x_2 + \lambda = 0$ bzw. $\lambda = -x_2 \rightarrow (2)$
(2): $x_1 + 1{,}5 \cdot (-x_2) = 0$ bzw. $x_1 = 1{,}5x_2 \rightarrow (3)$

Im Optimum gilt also: $\frac{x_1}{x_2} = 1{,}5$, d. h. Bruno wird 1½-mal so viel Flaschen Limonade wie Tüten Pommes Frites konsumieren.

Um die Zahlenwerte für x_1 und x_2 zu erhalten, setzen wir in (3) ein, wobei wir x_1 durch $1{,}5x_2$ ersetzen:

$$(3): 1{,}5x_2^* + 1{,}5x_2^* = 18 \Leftrightarrow 3x_2^* = 18 \Leftrightarrow x_2^* = 6$$

$$x_1^* = 1{,}5 \cdot x_2^* \Leftrightarrow x_1^* = 9$$

Bruno Backe optimiert also seinen Konsumnutzen, wenn er täglich 9 Flaschen Limonade und 6 Tüten Pommes Frites konsumiert.

Die Lösung lässt sich auch graphisch veranschaulichen. Dazu werden die Nutzenfunktion und die Nebenbedingung jeweils nach x_2 aufgelöst:

$$N = x_1 \cdot x_2 \Leftrightarrow x_2 = \frac{N}{x_1} \text{ und } x_1 + 1{,}5x_2 - 18 = 0 \Leftrightarrow x_2 = -\frac{1}{1{,}5}x_1 + 12$$

Die Nebenbedingung (Budgetrestriktion) wird durch eine monoton fallende Gerade dargestellt. Die Funktion $x_2 = \frac{N}{x_1}$ repräsentiert eine Schar von Hyperbeln, je nach Nutzenniveau N. Jede Hyperbel vereint alle x_1-x_2-Kombinationen mit jeweils identischem Nutzenniveau (**Iso-Nutzenkurven**). Zur graphischen

Bestimmung des Optimums ist nun durch sukzessive Erhöhung des Nutzenwertes N die Iso-Nutzenkurve so weit nach »rechts oben« zu verschieben, dass die Gerade, die die Nebenbedingung repräsentiert, noch in wenigstens einem Punkt berührt wird (= Einhaltung der Nebenbedingung). Das Optimum ist diejenige Kombination (x_1*; x_2*), bei der die Iso-Nutzenkurve die Gerade berührt (Tangentialpunkt). Alle Iso-Nutzenkurven *oberhalb* der Tangentialkurve würden zwar ein höheres Nutzenniveau liefern, jedoch zugleich die Nebenbedingung verletzen (kein gemeinsamer Punkt mit der Geraden). Alle x_1-x_2-Kombinationen, die sich aus dem Schnittpunkt einer Iso-Nutzenkurve *unterhalb* der Tangentialkurve mit der Geraden ergeben, wären zwar zulässig (Einhaltung der Nebenbedingung), jedoch nicht optimal.

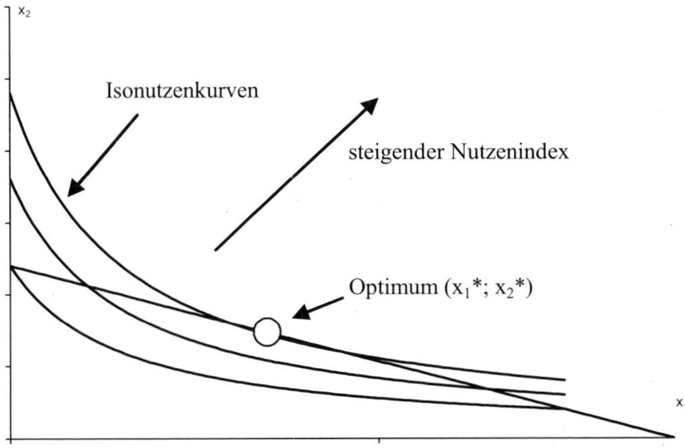

Abb. 4.8: Graphische Lösung des Extremwertproblems mit 1 Nebenbedingung

2. Beispiel: (Minimalkostenkombination)
Gegeben sei eine Produktionsfunktion vom Typ »COBB-DOUGLAS«:

$X = f(A;C) = A^{\frac{3}{4}} \cdot C^{\frac{1}{4}}$ x: Ausbringungsmenge (Output) [Mengeneinheiten]
A: Input des Faktors Arbeit [Zeit- oder Leistungseinheiten]
C: Input des Faktors Kapital [Mengeneinheiten]

Die Faktorpreise betragen: $p_A = 30\ ^{GE}/_{Arbeitseinheit}$ (Lohn)
$p_C = 10\ ^{GE}/_{Kapitaleinheit}$ (Zinsen)

$\Rightarrow$ Gesamtkosten: $K(A; C) = 30 \cdot A + 10 \cdot C$

Gesucht: Kostengünstigste Produktion von (x =) 100 Mengeneinheiten. Gesucht sind also die Einsatzmengen A und C, unter denen die Gesamtkosten minimal werden.

Lösung:

Schritt 1: Zielfunktion $K = 30A + 10C \rightarrow \min!$

Nebenbedingung $A^{\frac{3}{4}} \cdot C^{\frac{1}{4}} - 100 = 0$

Schritte 2 und 3: $L(A; C; \lambda) = 30A + 10C + \lambda \cdot (A^{\frac{3}{4}} \cdot C^{\frac{1}{4}} - 100)$

$$L_A = 30 + \frac{3}{4} \cdot \lambda \cdot A^{-\frac{1}{4}} \cdot C^{\frac{1}{4}} \overbrace{=}^{!} 0 \ (1)$$

$$L_C = 10 + \frac{1}{4} \cdot \lambda \cdot A^{\frac{3}{4}} \cdot C^{-\frac{3}{4}} \overbrace{=}^{!} 0 \ (2)$$

$$L_\lambda = A^{\frac{3}{4}} \cdot C^{\frac{1}{4}} - 100 \overbrace{=}^{!} 0 \ (3)$$

Schritt 4: $(1)\text{: } -30 = \frac{3}{4} \cdot \lambda \cdot \frac{C^{\frac{1}{4}}}{A^{\frac{1}{4}}} \Leftrightarrow \lambda = -40 \cdot \frac{A^{\frac{1}{4}}}{C^{\frac{1}{4}}} \rightarrow (2)$

$$(2)\text{: } 10 + \tfrac{1}{4} \cdot \left(-40 \cdot \frac{A^{\frac{3}{4}}}{C^{\frac{3}{4}}}\right) \cdot \frac{A^{\frac{1}{4}}}{C^{\frac{1}{4}}} = 0 \Leftrightarrow 10 - 10 \cdot \frac{A}{C} = 0 \Leftrightarrow A = C \rightarrow (3)$$

$(3)\text{: } A^{\frac{3}{4}} \cdot C^{\frac{1}{4}} = 100 \Leftrightarrow A^* = 100 = C^*$

Minimale Gesamtkosten: $K = 30 \cdot 100 + 10 \cdot 100 = 4.000$ GE

3. Beispiel: (Materialbeschaffung und Lagerhaltung)

Wir nehmen Bezug auf Kapitel 3.3.7, in dem wir ein Lagerhaltungsmodell unter vereinfachten Prämissen (siehe dort) vorgestellt und rechnerisch behandelt haben. Wir können das Problem auch als Optimierungsaufgabe unter einer Nebenbedingung auffassen:

Schritt 1: Zielfunktion $K(Q;z) = l \cdot \frac{Q}{2} + K_f \cdot z$ (Gesamtkosten im Jahr)

Nebenbedingung $B - z \cdot Q = 0$

Schritte 2 und 3: $L(Q;z;\lambda) = l \cdot \frac{Q}{2} + K_f \cdot z + \lambda \cdot (B - z \cdot Q)$

$$L_Q = \frac{l}{2} - \lambda \cdot z \overbrace{=}^{!} 0 \ (1)$$

$$L_z = K_f - \lambda \cdot Q \overbrace{=}^{!} 0 \ (2)$$

$$L_\lambda = B - z \cdot Q \overbrace{=}^{!} 0 \ (3)$$

Schritt 4: $(1)\text{: } \frac{l}{2} = \lambda \cdot z \Leftrightarrow \lambda = \frac{l}{2z} \rightarrow (2)$

$(2)\text{: } K_f - \frac{1}{2z} Q = 0 \Leftrightarrow z = \frac{l \cdot Q}{2 \cdot K_f} \rightarrow (3)$

$(3)\text{: } B - \frac{l \cdot Q}{2 \cdot K_f} \cdot Q = 0 \Leftrightarrow Q^2 = \frac{2 \cdot B \cdot K_f}{l} \Leftrightarrow Q^* = \sqrt{\frac{2 \cdot B \cdot K_f}{l}}$

4. Beispiel:

An einer Wand ist ein oben geöffneter, rechteckiger Abfallbehälter für 2 m^3 Fassungsvermögen zu montieren. Welche Abmessungen sind für den geringsten Materialverbrauch zu wählen, wenn die an der Wand befindliche Fläche nicht zur Oberfläche gehört?

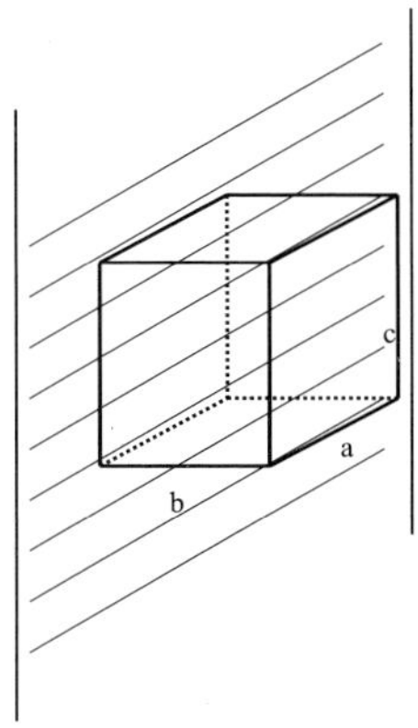

Abb. 4.9

Lösung:

Schritt 1: Zielfunktion: $O = ab + 2bc + ac \rightarrow \min!$

Nebenbedingung: $abc - 2 = 0$ [m]

Schritte 2 und 3: $L(a;b;c;\lambda) = ab + 2bc + ac + \lambda\cdot(abc - 2)$

$L_a = b + c + \lambda bc = 0$ (1)

$L_b = a + 2c + \lambda ac = 0$ (2)

$L_c = 2b + a + \lambda ab = 0$ (3)

$L_\lambda = abc - 2 = 0$ (4)

Schritt 4: (1a): $\lambda = -\dfrac{b+c}{bc}$ (2a): $\lambda = -\dfrac{a+2c}{ac}$ (3a): $\lambda = -\dfrac{a+2b}{ab}$

Gleichsetzungsmethode: (1a) = (2a) bzw. $\lambda = \lambda$:

$-\dfrac{b+c}{bc} = -\dfrac{a+2c}{ac} \Leftrightarrow ac\cdot(b+c) = bc\cdot(a+2c)$

$\Leftrightarrow \cancel{abc} + a\cancel{c^2} = \cancel{abc} + 2b\cancel{c^2} \Leftrightarrow a = 2b$

(1a) = (3a) bzw. $\lambda = \lambda$:

$-\dfrac{b+c}{bc} = -\dfrac{a+2b}{ab} \Leftrightarrow ab\cdot(b+c) = bc\cdot(a+2b) \Leftrightarrow a\cancel{b^2} + \cancel{abc}$

$= \cancel{abc} + 2\cancel{b^2}c \Leftrightarrow a = 2c$

Aus $a = 2b$ und $a = 2c$ folgt: $b = c$.

Eingesetzt in (4): $(2c)\cdot c\cdot c = 2$ [m^3] $\Leftrightarrow 2\cdot c^3 = 2$

$\Leftrightarrow c^3 = 1$ [m^3] $\Leftrightarrow c^* = 1$ [m]

$\Rightarrow b^* = 1$ [m] und $a^* = 2$ [m].

4.3.3 Substitutionsmethode

Die Substitutionsmethode ist ein einfaches Verfahren, das angewandt werden kann, wenn nur eine Nebenbedingung sowie eine Zielfunktion mit nur zwei Variablen vorliegen.

1. Beispiel: (1. Beispiel aus Kapitel 4.3.2)
Zielfunktion: $N(x_1;x_2) = x_1 \cdot x_2 \rightarrow \max!$
Nebenbedingung: $1 \cdot x_1 + 1{,}50x_2 = 18$ bzw. $x_1 + 1{,}5x_2 - 18 = 0$
Wir lösen dazu die Nebenbedingung nach x_1 oder x_2 auf, hier nach x_1: $x_1 = 18 - 1{,}5x_2$, und ersetzen (substituieren) x_1 in der Zielfunktion. Die Zielfunktion wird damit zu einer Funktion mit (nur noch) einer Veränderlichen und bekommt folgende Gestalt:
$N(x_2) = (18 - 1{,}5x_2) \cdot x_2 = 18x_2 - 1{,}5x_2^2$
Diese neue Zielfunktion können wir »wie gewohnt« behandeln gemäß den Regeln für Funktionen mit einer unabhängigen Veränderlichen.
$N'(x_2) = 18 - 3x_2$. Aus $N'(x_2) = 0$ folgt: $18 - 3x_2 = 0 \Leftrightarrow x_2^* = 6$
$N''(x_2) = -3\ (< 0) \Rightarrow$ Maximum bei $x_2 = 6$
Einsetzen in die Nebenbedingung: $x_1^* = 18 - 1{,}5x_2^*$ bzw. $x_1^* = 9$

2. Beispiel: (2. Beispiel aus Kapitel 4.3.2)
Zielfunktion: $K = 30A + 10C \rightarrow \min!$
Nebenbedingung: $A^{\frac{3}{4}} \cdot C^{\frac{1}{4}} - 100 = 0$

$$\Leftrightarrow C^{\frac{1}{4}} = \frac{100}{A^{\frac{3}{4}}} \mid {}^4 \Rightarrow C = \frac{100^4}{A^3} \text{ einzusetzen in Zielfunktion}$$

$$K(A) = 30A + 10 \cdot \frac{100^4}{A^3} \cdot \rightarrow \min!$$

$$K'(A) = 30 - 3 \cdot 10 \cdot \frac{100^4}{A^4},\ K''(A) = 4 \cdot 3 \cdot 10 \cdot \frac{100^4}{A^5}\ (> 0)$$

$$\text{Aus } K'(A) = 0 \text{ folgt: } 30 = 30 \cdot \frac{100^4}{A^4} \cdot \Leftrightarrow A^4 = 100^4 \Rightarrow A^* = 100$$

$$K^* = \frac{100^4}{100^3} \text{ bzw. } K^* = 100, \text{ Minimum wegen } K''(A) > 0$$

Aufgabe 92: Gegeben ist die Funktion $f(x;y) = (x - 2)^2 + (y - 2x)^2 + 8$

a) Lösen Sie die Klammern nach den Regeln für die binomischen Formeln auf!
b) Berechnen Sie die ersten und zweiten partiellen Ableitungen dieser Funktion!
c) Bestimmen Sie aus den Optimalitätsbedingungen (Nullsetzen der ersten beiden partiellen Ableitungen) die kritischen Werte x^* und y^* und weisen

Sie nach, ob es sich tatsächlich um einen Extremwert und – falls ja – um ein Minimum oder um ein Maximum handelt!

d) Berechnen Sie den Optimalwert $f(x^*;y^*)$!

Aufgabe 93: Zur Herstellung von Weingummi der Marke »Bärenspaß« benötigt man einen Grundstoff der Menge x und einen Zusatzstoff der Menge y. Die zugehörige Produktionsfunktion lässt sich annähernd folgendermaßen darstellen: $f(x;y) = -x^3 + 12xy - y^3 + 1.000$, $x, y > 0$

a) Berechnen Sie die ersten und zweiten partiellen Ableitungen dieser Funktion!

b) Bestimmen Sie die Faktormengenkombination $(x^*;y^*)$, bei der die Produktion optimal wird und weisen Sie nach, dass es sich bei den gefundenen Werten tatsächlich um ein Maximum handelt!

Aufgabe 94: Eine Unternehmung produziere ein Gut gemäß folgender Produktionsfunktion:

$x = 100 \cdot A^{0,8} \cdot K^{0,2}$ (x: Output; A: Arbeitsinput; K: Kapitaleinsatz).

Pro Arbeitseinheit wird ein Lohn von 20 GE fällig, eine Kapitaleinheit verursacht 10 GE an Zinskosten.

Ermitteln Sie unter Anwendung des LAGRANGE-Ansatzes den kostengünstigsten Faktoreinsatz A^* bzw. K^* für einen vorgegebenen Output von 10.000 ME!

Aufgabe 95: Zur Herstellung von (oben offenen) zylindrisch geformten Altbiergläsern (vgl. Skizze) mit einem vorgegebenem Volumen von 0,25 Liter ($=250\ cm^3$) will das Herstellerunternehmen die Maße r (Radius) und h (Höhe) – jeweils in cm – so bestimmen, dass der Glasverbrauch (also die Oberfläche) minimal wird.

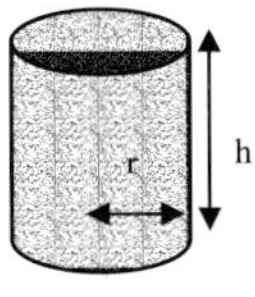

Hilfsformeln:

Umfang eines Kreises: $U = 2 \cdot \pi \cdot r$

Fläche eines Kreises: $A = \pi \cdot r^2$

Volumen eines Zylinders: V = Höhe · Kreisfläche

($\pi \approx 3{,}1416$)

Abb. 4.10

Der Boden ist doppelt verstärkt, d. h. es ist für die Rechnung ein *dreifacher* Boden anzusetzen. Lösen Sie dieses Optimierungsproblem mit dem LAGRANGE-Verfahren und mit der Substitutionsmethode!

a) Stellen Sie das Optimierungsproblem – Zielfunktion und Nebenbedingung – formelmäßig auf!
b) Stellen Sie die LAGRANGE-Funktion auf und ermitteln Sie die Optimalitätsbedingungen (d. h. die $= 0$ gesetzten partiellen Ableitungen)!
c) Berechnen Sie die Maße r^* und h^*(jeweils in cm), die zu einem minimalen Glasverbrauch führen sowie den optimalen Glasverbrauch G^* (in cm^2)!

5 Lineare Algebra

Lehrziele

Nach Durcharbeiten dieses Kapitels sollen die Studierenden

- die Matrizeneigenschaften und Matrizenoperationen beherrschen,
- das Gauß'sche Eliminationsverfahren beherrschen,
- in der Lage sein, lineare Gleichungssysteme und deren wichtige ökonomische Anwendungen (wie z. B. Teilebedarfsrechnung, interne Leistungsverrechnung) zu lösen.

Im Folgenden wenden wir uns der **Linearen Algebra**, insbesondere der Matrizenrechnung zu. Die Matrizenrechnung erlaubt die Verarbeitung und Analyse großer Datenmengen in kompakter und strukturierter Form. Da große Datenvolumina auch in der Betriebs- und Volkswirtschaft zu verarbeiten sind, findet die Matrizenrechnung in der Ökonomie entsprechende Anwendung. Tabellenkalkulationsprogramme (z. B. Excel), die unter anderem auch die Bearbeitung und Berechnung von Matrizen erlauben, gehören heute zum notwendigen Basiswerkzeug eines Absolventen in der Volks- und Betriebswirtschaft.
Wir wollen zunächst die wichtigsten Matrixbegriffe und -typen klären, um anschließend die Operationen mit Matrizen zu behandeln. Schließlich werden wir uns mit der Behandlung von linearen Gleichungssystemen sowie einigen Anwendungen in der Betriebswirtschaft (mehrstufige Produktionsprozesse, innerbetriebliche Leistungsverrechnung, Input-Output-Analyse) beschäftigen.

5.1 Matrixbegriffe

Beispiel: Materialverflechtung
Gegeben sei ein Unternehmen, das drei ähnliche Produkte herstellt (E_1, E_2, E_3) und dafür zwei Materialarten (M_1 und M_2) benötigt. Die **Materialaufwandskoeffizienten**, d. h. die Materialmengen, die benötigt werden, um eine Einheit des Produkts E_j ($j = 1,2,3$) zu produzieren, seien in dem folgenden **Gozinto-Graphen** dargestellt:

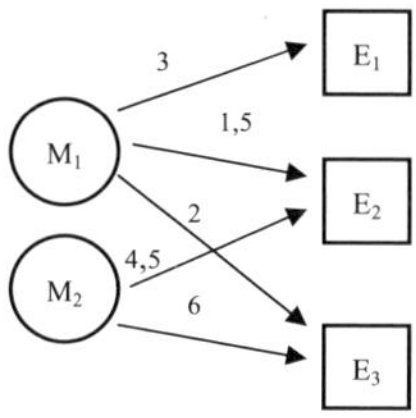

Beispielsweise werden zur Herstellung von 1 Stück bzw. 1 Mengeneinheit (ME) des Erzeugnisses E_2 1,5 ME des Materials M_1 und 4,5 ME des Materials M_2 benötigt.

Abb. 5.1: Gozinto-Graph

Alternativ zu dem Gozinto-Graph lassen sich die mengenmäßigen Verflechtungen zwischen dem Material und dem Erzeugnis auch in einer Zahlentabelle darstellen:

	E_1	E_2	E_3
M_1	3	1,5	2
M_2	0	4,5	6

Die Zahlen bilden ein rechteckiges Schema, das wir noch einmal vereinfachen wollen:

$\begin{bmatrix} 3 & 1{,}5 & 2 \\ 0 & 4{,}5 & 6 \end{bmatrix}_{(2,3)}$ Ein solches Schema heißt **Matrix.** Sie besteht aus 2 Zeilen und 3 Spalten.

Definition

Eine **Matrix** A ist ein rechteckiges Zahlenschema aus m Zeilen und n Spalten (m x n-Matrix oder auch (m,n)-Matrix).

$$A = \begin{bmatrix} a_{11} & a_{12} & \cdots & a_{1j} & \cdots & a_{1n} \\ a_{21} & a_{22} & \cdots & a_{2j} & \cdots & a_{2n} \\ \vdots & \vdots & \ddots & \vdots & \cdots & \vdots \\ a_{i1} & a_{i2} & \cdots & a_{ij} & \cdots & a_{in} \\ \vdots & \vdots & \cdots & \vdots & \cdots & \vdots \\ a_{m1} & a_{m2} & \cdots & a_{mj} & \cdots & a_{mn} \end{bmatrix}_{(m,n)}$$

Die **Elemente** einer Matrix A werden mit $\mathbf{a_{ij}}$ ($a_{ij} \in \mathbb{R}$) abgekürzt. Dabei bezeichnen der erste **Index i** die **Zeilennummer** und der zweite **Index j** ($j = 1,\ldots, n$) die **Spaltennummer.**

Es ist üblich, die Matrizen mit Großbuchstaben (A,B,C,...usw.) und die Elemente der Matrix mit den entsprechenden Kleinbuchstaben (a_{ij},b_{ij},c_{ij},...) zu kennzeichnen.

Spezielle Matrizen

Es gibt einige spezielle Ausgestaltungsformen von Matrizen, von denen wir die wichtigsten hier vorstellen wollen:

i) Quadratische Matrix

Typ (n,n), d. h. Zeilenzahl = Spaltenzahl $\begin{bmatrix} a_{11} & \cdots & a_{1n} \\ \vdots & \ddots & \vdots \\ a_{m1} & \cdots & a_{mn} \end{bmatrix}_{(n.n)}$

ii) Vektoren

Matrix, die nur aus einer Zeile (**Zeilenvektor**) oder nur aus einer Spalte (**Spaltenvektor**) besteht.

$\begin{bmatrix} a_1 & \cdots & a_n \end{bmatrix}_{(1,n)}$ Zeilenvektor (= (1,n)-Matrix)

$\begin{bmatrix} a_1 \\ \vdots \\ a_m \end{bmatrix}_{(m,1)}$ Spaltenvektor (= (m,1)-Matrix)

iii) Nullmatrix

Matrix, deren Elemente alle null sind: $\begin{bmatrix} 0 & \cdots & 0 \\ \vdots & \ddots & \vdots \\ 0 & \cdots & 0 \end{bmatrix}_{(n.n)} =: 0$

Entsprechend: Nullvektor (alle Elemente = 0). Die Nullmatrix steht in der Arithmetik der Matrizenrechnung für die null.

iv) Diagonalmatrix

Matrix, deren sämtliche Elemente außerhalb der Diagonalen gleich null sind und wenigstens ein Diagonalelement $\neq 0$ ist. Die Diagonalmatrix ist zwingend quadratisch.

$$D = \begin{bmatrix} a_{11} & 0 & \cdots & 0 & 0 \\ 0 & a_{22} & \cdots & 0 & 0 \\ \vdots & \vdots & \ddots & \vdots & \vdots \\ 0 & 0 & \cdots & a_{n-1n-1} & 0 \\ 0 & 0 & \cdots & 0 & a_{nn} \end{bmatrix}_{(n,n)} \qquad \text{z. B.: } D_{(3,3)} = \begin{bmatrix} 1 & 0 & 0 \\ 0 & 4 & 0 \\ 0 & 0 & 0 \end{bmatrix}_{(3,3)}$$

v) Einheitsmatrix

Diagonalmatrix, bei der alle Diagonalelemente = 1, alle Nicht-Diagonalelemente gleich null sind; zwingend quadratisch.

$$\text{Schreibweise: } E = \begin{bmatrix} 1 & 0 & \cdots & 0 & 0 \\ 0 & 1 & \cdots & 0 & 0 \\ \vdots & \vdots & \ddots & \vdots & \vdots \\ 0 & 0 & \cdots & 1 & 0 \\ 0 & 0 & \cdots & 0 & 1 \end{bmatrix}_{(n,n)}$$

Entsprechend: i-ter Einheitszeilenvektor (j-tes Zeilenelement = 1, sonst 0) und j-ter Einheitsspaltenvektor (i-tes Spaltenelement = 1, sonst 0). Die Einheitsmatrix steht für die »Eins« innerhalb der Arithmetik für Matrizen.

vi) Dreiecksmatrix

Man unterscheidet obere Dreiecksmatrix und untere Dreiecksmatrix.
Obere Dreiecksmatrix: Alle Elemente **unterhalb** der Diagonalen sind gleich 0.
Untere Dreiecksmatrix: Alle Elemente **oberhalb** der Diagonalen sind gleich 0.

$$\text{z. B.: } A_{(3,3)} = \begin{bmatrix} 1 & 2 & 3 \\ 0 & 4 & 5 \\ 0 & 0 & 6 \end{bmatrix}_{(3,3)} \quad \text{obere Dreiecksmatrix}$$

$$B_{(3,3)} = \begin{bmatrix} 1 & 0 & 0 \\ 2 & 3 & 0 \\ 4 & 5 & 6 \end{bmatrix}_{(3,3)} \quad \text{untere Dreiecksmatrix}$$

Eine Dreiecksmatrix ist zwingend quadratisch.

5.2 Matrizenoperationen

Matrizen sind als selbständige mathematische Objekte aufzufassen, für die es eigene Rechenregeln gibt. Diese weichen jedoch zum Teil erheblich von den Rechenoperationen für reelle Zahlen (+, -, ·, :) ab.

Transponieren (= Vertauschen von Zeilen und Spalten)

Werden in einer Matrix A(m,n) die Zeilen mit den Spalten vertauscht, so entsteht die zu A(m,n) **transponierte Matrix** A(n,m). Damit wird aus einer m x n-Matrix eine n x m-Matrix. Das Matrixelement a_{ij} rückt in der transponierten Matrix an die Stelle a_{ji}.
Es gilt: $(A^T)^T = A$, d. h. die transponierte Matrix erneut transponiert führt wieder auf die Ursprungsmatrix.

Beispiel:
Zwei Betriebe B_1 und B_2 stellen im 1. Halbjahr die Erzeugnisse E_1, E_2, E_3 mit folgenden Erzeugnismengen her:

	E_1	E_2	E_3
B_1	200	60	250
B_2	300	50	200
Σ	500	110	450

$$\rightarrow \quad A = \begin{bmatrix} 200 & 60 & 250 \\ 300 & 50 & 200 \end{bmatrix}_{(2,3)}$$

Z. B. a_{11}: Betrieb 1 produziert 200 ME des Erzeugnisses E_1. Alternative Darstellung:

	B_1	B_2	Σ
E_1	200	300	500
E_2	60	50	110
E_3	250	200	450

$$\rightarrow \quad A^T = \begin{bmatrix} 200 & 300 \\ 60 & 50 \\ 250 & 200 \end{bmatrix}_{(3,2)}$$

Z. B. a_{11}: Von E_1 werden 200 ME in Betrieb B_1 erzeugt.

Matrizenaddition und -subtraktion

Matrizen werden addiert (subtrahiert), indem ihre entsprechenden Elemente addiert (subtrahiert) werden. Die Addition (Subtraktion) setzt voraus, dass die Matrizen vom gleichen Typ sind, d. h. Spaltenzahl und Zeilenzahl sind identisch.

Beispiel:
Produktionsmengen von Betrieb B_i ($i = 1{,}2$) des Erzeugnisses E_j ($j = 1{,}2{,}3$):

$$A = \underbrace{\begin{bmatrix} 200 & 60 & 250 \\ 300 & 50 & 200 \end{bmatrix}_{(2,3)}}_{\text{1.Halbjahr}} \qquad B = \underbrace{\begin{bmatrix} 100 & 40 & 250 \\ 200 & 50 & 400 \end{bmatrix}_{(2,3)}}_{\text{2.Halbjahr}}$$

$$C = A + B = \underbrace{\begin{bmatrix} 300 & 100 & 500 \\ 500 & 100 & 600 \end{bmatrix}_{(2,3)}}_{\text{Gesamtjahr}}$$

Regeln für die Matrizenaddition und -subtraktion:

$A + B = B + A$	Kommutativgesetz	(5.1)
$A + (B + C) = (A + B) + C$	Assoziativgesetz	(5.2)
$(A + B)^T = A^T + B^T$		(5.3)

Multiplikation einer Matrix mit einem Skalar

Ein Skalar ist – in Abgrenzung zur Matrix – eine beliebige reelle Zahl. Eine Matrix wird mit einem Skalar multipliziert, indem jedes Element mit diesem Faktor multipliziert wird.

Beispiel:
Gegeben seien die Produktionsmengen für das Gesamtjahr aus obigem Beispiel. Für das nächste Jahr sehe der Plan eine Produktionsmengensteigerung um durchgängig 20 % vor:

$$C = \underbrace{\begin{bmatrix} 300 & 100 & 500 \\ 500 & 100 & 600 \end{bmatrix}_{(2,3)}}_{\text{Gesamtjahr}} \qquad \check{C} = C \cdot 1{,}2 = \begin{bmatrix} 360 & 120 & 600 \\ 600 & 120 & 720 \end{bmatrix}_{(2,3)}$$

Skalarprodukt zweier Vektoren

Das Ergebnis der Multiplikation eines Zeilenvektors mit einem Spaltenvektor ist ein Skalar. Das Skalarprodukt errechnet sich aus der Summe der Produkte $a_j \cdot b_j$. (j = 1,..., n).

Falls ein Zeilenvektor $a^T = [a_1,..., a_n]$ und ein Spaltenvektor $\begin{bmatrix} b_1 \\ \vdots \\ b_n \end{bmatrix}$ gegeben sind, dann gilt für das **Skalarprodukt**:

$$a^T \cdot b = [a_1 \ldots a_n] \cdot \begin{bmatrix} b_1 \\ \vdots \\ b_n \end{bmatrix} = a_1b_1 + a_2b_2 + \ldots + a_nb_n = \sum_{j=1}^{n} a_j \cdot b_j \quad (5.4)$$

Beispiel:
Um jeweils eine Einheit eines Erzeugnisses E_j (j=1,2,3) zu produzieren, werden von dem Material M_1 folgende Mengen benötigt:
m_j (j = 1,2,3) Materialaufwandskoeffizient
x_j (j = 1,2,3) produzierte Stückzahlen von E_j pro Jahr

$$M_1 \quad \begin{matrix} E_1 & E_2 & E_3 \\ [16 & 12 & 25] \end{matrix} \qquad \begin{matrix} E_1 \\ E_2 \\ E_3 \end{matrix} \overset{x_j}{\begin{bmatrix} 800 \\ 200 \\ 1.100 \end{bmatrix}} \begin{matrix} x_1 \\ x_2 \\ x_3 \end{matrix}$$

Gesucht: Gesamter Materialverbrauch M_G über alle Erzeugnisarten:

$$M_G = m_1x_1 + m_2x_2 + m_3x_3 = \sum_{j=1}^{3} m_j \cdot x_j = 12.800 + 2.400 + 27.500 = 42.700$$

Multiplikation von Matrizen

Auch die Multiplikation ist für Matrizen möglich, jedoch erfolgt sie nicht – wie bei der Addition (Subtraktion) – komponentenweise. Die Matrizenmultiplikation baut auf dem Skalarprodukt auf. Sie ist bei großen Matrizen recht aufwendig, da man insgesamt m·n Skalarprodukte zu berechnen hat.

Beispiel:
Wir knüpfen an die Zahlenangaben des obigen Beispiels (Produktionsmengen der Erzeugnisse 1 bis 3) an und erweitern das Beispiel um die Stückzahlen weiterer zwei Jahre (T_1,T_2,T_3). Die Geschäftsleitung plane eine jährliche

Produktionsmengensteigerung um 10 %, so dass sich für die Stückzahlen folgende Matrix X ergibt:

$$X = \begin{matrix} \\ E_1 \\ E_2 \\ E_3 \end{matrix} \begin{bmatrix} T_1 & T_2 & T_3 \\ x_{11} & x_{12} & x_{13} \\ x_{21} & x_{22} & x_{23} \\ x_{31} & x_{32} & x_{33} \end{bmatrix}_{(3,3)} = \begin{matrix} \\ E_1 \\ E_2 \\ E_3 \end{matrix} \begin{bmatrix} T_1 & T_2 & T_3 \\ 800 & 800 & 968 \\ 200 & 220 & 242 \\ 1.100 & 1.210 & 1.331 \end{bmatrix}_{(3,3)}$$

z. B. Herstellung von 242 ME des Erzeugnisses 2 im Jahr 3.
Damit ist eine Verknüpfung zwischen E und T hergestellt, also (E/T).
Der Materialverbrauch des Materials M_1 war gegeben durch den Vektor M =

$$\begin{matrix} \\ E_1 \\ E_2 \\ E_3 \end{matrix} \begin{matrix} M_1 \\ \begin{bmatrix} 16 \\ 12 \\ 25 \end{bmatrix} \end{matrix} \text{ bzw. durch } M^T = M_1 \begin{matrix} E_1 & E_2 & E_3 \\ [16 & 12 & 25] \end{matrix}.$$

Der Zeilenvektor stellt eine Verknüpfung zwischen dem Materialeinsatz und dem Erzeugnis E her, also (M/E).
Wir wollen nun den Materialverbrauch für die Jahre 1 bis 3 berechnen. Gesucht ist also eine Verkettung Material-Zeit, also (M/T). Dazu müssen wir den Vektor M^T mit dem Vektor X multiplizieren.

Es gilt: $M^T \cdot X = \underbrace{(\underbrace{M^T/E}_{\text{Verknüpfung Material mit Erzeugnis}}) \cdot (\underbrace{E/T}_{\text{Verknüpfung Erzeugnis mit Zeit}})}_{\text{Ergebnis:Verknüpfung Material mit Zeit (M/T)}} = M^T_{(1,3)} \cdot X_{(3,3)} = (MX)_{(1,3)}$

Den Matrizentyp, den man nach der Matrizenmultiplikation erhält, lässt sich anhand der beiden äußeren Zahlen im Index ablesen, also im Beispiel 1 und 3, d. h. man erhält eine (1,3)-Matrix bzw. einen Zeilenvektor mit 3 Spalten. Die beiden inneren Zahlen verdeutlichen die Verkettungsbedingung und müssen gleich sein, damit eine Matrizenmultiplikation überhaupt möglich ist (im Beispiel: 3).
Im **Beispiel** lässt sich die Multiplikation mit Hilfe des **Falk'schen Schemas** verdeutlichen. Dazu ordnen wir die zu verknüpfenden Matrizen (bzw. Vektoren) wie unten abgebildet an:

			800	880	968	
			200	220	242	
			1.100	1.210	1.331	Falk'sches Schema
16	12	25	42.700	46.970	51.667	

Unter Verzicht auf das Falksche Schema hätten wir auch schreiben können:

$$\begin{matrix} & E_1 & E_2 & E_3 \\ M_1 & [16 & 12 & 25]_{(1,3)} \end{matrix} \cdot \begin{matrix} \\ E_1 \\ E_2 \\ E_3 \end{matrix} \begin{bmatrix} T_1 & T_2 & T_3 \\ 800 & 800 & 968 \\ 200 & 220 & 242 \\ 1.100 & 1.210 & 1.331 \end{bmatrix}_{(3,3)} = \begin{matrix} & T_1 & T_2 & T_3 \\ M_1 & [42.700 & 46.970 & 51.667]_{(1,3)} \end{matrix}$$

$$A \cdot B = C$$

Der Ergebnisvektor liefert uns den Gesamtmaterialbedarf für alle drei Erzeugnisse jeweils über die Jahre 1 bis 3.

Wir wollen das Beispiel nochmals erweitern, und zwar um eine zweite Materialart M_2. Die Materialbedarfsmatrix der Materialien M_1 und M_2 für die Produkte E_1, E_2 und E_3 sehe folgendermaßen aus:

$$\begin{matrix} \\ M_1 \\ M_2 \end{matrix} \begin{bmatrix} E_1 & E_2 & E_3 \\ 16 & 12 & 25 \\ 15 & 0 & 13 \end{bmatrix}_{(2,3)} \cdot \begin{matrix} \\ E_1 \\ E_2 \\ E_3 \end{matrix} \begin{bmatrix} T_1 & T_2 & T_3 \\ 800 & 800 & 968 \\ 200 & 220 & 242 \\ 1.100 & 1.210 & 1.331 \end{bmatrix}_{(3,3)} = \begin{matrix} \\ M_1 \\ M_2 \end{matrix} \begin{bmatrix} E_1 & E_2 & E_3 \\ 42.700 & 46.970 & 51.667 \\ 26.300 & 28.930 & 31.823 \end{bmatrix}_{(2,3)}$$

$$M_{(2,3)} \cdot X_{(3,3)} = MX_{(2,3)}$$

bzw. $A \cdot B = C$

Alternative Darstellung mit dem Falk'schen Schema:

			800	880	968
			200	220	242
			1.100	1.210	1.331
16	12	25	42.700	46.970	51.667
15	0	13	26.300	28.930	31.823

Beispielsweise ergibt sich der Ergebniswert $c_{(2,3)} = 31.823$ als Skalarprodukt aus der 2. Zeile der Matrix A mit der 3. Spalte der Matrix B.

Jeder Ergebniswert in der Ergebnismatrix C an der Stelle ij ist das Ergebnis des Skalarprodukts zwischen der i-ten Zeile der Matrix A und der j-ten Spalte der Matrix B. Insgesamt sind also $m \cdot n$ Skalarprodukte zu berechnen.

Im Folgenden sind einige wichtige Regeln zur Matrizenmultiplikation zusammengestellt:

Rechenregeln der Matrizenmultiplikation:

I. $(A \cdot B) \cdot C = A \cdot (B \cdot C) = A \cdot B \cdot C$ (5.5)

II. $A \cdot (B + C) = A \cdot B + A \cdot C$ (5.6)

III. $A \cdot E = E \cdot A = A$ (5.7)

IV. $A \cdot 0 = 0 \cdot A = 0$ (5.8)

V. $A \cdot B \neq B \cdot A$ (Kommutativgesetz gilt *nicht*!) (5.9)

VI. $(A \cdot B)^T = B^T \cdot A^T$ (5.10)

VII. Aus $A \cdot B = 0$ folgt nicht zwingend: $A = 0$ oder $B = 0$ (5.11)

Beispiel zu V.:

$$A = \begin{bmatrix} 1 & 2 \\ 3 & 4 \end{bmatrix} \quad B = \begin{bmatrix} 2 & 3 \\ 5 & 7 \end{bmatrix} \quad A \cdot B = \begin{bmatrix} 12 & 17 \\ 26 & 37 \end{bmatrix} \quad B \cdot A = \begin{bmatrix} 11 & 16 \\ 26 & 38 \end{bmatrix} \neq A \cdot B$$

Beispiel zu VI.:

$$A = \begin{bmatrix} 1 & 2 \\ 3 & 4 \end{bmatrix} \quad B = \begin{bmatrix} 2 & 3 \\ 4 & 5 \end{bmatrix} \quad A^T = \begin{bmatrix} 1 & 3 \\ 2 & 4 \end{bmatrix} \quad B^T = \begin{bmatrix} 2 & 4 \\ 3 & 5 \end{bmatrix}$$

$$A \cdot B = \begin{bmatrix} 1 & 2 \\ 3 & 4 \end{bmatrix} \cdot \begin{bmatrix} 2 & 3 \\ 4 & 5 \end{bmatrix} = \begin{bmatrix} 10 & 13 \\ 22 & 29 \end{bmatrix} \Rightarrow (A \cdot B)^T = \begin{bmatrix} 10 & 22 \\ 13 & 29 \end{bmatrix}$$

$$B^T \cdot A^T = \begin{bmatrix} 2 & 4 \\ 3 & 5 \end{bmatrix} \cdot \begin{bmatrix} 1 & 3 \\ 2 & 4 \end{bmatrix} = \begin{bmatrix} 10 & 22 \\ 13 & 29 \end{bmatrix} = (A \cdot B)^T$$

Beispiel zu VII.:

$$A = \begin{bmatrix} 4 & 4 \\ 4 & 4 \end{bmatrix} \quad B = \begin{bmatrix} 4 & 4 \\ -4 & -4 \end{bmatrix} \quad A \cdot B = \begin{bmatrix} 0 & 0 \\ 0 & 0 \end{bmatrix}$$

Weiteres Beispiel zur Matrizenmultiplikation:

Ein Betrieb stellt in einem zweistufigen Produktionsprozess die Endprodukte E_1 und E_2 her. Die beiden Endprodukte werden aus drei Zwischenprodukten erstellt, für deren Erstellung wiederum zwei Rohstoffe benötigt werden. Der folgende Gozinto-Graph verdeutlicht die Verflechtung und gibt an, wie viel ME an Rohstoffen und Zwischenprodukten jeweils zur Herstellung einer ME des Zwischen- bzw. Endprodukts benötigt werden.

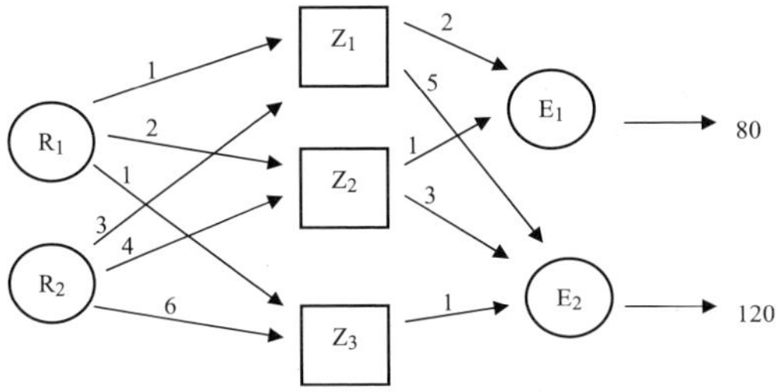

Abb. 5.2: Materialverflechtung

Zu bestimmen sind:

a) Der Materialbedarf für jeweils 1 Einheit des Endprodukts.
b) Der Bedarf an Zwischenprodukten und Rohstoffen, um die geplante Produktionsmenge von 80 Stück von E_1 und 120 Stück von E_2 zu realisieren.
c) Die Gesamtrohstoffkosten, wenn für die Rohstoffe Preise von 10 GE (R_1) und 15 GE (R_2) pro ME anzusetzen sind.

zu a): Es sind die (R/Z)-Matrix und die (Z/E)-Matrix aufzustellen und miteinander zu multiplizieren. Das Ergebnis liefert die Beziehung zwischen R und E.

$$\begin{array}{c} \\ R_1 \\ R_2 \end{array}\begin{bmatrix} z_1 & z_2 & z_3 \\ 1 & 2 & 1 \\ 3 & 4 & 6 \end{bmatrix}_{(2,3)} \cdot \begin{array}{c} \\ z_1 \\ z_2 \\ z_3 \end{array}\begin{bmatrix} E_1 & E_2 \\ 2 & 5 \\ 1 & 3 \\ 0 & 1 \end{bmatrix}_{(3,2)} = \begin{array}{c} \\ R_1 \\ R_2 \end{array}\begin{bmatrix} E_1 & E_1 \\ 4 & 12 \\ 10 & 33 \end{bmatrix}_{(2,2)}$$

$$(R/Z)_{(2,3)} \qquad (Z/E)_{(3,2)} \qquad = \qquad (R/E)_{(2,2)}$$

zu b) und c):

Anzahl der Zwischenprodukte:
$$\begin{array}{c} \\ z_1 \\ z_2 \\ z_3 \end{array}\begin{bmatrix} E_1 & E_2 \\ 2 & 5 \\ 1 & 3 \\ 0 & 1 \end{bmatrix}_{(3,\cancel{2})} \cdot \begin{bmatrix} 80 \\ 120 \end{bmatrix}_{(\cancel{2},1)} = \begin{bmatrix} 760 \\ 440 \\ 120 \end{bmatrix}_{(3,1)}$$

Benötigte Rohstoffmengen:
$$\begin{array}{c} \\ R_1 \\ R_2 \end{array}\begin{bmatrix} z_1 & z_2 & z_3 \\ 1 & 2 & 1 \\ 3 & 4 & 6 \end{bmatrix}_{(2,\cancel{3})} \cdot \begin{bmatrix} 760 \\ 440 \\ 120 \end{bmatrix}_{(\cancel{3},1)} = \begin{bmatrix} 1.760 \\ 4.760 \end{bmatrix}_{(2,1)}$$

zu d:

Gesamtrohstoffkosten:
$$[10,15]_{(1,2)} \cdot \begin{bmatrix} 1.760 \\ 4.760 \end{bmatrix}_{(2,1)} = 89.000 \text{ GE}$$

Inverse einer Matrix

Nach der Multiplikation liegt es nun nahe, als nächstes die Division durch eine Matrix zu behandeln. Jedoch ist die Division für Matrizen nicht definiert. Dennoch tauchen für verschiedene Anwendungen Matrizengleichungen der Form $AX = B$ auf, d. h. eine bekannte Matrix A soll multipliziert mit einer unbekannten Matrix X die Matrix B ergeben. Bei den reellen Zahlen hätten wir zur Gleichung $ax = b$ sofort die Lösung parat: Division durch a ($a \neq 0$) bzw. Multiplikation mit $\frac{1}{a}$ und damit Auflösung nach x. Das Element $\frac{1}{a}$, das die Zahl a neutralisiert, wird auch als inverses Element bezeichnet, denn mit a multipliziert ergibt sich die Zahl 1. In der Matrizenrechnung gibt es zwar keine Division, wohl aber die Multiplikation mit einem inversen Element, die im Ergebnis zur »1« der Matrizenrechnung führt, nämlich zur Einheitsmatrix E.

Inverse Matrix:

Falls A eine quadratische Matrix ist und falls es eine ebenfalls quadratische Matrix B gibt mit der Eigenschaft $AB = BA = E$, so bezeichnet man diese Matrix B als die **inverse Matrix** zu A (»Inverse«) und schreibt: A^{-1}. Es gilt somit:

$$A \cdot A^{-1} = A^{-1} \cdot A = E \qquad (5.12)$$

Nicht zu jeder quadratischen Matrix lässt sich eine Inverse bestimmen. Ist es möglich, so ist die Inverse eindeutig bestimmt, eine solche Matrix bezeichnet man als **regulär**. Ist die Inversenbestimmung dagegen nicht möglich, so heißt die Matrix **singulär**.
Für nichtquadratische Matrizen gibt es keine Inversen.

Wenn wir also die Matrizengleichung $AX = B$ vorliegen haben, so können wir »von links« beide Seiten mit der Inversen multiplizieren und erhalten:

$$AX = B \Rightarrow A^{-1}AX = A^{-1} \cdot B \text{ bzw. } EX = X = A^{-1} \cdot B \qquad (5.13)$$

Wir brauchen also »nur noch« die Inverse berechnen und mit der Matrix zu multiplizieren. Nun ist jedoch die Inversenberechnung mitunter ein mühevolles Unterfangen.[25] Wir wollen eine Berechnungsmethode an einer (2,2)-Matrix verdeutlichen.

Beispiel:

Gesucht ist die Inverse A^{-1} zur Matrix $A = \begin{bmatrix} 1 & -1 \\ 2 & 2 \end{bmatrix}$

Wegen $A \cdot A^{-1} = E$ können wir das Falksche Schema aufbauen und bezeichnen dabei die gesuchten Matrixwerte der Inversen mit a, b, c und d.

		a c	b d
1 2	−1 2	1 0	0 1

Dies führt auf ein Gleichungssystem, bestehend aus 2 mal 2 Gleichungen und 4 Unbekannten:

$a - c = 1$ [1] $\quad 2a + 2c = 0$ [2] $\quad b - d = 0$ [3] $\quad 2b + 2d = 1$ [4]

Auflösen von [1] und [2] führt auf: $a = 0{,}5$ und $c = -0{,}5$

Auflösen von [3] und [4] führt auf: $b = 0{,}25$ und $d = 0{,}25$

Probe: $\underbrace{\begin{bmatrix} 1 & -1 \\ 2 & 2 \end{bmatrix}}_{A} \cdot \underbrace{\begin{bmatrix} 0{,}5 & 0{,}25 \\ -0{,}5 & 0{,}25 \end{bmatrix}}_{A^{-1}} = \underbrace{\begin{bmatrix} 1 & 0 \\ 0 & 1 \end{bmatrix}}_{E}$, somit ist $\begin{bmatrix} 0{,}5 & 0{,}25 \\ -0{,}5 & 0{,}25 \end{bmatrix}$ die Inverse zu A.

Bei einer (3,3)-Matrix erhält man bereits 9 (= 3·3) Gleichungen, was die Berechnung ungleich langwieriger macht.

Eine alternative Methode zur Inversenberechnung basiert auf der **Bildung einer erweiterten Matrix**, d. h. Anhängung einer Einheitsmatrix:

Beispiel:

$A = \begin{bmatrix} 1 & -1 \\ 2 & 2 \end{bmatrix}$, nach Erweiterung: $\left[\begin{array}{cc|cc} 1 & -1 & 1 & 0 \\ 2 & 2 & 0 & 1 \end{array}\right]$

Es wird nun versucht, durch die Operationen Zeilentausch, Addition, Subtraktion oder Multiplikation die Matrix A in eine Einheitsmatrix umzuformen.

25 Weniger mühevoll ist die Inversenberechnung bei Verwendung eines Tabellenkalkulationsprogramms. Excel bietet z. B. die Funktion MINV, mit der sich die Inverse berechnen lässt.

Sollte dies gelingen, so ist die umgeformte Erweiterung der Matrix die gesuchte Matrix A^{-1}.

$$\left[\begin{array}{cc|cc} 1 & -1 & 1 & 0 \\ 2 & 2 & 0 & 1 \end{array}\right] \quad 2 \cdot \text{Zeile } 1 - \text{Zeile } 2$$

$$\Rightarrow \left[\begin{array}{cc|cc} 1 & -1 & 1 & 0 \\ 0 & -4 & 2 & -1 \end{array}\right] \quad \text{Zeile } 1 - 0{,}25 \cdot \text{Zeile } 2$$

$$\Rightarrow \left[\begin{array}{cc|cc} 1 & 0 & 0{,}5 & 0{,}25 \\ 0 & -4 & 2 & -1 \end{array}\right] \quad \text{Zeile } 2 \cdot (-0{,}25)$$

$$\Rightarrow \left[\begin{array}{cc|cc} 1 & 0 & 0{,}5 & 0{,}25 \\ 0 & 1 & -0{,}5 & 0{,}25 \end{array}\right] \quad \text{also } A^{-1} = \begin{bmatrix} 0{,}5 & 0{,}25 \\ -0{,}5 & 0{,}25 \end{bmatrix}$$

Aufgabe 96: Ein Produktionsprogramm für 2 Produkte sieht die Produktion von 1.000 (Produkt 1) und 2.000 (Produkt 2) ME vor. Die Produkte werden aus 3 Zwischenprodukten gefertigt, die wiederum durch 2 Rohstoffarten hergestellt werden. Die mengenmäßigen Beziehungen zur Herstellung jeweils 1 Einheit des Zwischenprodukts bzw. des Endprodukts sind in folgenden Tabellen gegeben:

	Z_1	Z_2	Z_3
R_1	1	7	1
R_2	2	5	6

	E_1	E_2
Z_1	2	5
Z_2	1	3
Z_3	1	1

Die Rohstoffpreise betragen 2 GE (Rohstoff 1) und 3 GE (Rohstoff 2) pro ME.

a) Berechnen Sie den Mengenbedarf an Zwischenprodukten und Rohstoffen, um das Produktionsprogramm zu erfüllen!
b) Berechnen Sie die Gesamtrohstoffkosten!

Aufgabe 92: Gegeben sei folgende Matrix: $A = \begin{bmatrix} 3 & -4 \\ 1 & 2 \end{bmatrix}$. Berechnen Sie die zu A gehörige inverse Matrix A^{-1}!

5.3 Lineare Gleichungssysteme

5.3.1 Grundbegriffe

Lineare Gleichungssysteme haben wir an verschiedenen Stellen bereits kennen gelernt, jedoch zumeist nur in der einfachsten Form, bestehend aus zwei Gleichungen mit zwei Unbekannten. Viele ökonomische Fragestellungen lassen sich durch lineare Gleichungen darstellen, jedoch haben wir es nicht selten mit »vielen« Gleichungen und »vielen« Variablen zu tun. Die Probleme lassen sich zwar heutzutage IT-gestützt bewältigen, doch sollte man dennoch über ein Grundwissen verfügen, um die Strukturen nachvollziehen zu können.
Eine lineare Gleichung ist eine Gleichung der Form $a_1x_1 + a_2x_2 + ... + a_nx_n = b$. Für $n = 2$ ergibt die lineare Gleichung – nach x_2 aufgelöst – das Bild einer Geraden im zweidimensionalen Raum, für $n = 3$ bekämen wir eine Fläche im dreidimensionalen Raum usw. Unter einem **linearen Gleichungssystem** versteht man allgemein ein System aus m linearen Gleichungen mit n Unbekannten.

Lineares Gleichungssystem (LGS):

$$\begin{array}{ll} & a_{11}x_1 + a_{12}x_2 + \ldots + a_{1n}x_n = b_1 \\ \wedge & a_{21}x_1 + a_{22}x_2 + \ldots + a_{2n}x_n = b_2 \\ \vdots & \vdots \qquad\quad \vdots \qquad\quad \vdots \qquad \vdots \\ \wedge & a_{m1}x_1 + a_{m2}x_2 + \ldots + a_{mn}x_n = b_m \end{array}$$

Das Gleichungssystem besteht aus m Gleichungen und n Variablen $x_1,...x_n$.
Die Koeffizienten a_{ij} und b_i ($i = 1,...,m$; $j = 1,...,n$) sind reelle Zahlen.

Für die Lösung eines linearen Gleichungssystems ist die Umschreibung in Matrizen sinnvoll. Wir können die Koeffizienten a_{ij} als Koeffizientenmatrix und die Variablen x_j sowie die Koeffizienten b_i als Vektoren darstellen und das Gleichungssystem dann in Matrixschreibweise folgendermaßen abbilden:

$$\begin{bmatrix} a_{11} & a_{12} & \cdots & a_{1n} \\ a_{21} & a_{22} & \cdots & a_{2n} \\ \vdots & \vdots & \cdots & \vdots \\ a_{m1} & a_{m2} & \cdots & a_{mn} \end{bmatrix} \cdot \begin{bmatrix} x_1 \\ x_2 \\ \vdots \\ x_n \end{bmatrix} = \begin{bmatrix} b_1 \\ b_2 \\ \vdots \\ b_m \end{bmatrix} \quad \text{oder einfach: } A \cdot x = b$$

Gesucht ist der Variablenvektor $[x_1,...x_n]^T$, der dazu führt, dass alle Gleichungen erfüllt sind.

5.3.2 Lösung eines linearen Gleichungssystems – Gauß'scher Algorithmus

Allgemeine Lösbarkeit eines linearen Gleichungssystems:

Ein lineares Gleichungssystem hat entweder

- genau eine Lösung, repräsentiert durch den Lösungsvektor $[x_1,...x_n]^T$,
- unendlich viele Lösungen oder
- keine Lösung.

Für den Fall $n = 2$ (zwei Gleichungen mit zwei Unbekannten, graphisch: zwei Geraden) lässt sich dieser Sachverhalt veranschaulichen:

a) Genau eine Lösung hat das Gleichungssystem, wenn sich die Geraden schneiden. Der Schnittpunkt ist der Lösungspunkt.
b) Wenn die Geraden identisch sind, also »übereinander« liegen, dann gibt es unendlich viele »Schnittpunkte«, somit unendlich viele Lösungen. Man hat möglicherweise zwei verschieden aussehende Gleichungen, faktisch sind sie aber identisch. Man sagt auch: Die Gleichungen sind voneinander **linear abhängig**.
c) Wenn die Geraden zwar nicht identisch sind, jedoch parallel verlaufen, so schneiden sie sich nicht, folglich hat das Gleichungssystem keine Lösung.

Beispiele:
zu a): $x_1 - x_2 = 0$ [1] und $0{,}5x_1 - x_2 = -5$ [2]
Auflösen der Gleichungen jeweils nach x_2 führt auf $x_2 = x_1$ und $x_2 = 0{,}5x_1 + 5$. Gleichsetzen ergibt: $x_1 = 10$ und $x_2 = 10$, also $[x_1; x_2]^T = [10; 10]^T$. Dies ist genau der Schnittpunkt der Geraden.
zu b): $3x_1 + x_2 = 10$ [1] und $-9x_1 - 3x_2 = -30$ [2]
Die zweite Gleichung unterscheidet sich von der ersten lediglich durch den Faktor -3. Wenn wir Gleichung [1] mit -3 multiplizieren, erhalten wir exakt Gleichung [2]. Faktisch sind die Gleichungen also identisch.
zu c): $x_1 - 2x_2 = -10$ [1] und $x_1 - 2x_2 = -20$ [2]
Lösen wir die Gleichungen [1] und [2] jeweils nach x_2 auf, so erhalten wir: $x_2 = 0{,}5x_1 + 5$ [1] und $x_2 = 0{,}5x_1 + 10$ [2]. Die beiden Geraden verlaufen parallel, es existiert somit keine Lösung.

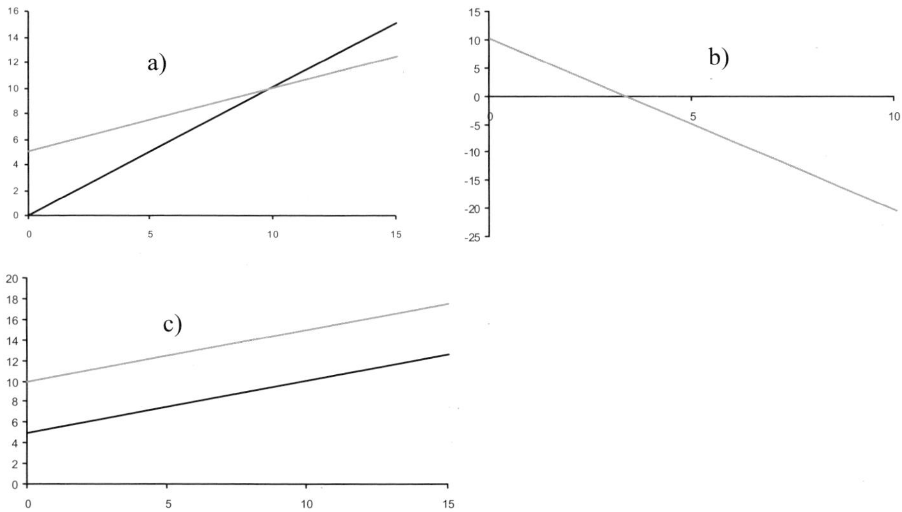

Abb. 5.3: Lösung von 2 linearen Gleichungen mit 2 Unbekannten

Der Fall n = 2 diente nur zur Veranschaulichung. Gesucht sind jedoch Lösungsverfahren, mit denen man Gleichungssysteme beliebiger Größenordnung lösen kann. Grundsätzlich lässt sich der Lösungsvektor x über die Inverse bestimmen:

$$Ax = b \Rightarrow \underbrace{A^{-1} \cdot A}_{E} x = A^{-1} \cdot b \Rightarrow x = A^{-1} \cdot b$$

Dazu muss man jedoch die Inverse erst bestimmen, was bei entsprechend großen Matrizen und ohne Zuhilfenahme eines Computers recht schwierig ist. Wir wollen im Folgenden ein alternatives Verfahren zeigen, wie man ebenfalls systematisch zur Lösung des Gleichungssystems gelangen kann, sofern eine Lösung existiert, nämlich das **Gauß'sche Eliminationsverfahren**. Die Idee des Gauß-Algorithmus besteht darin, durch geeignete Äquivalenzumformungen die Matrix A in eine Einheitsmatrix (**vollständige Elimination**) oder zumindest in eine obere Dreiecksmatrix (**teilweise Elimination**) zu überführen. Ist dies gelungen, dann können wir sofort (vollständige Elimination) oder zumindest recht schnell durch »**Rückwärtseinsetzen**« (teilweise Elimination) die gesuchten x-Werte ermitteln.
Folgende Operationen sind erlaubt:

- Vertauschen von Zeilen (**nicht**: Spalten),
- Addition (Subtraktion) einer Zeile zu (von) einer anderen Zeile,
- Multiplikation einer Zeile mit einer Konstanten bzw. Division durch eine Konstante.

Für die Anwendung des Gauß-Algorithmus wollen wir das Gleichungssystem $Ax = b$ noch einmal verkürzt schreiben in der Form: $[A|b]$
Ziel also: Überführung eines Gleichungssystems von $[A|b]$ in $[E|b^*]$ oder zumindest in $[E|\widetilde{b}]$ (b^*: Lösungsvektor bei Vollelimination, D: obere Dreiecksmatrix, $\widetilde{b}$: unvollständiger Lösungsvektor bei Teilelimination).

Beispiel:
Der Geschäftsleitung werden für drei aufeinanderfolgende Tage die Absatzmengen dreier Produkte sowie der Gesamtumsatz für die drei Tage gemeldet. Zu berechnen sind die Preise p_1, p_2, p_3, die für die drei Produkte erhoben wurden.

	Absatzmengen (ME)			
	Produkt 1	Produkt 2	Produkt 3	Umsatz (GE)
Tag 1	1	2	2	11
Tag 2	2	1	1	7
Tag 3	1	4	1	15

Aufstellen des linearen Gleichungssystems:
Tag 1: $p_1 + 2p_2 + 2p_3 = 11$
Tag 2: $2p_1 + p_2 + p_3 = 7$
Tag 3: $p_1 + 4p_2 + p_3 = 15$

bzw. $\begin{bmatrix} 1 & 2 & 2 \\ 2 & 1 & 1 \\ 1 & 4 & 1 \end{bmatrix} \cdot \begin{bmatrix} p_1 \\ p_2 \\ p_3 \end{bmatrix} = \begin{bmatrix} 11 \\ 7 \\ 15 \end{bmatrix}$ oder (nochmals vereinfacht):

$$\left[\begin{array}{ccc|c} 1 & 2 & 2 & 11 \\ 2 & 1 & 1 & 7 \\ 1 & 4 & 1 & 15 \end{array}\right]$$

1. Zeile: unverändert
2. Zeile: 1. Zeile · 2 – 2. Zeile
3. Zeile: 1. Zeile – 3. Zeile

$$\left[\begin{array}{ccc|c} 1 & 2 & 2 & 11 \\ 0 & 3 & 3 & 15 \\ 0 & -2 & 1 & -4 \end{array}\right] \rightarrow$$

1. Zeile: 1. Zeile + 3. Zeile
2. Zeile: dividiert durch 3
3. Zeile: unverändert

$$\left[\begin{array}{ccc|c} 1 & 0 & 3 & 7 \\ 0 & 1 & 1 & 5 \\ 0 & -2 & 1 & -4 \end{array}\right] \rightarrow$$

1. und 2. Zeile: unverändert
3. Zeile: 2. Zeile · 2 + 3. Zeile

$$\left[\begin{array}{ccc|c} 1 & 0 & 3 & 7 \\ 0 & 1 & 1 & 5 \\ 0 & 0 & 3 & 6 \end{array}\right] \quad (*) \rightarrow$$

1. Zeile: 1. Zeile – 3. Zeile 1. und 3. Zeile: unverändert
2. Zeile: 2. Zeile · 3 – 3. Zeile 2. Zeile: dividiert durch 3
3. Zeile: dividiert durch 3

$$\left[\begin{array}{ccc|c} 1 & 0 & 3 & 1 \\ 0 & 3 & 0 & 9 \\ 0 & 0 & 1 & 2 \end{array}\right] \rightarrow \left[\begin{array}{ccc|c} 1 & 0 & 0 & 1 \\ 0 & 1 & 0 & 3 \\ 0 & 0 & 1 & 2 \end{array}\right]$$

Nach dieser vollständigen Elimination und Überführung in die Form [E|b*] können wir die Lösung sofort ablesen: $p_1 = 1$ GE, $p_2 = 3$ GE, $p_3 = 2$ GE
Man hätte auch bereits an dem mit (*) gekennzeichneten Schritt das Gauß'sche Verfahren beenden und durch »Rückwärtseinsetzen« die gesuchten Werte bestimmen können:

(*): $3p_3 = 6 \Leftrightarrow p_3 = 2$ GE
$p_2 + p_3 = 5 \Leftrightarrow p_2 + 2 = 5 \Leftrightarrow p_2 = 3$ GE
$p_1 + 3p_3 = 7 \Leftrightarrow p_1 + 6 = 7 \Leftrightarrow p_1 = 1$ GE

Aufgabe 98: Gegeben seien die folgenden linearen Gleichungssysteme $Ax = b$ in der Schreibweise (A|b). Ermitteln Sie mit Hilfe des Gauß'schen Eliminationsverfahrens den Lösungsvektor x, sofern eine eindeutige Lösung existiert!

a) $\left[\begin{array}{ccc|c} 1 & 3 & 4 & 8 \\ 2 & 9 & 14 & 25 \\ 5 & 12 & 18 & 39 \end{array}\right]$ b) $\left[\begin{array}{ccc|c} 1 & 1 & -1 & -3 \\ 2 & 1 & -1 & -1 \\ 2 & 3 & -5 & -10 \end{array}\right]$ c) $\left[\begin{array}{cccc|c} 1 & 1 & -1 & 3 & -3 \\ 2 & 1 & 1 & 4 & -1 \\ 2 & 3 & -5 & 8 & -11 \\ -1 & 1 & -5 & 1 & -7 \end{array}\right]$

Aufgabe 99: Unter Verwendung der drei Maschinen M_1, M_2, M_3 stellt der Handwerksbetrieb Schreinemakers die drei Stühle Wackel, Morsch und Brüchig her. Die folgende Matrix gibt (zeilenweise) die benötigte Zeit (in Stunden) für die Produktion je eines Stuhles an:

$$A = \begin{bmatrix} M_1 & M_2 & M_3 \\ 2 & 6 & 4 \\ 1 & 1 & 2 \\ 4 & 10 & 6 \end{bmatrix} \begin{array}{l} \\ \textit{Wackel} \\ \textit{Morsch} \\ \textit{Brüchig} \end{array}$$

Berechnen Sie für den Fall, dass sich die Herstellungskosten der drei Stühle durch den Vektor $b = (42,15,68)^T$ darstellen lassen, den Vektor $k = (k_1,k_2,k_3)^T$ der Stundenkostensätze für die einzelnen Maschinen M_1, M_2, M_3, indem Sie das zugehörige lineare Gleichungssystem aufstellen und ausrechnen!

Aufgabe 100: Gegeben sei das lineare Gleichungssystem aus dem obigen Beispiel: $\left[\begin{array}{ccc|c} 1 & 2 & 2 & 11 \\ 2 & 1 & 1 & 7 \\ 1 & 4 & 1 & 15 \end{array}\right]$. Lösen Sie dieses Problem mit Hilfe der Inverse über die Gleichung $x = A^{-1} \cdot b$!

Aufgabe 101: Lisa legt insgesamt 5.000 € in drei verschiedene risikobehaftete Wertpapiere X, Y und Z an. Die Wertpapiere erzielen nach einem Jahr Renditen von 3 % (X), 5 % (Y) sowie 8 % (Z), insgesamt 230 € Ertrag. Den größten Betrag hat Lisa in WP X investiert: Die Investition in X ist so hoch wie für die Wertpapiere Y und Z zusammen.
Ermitteln Sie aus den verfügbaren Angaben mit Hilfe des Gauß-Algorithmus die Anlagebeträge x, y und z für die drei Wertpapiere X, Y und Z. Stellen Sie zunächst das Gleichungssystem $Ax = b$ auf!

5.3.3 Ökonomische Anwendungen der linearen Gleichungssysteme

Nachfolgend wollen wir noch drei wichtige ökonomische Anwendungen der linearen Gleichungssysteme besprechen, nämlich die innerbetriebliche Leistungsverrechnung, die Teilebedarfsplanung und die Input-Output-Analyse.

1. Anwendung: Innerbetriebliche Leistungsverrechnung

Ein Unternehmen besteht in der Regel aus verschiedenen Abteilungen bzw. Unternehmenseinheiten. Die kostenmäßige Erfassung erfolgt über **Kostenstellen.** In der Kostenrechnung teilt man die Kostenstellen in **Hauptkostenstellen** und in **Hilfskostenstellen** auf.[26] Die Hauptkostenstellen erstellen vermarktbare Produkte, also Absatz- und Marktleistungen, die zum eigentlichen Produktionsprogramm der Unternehmung gehören (z. B. Endmontage). Hilfskostenstellen (Servicestellen, Hilfsbetriebe) erstellen sog. innerbetriebliche Leistungen (Eigenleistungen, Innenaufträge), also Güter (Zwischenprodukte), die ausschließlich zum innerbetrieblichen Verbrauch (Gebrauch) bestimmt werden.
Für unsere folgende Betrachtung konzentrieren wir uns auf diejenigen Hilfskostenstellen (Hilfsbetriebe), die entweder Leistungen (Serviceleistungen) für die *gesamte Unternehmung* (z. B. Energie, Wärme, Werkstatt, Sozialleistungen etc.)

26 Des Weiteren hat man als dritte Kategorie noch die Nebenkostenstellen (für Nebenprodukte), auf die wir hier jedoch nicht weiter eingehen wollen.

oder aber Leistungen an die *Hauptkostenstellen des Fertigungsbereichs* (Arbeitsvorbereitung, Technische Leitung etc.) erbringen. Die Kosten, die in diesen Kostenstellen entstehen, sind im Rahmen der **innerbetrieblichen Leistungsverrechnung** mit Hilfe von **Verrechnungspreisen** zu verrechnen.[27]
Den Hilfsbetrieben entstehen zum einen Kosten unmittelbar bei der Bereitstellung ihrer Leistung (Löhne und Gehälter, Materialverbrauch, Abschreibungen etc.). Die Kosten werden als **primäre Kosten** bezeichnet. Darüber hinaus entstehen den Hilfsbetrieben **sekundäre Kosten**, wenn sie von anderen Hilfsbetrieben Leistungen empfangen; diese werden auf Basis noch zu ermittelnder Verrechnungspreise bewertet.
Ziel ist es, die für die Selbstkostenermittlung und für die Preiskalkulation der Endprodukte erbrachten Leistungen der Hilfsbetriebe kostenmäßig korrekt zu erfassen.
Die Verrechnungspreise sind dabei so zu bestimmen, dass folgende Identität erfüllt ist:

Primäre Kosten	+	**Sekundäre Kosten**	=	**Wert der produzierten Leistung**
vorgegebener Wert in GE		empfangene Leistung mal Verrechnungspreis		Gesamtleistung mal Verrechnungspreis

Dabei tritt folgender »Ringschluss« auf: Die sekundären Kosten können erst ermittelt werden, wenn man die Verrechnungspreise kennt. Die Verrechnungspreise sind jedoch erst bei Kenntnis der sekundären Kosten bekannt. Die Lösung dieses Problems erfolgt über ein lineares Gleichungssystem.

Beispiel:
Ein Einproduktunternehmen verfüge über lediglich einen Hauptbetrieb (Hauptkostenstelle) und über drei Hilfsbetriebe (Hilfskostenstellen), und zwar Werkstatt (K_1), Strom (K_2) und Heizung (K_3). Die erbrachten Leistungen (in

---

27 Es gibt noch weitere Hilfskostenstellen, die hier nicht weiter aufgeführt wurden, insbesondere die Materialstellen (Einkauf, Lagerung, Materialausgabe etc.), Verwaltungsstellen (Geschäftsführung, Buchhaltung, EDV, Organisation etc.) und Vertriebsstellen (Verkauf, Versand, Werbung etc.). Diese Kosten werden *nicht* über die interne Leistungsverrechnung erfasst.

Leistungseinheiten) sowie die primären Kosten (in Geldeinheiten) sind in folgender Übersicht zusammengestellt:

	Hilfsbetrieb	K_1	K_2	K_3	Hauptbetrieb	Gesamtleistung (Σ)	primäre Kosten
		empfangende Stelle					
liefernde Stelle	K_1	0	2	2	14	18	3
	K_2	1	0	1	2	4	19
	K_3	3	1	0	5	9	19
							41

Wir wollen die für die Hilfskostenstellen K_1, K_2 und K_3 gesuchten Verrechnungspreise mit p_1, p_2 und p_3 bezeichnen. Dann lautet das LGS:

3		$+ p_2$	$+ 3p_3$	$= 18p_1$
19	$+ 2p_1$		$+ p_3$	$= 4p_2$
19	$+ 2p_1$	$+ p_2$		$= 9p_3$
K		$+ \mathbf{A} \cdot \mathbf{p}$		$= \mathbf{M} \cdot \mathbf{p}$
primäre Kosten	mit Verrechnungspreisen bewertete empfangene Leistungen			mit Verrechnungspreisen bewertete gelieferte Leistungen

mit:
- K Vektor der primären Kosten
- A Matrix der Leistungskoeffizienten (A ist die Transponierte zu der im obigen Tableau angegebenen Matrix)
- M Matrix der Gesamtleistung
- p Vektor der (zu bestimmenden) Verrechnungspreise

In unserem **Beispiel** gilt also:

$$A = \begin{bmatrix} 0 & 1 & 3 \\ 2 & 0 & 1 \\ 2 & 1 & 0 \end{bmatrix} \quad M = \begin{bmatrix} 18 & 0 & 0 \\ 0 & 4 & 0 \\ 0 & 0 & 9 \end{bmatrix} \quad K = \begin{bmatrix} 3 \\ 19 \\ 19 \end{bmatrix}$$

Umstellen der Matrixgleichung führt auf: $(M - A) \cdot p = K$. Durch Multiplikation mit der Inversen $(M - A)^{-1}$ erhält man schließlich: $\boxed{p = (M - A)^{-1} \cdot K}$

$$(M-A)=\begin{bmatrix}18 & -1 & -3\\ -2 & 4 & -1\\ -2 & -1 & 9\end{bmatrix} \quad (M-A)^{-1} \overset{\text{IT-gestützt errechnet}}{\widehat{=}} \begin{bmatrix}0{,}0603 & 0{,}0206 & 0{,}0224\\ 0{,}0344 & 0{,}2689 & 0{,}0413\\ 0{,}0172 & 0{,}0344 & 0{,}1206\end{bmatrix}$$

$$p^* = (M-A)^{-1}\cdot K = \begin{bmatrix}0{,}0603 & 0{,}0206 & 0{,}0224\\ 0{,}0344 & 0{,}2689 & 0{,}0413\\ 0{,}0172 & 0{,}0344 & 0{,}1206\end{bmatrix}\cdot\begin{bmatrix}3\\ 19\\ 19\end{bmatrix}=\begin{bmatrix}1\\ 6\\ 3\end{bmatrix}$$

Angesichts der umständlichen Berechnung der Inversen wollen wir zur Lösung des linearen Gleichungssystems (M - A) · p = K wieder den Gauß-Algorithmus anwenden und schreiben das Gleichungssystem in der Form:

$$\left[\begin{array}{ccc|c}18 & -1 & -3 & 3\\ -2 & 4 & -1 & 19\\ -2 & -1 & 9 & 19\end{array}\right]\begin{array}{l}\\ Z1+Z2\cdot 9\\ Z1+Z3\cdot 9\end{array} \rightarrow \left[\begin{array}{ccc|c}18 & -1 & -3 & 3\\ 0 & 35 & -12 & 174\\ 0 & -10 & 78 & 174\end{array}\right]\begin{array}{l}\\ Z2\cdot 2\\ Z3\cdot 7\end{array}$$

$$\rightarrow \left[\begin{array}{ccc|c}18 & -1 & -3 & 3\\ 0 & 70 & -24 & 348\\ 0 & -70 & 546 & 1.218\end{array}\right]\begin{array}{l}\\ \\ Z2+Z3\end{array} \rightarrow \left[\begin{array}{ccc|c}18 & -1 & -3 & 3\\ 0 & 70 & -24 & 348\\ 0 & 0 & 522 & 1.566\end{array}\right]$$

Das Ergebnis ist eine obere Dreiecksmatrix, so dass wir durch Rückwärtseinsetzen sofort die Verrechnungspreise ermitteln können:

$522p_3 = 1.566 \Leftrightarrow \boxed{p_3^* = 3}$

$70p_2 - 24\cdot 3 = 348 \Leftrightarrow 70p_2 = 420 \Leftrightarrow \boxed{p_2^* = 6}$

$18p_1 - 1\cdot 6 + 3\cdot 3 = 3 \Leftrightarrow \boxed{p_1^* = 1}$

Probe: Wert der Lieferungen in den Hauptbetrieb = 14 · 1 + 2 · 6 + 5 · 3 = 41. Dieser Wert entspricht genau der Summe aller Primärkosten. Die Summe der Leistungslieferungen deckt exakt die primären Gesamtkosten der Hilfsbetriebe, d. h. die Primärkosten in den Hilfskostenstellen werden verursachungsgerecht an die Hauptkostenstelle weiterverrechnet.

Weitere Probe (z. B. Hilfskostenstelle 1):

erstellte bewertete Leistung in K_1:	18 · 1 = 18 GE	
- bezogene bew. Leistung aus K_2:	1 · 6 = 6 GE	
- bezogene bew. Leistung aus K_3:	3 · 3 = 9 GE	
= Selbstkosten von K_1	= 3 GE	= Primärkosten von K_1

(entsprechend K_2 und K_3)

⇒ Die Primärkosten jeder Hilfskostenstelle sind genau gedeckt.

Aufgabe 102: Ein Betrieb bestehe aus 3 Kostenstellen (K_1, K_2, K_3), die Leistungen für den Absatzmarkt und für die jeweils anderen beiden Kostenstellen erbringen. Die Leistungsabgaben der Kostenstellen und die Primärkosten sind in folgender Tabelle angegeben:

		Empfangende Stelle			Marktleistung	Primärkosten
		K_1	K_2	K_3		
Abgebende Stelle	K_1	0	1	2	5	24
	K_2	3	0	2	5	13
	K_3	2	3	0	20	13

Der Empfang und die Abgabe jeder Leistungseinheit wird zu – noch zu bestimmenden – Verrechnungspreisen p_1, p_2 und p_3 (für die Kostenstellen 1, 2 und 3) verrechnet. Die Verrechnungspreise sind dabei so zu bemessen, dass der Wert der empfangenen Leistungen einschließlich Primärkosten den erbrachten Leistungen genau entspricht.

a) Stellen Sie die obigen Angaben Zahlenangaben in einem Gleichungssystem dar!
b) Bestimmen Sie die Lösung des Gleichungssystems, d. h. berechnen Sie die gesuchten Verrechnungspreise p_1, p_2 und p_3!
c) Führen Sie die Probe durch, indem Sie zeigen, dass die gesamten bewerteten Marktleistungen den gesamten Primärkosten entsprechen!

Aufgabe 103: Ein Betrieb bestehe aus 4 Hilfskostenstellen (K_1, K_2, K_3, K_4) und 4 Hauptkostenstellen (H_1, H_2, H_3, H_4). Die Lieferungen in einer Periode sowie die Primärkosten sind in folgender Tabelle angegeben:

		Empfangende Stelle								
		Hilfskostenstellen				Hauptkostenstellen				Primärkosten
		K_1	K_2	K_3	K_4	H_1	H_2	H_3	H_4	
Liefernde Stelle	K_1	1	2	1	3	5	5	5	5	106
	K_2	2	0	1	2	0	4	6	10	125
	K_3	3	1	1	1	2	4	6	8	52
	K_4	1	4	4	0	1	4	0	10	42

Berechnen Sie die Verrechnungspreise p_1, p_2, p_3, p_4!

2. Anwendung: Teilebedarfsrechnung

Beispiel:
In einem mehrstufigen Fertigungsprozess lassen sich die (festgelegten) mengenmäßigen Beziehungen durch einen **Gozinto-Graphen** (wie unten abgebildet) darstellen. Im Beispiel wird von einem Produktionsprogramm ausgegangen, in dem vom Endprodukt E_1 200 ME und vom Endprodukt E_2 400 ME produziert werden sollen.
Mit Hilfe eines linearen Gleichungssystems lassen sich quasi simultan alle Mengeneinheiten an Rohstoffen sowie an Zwischenprodukten berechnen, die benötigt werden, um das vorgegebene Produktionsprogramm zu erfüllen.

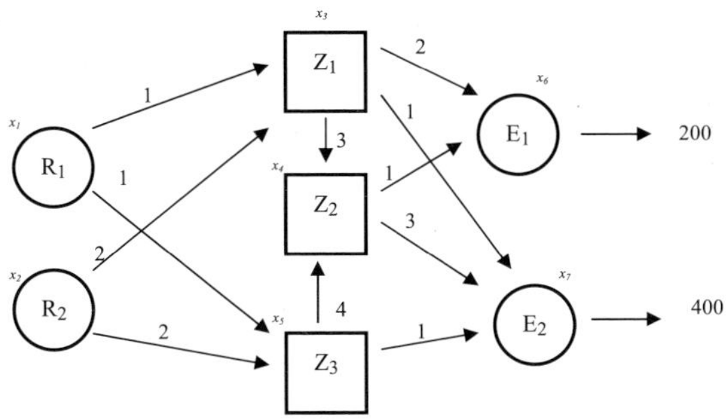

Abb. 5.4

Um das Lineare Gleichungssystem aufzustellen, nummerieren wir zunächst die Rohstoffe, Zwischen- und Endprodukte mit den Variablen $x_1,...,x_7$ durch (s. Abb.). Dann können wir folgenden Gleichungsansatz formulieren:

x_1	$=$	x_3		$+ x_5$			
x_2	$=$	$2x_3$		$+ 2x_5$			
x_3	$=$		$+ 3x_4$		$+ 2x_6$	$+ x_7$	
x_4	$=$				x_6	$+ 3x_7$	
x_5	$=$		$+ 4x_4$			$+ x_7$	
x_6	$=$						200
x_7	$=$						400

oder allgemein als Matrizengleichung: $x = Ax + b$
mit: x Vektor der (zu bestimmenden) Bedarfsmengen
A Bedarfsmatrix (benötigte ME zur Produktion des Zwischen- oder Endprodukts, ergibt sich aus den Zahlen im Gozinto-Graph)

b Ergebnisvektor

Aufgelöst: $(E - A) \cdot x = b$ bzw. $x = (E - A)^{-1} \cdot b$

> Hinweis: Beachten Sie beim Aufstellen des Gleichungssystems, dass links vom Gleichheitszeichen die benötigten Mengen x_1, x_2, usw. stehen, also gewissermaßen die »Quellen« der Zuordnungspfeile. Rechts vom Gleichheitszeichen werden dagegen die Ziele der Pfeile, also die abgehenden Zuordnungspfeile erfasst.

Man könnte also zunächst die Matrix E - A aufstellen, um dann die dazugehörige Inverse zu berechnen. Rechnergestützt ist diese Vorgehensweise ratsam, »zu Fuß« ist die Lösung über den Gauß-Algorithmus empfehlenswert. Wir stellen zunächst das Gleichungssystem $(E - A) \cdot x = b$ auf:

$$\left[\begin{array}{ccccccc|c} 1 & 0 & -1 & 0 & -1 & 0 & 0 & 0 \\ 0 & 1 & -2 & 0 & -2 & 0 & 0 & 0 \\ 0 & 0 & 1 & -3 & 0 & -2 & -1 & 0 \\ 0 & 0 & 0 & 1 & 0 & -1 & -3 & 0 \\ 0 & 0 & 0 & -4 & 1 & 0 & -1 & 0 \\ 0 & 0 & 0 & 0 & 0 & 1 & 0 & 200 \\ 0 & 0 & 0 & 0 & 0 & 0 & 1 & 400 \end{array}\right]$$

Das Ziel »obere Dreiecksmatrix« ist noch nicht ganz erreicht. Hierzu ist noch ein Zwischenschritt notwendig. Wir addieren das 4 fache der Zeile 4 zur Zeile 5 und erhalten folgendes Ergebnis:

$$\left[\begin{array}{ccccccc|c} 1 & 0 & -1 & 0 & -1 & 0 & 0 & 0 \\ 0 & 1 & -2 & 0 & -2 & 0 & 0 & 0 \\ 0 & 0 & 1 & -3 & 0 & -2 & -1 & 0 \\ 0 & 0 & 0 & 1 & 0 & -1 & -3 & 0 \\ 0 & 0 & 0 & 0 & 1 & -4 & -13 & 0 \\ 0 & 0 & 0 & 0 & 0 & 1 & 0 & 200 \\ 0 & 0 & 0 & 0 & 0 & 0 & 1 & 400 \end{array}\right] \quad \text{obere Dreiecksmatrix}$$

Wir können die gewünschten Lösungswerte nun durch »Rückwärtseinsetzen« sukzessive berechnen: $x_6^* = 200$ und $x_7^* = 400$

$x_5 - 4x_6 - 13x_7 = 0 \Leftrightarrow x_5 = 800 + 5.200 \Leftrightarrow x_5^* = 6.000$

$x_4 - x_6 - 3x_7 = 0 \Leftrightarrow x_4 = 200 + 1.200 \Leftrightarrow x_4^* = 1.400$

$x_3 - 3x_4 - 2x_6 - x_7 = 0 \Leftrightarrow x_3 = 4.200 + 400 + 400 \Leftrightarrow x_3^* = 5.000$

$x_2 - 2x_3 - 2x_5 = 0 \Leftrightarrow x_2 = 10.000 + 12.000 \Leftrightarrow x_2^* = 22.000$

$x_1 - x_3 - x_5 = 0 \Leftrightarrow x_1 = 5.000 + 6.000 \Leftrightarrow x_1^* = 11.000$

Aufgabe 104: Ein zweistufiger Produktionsprozess mit dem Produktionsprogramm 500 ME (Produkt 1) und 2.000 ME (Produkt 2) lässt sich durch den untendargestellten Gozinto-Graph charakterisieren. Bestimmen Sie die benötigten Mengen an Rohstoffen (R_1, R_2) und Zwischenprodukten (Z_1, Z_2, Z_3) zur Realisierung des Produktionsprogramms!

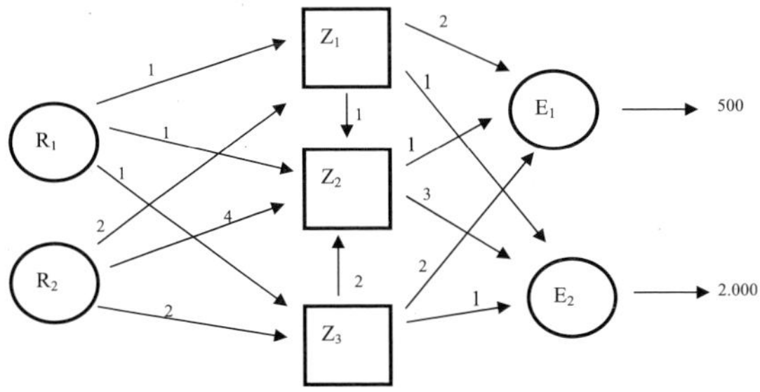

Abb. 5.5

Aufgabe 105: Ein Endprodukt (EP) setze sich aus zwei Baugruppen (BG) und drei Einzelteilen (ET) zusammen. Der Bedarf an Baugruppen für jeweils eine Einheit des Endprodukts bzw. der Bedarf an Einzelteilen ist in dem folgenden Gozinto-Graph wiedergegeben.
Wie aus der Skizze ersichtlich, sollen von dem Enprodukt 1.000 Stück vermarktet und von den Baugruppen zusätzlich 100 bzw. 200 Stück separat vermarktet werden.

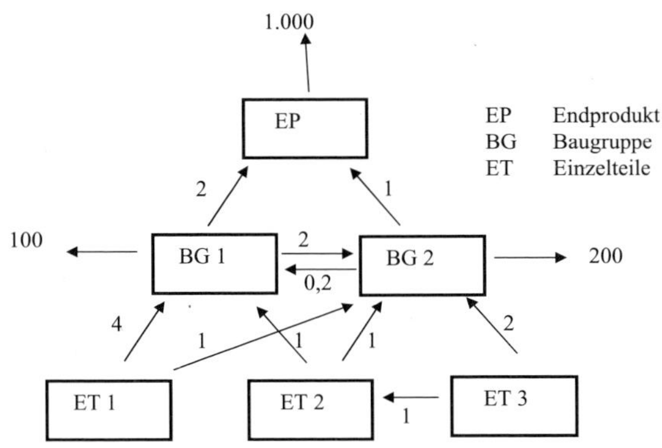

Abb. 5.6

Berechnen Sie die notwendigen Mengen an Einzelteilen und Baugruppen!

3. Anwendung: Input-Output-Analyse

Die **Input-Output-Analyse** ist eine weitere wichtige ökonomische Anwendung linearer Gleichungssysteme. Die Input-Output-Analyse geht auf Wassily W. Leontief[28] zurück und wird deshalb häufig auch als **Leontief-Modell** bezeichnet. Es weist strukturelle Ähnlichkeit zur innerbetrieblichen Leistungsverrechnung auf, jedoch ist die Input-Output-Analyse im volkswirtschaftlichen Kontext zu sehen. Es geht im Wesentlichen darum, die Produktions- und Leistungsverflechtungen zwischen den volkswirtschaftlichen Wirtschaftszweigen (z. B. Industrie, Verkehr, Landwirtschaft, Dienstleistung[29]) quantitativ zu analysieren. Die Input-Output-Analyse wird u. a. vom Statistischen Bundesamt, von Wirtschaftsforschungsinstituten und von Wirtschaftsverbänden genutzt. Sie ist z. B. auch ein integraler Bestandteil der volkswirtschaftlichen Gesamtrechnungen.
Grundlage für die Input-Output-Analyse ist eine **Input-Output-Tabelle.** Sie stellt in Matrixform die Leistungsströme auf der Basis »von wem für wen« dar. Eine volkswirtschaftliche Input-Out-Tabelle hat folgende Gestalt:

j i	Empfang Vorleistung (1,…j,…n)	Endnachfrage	BPW
Lieferung Vorleistung (1,…i,…n)	$x_{11} \dots x_{1j} \dots x_{1n}$ … … … … … … $x_{i1} \dots x_{ij} \dots x_{in}$ … … … … … … $x_{n1} \dots x_{nj} \dots x_{nn}$	Y_1 .. .. Y_i .. .. Y_n	x_1 .. .. x_i .. .. x_n
Primäre Inputs	$R_1 \dots R_j \dots R_n$		
BPW	$x_1 \dots x_j \dots x_n$		

28 Wassily W. Leontief (1905-1999) war ein russisch-amerikanischer Wirtschaftswissenschaftler. Er erhielt im Jahre 1973 den Nobelpreis für Wirtschaftswissenschaften.

29 Die Aufzählung der Wirtschaftsbereiche ist nur exemplarisch und kann im Prinzip beliebig verfeinert segmentiert werden. Denkbar ist auch eine Übertragung auf die Betriebswirtschaft, z. B. zur Analyse eines Unternehmens mit mehreren Zweigwerken, die untereinander gewisse Liefer- und Leistungsverflechtungen haben.

Abkürzungen:

x_{ij}	Vorleistungslieferung von Sektor (bzw. Wirtschaftszweig) i nach j
Y_i	Endnachfrage an den Sektor i (Konsum + Bruttoinvestitionen)
x_i bzw. x_j	Bruttoproduktionswert des Sektors i bzw. j
R_j	Primäre Inputs des Sektors j (Abschreibungen, Löhne/ Gehälter, Zinsen/ Pacht/ Mieten, Gewinne)

Der **Bruttoproduktionswert** als volkswirtschaftliche Kennzahl misst den Wert der Gesamtproduktion des Wirtschaftssektors.
Wie wir an obiger Tabelle erkennen, können wir den Bruttoproduktionswert eines Sektors i zum einen als Summe aller vom Sektor i erbrachten Vorleistungen plus die Endnachfrage ermitteln. Dies ist (horizontal gelesen) gewissermaßen die Erlös- bzw. Outputseite. Zum anderen können wir die Tabelle auch vertikal im Sinne der Aufwands-/Kostenseite (Input) ablesen: Dann ergibt sich der Bruttoproduktionswert eines Sektors j aus der Summe der empfangenen Vorleistungen plus den primären Inputs.
In Matrixschreibweise:

$\sum_{j=1}^{n} x_{ij} + Y_i = x_i \quad$ für jedes $i = 1, \ldots, n$

$\sum_{i=1}^{n} x_{ij} + R_j = x_j \quad$ für jedes $j = 1, \ldots, n$

Aus den Werten für die Vorleistungen x_{ij} werden nun sog. **Inputkoeffizienten** für den Liefersektor i und Empfangssektor j gebildet:

$a_{ij} := \frac{x_{ij}}{x_j} \quad$ für alle $i, j = 1, \ldots, n$

a_{ij} gibt den (%-)Anteil des Inputs aus Liefersektor i am Output des Empfangssektors j an. Dies ist zugleich eine der (kritischen) Prämissen des Input-Output-Modells: Es wird nämlich unterstellt, dass die Inputkoeffizienten und damit die Zulieferrelationen konstant »festgeschrieben« sind.
Es gilt somit: $x_{ij} = a_{ij} \cdot x_j \quad$ für alle $i, j = 1, \ldots, n$
Die Gesamtheit aller Inputkoeffizienten a_{ij} lässt sich zur sog. **Inputmatrix** oder auch **Direktverbrauchsmatrix** schreiben:

$$A = \begin{pmatrix} a_{11} & \ldots & a_{1n} \\ \vdots & \ldots a_{ij} \ldots & \vdots \\ a_{n1} & \ldots & a_{nn} \end{pmatrix}$$

Wir können schließlich folgendes Gleichungssystem formulieren:

$$a_{11}x_1 + \ldots + a_{1j}x_j + \ldots + a_{1n}x_n + Y_1 = x_1$$
$$\ldots$$
$$a_{i1}x_1 + \ldots + a_{ij}x_j + \ldots + a_{in}x_n + Y_i = x_i$$
$$\ldots$$
$$a_{n1}x_1 + \ldots + a_{nj}x_j + \ldots + a_{nn}x_n + Y_n = x_n$$

In Matrixschreibweise: $A \cdot X + Y = X$

A Inputmatrix
X Vektor der Bruttoproduktionswerte
Y Endnachfragevektor

Mit der Input-Output-Analyse werden im Wesentlichen zwei Ziele verfolgt:

1. **Ex post Analyse**: Sie liefert Fakten und Information über die Produktionsstruktur der Volkswirtschaft (Verflechtung der Sektoren), zur Struktur der Endnachfrage, zu den Kostenstrukturen etc. auf der Basis von Vergangenheitsdaten
2. **Ex ante Analyse**: Die Input-Output-Analyse kann als Prognoseinstrument genutzt werden, und zwar[30]...
   a) ...falls X bekannt oder geschätzt → Prognose der Endnachfrage Y
   b) ...falls Y bekannt oder geschätzt → Prognose des BPW X

a) Prognose der Endnachfrage

$$A \cdot X + Y = X \Leftrightarrow Y = X - A \cdot X = EX - AX$$
$$\Leftrightarrow \boxed{Y = (E - A) \cdot X} \quad E - A: \text{Leontief} - \text{Matrix}$$

b) Prognose des BPW

$$Y = (E - A) \cdot X \quad \Leftrightarrow \boxed{X = (E - A)^{-1} \cdot Y} \quad (E - A)^{-1}: \text{Leontief} - \text{Inverse}$$

Alternativ kann X über die Gleichung $Y = (E - A) \cdot X$ mit dem Gauß-Algorithmus berechnet werden.

Beispiel:

In einer Volkswirtschaft sind die drei Sektoren S_1, S_2 und S_3 nach dem Leontief-Modell so miteinander verflochten, wie es der abgebildete Gozintograph zeigt. Fragen:

1. Welche Nachfrage kann befriedigt werden, wenn die Produktion in den Sektoren S_1 und S_2 verdoppelt und in Sektor 3 verdreifacht werden?
2. Wie hoch ist die Gesamtproduktion in den drei Sektoren, wenn die Nachfrage nach Gütern in Sektor 1 um 75 % steigt, in Sektor 2 um 150 % anwächst und in Sektor 3 auf das Doppelte steigt?

30 Hier gilt die Annahme, dass die Inputkoeffizienten a_{ij} zumindest kurz- bis mittelfristig als konstant erachtet werden.

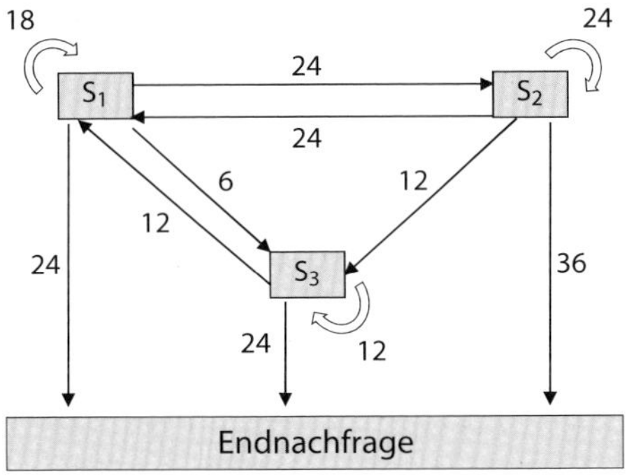

Abb. 5.7

Zunächst stellen wir die Input-Output-Tabelle auf:

	S_1	S_2	S_3	Endnachfrage	Gesamtproduktion (BPW)
S_1	18	24	6	24	72
S_2	24	24	12	36	96
S_3	12	0	12	24	48

Nun können wir die Direktverbrauchsmatrix A sowie die Leontief-Matrix (E – A) ermitteln:

$$A = \begin{bmatrix} \frac{18}{72} & \frac{24}{96} & \frac{6}{48} \\ \frac{24}{72} & \frac{24}{96} & \frac{12}{48} \\ \frac{12}{72} & 0 & \frac{12}{48} \end{bmatrix} = \begin{bmatrix} 0{,}25 & 0{,}25 & 0{,}125 \\ 0{,}333 & 0{,}25 & 0{,}25 \\ 0{,}1667 & 0 & 0{,}25 \end{bmatrix} \text{ sowie}$$

$$E - A = \begin{bmatrix} 0{,}75 & -0{,}25 & -0{,}125 \\ -0{,}333 & 0{,}75 & -0{,}25 \\ -0{,}1667 & 0 & 0{,}75 \end{bmatrix}$$

Achtung! Bitte beachten Sie bei der Erstellung von A, dass in den Nenner der Input-Faktoren der BPW des *Ziel*sektors kommt und *nicht* des Ausgangssektors. So errechnet sich z. B. $a_{12} = {}^{24}/_{96}$ und nicht etwa ${}^{24}/_{72}$. ${}^{24}/_{96}$ ist der Anteil der Vorleistung, die der Sektor 2 vom Sektor 1 empfängt.

> Eselsbrücke: In den Nenner kommt der BPW desjenigen Sektors, zu dem der zugehörige Pfeil hinzeigt.

Lösung zu 1:

$$Y = (E - A) \cdot X = \begin{bmatrix} 0{,}75 & -0{,}25 & -0{,}125 \\ -0{,}333 & 0{,}75 & -0{,}25 \\ -0{,}1667 & 0 & 0{,}75 \end{bmatrix} \cdot \begin{bmatrix} 144 \\ 192 \\ 144 \end{bmatrix} = \begin{bmatrix} 42 \\ 60 \\ 84 \end{bmatrix}$$

= Nachfrage, die bei der vorgegebenen Produktion befriedigt werden kann.

Lösung zu 2:

$$X = (E - A)^{-1} \cdot Y^{errechnet mit}_{Excel} \begin{bmatrix} 1{,}6875 & 0{,}5625 & 0{,}46875 \\ 0{,}875 & 1{,}625 & 0{,}6875 \\ 0{,}375 & 0{,}125 & 1{,}4375 \end{bmatrix} \cdot \begin{bmatrix} 42 \\ 90 \\ 48 \end{bmatrix}$$

$$= \begin{bmatrix} 144 \\ 216 \\ 96 \end{bmatrix}$$

= Produktion, die notwendig ist, um die vorgegebene Endnachfrage zu befriedigen.

Alternativ hätte man antelle der Inversenberechnung die Aufgabe auch mit dem Gauß-Algorithmus lösen können:

$(E - A) \cdot X = Y$

$$bzw. \begin{bmatrix} 0{,}75 & -0{,}25 & -0{,}125 \\ -0{,}333 & 0{,}75 & -0{,}25 \\ -0{,}1667 & 0 & 0{,}75 \end{bmatrix} \cdot \begin{bmatrix} x_1 \\ x_2 \\ x_3 \end{bmatrix} = \begin{bmatrix} 42 \\ 90 \\ 48 \end{bmatrix}$$

$$bzw. \left[\begin{array}{ccc|c} 0{,}75 & -0{,}25 & -0{,}125 & 42 \\ -0{,}333 & 0{,}75 & -0{,}25 & 90 \\ -0{,}1667 & 0 & 0{,}75 & 48 \end{array}\right]$$

$$Z1 \cdot 4 + Z2 \cdot 9 \; sowie \; Z1 \cdot 2 + Z3 \cdot 9 \rightarrow \left[\begin{array}{ccc|c} 0{,}75 & -0{,}25 & -0{,}125 & 42 \\ 0 & 5{,}75 & -2{,}75 & 978 \\ 0 & -0{,}5 & 6{,}5 & 516 \end{array}\right]$$

$$Z2 \cdot 4 + Z3 \cdot 46 \rightarrow \left[\begin{array}{ccc|c} 0{,}75 & -0{,}25 & -0{,}125 & 42 \\ 0 & 5{,}75 & -2{,}75 & 978 \\ 0 & 0 & 288 & 27.648 \end{array}\right]$$

Rückwärtseinsetzen: $\begin{bmatrix} x_1 \\ x_2 \\ x_3 \end{bmatrix} = \begin{bmatrix} 144 \\ 216 \\ 96 \end{bmatrix}$

Aufgabe 106: Eine Volkswirtschaft bestehe aus zwei Sektoren, jeder Sektor stellt nur ein Produkt her. Die Lieferungen der Sektoren untereinander und an die (exogene) Endnachfrage (Endverbrauch) gehen aus dem untenstehenden Gozintograph hervor:

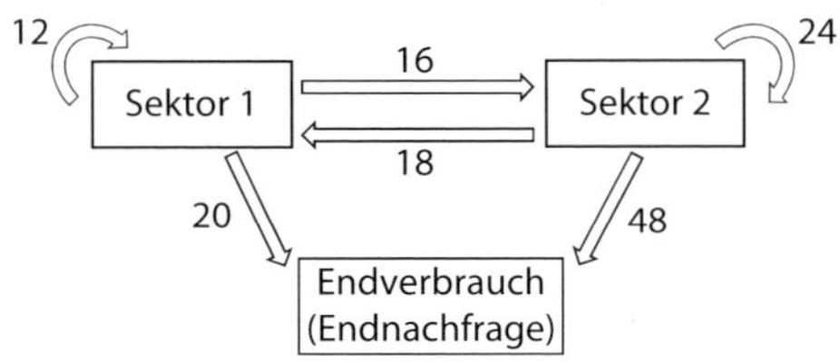

Abb. 5.8

	Sektor 1	Sektor 2	Endverbrauch	Gesamtproduktion
Sektor 1				
Sektor 2				

a) Füllen Sie obige Tabelle aus und stellen Sie die Direktverbrauchsmatrix A auf!

b) Welche Gütermengen müssen produziert werden, um eine Endnachfrage $Y = [30;72]^T$ befriedigen zu können?

c) Welcher Endverbrauch ist möglich, wenn 96 Einheiten von Sektor 1 und 180 Einheiten von Sektor 2 produziert werden?

Aufgabe 107: Die beiden von Römern besetzten gallischen Dörfer Kleinbonum und Laudanum betreiben jeweils eine dorfeigene Brauerei, in der sie Cervisia[31] produzieren. Dieses – mehr oder weniger köstliche – Getränk wird von Kleinbonum nach Laudanum und umgekehrt geliefert, ferner gibt es Eigenbedarf und schließlich wird das Getränk auch in den freien Markt (u. a. in das

31 In der Antike der Vorläufer des Bieres

von Asterix und Obelix bewohnte gallische Dorf) geliefert (=Marktnachfrage). Das untenstehende Diagramm stellt die Verflechtungen und Lieferbeziehungen dar (Angaben in Hektoliter pro Monat):

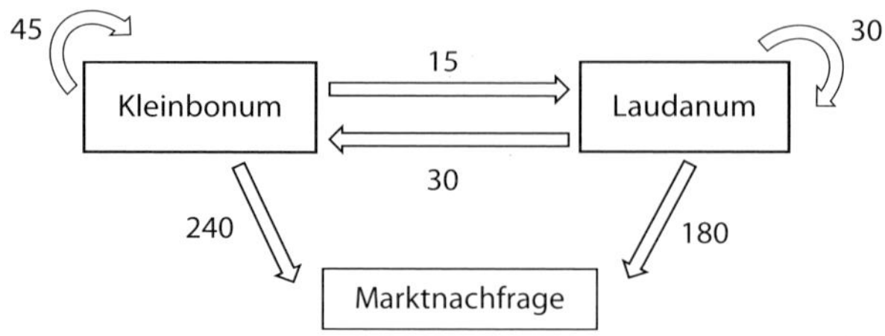

Abb. 5.9

a) Füllen Sie nachfolgende Tabelle aus.

	Kleinbonum	Laudanum	Marktnachfrage	Gesamtproduktion
Kleinbonum				
Laudanum				

b) Stellen Sie die Direktverbrauchsmatrix A auf!

c) Angenommen, Kleinbonum und Laudanum erhöhen ihre Cervisia-Produktion jeweils um 10 % (Kleinbonum) bzw. 30 % (Laudanum). Welche Nachfrage könnte bei diesen Produktionsmengen befriedigt werden?

d) Durch die zunehmende Belagerung Galliens durch die Römer steigt die Marktnachfrage nach Cervisia auf 485 hl (Kleinbonum) bzw. 290 hl (Laudanum). Berechnen Sie die Gesamtproduktion, also den Vektor $X = [x_1;x_2]^T$, mit der die Marktnachfrage befriedigt wird.

Aufgabe 108: Vervollständigen Sie folgende Tabelle!

	Sektor 1	Sektor 2	Endnachfrage	BPW x_i
Sektor 1	100	100		1.000
Sektor 2	500	300		1.000
Primäre Inputs				
BPW x_j				

a) Ermitteln Sie die Direktverbrauchsmatrix A sowie die Leontief-Matrix E – A!

b) Weisen Sie nach, dass die Matrix $\begin{bmatrix} 1{,}21 & 0{,}17 \\ 0{,}86 & 1{,}55 \end{bmatrix}$ die Inverse $(E - A)^{-1}$ zur Leontief-Matrix (E – A) ist (geringe Rundungsdifferenzen möglich)!

c) Welcher Endnachfragevektor ergibt sich, wenn der BPW auf 1.500 (Sektor 1) und 1.400 (Sektor 2) ansteigt? (a_{ij} = konstant)

d) Vervollständigen Sie nach Ihren Berechnungen untenstehende Tabelle!

	Sektor 1	Sektor 2	Endnachfrage	BPW x_i
Sektor 1				1.500
Sektor 2				1.400
Primäre Inputs				
BPW x_j				

6 Lineare Optimierung

Lehrziele

Nach Durcharbeiten dieses Kapitels sollen die Studierenden

- befähigt sein, ein lineares Programm aufzustellen,
- ein lineares Programm mit nur zwei Variablen graphisch lösen können,
- in der Lage sein, unter Anwendung des Simplex-Algorithmus die Lösungsmenge eines linearen Standard-Maximum-Programms zu bestimmen,
- in der Lage sein, ein Standard-Minimum-Problem mit Hilfe des dualen Programms zu lösen.

Die im Folgenden behandelte lineare Optimierung ist ein (wichtiges) Teilgebiet des **Operations Research**. Operations Research (übersetzt: »Unternehmensforschung«) ist eine eigenständige Disziplin innerhalb der quantitativen Betriebswirtschaftslehre. Sie befasst sich mit der Entwicklung von Algorithmen zur Optimierung von Planungs- und Entscheidungsvorgängen »aller Art« *und* deren IT-mäßiger Umsetzung. Dabei ist das Zusammenspiel mehrerer hundert Variablen keine Seltenheit, was bereits zeigt, dass die Lösungen nur in Verbindung mit dem Einsatz von leistungsfähigen Computern sinnvoll ist. Typische Anwendungen des Operations Research sind z. B. die Erreichung einer optimalen (gewinn- oder deckungsbeitragmaximalen) Produktionsprogrammplanung unter Einhaltung von Kapazitätsrestriktionen (**Produktionsprobleme**), kostenminimale Mischung von verschiedenen Produkten unter Einhaltung vorgebener Mindestinhaltsstoffe (**Diät- und Mischungsprobleme**), kostenminimaler Transport von von vorgegebenen Lagerplätzen zu Verbrauchsplätzen unter Berücksichtigung des Bedarfs und der Vorräte (**Transportprobleme**) sowie **Netzwerkflussprobleme**.

6.1 Formulierung eines linearen Programms

Die in Kapitel 4.3 behandelten Optimierungsprobleme waren dadurch gekennzeichnet, dass die Nebenbedingungen in Gleichungsform auftraten. Im Folgenden widmen wir uns nun Optimierungsproblemen, bei denen die Nebenbedingungen in **Ungleichungsform** auftreten. Dies stellt eine Erweiterung insoweit dar, als die Nebenbedingungen nun voll erfüllt sein *können*, aber nicht *müssen*. Wir wollen uns hier auf Probleme der **linearen Optimierung** beschränken, d. h. auf Probleme, bei denen sowohl die Zielfunktion als auch sämtliche Nebenbedingungen linear sind, also keinerlei Potenzen zweiten oder höheren Grades auftreten. Ansonsten hätten wir es mit nichtlinearer Optimierung zu tun, die ungleich komplizierter ist und den Rahmen dieses Buches sprengen würde. Wir wollen zuerst das lineare Programm in allgemeiner Form darstellen, um es dann zunächst graphisch (▶ Kap. 6.2) und anschließend mit dem sog. Simplex-Algorithmus (▶ Kap. 6.3.1) rechnerisch zu lösen. Schließlich gehen wir noch auf die Dualität eines linearen Programms ein (▶ Kap. 6.3.2). Ein sog. **lineares Programm** besteht aus drei Elementen:

- Zielfunktion (max! oder min!)
- Nebenbedingungen (»$\leq$« oder »$\geq$«)
- Nichtnegativitätsbedingungen

Allgemeine Form eines linearen Programms:

Zielfunktion $Z = c_1x_1 + c_2x_2 + ... + c_nx_n \rightarrow \max$ (oder $\rightarrow \min$)

Nebenbedingungen

$$\begin{array}{ccc} a_{11}x_1 + a_{12}x_2 + ... + a_{1n}x_n & \overset{\geq}{\underset{\leq}{=}} & b_1 \\ a_{21}x_1 + a_{22}x_2 + ... + a_{2n}x_n & \overset{\geq}{\underset{\leq}{=}} & b_2 \\ \vdots \quad\quad \vdots \quad\quad\quad \vdots & \vdots & \vdots \\ a_{m1}x_1 + a_{m2}x_2 + ... + a_{mn}x_n & \overset{\geq}{\underset{\leq}{=}} & b_m \end{array}$$

Nichtnegativitätsbedingungen $x_1 \geq 0, x_2 \geq 0, ..., x_n \geq 0$

Matrizenschreibweise: ZF $c_T \cdot x \rightarrow$ max! (oder $\rightarrow$ min!)

NB $Ax \overset{\geq}{\underset{\leq}{=}} b$

NNB $x \geq 0.$

[A: (m,n)-Matrix, c, x, b: Vektoren]

Je nach Zielfunktion spricht man von einem **Maximum-Problem** oder von einem **Minimum-Problem.** Eine besondere Bedeutung kommt zwei speziellen Typen von linearen Programmen zu, nämlich dem **Standard-Maximum-Problem** und dem **Standard-Minimum-Problem.**

Standard-Maximum-Problem:

Zielfunktion $Z = c^T \cdot x \rightarrow$ max!
NB $Ax \leq b$
NNB $x \geq 0$.

Die Zielgröße soll **maximiert** werden und **alle** Nebenbedingungen sind vom Typ »≤«.

Standard-Minimum-Problem:

Zielfunktion $Z = c^T \cdot x \rightarrow$ min!
NB $Ax \geq b$
NNB $x \geq 0$.

Die Zielgröße soll **minimiert** werden und **alle** Nebenbedingungen sind vom Typ »≥«.

Es gibt weitere denkbare Konstellationen für lineare Programme, insbesondere Programme, die Nebenbedingungen sowohl in »≤«- als auch in »=«- und »≥«-Form enthalten. Auch diese sind lösbar, hier bedarf es jedoch eines vertieften Einstiegs in das Operations Research, was den Rahmen dieses Stoffes sprengen würde.

6.2 Graphische Lösungsmethode

Für den Spezialfall nur zweier Variablen (n=2) lässt sich das lineare Programm graphisch lösen. Dazu wollen wir uns beispielhaft zwei typische Probleme aus den Wirtschaftswissenschaften ansehen:

- **Produktionsplanung:** Probleme aus der Produktions(programm)planung sind typischerweise dadurch gekennzeichnet, dass bei der Fertigung mehrerer Produkte simultan mehrere Produktionsstufen (Arbeitsplätze, Maschinen etc.) zu durchlaufen sind. Jede Produktionsstufe hat eine bestimmte Kapazitätsobergrenze (z. B. Zeitobergrenze, Mengenobergrenze), die für jede Produktionsstufe unbedingt einzuhalten ist. Das Ziel besteht darin, eine operationalisierbare Zielgröße (z. B. Gewinn, Deckungsbeitrag) zu **maximieren** unter Einhaltung der Kapazitätsobergrenzen und der Nichtnegativitätsbedingungen. Es handelt sich somit um ein **Standard-Maximum-Problem**.
- **Diät- und Mischungsprobleme:** Diese Probleme sind dadurch charakterisiert, dass Faktoren (wie z. B. Nahrungsmittel, Rohstoffe), deren Zusammensetzung und Preise bekannt sind, mengenmäßig so kombiniert werden sollen, dass bestimmte Inhaltsstoffe (wie z. B. Vitamine oder Metalle) in vorgegebenen Mengengrenzen vorhanden sind. Hier ist also eine Zielgröße (z. B. Kosten) zu

minimieren unter Einhaltung von Mengenuntergrenzen und der Nichtnegativitätsbedingungen. Es handelt sich um ein **Standard-Minimum-Problem.**

1. Beispiel: Produktionsplanung
Ein Unternehmen fertigt zwei Produkte 1 und 2, die jeweils dieselben zwei Produktionsstufen (Kostenstellen) A und B durchlaufen. Dabei sind im Rahmen der Fertigung folgende Restriktionen (Nebenbedingungen) zu beachten:

- Die Kapazität der Fertigungsstufe A beträgt 100 Minuten, der Fertigungsstufe B 90 Minuten pro Tag.
- Die Durchlaufzeit für eine Einheit von 1 beträgt in Kostenstelle A: 5 Minuten, in Kostenstelle B: 9 Minuten.
- Die Durchlaufzeit für eine Einheit von 2 beträgt in Kostenstelle A: 12,5 Minuten, in Kostenstelle B: 7,5 Minuten.
- Die Fertigungshöchstgrenze für Produkt 1 beträgt 7 Einheiten pro Tag, für Produkt 2 werde keine Restriktion angenommen.

Der Stückdeckungsbeitrag beträgt für Produkt 1: 10 GE und für Produkt 2: 12,5 GE. Gesucht ist das optimale Produktionsprogramm, d. h. gesucht sind diejenigen Produktionsmengen x_1^* und x_2^*, die unter Einhaltung der Kapazitätsrestriktionen den höchsten Deckungsbeitrag (DB) liefern.
Aufstellen des linearen Programms:

ZF: $DB = 10x_1 + 12{,}5x_2 \rightarrow \max!$

NB:
$5x_1 + 12{,}5x_2 \leq 100$ [1]
$9x_1 + 7{,}5x_2 \leq 90$ [2]
$x_1 \leq 7$ [3]
NNB: $x_1, x_2 \geq 0$ [4]

Damit wir die Lösung dieses Standard-Maximum-Problems graphisch bestimmen können, lösen wir die Ungleichungen nach x_2 auf. Dann können wir sie nämlich als lineare Funktionen $y(x)$ bzw. $x_2(x_1)$ in einem x-y- bzw. x_1-x_2-Koordinatensystem darstellen.

$$\text{ZF:} \quad DB = 10x_1 + 12{,}5x_2 \Leftrightarrow x_2 = -0{,}8x_1 + \frac{DB}{12{,}5}$$

Es handelt sich hierbei um eine Schar von Geraden mit der Steigung -0,8 und dem Schnittpunkt mit der x_2-Achse von $\frac{DB}{12{,}5}$.

NB:
[1] $12{,}5x_2 \leq -5x_1 + 100 \Leftrightarrow x_2 \leq -0{,}4x_1 + 8$
[2] $7{,}5x_2 \leq -9x_1 + 90 \Leftrightarrow x_2 \leq -1{,}2x_1 + 12$
[3] $x_1 \leq 7$
[4] $x_1 \geq 0, x_2 \geq 0$

Würde es sich bei [1] bis [4] um Gleichungen handeln, dann hätten wir insgesamt fünf Geraden vorliegen. Da die Relation aber nicht »=«, sondern

»≤« bzw. »≥« lautet, ist jeweils der Bereich »unterhalb« ([1] bis [3]) bzw. »oberhalb« der Geraden ([4]) mit einzubeziehen. Da *alle* Restriktionen einzuhalten sind, ergibt sich die Menge aller zulässigen Lösungen aus der **Schnittmenge** der durch die Nebenbedingungen eingegrenzten Flächen.
Die Menge der zulässigen Lösungen (zulässiger Bereich) ist in der folgenden Abbildung schraffiert dargestellt. Man bezeichnet dieses durch Geraden eingegrenzte Vieleck auch als **Lösungspolyeder**.

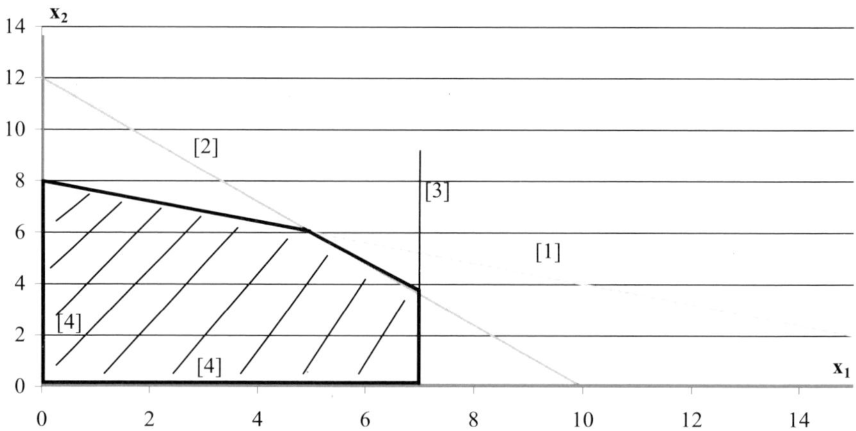

Abb. 6.1: Zulässiger Lösungsbereich für das Produktionsproblem

Die Optimallösung muss innerhalb oder am Rande des Lösungspolyeders liegen. Das Optimum können wir gewinnen, indem wir die Gerade (mit Steigung -0,8) nach »rechts oben« verschieben. Verschiebung nach »rechts oben« bedeutet zunehmende Deckungsbeiträge, denn der Schnittpunkt mit der x_2-Achse ist ja durch $\frac{DB}{12{,}5}$ gegeben. Je weiter oben die Zielfunktionsgerade also die x_2-Achse schneidet, umso höher wird der Deckungsbeitrag bzw. Zielfunktionswert. Wir verschieben also die Zielfunktionsgerade so weit nach »rechts oben«, bis wir gerade noch einen Punkt des Lösungspolyeders berühren, d. h. die Nebenbedingungen einhalten. Der dann gefundene Punkt ist zwingend unser Optimalwert. Abbildung 6.1 zeigt, dass die deckungsbeitragsmaximale x_1-x_2-Kombination genau in einer **Ecke** des Polyeders liegt, und zwar im Schnittpunkt der Geraden [1] und [2].
Um den Schnittpunkt exakt zu berechnen, setzen wir die beiden Ausdrücke gleich:
$-0{,}4x_1 + 8 = -1{,}2x_1 + 12 \Leftrightarrow 0{,}8x_1 = 4 \Leftrightarrow x_1{}^* = 5$
eingesetzt: $x_2{}^* = -0{,}4 \cdot 5 + 8 \Leftrightarrow x_2{}^* = 6$
Der maximale Deckungsbeitrag beträgt $DB^* = 10 \cdot 5 + 12{,}5 \cdot 6 = 125$ GE

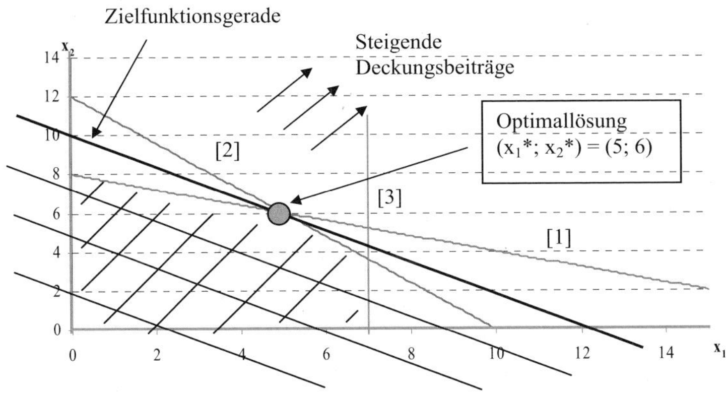

Abb. 6.2: Graphische Lösung des Produktionsproblems

Dass die Lösung im Schnittpunkt und damit *auf* den Geraden [1] und [2] liegt, weist darauf hin, dass die beiden Restriktionen [1] und [2] voll ausgeschöpft werden. Nebenbedingung [3] dagegen wird nicht voll ausgeschöpft. Dies lässt sich auch leicht durch Einsetzen der Lösungswerte in die Nebenbedingungen nachweisen:

[1]: $5 \cdot 5 + 12{,}5 \cdot 6 = 100\ (\leq 100)$ Vollauslastung
[2]: $9 \cdot 5 + 7{,}5 \cdot 6 = 90\ (\leq 90)$ Vollauslastung
[3]: $5 \leq 7$ Nichtauslastung

2. Beispiel: Diät- bzw. Mischungsproblem

Es seien zwei Lebensmitteltypen L_1 und L_2 unterschieden. In diesen beiden Lebensmitteltypen seien die Vitamine A, B, C und D in bestimmten Mengen ($^{mg}/_{100g}$) enthalten. Der Vitamingehalt, der tägliche Mindestbedarf sowie die Preise von L_1 bzw. L_2 für jeweils 100 Gramm sind in folgender Tabelle wiedergegeben:

	Vitamingehalt in $^{mg}/_{100g}$		**täglicher Mindestbedarf (in mg)**
Vitamin	**L_1**	**L_2**	
A	0,2	0,1	1
B	0,15	0,3	1,5
C	10	10	75
D	0,002	0,001	0,005
Preis ($^{mg}/_{100g}$)	1,50 €	1,00 €	

Gesucht ist für dieses Standard-Minimum-Problem die Mischung x_1 und x_2, d. h. diejenigen Mengen von L_1 und L_2 (in 100 Gramm), die unter Berücksichtigung der Bedarfsuntergrenzen die Kosten minimieren.

Aufstellen des linearen Programms:

ZF: $K = 1{,}5x_1 + x_2 \rightarrow \min!$

NB: $0{,}2x_1 + 0{,}1x_2 \geq 1$ [1]

$0{,}15x_1 + 0{,}3x_2 \geq 1{,}5$ [2]

$10x_1 + 10x_2 \geq 75$ [3]

$0{,}002x_1 + 0{,}001x_2 \geq 0{,}005$ [4]

NNB: $x_1, x_2 \geq 0$ [5]

Umstellen der Zielfunktion nach x_2: $K = 1{,}5x_1 + x_2 \Leftrightarrow x_2 = -1{,}5x_1 + K$

Es handelt sich hierbei um eine Schar von Geraden mit der Steigung –1,5 und dem Ordinatenschnittpunkt K.

NB: [1] $0{,}2x_1 + 0{,}1x_2 \geq 1 \Leftrightarrow x_2 \geq -2x_1 + 10$

[2] $0{,}15x_1 + 0{,}3x_2 \geq 1{,}5 \Leftrightarrow x_2 \geq -0{,}5x_1 + 5$

[3] $10x_1 + 10x_2 \geq 75 \Leftrightarrow x_2 \geq -x_1 + 7{,}5$

[4] $0{,}002x_1 + 0{,}001x_2 \geq 0{,}005 \Leftrightarrow x_2 \geq -2x_1 + 5$

[5] $x_1, x_2 \geq 0$

Auch für das »Diät-Problem« können wir den zulässigen Bereich graphisch veranschaulichen:

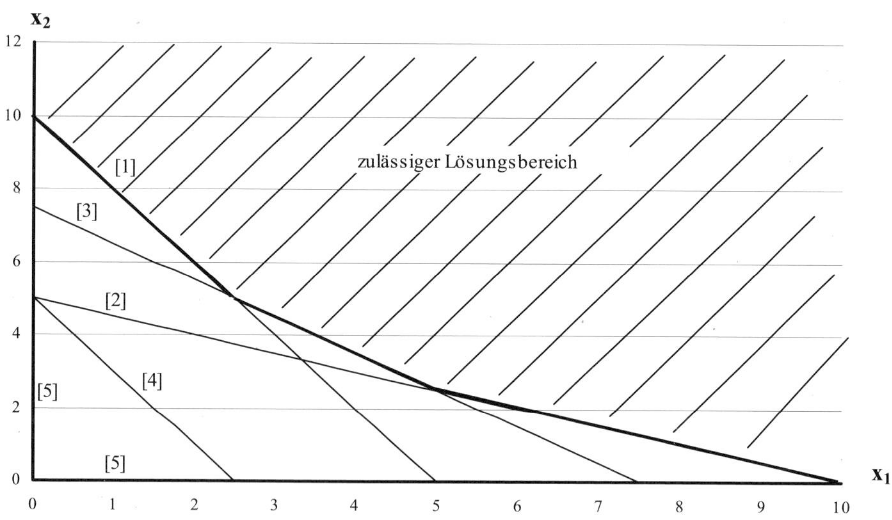

Abb. 6.3: Zulässiger Lösungsbereich für das Diät-/ Mischungsproblem

Die Optimallösung muss innerhalb des zulässigen Bereichs oder auf dessen Rand liegen. Da sich hier um ein Minimum-Problem handelt, finden wir die optimale Lösung, indem wir die Kostengerade parallel »nach *unten*« verschieben. Der Optimalpunkt ist diejenige x_1-x_2-Mischung, die möglichst weit »links unten«, aber noch innerhalb oder auf dem Rand des zulässigen Bereichs liegt.

In der folgenden Abbildung 6.4 ermitteln wir graphische Lösung dieses linearen Programms.

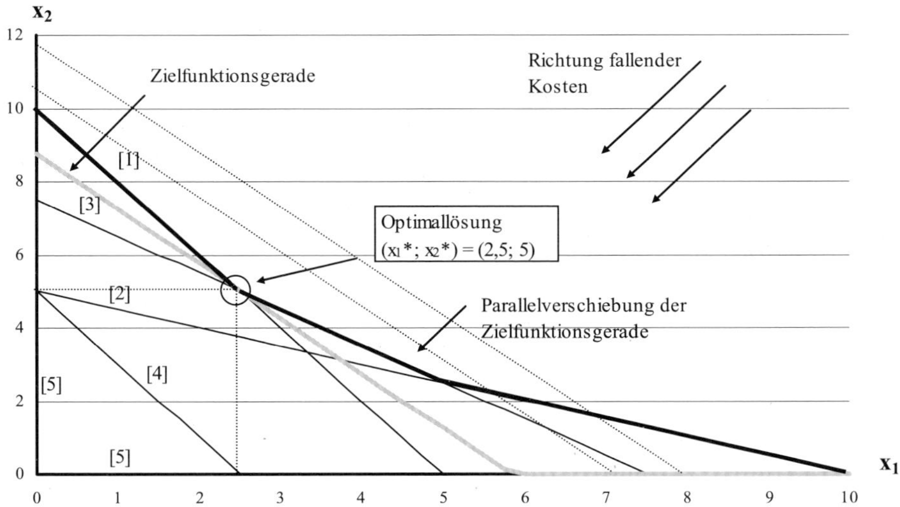

Abb. 6.4: Graphische Lösung des Diät-/ Mischungsproblems

Wiederum liegt die Optimallösung in einer **Ecke**, und zwar im Schnittpunkt der Geraden [1] und [3].

Wir wollen noch den Schnittpunkt exakt errechnen und setzen die Ausdrücke [1] und [3] gleich:

$-2x_1 + 10 = -x_1 + 7{,}5 \Leftrightarrow x_1^* = 2{,}5$; eingesetzt in [1] oder [3]: $x_2^* = 5$

Die minimalen Kosten betragen folglich: $K^* = 1{,}5 \cdot 2{,}5 + 1 \cdot 5 = 8{,}75$ €

Probe (Einhaltung der Nebenbedingungen):

[1] $1 = 1\ (\geq 1)$	Mindestbedarf genau eingehalten
[2] $1{,}875 > 1{,}5$	Überdeckung um 0,375 mg
[3] $75 = 75\ (\geq 75)$	Mindestbedarf genau eingehalten
[4] $0{,}01 = 0{,}005$	Überdeckung um 0,005 mg

Aufgabe 109: In einem Produktionsprozess durchlaufen zwei Produkte simultan drei Aggregate (Fertigungsstufen). Es gelten folgende Zeitangaben:

Maschine	**Maschinenkapazität (Minuten)**	**Zeitbedarf für 1 Stück des Produkts 1 (Min.)**	**Zeitbedarf für 1 Stück des Produkts 2 (Min.)**
I	3.900	10	4
II	1.900	4	5
III	2.500	3	10

Die variablen Stückkosten betragen für beide Produkte 3 GE, die Fixkosten betragen 2.000 GE. Die Stückerlöse seien 10 GE für Produkt 1 und 8 GE für Produkt 2.

a) Stellen Sie das lineare Optimierungsprogramm zur Maximierung des Gesamtgewinns auf!
b) Ermitteln Sie zeichnerisch den Optimalpunkt und berechnen Sie die gewinnmaximalen Produktionsmengen x_1^* und x_2^* sowie den maximalen Gewinn G^*!

Aufgabe 110: Zur Herstellung eines Düngers werden zwei Rohstoffe R_1 und R_2 benötigt. In jedem Rohstoff sind die Mineralien M_1, M_2 und M_3 enthalten (Angaben in Mengeneinheiten ME), die in gewissen Mindestmengen in den Dünger eingehen müssen. Die Kosten für je eine Mengeneinheit für R_1 betragen 4 Geldeinheiten (GE) und für R_2 3 GE. Gesucht sind die Mengeneinheiten x_1^* und x_2^* an R_1 und R_2, die unter Einhaltung der Nebenbedingungen die Gesamtkosten minimieren!

Rohstoffe	M_1	M_2	M_3
R_1	10	50	50
R_2	20	30	50
Mindestbedarf für Dünger	50	150	200

Stellen Sie das lineare Optimierungsprogramm auf und ermitteln Sie graphisch die optimale Lösung!

6.3 Simplex-Verfahren

6.3.1 Lösung des Standard-Maximum-Problems

Die gezeigte graphische Lösung ist eher als didaktisches Hilfsmittel anzusehen und weniger als praktisch verwertbares Lösungsinstrument. Für $n = 3$ Variablen wäre die graphische Lösung nur dreidimensional darstellbar, für $n \geq 4$ scheidet sie vollständig aus.

Wir wollen uns an dieser Stelle mit dem bekanntesten Algorithmus zur Lösung von linearen Gleichungssystemen mit n Variablen (n beliebig groß) beschäftigen, nämlich mit dem **Simplex-Verfahren.** Das Simplex-Verfahren wurde bereits 1947 in den USA entwickelt und eignet sich hervorragend zur Implementierung in ein Computerprogramm. Das Verfahren bedient sich der Methoden der linearen Algebra und gehört heutzutage zum Basiswissen in der Betriebswirtschaft.

Bevor wir in den Algorithmus »einsteigen« und am einfachen Beispiel demonstrieren, wollen wir kurz die Idee beschreiben.

Idee des Simplex-Verfahrens für das Standard-Maximum-Problem

Wie wir im Fall $n = 2$ gesehen haben, ergibt die Menge der zulässigen Lösungen ein zweidimensionales Lösungspolyeder. Für $n = 3$ ergäbe sich ein dreidimensionales und für allgemeines $n \in \mathbb{N}$ ein (für $n > 3$ nicht mehr vorstellbares) n-dimensionales Lösungspolyeder. Die Optimallösung liegt – sofern eine eindeutige Lösung existiert – in einer **Ecke** des Polyeders. Der Algorithmus beginnt im Ursprung (Nullpunkt) des Koordinatensystems. Anschaulich würde dies bezogen auf die Produktionsprogrammplanung bedeuten, dass auf die Produktion verzichtet wird, die Fertigungskapazitäten werden also überhaupt nicht in Anspruch genommen. Dies ist der Ausgangspunkt des Algorithmus und selbstverständlich noch nicht die Optimallösung.

Da sich die Optimallösung in einer Ecke befindet, werden nun systematisch die Ecken durchsucht und Schritt für Schritt das Ergebnis verbessert, bis man schließlich die optimale Lösung gefunden hat.

Beispiel:

Wir wollen den Algorithmus an dem in Kapitel 6.2 graphisch gelösten Problem für $n = 2$ Variablen entwickeln (**Standard-Maximum-Problem**).

Gegeben war das lineare Programm zur Maximierung des Deckungsbeitrags (DB):

ZF: $DB = 10x_1 + 12{,}5x_2 \rightarrow \max!$

NB: $5x_1 + 12{,}5x_2 \leq 100$ [1]

$9x_1 + 7{,}5x_2 \leq 90$ [2]

$x_1 \leq 7$ [3]

NNB: $x_1, x_2 \geq 0$

Das Simplex-Verfahren setzt ein lineares *Gleichungs*system voraus. Um aus einer Ungleichung eine Gleichung zu machen, bedient man sich eines »Tricks«: Man addiert einfach auf der linken Seite den »fehlenden« Wert in Form einer zusätzlichen Hilfsvariable hinzu. Diese Variable wird als **Schlupfvariable** bezeichnet. Bei Vollauslastung der Kapazitäten wird die Schlupfvariable den Wert null haben, ansonsten positiv sein. Somit gibt der Wert der Schlupfvariable das Ausmaß der Nichtauslastung der Kapazitäten an.

Wir bezeichnen die Schlupfvariablen mit $y_1,...,y_m$, bringen ferner die Zielfunktion noch in die Form »$= 0$« und schreiben das lineare Programm nun wie folgt:

$-10x_1$	$-12{,}5x_2$				$+ \underbrace{DB_{max}}_{=:z}$	$= 0$
$5x_1$	$+12{,}5x_2$	$+y_1$				$= 100$
$9x_1$	$+ 7{,}5x_2$		$+ y_2$			$= 90$
x_1				$+y_3$		$= 7$
x_1, x_2, y_1, y_2, y_3						≥ 0

Nun haben wir ein Gleichungssystem aus 3 Gleichungen (allgemein: n Gleichungen) und $3 + 2$ (allgemein: $n + m$) Unbekannten. Das Gleichungssystem ist damit »unterbestimmt« (mehr Variablen als Gleichungen), was jedoch an dieser Stelle nicht stört.

Der nächste Schritt besteht darin, das Gleichungssystem in ein »geordnetes« Matrizenschema zu bringen, nämlich in das **Simplextableau**.

Das Simplextableau für die Ausgangslösung ($x_1 = 0$, $x_2 = 0$) sieht folgendermaßen aus:

	x_1	x_2	y_1	y_2	y_3	Z	b
y_1	5	12,5	1	0	0	0	100
y_2	9	7,5	0	1	0	0	90
y_3	1	0	0	0	1	0	7
Z	-10	-12,5	0	0	0	1	**0**

Die Schlupfvariablen y_1, y_2, y_3 bilden drei Einheitsvektoren bzw. insgesamt eine Einheitsmatrix. Sie werden als **Basisvariable** bezeichnet[32]. Die »gleich 0« gesetzten Variablen x_1 und x_2 gehören nicht zu den Einheitsvektoren und werden als **Nichtbasisvariable** bezeichnet. Unten rechts im Simplextableau finden wir den Zielfunktionswert, der ja im Ausgangstableau null sein muss (DB = 0).
Die Ausgangslösung lautet also: $\mathbf{x_1 = 0, x_2 = 0, y_1 = 100, y_2 = 90, y_3 = 7, Z = 0}$
Das Ziel besteht darin, durch »Variablentausch« den Zielfunktionswert zu erhöhen, denn die beiden negativen Werte -10 und -12,5 zeigen ja gerade, dass man durch Erhöhung dieser Werte den Zielfunktionswert vergrößern könnte. Allgemein kann man sagen: **Solange in der Zielfunktionszeile noch negative Werte stehen, lässt sich der Zielwert noch verbessern.** Die Umkehrung gilt aber auch: Wenn in der untersten Zeile nur noch nichtnegative Elemente stehen, dann haben wir den maximalen Zielwert erreicht.
Für den angestrebten Variablentausch (eine Nichtbasisvariable wird zur Basisvariable gemacht) wählen wir in der Zielfunktionszeile den am stärksten negativen Wert, das ist hier der Wert -12,5[33]. Somit machen wir x_2 zur Basisvariablen. Die dazugehörige Spalte wird **Pivotspalte**[34] genannt. Ist die Wahl der Pivotspalte nicht eindeutig, d. h. gibt es mehrere »kleinste« Werte, kann man einen Wert und die dazugehörige Spalte frei wählen.
Die Auswahl von x_2 als Pivotspalte bedeutet anschaulich, dass wir die x_2-Achse »nach oben wandern« bis zum Schnittpunkt der ersten begrenzenden Gerade.

	x_1	x_2	y_1	y_2	y_3	Z	b
y_1	5	12,5	1	0	0	0	100
y_2	9	7,5	0	1	0	0	90
y_3	1	0	0	0	1	0	7
Z	-10	-12,5	0	0	0	1	**0**

Pivotspalte

32 Basisvariablen sind die zu den Einheitsvektoren gehörenden Variablen. Dem liegt das Prinzip zu Grunde, dass sich jedes Gleichungssystem nach Durchführung des Gauß'schen Eliminationsverfahrens (Vollelimination) durch eine bestimmte Anzahl von Einheitsvektoren darstellen lässt.

33 Dieses »Verfahren des steilsten Gefälles« wird auch als **Steepest Unit Ascent** bezeichnet.

34 Pivot (franz.): Drehpunkt, Angelpunkt

Als nächstes ermitteln wir die Pivotzeile und bilden dazu die Quotienten $\frac{b_i}{a_i}$, wobei b_i das Ergebnis in der Zeile i und a_i die Koeffizienten der Pivotspalte für die i-te Zeile sind:

1. Zeile: $\frac{100}{12,5} = 8$ 2. Zeile: $\frac{90}{7,5} = 12$ 3. Zeile: $\frac{7}{0}$ nicht lösbar.

Von allen lösbaren, positiven Quotienten suchen wir das Minimum (hier: 8) und wählen die dazugehörige Zeile (hier: Zeile 1) als **Pivotzeile** aus:

Pivotelement

	x_1	x_2	y_1	y_2	y_3	Z	b	
y_1	5	12,5	1	0	0	0	100	Pivotzeile
y_2	9	7,5	0	1	0	0	90	
y_3	1	0	0	0	1	0	7	
Z	-10	-12,5	0	0	0	1	**0**	

Pivotspalte

Das Schnittelement aus Pivotzeile und Pivotspalte heißt **Pivotelement.** Nun erfolgt der sog. **Pivotschritt** nach folgender Regel:

1. Die Pivotzeile wird durch das Pivotelement dividiert, so dass u. a. das Pivotelement den Wert 1 erhält.
2. Alle anderen Elemente ergeben sich nach folgender Regel:

$$a_{ij,\,neu} = a_{ij} - \frac{\textit{zugehöriges Pivotzeilenelement} \cdot \textit{zugehöriges Pivotspaltenelement}}{\textit{Pivotelement}}$$

$$\text{z. B. } a_{21,\,neu} = 9 - \frac{5 \cdot 7,5}{12,5} = 6$$

Damit lautet das 2. Simplextableau:

	x_1	x_2	y_1	y_2	y_3	Z	b
y_1	0,4	1	0,08	0	0	0	8
y_2	6	0	-0,6	1	0	0	30
y_3	1	0	0	0	1	0	7
Z	-5	0	1	0	0	1	**100**

x_2 ist nun zur Basisvariable geworden (bildet mit y_2 und y_3 drei verschiedene Einheitsvektoren), während die Variablen x_1 und y_1 Nichtbasisvariablen sind (keine Einheitsvektoren), d. h. ihnen wird der Wert 0 zugewiesen.

Das Simplextableau liefert also folgende Zwischenlösung:

$x_2 = 8$, $y_2 = 30$, $y_3 = 7$, $x_1 = 0$, $y_1 = 0$, $Z = 100$

Da in der untersten Zeile noch ein negativer Wert steht, lässt sich die Lösung noch verbessern. Graphisch bedeutet dieser Befund, dass sich die Zielfunktion weiter nach »oben rechts« verschieben lässt.

Die zu x_1 gehörige Spalte wird somit zur neuen Pivotspalte. Erneut berechnen wir die Quotienten:

1. Zeile: $\frac{8}{0{,}4} = 20$ 2. Zeile: $\frac{30}{6} = 5 \leftarrow$ Minimum (Pivotzeile) 3. Zeile: $\frac{7}{1} = 7$

	x_1	**x_2**	**y_1**	**y_2**	**y_3**	**Z**	**b**
y_1	0,4	1	0,08	0	0	0	8
y_2	6	0	-0,6	1	0	0	30
y_3	1	0	0	0	1	0	7
Z	-5	0	1	0	0	1	**100**

Der Wert 6 ist damit unser neues Pivotelement.

Erneut führen wir die Pivotschritte durch, um die Einheitsvektoren zu gewinnen: Zunächst dividieren wir die Pivotzeile durch das Pivotelement, damit das Pivotelement den Wert 1 erhält:

	x_1	x_2	y_1	y_2	y_3	Z		
y_1	6	0	−0,6	1	0	0	30	|: 6

=

	x_1	x_2	y_1	y_2	y_3	Z	b
y_2	1	0	−0,1	$0{,}1\overline{6}$	0	0	5

Für alle Werte gilt wieder:

$$a_{ij,\,neu} = a_{ij} - \frac{\textit{zugehöriges Pivotzeilenelement} \cdot \textit{zugehöriges Pivotspaltenelement}}{\textit{Pivotelement}}$$

Damit lautet das 3. Simplextableau:

	x_1	x_2	y_1	y_2	y_3	Z	b
y_1	0	1	0,12	-0,067	0	0	6
y_2	1	0	-0,1	0,1667	0	0	5
y_3	0	0	0,1	-0,167	1	0	2
Z	0	0	0,5	0,8333	0	1	**125**

Wir sind am Ziel. In der untersten Zeile findet sich kein negativer Wert mehr, das Ergebnis lässt sich nicht weiter verbessern. Basisvariablen sind nun x_2, x_1 und y_3, während y_1 und y_2 (mit dem Wert 0 versehene) Nichtbasisvariablen sind.

Aus dem Simplextableau können wir die endgültige Lösung ablesen:

$y_1 = 0$ und $y_2 = 0$ (Nichtbasisvariablen)

$x_2{}^* = 6$, $x_1{}^* = 5$, $y_3 = 2$ (Basisvariablen)

$Z^* = 125$ (optimaler Zielwert)

$y_1 = 0$ und $y_2 = 0$ bedeutet: Die Kapazitäten, die durch die Nebenbedingungen 1 und 2 beschrieben werden, sind voll ausgeschöpft. Faktisch gilt hier das »=«-Zeichen und nicht die »<«-Relation. $y_3 = 2$ bedeutet: Die Kapazität 3 (Nebenbedingung 3) ist nicht voll ausgeschöpft, d. h. es gibt Leerkapazitäten. $x_1 = 5$ und $x_2 = 6$ lautet das optimale Produktionsprogramm, das uns zusammen mit dem maximalen Deckungsbeitrag $Z^* = DB^* = 125$ in der rechten Spalte des Tableaus geliefert wird. Dieses Resultat hatten wir in Kapitel 6.2 bereits graphisch ermittelt.

Das Beispiel hat gezeigt, dass das Simplex-Verfahren bereits für $n = 2$ Variablen recht mühsam war. Für $n \geq 3$ Variablen wird es entsprechend aufwändiger. Dies unterstreicht, dass die Lösung derartiger Probleme in der Regel nur computergestützt möglich ist.

Wir wollen die Schrittfolgen des Simplex-Algorithmus noch zusammenfassen.

Schrittfolgen des Simplex-Algorithmus für das Standard-Maximum-Problem (Zusammenfassung):

Schritt 1: Aufstellen des linearen Programms »$Z \rightarrow \max$« mit den Nebenbedingungen in der Form »$\leq b_i$« ($i = 1,...,m$) sowie den

Nichtnegativitätsbedingungen entsprechend der Formulierung in Kapitel 6.1.

Schritt 2: Durch Hinzuaddieren von Schlupfvariablen $y_1,\ldots, y_m$ Umwandlung der Ungleichungen in Gleichungen.

Schritt 3: Die Zielfunktion ist in die Form »$-c_1x_1 - c_2x_2 - \ldots - c_nx_n + Z = 0$« zu bringen.

Schritt 4: Aufstellen des 1. Simplextableaus (Ausgangstableau) nach folgendem Prinzip:

	x_1	…	x_n	y_1	…	y_m	Z	b
y_1	a_{11}	…	a_{1n}	1	…	0	0	b_1
⋮	⋮	⋱	⋮	⋮	⋱	⋮	⋮	⋮
y_m	a_{m1}	…	a_{mn}	0	…	1	0	b_m
Z	$-c_1$	…	$-c_n$	0	…	0	1	0

Abb. 6.5

Schritt 5: Bestimmung der Pivotspalte l (l = 1,…,n) als Spalte mit dem »negativsten« Koeffizienten c_j (j = 1,…,n). Bei Nicht-Eindeutigkeit freie Wahl.

Schritt 6: Bestimmung der Pivotzeile k (k = 1,…,m). Dazu Bildung der Quotienten $\frac{b_i}{a_{ij}}$ (i = 1,…,m), wobei b_i die Ergebniswerte der i-ten Zeile und a_{il} die Koeffizienten in der Pivotspalte sind. Bestimmung unter allen positiven Werten des Minimums des Quotienten $\frac{b_i}{a_{ij}}$ und Bezeichnung der dazugehörigen Zeile als Pivotzeile.

Schritt 7: Bestimmung des Pivotelements a_{kl} = Schnittpunkt aus Pivotspalte und Pivotzeile.

Schritt 8: Teilung aller Werte der Pivotzeile durch das Pivotelement. Dadurch erhält das Pivotelement den Wert 1.

Schritt 9: Für alle anderen Elemente ist der Pivotschritt nach folgendem Rechenmuster durchzuführen:

$$\text{Neuer Wert} = \text{Alter Wert} - \frac{\textit{zugehöriges Pivotzeilenelement} \cdot \textit{zugehöriges Pivotspaltenelement}}{\textit{Pivotelement}}$$

Ergebnis:

Neues Simplextableau, bei dem in der Pivotspalte nun ein Einheitsvektor steht.

Schritt 10: Prüfung, ob in der Zielfunktionszeile noch negative Werte auftreten.

Falls ja, dann weiter mit Schritt 5.
Falls nein, dann Ablesen der Lösungen aus der rechten Spalte des Tableaus.

Aufgabe 111: Lösen Sie Aufgabe 109 mit Hilfe des Simplex-Verfahrens!

Aufgabe 112: Ein Unternehmen stellt drei Produkte (P_1, P_2, P_3) aus zwei Materialien (A und B) her und will seinen Deckungsbeitrag maximieren. Dabei gelten folgende Bedingungen:

- Die Kapazität der Maschinengruppe, auf der beide Produkte hergestellt werden, beträgt 100 Maschinenstunden,
- vom Material A stehen 600 Mengeneinheiten, vom Material B stehen 400 Mengeneinheiten zur Verfügung,
- die Stückdeckungsbeiträge betragen 50 GE (P_1), 40 GE (P_2) und 70 GE (P_3).

Die Maschinenstunden (in Zeiteinheit ZE) und die Materialmengen in Mengeneinheit ME), die für die Herstellung jeweils *einer* Einheit eines Produkts (Erzeugniseinheit EE) benötigt werden (Aufwandskoeffizienten), sind in folgender Tabelle zusammengestellt:

		Aufwandskoeffizienten für Produkt		
		P_1	P_2	P_3
Maschinenstunden	$\frac{ZE}{EE}$	2	0	1
Material A	$\frac{ME}{EE}$	2	1	3
Material B	$\frac{ME}{EE}$	1	1	2

Gesucht sind die Produktionsmengen x_1^*, x_2^*, x_3^*, bei denen der Gesamtdeckungsbeitrag unter Einhaltung der Restriktionen maximal wird.

a) Stellen Sie das lineare Optimierungsprogramm zur Maximierung des Gesamtdeckungsbeitrags auf!
b) Ermitteln Sie mit Hilfe des Simplex-Verfahrens das optimale Produktionsprogramm (x_1^*, x_2^*, x_3^*) und berechnen Sie den maximalen Deckungsbeitrag DB*!

6.3.2 Dualität und Lösung des Standard-Minimum-Problems

Nachdem wir für das Standard-Maximum-Problem die Lösungen dadurch ermitteln konnten, indem wir mit der Anfangslösung (0;0) gestartet sind und anschließend durch »Absuchen« der Ecken sukzessive Zielwertverbesserungen erhalten haben, stellt sich die Situation für das Standard-Minimum-Problem ein wenig schwieriger dar. Denn: Der Punkt (0;0) ist beim Standard-Minimum-Problem überhaupt nicht Element des zulässigen Lösungsbereichs (► Abb. 6.3).
Es gibt aber eine wichtige Erkenntnis in der linearen Optimierung, die darauf beruht, dass man zu jedem linearen Optimierungsprogramm ein korrespondierendes lineares Programm formulieren kann, das mit dem ursprünglichen Programm sehr eng verwandt ist. Man nennt dieses verwandte Programm das **duale Problem**, das ursprüngliche entsprechend das **primale Problem**.
Wir wollen das primale und das duale Optimimierungsproblem für das Standard-Maximum- und für das Standard-Minimum-Problem formulieren:

Definition:

Primales Problem		Duales Problem
$Z = c^T \cdot x \to \max!$ $Ax \leq b,\ x \geq 0$	$\leftrightarrow$	$\mathring{Z} = b^T \cdot u \to \min!$ $A^T u \geq c,\ u \geq 0$

Primales Problem		Duales Problem
$Z = c^T \cdot x \to \min!$ $Ax \geq b,\ x \geq 0$	$\leftrightarrow$	$\mathring{Z} = b^T \cdot u \to \max!$ $A^T u \leq c,\ u \geq 0$

Abb. 6.6

Bei c, x, b, u handelt sich jeweils um Vektoren, bei A um eine (m, n)-Matrix.

Bemerkungen:

- Aus einem Standard-Maximum-Problem wird ein Standard-Minimum-Problem und umgekehrt.
- Es tauchen mit $u_1,\dots u_m$ neue Variablen auf, deren Anzahl der Anzahl der Nebenbedingungen im primalen Problem entspricht.
- Für das duale Programm ist die Koeffizientenmatrix A zu transponieren.

- Bildet man zum dualen Programm erneut das duale Programm, erhält man wiederum das primale Problem.

Beispiele
Wir betrachten die Beispiele 1 und 2 aus Kapitel 6.2 und formulieren jeweils das zugehörige duale Problem:

1. Beispiel (Produktionsplanung)

Primales Problem

$Z = DB = 10x_1 + 12{,}5x_2 \rightarrow \max!$

NB: $5x_1 + 12{,}5x_2 \leq 100$
$9x_1 + 7{,}5x_2 \leq 90$
$x_1 \leq 7$

NNB: $x_1 \geq 0,\ x_2 \geq 0$

bzw. in Matrixschreibweise:

$$Z = [10;12{,}5]^T \cdot \begin{bmatrix} x_1 \\ x_2 \end{bmatrix} \rightarrow \max$$

$$\text{NB:}\quad \underbrace{\begin{bmatrix} 5 & 12{,}5 \\ 9 & 7{,}5 \\ 1 & 0 \end{bmatrix}}_{A} \cdot \begin{bmatrix} x_1 \\ x_2 \end{bmatrix} \leq \begin{bmatrix} 100 \\ 90 \\ 7 \end{bmatrix}$$

$$\begin{bmatrix} x_1 \\ x_2 \end{bmatrix} \geq \begin{bmatrix} 0 \\ 0 \end{bmatrix}$$

Duales Problem

$Z = 100u_1 + 90u_2 + 7u_3 \rightarrow \min!$

NB: $5u_1 + 9u_2 + u_3 \geq 10$
$12{,}5u_1 + 7{,}5u_2 \geq 12{,}5$

NNB: $u_1 \geq 0,\ u_2 \geq 0,\ u_3 \geq 0$

bzw. in Matrixschreibweise:

$$Z = [100;90;7]^T \cdot \begin{bmatrix} u_1 \\ u_2 \\ u_3 \end{bmatrix} \rightarrow \min!$$

$$\text{NB:}\quad \underbrace{\begin{bmatrix} 5 & 9 & 1 \\ 12{,}5 & 7{,}5 & 0 \end{bmatrix}}_{A^T} \cdot \begin{bmatrix} u_1 \\ u_2 \\ u_3 \end{bmatrix} \geq \begin{bmatrix} 10 \\ 12{,}5 \end{bmatrix}$$

$$\begin{bmatrix} u_1 \\ u_2 \\ u_3 \end{bmatrix} \geq \begin{bmatrix} 0 \\ 0 \\ 0 \end{bmatrix}$$

Abb. 6.7

2. Beispiel (Diät- bzw. Mischungsproblem)

Primales Problem

$Z = K = 1{,}5x_1 + x_2 \rightarrow \min!$

NB: $0{,}2x_1 + 0{,}1x_2 \geq 1$
$0{,}15x_1 + 0{,}3x_2 \geq 1{,}5$
$10x_1 + 10x_2 \geq 75$
$0{,}002x_1 + 0{,}001x_2 \geq 0{,}005$

NNB: $x_1 \geq 0,\ x_2 \geq 0$

bzw. in Matrixschreibweise:

$$Z = [1{,}5;1]^T \cdot \begin{bmatrix} x_1 \\ x_2 \end{bmatrix} \rightarrow \max$$

$$\text{NB:}\quad \underbrace{\begin{bmatrix} 0{,}2 & 0{,}1 \\ 0{,}15 & 0{,}3 \\ 10 & 10 \\ 0{,}002 & 0{,}001 \end{bmatrix}}_{A} \cdot \begin{bmatrix} x_1 \\ x_2 \end{bmatrix} \geq \begin{bmatrix} 1 \\ 1{,}5 \\ 75 \\ 0{,}005 \end{bmatrix}$$

$$\begin{bmatrix} x_1 \\ x_2 \end{bmatrix} \geq \begin{bmatrix} 0 \\ 0 \end{bmatrix}$$

Duales Problem

$Z = u_1 + 1{,}5u_2 + 75u_3 + 0{,}005u_4 \rightarrow \max!$

NB: $0{,}2u_1 + 0{,}15u_2 + 10u_3 + 0{,}002u_4 \leq 1{,}5$
$0{,}1u_1 + 0{,}3u_2 + 10u_3 + 0{,}001u_4 \leq 1$

NNB: $u_1 \geq 0,\ u_2 \geq 0, u_3 \geq 0, u_4 \geq 0$

bzw. in Matrixschreibweise:

$$Z = [1;1{,}5;75;0{,}005]^T \cdot \begin{bmatrix} u_1 \\ u_2 \\ u_3 \\ u_4 \end{bmatrix} \rightarrow \max!$$

$$\text{NB:}\quad \underbrace{\begin{bmatrix} 0{,}2 & 0{,}15 & 10 & 0{,}002 \\ 0{,}1 & 0{,}3 & 10 & 0{,}001 \end{bmatrix}}_{A^T} \cdot \begin{bmatrix} u_1 \\ u_2 \\ u_3 \\ u_4 \end{bmatrix} \leq \begin{bmatrix} 1{,}5 \\ 1 \end{bmatrix}$$

$$\begin{bmatrix} u_1 \\ u_2 \\ u_3 \\ u_4 \end{bmatrix} \geq \begin{bmatrix} 0 \\ 0 \\ 0 \\ 0 \end{bmatrix}$$

Abb. 6.8.1 und Abb. 6.8.2

Für uns von besonderem Interesse ist das Beispiel 2, denn zu dem primalen Minimum-Problem (für das wir noch keinen Lösungsalgorithmus parat haben) lässt sich als duales Programm ein Maximum-Problem formulieren, welches wir mit dem Simplex-Algorithmus wie in Kapitel 6.3.1 lösen können.
In der Tat zeigt sich, dass sich aus der Lösung des dualen Problems auch sofort die Lösung des primalen Problems ableiten lässt und umgekehrt. Oder anders formuliert: Es ist unerheblich, welches der beiden Probleme mit dem Simplex-Algorithmus gelöst wird.
Die Zusammenhänge zwischen dem primalen und dem dualen Optimierungsproblem finden ihren Niederschlag in den Dualitätssätzen, die wir im Folgenden (ohne Herleitung und Beweis) komprimiert wiedergeben wollen:

Dualitätssätze

- Wenn es eine optimale Lösung gibt, dann sind die Zielfunktionswerte identisch ($Z_{max} = \widetilde{Z}_{min}$ bzw. $Z_{min} = \widetilde{Z}_{max}$)
- Es gelten die **Complementary-slackness-Beziehungen:** $x_k \cdot v_k = 0$ und $y_i \cdot u_i = 0$ ($k = 1,...,n$; $i = 1,...,m$). x_k und u_i sind dabei die jeweiligen Zielvariablen des primalen und des dualen Problems, während y_i und v_k die Schlupfvariablen des primalen und des dualen Problems bezeichnen. Die Beziehungen besagen für die optimale Lösung im Wesentlichen Folgendes: Ist eine Variable im **primalen** Programm **Basisvariable**, so ist die korrespondierende Variable im **dualen** Programm entsprechend **Nichtbasisvariable** und umgekehrt.
- Die Zielfunktionszeile im primalen Programm liefert die entsprechenden Lösungen für das duale Programm und umgekehrt.

Die besondere praktische Anwendung der Dualitätssätze ergibt sich aus der Möglichkeit, auch das Standard-Minimum-Problem mit Hilfe des Simplex-Verfahrens zu bearbeiten.

Beispiel (Diät- und Mischungsproblem)
Wir stellen zu dem oben abgebildeten dualen Programm zunächst das Problem mit Schlupfvariablen v_1 und v_2 sowie das Simplex-Tableau auf:

ZF: $\widetilde{Z} = u_1 + 1{,}5u_2 + 75u_3 + 0{,}005u_4 \rightarrow \max!$

bzw. $-u_1 - 1{,}5u_2 - 75u_3 - 0{,}005u_4 + \check{Z}_{min} = 0$

NB: $0{,}2u_1 + 0{,}15u_2 + 10u_3 + 0{,}002u_4 + v_1 \leq 1{,}5$

$0{,}1u_1 + 0{,}3u_2 + 10u_3 + 0{,}001u_4 + v_2 \leq 1$

$u_1, u_2, u_3, u_4, v_1, v_2 \geq 0$

	u_1	u_2	u_3	u_4	v_1	v_2	$\check{Z}$	b
v_1	0,2	0,15	10,00	0,0002	1,00	0,00	0,00	1,50
v_2	0,10	0,30	10,00	0,001	0,00	1,00	0,00	1,00
$\check{Z}$	-1,00	-1,5	-75,00	-0,005	0,00	0,00	1,00	0,00

Die Variable u_3 wird nun Basisvariable und wird gegen v_1 ausgetauscht (zur Vorgehensweise ▶ Kap. 6.3.1). Dadurch erhalten wir das Pivotelement:

	u_1	u_2	u_3	u_4	v_1	v_2	$\check{Z}$	b
v_1	0,2	0,15	10,00	0,0002	1,00	0,00	0,00	1,50
v_2	0,10	0,30	10,00	0,001	0,00	1,00	0,00	1,00
$\check{Z}$	-1,00	-1,5	-75,00	-0,005	0,00	0,00	1,00	0,00

Wir führen schließlich gemäß Kapitel 6.3.1 zwei Pivotschritte durch und erhalten folgendes Ergebnis:

	u_1	u_2	u_3	u_4	v_1	v_2	$\check{Z}$	b
u_1	0,1	-0,15	0,0	0,001	1,0	-1,0	0,00	0,5
u_3	0,01	0,03	1,00	0,000	0,00	0,10	0,00	0,10
$\check{Z}$	-0,25	0,75	0,00	0,0025	0,00	7,5	1,00	7,5

	u_1	u_2	u_3	u_4	v_1	v_2	$\check{Z}$	b
u_1	1,0	-1,50	0,00	0,010	10,00	-10,00	0,00	5,00
u_3	0,00	0,05	1,00	0,000	-0,10	0,20	0,00	0,05
$\check{Z}$	*0,00*	*0,38*	*0,00*	*0,0005*	**2,5**	**5,00**	1,00	**8,75**
	$= y_1$	$= y_2$	$= y_3$	$= y_4$	$= x_1^*$	$= x_1^*$		**$\check{Z}$ max**

Wir wollen zunächst die Lösung des dualen Programms ablesen und die Ergebnisse interpretieren:

$u_2 = 0, u_4 = 0, v_1 = 0, v_2 = 0$ (Nichtbasisvariablen)
$u_1^* = 5, u_3^* = 0{,}05$ (Basisvariablen)
$Z^* = 8{,}75$ (optimaler Zielwert)

Die Zielgröße (Kosten) ist ist eine monetäre Größe. Ebenso sind die Werte rechts vom »≤«- Zeichen Bewertungsgrößen (1,5 EUR bzw. 1 EUR). Da aber sowohl die Koeffizienten der Zielgröße, b^T als auch die Koeffizienten in den Nebenbedingungen, A^T, *Mengen*größen sind, *müssen* die u_i-Werte ($i = 1,\ldots,4$) Bewertungsgrößen darstellen. Sie können interpretiert werden als Preise oder Kostenwerte, die den jeweiligen Bedarfsstoffen (hier: Vitamine) zugeordnet werden können. Die Preise werden häufig auch als **Schattenpreise** bezeichnet.

Das duale Problem kann man so interpretieren, als ein »Vitaminhändler« die Vitamine A bis D so verkaufen wird, dass er seinen Gesamterlös – unter Einhaltung der Nebenbedingungen – maximiert. Für Variable u_1 (Vitamin A) können wir einen »Preis« von 5 EUR ablesen, für Variable u_3 (Vitamin C) einen »Preis« von 0,05 EUR. Die Variablen u_2 (Vitamin B) und u_4 (Vitamin D) haben den Wert (»Preis«) 0, d. h. sie werden quasi »verschenkt«, denn sie tragen überhaupt nicht zum Gesamterlös bei. Lebensmittel 1 (L_1) wird durch Nebenbedingung 1 repräsentiert, L_2 entsprechend durch Nebenbedingung 2. Diese besagen, dass der Gesamtpreis für L_1 bzw. L_2 1,50 EUR bzw. 1,00 EUR nicht übersteigen darf.

Unter Berücksichtigung der Nebenbedingungen (gewissermaßen Budgetrestriktionen) maximiert der »Vitaminhändler« seinen Gesamterlös, indem er dem Vitamin A einen Preis 5 EUR pro mg und dem Vitamin C einen Preis von 0,05 EUR pro mg zuordnet.

Interessanterweise können wir an dem Schlusstableau des Simplexverfahrens auch die **Lösungen des primalen Problems** ablesen, und zwar in der Zielfunktionszeile:

$\check{Z}_{min} = Z_{max} = 8{,}75$ EUR

In den Spalten zu v_1 und v_2: $\mathbf{x_1^* = 2{,}5}$ und $\mathbf{x_2^* = 5{,}0}$

In den Spalten u_1 bis u_4: $\mathbf{y_1 = y_3 = 0}$ (d. h. der Mindestbedarf wird genau eingehalten, hier liegt gewissermaßen die Engpassituation vor) sowie

$\mathbf{y_2 = 0{,}375}$ und $\mathbf{y_4 = 0{,}005}$ (d. h. im Optimum übersteigt der Vitamingehalt an Vitamin B und D den Mindestbedarf um die genannten Beträge).

Neben den zusätzlichen Erkenntnissen, die wir aus der Interpretation der Lösung eines dualen Programms gewinnen, dient das duale Programm insbesondere dazu, die Lösung des primalen Standard-Minimum-Problems zu ermitteln.

Neben den hier betrachteten Konstellationen gibt es noch eine Vielzahl an Spezialfällen und Varianten. Es kann beispielsweise durchaus sein, dass ein Problem keine Lösung hat oder sogar unendlich viele Lösungen besitzt. Wir wollen es an dieser Stelle jedoch mit dieser Einführung bewenden lassen und verweisen für einen vertieften Einstieg auf die einschlägige Literatur zum Operations Research.

Aufgabe 113: Lösen Sie Aufgabe 110 (Standard-Minimum-Problem) über das duale Programm mit Hilfe des Simplex-Verfahrens!

7 Integralrechnung

7.1 Vorbemerkung

In den Kapiteln 3 und 4 hatten wir uns mit der Differentialrechnung befasst und insbesondere diese als sehr hilfreich kennengelernt, um damit ökonomische Fragestellungen zu lösen. Beispielhaft sei hier die Marginalanalyse oder die Berechnung von Optima genannt. Ausgehend von der Ursprungsfunktion $f(x)$ haben wir die Ableitung $f'(x)$ berechnet.
Nun gibt es aber auch ökonomische Fragestellungen, die die Umkehroperation erfordern. Gegeben ist also die Ableitung einer Funktion $f'(x)$ und gesucht ist die originäre Funktion $f(x)$, also gewissermaßen die »Stammfunktion«.
So kann es beispielsweise sein, dass in einem Unternehmen die Grenzkostenfunktion $K'(x)$ bekannt und daraus die Kostenfunktion $K(x)$ zu bestimmen ist. So wie wir auch in anderen Zusammenhängen Umkehroperationen kennen (z. B. Addition – Subtraktion, Multiplikation – Division, Potenzieren – Wurzelziehen etc.), so ist hier die Umkehroperation zum Differenzieren (= Ableiten) gesucht. Man bezeichnet das Errechnen der Stammfunktion aus einer (Ableitungs-)Funktion als integrieren, der Vorgang, eine Funktion aus ihrer Ableitungsfunktion zu rekonstruieren, wird **Integration** genannt. Gottfried Wilhelm Leibniz (1646-1716), der Miterfinder der Integralrechnung, hat für die Integralrechnung im Jahre 1686 das Symbol $\int$, im Schuldeutsch auch »Fleischerhaken« genannt, eingeführt.
Wir wollen uns im Folgenden zunächst theoretisch mit der Integralrechnung befassen, zuerst mit dem unbestimmten, danach mit dem bestimmten Integral. Die beiden Hauptsätze der Integralrechnung verbinden die Überlegungen zum unbestimmten und bestimmten Integral. Vor allem werden wir sehen, dass das bestimmte Integral in der Flächenberechnung Anwendung findet. Es gibt aber auch diverse ökonomische Anwendungen der Integralrechnung, von denen wir uns einige wichtige ansehen werden.
Auf die Herleitungen und Beweise (insbesondere der Hauptsätze) werden wir aus Platzgründen verzichten. Der Schwerpunkt der folgenden Ausführungen liegt somit verstärkt auf den ökonomischen Anwendungen.

7.2 Das unbestimmte Integral

7.2.1 Begriff des unbestimmten Integrals

Wir nehmen an, f(x) = y′sei die erste Ableitung einer unbekannten Funktion F(x). Wir wollen nun die Funktion F(x) aus f(x) heraus ermitteln. Dabei heißen F(x) die **Stammfunktion** und f(x) der **Integrand**, den Vorgang bezeichnet man als »integrieren«.

Definition

Eine differenzierbare Funktion F(x) heisst eine **Stammfunktion** oder ein unbestimmtes Integral von f(x), falls $F^{'}(x) = f(x)$ bzw. $\frac{dF}{dx} = f(x)$
Schreibweise: $\int f(x)dx = F(x)$
F(x) heißt **Integrand**, x ist die **Integrationsvariable.**

Beispiel:
Gegeben sei die Funktion $f(x) = 2x + 3$. Gesucht ist die Stammfunktion, also die Funktion, die abgeleitet f(x) ergibt. Zunächst ergibt sich $F(x) = x^2 + 3x$, denn F′(x)=f(x). Jedoch sind z. B. auch die Funktionen $F_1(x) = x^2 + 3x + 5$ oder $F_2(x) = x^2 + 3x + 17$ Stammfunktionen zu f(x), da in allen Fällen gilt: $F^{'}(x) = f(x)$. Somit müssen wir korrekt schreiben: $F(x) = x^2 + 3x + C$, wobei C eine beliebige Konstante, die **Integrationskonstante**, ist. Durch die Integrationskonstante C lassen sich beliebig viele Stammfunktion von f(x) erzeugen. Die Integrationskonstante fällt bei der Ableitung weg.

Definition

Sei F(x) eine Stammfunktion von f(x). Dann ist für jede beliebige Konstante $C \in \mathbb{R}$ auch $F(x) + C$ eine Stammfunktion von f(x).

Beispiel:
Ein Unternehmen sieht sich folgender Grenzkostenfunktion $K^{'}(x)$ gegenüber: $K^{'}(x) = 3x^2 - 34x + 114(x \in \mathbb{R}, x \geq 0)$. Wenn wir uns die Summanden ansehen, erkennen wir:$(x^3)^{'} = 3x^2$,$(-17x^2)^{'} = -34x$ *und* $(114x)^{'} = 114$. Somit erhalten wir als Stammfunktion $K(x) = \int K^{'}(x)dx = x^3 - 17x^2 + 114x + C$. Die Konstante C entspricht ökonomisch in diesem Beispiel den Fixkosten K_F.

7.2.2 Integrationsregeln

Die Ermittlung unbestimmter Integrale ist im Allgemeinen etwas schwieriger als die Bestimmung von Ableitungen. Im Folgenden beschränken wir uns auf die wichtigsten Integrationsregeln.

1. Integration typischer Grundformen

f(x)	F(x) = ∫f(x)dx	Bemerkungen	Formel
$f(x) = 0$	$F(x) = \int 0dx = C$		(7.1)
$f(x) = a$	$F(x) = \int adx = ax + C$		(7.2)
$f(x) = x^n$	$F(x) = \int x^n dx = \frac{x^{n+1}}{n+1} + C$	$n \in \mathbb{N}\backslash\{-1\}$	(7.3)
$f(x) = x^k$	$F(x) = \int x^k dx = \frac{x^{k+1}}{k+1} + C$	$k \in \mathbb{R}\backslash\{-1\}$	(7.4)
$f(x) = ax + b$	$F(x) = \int (ax+b)dx = \frac{1}{2}ax^2 + bx + C$		(7.5)
$f(x) = (ax+b)^n$	$F(x) = \int (ax+b)^n dx = \frac{1}{a} \cdot \frac{(ax+b)^{n+1}}{n+1} + C$	$n \in \mathbb{N}\backslash\{-1\}$	(7.6)
$f(x) = (ax+b)^k$	$F(x) = \int (ax+b)^k dx = \frac{1}{a} \cdot \frac{(ax+b)^{k+1}}{k+1} + C$	$k \in \mathbb{R}\backslash\{-1\}, x > 0$ $ax + b > 0$	(7.7)
$f(x) = \frac{1}{x}$	$F(x) = \int \frac{1}{x} dx = \ln x + C$ $F(x) = \int \frac{1}{x} dx = \ln(-x) + C$	$x > 0$ $x < 0$	(7.8)
$f(x) = a^x$	$F(x) = \int a^x dx = \frac{a^x}{\ln a} + C$	$x \in \mathbb{R}$	(7.9)
$f(x) = e^x$	$F(x) = \int e^x dx = e^x + C$	$x \in \mathbb{R}$	(7.10)

Beispiele:

1. $\int 3dx = 3x + c$
2. $\int x^5 dx = \frac{1}{6} \cdot x^6 + c$
3. $\int \sqrt{x}dx = \int x^{\frac{1}{2}}dx = \frac{x^{\frac{1}{2}+1}}{\frac{1}{2}+1} + C = \frac{2}{3} \cdot x^{\frac{3}{2}} + C = \frac{2}{3} \cdot \sqrt{x^3} + C$

4. $\int \frac{1}{x^2} dx = \int x^{-2} dx = \frac{x^{-2+1}}{-2+1} + C = -x^{-1} + C = -\frac{1}{x} + C$
5. $\int (x+2)^3 dx = \frac{(x+2)^{3+1}}{3+1} + C = \frac{(x+2)^4}{4} + C$
6. $\int 4^x dx = \frac{4^x}{ln4} + C$

2. Spezielle Integrationsregeln

Name	$F(x) = \int f(x)dx$	Formel
Konstanter Faktor	$\int a \cdot f(x)dx = a \cdot \int f(x)dx$	(7.11)
Summe	$\int [f(x) + g(x)]dx = \int f(x)dx + \int g(x)dx$	(7.12)
Differenz	$\int [f(x) - g(x)]dx = \int f(x)dx - \int g(x)dx$	(7.13)
Partielle Integration	$\int f(x) \cdot g'(x)dx = f(x) \cdot g(x) - \int f'(x) \cdot g(x)dx$	(7.14)
Integration durch Substitution	$\int f(g(x)) \cdot g'(x)dx = \int f(z)dz$ mit $z = g(x)$ und $dz = g'(x)dx$	(7.15)

Hinweise:

1. Die Regeln (7.11) bis (7.13) sollten nicht überraschen. Sie finden sich in entsprechender Form auch in der Differentialrechnung. Die Regeln (7.14) und (7.15) hingegen sind etwas schwieriger.
2. Die Regel für die partielle Integration (7.14) ergibt sich aus der Produktregel (siehe Formel 3.17). Die Produktregel lautet: $[f(x) \cdot g(x)]' = f'(x) \cdot g(x) + f(x) \cdot g'(x)$. Integriert man beide Seiten, so erhalten wir $f(x) \cdot g(x) = \int [f'(x) \cdot g(x) + f(x) \cdot g'(x)]dx \overset{Summenregel}{=} \int f'(x) \cdot g(x)dx + \int f(x) \cdot g'(x)dx$. Umstellen der Gleichung führt schließlich auf Regel (7.14).
3. Die Formel zur partiellen Integration wird dann angewandt, wenn $\int f'(x) \cdot g(x)$ leichter gelöst werden kann als $\int f(x) \cdot g'(x)$.
4. Die Regel für Integration durch Substitution leitet sich aus der Kettenregel ab (siehe 3.19). Der Sinn dieser Regel besteht darin, durch die Substitution einen einfacheren Integranden zu erhalten. Die Variable z wird durch g(x) substituiert. x tritt dann als neue Variable auf. Zu beachten ist, dass bei der Substitution von z auch das Differential dz substituiert werden muss.
5. Herleitung der Substitutionsregel: Gegeben sei eine Funktion y=F(z) mit z=g(x), also $y = F(g(x))$ sowie $y' = F'(z) = f(z)$. Nach der Kettenregel (siehe 3.19) gilt die Regel »äußere mal innere Ableitung«, also $F'(x) = \underbrace{F'(g(x))}_{=F'(z)=\text{äußere Abl.}} \cdot \underbrace{g'(x)}_{=\text{innere Abl.}}$. Wegen $F'(z) = f(z)$ und $\frac{dF(z)}{dx} = \underbrace{f(z)}_{=f(g(x))} \cdot g'(x)$

folgt $dF(z) = f(z)dz = f(z) \cdot g'(x) = f(g(x)) \cdot g'(x)$. Integralbildung auf beiden Seiten führt dann zur Formel (7.15).

Beispiele:

1. Zu integrieren ist die Funktion $y = x \cdot e^x$. Hier können wir durch Setzen von $f(x) = x$ und $g'(x) = e^x$ die Formel für die partielle Integration (7.14) anwenden. Demnach gilt: $\int \underbrace{x}_{f(x)} \cdot \underbrace{e^x}_{g'(x)} dx = \underbrace{x}_{f(x)} \cdot \underbrace{e^x}_{g(x)} - \int \underbrace{1}_{f'(x)} \cdot \underbrace{e^x}_{g(x)} dx =$ $x \cdot e^x - e^x + C = e^x \cdot (x-1) + C$
2. Ein weiteres Beispiel für die partielle Integration: $y = x^4 \cdot lnx$. $f(x) = lnx$ und $g'(x) = x^4$mit $f'(x) = \frac{1}{x}$ und $g(x) = \frac{1}{5}x^5$. Somit: $\int lnx \cdot x^4 dx = lnx \cdot \frac{1}{5}x^5 - \int \frac{1}{x} \cdot \frac{1}{5}x^5 dx = lnx \cdot \frac{1}{5}x^5 - \frac{1}{5}\int x^4 dx = lnx \cdot \frac{1}{5}x^5 - \frac{1}{25}x^5 + C$
3. Zu integrieren ist die Funktion $y = e^{\sqrt{x}}$. Durch die Substitution $\sqrt{x} = t$ bzw. (Quadrieren) $x = x(t) = t^2$ sowie $x'(t) = \frac{dx}{dt} = 2t$ und damit (Umstellen) $dx = 2tdt$ erhalten wir: $\int e^{\sqrt{x}} dx = \int e^t \cdot 2tdt = 2 \cdot \int t \cdot e^t dt$. Diese Aufgabe haben wir oben unter 1. bereits gelöst: $\int e^{\sqrt{x}} dx = 2 \cdot e^t \cdot (t-1) + C$ $= 2e^{\sqrt{x}}(\sqrt{x} - 1) + C$.
4. Auch die Funktion $y = \left(\frac{1}{2}x + 6\right)^3$ ist ein Fall für die Substionsregel. Wir schreiben unter Berücksichtigung von $t = \frac{1}{2}x + 6$ bzw. $x = 2t - 12$ sowie $\frac{dx}{dt} = 2$ bzw. $dx = 2dt$ $\int \left(\frac{1}{2}x + 6\right)^3 dx = 2\int t^3 dt = 2 \cdot \frac{1}{4} \cdot t^4 + C = \frac{1}{2}t^4 + C =$ $\frac{1}{2} \cdot \left(\frac{1}{2}x + 6\right)^4 + C$.

Aufgabe 114: Bestimmen Sie die Stammfunktionen folgender Funktionen:

a) $f(x) = 3x^2 + 6x - 17$
b) $f(x) = \frac{5}{x} (x \neq 0)$
c) $f(x) = 3e^x - \frac{2}{x^2}$
d) $f(x) = x \cdot e^{2x}$
e) $f(x) = e^{3x-4}$

7.3 Das bestimmte Integral

7.3.1 Das Flächeninhaltsproblem

Bislang ging es nur darum, die Stammfunktion F zu einer gegebenen Funktion f zu bestimmen. Nun kommen wir zu der vielleicht wichtigsten Anwendung der Integralrechnung, nämlich der Flächenberechnung innerhalb eines geschlossenen Intervalls [a;b].

Zur Veranschaulichung ziehen wir eine beliebige im Intervall [a;b] stetige Funktion heran, die zwischen der Funktion f(x) und der Abszisse (x-Achse) im Intervall [a;b] eine Fläche einschließt.
Nehmen wir beispielhaft an, die Reparaturkosten in € für einen in t = 0 neu angeschafften PKW in Abhängigkeit von der Zeit (t:Jahre) seien für die Jahre 0 bis 5 durch folgende Funktion gegeben: $f(t) = 20t^2 + 100t,\ t \in [0;5]$. Wir hätten somit zum jeweiligen Ende eines Jahres mit folgenden Reparaturkosten zu rechnen:

t	0	1	2	3	4	5
f(t)	0	120	280	480	720	1.000

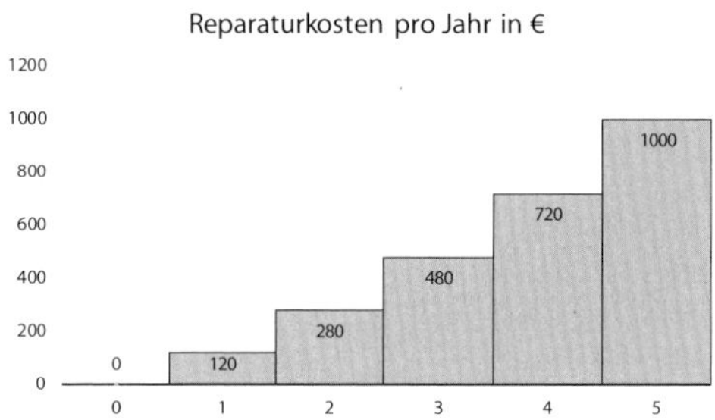

Abb. 7.1

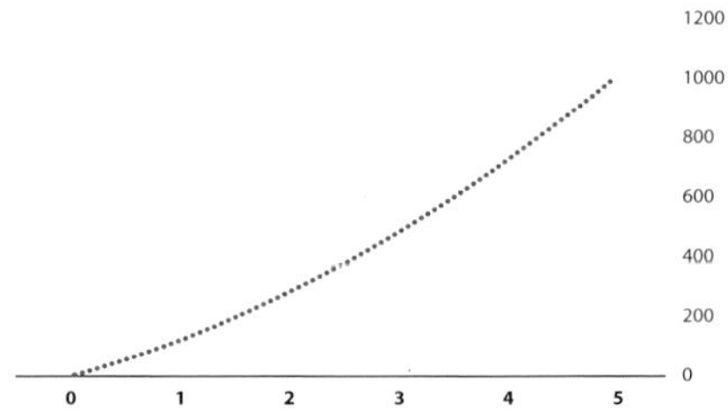

Abb. 7.2

Gesucht sind nun die Reparaturkosten über den gesamten Zeitraum. Wir können nur einerseits die Jahresanfangswerte addieren (= **Untersummen**): 0 + 120 + 280 + 480 + 720 = 1.600€. Alternativ addieren wir die Jahresendwerte (= **Obersummen**): 120 + 280 + 480 + 720 + 1.000 = 2.600€. Dies ist aber nur eine Unter- und eine Obergrenze, die korrekte Summe wird »irgendwo in der Mitte« liegen. Faktisch suchen wir den Flächeninhalt unter der Kurve (▶ Abb. 7.2).
Ganz allgemein zerlegen wir das Intervall [a;b] in n Teilintervalle und konstruieren damit n Rechtecke. Eine beliebige Zwischenstelle innerhalb eines Intervalls $[x_{i-1};x_i]$ (i=1,...,n) sei mit ξ_i bezeichnet. Somit kann man dann *näherungsweise* den Flächeninhalt A unter der Funktion im Intervall [a;b] als Summe von n Rechtecken darstellen:

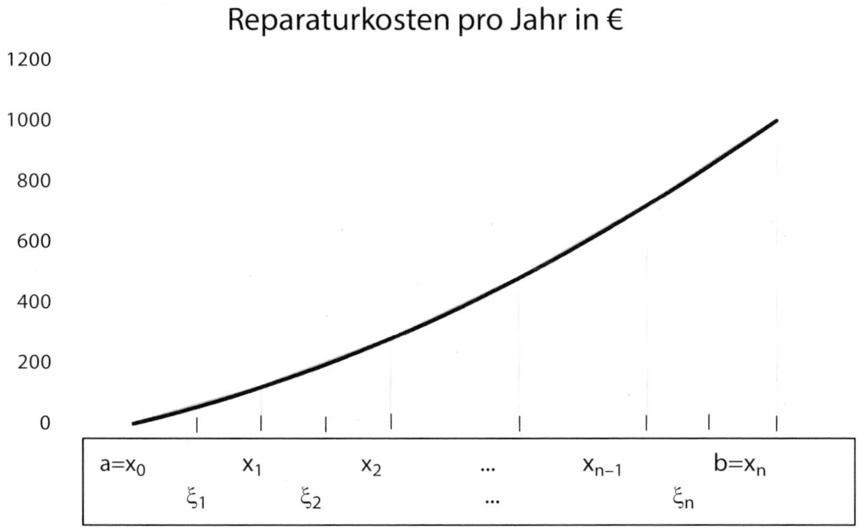

Abb. 7.3

$$A \approx (x_1 - x_0) \cdot f(\xi_1) + (x_2 - x_1) \cdot f(\xi_2) + \ldots + (x_n - x_{n-1}) \cdot f(\xi_n)$$
$$= \Delta x_1 f(\xi_1) + \Delta x_2 f(\xi_2) + \ldots + \Delta x_n f(\xi_n) = \sum_{i=1}^{n} \Delta x_i f(\xi_i)$$

Wir kennen aus der Differentialrechnung (Herleitung des Differentialquotienten) die Überlegung, dass die Näherung umso besser wird, je kleiner Δx_i ist. Letztlich betrachten wir den Grenzwert und definieren wie folgt:

$$A = \lim_{\Delta x_i \to 0} \sum_{i=1}^{n} \Delta x_i f(\xi_i) =: \int_a^b f(x) \cdot dx$$

Diesen Grenzwert bezeichnen wir als **bestimmtes Integral** der stetigen Funktion f(x) mit der unteren und oberen Integrationsgrenze a und b.

7.3.2 Die Hauptsätze der Differential- und Integralrechnung

Aufgrund der Ausführungen in Abschnitt 7.3.1 müssten wir für die Berechnung des bestimmten Integrals (also des Flächeninhalts) sehr umständlich und kompliziert die Rechtecksummen berechnen. Dies erinnert an die Ableitung von Funktionen, die sich aus dem Grenzwert des Differenzenquotienten ergibt, aber zum Glück gibt es ja Ableitungsregeln. Einen ähnlich glücklichen Umstand haben wir auch bei der Integralrechnung und den »Schlüssel« dazu liefern uns die **beiden Hauptsätze der Diffenrential- und Integralrechnung.** Diese stellen nämlich den Zusammenhang her zwischen dem unbestimmten Integral (also der Berechnung der Stammfunktion) und dem oben definierten bestimmten Integral.

1. **Hauptsatz der Differential- und Integralrechnung**
   Die Funktion f(x) sei stetig auf dem Intervall [a;b]. Dann ist jede Integralfunktion F von f auf [a;b] differenzierbar und es gilt
   $F'(x) = \frac{d}{dx}\int_a^x f(t)dt = f(x)$ (7.16)
2. **Hauptsatz der Differential- und Integralrechnung**
   Die Funktion f(x) sei stetig auf dem Intervall [a;b]. Dann gilt:
   $\int_a^b f(x)dx = F(b) - F(a)$ (7.17)
   für eine beliebige Stammfunktion F von f auf [a;b].

Erläuterungen und Bemerkungen:

1. Den Ausdruck $\int_a^x f(t)dt$ bezeichnet man als **Integralfunktion** (Flächeninhaltsfunktion). Sie gibt für jedes $x \in [a;b]$ den Flächeninhalt im Bereich von a bis x an. Jede Integralfunktion F von f (f stetig) ist gleichzeitig Stammfunktion von f.
2. Insbesondere der erste Hauptsatz unterstreicht den Zusammenhang zwischen der Differential- und Integralrechnung. Die Ableitung der Integralfunktion nach x führt wieder zur Ursprungsfunktion f(x). Somit kann die **Integralrechnung als Umkehrung der Differentialrechnung** aufgefasst werden.
3. Nach dem ersten Hauptsatz ist die Integralfunktion $\int_a^x f(t)dt$ *eine* Stammfunktion zu f, wir wollen sie mit $F_1(x)$ bezeichnen. Dann ergeben sich alle weiteren Stammfunktion durch $F_1(x) = F(x) + C$. Aus der Gesetzmäßigkeit $\int_a^a f(t)dt = 0 = F(a) + C$ können wir umstellen zu $F(a) = -C$, weshalb wir schließlich schreiben können:
   $F_1(x) = \int_a^x f(t)dt = F(x) - \underbrace{F(a)}_{=-C}$. Durch das Setzen von x=b erhalten wir schließlich den 2. Hauptsatz.
4. Der zweite Hauptsatz besagt, dass die Flächenberechnung mit Hilfe der Stammfunktionen in den Grenzen von a und b erfolgen kann. Damit ist der Zusammenhang zwischen dem unbestimmten Integral (Stammfunktionberechnung) mit dem bestimmten Integral (Flächenberechnung) hergestellt.
5. Praktischerweise wollen wir für die Berechnung schreiben:
   $\int_a^b f(x)dx = [F(x)]_a^b = F(b) - F(a)$

Praktisches Vorgehen zur Berechnung eines bestimmten Integrals:

1. **Schritt:**
   Bestimmung der Stammfunktion F(x) zur stetigen Funktion f(x)
2. **Schritt:**
   Berechnung der Funktionswerte F(b) und F(a) durch Einsetzen der Werte b und a in F(x)
3. **Schritt:**
   Berechnung der Differenz F(b) – F(a)

Bevor wir uns einigen Beispielen zuwenden, halten wir noch einige wichtige Eigenschaften und Rechenregeln bestimmter Integrale fest.

Eigenschaften und Rechenregeln bestimmter Integrale

$\int_a^b f(x)dx = -\int_b^a f(x)dx$ (7.18)

$\int_a^a f(x)dx = 0$ (7.19)

$\int_a^b c \cdot f(x)dx = c \cdot \int_a^b f(x)dx$ c ist eine beliebige Zahl (7.20)

$\int_a^b (f(x) \pm g(x))dx = \int_a^b f(x)dx \pm \int_a^b g(x)dx$ (7.21)

$\int_a^c f(x)dx + \int_c^b f(x)dx = [F(c) - F(a)] + [F(b) - F(c)] =$
$F(b) - F(a) = \int_a^b f(x)dx$ (7.22)

Beispiele:

1. Wir greifen die Reparaturkostenfunktion aus 7.3.1 auf und berechnen (in Erwartung eines Wertes zwischen 1.600 und 2.600€):
   $\int_0^5 f(t)dt = \int_0^5 (20t^2 + 100t)dt = \left[\frac{20}{3}t^3 + 50t^2\right]_0^5 = 833{,}33 + 1.250 = 2.083{,}33€$
2. $\int_0^5 f(x)dx = \int_0^5 2xdx$
   Gesucht ist der Flächeninhalt der Dreiecksfläche, den man auch einfach aus $\frac{1}{2} \cdot (Länge \cdot Breite) = \frac{1}{2} \cdot 5 \cdot 10 = 25$ berechnen kann. Wenig überraschend, dass wir dasselbe Ergebnis über die Integralrechnung erhalten: $\int_0^5 2xdx = [x^2]_0^5 = 25 - 0 = 25$

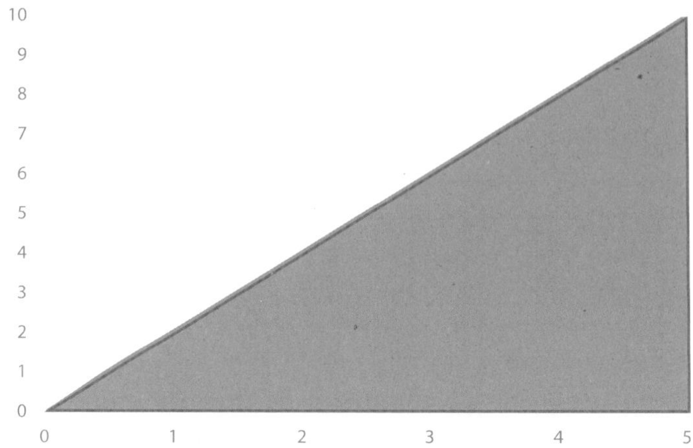

Abb. 7.4

3. $\int_4^{16}\left(-\frac{1}{2}x^2+10x\right)dx=\left[-\frac{1}{6}x^3+5x^2\right]_4^{16}$
$=(-682,67+1.280)-(-10,67+80)=597,33-69,33=527$

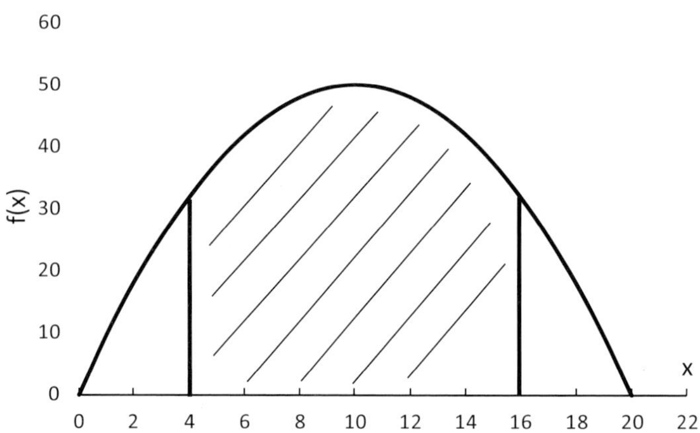

Abb. 7.5

4. Gegeben sei die ganzrationale Funktion $f(x)=0,025x^3-0,475x^2+2,25x-1,8$. Gesucht ist die Fläche im Intervall [1;12].

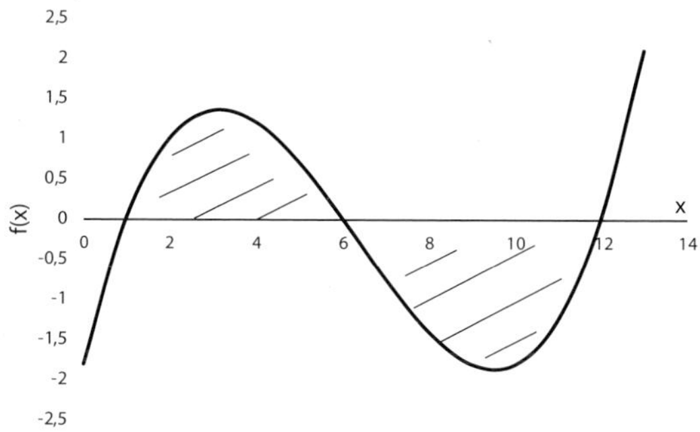

Abb. 7.6

Wie man (z. B. mit dem Horner-Schema) leicht nachrechnen kann, hat die Funktion Nullstellen an den Stellen 1, 6 und 12.
Die Grafik offenbart zwei Teilflächen, eine Fläche mit f(x) ≥ 0 im Intervall [1;6] und eine Teilfläche mit f(x) ≤ 0 im Intervall [6;12]. Um den Gesamtflächeninhalt zu berechnen, müssen wir die Flächen zum Betrag nehmen, da wir ansonsten bei Addition einer »positiven« mit einer »negativen« Fläche ein Gesamtergebnis nahe null erhalten würden. Somit: $A = |\int_1^6 f(x)dx| + |\int_6^{12} f(x)dx|$. Die Stammfunktion F(x) des unbestimmten Integrals lautet: $F(x) = \int (0{,}025x^3 - 0{,}475x^2 + 2{,}25x - 1{,}8)dx = 0{,}00625x^4 - 0{,}1583x^3 + 1{,}125x^2 - 1{,}8x + C$
Eingesetzt: $A = |F(6) - F(1)| + |F(12) - F(6)|$
$= 3{,}6 - (-0{,}8271) + |-3{,}6 - 3{,}6| = 4{,}4271 + 7{,}2 = 11{,}6271$

Aufgabe 115: Berechnen Sie den Inhalt der Fläche, die im angegebenen Intervall zwischen der Funktion und der x-Achse eingegrenzt wird:

a) $f(x) = \begin{cases} x & 0 \leq x \leq 5 \\ -x + 10 & 5 < x \leq 10 \end{cases}$
b) $f(x) = \sqrt{x}$ *im Intervall* $0 \leq x \leq 16$

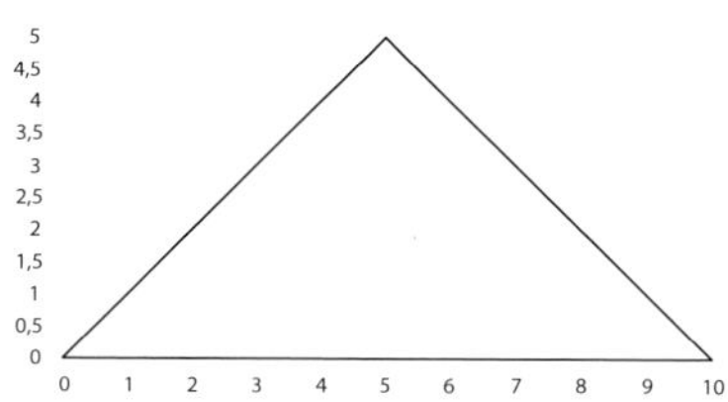

zu Aufg. 115 a)

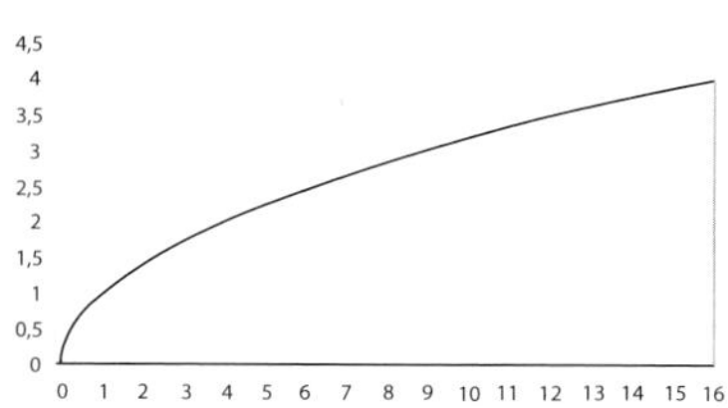

zu Aufg. 115 b)

Abb. 7.7

7.4 Ökonomische Anwendungen der Integralrechnung

Die Integralrechnung hat eine große Bedeutung im Bereich der Flächeninhalts- und Volumenberechnung. Wir wollen uns aber im Folgenden auf die für die Wirtschaftswissenschaften relevanten Anwendungen konzentrieren. Dies sind im Wesentlichen: **Ermittlung der Stammfunktion aus der Grenzfunktion** (z. B. Bestimmung der Kostenfunktion in Kenntnis der Grenzkostenfunktion), die Bestimmung der **Konsumenten- und der Produzentenrente** als wichtige Phänomene in der Wohlfahrtstheorie, die Betrachtung **kontinuierlicher Zahlungs- und Zuflussströme** sowie die Bedeutung des Integrals in der **analytischen Statistik**.

7.4.1 Bestimmung der Stammfunktion aus der Grenzfunktion

1. Beispiel: Grenzerlös und Grenzkosten

Wir hatten in Kapitel 3 die Kostenfunktionen K(x) betrachtet und über die erste Ableitung die Grenzkostenfunktion K´(x) bestimmt. Ähnliches galt für die Erlösfunktion E(x), aus der die Grenzerlösfunktion E´(x) ermittelt wurde. Der Saldo E(x) – K(x) ergab die Gewinnfunktion G(x), die erste Ableitung entsprechend die Funktion des Grenzgewinns.
Nun ist es denkbar, dass die Grenzkosten oder/und der Grenzerlös bekannt sind und die Aufgabe darin besteht, die originäre Kosten- und Erlösfunktion zu bestimmen. Wir wollen die Problemstellung zunächst allgemein betrachten und anschließend an einem Beispiel veranschaulichen.
Gegeben seien eine Grenzkostenfunktion K´(x) ($x \geq 0$), eine Grenzerlösfunktion E´(x) ($x \geq 0$) sowie die Grenzgewinnfunktion G´(x) ($x \geq 0$). Dann ergibt sich aus dem 2. Hauptsatz der Differential- und Integralrechnung (► Kap. 7.3.2):

$$\int_0^x K'(t)dt = K(x) - K(0) \Leftrightarrow K(x) = \underbrace{\int_0^x K'(t)dt}_{variableKosten} + \underbrace{K(0)}_{fixeKosten} = K_v(x) + K_f$$

$$\int_0^x E'(t)dt = E(x) - \underbrace{E(0)}_{=0} \Leftrightarrow E(x) = \int_0^x E'(t)dt$$

$$G(x) = E(x) - K(x) = \int_0^x E'(t)dt - \int_0^x K'(t)dt - K_F \Leftrightarrow$$

$$G(x) = \underbrace{\int_0^x \Big(E'(t) - K'(t)\Big)dt}_{Deckungsbeitrag} - K_F$$

Beispiel:
Gegeben sind die Grenzkostenfunktion $K'(x) = 0,8x - 11$ und die Grenzerlösfunktion $E'(x) = -4x + 25$ ($x \geq 0$). Die Fixkosten betragen $K_F = 120$. Gesucht sind das Gewinnmaximum und die Gewinngrenzen.

Notwendige Bedingung für das Gewinnmaximum ist: $G'(x) = E'(x) - K'(x) \stackrel{!}{=} 0$.
$G'(x) = (-4x + 25) - (0,8x - 11) = -4,8x + 36 \stackrel{!}{=} 0 \Leftrightarrow x^* = 7,5$
$G''(x) = -4,8 < 0 \Rightarrow Max.\ an\ x = 7,5$
Zur Bestimmung der Gewinngrenzen ist die Gewinnfunktion zu berechnen.
$G(x) = \int_0^x G'(t)dt - K_F = \int_0^x (-4,8t + 36)dt - 120 = [-2,4t^2 + 36t]_0^x - 120$
$= -2,4x^2 + 36x - 120$
Die Gleichung $-2,4x^2 + 36x - 120 = 0$ führt nach Division durch (-2,4) und Anwendung der pq-Formel schließlich zu den Gewinngrenzen $x_1 = 5$ *und* $x_2 = 10$.

2. Beispiel: Einkommensteuer

In § 32a des Einkommensteuergesetzes (EStG) sind die Einkommensteuertarife angegeben. Dabei handelt es sich um eine abschnittweise definierte Funktion: Es gibt zunächst einen Grundfreibetrag, danach steigt die Einkommensteuerfunktion im Bereich »mittlerer« Einkommen gemäß einer quadratischen Funktion an (»Steuerprogression«), um dann im Bereich »höherer« Einkommen in zwei lineare Verläufe überzugehen.
Ein wichtiger Begriff in diesem Kontext ist der **Grenzsteuersatz**. Der Grenzsteuersatz ist formal die erste Ableitung der Einkommensteuerfunktion und gibt an, mit wieviel €-Cent der »letzte Euro« versteuert wird.
Für sozial- und steuerpolitische Überlegungen ist es durchaus sinnvoll, zuerst den Grenzsteuersatz festzulegen und daraus dann die Einkommensteuerfunktion herzuleiten. Dazu ziehen wir folgendes Beispiel heran.

Beispiel:
Für ein bis 10 T€ zu versteuerndes Jahreseinkommen soll der Grenzsteuersatz 0 % betragen, ab 50 T€ soll er dann konstant bei 40 % liegen. Im Zwischenbereich von 10 bis 50 T€ steige der Grenzsteuersatz linear an. Dies führt uns dann zu folgender abschnittweise definierten Grenzsteuerfunktion s(x)[35] (x: zu versteuerndes Jahreseinkommen in T€):

---

35 Der mittlere Term ist möglicherweise nicht sofort offensichtlich. Er lässt sich aber einfach mit Hilfe der 2-Punkte-Form ermitteln, wenn man die beiden Koordinaten (10;0) und (50;0,4) in die Geradengleichung $y = ax + b$ einsetzt. Man erhält dann $y = 0,01x - 0,1 = {}^1/_{100}(x - 10)$.

Abb. 7.8

$$S'(x) = s(x) = \begin{cases} 0 & x \leq 10 \\ \dfrac{x-10}{100} & 10 < x \leq 50 \\ 0{,}4 & x > 50 \end{cases}$$

Um die konkreten Steuertarife auf Basis der Grenzsteuerfunktion zu berechnen, benötigen wir die Steuerfunktion S(x), die sich aus dem Integral der Grenzsteuerfunktion ergibt:

$$S(x) = \begin{cases} S_1(x) & x \leq 10 \\ S_2(x) & 10 < x \leq 50 \\ S_3(x) & x > 50 \end{cases} = \begin{cases} \int_0^x 0dt & x \leq 10 \\ S_1(10) + \int_{10}^x \dfrac{t-10}{100}dt & 10 < x \leq 50 \\ S_2(50) + \int_{50}^x 0{,}4dt & x > 50 \end{cases}$$

$$S_1(x) = \int_0^x 0dt = [0]_0^x = 0 (0 \leq x \leq 10)$$

$$S_2(x) = 0 + \int_{10}^x \frac{t-10}{100}dt = \left[\frac{(t-10)^2}{200}\right]_0^x = \frac{(x-10)^2}{200} (10 \leq x \leq 50)$$

$$S_3(x) = S_2(50) + \int_{50}^x 0{,}4dt = 8 + [0{,}4t]_{50}^x = 8 + 0{,}4(x-50)(x > 50)$$

Zusammengefasst:

$$S(x) = \begin{cases} 0 & 0 \leq x \leq 10 \\ \dfrac{(x-10)^2}{200} & 10 < x \leq 50 \, \textit{Steuerfunktion} \\ 8 + 0{,}4(x-50) & x > 50 \end{cases}$$

$$\frac{S(x)}{x} = \begin{cases} 0 & 0 \leq x \leq 10 \\ \dfrac{(x-10)^2}{200x} = \dfrac{x}{200} - 0{,}1 + \dfrac{1}{2x} & 10 < x \leq 50 \\ \dfrac{8 + 0{,}4(x-50)}{x} = 0{,}4 - \dfrac{12}{x} & x > 50 \end{cases} \quad \textit{Durchschnittssteuer-funktion}$$

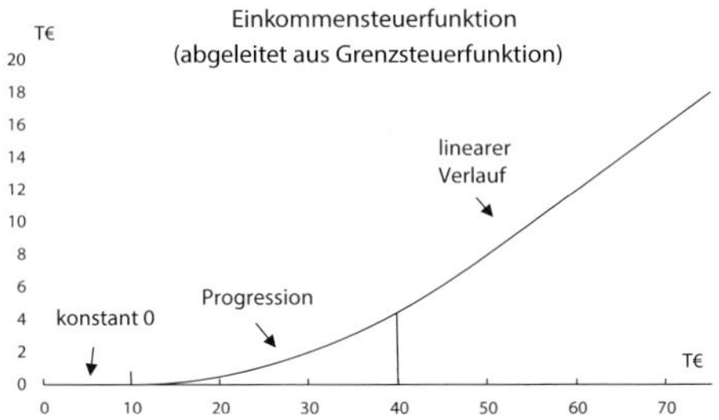

Abb. 7.9

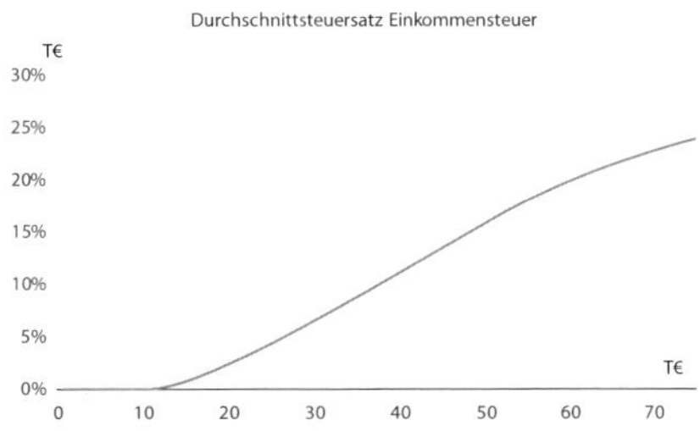

Abb. 7.10

Die Steuerfunktion S(x) zeigt im »mittleren« Einkommensbereich einen quadratischen, progressiv ansteigenden Verlauf (Steuerprogression), um ab 50 T€ zu versteuerndem Jahreseinkommen in einen linear ansteigenden Verlauf überzugehen. Betrachtet man zusätzlich die Funktion des Durchschnittssteuersatzes $\frac{S(x)}{x}$, so zeigt die Funktion einen ansteigenden, hyperbolischen Verlauf, im mittleren Bereich konvex und im Bereich ab 50 T€ konkav. Für $x \to \infty$ geht der Durchschnittssteuersatz asymptotisch gegen 40 %.

Ein zu versteuerndes Jahreseinkommen von 100 T€ würde nach obiger Formel eine Einkommensteuer von 28 T€ auslösen, was einem Durchschnittssteuersatz von 28 % entspräche, während der Grenzsteuersatz 40 % beträgt.

7.4.2 Konsumentenrente und Produzentenrente

Die Konsumentenrente (aus Nachfragersicht) und die Produzentenrente (aus Anbietersicht) sind zwei wichtige Begriffe der Wohlfahrtstheorie, einem Teilgebiet der Volkswirtschaft.

Zur Einordnung wollen wir vorab die klassische Nachfrage- und Angebotsfunktion betrachten, wie wir sie aus der Volkswirtschaft kennen:

- Die **Angebotsfunktion** beschreibt den Zusammenhang zwischen der angebotenen Menge x^A und dem Preis p, also $x^A = x^A(p)$. In den grafischen Darstellungen verwendet man jedoch zumeist die Umkehrfunktion, weshalb wir die Angebotsfunktion in der Form $p^A = p^A(x)$ schreiben. Die Angebotsfunktion ist idealtypischerweise monoton steigend, d. h. man unterstellt, dass die Anbieter c.p. ihre Angebotsmenge umso mehr erhöhen werden, je höher der Preis ist.

- Die **Nachfragefunktion** (aus Kapitel 3 auch als Preis-Absatz-Funktion bekannt) beschreibt den Zusammenhang zwischen der nachgefragten Menge x^N und dem Preis, also $x^N = x^N(p)$. Auch für die Nachfragefunktion verwendet man meistens die Umkehrfunktion, so dass wir die Nachfragefunktion in der Form $p^N = p^N(x)$ schreiben. Die Nachfragefunktion ist idealtypischerweise monoton fallend, d. h. man unterstellt, dass die nachgefragte Menge umso kleiner ist, je höher der Preis ist.

Der Einfachheit halber unterstellen wir im Folgenden lineare Angebots- und Nachfragefunktionen. Die folgende Grafik stellt den Verlauf der Angebots- und Nachfragefunktion dar.
Ausgehend von einem **Mindestpreis** ($x^A = 0$), bei dem die angebotene Menge gleich 0 ist, weite sich das Angebot mit zunehmendem Preis aus. Die Nachfragefunktion »beginnt« am Ordinatenschnittpunkt mit dem Prohibitivpreis, d. h. jenseits dieses Preises gibt es keine Nachfrage mehr. Ein Absenken des Preises führt zu einer erhöhten Nachfrage, bis schließlich eine Sättigungsmenge (Nullstelle der Nachfragefunktion) erreicht ist. Die Sättigungsmenge ist die Menge, die die Nachfrager maximal nachfragen.
Der Schnittpunkt aus Angebots- und Nachfragefunktion kennzeichnet das **Marktgleichgewicht**. Er gibt den **Gleichgewichtspreis** p* an, zu dem die angebotene und nachgefragte Menge genau übereinstimmen. (**Gleichgewichtsmenge** x*).

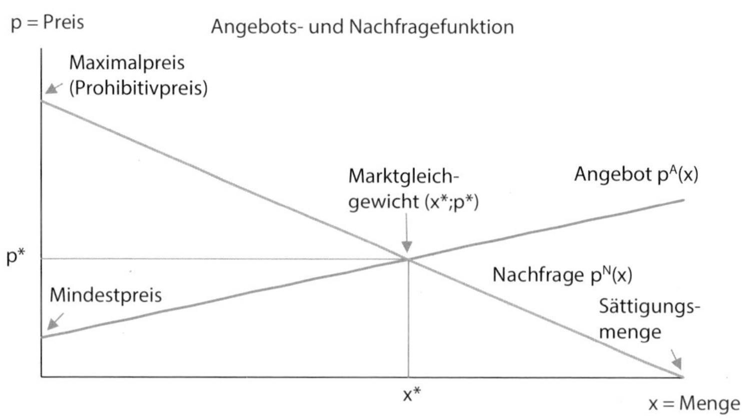

Abb. 7.11

Wir wollen diese Überlegung durch ein anschauliches Beispiel verdeutlichen.

Beispiel:
Nehmen wir als »Produkt« eine einwöchige Pauschalreise nach Mallorca mittlerer Hotelkategorie an. In einem Hotelportal bilden sich Angebot und Nachfrage (in €) gemäß folgender Angebots- bzw. Nachfragefunktionen:
$p^A(x) = 50x + 300$ *Angebotsfunktion*
$p^N(x) = -100x + 2.100$ *Nachfragefunktion*

x	p^A	p^N
0	300 €	2.100 €
3	450 €	1.800 €
6	600 €	1.500 €
9	750 €	1.200 €
12	900 €	900 €
15	1.050 €	600 €
18	1.200 €	300 €
21	1.350 €	–

Die Wertetabelle zeigt einen linear ansteigenden Verlauf für $p^A(x)$ und einen linear fallenden Verlauf für $p^N(x)$. Bei einem Preis von 900 € befinden sich Angebot und Nachfrage im Gleichgewicht, d. h. exakt 12 Anbietern zu 900 € stehen 12 Nachfrager gegenüber, die bereit sind, 900 € zu zahlen. Den Preis von 900 € wollen wir nun als den für das angebotene Produkt herrschenden **Marktpreis** betrachten.
Nehmen wir nun an, Luisa wäre bereit gewesen, 1.200 € für die Reise zu bezahlen. Angesichts des Marktpreises von 900 € erzielt sie damit eine Ersparnis von 300 €. Letztlich erzielen alle Nachfrager, die bereit sind, mehr als den Marktpreis zu entrichten, eine Ersparnis. Die Gesamtheit der Ersparnis wird als **Konsumentenrente** bezeichnet und ergibt sich aus der Dreiecksfläche zwischen Nachfragefunktion und der horizontalen Marktpreislinie (▶ Abb. 7.12 und 7.13).
Nehmen wir an, die Mallemumm GmbH wäre aufgrund ihrer internen Kostenkalkulation bereit gewesen, die Reise für 600 € anzubieten. Da sie die Pauschalreise aber zum Gleichgewichts-/Marktpreis 900 € verkaufen kann,

erzielt sie einen zusätzlichen Gewinn in Höhe von 300 €. Die Summe der Zusatzgewinne bzw. Kostenersparnisse aller Anbieter wird als **Produzentenrente** bezeichnet und ergibt sich als Dreiecksfläche zwischen der horizontalen Marktpreislinie und der Angebotsgerade (► Abb. 7.12 und 7.13).

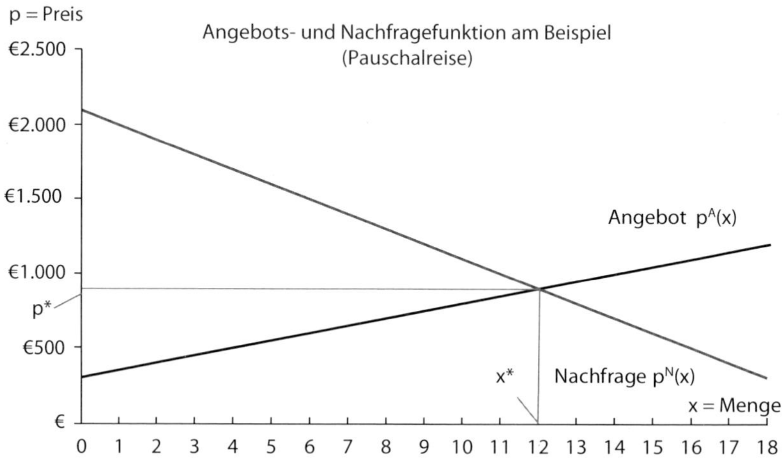

Abb. 7.12

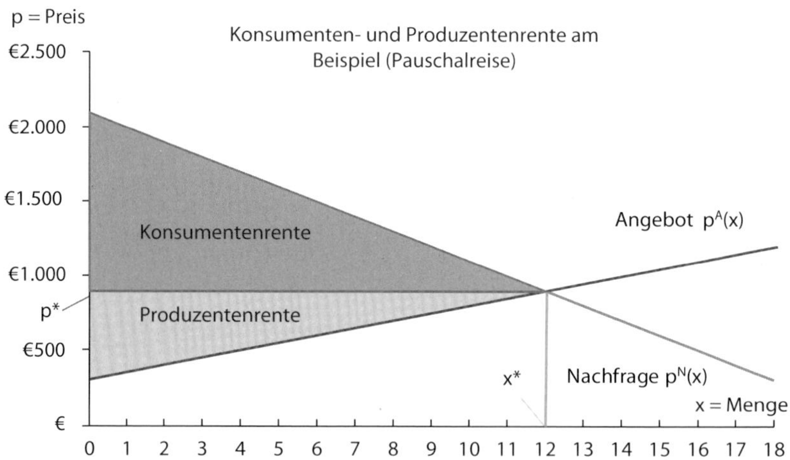

Abb. 7.13

Konsumenten- und Produzentenrente

Gegeben seien eine monoton steigende Angebotsfunktion $p^A(x)$ und eine monoton fallende Nachfragefunktion $p^N(x)$. Aus $p^A(x)$ und $p^N(x)$ lasse sich aus dem Schnittpunkt der beiden Funktionen ein Gleichgewichtspreis p* und eine Gleichgewichtsmenge x* ermitteln. Dann berechnen sich die **Konsumentenrente KR** und die **Produzentenrente PR** wie folgt:

$$KR = \int_0^{x^*} p^N(x)dx - p^* \cdot x^* \text{ und } PR = p^* \cdot x^* - \int_0^{x^*} p^A(x)dx$$

Die **Konsumentenrente** ist die Differenz aus den theoretisch möglichen Konsumausgaben (Fläche unter der Nachfragefunktion $= \int_0^{x^*} p^N(x)dx$) und den tatsächlichen Ausgaben (= Rechteck p*x*). Die Konsumentenrente ist marktwirtschaftlich betrachtet ein **Maß für die Vorteilhaftigkeit des Güterkaufs.** Im Kern misst die Konsumentenrente die Einkommenseffekte, die die Konsumenten erzielen, ohne eine Leistung hierfür erbracht zu haben.
Die **Produzentenrente** ist die Differenz aus dem erzielten Umsatz (Rechteck p*x*) und dem – bei Vorliegen einer Preisuntergrenze für jeden Anbieter – mindestens erwarteten Umsatz (= Fläche unter der Angebotsfunktion $= \int_0^{x^*} p^A(x)$). Die Produzentenrente ist ein **Maß für den Zusatzgewinn der Anbieter.**
Die Summe aus Konsumentenrente und Produzentenrente wird auch als **ökonomische Rente** bezeichnet und ist ein **Maß für die Wohlfahrt einer Gesellschaft.**
Wir wollen die Konsumentenrente und die Produzentenrente an unserem **Beispiel** berechnen.

$$KR = \int_0^{12} (-100x + 2.100)dx - 900 \cdot 12 = [-50x^2 + 2.100x]_0^{12} - 10.800$$
$$= -7.200 + 25.200 - 10.800 = 7.200€$$

$$PR = 900 \cdot 12 - \int_0^{12} (50x + 300)dx = 10.800 - [25x^2 + 300x]_0^{12}$$
$$= 10.800 - (3.600 + 3.600) = 3.600€$$

Die gesamte ökonomische Rente beträgt mithin (KR + PR =) 10.800€.

7.4.3 Kontinuierliche Zahlungsströme

Die Integralrechnung kann bei der Modellierung kontinuierlicher Zahlungsströme sinnvoll angewendet werden. Hier ist dann zumeist die Zeit t die unabhängige, stetige Variable innerhalb eines definierten Zeitintervalls.

1. Beispiel: Rentenrechnung

In Kapitel 2 haben wir die Rentenendwertformel kennengelernt. Eine jährlich-nachschüssige Rente führt bei jährlicher Zinsgutschrift nach n Jahren zu einem Endvermögen von $R_n = r \cdot \frac{q^n - 1}{i}$. Wenn wir den Verzinsungsvorgang gedanklich verstetigen (▶ Kap. 2.3.4), dann können wir den Rentenendwert näherungsweise auch als kontinuierlichen Verzinsungsvorgang modellieren: $R_n \approx \int_0^n r \cdot q^t dt = r \cdot \int_0^n q^t dt$. Die Stammfunktion zu q^t lautet $\frac{q^t}{lnq} + C$[36]. Somit: $r \cdot \int_0^n q^t dt = r \cdot \left[\frac{q^t}{lnq}\right]_0^n = r \cdot \left(\frac{q^n}{lnq} - \frac{1}{lnq}\right) = r \cdot \frac{q^n - 1}{lnq}$. Der Nenner lnq ist hier der finanzmathematisch äquivalente stetige Zinssatz zum diskreten Nominalzinssatz i.

Beispiel:
Anne spart 10 Jahre lang jährlich-nachschüssig je 1.000 €, die mit 5 % p.a. verzinst werden. Wie hoch ist das Endvermögen nach 10 Jahren?
Der »korrekte« Wert lautet: $R_n = 1.000 \cdot \frac{1{,}05^{10} - 1}{0{,}05} = 12.577{,}89€$. Das Integral liefert uns schließlich den Wert $R_{10} \approx 1.000 \cdot \frac{1{,}05^{10} - 1}{ln1{,}05} = 12.889{,}78€$
Nachfolgend wollen wir aber von vornherein einen stetigen Verzinsungsprozess unterstellen. Aus der stetigen Aufzinsungsformel $K_n = K_0 \cdot e^{i \cdot n}$ kann man den Aufzinsungsfaktor $e^{i \cdot n}$ heranziehen und überlegen, wie denn der entsprechende Rentenendwertfaktor aussehen müsste.
Gesucht also: $\int_0^n e^{i \cdot t} dt = \left[\frac{e^{it}}{i}\right]_0^n = \frac{e^{in}}{i} - \frac{1}{i} = \frac{e^{in} - 1}{i}$
Daraus lässt sich der Rentenendwert formulieren: $R_n^{stet} = r \cdot \frac{e^{in} - 1}{i}$

2. Beispiel: Produktlebenszyklus

Die Humbug GmbH hat das neue Produkt »Murks« auf den Markt gebracht. Die Marketingabteilung prognostiziert die Umsatzerlöse in Abhängigkeit der Zeit t (t: Jahre) nach folgender Funktion:
$E(t) = -5t^4 + 750t^2 + 5.000t + 9.375, \quad t \in [0; 15]$
Gesucht ist der Gesamterlös in den ersten 10 Jahren sowie der Gesamterlös über den gesamten Zeitraum [1;15].

---

36 Wir erinnern uns an die erste Ableitung von $y = c^x$: $y' = c^x \cdot \ln a$. Daraus ergibt sich die angegebene Stammfunktion.

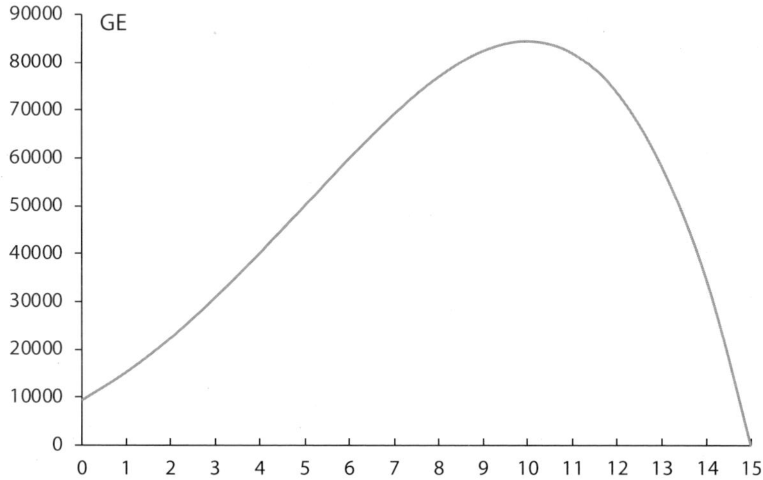

Abb. 7.14

Zu a)
Betrachten wir zunächst die ersten 10 Jahre. Eine erste Näherung erhält man durch $\sum E(t)$. Excel-gestützt errechnen sich folgende Werte:

$\sum_{t=0}^{9} E(t) = 455.835\ GE$ *(unterstellt vorschüssige Zahlungen = Untersummen)*

$\sum_{t=1}^{10} E(t) = 530.835\ GE$ *(unterstellt nachschüssige Zahlungen = Obersummen)*

Da die Zeit t jedoch eine stetige Variable ist, können wir hier keine diskreten Erlöstermine (z. B. zum Ende eines jeden Jahres) definieren, sondern müssen den Weg über das Integral gehen. Somit:

$$Erlös\ bis\ t = 10 = \int_0^{10} E(t)dt = \int_0^{10} (-5t^4 + 750t^2 + 5.000t + 9.375)dt$$
$$= [-t^5 + 250t^3 + 2.500t^2 + 9.375t]_0^{10} = -100.000 + 250.000 + 250.000 + 93.750$$
$$= 493.750 GE$$

Der korrekte Wert ist in etwa der mittlere Wert aus den oben aufgeführten beiden Ergebnissen.

Zu b)

$$Gesamterlös = \int_0^{15} E(t)dt = \int_0^{15} (-5t^4 + 750t^2 + 5.000t + 9.375)dt$$
$$= [-t^5 + 250t^3 + 2.500t^2 + 9.375t]_0^{15} = -759.375 + 843.750 + 562.500 + 140.625$$
$$= 787.500 GE$$

3. Beispiel: Kapitalstock und Investitionen einer Volkswirtschaft

Der Kapitalstock einer Volkswirtschaft K(T) ist das für Produktionszwecke im Jahresdurchschnitt eingesetzte reproduzierbare Bruttoanlagevermögen (technische Anlagen, Grundstücke, Gebäude etc.). Der Kapitalstock ist eine Bestandsgröße, da er sich auf einen Zeitpunkt T bezieht.
Die Nettoinvestitionen[37] einer Volkswirtschaft geben die Veränderung des Kapitalstocks an. Die Nettoinvestitionen sind eine Stromgröße, da sie sich auf einen Zeitraum, von t = 0 bis t = T, beziehen. Die Veränderung des Kapitalstocks im Zeitintervall [0;T] kann als Summe der im Zeitraum [0;T] getätigten Nettoinvestitionen aufgefasst werden.
Mathematisch können wir den Zusammenhang zwischen Kapitalstock und Nettoinvestitionen wie folgt formulieren:
$I(t) = K'(t)$
Integrieren führt zu: $\int_0^T I(t)dt = \int_0^T K'(t)dt = [K(t)]_0^T = K(T) - K(0)$
$\Leftrightarrow K(T) = K(0) + \int_0^T I(t)dt$

7.4.4 Ausblick in die Statistik

In der analytischen Statistik unterscheidet man zwischen **diskreten** und **stetigen Zufallsvariablen**. Während man bei einer diskreten Zufallsvariable jedem möglichen Ergebnis eine Wahrscheinlichkeit zuordnen kann (z. B. zweifacher Münzwurf, gefragt ist nach der Wahrscheinlichkeit für »Anzahl Kopf«, somit P(x = 0) = ¼, P(x = 1) = ½, P(x = 2) =¼), ist dies bei stetigen Zufallsvariablen nicht möglich. Man kann lediglich ein Kontinuum möglicher Ergebnisse angeben (z. B. Füllmenge eines Maßkrugs auf dem Münchener Oktoberfest, Kraftstoffverbrauch eines PKW pro 100 km etc.). Hier definiert man entweder konkrete Unter- und Obergrenzen a und b oder aber das Spektrum möglicher Ergebnisse reicht von $-\infty$ bis ∞. In jedem Fall aber ist die Einzelwahrscheinlichkeit, d. h. die Wahrscheinlichkeit, dass ein bestimmtes Ergebnis eintritt (z. B. eine ganz bestimmte Füllmenge) bei einer stetigen Zufallsvariablen gleich null.
Die Wahrscheinlichkeiten für stetige Zufallsvariablen finden ihren Niederschlag in einer sogenannten **Dichtefunktion** und da sind wir bei der Integralrechnung angekommen. Während bei einer diskreten Zufallsvariable die Einzelwahrscheinlichkeit angebbar und die Summe aller Einzelwahrscheinlichkeiten immer gleich eins ist, können wir bei einer Dichtefunktion

37 Nettoinvestitionen = Bruttoinvestitionen minus Abschreibungen

nur Quantile angeben. Die Gesamtfläche, d. h. das Integral unter einer Dichtefunktion ist stets 1 (= 100 %).

1. Beispiel: Diskrete Zufallsvariable

Diskrete Zufallsvariable X »Anzahl Kopf« bei zweimaligem Münzwurf. Die Wahrscheinlichkeitsverteilung sieht wie folgt aus:

$$f(x) = P(X = x) = \begin{cases} \frac{1}{4} & x = 0 \\ \frac{1}{2} & x = 1 \\ \frac{1}{4} & x = 2 \end{cases}$$

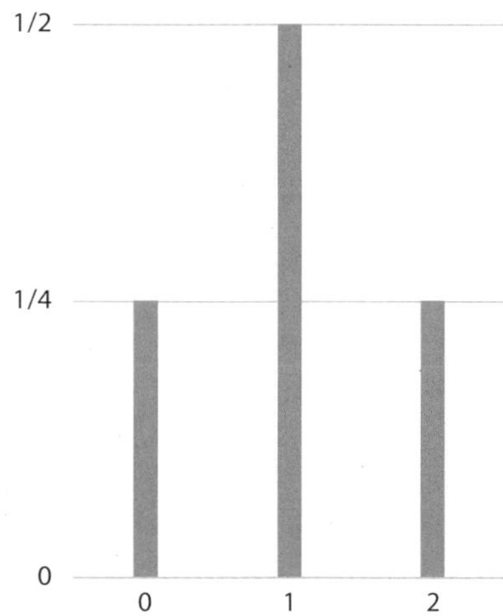

Abb. 7.15

2. Beispiel: Stetige Gleichverteilung (Rechteckverteilung)

Die Fahrzeit mit dem PKW von Düsseldorf nach Essen sei gleichverteilt im Intervall von 30 bis 60 Minuten.

$$f(x) = \begin{cases} \frac{1}{b-a} & a \le x \le b \\ 0 & sonst \end{cases} = \begin{cases} \frac{1}{30} & 30 \le x \le 60 \\ 0 & sonst \end{cases}$$

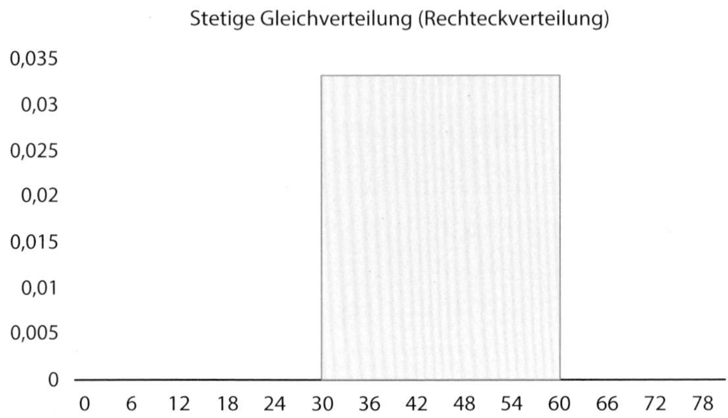

Abb. 7.16

Wir überprüfen, ob es sich tatsächlich um eine Dichtefunktion handelt (Fläche muss gleich eins sein):

$$\int_a^b \frac{1}{b-a} dx = \left[\frac{x}{b-a}\right]_a^b = \frac{b}{b-a} - \frac{a}{b-a} = \underline{1}$$

$$Im \quad Beispiel: \int_{30}^{60} \frac{1}{30} dx = \left[\frac{x}{30}\right]_{30}^{60} = 2 - 1 = 1$$

Gesucht sei nun beispielhaft die Wahrscheinlichkeit dafür, dass die Fahrzeit zwischen 38 und 50 Minuten beträgt: $\int_{38}^{50} \frac{1}{30} dx = \left[\frac{x}{30}\right]_{38}^{50} = \frac{50-38}{38} = 0,4 = 40\%$

3. Beispiel: Normalverteilung

Die wohl wichtigste stetige Verteilung ist die Normalverteilung. Die Dichtefunktion gehört zur Familie der e-Funktionen. Die Funktionsvorschrift lautet:

$$f(x) = \frac{1}{2\pi\sigma} \cdot e^{-\frac{1}{2}\left(\frac{x-\mu}{\sigma}\right)^2}$$

Diese etwas kompliziert anmutende Funktion ist eindeutig bestimmt durch die beiden Parameter μ (= Erwartungswert) und σ (= Standardabweichung) und wird oft als μ-σ-Verteilung bezeichnet.

Aufgrund ihres glockenförmigen Aussehens wird sie auch als Gauß'sche Glockenkurve bezeichnet. Für weitergehende Ausführungen in diesem Kontext verweisen wir auf die einschlägige Statistikliteratur.

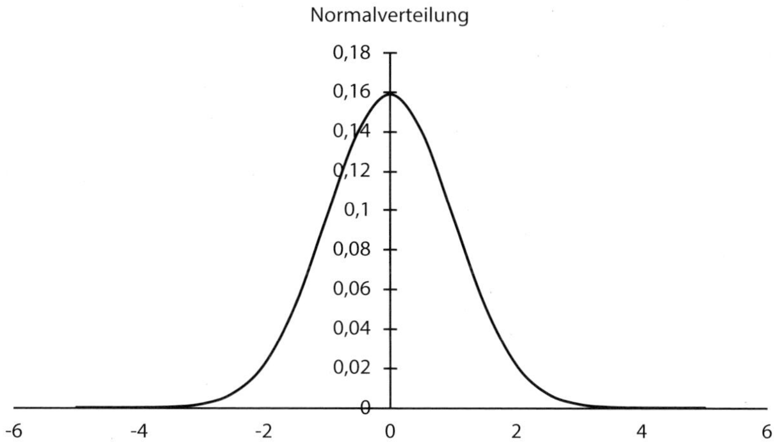

Abb. 7.17

Aufgabe 116: Großgrundbesitzer Bauer Buff ist bereit, ein Eckgrundstück an einen Investor zu verkaufen. Das Grundstück ist nach Westen und Süden durch eine Straße abgegrenzt, zum Norden hin verläuft die Grenze gemäß der Funktion $f(x) = -e^{0,1x} + e^4 (x \geq 0)$.
Der Grundstückspreis betrage 300 €/qm. Wie groß ist das Grundstück A (ganzzahlig gerundet) und welcher Preis kann erzielt werden?

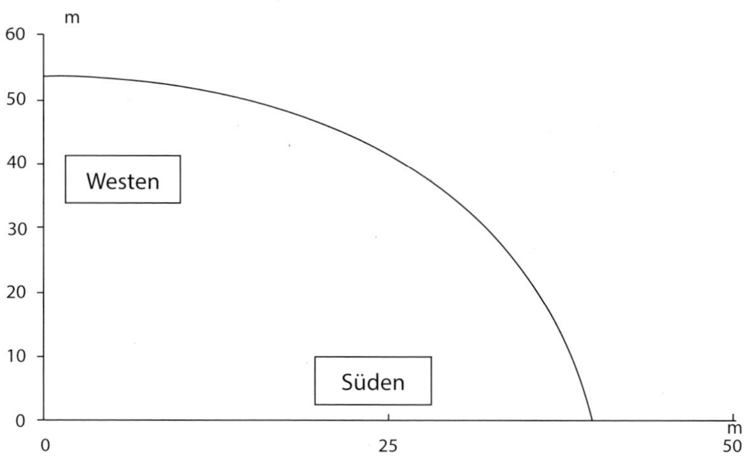

Abb. 7.18

Aufgabe 117: Die Grenzerlösfunktion eines monopolistischen Unternehmens sei gegeben durch $E'(x) = -0{,}2x + 50$. Berechnen Sie die zu Grunde liegende Preis-Absatz-Funktion.

Aufgabe 118: Gegeben sei eine Grenzkostenfunktion $K'(x) = 0{,}3x^2 - 4x + 40 (x \geq 0)$, wobei x die produzierte Menge bezeichne. Zudem sei bekannt, dass die Fixkosten 400 GE betragen. Ermitteln Sie die Kostenfunktion.

Aufgabe 119: Eine Referentin aus dem Finanzministerium schlägt ihrem Minister folgendes vereinfachte Einkommensteuermodell vor:
Steuerfreibetrag bis einschließlich 20.000 € zu versteuerndes Einkommen
Über 20.000 einschließlich 100.000 € einheitlicher Grenzsteuersatz von 20 %
Über 100.000 € einheitlicher Grenzsteuersatz von 80 %

Somit also: $S'(x) = \begin{cases} 0 & 0 \leq x \leq 20.000 \\ 0{,}2 & 20.000 < x \leq 100.000 \\ 0{,}8 & x > 100.000 \end{cases}$

a) Ermitteln Sie die Einkommensteuerfunktion S(x).
b) Berechnen Sie die Höhe der Einkommensteuer sowie den durchschnittlichen Steuersatz für ein zu versteuerndes Einkommen von i) 50.000 € und ii) 200.000€

Aufgabe 120: Berechnen Sie zu folgenden Angebotsfunktionen $p_A(x)$ und Nachfragefunktionen $p_N(x)$ jeweils die Gleichgewichtsmenge, den Gleichgewichtspreis sowie die Konsumenten- und Produzentenrente im Marktgleichgewicht.

a) $p_A(x) = x + 4$ *und* $p_N(x) = -2x + 19$
b) $p_A(x) = 4x + 8$ *und* $p_N(x) = -0{,}5x^2 + 32$

Anhang A: Lösungen zu den Übungsaufgaben

Aufgabe 1:

a) $P(A) = \{\{\,\},\{a\},\{b\},\{c\},\{a,b\},\{a,c\},\{b,c\},\{a,b,c\}\}$ b) $2^8 = 256$ Elemente.

Aufgabe 2:

a) $A \cap B = \{4;6;7\}$, $A \cup B = \{2;3;4;5;6;7;8\}$, $A \setminus B = \{3;8\}$

b) $A \cap B = \{\,\}$, $A \cup B = \{a;b;c\}$, $A \setminus B = \{a;b;c\}$

c) $A \cap B = \{\,\}$, $A \cup B = \{1;3;5;7\}$, $A \setminus B = \{\,\}$

Aufgabe 3:

1. $A \cap B = \{9\}$ folglich $\overline{A \cap B} = \{1,3,5,7,11,13,15\}$
2. $A = \{1,3,5,9\}$ folglich $\overline{A} = \{7,11,13,15\}$
3. $B = \{9,11,13,15\}$ folglich $\overline{B} = \{1,3,5,7\}$
4. $\overline{A} \cup \overline{B} = \{1,3,5,7,11,13,15\} = \overline{A \cap B}$, was zu zeigen war.

Aufgabe 4:

a) Es gibt wenigstens ein Schaf auf der Weide, das nicht weiß ist.

b) $1 + 1 = 2$

c) Es gibt wenigstens einen Studierenden des Jahrgangs, der im Fach Mathematik die Note 2 nicht erreicht.

Aufgabe 5:

a) w b) f c) w d) w e) f f) w g) f h) w

Aufgabe 6:

a) $x - y$ b) $3b$ c) $xu + 2uy - 3vx - 6vy$ d) $x^2 - y^2 + z^2 - 2xz$

Aufgabe 7:

a) $7x \cdot (4z - 2y + 5u)$ b) $3uv \cdot (5w + 6 - 11x)$

Aufgabe 8:

a) $(x - \frac{1}{2})^2$ b) $(8a - 2b) \cdot (8a + 2b)$ c) $49a^2 - 225b^2$

d) $(a + b)^3 = a^3 + 3a^2b + 3ab^2 + b^3$ e) $(a - b)^3 = a^3 - 3a^2b + 3ab^2 - b^3$

Aufgabe 9:

a) 2 b) $\frac{1}{2}$ c) keine weitere Vereinfachung möglich

Aufgabe 10:

a) $\frac{31}{10}$ b) $\frac{17}{30}$ c) $\frac{3}{5}$ d) $\frac{a-b}{a+b}+\frac{a+b}{a-b}=\frac{(a-b)^2+(a+b)^2}{(a+b)\cdot(a-b)}=\ldots=\frac{2\cdot(a^2+b^2)}{a^2-b^2}$

Aufgabe 11:

a) $\sum_{i=1}^{5}\frac{1}{i}=\frac{1}{1}+\frac{1}{2}+\frac{1}{3}+\frac{1}{4}+\frac{1}{5}=\frac{60+30+20+15}{60}=\frac{137}{60}=2{,}2833$

b) $\sum_{i=1}^{5}\frac{i-1}{i+2}=\frac{0}{3}+\frac{1}{4}+\frac{2}{5}+\frac{3}{6}+\frac{4}{7}=\frac{0+315+504+630+720}{1260}=\frac{2169}{1260}=1{,}7214$

c) $\sum_{i=1}^{10}(1+i)^2-\sum_{i=1}^{10}(1-i)^2 \overbrace{=}^{binom.Formeln} \sum_{i=1}^{10}(1+2i+i^2)-\sum_{i=1}^{10}(1-2i+i^2)$

$=\sum_{i=1}^{10}(\not{1}+2i+\not{i^2}-\not{1}+2i-\not{i^2})=\sum_{i=1}^{10}4i=4\cdot\sum_{i=1}^{10}i$

$=4\cdot(1+2+\ldots+10)=4\cdot 55=220$

d) $\sum_{i=1}^{2}\sum_{j=1}^{2}\sum_{k=1}^{2}(i+j+k)=(1+1+1)+(1+1+2)+(1+2+1)+$
$(1+2+2)+(2+1+1)+(2+1+2)+(2+2+1)+(2+2+2)$
$=3+4+4+5+4+5+5+6=36$

e) $\prod_{j=3}^{7}(2j+1)=7\cdot 9\cdot 11\cdot 13\cdot 15=135.135$

Aufgabe 12:

Konstellationen: 1234, 1243, 1324, 1342, 1423, 1432, 2134, 2143, 2314, 2341, 2413, 2431, 3124, 3142, 3214, 3241, 3412, 3421, 4123, 4132, 4213, 4231, 4312, 4321. Es gibt $4\cdot 3\cdot 2\cdot 1=4!=24$ mögliche Konstellationen.

Aufgabe 13:

a) $\binom{17}{4}=\frac{17!}{13!\cdot 4!}=\frac{17\cdot 16\cdot 15\cdot 14}{4\cdot 3\cdot 2\cdot 1}=2.380$ b) $\binom{43}{3}\cdot\binom{6}{3}=\frac{43!\cdot 6!}{40!\cdot 3!\cdot 3!\cdot 3!}=246.820$

(Nebenbei bemerkt: Diese Zahl gibt die Anzahl der Möglichkeiten an, um beim Lotto »6 aus 49« 3 Richtige zu erzielen.)

c) $(a+b)^6=a^6+6a^5b+15a^4b^2+20a^3b^3+15a^2b^4+6ab^5+b^6$

d) $(a-b)^4=(a+(-b))^4=a^4-4a^3b+6a^2b^2-4ab^3+b^4$

e) $(x+2)^5=x^5+5x^4\cdot 2^1+10x^3\cdot 2^2+10x^2\cdot 2^3+5x\cdot 2^4+2^5$
$=x^5+10x^4+40x^3+80x^2+80x+32$

Aufgabe 14:

Schritt 1: Induktionsanfang n=1

Linke Seite = 1, rechte Seite $=\frac{q-1}{q-1}=1$. Die Formel ist also für n = 1 richtig.

Schritt 2: Die Formel sei für n = k richtig, d. h.

$\sum_{t=1}^{k}q^{t-1}=q^0+q^1+\ldots+q^{k-2}+q^{k-1}$

Schritt 3: Zu zeigen: Formel ist auch für k+1 richtig. Dazu ersetzen wir formal k durch k+1:

$\sum_{t=1}^{k+1} q^{t-1} = q^0 + q^1 + \ldots + q^{k-1} + q^k = \frac{q^{k+1}-1}{q-1}$

Aus der Induktionsvoraussetzung folgt:

$\sum_{t=1}^{k+1} q^{t-1} = \sum_{t=1}^{k} q^{t-1} + q^k = \frac{q^{k+1}-1}{q-1} + q^k \overbrace{=}^{Hauptnenner} \frac{q^k-1+q^k\cdot(q-1)}{q-1}$

$\frac{\cancel{q^k}-1+q^{k+1}-\cancel{q^k}}{q-1} = \frac{q^{k+1}-1}{q-1}$. Die Formel ist also auch für n = k + 1 erfüllt, somit schließlich für alle n ∈ N.

Aufgabe 15:

a) $\frac{a^{-x}\cdot(a^2-1)^{-x}}{a^3-a} = \frac{[a\cdot(a^2-1)]^{-x}}{a\cdot(a^2-1)} \overbrace{=}^{a^{-n}=\frac{1}{a^n}} \ldots = \frac{1}{[a\cdot(a^2-1)]^{x+1}}$ b) $\frac{(a+b)^{\frac{4}{3}}}{(a+b)^{\frac{1}{3}}} = \ldots = a+b$

Aufgabe 16:

a) $\log_2 17 = \frac{ln17}{ln2} = 4{,}087$ b) $\log_{1,05} 3 = \frac{ln3}{ln1{,}05} = 22{,}517$

Aufgabe 17:

a) r = 0,05 = 5 % b) $a = \frac{7b}{1-5b}$

Aufgabe 18:

a) a = 15, b = 25 b) x = 4, y = -1, z = -3

Aufgabe 19:

jeweils über pq-Formel

a) p = -18, q = 17: $x_{1/2} = 9 \pm \sqrt{81-17} = 9 \pm 8 = 1$ bzw. 17

b) p = 10, q = 25: $x = -5 \pm \sqrt{25-25} = -5$

c) p = -2, q = 4: $x = 1 \pm \sqrt{1-4}$, keine Lösung in R

Aufgabe 20:

Ansatz: $\frac{a+b}{b} = \frac{a}{b} \Leftrightarrow a^2 - ab - b^2 = 0$, quadratische Gleichung mit p = -b und $q = -b^2$

$\Rightarrow a = b \cdot \frac{\sqrt{5}+1}{2} = 1{,}618 \cdot b$ bzw. $\frac{a}{b} = 1{,}618$, nun ist: a + b = 10 bzw. a = 10 - b

$\Rightarrow \frac{10-b}{b} = 1{,}618$ und somit b = 3,82 m und a = 6,18 m

Aufgabe 21

a) $3x^3 + 6x^2 + 3x = 0 \Leftrightarrow \underbrace{3x}_{x_1=0} \cdot \underbrace{(x^2 + 2x + 1)}_{(x+1)^2 \overset{!}{=} 0} = 0 \Rightarrow x_1 = 0, x_2 = -1$

b)

	1	−1	−18	52	−40
x = 2	–	2	2	−32	40
	1	1	−16	20	0
x = 2	–	2	6	−20	
	1	3	−10	0	
x = 2	–	2	10		
	1	5	0		

Also: $(x -2)^3 \cdot (x + 5) = 0 \Rightarrow$ Lösungen: $x = 2$ und $x = -5$.

c)

	125	−225	−845	561
$x = {}^3/_5$	–	75	−90	−561
	125	−150	−935	0

$(x - {}^3/_5) \cdot (125x^2 - 150x - 935) = 0$. Lösung der quadratischen Gleichung führt auf die Werte
$x = -2{,}2$ und $x = 3{,}4$, somit $L = \{-2{,}2; 0{,}6; 3{,}4\}$

Aufgabe 22:

Wir fassen die gegebene Gleichung als Funktion $f(x) = 2x^3 - 6{,}8x^2 - 34{,}72x + 56{,}448$ auf und suchen die x-Werte $\in \mathbb{R}$, die $f(x) = 0$ erfüllen.
Schritt 1 des Regula-falsi-Algorithmus: Wir wählen $x_1 = 5$: $f(x_1) = -37{,}152$ sowie $x_2 = 6$: $f(x_2) = +35{,}328$. Somit gilt: $f(x_1) \cdot f(x_2) < 0$

Schritt 2: $x_3 = 5 - (-37{,}152) \cdot \frac{6-5}{35{,}328-(-37{,}152)} = 5 + \frac{37{,}152}{72{,}48} = 5{,}5126$

Schritt 3 (Berechnung von $x_3, x_4,...$): $f(x_3) = -6{,}551$. Es gilt also $f(x_2) \cdot f(x_3) < 0$, somit $x_3 =: x_{links}$ und $x_2 =: x_{rechts}$

$x_4 = 5{,}5126 - (-6{,}551) \cdot \frac{6-5{,}551}{35{,}328-(-6{,}551)} = 5{,}5126 + \frac{3{,}193}{41{,}879} = 5{,}588$. $f(x_4) = -0{,}862$

$x_5 = 5{,}5888 - (-0{,}862) \cdot \frac{6-5{,}5888}{35{,}328-(-0{,}862)} = 5{,}5888 + \frac{0{,}35445}{36{,}19} = 5{,}5986$. $f(x_5) = -0{,}108$

$x_6 = 5{,}5986 - (-0{,}108) \cdot \frac{6-5{,}5986}{35{,}328-(-0{,}108)} = 5{,}5986 + \frac{0{,}04335}{35{,}436} = 5{,}5998 \approx 5{,}6$. $f(x_6) = -0{,}015 \approx 0$

Einsetzen bestätigt: $f(5, 6) = 0$. Wir können nun das Horner-Schema anwenden (oder Polynom-Division) und »wie gewohnt« vorgehen:

	2	–6,8	–34,72	56,448
x = 5,6	–	11,2	24,64	–56,448
	2	4,4	–10,08	0

Wir können nach Abspalten des Linearfaktors die Gleichung schreiben in der Form:

$(x - 5{,}6) \cdot \underbrace{(2x^2 + 4{,}4x - 10{,}08) = 0}_{\overset{!}{=} 0}$. Division durch 2 führt uns auf die Normalform:

$x^2 + 2{,}2x - 5{,}04 = 0$ ($p = 2{,}2$ und $q = -5{,}04$). pq-Formel: $x_{1/2} = -1{,}1 \pm \sqrt{1{,}21 + 5{,}04} = -1{,}1 \pm 2{,}5$. Somit: $x_1 = -3{,}6$ und $x_2 = 1{,}4$. $L = \{-3{,}6; 1{,}4; 5{,}6\}$

Aufgabe 23:

a) Bedingungen: Nenner $\neq 0$ und Radikand ≥ 0, Nenner $\neq 0$: $x \neq -4$,
Radikand ≥ 0: $5x - 24 \geq 0 \Leftrightarrow x \geq {}^{24}/_{5} = 4{,}8$, $x + 4 \geq 0 \Leftrightarrow x \geq -4 \Rightarrow D_f = \{x \mid x \geq 4{,}8\}$
$\sim| \cdot \sqrt{x+4} \Rightarrow 6 + \sqrt{(5x-24) \cdot (x+4)} - (x+4) = 0$
$\Leftrightarrow \sqrt{(5x-24) \cdot (x+4)} = x - 2 |^2$
$\Rightarrow 5x^2 - 4x - 96 = x^2 - 4x + 4 \Leftrightarrow 4x^2 = 100 \Leftrightarrow x^2 = 25 \Leftrightarrow (x + 5)\cdot(x - 5) = 0$
$\Leftrightarrow x_1 = -5$ oder $x_2 = 5$. Da -5 außerhalb des Definitionsbereichs liegt, verbleibt als *einzige* Lösung: $x = 5$. Probe: ${}^{6}/_{3} + 1 - 3 = 0$

b) $D_f = \{x \in 3 | x > -5, x \neq 0\}$, ~ $| \cdot x \cdot \sqrt{x+5} \Rightarrow x = 4 \cdot \sqrt{x+5} \Rightarrow x^2 = 16 \cdot (x+5)$
Lösen der quadratischen Gleichung führt auf $x_1 = 20$, $x_2 = -4$
Probe: $x = 20$:✓, $x = -4$: $1 \neq -1$, d. h. keine Lösung; einzige Lösung: $x = 20$

Aufgabe 24:

a) $D_f = \mathbb{R} \setminus \{-1;1;4\}$. ~ $| \cdot (x-4) \cdot (x+1) \cdot (x-1)$
$\Leftrightarrow 5x \cdot (x+1) \cdot (x-1) + x \cdot (x-4) \cdot (x-1) = 6x \cdot (x-4) \cdot (x+1)$
$\Leftrightarrow 5x \cdot (x^2 - 1) + x \cdot (x^2 - 5x + 4) = 6x \cdot (x^2 - 3x - 4)$
$\Leftrightarrow \ldots \Leftrightarrow 13x^2 + 23x = 0 \Leftrightarrow x \cdot (13x + 23) = 0$
Lösungen: $x_1 = 0$, $x_2 = -\frac{23}{13}$ Proben sind beide erfüllt.

b) $D_f = \mathbb{R} \setminus \{-1; 1\}$. ~ $| \cdot (x-1) \cdot (x+1) \Leftrightarrow x - 1 = x + 1 \Rightarrow$ keine Lösung in $\mathbb{R}$

Aufgabe 25:

a) $D_f = \mathbb{R}$ ~ $| \cdot 4^2 \Leftrightarrow 4^{x-1} = 1 \; |\ln \Leftrightarrow (x-1) \cdot \ln 4 = \ln 1 = 0 \Leftrightarrow x = 1$

b) $D_f = \mathbb{R}$ $3^{3x-2} = 1 \Leftrightarrow (3x-2) \cdot \ln 3 = \underbrace{ln1}_{=0} \Leftrightarrow x = {}^2/_3$

Aufgabe 26:

a) $(\sqrt{6} - x) \cdot (\sqrt{6} + x) < 0 \Leftrightarrow [(\sqrt{6} - x) > 0 \wedge (\sqrt{6} + x) < 0] \vee [(\sqrt{6} - x) < 0 \wedge (\sqrt{6} + x) > 0]$
... Lösung: $x < -\sqrt{6}$ oder $x > \sqrt{6}$

b) $x \leq {}^{10}/_7$

c) $D_f = \mathbb{R} \setminus \{4\}$. Fallunterscheidung – Fall 1: $x - 4 > 0$, Fall 2: $x - 4 < 0$
Fall 1 $\Rightarrow L = \{x | x > 4\}$, Fall 2 $\Rightarrow$ keine Lösung, $\Rightarrow L = \{x | x > 4\}$

Aufgabe 27:

a) $g_{20} = 0{,}01 \cdot 2^{20-1} = 5.242{,}88$ € b) $s_{20} = 0{,}01 \cdot \frac{2^{20}-1}{2-1} = 10.485{,}75$ €

Aufgabe 28:

Arithmetische Reihe $29 + 28 + \ldots + 1 + 0$: $s_{30} = -1 \cdot \frac{30 \cdot 31}{2} + (29 + 1) \cdot 30 = 435$

Aufgabe 29:

$s_\infty = 100.000 \cdot \frac{1}{1-0{,}5} = 200.000$ €

Aufgabe 30:

	a)			b)			
Jahr	Buchwert zu Jahres-beginn	Lineare Afa	Buchwert zu Jahres-ende	Buchwert zu Jahres-beginn	geom.-degr. AfA (20 %)	Lin. Afa bez. auf Restlaufz.	Buchwert zu Jahres-ende
1	60 000,00 €	5 000,00 €	55 000,00 €	60 000,00 €	12 000,00 €	5 000,00 €	48 000,00 €
2	55 000,00 €	5 000,00 €	50 000,00 €	48 000,00 €	9 600,00 €	4 363,64 €	38 400,00 €
3	50 000,00 €	5 000,00 €	45 000,00 €	38 400,00 €	7 680,00 €	3 840,00 €	30 720,00 €
4	45 000,00 €	5 000,00 €	40 000,00 €	30 720,00 €	6 144,00 €	3 413,33 €	24 576,00 €
5	40 000,00 €	5 000,00 €	35 000,00 €	24 576,00 €	4 915,20 €	3 072,00 €	19 660,80 €
6	35 000,00 €	5 000,00 €	30 000,00 €	19 660,80 €	3 932,16 €	2 808,69 €	15 728,64 €
7	30 000,00 €	5 000,00 €	25 000,00 €	15 728,64 €	3 145,73 €	2 621,44 €	12 582,91 €
8	25 000,00 €	5 000,00 €	20 000,00 €	12 582,91 €	2 516,58 €	2 516,58 €	10 066,33 €
9	20 000,00 €	5 000,00 €	15 000,00 €	10 066,33 €	2 013,27 €	2 516,58 €	7 549,75 €
10	15 000,00 €	5 000,00 €	10 000,00 €	7 549,75 €	1 509,95 €	2 516,58 €	5 033,16 €
11	10 000,00 €	5 000,00 €	5 000,00 €	5 033,16 €	1 006,63 €	2 516,58 €	2 516,58 €
12	5 000,00 €	5 000,00 €	– €	2 516,58 €	503,32 €	2 516,58 €	– €

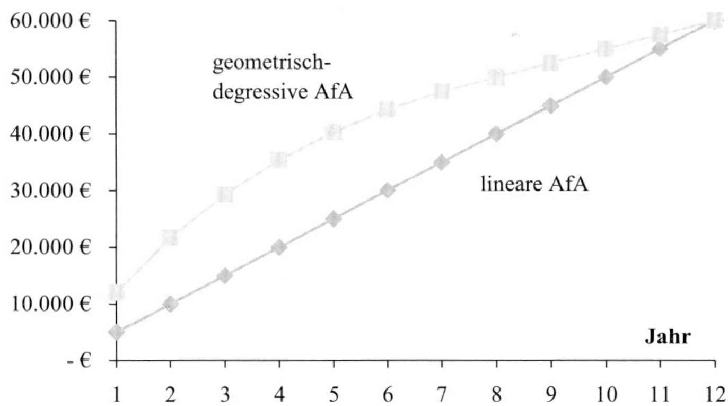

Abb. Ü.1

Aufgabe 31:

253 Tage: $K_{253} = 5.000 \cdot (1 + 0{,}015 \cdot {}^{253}/_{360}) = 5.052{,}71$ €

Aufgabe 32:

$\tilde{\imath} = \frac{0{,}02}{0{,}98} \cdot \frac{360}{23} = 0{,}3194 = 31{,}94\,\%$ p. a. äquivalenter Zinssatz.

Aufgabe 33:

	Bewegung (€)	Bestand (€)	Zinstage	Zinszahlen (Bestand mal Tage)
31.12.		4 500	75	337 500
15.03.	– 2 000	2 500	75	187 500
31.05.	+ 5 000	7 500	120	900 000
30.09.	+ 3 000	10 500	75	787 500
15.12.	– 4 000	6 500	15	97 500
31.12.		6 500 + Z		
			Σ 360	2 310 000

Zinsen $Z = 2.310.000 \cdot \frac{0{,}02}{360} = 128{,}33$ €. Guthaben 31.12.: 6.628,33 €

Aufgabe 34:

a) $K_{24} = 3.000 \cdot 1{,}025 + 24 \cdot 250 \cdot (1 + 0{,}025 \cdot \frac{23}{48}) = 9.146{,}88$ €

b) Ø-Verz.dauer $= \frac{23}{48} = \frac{172{,}5}{360} = 172{,}5$ Tage ⇒ nach (360 - 172,5 =) 187 Tagen

Aufgabe 35:

a) $K_5 = 10.000 \cdot 1{,}0275 \cdot 1{,}03 \cdot 1{,}0325 \cdot 1{,}04 \cdot 1{,}05 = 11.932{,}51$ €

b) $10.000 \cdot q^5 = 11.932{,}51 \Leftrightarrow q = \sqrt[5]{1{,}193251} = 1{,}036$, somit $i = 3{,}6\,\%$ p.a.

c) Gemäß b) beträgt die durchschnittliche Verzinsung 3,6 % p. a. Unter Inflationsberücksichtigung $i_{real} = \frac{1{,}036}{1{,}015} - 1 = 1{,}0207 - 1 = 0{,}0207 = 2{,}07\,\%$ p. a. Somit $K^5_{real} = 10.000 \cdot 1{,}0207^5 = 11.078{,}18$

Aufgabe 36:

a) $E_{10} = 4.000 \cdot 1{,}06^{10} = 7.163{,}39$ €

b) $4.000 \cdot 1{,}06^n = 12.000 \Leftrightarrow 1{,}06^n = 3 \Leftrightarrow n = \frac{ln3}{ln1{,}06} = 18{,}85 \approx 19$ Jahre

c) $4.000 \cdot (1 + i)^{10} = 8.000 \Leftrightarrow (1 + i)^{10} = 2 \Rightarrow 1 + i = \sqrt[10]{2} = 1{,}07177$, somit $i = 7{,}177\,\%$ p. a.

Aufgabe 37:

a) $i^* = \sqrt[5]{1{,}2 \cdot 1{,}05 \cdot 0{,}5 \cdot 1{,}1 \cdot 1} - 1 = -0{,}0707 = -7{,}07\,\%$ p. a.

b) $5.000 \cdot 1{,}2 \cdot 1{,}05 \cdot 0{,}5 \cdot 1{,}1 \cdot 1 = 3.465$ €

Aufgabe 38:

a) $K = 10.000 \cdot (1 + 0{,}015 \cdot \frac{1}{4}) \cdot 1{,}015^2 \cdot (1 + 0{,}015 \cdot \frac{3}{4}) = 10.457{,}22$ €

b) $K = 10.000 \cdot (1 + \frac{0{,}015}{4})^{12} = 10.459{,}40$ €

c) $K = 10.000 \cdot (1 + \frac{0{,}015}{12})^{36} = 10.459{,}99$ €

Aufgabe 39:

$K = 10.000 \cdot e^{3 \cdot 0{,}015} = 10.460{,}28$ €

Aufgabe 40:

a) $K_{10} = 50.000 \cdot e^{10 \cdot 0{,}02} = 61.070$

b) $50.000 \cdot e^{10 \cdot i} = 65.000 \Leftrightarrow e^{10 \cdot i} = 1{,}3 \Leftrightarrow 10 \cdot i = \ln 1{,}3 \Leftrightarrow i = 0{,}0262$
$= 2{,}62\,\%$ p. a.

c) $50.000 \cdot (1 + i)^{10} = 65.000 \Leftrightarrow (1 + i)^{10} = 1{,}3 \Rightarrow i = \sqrt[10]{1{,}3} - 1 = 0{,}0266$
$= 2{,}66\,\%$ p. a.

Aufgabe 41:

a) $K_{100} = 170.000 = 1 \cdot e^{i \cdot 100} \Leftrightarrow i \cdot 100 = \ln 170.000 = 12{,}0435 \Leftrightarrow i = 0{,}1204 =$
12,04 % pro Tag

b) $K_{160} = 5{,}23 = 3{,}72 \cdot e^{i \cdot 160} \Leftrightarrow e^{i \cdot 160} = \frac{5{,}23}{3{,}72} = 1{,}4059 \Leftrightarrow i = \frac{\ln 1{,}4059}{160} = 0{,}00213 =$
0,213 % pro Tag

$K_t = 10 = 3{,}72 \cdot e^{0{,}00213 \cdot t} \Leftrightarrow e^{0{,}00213 \cdot t} = \frac{10}{3{,}72} = 2{,}688 \Leftrightarrow t$
$= \frac{\ln 2{,}688}{0{,}00213} \overset{aufgerundet}{\approx} 465\ Tage$

Dies entspricht dem 19.09.2022.

Hinweis: Man hätte die Rechnung alternativ mit 5,23 Mio. als Basiswert durchführen können.

c) $K_{660} = 5{,}23\ Mio = 1 \cdot e^{i \cdot 660} \Leftrightarrow i = \frac{\ln 5{,}23 Mio}{660} = 0{,}0234 = 2{,}34\ \%$ pro Tag

Aufgabe 42:

a) Zahlungen: Kreditauszahlung 2.000 €, 1.000 € + 160 € Zinsen nach 1 Jahr, 1.000 € + 80 € Zinsen nach 2 Jahren. $2.000 = \frac{1.160}{1+i^*} + \frac{1.080}{(1+i^*)^2}$. Setze $(1 + i^*) =: q^*$.

Nach Umstellung quadratische Gleichung: $\underbrace{2.000}_{a} q^{*2} \underbrace{-1.160}_{b} q^* \underbrace{-1.080}_{c} = 0.$

abc-Formel: $q^*_{1,2} = \frac{1.160 \pm \sqrt{1.160^2 + 4 \cdot 2.000 \cdot 1.080}}{2 \cdot 2.000} = \frac{1.160 \pm 3.160}{4.000} = 1{,}08$ bzw. $i^* = 8\,\%$ p. a. Der Effektivzins beträgt exakt 8 %, was auch nicht überraschend ist, denn hier wird ein Kredit ohne sonstige Zusatzgebühren oder sonstige Abzüge sowie ohne Verrechnungen »korrekt« auf Jahresbasis abgerechnet. Nominalzinssatz und Effektivzinssatz sind somit identisch.

b) 3 % Bearbeitungsgebühren = 60 €, somit reduziert sich der (Netto-) Auszahlungebetrag auf 1.940 €. $1.940 = \frac{1.160}{1+i^*} + \frac{1.080}{(1+i^*)^2}$. Umstellung und Rechnung analog wie in Teil a) führt auf: $q^* = \frac{1.160 \pm 3.118,72}{3.880} = 1,10276$ bzw. $i^* = 10,276\,\%$ p. a.

c) Zahlungen: 1.940 € Kreditauszahlung sowie Jahresendzahlungen in den Jahren 1 bis 4 von 660 €, 620 €, 580 €, 540 €. $1.940 = \frac{660}{q^*} + \frac{620}{(q^*)^2} + \frac{580}{(q^*)^3} + \frac{540}{(q^*)^4}$. Führt auf Gleichung 4ten Grades (wir setzen $q^* = x$): $1.940x^4 - 660x^3 - 620x^2 - 580x - 540 = 0$ ($=: f(x)$) Regula falsi mit $x_1 = 1,09$: $f(x_1) = -25,073$ (< 0), $x_2 = 1,1$: $f(x_2) = 3,694$ (> 0) $x_3 = 1,09 - (-25,073) \cdot \frac{1,1-1,09}{33,694+25,073} = 1,094266$. $X_4 = 1,094266 - (-0,273) \cdot \frac{1,1-1,094266}{33,694+0,273} = 1,09431$. Somit $i^* \approx 9,431\,\%$ p. a. Der computergestützt errechnete Wert beträgt 9,4313085 % p. a..

d) Maßgeblich für die Höhe des effektiven Jahreszinses sind nicht nur die Zahlungen einschließlich Gebühren (Höhe und unterjährige Verteilung), sondern auch die *Laufzeit*. In dem effektiven Jahreszins werden alle Effekte unter Berücksichtigung von Zins- und Zinseszinsen auf die Anzahl der Jahre verteilt. 60 € Gebühren werden somit in b) auf 2 Jahre, in c) dagegen auf 4 Jahre verteilt was dazu führt, dass der effektive Jahreszins in c) deutlich geringer ausfällt.

Aufgabe 43:

a) $K_{20} = 30.000 \cdot 1,05^{20} = 79.598,93$ €; $R_{20} = 5.000 \cdot \frac{1,05^{20}-1}{0,05} = 5.000 \cdot \text{REF}(20;0,05) = 165.329,77$ €; $K_{20} + R_{20} = 244.928,77$ €

b) $30.000 \cdot 1,05^n + 5.000 \cdot \frac{1,05^{20}-1}{0,05} = 500.000$; auflösen nach n $\Rightarrow n = 31,3$ Jahre

c) $K_{20} = 79.598,93$ € (siehe a)), $R_{20}^{dyn} = 5.000 \cdot 1,02^{20} \cdot \frac{\left(\frac{1,05}{1,02}\right)^{20}-1}{\left(\frac{1,05}{1,02}\right)-1} = 198.449,55$ €; $K_{20} + R_{20}^{dyn} = 278.048,48$ €

Aufgabe 44:

a) $R_0 = 6.000 \cdot \text{RBF}(5;\ 4,5\,\%) = 26.339,86$ €

b)

		Jahresende		
Jahr	**Guthaben zu Jahresbeginn**	**Zinsen (4,5 % p.a.)**	**Entnahme**	**Guthaben am Jahresende**
1	26 339,86	1 185,29	–6 000	21 525,15
2	21 525,15	968,63	–6 000	16 493,78
3	16 493,78	742,22	–6 000	11 236,00
4	11 236,00	505,62	–6 000	5 741,62
5	5 741,62	258,38	–6 000	0

Aufgabe 45:

a) $BW = 30 \cdot 1{,}08^{-1} + 20 \cdot 1{,}08^{-2} + 10 \cdot RBF(8; 8\,\%) \cdot 1{,}08^{-2} = 94{,}193 \Rightarrow$ nicht kaufen, da Barwert der Einzahlungsüberschüsse < Investitionssumme!

b) $100.000 = r \cdot RBF(10; 8\,\%) \Leftrightarrow r = \frac{100.000}{RBF(10;8\%)} = 14.902{,}95$ €

Aufgabe 46:

a) Zunächst Rentenbarwert (20 Jahre) für nachschüssige Zahlungen, dann Abzinsung um 4 Jahre: $K(01.01.2021) = 3.000 \cdot RBF(20; 7\,\%) \cdot 1{,}07^{-4} = 24.246{,}37$ €

b) $K(01.01.2021) = \frac{3.000}{0{,}07} \cdot 1{,}07^{-4} = 32.695{,}51$ €

Aufgabe 47:

a) $C_E = 100 \cdot 0{,}05 \cdot RBF(10; 4\,\%) + 100 \cdot 1{,}04^{-10} = 108{,}11$ über pari.

b) $C_E = 100 \cdot 1{,}04^{-10} = 67{,}56$

Aufgabe 48:

$R_0^V = 26.339{,}86 \cdot 1{,}045 = 27.525{,}15$

		Jahresende		
Jahr	Guthaben zu Jahresbeginn	Zinsen (4,5 % p.a.)	Entnahme	Guthaben am Jahresende
1	27 525,15 – 6 000 = 21 525,15	968,63	–6 000	16 493,78
2	16 493,78	742,22	–6 000	11 236,00
3	11 236,00	505,62	–6 000	5 741,62
4	5 741,62	258,38	–6 000	0
5	–	–	–	–

Aufgabe 49:

$R_0^V = 100.000 \cdot \text{RBF}(30; 6\,\%) \cdot 1{,}06 = 1.459.072{,}10$ €

Aufgabe 50:

$R_0^V = 300.000$, $r = 30.000$; $n = \ldots = \frac{ln2{,}304}{ln1{,}06} = 14{,}327$ Jahre

Aufgabe 51:

$50.000 = \tilde{r} \cdot \text{RBF}(20; 4\,\%) \Leftrightarrow \tilde{r} = 3.679{,}09$; $\tilde{r} = r \cdot 12 \cdot (1 + 0{,}04 \cdot \frac{11}{24}) = 3.679{,}09$

$\Leftrightarrow r = \frac{3.679{,}09}{12{,}22} = 301{,}07$ €

Aufgabe 52:

a) i) $R_{20} = 3.600 \cdot \text{REF}(20; 6\,\%) = 132.428{,}13$ €

ii) $\tilde{r} = 3600 \cdot (1 + 0{,}06 \cdot ½) = 3.708$; $R_{20} = 3.708 \cdot \text{REF}(20; 6\,\%) = 136.400{,}97$ €

iii) $\tilde{r} = 300 \cdot 12 \cdot (1 + 1 + \frac{0{,}06}{12} \cdot \frac{12-1}{2}) = 3.699$; $R_{20} = 3.699 \cdot \text{REF}(20; 6\,\%) =$ 136.069,90 €

b) $R_{240} = 300 \cdot \frac{\left(1+\frac{0{,}06}{12}\right)^{240} - 1}{0{,}06/_{12}} = 138.612{,}27$ €

Aufgabe 53:

Für die Betriebsrente wird eine Zahlungsdauer von 18 Jahren kalkuliert, die ab dem 67. Lebensjahr bezahlt wird. Gesucht sei K_{55}.

1. $\tilde{r} = 500 \cdot 12 \cdot \left(1 + 0{,}06 \cdot \frac{11}{24}\right) = 6.165$€
2. $R_{67} = 6.165 \cdot \frac{1-1{,}06^{-18}}{0{,}06} = 66.752{,}18$€
3. $K_{55} = R_{67} \cdot 1{,}06^{-12} = 66.752{,}18 \cdot 1{,}06^{-12} = 33.173{,}79$€

Aufgabe 54:

1. Umrechnung in äquivalente Jahresrate: $\widetilde{r} = 200 \cdot 12 \cdot (1 + 0{,}05 \cdot \frac{11}{24}) = 2.455€$
2. Kapital nach 40 Jahren: $R_{40} = 2.455 \cdot REF(40; 5\%) = 2.455 \cdot \frac{1{,}05^{40}-1}{0{,}05} = 296.563{,}45€$
3. Das in 2. errechnete Kapital ist nun der Rentenbarwert, aus dem sich Mark die Rente auszahlt. Zunächst Berechnung der Jahresrente: $R_0 = 296.563{,}45 = \widetilde{r} \cdot \frac{1-1{,}02^{-25}}{0{,}02} = \widetilde{r} \cdot 19{,}523456 \Leftrightarrow \widetilde{r} = 15.190{,}11€$
4. Umrechnung in vorschüssige Monatsrente: $15.190{,}11 = r \cdot 12 \cdot \left(1 + 0{,}02 \cdot \frac{13}{24}\right) = r \cdot 12{,}13 \Leftrightarrow r = 1.252{,}28€$

Aufgabe 55:

1. Zunächst Umrechnung in äquivalente Jahresrente: $\widetilde{r} = 3.000 \cdot 12 \cdot (1+0{,}04 \cdot \frac{13}{24}) = 36.780€$
2. Rentenbarwert über 25 Jahre: $R_0 = 36.780 \cdot \frac{1-1{,}04^{-25}}{0{,}04} = 574.580{,}10€$
3. Das in 2. errechnete Kapital ist nun das Zielkapital für 45 Jahre: $R_{45} = 574.580{,}10 = \widetilde{r} \cdot \frac{1{,}04^{45}-1}{0{,}04} = \widetilde{r} \cdot 121{,}029392 \Leftrightarrow \widetilde{r} = 4.747{,}44€$
4. Umrechnung in nachschüssige Quartalsrenten (m=4): $4.747{,}44 = r \cdot 4 \cdot \left(1 + 0{,}04 \cdot \frac{3}{8}\right) = r \cdot 4{,}06 \Leftrightarrow r = 1.169{,}32€$

Aufgabe 56:

a) $A = 200.000 \cdot AF(30; 8\,\%) = 17.765{,}49$ €

b) $S_5 = 200.000 \cdot 1{,}08^5 - 17.765{,}49 \cdot \frac{1{,}08^5-1}{0{,}08} = 189.642{,}59$ €

entsprechend: $S_{15} = 152.063{,}21$ €; $S_{25} = 70.932{,}44$ €

c)

Jahr	Schuld zu Jahresbeginn	Zinsen (8 % p. a.)	Annuität	Schuld am Jahresende
1	200 000,00 €	16 000,00 €	17 765,49 €	198 234,51 €
2	198 234,51 €	15 858,76 €	17 765,49 €	196 327,78 €
3	196 327,78 €	15 706,22 €	17 765,49 €	194 268,52 €

d) $T = \frac{200.000}{30} = 6.666{,}67$ €; $S_5 = 200.000 \cdot (1 - \frac{5}{30}) = 166.666{,}67$ € entsprechend $S_{15} = 100.000$; $S_{25} = 33.333{,}33$ €

Jahr	Schuld zu Jahresbeginn	Zinsen (8 % p. a.)	Rate	Belastung	Schuld am Jahresende
1	200 000,00 €	16 000,00 €	6 666,67 €	22 666,67 €	193 333,33 €
2	193 333,33 €	15 466,67 €	6 666,67 €	22 133,34 €	186 666,67 €
3	186 666,67 €	14 933,33 €	6 666,67 €	21 600,00 €	180 000,00 €

Aufgabe 57

a) $a = 20.000 \cdot \frac{\frac{0,04}{12}}{1-\left(1+\frac{0,04}{12}\right)^{-48}} = 451{,}58€$

b) $Ansatz: 20.000 = a \cdot \frac{1-\left(1+\frac{0,04}{12}\right)^{-47}}{\frac{0,04}{12}} + 6.250 \cdot \left(1 + \frac{0,04}{12}\right)^{-48} = a \cdot 43{,}43646 +$
$5.327{,}32$
$\Leftrightarrow a = \frac{20.000-5.327,32}{43,43646} = 337{,}80€$

a) Tilgungsplan zu a):

Monat	Schuld JB	Zinsen	Annuität	Tilgung	Schuld JE
1	20.000,00 €	66,67 €	451,58 €	384,91 €	19.615,09 €
2	19.615,09 €	65,38 €	451,58 €	386,20 €	19.228,89 €
3	19.228,89 €	64,10 €	451,58 €	387,48 €	18.841,40 €
4	18.841,40 €	62,80 €	451,58 €	388,78 €	18.452,63 €
5	18.452,63 €	61,51 €	451,58 €	390,07 €	18.062,55 €
6	18.062,55 €	60,21 €	451,58 €	391,37 €	17.671,18 €
⋮	⋮	⋮	⋮	⋮	⋮
44	2.235,50 €	7,45 €	451,58 €	444,13 €	1.791,37 €
45	1.791,37 €	5,97 €	451,58 €	445,61 €	1.345,76 €
46	1.345,76 €	4,49 €	451,58 €	447,10 €	898,67 €
47	898,67 €	3,00 €	451,58 €	448,59 €	450,08 €
48	450,08 €	1,50 €	451,58 €	450,08 €	0,00 €

b) Tilgungsplan zu b):

Monat	Schuld JB	Zinsen	Annuität	Tilgung	Schuld JE
1	20.000,00 €	66,67 €	337,80 €	271,13 €	19.728,87 €
2	19.728,87 €	65,76 €	337,80 €	272,03 €	19.456,84 €
3	19.456,84 €	64,86 €	337,80 €	272,94 €	19.183,90 €
4	19.183,90 €	63,95 €	337,80 €	273,85 €	18.910,05 €
5	18.910,05 €	63,03 €	337,80 €	274,76 €	18.635,28 €
6	18.635,28 €	62,12 €	337,80 €	275,68 €	18.359,60 €
⋮	⋮	⋮	⋮	⋮	⋮
44	7.486,87 €	24,96 €	337,80 €	312,84 €	7.174,03 €
45	7.174,03 €	23,91 €	337,80 €	313,88 €	6.860,14 €
46	6.860,14 €	22,87 €	337,80 €	314,93 €	6.545,21 €
47	6.545,21 €	21,82 €	337,80 €	315,98 €	6.229,24 €
48	6.229,24 €	20,76 €	6.250,00 €	6.229,24 €	- €

Aufgabe 58:

$EW = -100 \cdot 1{,}05^3 + 20 \cdot 1{,}05^2 + 40 \cdot 1{,}05^1 + 50 \cdot 1{,}05^0 = -1{,}7125$ T€

$NBW = -100 + 20 \cdot 1{,}05^{-1} + 40 \cdot 1{,}05^{-2} + 50 \cdot 1{,}05^{-3} = -1{,}479$ T€

Nach beiden Kriterien – End- wie Kapitalwert – ist das Projekt unvorteilhaft.

Aufgabe 59:

$NBW = -100 + 50 \cdot 1{,}05^{-1} + 40 \cdot 1{,}05^{-2} + 30 \cdot 1{,}05^{-3} + 20 \cdot 1{,}05^{-4} = 26{,}27$ T€

$A = 26{,}27 \cdot AF(4; 5\,\%) = 7{,}41$ T€

Aufgabe 60:

Wie die Berechnung zeigt, hat sich bei einem Kalkulationszinssatz von 15 % die Anlage nach 4 Jahren amortisiert, denn $NBW(t = 3) = -65{,}5$ T€ (< 0) und $NBW(t = 4) = +20{,}26$ T€ (> 0). Allerdings ist $NBW(t = 5) = -4{,}6$ T€ (< 0), d. h. das »schlechte« letzte Jahr führt dazu, dass das Projekt, das sich nach 4 Jahren amortisiert hat, über die gesamte Projektlaufzeit insgesamt als unvorteilhaft erachtet wird. Hier bietet es sich gegebenenfalls an, sich bereits nach 4 Jahren von der Anlage zu trennen.

Aufgabe 61:

$\text{NBW} = -100 + 60 \cdot q^{-1} + 60 \cdot q^{-2} = 0 \mid \cdot q^2 \Leftrightarrow -100q^2 + 60q + 60 = 0 \mid : (-100)$

$\Leftrightarrow q^2 - 0{,}6q - 0{,}6 = 0$; p-q-Formel mit $p = -0{,}6$ und $q = -0{,}6$:

$q^*_{1,2} = -0{,}3 \pm \sqrt{0{,}09 + 0{,}6} = 0{,}3 \pm 0{,}83066$. Relevant ist nur der »+«-Wert:

$q+ = 1{,}13066 = 1 + i^* \Leftrightarrow i^* = 0{,}13066 = 13{,}066\,\%$

Aufgabe 62:

a) $K(x) = 1.000 + 25x,\ x \geq 0$

b) K ist bijektiv, also umkehrbar: $K = 1.000 + 25x \Leftrightarrow K^{-1}(x) = x(K) = \frac{K}{25} - 40$

$K = 3.000 \Rightarrow x = 80$ Arbeitsstunden

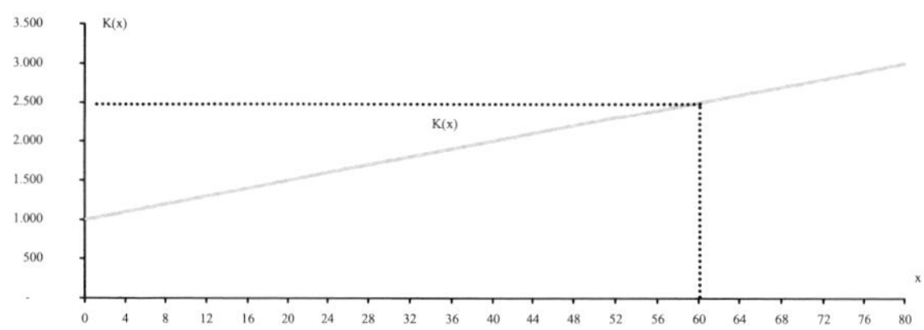

Wertetabelle

x	K(x)
0	1.000
10	1.250
20	1.500
30	1.750
40	2.000
50	2.250
60	2.500
70	2.750
80	3.000

Abb. Ü.2

Aufgabe 63:

zu zeigen: $K(x + \Delta x) > K(x)$ bzw. $\tfrac{1}{2}\cdot(x+\Delta x)^2 + 200 > \tfrac{1}{2}\cdot x^2 + 200$; Auflösen gemäß 1. binomischer Formel und Vereinfachen führt auf: $x + \tfrac{1}{2}\cdot\Delta x > 0$ ✓ für $x \geq 0$ und $\Delta x > 0$

zu zeigen: $k_f(x + \Delta x) < k_f(x)$ bzw. $\frac{200}{x+\Delta x} < \frac{200}{x} \mid \cdot x \cdot (x + \Delta x) \ldots \Rightarrow 200 \cdot \Delta x > 0$ ✓

Aufgabe 64:

a) $D_f = \mathbb{R} \setminus \{-4\}$; $f(x) = \frac{x^2-16}{x+4} = \frac{(x+4)\cdot(x-4)}{x+4} = x - 4$

$\lim_{x\to-4^-} f(x) = \lim_{x\to4^+} f(x) = -8$ hebbare Unstetigkeit an der Stelle $x = 4$

$$f(x) = \begin{cases} \dfrac{x^2-16}{x+4}, & x \in \mathbb{R}\setminus\{4\} \\ -8, & x = -4 \end{cases}$$

b) $\lim_{x\to4^-} f(x) = +\infty, \lim_{x\to-4^+} f(x) = +\infty$. Polstelle an $x = 4$

c) $D_f = \mathbb{R} \setminus \{0\}$; $\lim_{x\to0^-} f(x) = 0, \lim_{x\to0^+} f(x) = +\infty$. Sprung an $x = 0$

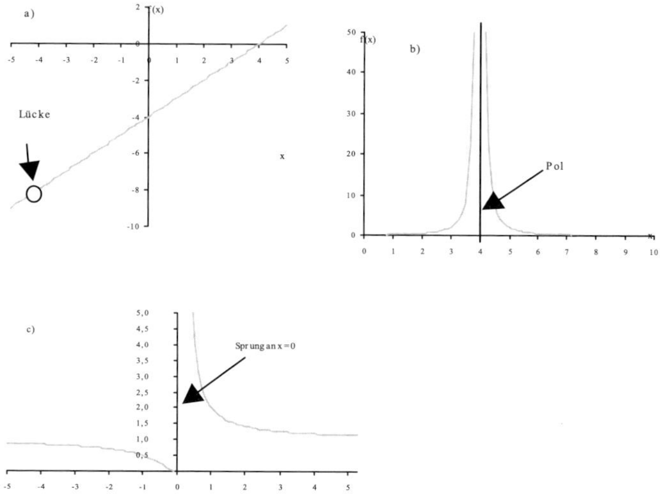

Abb. Ü.3

Aufgabe 65:

a) $\lim_{x\to\infty}\left(1+\frac{1}{x}\right)^x = e = 2{,}7182818\ldots$ (Eulersche Zahl)
b) $D_f = \mathbb{R}\setminus\{1\}$; Fall 1: $|a| > 1 \Rightarrow \lim_{x\to\infty} f(x) = \infty$. Fall 2: $|a| < 1 \lim_{x\to\infty} f(x) = \frac{1}{1-a}$
c) $D_f = \mathbb{R}\setminus\{0\}$; $\lim_{x\to 0^+} f(x) = 0$, $\lim_{x\to 0^-} f(x) = 12$, $\lim_{x\to +\infty} f(x) = 10$, $\lim_{x\to -\infty} f(x) = 10$

Aufgabe 66:

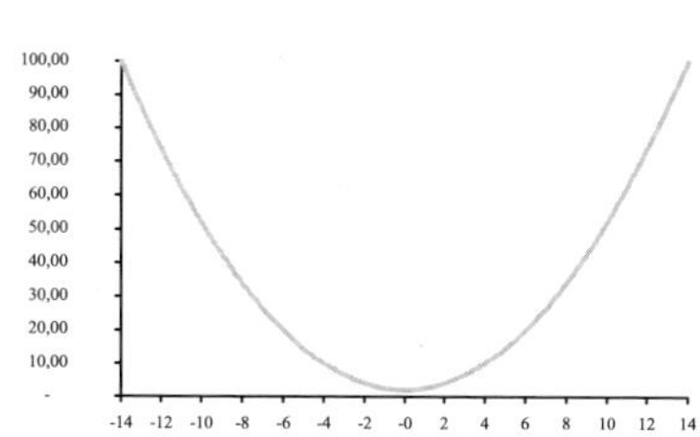

Abb. Ü.4

y(x) ist nicht bijektiv, also nicht umkehrbar
z. B.: x = 1 ⇒ y = 2,5, aber: y = 2,5 ⇏ x = 1
denn: y = 2,5 ⇒ x = 1 oder x = -1

Aufgabe 67:

Variable Kosten pro Stück: 6 GE, Fixe Kosten pro Monat = 18.000 GE

Gesamtkosten pro Monat: $K(x) = 6x + 18.000$, Umsatzerlös im Monat: $E(x) = 12x$

Gewinn im Monat: $G(x) = E(x) - K(x) = 6x - 18.000$

a) $E(x) = K(x) \Leftrightarrow 12x = 6x + 18.000 \Leftrightarrow 6x = 18.000 \Leftrightarrow x = 3.000$ Stück

b)

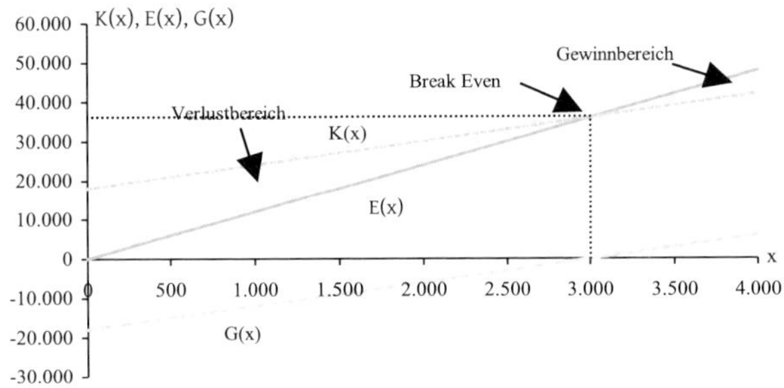

Abb. Ü.5

Aufgabe 68:

a) 2-Punkte-Form; alternativ: Einsetzen in Geradengleichung $y = mx + b$

$\underline{6.000 = m \cdot 10.000 + b}$

$4.400 = m \cdot 2.000 + b$

$1.600 = 8.000 \cdot m \Leftrightarrow m = 1/5 = 0{,}2$. Einsetzen $\Rightarrow b = 4.000$

$\Rightarrow y = 0{,}2x + 4.000$ Fixkosten = 4.000 GE, variable Stückkosten = 0,2 GE

b) ökonomisch sinnvoll: $x \geq 0$ und $p \geq 0$. $p \geq 0 \Leftrightarrow 8{,}2 - 0{,}001x \geq 0$

$\Leftrightarrow 8{,}2 \geq 0{,}001x \Leftrightarrow x \leq 8.200 \Rightarrow D_f = \{x: 0 \leq x \leq 8.200\}$

$E(x) = p \cdot x = p(x) \cdot x = 8{,}2x - 0{,}001x^2 = x \cdot (8{,}2 - 0{,}001x)$

c) $G(x) = E(x) - K(x) = 8{,}2x - 0{,}001x^2 - 0{,}2x - 4.000 = -0{,}001x^2 + 8x - 4.000$

$G = 0$: $-0{,}001x^2 + 8x - 4.000 = 0 \,|\cdot (-1.000) \Leftrightarrow x^2 - 8.000x + 4.000.000 = 0$

pq-Formel mit $p = -8.000$, $q = 4.00.000 \Rightarrow x_1 = 535{,}9$, $x_2 = 7.464{,}1$

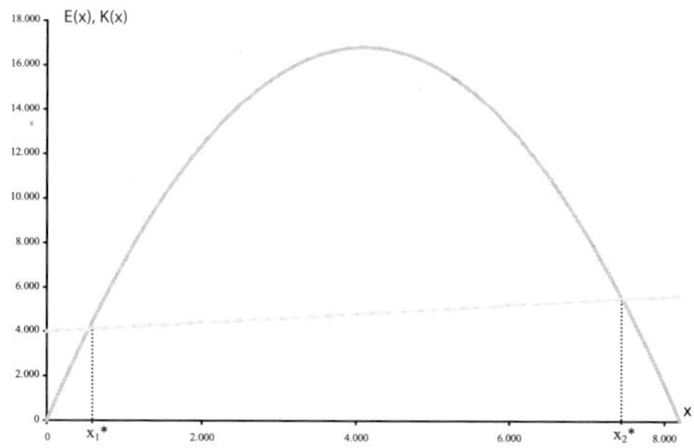

Abb. Ü.6

d) Er sollte 2.000 Stück produzieren, da er bei dieser Stückzahl gewinnbringend wirtschaftet. 10.000 liegt zum einen außerhalb des Definitionsbereichs, zum anderen wäre diese Stückzahl verlustbringend.

Aufgabe 69:

a) $p \geq 0 \Leftrightarrow -10x + 68 \geq 0 \Leftrightarrow x \leq 6{,}8$; $D_{f,ök} = \{x: 0 \leq x \leq 6{,}8\}$

b) $E(x) = -10x^2 + 68x$, $G(x) = E(x) - K(x) = -2x^3 + 8x^2 + 8x - 32$

c) $G(x) = 0 \Leftrightarrow -2x^3 + 8x^2 + 8x - 32 = 0 \Leftrightarrow x^3 - 4x^2 - 4x + 16 = 0$
Lösungsversuch mit $x = 2$:

	1	−4	−4	16
x = 2	–	2	−4	−16
	1	−2	−8	0

Abspalten des Linearfaktors $(x - 2)$:
$(x_1 - 2) \cdot (x^2 - 2x - 8) = 0$
$x^2 - 2x - 8 = 0$; pq-Formel mit $p = -2$, $q = -8$
$x_{2,3} = \frac{2}{2} \pm \sqrt{1 + 8} = 1 \pm 3$; $\Rightarrow x_2 = -2$ (scheidet aus)
$x_3 = 4 \Rightarrow$ Gewinngrenzen: $x = 2$ und $x = 4$

d)

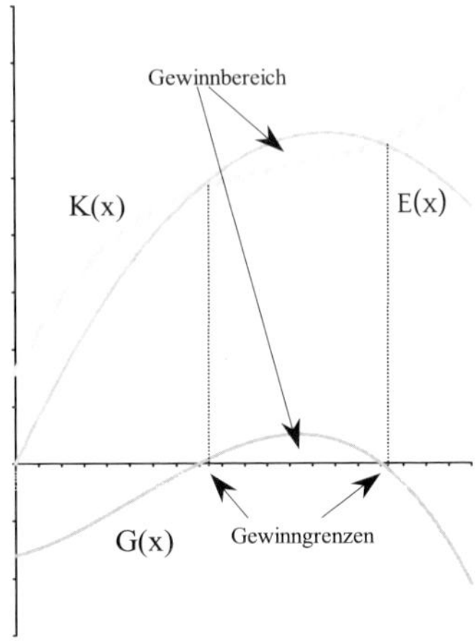

Abb. Ü.7

Aufgabe 70:

a) $p(x) = 100 - 0{,}1 \cdot x$; $E(x) = 100x - 0{,}1x^2$; Ökonomisch sinnvolle Bereiche für Kostenfunktion: $x \geq 0$, Umsatzfunktion: $0 \leq x \leq 1.000$

b) $G(x) = E(x) - K(x) = 100x - 0{,}1x^2 - 8.000 - 0{,}1x^2 = -0{,}2x^2 + 100x - 8.000$
$G(x) = 0 \mid : (-0{,}2) \Leftrightarrow x^2 - 500x + 40.000 = 0$; pq-Formel mit $p = -500$ und $q = 40.000 \Rightarrow x_{01} = 100$ und $x_{02} = 400$

Aufgabe 71:

Allgemeine Form: $y(x) = ax^2 + bx + c$; gesucht: a, b und c.
$y(0) = -6 \Rightarrow c = -6$. Aus $4a - 2b - 6 = 0$ und $9a + 3b - 6 = 0$ folgt:
$a = 1$ und $b = -1 \Rightarrow y(x) = x^2 + x - 6$

Aufgabe 72:

a) Ökonomisch sinnvoller Definitionsbereich: $Y > 0$ und $C > 0$

b) Existenzminimum: $C(0) = 60 \cdot \sqrt{16} = 240$ €/Monat

c) $S(Y) = Y - C(Y)$; gesucht: Y aus $S(Y) > 0$ bzw. $S(Y) = 0$, d. h. $Y = C(Y)$
$Y = 60 \cdot \sqrt{0{,}2 \cdot Y + 16} \mid^2 \Rightarrow Y^2 = 3.600 \cdot (0{,}2Y + 16) \Rightarrow ... \Rightarrow Y = 792{,}66$ €

d) $\frac{C}{Y} = 0{,}9$ bzw. $C = 0{,}9 \cdot Y$ bzw. $60 \cdot \sqrt{0{,}2 \cdot Y + 16} = 0{,}9 \cdot Y$; Quadrieren führt auf quadratische Gleichung; aufgelöst: $Y = 962{,}75$ €

Aufgabe 73:

a) $K(10) = 120$; $K(20) = 160$; $K(0) = 100 = c$ (Fixkosten); Lösen der Gleichung: $100a + 10b + 100 = 120$ und $400a + 20b + 100 = 160 \Rightarrow a = 0{,}1$ und $b = 1$ $\Rightarrow K(x) = 0{,}1x^2 + x + 100$

b) $\lim\limits_{\Delta x \to 0} \frac{K(x+\Delta x)-K(x)}{\Delta x} = \lim\limits_{\Delta x \to 0} \frac{0{,}1\cdot(x+\Delta x)^2+(x+\Delta x)+100-(0{,}1x^2+x+100)}{\Delta x}$
$= \ldots = \lim\limits_{\Delta x \to 0} (0{,}2x + 1 + 0{,}1\Delta x) = 0{,}2x + 1 = K'(x)$; $K'(10) = 3$; $K'(20) = 5$

c) Rechenregel $y = ax^n \rightarrow y' = n\cdot a\cdot x^{n-1}$: $K'(x) = 2 \cdot 0{,}1\cdot x + 1 + 0 = 0{,}2x + 1$

Aufgabe 74:

a) $f'(x) = 3x^2 + e^x$; b) Quotientenregel: $f'(x) = -\frac{x^2+6x+4}{(x^2-4)^2}$

c) $f(x) = x^6 \cdot x^{½} = x^{\frac{13}{2}}$; $f'(x) = \frac{13}{2} \cdot x^{\frac{11}{2}} = \frac{13}{2} \cdot \sqrt{x^{11}} = \frac{13}{2} \cdot x^5 \cdot \sqrt{x}$

d) Log. gesetz: $f(x) = 2\cdot x\cdot \ln x - 2x$; Produktregel: $f'(x) = 2 \cdot \ln x + 2 - 2 = 2 \cdot \ln x$

e) $f(x) = 2\cdot\ln(x + 3)$; $f'(x) = \frac{2}{x+3}$

f) $f'(x) = 20x^3 + \frac{1}{x} + e^x$; $f''(x) = 60x^2 - \frac{1}{x^2} + e^x$; $f'''(x) = 120x + \frac{2}{x^3} + e^x$

g) $f'(x) = 5e^x \cdot x^2 + 10x \cdot e^x$; $f''(x) = 5e^x x^2 + 20xe^x + 10e^x = 5e^x \cdot (x^2 + 4x + 2)$

Aufgabe 75:

a) $p = 3{,}99$, $x = 5.000 \Rightarrow E = 19.950$ €. $\Delta p = -0{,}2 \Rightarrow \frac{\Delta p}{p} = \frac{-0{,}2}{3{,}99} = -0{,}05013$
$\Rightarrow$ (ε = »bestenfalls« -1, d. h. %-Nachfragesteigerung vom gleichen Ausmaß)
$\frac{\Delta x}{x} = \frac{\Delta x}{5.000} = +0{,}05013 \Rightarrow \Delta x = 250{,}6 \Rightarrow x + \Delta x = 5.250{,}6$
$E_{neu} = 5.250{,}6 \cdot 3{,}79 = 19.900$ € $\Rightarrow$ Maßnahme lohnt nicht.

b) Gesucht: Elastizität, damit Umsatz wenigstens 19.950 €
$3{,}79x = 19.950 \Leftrightarrow x_{neu} = 5.264$, d. h. $\Delta x = 264$; $\varepsilon_{x,p} = \frac{\frac{\Delta x}{x}}{\frac{\Delta p}{p}} = \frac{\frac{264}{5000}}{\frac{-0{,}2}{3{,}99}} = -1{,}053$

Aufgabe 76:

a) $x'(p) = -2$; $\varepsilon_{x,p} = -2 \cdot \frac{p}{18-2p} = -\frac{2p}{18-2p}$; $p = 5$: $\varepsilon_{x,5} = -1{,}25$

b) $-\frac{2p}{18-2p} = -2 \Leftrightarrow p = 6$

Aufgabe 77:

a) $E(x) = -\frac{1}{3}x^2 + 5x$

b) $p'(x) = -\frac{1}{3}$; $\varepsilon_{p,x} = p'(x) \cdot \frac{x}{p(x)} = \frac{-\frac{1}{3}x}{-\frac{1}{3}x+5}$; $x = 6$: $\varepsilon_{p,6} = -0{,}67$; $x = 9$: $\varepsilon_{p,9} = -1{,}5$
$\varepsilon_{E,x} = E'(x) \cdot \frac{x}{E(x)} = \frac{-\frac{2}{3}x+5}{-\frac{1}{3}x+5}$; $\varepsilon_{U,6} = \frac{1}{3}$; $\varepsilon_{U,9} = -\frac{1}{2}$

c) $E(x) = p(x)\cdot x$; $E'(x) = p'(x)\cdot x + p(x)$ (Produktregel)
$$\varepsilon_{E,x} = E'(x) \cdot \frac{x}{E(x)} = [p'(x)\cdot x + p(x)] \cdot \frac{x}{x\cdot p(x)} = \underbrace{p'(x) \cdot \frac{x}{p(x)}}_{\varepsilon_{p,x}} + \underbrace{\frac{p(x)}{p(x)}}_{1} = \varepsilon_{p,x} + 1$$

Aufgabe 78:

a) $E(x) = -0{,}2x^2 + 30x$; $E'(x) = -0{,}4x + 30$; $E' = 0 \Rightarrow x^* = 75$; $E'' < 0 \Rightarrow$ Max.
   $p^* = p(x^*) = 15$

b) $E(x) = 150 \cdot x \cdot e^{-0{,}1x}$; $E'(x) = 150 \cdot e^{-0{,}1x} - 15 \cdot x \cdot e^{-0{,}1x} = 15 \cdot e^{-0{,}1x} \cdot (10 - x)$
   $E' = 0 \Rightarrow x^* = 10$; $E''(x) = e^{-0{,}1x} \cdot (1{,}5x - 30)$; $E''(10) < 0 \Rightarrow$ Max.; $p^* = 55{,}18$

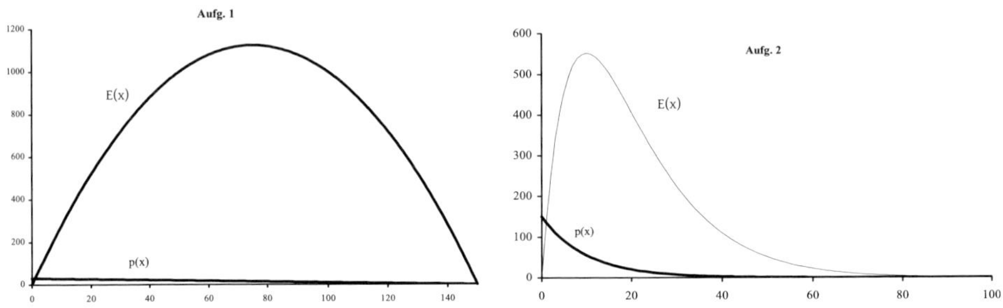

Abb. Ü.8

Aufgabe 79:

$E''(x) = -15 \cdot e^{-0{,}1x} - [15 \cdot e^{-0{,}1x} - 1{,}5x \cdot e^{-0{,}1x}] = e^{-0{,}1x} \cdot (1{,}5x - 30)$; $E'' = 0 \Rightarrow x_W = 20$

$E'''(x) = e^{-0{,}1x} \cdot (4{,}5 - 0{,}15x)$; $E'''(x_W) \neq 0 \Rightarrow$ WP bei $x = 20$

$U'''(x_W) > 0 \Rightarrow$ Übergang von konkav zu konvex.

Aufgabe 80:

a) $E(x) = -x^2 + 64x$; $G(x) = -0{,}25x^3 + 3{,}15x^2 + 25{,}9x - 122{,}4$

b) $G'(x) = -0{,}75x^2 + 6{,}3x + 25{,}9$. Newton: $x_{j+1} = x_j - \frac{G(x_j)}{G'(x_j)}$. $x_1 = 3$; $x_2 = 3{,}6071$
   $x_3 = 3{,}60000 = 3{,}6$. Horner-Schema mit $x_{01} = 3{,}6$:

	–0,25	3,15	25,9	–122,4
x = 3,6	–	–0,9	8,1	122,4
	–0,25	2,25	34	0

$(-0{,}25x^2 + 2{,}25x + 34) \cdot (x - 3{,}6) = 0$; abc-Formel $\Rightarrow x_{02} = 17$, $x_{03} = -8$. $L = \{3{,}6; 17\}$

Aufgabe 81:

$E(x) = p(x) \cdot x = -0{,}9x^2 + 15x$; $G(x) = -0{,}9x^2 + 15x - (0{,}3x^3 - 1{,}8x^2 + 5x + 30)$

$G(x) = 0 \Leftrightarrow x^3 - 3x^2 - \frac{100}{3}x + 100 = 0$; Lösungsversuch mit $x = 3$:

	1	-3	$-\frac{100}{3}$	100
x = 3	–	3	0	-100
	1	0	$-\frac{100}{3}$	0

Abspalten des Linearfaktors (x – 3): $(x_1 - 3)\cdot(x^2 - \frac{100}{3}) = 0$; $x_2 = \frac{10}{\sqrt{3}} = 5{,}77$ oder $x_3 = -\frac{10}{\sqrt{3}}$ (x_3 scheidet aus, da < 0); Gewinngrenzen: $x_1 = 3$ und $x_2 = 5{,}77$

Aufgabe 82:

a) $E(2.000) = 2.000 \cdot 600 = 1.200.000$ GE; $E(2.400) = 2.400 \cdot 520 = 1.248.000$ GE

b) 2-Punkte-Form $\Rightarrow p(x) = -5x + 5.000$

c) $E(x) = -5x^2 + 5.000x$; $E'(x) = -10x + 5.000$; $E' = 0 \Rightarrow x^* = 500$; $p^* = 2.500$
$E''(x) = -10$; $E'' < 0 \Rightarrow$ Max. bei $x = 500$. $E^* = 1.250.000$ GE

d) $\varepsilon_{p,x} = -5 \cdot \frac{x}{-5x+5.000}$; $x = 500$: $\varepsilon_{p,500} = -5 \cdot \frac{500}{-2.500+5.000} = -1$. Gleiches Ergebnis erhält man, wenn man $\varepsilon_{x,p}$ auf Basis $x(p) = -0{,}2p + 1.000$ errechnet.

Aufgabe 83:

a) 1 %ige Erhöhung des Stückpreises bewirkt 1 %igen Nachfragerückgang. Der Umsatz erreicht an dieser Stelle sein Maximum.

b) $x(20) = 10$ bzw. $a + 20b = 10$ (1); $\varepsilon = -1$ bzw. $\frac{20b}{a+20b} = -1$ bzw. $a + 40b = 0$ (2)
Auflösen führt auf $a = 20$ und $b = -½$, somit $x(p) = -½p + 20$

c) $p(x) = -1{,}5x + 35$; $E(x) = -1{,}5x^2 + 35x$; $E'(x) = -3x + 35$; $x^* = 1{,}67$; $p^* = 17{,}5$
$U''(x) = -3 < 0 \Rightarrow$ Max.

d) $k_v(x) = 0{,}1x^2 - 2{,}7x + 28{,}7$; $k_v'(x) = 0 \Leftrightarrow x_{min} = 13{,}5$; $k_v''(x) = 0{,}2 > 0 \Rightarrow$ Min.

e) $k(x) = 0{,}1x^2 - 2{,}7x + 28{,}7 + \frac{27}{x}$; $k'(x) = 0{,}2x - 2{,}7 - \frac{27}{x^2} = 0$; eingesetzt: ✓

f) $G(x) = -0{,}1x^3 + 1{,}2x^2 + 6{,}3x - 27$; Lösungsversuch $x = 3$:

	–0,1	1,2	6,3	–27
x = 3	–	–0,3	2,7	27
	–0,1	0,9	9	0

$(x - 3)\cdot(-0{,}1x^2 + 0{,}9x + 9) = 0$, verbleibt zu lösen: $-0{,}1x^2 + 0{,}9x + 9 = 0$ bzw. $x^2 - 9x - 90 = 0$; pq-Formel mit $p = -9$, $q = -90$: $x = 15$ und $x = -6$ $\Rightarrow$ Lösungen $x_{01} = 3$ und $x_{02} = 15$

g) $G'(x) = -0{,}3x^2 + 2{,}4x + 6{,}3$; $G'(x) = 0 \Rightarrow$ (quadrat. Gleichung) $x^{**} = 10{,}083$; $p^{**} = 19{,}875$; $G''(x) = -0{,}6x + 2{,}4$; $G''(x^{**}) = -3{,}65 < 0 \Rightarrow$ Max.

Aufgabe 84:

a) $K'(x) = 0{,}15x^2 - 1{,}6x + 7{,}25$; $K''(x) = 0{,}3x - 1{,}6$; $K'''(x) = 0{,}3 \neq 0$; $K''(x) = 0 \Leftrightarrow$ $x_W = 5{,}33$; $K(x_W) = 30{,}996$.

b)

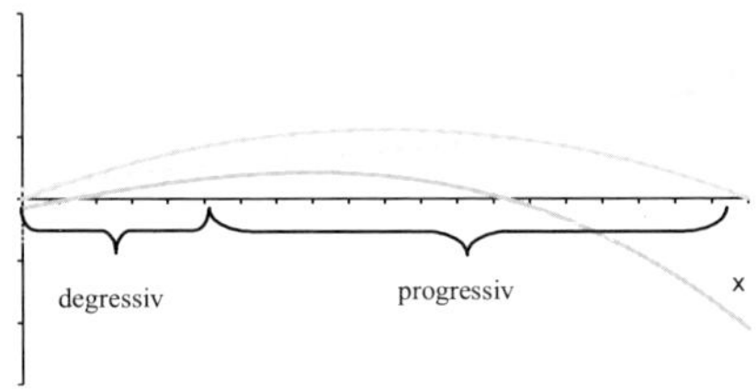

Abb. Ü.9

c) $k_v(x) = 0{,}05x^2 - 0{,}8x + 7{,}25$; $k_v'(x) = 0{,}1x - 0{,}8 = 0 \Leftrightarrow x_{Bmin} = 8$; $k_v'' > 0$ ✓

d) $k(x) = 0{,}05x^2 - 0{,}8x + 7{,}25 + \frac{7{,}5}{x}$; $k'(x) = 0{,}1x - 0{,}8 - \frac{7{,}5}{x^2}$; $k'(x) = 0$

$\Leftrightarrow 0{,}1x^3 - 0{,}8x^2 - 7{,}5 = 0$; einsetzen $x = 8{,}939$: ✓; $k''(x) = 0{,}1 + 15x^3 > 0$ ✓

Horner-Schema:

	0,1	–0,8	0	–7,5
x = 8,939	–	0,8939	0,839	7,5
	0,1	0,0939	0,839	0

$(x - 8{,}939) \cdot (0{,}1x^2 + 0{,}0939x + 0{,}839) = 0$; rechter Ausdruck hat keine positive Lösung.

e) $\varepsilon_{x,p} = -1 \cdot \frac{p}{15-p}$; $p = 7{,}5$: $\varepsilon_{x;7,5} = -1$

f) $E(x) = 15x - x^2$; $E'(x) = 15 - 2x = 0$; $E''(x) = -2 < 0$; $x^* = 7{,}5$

g) $G(x) = -0{,}05x^3 - 0{,}2x^2 + 7{,}75x - 7{,}5 = 0$ |:(–0,05)

$\Leftrightarrow x^3 + 4x^2 - 155x + 150 = 0$; Lösungsversuch $x = 1$:

	1	4	–155	150
x = 1	–	1	5	–150
	1	5	–150	0

$(x-1) \cdot (x^2 + 5x - 150) = 0$; quadratische Gleihung führt auf $x = 10$ und $x = -15$

$\Rightarrow$ Gewinngrenzen: $x_{01} = 1$ und $x_{02} = 10$

h) $G'(x) = -0{,}15x^2 - 0{,}4x + 7{,}75$; $G'(x) = 0 \Leftrightarrow x^2 + 2{,}667x - 51{,}67 = 0$
pq-Formel mit $p = 2{,}67$ und $q = -51{,}67$: $x = 5{,}98$ und $x = -8{,}64$
$\Rightarrow x^{**} = 5{,}98$; $p^{**} = 9{,}02$; $G''(x) = -0{,}3x - 0{,}4 < 0 \Rightarrow$ Max.

Aufgabe 85:

$K(x) = -2 \cdot (1-x)^3 + 4 = ... = 2x^3 - 6x^2 + 6x + 2$

a) Fixkosten $= +2$

b) $K'(x) = 6x^2 - 12x + 6$; $K''(x) = 12x - 12 = 0 \Leftrightarrow x_w = 1$; $K(x_w) = 4$
$K'''(x) = 12 \neq 0$; $K'(x_w) = 0 \Rightarrow$ Sattelpunkt

c) $k(x) = = 2x^2 - 6x + 6 + \frac{2}{x}$; $k'(x) = 4x - 6 - \frac{2}{x^2} = 0 \Leftrightarrow 4x^3 - 6x^2 - 2 = 0$
Newton: $x_{j+1} = x_j - \frac{4x^3-6x^2-2}{12x^2-12x}$. Startwert: $x_1 = 2$; $x_2 = 1{,}75$; $x_3 = 1{,}6825$

d) $G(x) = -2x^3 + 6x^2 - 3x - 2$; $G(x) = 0$; Lösungsversuch $x = 2$:

	2	6	–3	–2
x = 2	–	–4	4	2
	–2	2	1	0

$(x-2) \cdot (-2x^2 + 2x + 1) = 0$; quadratische Gleichung mit Lösungen $x = -0{,}36$ und $x = 1{,}366$

$\Rightarrow$ Gewinngrenzen $x_{01} = 1{,}366$ und $x_{02} = 2$

e) $G'(x) = -6x^2 + 12x - 3$; $G'(x) = 0$; quadratische Gleichung mit Lösungen $x = 1{,}707$ und $x = 0{,}293$
$G''(x) = -12x + 12$; $G''(1{,}707) < 0 \Rightarrow$ Max.; $G''(0{,}293) > 0 \Rightarrow$ Min.

Aufgabe 86:

a) $x(r) = r \cdot (-0{,}15r^2 + 2r + 12)$; $r_{01} = 0$; $-0{,}15r^2 + 2r + 12 = 0 \Leftrightarrow r^2 - 13{,}33r - 80 = 0$
pq-Formel mit $p = -13{,}33$ und $q = -80 \Rightarrow r_{02} = 17{,}825$.

b) steigender/fallender Output: $x' > 0$ bzw. $x' < 0$.
$x'(r) = -0{,}45r^2 + 4r + 12$; $x' = 0 \Rightarrow x^* = 11{,}258 \Rightarrow 0 \leq r \leq 11{,}258$: steigender Output; $11{,}258 \leq r \leq 17{,}825$: fallender Output.
$x''(r) = -0{,}9r + 4$; $x'' = 0 \Rightarrow x^{**} = 4{,}44 \Rightarrow 0 \leq r \leq 4{,}44$: steigende Grenzerträge;
$4{,}44 \leq r$: fallende Grenzerträge.

c)

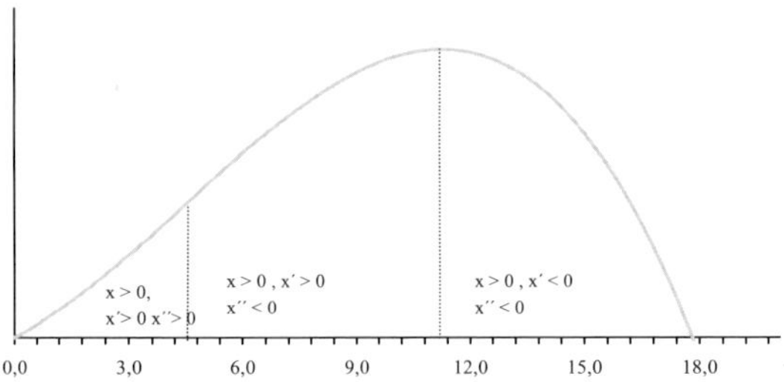

Abb. Ü.10

Aufgabe 87:

a) K = Gesamtkosten pro Jahr = variable Lagerkosten pro Jahr + bestellfixe Kosten pro Jahr
$= \frac{Q}{2} \cdot l + K_f \cdot z$ (wobei $z = \frac{B}{Q}$) $= \frac{Q}{2} \cdot l + K_f \cdot \frac{B}{Q} = K(Q)$
$K'(Q) = \frac{l}{2} - \frac{K_f \cdot B}{Q^2} = 0 \Leftrightarrow Q^2 = \frac{2K_f \cdot B}{l} \Rightarrow Q^* = \sqrt{\frac{2K_f \cdot B}{l}}$; $K''(Q) = \frac{2K_f \cdot B}{Q^3} > 0 \Rightarrow$ Minimum

b) eingesetzt: $Q^* = \sqrt{\frac{2 \cdot 100.000 \cdot 1.250}{10}} = 5.000$ Stück; $z = \frac{100.000}{5.000} = 20$

Aufgabe 88:

a) $f_x(x;y) = 2 \cdot (x-3)$; $f_y(x;y) = 2 \cdot (y-4)$

b) $f_{x_1}(x_1;x_2;x_3) = 2 \cdot x_2 \cdot e^{2x_1+4x_3}$
$f_{x_2}(x_1;x_2;x_3) = e^{2x_1+4x_3}$
$f_{x_3}(x_1;x_2;x_3) = 4 \cdot x_2 \cdot e^{2x_1+4x_3}$

c) $f_{x_1}(x_1;x_2;x_3) = -2x_1 + 3x_2 + 2x_3$
$f_{x_2}(x_1;x_2;x_3) = 6x_2 + 3x_1 + x_3$
$f_{x_3}(x_1;x_2;x_3) = 3x_3^2 + 2x_1 + x_2$

Aufgabe 89:

a) Die Produktionsfunktion lässt sich umschreiben zu: $x(r_1;r_2) = 2 \cdot r_1^{0,5} \cdot r_2^{0,5}$. Es handelt sich um eine COBB-DOUGLAS-Produktionsfunktion mit a = 2, α = β = 0,5.

b) $x(\lambda r_1;\lambda r_2) = 2 \cdot \sqrt{\lambda r_1 \cdot \lambda r_2} = 2 \cdot \sqrt{\lambda^2 r_1 \cdot r_2} = \lambda \cdot \underbrace{2 \cdot \sqrt{r_1 \cdot r_2}}_{x(r_1;r_2)}$. Eine Ver-λ-fachung aller Inputs führt zu einer (proportionalen) Ver-λ-fachung des Outputs, d. h. die Produktionsfunktion ist homogen vom Grade 1.

c) $x_{r_1}(r_1;r_2) = 2 \cdot 0{,}5 \cdot r_1^{-0,5} \cdot r_2^{0,5} = \frac{r_2^{0,5}}{r_1^{0,5}} = \sqrt{\frac{r_2}{r_1}}$

$x_{r_2}(r_1;r_2) = 2 \cdot 0{,}5 \cdot r_1^{0,5} \cdot r_2^{-0,5} = \frac{r_1^{0,5}}{r_2^{0,5}} = \sqrt{\frac{r_1}{r_2}}$

d) $x = 2 \cdot \sqrt{r_1 \cdot r_2} = 4 \,|\, :2 \Leftrightarrow \sqrt{r_1 \cdot r_2} = 2 |^2 \Rightarrow r_1 \cdot r_2 = 4 \Leftrightarrow r_2 = \frac{4}{r_1}$

Aufgabe 90:

$$GRS = \frac{dx_2}{dx_1} = -\frac{\frac{\partial N}{\partial x_1}}{\frac{\partial N}{\partial x_2}} = -\frac{4x_2}{4x_1} = -\frac{x_2}{x_1} \overset{Bsp}{=} -\frac{9}{15} = -0{,}6$$

Aufgabe 91:

Aus den sechs Werten errechnen sich folgende Mittelwerte: $\bar{x} = 5, \bar{y} = 70$
Streuungsdiagramm und Nebenrechnung:

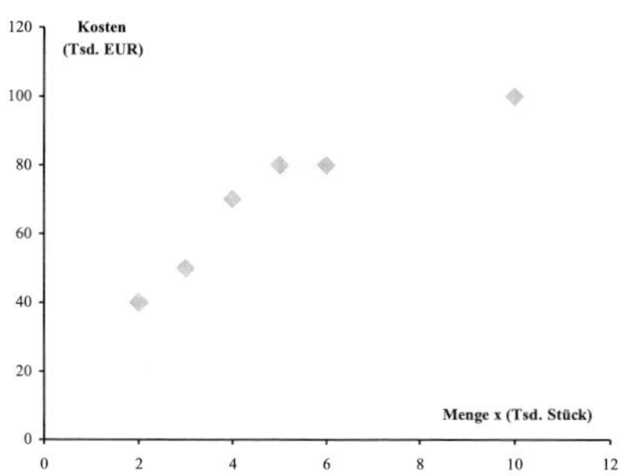

Monat	x_i	y_i	x_i^2	$x_i \cdot y_i$
1	2	40	4	80
2	3	50	9	150
3	4	70	16	280
4	6	80	36	480
5	5	80	25	400
6	10	100	100	1.000
	30	**420**	**190**	**2.390**
	$\sum x_i$	$\sum y_i$	$\sum x_i^2$	$\sum x_i y_i$

Abb. Ü.11

Berechnung des Steigungsparameters gem. (4.3): $a = \frac{6 \cdot 2.390 - 30 \cdot 420}{6 \cdot 190 - 30^2} = \frac{1.740}{240} = 7{,}25$
Berechnung des Ordinatenschnittpunktes: $b = \bar{y} - a \cdot \bar{x} = 70 - 7{,}25 \cdot 5 = 33{,}75$
Regressionsgerade: $y = 7{,}25x + 33{,}75$

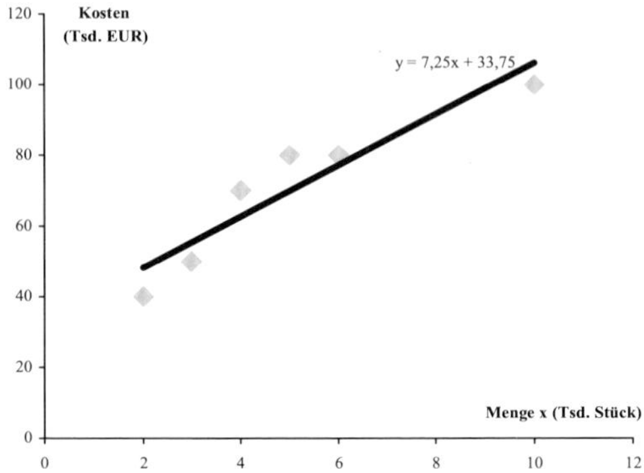

Abb. Ü.12

Aufgabe 92:

a) $f(x; y) = x^2 - 4x + 4 + y^2 - 4xy + 4x^2 + 8 = 5x^2 + y^2 - 4xy - 4x + 12$

b) $f_x(x; y) = 10x - 4y - 4$ [1]; $f_y(x; y) = 2y - 4x$ [2]; $f_{xx}(x; y) = 10$; $f_{yy}(x; y) = 2$
$f_{xy}(x; y) = -4$

c) [2]: $f_y = 0 \Leftrightarrow y^* = 2x^* \rightarrow$ [1]; $10x^* - 4 \cdot 2x^* - 4 = 0 \Leftrightarrow \underline{\underline{x^* = 2}}$; $\underline{\underline{y^* = 4}}$
zu zeigen: $f_{xx} \cdot f_{yy} > f_{xy}^2$: $10 \cdot 2 > 16$ ✓. Es liegt ein Minimum vor.

d) $f^* = f(x^*; y^*) = 8$

Aufgabe 93:

a) $f_x(x; y) = -3x^2 + 12y$ [1]; $f_y(x; y) = -3y^2 + 12x$ [2]; $f_{xx} = -6x$; $f_{yy} = -6y$; $f_{xy} =$
12.

b) zu lösen: Gleichungssystem $-3x^2 + 12y = 0$ und $-3y^2 + 12x = 0$
[1]·4: $-12x^2 + 48y = 0$
[2]·x: $\underline{12x^2 - 3xy^2 = 0}$
$48y - 3y^2x = 0 \Leftrightarrow y \cdot (48 - 3xy) = 0 \Leftrightarrow y^* = 0 \vee y^* = {}^{16}/_x$
1. $y^* = 0 \Rightarrow x^* = 0$ $(x^*; y^*) \notin D_f$
2. $-12x^2 + 48 \cdot {}^{16}/_x = 0 \Leftrightarrow x^3 = 64 \Leftrightarrow x^* = 4 \Rightarrow y^* = 4$
Nachweis, ob Extremum: $-6 \cdot 4 \cdot (-6 \cdot 4) > 144$ ✓. Es liegt ein Maximum vor.
$f^* = f(x^*; y^*) = 1.064$

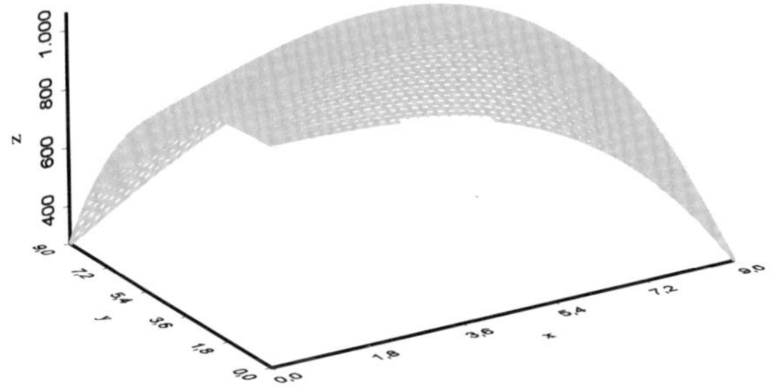

Abb. Ü.13

Aufgabe 94:

Zielfunktion: $20A + 10K \rightarrow \min!$

Nebenbedingung: $100\cdot A^{0,8}\cdot K^{0,2} = 10.000$ bzw. $A^{0,8}\cdot K^{0,2} - 100 = 0$

$L(A; K; \lambda) = 20\cdot A + 10\cdot K + \lambda\cdot(A^{0,8}\cdot K^{0,2} - 100)$

$L_A = 20 + 0,8\cdot\lambda\cdot A^{-0,2}\cdot K^{0,2} = 0$ [1]; $L_K = 10 + 0,2\cdot\lambda\cdot A^{0,8}\cdot K^{-0,8} = 0$ [2]

$L_\lambda = A^{0,8}\cdot K^{0,2} - 100 = 0$ [3].

[1]: $20 + \frac{0,8\cdot\lambda\cdot K^{0,2}}{A^{0,2}} = 0 \Leftrightarrow \lambda = -25\cdot\frac{A^{0,2}}{K^{0,2}} \rightarrow$ [2]. $10 + 0,2\cdot(-25\cdot\frac{A^{0,2}}{K^{0,2}})\cdot\frac{A^{0,8}}{K^{0,8}} = 0$

$\ldots \Rightarrow A^* = 2K^* \rightarrow$ [3] $\Rightarrow K^* = 57,43,\ A^* = 2K^* = 114,87$

Aufgabe 95:

a) Zielfunktion: $3\pi r^2 + 2\pi rh \rightarrow \min!$, Nebenbedingung: $\pi hr^2 - 250 = 0$ [cm]

b) $L(r; h; \pi) = 3\pi r^2 + 2\pi rh + \lambda\cdot(\pi hr^2 - 250)$

$L_r = 6\pi r + 2\pi h + 2\lambda\pi hr = 0$ [1]; $L_h = 2\pi r + \lambda\pi r^2 = 0$ [2]; $L_\lambda = \pi r^2 h - 250 = 0$ [3]

c) [2] $\Rightarrow \lambda = -\frac{2}{r} \rightarrow$ [1]; $6r + 2h + 2\cdot(-\frac{2}{r})\cdot h\cdot r = 0 \Leftrightarrow r^* = \frac{h^*}{3}$ bzw. $h^* = 3r^*$

$\rightarrow$ [3]: $r^3 = \frac{250}{3\cdot\pi} \mid \sqrt[3]{\ } \Leftrightarrow r^* = 2,98$ cm, $h^* = 8,95$ cm, $G^* = 251,27$ cm^2

Aufgabe 96:

a)
$$\begin{array}{c} \\ R_1 \\ R_2 \end{array}\begin{array}{c} \begin{matrix} z_1 & z_2 & z_3 \end{matrix} \\ \begin{bmatrix} 1 & 7 & 1 \\ 2 & 5 & 6 \end{bmatrix}_{(2,3)} \end{array} \cdot \begin{array}{c} \\ z_1 \\ z_2 \\ z_3 \end{array}\begin{array}{c} \begin{matrix} E_1 & E_2 \end{matrix} \\ \begin{bmatrix} 2 & 5 \\ 1 & 3 \\ 1 & 1 \end{bmatrix}_{(3,2)} \end{array} = \begin{array}{c} \\ R_1 \\ R_2 \end{array}\begin{array}{c} \begin{matrix} E_1 & E_2 \end{matrix} \\ \begin{bmatrix} 10 & 27 \\ 15 & 31 \end{bmatrix}_{(2,2)} \end{array}$$

Benötigte Rohstoffmengen: $\begin{bmatrix} 10 & 27 \\ 15 & 31 \end{bmatrix} \cdot \begin{bmatrix} 1.000 \\ 2.000 \end{bmatrix} = \begin{bmatrix} 64.000 \\ 77.000 \end{bmatrix}$

Benötigte Zwischenprodukte: $\begin{bmatrix} 2 & 5 \\ 1 & 3 \\ 1 & 1 \end{bmatrix} \cdot \begin{bmatrix} 1.000 \\ 2.000 \end{bmatrix} = \begin{bmatrix} 12.000 \\ 7.000 \\ 3.000 \end{bmatrix}$

b) Gesamtrohstoffkosten: $[2, 3] \cdot \begin{bmatrix} 1.000 \\ 2.000 \end{bmatrix} = 359.000$ GE

Aufgabe 97:

Zu berechnen ist die Matrix A^{-1} mit $A^{-1} \cdot A = E$. Mit Hilfe des Falk'schen Schemas erhalten wir folgende Gleichungen:

(1) 3a – 4c = 1 (2) 3b – 4d = 0

(3) a + 2c = 0 (3) b + 2d = 1

		a	*b*
		c	*d*
3	−4	1	0
1	2	0	1

$$
\begin{aligned}
&(1)\ 3a - 4c = 1 \Leftrightarrow 3a - 4c = 1 \\
&(3)\ a + 2c = 0 \Leftrightarrow \underline{-3a - 6c = 0} \\
&\qquad -10c = 1 \Leftrightarrow c = -0{,}1 \\
&\qquad \text{in (3): } a - 2 \cdot 0{,}1 = 0 \Leftrightarrow a = 0{,}2 \\
&(2)\ 3b - 4d = 0 \Leftrightarrow 3b - 4d = 0 \\
&(4)\ b + 2d = 1 \Leftrightarrow \underline{-3b - 6d = -3} \\
&\qquad -10d = -3 \Leftrightarrow d = 0{,}3 \\
&\qquad \text{in (4): } b + 2 \cdot 0{,}3 = 1 \Leftrightarrow b = 0{,}4
\end{aligned}
$$

Somit: $A^{-1} = \begin{bmatrix} 0{,}2 & 0{,}4 \\ -0{,}1 & 0{,}3 \end{bmatrix}$, Probe: $\underbrace{\begin{bmatrix} 3 & -4 \\ 1 & 2 \end{bmatrix}}_{A} \cdot \underbrace{\begin{bmatrix} 0{,}2 & 0{,}4 \\ -0{,}1 & 0{,}3 \end{bmatrix}}_{A^{-1}} = \underbrace{\begin{bmatrix} 1 & 0 \\ 0 & 1 \end{bmatrix}}_{E}$

Aufgabe 98:

Lösungsvektoren:

a) $\left[\begin{array}{ccc|c} 1 & 3 & 4 & 8 \\ 2 & 9 & 14 & 25 \\ 5 & 12 & 18 & 39 \end{array}\right] \overset{\substack{Z1 \cdot 2 - Z2 \\ Z1 \cdot 5 - Z3}}{\longrightarrow} \left[\begin{array}{ccc|c} 1 & 3 & 4 & 8 \\ 0 & -3 & -6 & -9 \\ 0 & 3 & 2 & 1 \end{array}\right] \overset{Z2+Z3}{\longrightarrow} \left[\begin{array}{ccc|c} 1 & 3 & 4 & 8 \\ 0 & -3 & -6 & -9 \\ 0 & 0 & -4 & -8 \end{array}\right] \overset{\substack{Z2:(-3) \\ Z3:(-4)}}{\longrightarrow}$

$\left[\begin{array}{ccc|c} 1 & 3 & 4 & 8 \\ 0 & 1 & 2 & 3 \\ 0 & 0 & 1 & 2 \end{array}\right]$

$$x_1 + 3 \cdot (-1) + 4 \cdot 2 = 8 \Leftrightarrow x_1 = 3$$

$$\uparrow$$

$$x_2 + 2 \cdot 2 = 3 \Leftrightarrow x_2 = -1$$

$$\uparrow$$

Rückwärtseinsetzen: $x_3 = 2$ $\begin{bmatrix} x_1 \\ x_2 \\ x_3 \end{bmatrix} = \begin{bmatrix} 3 \\ -1 \\ 2 \end{bmatrix}$

b) $\left[\begin{array}{ccc|c} 1 & 1 & -1 & -3 \\ 2 & 1 & -1 & -1 \\ 2 & 3 & -5 & -10 \end{array}\right] \overset{\substack{Z1\cdot 2\text{-}Z2 \\ Z1\cdot 2\text{-}Z3}}{\widehat{\rightarrow}} \left[\begin{array}{ccc|c} 1 & 1 & -1 & -3 \\ 0 & 1 & -1 & -5 \\ 0 & -1 & 3 & 4 \end{array}\right] \overset{Z2+Z3}{\widehat{\rightarrow}} \left[\begin{array}{ccc|c} 1 & 1 & -1 & -3 \\ 0 & 1 & -1 & -5 \\ 0 & 0 & 2 & -1 \end{array}\right], \begin{bmatrix} x_1 \\ x_2 \\ x_3 \end{bmatrix} = \begin{bmatrix} 2 \\ -5,5 \\ -0,5 \end{bmatrix}$

c) $\left[\begin{array}{cccc|c} 1 & 1 & -1 & 3 & -3 \\ 2 & 1 & 1 & 4 & -1 \\ 2 & 3 & -5 & 8 & -11 \\ -1 & 1 & -5 & 1 & -7 \end{array}\right] \overset{\substack{Z1\cdot 2\text{-}Z2 \\ Z1\cdot 2\text{-}Z3 \\ Z1+Z4}}{\widehat{\rightarrow}} \left[\begin{array}{cccc|c} 1 & 1 & -1 & 3 & -3 \\ 0 & 1 & -3 & 2 & -5 \\ 0 & -1 & 3 & -2 & 5 \\ 0 & 2 & -6 & 4 & -10 \end{array}\right] \overset{\substack{Z2+Z3 \\ Z2\cdot 2\text{-}Z4}}{\widehat{\rightarrow}}$

$\left[\begin{array}{cccc|c} 1 & 1 & -1 & 3 & -3 \\ 0 & 1 & -3 & 2 & -5 \\ 0 & 0 & 0 & 0 & 0 \\ 0 & 0 & 0 & 0 & 0 \end{array}\right]$ nicht eindeutig lösbar

Aufgabe 99:

Ansatz: $\begin{bmatrix} 2 & 6 & 4 \\ 1 & 1 & 2 \\ 4 & 10 & 6 \end{bmatrix} \cdot \begin{bmatrix} k_1 \\ k_2 \\ k_3 \end{bmatrix} = \begin{bmatrix} 42 \\ 15 \\ 68 \end{bmatrix}$ bzw. $\left[\begin{array}{ccc|c} 2 & 6 & 4 & 42 \\ 1 & 1 & 2 & 15 \\ 4 & 10 & 6 & 68 \end{array}\right]$; Lösung:

$\begin{bmatrix} k_1 \\ k_2 \\ k_3 \end{bmatrix} = \begin{bmatrix} 2 \\ 3 \\ 5 \end{bmatrix}$

Aufgabe 100:

Der Lösungsvektor x ergibt sich aus: $x = A^{-1} \cdot b$. Zu berechnen ist also zunächst die Inverse zur Matrix $A = \begin{bmatrix} 1 & 2 & 2 \\ 2 & 1 & 1 \\ 1 & 4 & 1 \end{bmatrix}$. Aufstellen des Falk'schen Schemas:

$$\begin{array}{c|ccc|ccc|} & & & & x_1 & y_1 & z_1 \\ & & & A^{-1} & x_2 & y_2 & z_2 \\ & & & & x_3 & y_3 & z_3 \\ \hline & 1 & 2 & 2 & 1 & 0 & 0 \\ A & 2 & 1 & 1 & 0 & 1 & 0 \\ & 1 & 4 & 1 & 0 & 0 & 1 \\ \hline \end{array}\; E.$$

Das Durchführen der Matrizenmultiplikation führt uns schließlich zu 3 Gleichungssystemen mit 3 Unbekannten:

$$\begin{aligned} x_1 + 2x_2 + 2x_3 &= 1 & y_1 + 2y_2 + 2y_3 &= 0 & z_1 + 2z_2 + 2z_3 &= 0 \\ 2x_1 + x_2 + x_3 &= 0 & 2y_1 + y_2 + y_3 &= 1 & 2z_1 + z_2 + z_3 &= 0 \\ x_1 + 4x_2 + x_3 &= 0 & y_1 + 4y_2 + y_3 &= 0 & z_1 + 4z_2 + z_3 &= 1 \end{aligned}$$

Die Lösung (mit dem Gauß'schen Algorithmus) führt zu folgenden Ergebnissen:

$x^T = [x_1, x_2, x_3]^T = \left[-\frac{1}{3}, -\frac{1}{9}, \frac{7}{9}\right]^T$, $y^T = [y_1, y_2, y_3]^T = \left[\frac{2}{3}, -\frac{1}{9}, \frac{2}{9}\right]^T$,

$z^T = [z_1, z_2, z_3]^T = \left[0, \frac{1}{3}, -\frac{1}{3}\right]^T$

Damit haben wir die Inverse gefunden: $A^{-1} = \begin{bmatrix} -\frac{1}{3} & \frac{2}{3} & 0 \\ -\frac{1}{9} & -\frac{1}{9} & \frac{1}{3} \\ \frac{7}{9} & -\frac{2}{9} & -\frac{1}{3} \end{bmatrix}$. Die Lösung des linearen Gleichungssystems errechnet sich schließlich wie folgt:

$$x = A^{-1} \cdot b = \begin{bmatrix} -\frac{1}{3} & \frac{2}{3} & 0 \\ -\frac{1}{9} & -\frac{1}{9} & \frac{1}{3} \\ \frac{7}{9} & -\frac{2}{9} & -\frac{1}{3} \end{bmatrix} \cdot \begin{bmatrix} 11 \\ 7 \\ 15 \end{bmatrix} = \begin{bmatrix} 1 \\ 3 \\ 2 \end{bmatrix}$$

Aufgabe 101:

Gleichungen:

(1) $x + y + z = 5.000$; (2) $0,03x + 0,05y + 0,08z = 230$; (3) $x = y + z \Leftrightarrow x - y - z = 0$

$$\left[\begin{array}{ccc|c} 1 & 1 & 1 & 5.000 \\ 0,03 & 0,05 & 0,08 & 230 \\ 1 & -1 & -1 & 0 \end{array}\right] \begin{array}{c} \\ 3 \cdot Z1 - 100 \cdot Z2 \\ Z1 - Z3 \end{array} \rightarrow \left[\begin{array}{ccc|c} 1 & 1 & 1 & 5.000 \\ 0 & -2 & -5 & -8.000 \\ 0 & 2 & 2 & 5.000 \end{array}\right] Z2 + Z3$$

$$\rightarrow \left[\begin{array}{ccc|c} 1 & 1 & 1 & 5.000 \\ 0 & -2 & -5 & -8.000 \\ 0 & 0 & -3 & -3.000 \end{array}\right] \textit{Rückwärtseinsetzen:}$$

$$x + 1.500 + 1.000 = 5.000 \Leftrightarrow x = 2.500€$$

$$-2 \cdot y - 5.000 = -8.000 \Leftrightarrow y = 1.500€ \nwarrow$$

$$\rightarrow -3z = -3.000 \Leftrightarrow z = 1.000€ \nwarrow$$

Somit: $\begin{bmatrix} x \\ y \\ z \end{bmatrix} = \begin{bmatrix} 2.500 \\ 1.500 \\ 1.000 \end{bmatrix}$

Aufgabe 102:
Zu lösen:

24		$+3p_2$	$+2p_3$	$=8p_1$
13	$+p_1$		$+3p_3$	$=10p_2$
13	$+2p_1$	$+2p_2$		$=25p_3$

$$\text{bzw.}\ \left[\begin{array}{ccc|c} 8 & -3 & -2 & 24 \\ -1 & 10 & -3 & 13 \\ -2 & -2 & 25 & 13 \end{array}\right],\ \text{Lösungvektor:}\ \begin{bmatrix} p_1 \\ p_2 \\ p_3 \end{bmatrix} = \begin{bmatrix} 4 \\ 2 \\ 1 \end{bmatrix}$$

Aufgabe 103:
Ansatz:

106	$+p_1$	$+2p_2$	$+3p_3$	$+p_4$	$=27p_1$
125	$+2p_1$		$+p_3$	$+4p_4$	$=25p_2$
52	$+p_1$	$+p_2$	$+p_3$	$+4p_4$	$=26p_3$
42	$+3p_1$	$+2p_2$	$+p_3$		$=24p_4$
Primärkosten		+ Sekundärkosten			= Wert der Gesamtleistung

Umschreiben in lineares Gleichungssystem und Matrizendarstellung:

$$\left[\begin{array}{cccc|c} 26 & -2 & -3 & -1 & 106 \\ -2 & 25 & -1 & -4 & 125 \\ -1 & -1 & 25 & -4 & 52 \\ -3 & -2 & -1 & 24 & 42 \end{array}\right] \xrightarrow{\text{Z1}\cdot(-1)\text{ und Zeilentausch}} \left[\begin{array}{cccc|c} 1 & 1 & -25 & 4 & -52 \\ -2 & 25 & -1 & -4 & 125 \\ -3 & -2 & -1 & 24 & 42 \\ 26 & -2 & -3 & -1 & 106 \end{array}\right] \xrightarrow{\text{Z1}\cdot 2\text{-Z2},\ \text{Z1}\cdot 3\text{-Z3},\ \text{Z1}\cdot 26\text{-Z4}}$$

$$\left[\begin{array}{cccc|c} 1 & 1 & -25 & 4 & -52 \\ 0 & 27 & -51 & 4 & 21 \\ 0 & 1 & -76 & 36 & -114 \\ 0 & 28 & -647 & 105 & -1.458 \end{array}\right] \xrightarrow{\text{Zeilentausch Z2 mit Z3}} \left[\begin{array}{cccc|c} 1 & 1 & -25 & 4 & -52 \\ 0 & 1 & -76 & 36 & -114 \\ 0 & 27 & -51 & 4 & 21 \\ 0 & 28 & -647 & 105 & -1.458 \end{array}\right] \xrightarrow{\text{Z1}\cdot 2\text{-Z2},\ \text{Z1}\cdot 3\text{-Z3},\ \text{Z1}\cdot 26\text{-Z4}}$$

$$\left[\begin{array}{cccc|c} 1 & 1 & -25 & 4 & -52 \\ 0 & 1 & -76 & 36 & -114 \\ 0 & 0 & -2.001 & 968 & -3.099 \\ 0 & 0 & -1.481 & 903 & -1.734 \end{array}\right] \xrightarrow[-Z4\cdot 2.001]{Z3\cdot 1.481} \left[\begin{array}{cccc|c} 1 & 1 & -25 & 4 & -52 \\ 0 & 1 & -76 & 36 & -114 \\ 0 & 0 & -2.001 & 968 & -3.099 \\ 0 & 0 & 0 & -373.295 & -1.119.885 \end{array}\right]$$

Rückwärtseinsetzen:

$-373.295p_4 = -1.119.885 \Leftrightarrow p_4 = 3$

$-2.001p_3 + 968 \cdot 3 = -3.099 \Leftrightarrow p_3 = 3$ Somit: $\begin{bmatrix} p_1 \\ p_2 \\ p_3 \\ p_4 \end{bmatrix} = \begin{bmatrix} 5 \\ 6 \\ 3 \\ 3 \end{bmatrix}$

$p_2 - 76 \cdot 3 + 36 \cdot 3 = -114 \Leftrightarrow p_2 = 6$

$p_1 + 1 \cdot 6 - 25 \cdot 3 + 4 \cdot 3 = -52 \Leftrightarrow p_1 = 5$

Aufgabe 104:

Variablenbezeichnungen: Mengen für R_1, R_2, Z_1, Z_2, Z_3, E_1, $E_2 = x_1,\dots, x_7$

x_1	=	x_3	$+ x_4$	$+ x_5$			
x_2	=	$2x_3$	$+ 4x_4$	$+ 2x_5$			
x_3	=		$+ x_4$		$+ 2x_6$	$+ x_7$	
x_4	=				x_6	$+ 3x_7$	
x_5	=		$+ 2x_4$		$+ 2x_6$	$+ x_7$	
x_6	=						500
x_7	=						2.000

MATRIX-DARSTELLUNG

$$\text{bzw.} \left[\begin{array}{ccccccc|c} 1 & 0 & -1 & -1 & -1 & 0 & 0 & 0 \\ 0 & 1 & -2 & -4 & -2 & 0 & 0 & 0 \\ 0 & 0 & 1 & -1 & 0 & -2 & -1 & 0 \\ 0 & 0 & 0 & 1 & 0 & -1 & -3 & 0 \\ 0 & 0 & 0 & -2 & 1 & -2 & -1 & 0 \\ 0 & 0 & 0 & 0 & 0 & 1 & 0 & 500 \\ 0 & 0 & 0 & 0 & 0 & 0 & 1 & 2000 \end{array}\right], \text{ Lösungvektor: } \begin{bmatrix} x_1 \\ x_2 \\ x_3 \\ x_4 \\ x_5 \\ x_6 \\ x_7 \end{bmatrix} = \begin{bmatrix} 32.000 \\ 77.000 \\ 9.500 \\ 6.500 \\ 16.000 \\ 500 \\ 2.000 \end{bmatrix}$$

Aufgabe 105:

Variablenbezeichnungen: Mengen für ET1, ET2, ET3, BG1, BG2, EP = $x_1,\ldots, x_6$.

		x_1	x_2	x_3	x_4	x_5	x_6	
x_1	=				$4x_4$	$+ x_5$		
x_2	=				x_4	$+ x_5$		
x_3	=		x_2			$+ 2x_5$		
x_4	=					$2x_5$	$+ 2x_6$	$+ 100$
x_5	=				$0{,}2x_4$		$+ x_6$	$+ 200$
x_6	=							1.000

MATRIX-DARSTELLUNG

$$\text{bzw.}\quad \left[\begin{array}{cccccc|c} 1 & 0 & 0 & -4 & -1 & 0 & 0 \\ 0 & 1 & 0 & -1 & -1 & 0 & 0 \\ 0 & -1 & 1 & 0 & -2 & 0 & 0 \\ 0 & 0 & 0 & 1 & -2 & -2 & 100 \\ 0 & 0 & 0 & -0{,}2 & 1 & -1 & 200 \\ 0 & 0 & 0 & 0 & 0 & 1 & 1.000 \end{array}\right] \xrightarrow[\text{Z4+Z5}\cdot 5]{\text{Z2+Z3}} \left[\begin{array}{cccccc|c} 1 & 0 & 0 & -4 & -1 & 0 & 0 \\ 0 & 1 & 0 & -1 & -1 & 0 & 0 \\ 0 & 0 & 1 & -1 & -3 & 0 & 0 \\ 0 & 0 & 0 & 1 & -2 & -2 & 100 \\ 0 & 0 & 0 & 0 & 3 & -7 & 1.100 \\ 0 & 0 & 0 & 0 & 0 & 1 & 1.000 \end{array}\right]$$

$$\text{Rückwärtseinsetzen:}\quad \begin{bmatrix} x_1 \\ x_2 \\ x_3 \\ x_4 \\ x_5 \\ x_6 \end{bmatrix} = \begin{bmatrix} 32.700 \\ 10.200 \\ 15.600 \\ 7.500 \\ 2.700 \\ 1000 \end{bmatrix}$$

Aufgabe 106:

a)

	Sektor 1	**Sektor 2**	**Endverbrauch**	**Gesamtproduktion**
Sektor 1	12	16	20	48
Sektor 2	18	24	48	90

$$A = \begin{bmatrix} \frac{12}{48} & \frac{16}{90} \\ \frac{18}{48} & \frac{24}{90} \end{bmatrix} = \begin{bmatrix} 0{,}25 & 0{,}1\overline{7} \\ 0{,}375 & 0{,}2\overline{6} \end{bmatrix}; E - A = \begin{bmatrix} 1 & 0 \\ 0 & 1 \end{bmatrix} - \begin{bmatrix} 0{,}25 & 0{,}1\overline{7} \\ 0{,}375 & 0{,}2\overline{6} \end{bmatrix} = \begin{bmatrix} 0{,}75 & -0{,}1\overline{7} \\ -0{,}375 & 0{,}7\overline{3} \end{bmatrix}$$

b) $X = AX + Y \Leftrightarrow (E - A)X = Y$ *bzw.*

$$\left[\begin{array}{cc|c} 0{,}75 & -0{,}1\overline{7} & 30 \\ -0{,}375 & 0{,}7\overline{3} & 72 \end{array}\right] Z1 + 2 \cdot Z2 \rightarrow \left[\begin{array}{cc|c} 0{,}75 & -0{,}1\overline{7} & 30 \\ 0 & 1{,}2\overline{8} & 174 \end{array}\right] \begin{array}{l} \rightarrow x_1 = 72 \\ x_2 = 135 \end{array} \nwarrow$$

Lösung über Inverse:

$$(E - A)^{-1} \overset{EXCEL}{=} \begin{bmatrix} 1{,}51724 & 0{,}36782 \\ 0{,}77586 & 1{,}55172 \end{bmatrix} \quad x = \begin{bmatrix} 1{,}51724 & 0{,}36782 \\ 0{,}77586 & 1{,}55172 \end{bmatrix} \cdot \begin{bmatrix} 30 \\ 72 \end{bmatrix}$$

$$= \begin{bmatrix} 72 \\ 135 \end{bmatrix}$$

c) $$Y = (E - A) \cdot X = \begin{bmatrix} 0{,}75 & -0{,}1\overline{7} \\ -0{,}375 & 0{,}7\overline{3} \end{bmatrix} \cdot \begin{bmatrix} 96 \\ 180 \end{bmatrix} = \begin{bmatrix} 40 \\ 96 \end{bmatrix}$$

Aufgabe 107:

a)

	Kleinbonum	Laudanum	Marktnachfrage	Gesamtproduktion
Kleinbonum	45	15	240	300
Laudanum	30	30	180	240

b) $$A = \begin{bmatrix} \frac{45}{300} & \frac{15}{240} \\ \frac{30}{300} & \frac{30}{240} \end{bmatrix} = \begin{bmatrix} \frac{3}{20} & \frac{1}{16} \\ \frac{1}{10} & \frac{1}{8} \end{bmatrix} = \begin{bmatrix} 0{,}15 & 0{,}0625 \\ 0{,}1 & 0{,}125 \end{bmatrix}$$

c) $AX + Y \Leftrightarrow Y = EX - AX = (E - A)X \Leftrightarrow X = (E - A)^{-1}Y$

Produktionserhöhung Kleinbonum um 10 % $\rightarrow$ 330

Produktionserhöhung Laudanum um 30 % $\rightarrow$ 312

$$E - A = \begin{bmatrix} 1 & 0 \\ 0 & 1 \end{bmatrix} - \begin{bmatrix} \frac{3}{20} & \frac{1}{16} \\ \frac{1}{10} & \frac{1}{8} \end{bmatrix} = \begin{bmatrix} \frac{17}{20} & -\frac{1}{16} \\ -\frac{1}{10} & \frac{7}{8} \end{bmatrix}$$

$$(E - A)X = \begin{bmatrix} \frac{17}{20} & -\frac{1}{16} \\ -\frac{1}{10} & \frac{7}{8} \end{bmatrix} \cdot \begin{bmatrix} 330 \\ 312 \end{bmatrix} = \begin{bmatrix} 261 \\ 240 \end{bmatrix}$$

d) $$\left[\begin{array}{cc|c} \frac{17}{20} & -\frac{1}{16} & 485 \\ -\frac{1}{10} & \frac{7}{8} & 290 \end{array}\right] 2 \cdot Z1 + 17 \cdot Z2 \rightarrow \left[\begin{array}{cc|c} \frac{17}{20} & -\frac{1}{16} & 485 \\ 0 & \frac{59}{4} & 5.900 \end{array}\right] \begin{array}{l} \frac{17}{20}x_1 - \frac{400}{16} = 485 \Leftrightarrow \underline{\underline{x_1 = 600}} \\ \rightarrow \frac{59}{4}x_2 = 5.900 \Leftrightarrow \underline{\underline{x_2 = 400}} \end{array}$$

Aufgabe 108:

a)

	Sektor 1	Sektor 2	Endnachfrage	BPW x_i
Sektor 1	100	100	800	1.000
Sektor 2	500	300	200	1.000
Primäre Inputs	400	600		
BPW x_j	1.000	1.000		

b) $$A = \begin{bmatrix} \frac{100}{1.000} & \frac{100}{1.000} \\ \frac{500}{1.000} & \frac{300}{1.000} \end{bmatrix} = \begin{bmatrix} 0{,}1 & 0{,}1 \\ 0{,}5 & 0{,}3 \end{bmatrix} . \quad E - A = \begin{bmatrix} 1 & 0 \\ 0 & 1 \end{bmatrix} - \begin{bmatrix} 0{,}1 & 0{,}1 \\ 0{,}5 & 0{,}3 \end{bmatrix} = \begin{bmatrix} 0{,}9 & -0{,}1 \\ -0{,}5 & 0{,}7 \end{bmatrix}$$

c) $$zuzeigen: (E-A) \cdot (E-A)^{-1} = E = \begin{bmatrix} 1 & 0 \\ 0 & 1 \end{bmatrix}$$

$$\mathit{Matrizenmultiplikation}: \begin{bmatrix} 0{,}9 & -0{,}1 \\ -0{,}5 & 0{,}7 \end{bmatrix} \cdot \begin{bmatrix} 1{,}21 & 0{,}17 \\ 0{,}86 & 1{,}55 \end{bmatrix} = \begin{bmatrix} 1 & 0 \\ 0 & 1 \end{bmatrix} \checkmark$$

d) $$X = AX + Y \Leftrightarrow Y = (E-A)X = \begin{bmatrix} 0{,}9 & -0{,}1 \\ -0{,}5 & 0{,}7 \end{bmatrix} \cdot \begin{bmatrix} 1.500 \\ 1.400 \end{bmatrix} = \begin{bmatrix} 1.210 \\ 230 \end{bmatrix}$$

e)

	Sektor 1	Sektor 2	Endnachfrage	BPW x_i
Sektor 1			1.210	1.500
Sektor 2			230	1.400
Primäre Inputs				
BPW x_j	1.500	1.400		

Es gilt die Relation $a_{ij} = \frac{x_{ij}}{x_j} \Leftrightarrow x_{ij} = a_{ij} \cdot x_j$ *für alle* $i, j = 1, \dots, n$
Aus den gegebenen Inputkoeffizienten lassen sich nun die Werte x_{ij} berechnen:

$x_{11} = 0{,}1 \cdot 1.500 = 150$
$x_{12} = 0{,}1 \cdot 1.400 = 140$
$x_{21} = 0{,}5 \cdot 1.500 = 750$
$x_{22} = 0{,}3 \cdot 1.400 = 420$

$\Rightarrow$

	S1	S2	Endnach-frage	BPW x_i
S1	**150**	**140**	**1.210**	1.500
S2	**750**	**420**	**230**	1.400
Primäre Inputs	**600**	**840**		
BPW x_j	1.500	1.400		

Aufgabe 109:

a) Aufstellen des linearen Programms:

ZF: Gewinn $= 10x_1 + 8x_2 - 3x_1 - 3x_2 - 2.000 = 7x_1 + 5x_2 - 2.000 \rightarrow$ max!

NB: $10x_1 + 4x_2 \leq 3.900$ [1]

$4x_1 + 5x_2 \leq 1.900$ [2]

$3x_1 + 10x_2 \leq 2.500$ [3]

NNB: $x_1, x_2 \geq 0$ [4]

b)

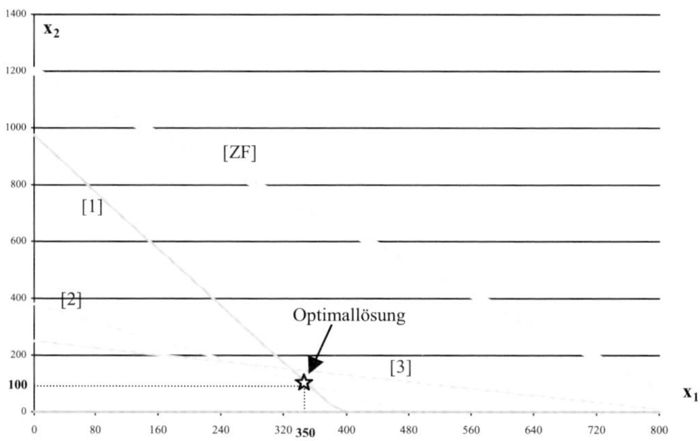

Abb. Ü.14

Umstellen und Gleichsetzen der Geraden [1] und [2]:

$10x_1 + 4x_2 = 3.900 \Leftrightarrow x_2 = -2{,}5x_1 + 975$

$4x_1 + 5x_2 = 1.900 \Leftrightarrow x_2 = -0{,}8x_1 + 380$

Gleichsetzen und Einsetzen $\Rightarrow x_1^* = 350,\ x_2^* = 100$

Aufgabe 110:

Aufstellen des linearen Programms:

ZF: $K = 4x_1 + 3x_2 \rightarrow \min!$

NB: $10x_1 + 20x_2 \geq 50$ [1]

$50x_1 + 30x_2 \geq 150$ [2]

$50x_1 + 50x_2 \geq 200$ [3]

NNB: $x_1, x_2 \geq 0$ [4]

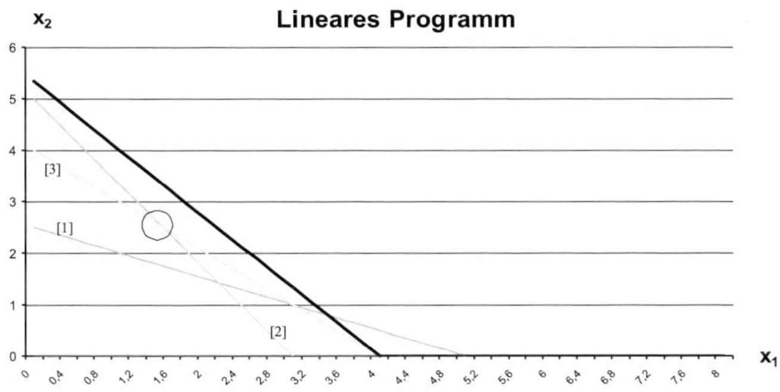

Abb. Ü.15

Umstellen und Gleichsetzen der Geraden [2] und [3]:

[2]: $50x_1 + 30x_2 = 150 \Leftrightarrow x_2 = -1{,}667x_1 + 5$

[3]: $50x_1 + 50x_2 = 200 \Leftrightarrow x_2 = -x_1 + 4$

Gleichsetzen und Einsetzen $\Rightarrow x_1^* = 1{,}5,\ x_2^* = 2{,}5$

Die minimalen Kosten betragen: $K^* = 4 \cdot 1{,}5 + 3 \cdot 2{,}5 = 13{,}5$ GE

Überprüfung der Nebenbedingungen: [2] und [3] werden voll ausgelastet, während für [1] gilt: $10 \cdot 1{,}5 + 20 \cdot 2{,}5 = 65 > 50$. Hier wird die Bedarfsdeckung um 15 ME mehr als notwendig überschritten.

Aufgabe 111:

Modifiziertes lineares Programm unter Hinzunahme von Schlupfvariablen:

$-7x_1$	$-5x_2$				$\underbrace{+G_{max}}_{=:Z}$	$=-2.000$
$10x_1$	$+4x_2$	$+y_1$				$=3.900$
$4x_1$	$+5x_2$		$+y_2$			$=1.900$
$3x_1$	$+10x_2$			$+y_3$		$=2.500$
x_1, x_2, y_1, y_2, y_3						≥ 0

$\Rightarrow$ Ausgangstableau (= 1. Simplextableau):

	x_1	x_2	y_1	y_2	y_3	Z	b
y_1	10	4	1	0	0	0	3.900
y_2	4	5	0	1	0	0	1.900
y_3	3	10	0	0	1	0	2.500
Z	–7	–5	0	0	0	1	–2.000

Ausgangslösung: $x_1 = 0$, $x_2 = 0$, $y_1 = 3.900$, $y_2 = 1.900$, $y_3 = 2.500$, $Z = -2.000$. Die erste Spalte (x_1) wird Pivotspalte, da $-7 < -5$. Zur Ermittlung des Pivotelements wählen wir das Minimum aus: $\frac{3.900}{10}, \frac{1.900}{4}$ und $\frac{2.500}{3}$, also $\frac{3.900}{10} = 390$, so dass die erste Zeile (y_1) zur Pivotzeile wird. Das Element 10 ist also das Pivotelement.

2. Simplextableau:

	x_1	x_2	y_1	y_2	y_3	Z	b
x_1	1	0,4	0,1	0	0	0	390
y_2	0	3,4	–0,4	1	0	0	340
y_3	0	8,8	–0,3	0	1	0	1.330
Z	0	–2,2	0,7	0	0	1	730

3. Simplextableau:

	x_1	x_2	y_1	y_2	y_3	Z	b
x_1	1	0	0,147	-0,1176	0	0	350
x_2	0	1	-0,1176	0,2941	0	0	100
y_3	0	0	0,735	-2,588	1	0	450
Z	0	0	0,441	0647	0	1	950

Keine Verbesserung mehr möglich (in der Z-Zeile kein negativer Wert mehr).
$\Rightarrow$ Lösung: $x_1 = 350$, $x_2 = 100$, $y_1 = 0$, $y_2 = 0$, $y_3 = 450$, Z (= Gewinn) = 950 GE. Das Ergebnis der Schlupfvariablen y_1 und y_2 bedeutet, dass die NB 1 und 2 voll ausgeschöpft werden, während ($y_3 = 450$) die dritte Nebenbedingung nicht voll ausgelastet ist – es verbleibt eine Leerkapazität von 450 ME.

Aufgabe 112:

a) Aufstellen des linearen Programms:

ZF: Deckungsbeitrag (DB) $= 50x_1 + 40x_2 + 70x_3 \rightarrow$ max!

NB: $2x_1 + x_3 \leq 100$ [1]

$2x_1 + x_2 + 3x_3 \leq 600$ [2]

$x_1 + x_2 + 2x_3 \leq 400$ [3]

NNB: $x_1, x_2 \geq 0$ [4]

b) Ausgangstableau (= 1. Simplextableau):

	x_1	x_2	x_3	y_1	y_2	y_3	Z	b
y_1	2	0	1	1	0	0	0	100
y_2	2	1	3	0	1	0	0	600
y_3	1	1	2	0	0	1	0	400
Z	-50	-40	-70	0	0	0	1	0

Weiteres Vorgehen analog Aufgabe 111

...

$\Rightarrow$ Lösung: $x_1 = 50$, $x_2 = 350$, $x_3 = 0$, $y_1 = 0$, $y_2 = 150$ (Leerkapazität), $y_3 = 0$, Z (= DB) = 16.500 GE

Aufgabe 113:

Aufstellen des dualen linearen Programms, wobei gilt $A = \begin{bmatrix} 10 & 20 \\ 50 & 30 \\ 50 & 50 \end{bmatrix}$ und

$A^T = \begin{bmatrix} 10 & 50 & 50 \\ 20 & 30 & 50 \end{bmatrix}$

$\check{Z} = 50u_1 + 150u_2 + 200u_3 \rightarrow max!$

NB: $10u_1 + 50u_2 + 50u_3 \leq 4$ [1]

$20u_1 + 30u_2 + 50u_3 \leq 3$ [2]

NNB: $u_1, u_2, u_3 \geq 0$

Umschreiben der Zielfunktion und Einführung von Schlupfvariablen:

$-50u_1 - 150u_2 - 200u_3 + \check{Z}_{max} = 0$

NB: $10u_1 + 50u_2 + 50u_3 + v_1 = 4$ [1]

$20u_1 + 30u_2 + 50u_3 + v_2 = 3$ [2]

NNB: $u_1, u_2, u_3 \geq 0$

Aufstellung des Anfangssimplextableaus und Durchführung der notwendigen Simplexschritte:

1	u_1	u_2	u_3	v_1	v_2	$\check{Z}$	b
v_1	10	50	50	1	0	0	4
v_2	20	30	50	0	1	0	3
$\check{Z}$	-50	-150	-200	0	0	1	0

2	u_1	u_2	u_3	v_1	v_2	$\check{Z}$	b
v_1	10	50	50	1	0	0	4
v_2	20	30	50	0	1	0	3
$\check{Z}$	-50	-150	-200	0	0	1	**0**

3	u_1	u_2	u_3	v_1	v_2	$\check{Z}$	b
v_1	-10	20	0	1	-1	0	1
u_3	0,4	0,6	1	0	0,02	0	0,06
$\check{Z}$	30	-30	0	0	4	1	**12**

4	u_1	u_2	u_3	v_1	v_2	$\check{Z}$	b
u_2	-0,5	1	0	0,05	-0,05	0	0,05
u_3	0,7	0	1	-0,03	0,05	0	0,03
$\check{Z}$	15	0	0	1,5	2,5	1	**13,5**
	$= y_1$	$= y_2$	$= y_3$	$= x_1*$	$= x_1*$		$= \check{Z}_{max}$

Abb. Ü.16

Ergebnis: $x_1* = 1{,}5$, $x_2* = 2{,}5$, $y_1 = 15$, $y_2 = y_3 = 0$

Aufgabe 114:

a) $\int (3x^2 + 6x - 17)dx = x^3 + 3x^2 - 17x + C$

b) $\int \frac{5}{x} dx = 5 \cdot ln x + C \ (x > 0)$

c) $\int \left(3e^x - \frac{2}{x^2}\right)dx = 3e^x + \frac{2}{x} + C$

d) Partielle Ableitung $f(x) = x \cdot e^{2x} = u(x) \cdot v'(x)$

$$\int \underbrace{x}_{u} \cdot \underbrace{e^{2x}}_{v'} dx = \underbrace{x}_{u} \cdot \underbrace{\tfrac{1}{2}e^{2x}}_{v} - \int \underbrace{1}_{u'} \cdot \underbrace{\tfrac{1}{2}e^{2x}}_{v} dx = \tfrac{1}{2}xe^{2x} - e^{2x} + C =$$

$e^{2x} \cdot \left(\frac{1}{2}x - 1\right) + C$

e) Substitutionsregel: Gesucht $\int e^{3x-4}dx$ mit $t = 3x - 4 \Leftrightarrow x(t) = \frac{1}{3}t + \frac{4}{3} . x'(t) = \frac{dx}{dt} = \frac{1}{3} \Leftrightarrow dx = \frac{1}{3}dt$

$\int e^{3x-4}dx = \int e^t \cdot \frac{1}{3}dt = \frac{1}{3}e^t + C = \frac{1}{3}e^{3x-4} + C$

Aufgabe 115:

a) $Fläche = \int_0^5 xdx + \int_5^{10} (-x + 10)dx = \left[\frac{1}{2}x^2\right]_0^5 + \left[-\frac{1}{2}x^2 + 10x\right]_5^{10}$

$= 12,5 + (-50 + 100 + 12,5 - 50) = 25$

b) $Fläche = \int_0^{16} \sqrt{x}dx = \left[\frac{2}{3} \cdot \sqrt{x^3}\right]_0^{16} = \frac{2}{3} \cdot \sqrt{4.096} = \frac{2}{3} \cdot 64 = \frac{128}{3} = 42,67$

Aufgabe 116:

Zunächst ist die rechte Grenze (Schnittpunkt Abszisse) abzustecken: $-e^{0,1x} + e^4 = 0 \Leftrightarrow e^{0,1x} = e^4\, ln \Leftrightarrow 0{,}1x = 4 \Leftrightarrow x = 40$ Meter

$A = \int_0^{40} (-e^{0,1x} + e^4)dx = [-10e^{0,1x} + e^4x]_0^{40} = (-10e^4 + 40e^4) - (-10 + 0)$

$= 30e^4 + 10 \approx 1.648\, qm. Verkaufserlös = 300 \cdot 1.648 = 494.000€.$

Aufgabe 117:

Zunächst ist die Erlösfunktion zu bestimmen: $E(x) = \int_0^x E'(t)dt = \int_0^x (-0,2x + 50)dx = [-0,1x^2 + 50x]_0^x = -0,1x^2 + 50x$

$Wegen E(x) = p(x) \cdot x \Leftrightarrow p(x) = \frac{E(x)}{x} = -0,1x + 50$

Aufgabe 118:

$K(x) = \int_0^x K'(t)dt + K(0) = \int_0^x (0,3t^2 - 4t + 40)dt + 400$

$= [0{,}1t^3 - 2t^2 + 40t]_0^x + 400 = 0{,}1x^3 - 2x^2 + 40x + 400$

Aufgabe 119:

a) $0 \leq x \leq 20.000 : S_1(x) = 0$

$20.000 < x \leq 100.000 : S_2(x) = 0 + \int_{20.000}^x 0{,}2dt = [0{,}2t]_{20.000}^x$

$= 0{,}2x - 4.000$

$x > 100.000 : S_3(x) = S_2(100.000) + \int_{100.000}^x 0{,}8dt = 16.000 + [0{,}8t]_{100.000}^x$

$= 0{,}8x - 64.000$

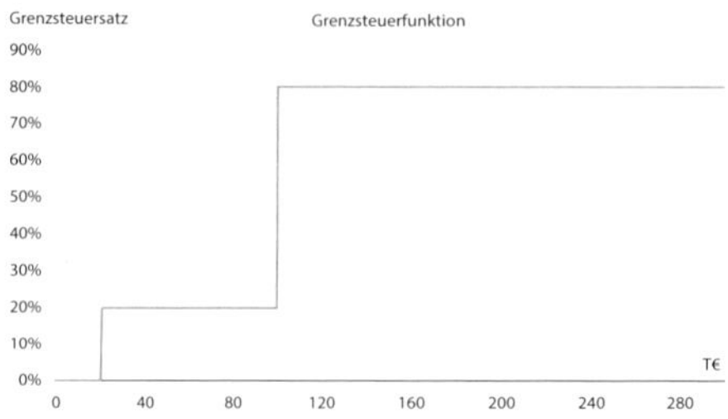

Abb. Ü.17

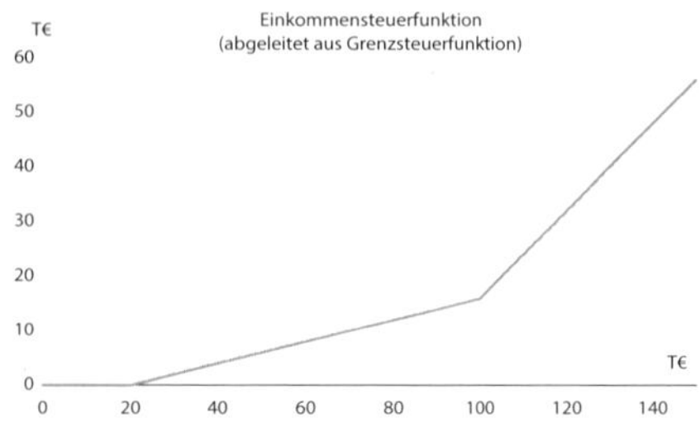

Abb. Ü.18

b) i) $S(50.000) = 6.000 \quad \frac{S(50.000)}{50.000} = \frac{6.000}{50.000} = 0{,}12 = 12\%$

ii) $S(200.000) = 96.000 \quad \frac{S(200.000)}{200.000} = \frac{96.000}{200.000} = 0{,}48 = 48\%$

Aufgabe 120:

a) Berechnung der Gleichgewichtsmenge:

$p_A(x) \overset{!}{=} p_N(x) \Leftrightarrow x + 4 = -2x + 19 \Leftrightarrow x^* = 5, \textit{ somit } p^*$
$= 9 \textit{ Konsumentenrente } KR = \int_0^5 (-2x + 19)dx - x^*\mathrm{p}^* = [-x^2 + 19x]_0^5 - 5 \cdot 9$
$= -25 + 95 - 45 = 25$

$\textit{Produzentenrente } PR = x^*\,\mathrm{p}^* - \int_0^5 (x + 4)dx = 5 \cdot 9 - \left[\frac{1}{2}x^2 + 4x\right]_0^5$
$= 45 - (12{,}5 + 20) = 12{,}5$

b) Berechnung der Gleichgewichtsmenge: $p_A(x) \overset{!}{=} p_N(x) \Leftrightarrow 4x + 8 = -0{,}5x^2 + 32 \Leftrightarrow -0{,}5x^2 - 4x + 24 = 0 \Leftrightarrow x^2 + 8x - 48 = 0 . pq - Formel \Rightarrow x^* = 4 \textit{ und } p^* = 24$

$\textit{Konsumentenrente } KR = \int_0^4 (-0{,}5x^2 + 32)dx - x^*\mathrm{p}^* = \left[-\frac{1}{6}x^3 + 32x\right]_0^4 - 4 \cdot 24$
$= -\frac{32}{3} + 128 - 96 = 21{,}33$

$\textit{Produzentenrente } PR = x^*\,\mathrm{p}^* - \int_0^4 (4x + 8)dx = 4 \cdot 24 - [2x^2 + 8x]_0^4$
$= 96 - (32 + 32) = 32$

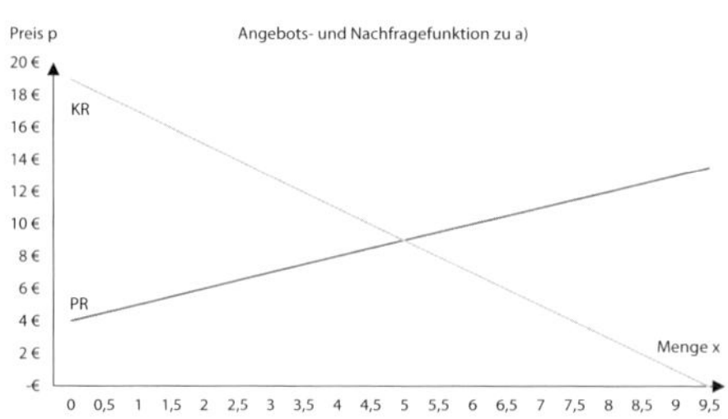

Abb. Ü.19

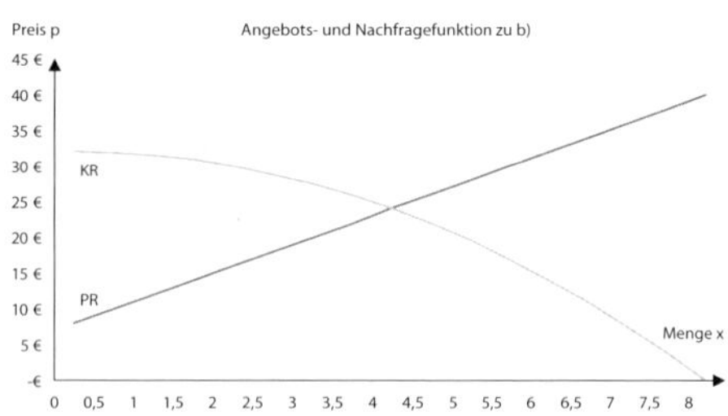

Abb. Ü.20

Anhang B: Herleitung der Formeln für arithmetische und geometrische Reihe

Gauß'scher Trick für die arithmetische Reihe

Gesucht ist ein »griffiger« Ausdruck für $X = \sum_{t=1}^{n} t = 1 + 2 + 3 + ... + (n - 1) + n$. Dazu schreiben wir die Summe zweimal untereinander hin, zunächst »von vorne« beginnend, anschließend »von hinten« beginnend:

$$X = \sum_{t=1}^{n} t = 1 + 2 + 3 + 4 + \ldots + (n-3) + (n-2) + (n-1) + n$$

$$\oplus X = \sum_{t=1}^{n} t = n + (n-1) + (n-2) + (n-3) + \ldots + 4 + 3 + 2 + 1$$

$$2X = 2 \cdot \sum_{t=1}^{n} t = \underbrace{(1+n)+(1+n)+(1+n)+(1+n)+\ldots+(1+n)+(1+n)+(1+n)+(1+n)}_{n-mal}$$

$$= (1 + n) \cdot n \quad | : 2$$

$$X = \sum_{t=1}^{n} t = \frac{n \cdot (n+1)}{2} \text{ (gesuchter Ausdruck)}$$

Gauß'scher Trick für die geometrische Reihe

Gesucht ist ein Formelausdruck $Y = \sum_{t=1}^{n} q^{t-1} = q^0 + q^1 + q^2 + ... + q^{t-2} + q^{t-1}$

Dazu schreiben wir die Summe zweimal untereinander hin, in der ersten Zeile notieren wir den Ausdruck Y, in der zweiten Zeile notieren Y·q und ziehen die zweite Zeile von der ersten ab:

Untereinanderstehende Wertepaare heben sich gegenseitig auf

$$Y = \sum_{t=1}^{n} q^{t-1} \quad = q^0 + q^1 + q^2 + \ldots + q^{t-2} + q^{t-1}$$

$$Y \cdot q = q \cdot \sum_{t=1}^{n} q^{t-1} \quad = \quad q^1 + q^2 + \ldots + q^{t-2} + q^{t-1} - q^t$$

$$Y - Yq = Y \cdot (1 - q) = q^0 \qquad - q^t : (1 - q) \; q \neq 1$$

$$\Leftrightarrow Y = \sum_{t=1}^{n} q^{t-1} = \frac{1-q^t}{1-q} = \frac{q^t-1}{q-1} \text{ (gesuchter Ausdruck)}$$

Anhang C: Ökonomische Interpretation des Endwerts

Endvermögensmaximierung als unternehmerische Zielsetzung

Zur Formulierung einer Entscheidungsgröße ist zunächst festzulegen, an welchen Zielvorstellungen wir uns im Rahmen unserer Entscheidung orientieren wollen. Die verschiedenen unternehmerischen Zielvorstellungen lernen Sie innerhalb Ihrer betriebswirtschaftlichen Lehrveranstaltungen kennen.
In der Investitionsrechnung unterstellt man gemeinhin, dass der Entscheidungsträger ein Gesellschafter des Unternehmens ist oder ein Manager, der als »Beauftragter« der Gesellschafter in deren Interessen handelt und dabei vorwiegend monetäre Interessen verfolgt. Diese Zielgrößen sind nicht zwingend kompatibel mit den sonstigen Betroffenheitsgruppen im Unternehmen (z. B. Mitarbeiter, die vielleicht als Zielgröße die Sicherstellung des Arbeitsplatzes haben und den Bezug eines adäquaten Einkommens eher als Nebenbedingung erachten).
Wir wollen deshalb als maßgebliche Zielgröße die **Endvermögensmaximierung** formulieren, d. h. der Unternehmer erachtet das Investitionsprojekt in der quantitativen Analyse als das vorteilhafteste, welches am Projektende das höchste Endvermögen erwirtschaftet hat. Wenn wir uns auf diese Zielgröße einigen, dann wird sich zeigen, dass sowohl Endwert als auch Kapitalwert Kennzahlen sind, die mit dem Ziel der Endvermögensmaximierung kompatibel sind und folglich tauglich sind als Kennzahlen zur Beurteilung von Investitionsvorhaben.
Wir wollen bei den folgenden Herleitungen unterstellen, dass es sich um Investitionsprojekte mit einer Gesamtlaufzeit n handelt, die *eine* Auszahlung e_0 (< 0) im Zeitpunkt $t = 0$ haben und daran anschließende Einzahlungsüberschüsse e_1, e_2,..., e_n, die jeweils alle nichtnegativ sind. Es liegt also eine Zahlungsreihe $\underbrace{e_0}_{>0}, \underbrace{e_1, e_2, \ldots, e_n}_{jeweils \geq 0}$ vor.

Endwert bei 100 % Eigenfinanzierung

Wir wollen im Folgenden zunächst unterstellen, dass die Investition mit der Zahlungsreihe (e_0, e_1, e_2,...,e_n) zu 100 % aus eigenen Mitteln finanziert wird. Alternativ könnte der Unternehmer die Mittel zum Zinssatz i anlegen oder eine Alternativrendite von i erwirtschaften. Im Sinne der Endvermögensmaximierung vergleichen wir also die jeweils erzielten Vermögen bei Unterlassen der Investition und Alternativanlage (EV_U) oder Durchführung der Investition (EV_I). Es sei wieder $q = 1 + i$.

$EV_U = \underbrace{-e_0 \cdot}_{<0} q^n$ (> 0, denn »minus mal minus« ergibt »plus«)

$EV_I = e_1 \cdot q^{n-1} + e_2 \cdot q^{n-2} + \ldots + e_{n-1} \cdot q^1 + e_n \cdot q^0 = \sum_{t=1}^{n} e_t \cdot q^{n-t}$
(Summe der aufgezinsten Einzahlungsüberschüsse auf den Zeitpunkt n)
Der Unternehmer wird die Investition als vorteilhaft erachten, wenn gilt:
$EV_I > EV_U \Leftrightarrow EV_I - EV_U > 0 \Leftrightarrow \sum_{t=1}^{n} e_t \cdot q^{n-t} + e_0 \cdot q^n > 0 \Leftrightarrow \sum_{t=0}^{n} e_t \cdot q^{n-t} > 0 \Leftrightarrow EW > 0$
Entsprechend gilt auch: $EV_I < EV_U \Leftrightarrow EW < 0$
Der Endwert EW ist somit nichts anderes als die Endvermögensdifferenz $EV_1 - EV_U$ zwischen den Endvermögen bei Projektdurchführung und Projektunterlassung (=Durchführung der Alternativanlage). Oder: Entscheidet man sich für das Projekt mit dem höheren Endvermögen (Ziel: Endvermögensmaximierung), dann ist dies äquivalent mit der Frage, welches Vorzeichen der Endwert hat. Somit also ist der Endwert eine Kennzahl, die kompatibel ist mit der Zielsetzung der Endvermögensmaximierung.

Endwert bei 100 % Fremdfinanzierung

Wir unterstellen jetzt, dass die Investition vollständig kreditfinanziert wird. Der Kredit zum Zinssatz i wird annahmegemäß aus den erwirtschafteten Einzahlungsüberschüssen getilgt. Für das Endvermögen bei Unterlassung gilt mangels vorhandener eigener Mittel: $EV_U = 0$. Die Berechnung des Endvermögens bei Durchführung können wir an einem fiktiven Kreditkonto zeigen:

Jahr	Kontostand Jahresbeginn	Zinsen	e_t	Kontostand Jahresende
1	e_0	$e_0 \cdot i$	e_1	$e_0 \cdot q + e_1$
2	$e_0 \cdot q + e_1$	$(e_0 \cdot q + e_1) \cdot i$	e_2	$e_0 \cdot q^2 + e_1 \cdot q + e_2$
3	$e_0 \cdot q^2 + e_1 \cdot q + e_2$	$(e_0 \cdot q^2 + e_1 \cdot q + e_2) \cdot i$	e_3	$e_0 \cdot q^3 + e_1 \cdot q^2 + e_2 \cdot q + e_3$
:	:	:	:	:
n	...	...	e_n	$e_0 \cdot q^n + e_1 \cdot q^{n-1} + \ldots e_n \cdot q^0$

Es gilt also: $EV_I = e_0 \cdot q^n + e_1 \cdot q^{n-1} + K + e_{n-1} \cdot q^1 + e_n \cdot q^0 = \sum_{t=0}^{n} e_t \cdot q^{n-t} = EW$

Es ist also wieder $EV_I - \underbrace{EV_U}_{=0} = EW$, d. h. auch für den Fall 100 %-iger Fremdfinanzierung gibt der Endwert die Endvermögensdifferenz zwischen dem Endvermögen bei Durchführung und dem Endvermögen bei Unterlassung (= 0) an.

Endwert bei Mischfinanzierung

Während die beiden oben aufgezeigten Fälle (100 % Eigenfinanzierung und 100 % Fremdfinanzierung) als zwei Enden eines Spektrums aufgefasst werden können, wollen wir abschließend noch den Fall einer Mischung aus Fremd- und Eigenfinanzierung beleuchten.

Hierzu sei der Anteil an Eigenfinanzierung mit λ, der Anteil an Fremdfinanzierung mit $1 - \lambda$ ($0 \leq \lambda \leq 1$) bezeichnet. So würde etwa $\lambda = 0{,}25$ bedeuten, dass die Investition zu 25 % eigen- und zu 75 % fremdfinanziert würde.

Dem Unternehmer stehen also bei einem Investitionsvolumen von $-e_0$ insgesamt $-\lambda \cdot e_0$ an Eigenmitteln zu Verfügung.

Wie oben können wir die Endvermögen berechnen:

$EV_U = -\lambda \cdot e_0 \cdot q^n$

$EV_I = (1 - \lambda) \cdot e_0 \cdot q^n + \sum_{t=1}^{n} e_t \cdot q^{n-t}$

$EV_I - EV_U = (1 - \lambda) \cdot e_0 \cdot q^n + \sum_{t=1}^{n} e_t \cdot q^{n-t} - (-\lambda \cdot e_0 \cdot q^n)$

$= e_0 \cdot q^n + \sum_{t=1}^{n} e_t \cdot q^{n-t} = \sum_{t=0}^{n} e_t \cdot q^{n-t} = EW$

Die Endwertformel behält somit auch für jede beliebige Kombination aus Fremd- und Eigenfinanzierung ihre Gültigkeit und gibt die **Endvermögensdifferenz zwischen Investitionsdurchführung und Unterlassensalternative** an.

Zusammengefasst:

$EV_I > EV_U \Leftrightarrow EW > 0 \Leftrightarrow$ Projekt individuell vorteilhaft
$EV_I < EV_U \Leftrightarrow EW < 0 \Leftrightarrow$ Projekt individuell unvorteilhaft

Da sich der Kapitalwert unmittelbar aus dem Endwert ableitet und sich nur durch den Faktor q^{-n} von diesem unterscheidet, gelten die Vorteilhaftigkeitsregeln entsprechend auch für den Kapitalwert.

Anhang D: Finanzmathematische Tabellen

Tab. 1: Aufzinsungsfaktoren $q^t = (1 + i)^t$

t \ i	1,0%	1,5%	2,0%	2,5%	3,0%	3,5%	4,0%	4,5%	5,0%	5,5%	6,0%	7,0%	8,0%	9,0%	10,0%	11,0%	12,0%	15,0%	20,0%
1	1,0100	1,0150	1,0200	1,0250	1,0300	1,0350	1,0400	1,0450	1,0500	1,0550	1,0600	1,0700	1,0800	1,0900	1,1000	1,1100	1,1200	1,1500	1,2000
2	1,0201	1,0302	1,0404	1,0506	1,0609	1,0712	1,0816	1,0920	1,1025	1,1130	1,1236	1,1449	1,1664	1,1881	1,2100	1,2321	1,2544	1,3225	1,4400
3	1,0303	1,0457	1,0612	1,0769	1,0927	1,1087	1,1249	1,1412	1,1576	1,1742	1,1910	1,2250	1,2597	1,2950	1,3310	1,3676	1,4049	1,5209	1,7280
4	1,0406	1,0614	1,0824	1,1038	1,1255	1,1475	1,1699	1,1925	1,2155	1,2388	1,2625	1,3108	1,3605	1,4116	1,4641	1,5181	1,5735	1,7490	2,0736
5	1,0510	1,0773	1,1041	1,1314	1,1593	1,1877	1,2167	1,2462	1,2763	1,3070	1,3382	1,4026	1,4693	1,5386	1,6105	1,6851	1,7623	2,0114	2,4883
6	1,0615	1,0934	1,1262	1,1597	1,1941	1,2293	1,2653	1,3023	1,3401	1,3788	1,4185	1,5007	1,5869	1,6771	1,7716	1,8704	1,9738	2,3131	2,9860
7	1,0721	1,1098	1,1487	1,1887	1,2299	1,2723	1,3159	1,3609	1,4071	1,4547	1,5036	1,6058	1,7138	1,8280	1,9487	2,0762	2,2107	2,6600	3,5832
8	1,0829	1,1265	1,1717	1,2184	1,2668	1,3168	1,3686	1,4221	1,4775	1,5347	1,5938	1,7182	1,8509	1,9926	2,1436	2,3045	2,4760	3,0590	4,2998
9	1,0937	1,1434	1,1951	1,2489	1,3048	1,3629	1,4233	1,4861	1,5513	1,6191	1,6895	1,8385	1,9990	2,1719	2,3579	2,5580	2,7731	3,5179	5,1598
10	1,1046	1,1605	1,2190	1,2801	1,3439	1,4106	1,4802	1,5530	1,6289	1,7081	1,7908	1,9672	2,1589	2,3674	2,5937	2,8394	3,1058	4,0456	6,1917
11	1,1157	1,1779	1,2434	1,3121	1,3842	1,4600	1,5395	1,6229	1,7103	1,8021	1,8983	2,1049	2,3316	2,5804	2,8531	3,1518	3,4785	4,6524	7,4301
12	1,1268	1,1956	1,2682	1,3449	1,4258	1,5111	1,6010	1,6959	1,7959	1,9012	2,0122	2,2522	2,5182	2,8127	3,1384	3,4985	3,8960	5,3503	8,9161
13	1,1381	1,2136	1,2936	1,3785	1,4685	1,5640	1,6651	1,7722	1,8856	2,0058	2,1329	2,4098	2,7196	3,0658	3,4523	3,8833	4,3635	6,1528	10,6993
14	1,1495	1,2318	1,3195	1,4130	1,5126	1,6187	1,7317	1,8519	1,9799	2,1161	2,2609	2,5785	2,9372	3,3417	3,7975	4,3104	4,8871	7,0757	12,8392
15	1,1610	1,2502	1,3459	1,4483	1,5580	1,6753	1,8009	1,9353	2,0789	2,2325	2,3966	2,7590	3,1722	3,6425	4,1772	4,7846	5,4736	8,1371	15,4070
16	1,1726	1,2690	1,3728	1,4845	1,6047	1,7340	1,8730	2,0224	2,1829	2,3553	2,5404	2,9522	3,4259	3,9703	4,5950	5,3109	6,1304	9,3576	18,4884
17	1,1843	1,2880	1,4002	1,5216	1,6528	1,7947	1,9479	2,1134	2,2920	2,4848	2,6928	3,1588	3,7000	4,3276	5,0545	5,8951	6,8660	10,7613	22,1861
18	1,1961	1,3073	1,4282	1,5597	1,7024	1,8575	2,0258	2,2085	2,4066	2,6215	2,8543	3,3799	3,9960	4,7171	5,5599	6,5436	7,6900	12,3755	26,6233
19	1,2081	1,3270	1,4568	1,5987	1,7535	1,9225	2,1068	2,3079	2,5270	2,7656	3,0256	3,6165	4,3157	5,1417	6,1159	7,2633	8,6128	14,2318	31,9480
20	1,2202	1,3469	1,4859	1,6386	1,8061	1,9898	2,1911	2,4117	2,6533	2,9178	3,2071	3,8697	4,6610	5,6044	6,7275	8,0623	9,6463	16,3665	38,3376
21	1,2324	1,3671	1,5157	1,6796	1,8603	2,0594	2,2788	2,5202	2,7860	3,0782	3,3996	4,1406	5,0338	6,1088	7,4002	8,9492	10,8038	18,8215	46,0051
22	1,2447	1,3876	1,5460	1,7216	1,9161	2,1315	2,3699	2,6337	2,9253	3,2475	3,6035	4,4304	5,4365	6,6586	8,1403	9,9336	12,1003	21,6447	55,2061
23	1,2572	1,4084	1,5769	1,7646	1,9736	2,2061	2,4647	2,7522	3,0715	3,4262	3,8197	4,7405	5,8715	7,2579	8,9543	11,0263	13,5523	24,8915	66,2474
24	1,2697	1,4295	1,6084	1,8087	2,0328	2,2833	2,5633	2,8760	3,2251	3,6146	4,0489	5,0724	6,3412	7,9111	9,8497	12,2392	15,1786	28,6252	79,4968
25	1,2824	1,4509	1,6406	1,8539	2,0938	2,3632	2,6658	3,0054	3,3864	3,8134	4,2919	5,4274	6,8485	8,6231	10,8347	13,5855	17,0001	32,9190	95,3962
26	1,2953	1,4727	1,6734	1,9003	2,1566	2,4460	2,7725	3,1407	3,5557	4,0231	4,5494	5,8074	7,3964	9,3992	11,9182	15,0799	19,0401	37,8568	114,4755
27	1,3082	1,4948	1,7069	1,9478	2,2213	2,5316	2,8834	3,2820	3,7335	4,2444	4,8223	6,2139	7,9881	10,2451	13,1100	16,7386	21,3249	43,5353	137,3706
28	1,3213	1,5172	1,7410	1,9965	2,2879	2,6202	2,9987	3,4297	3,9201	4,4778	5,1117	6,6488	8,6271	11,1671	14,4210	18,5799	23,8839	50,0656	164,8447
29	1,3345	1,5400	1,7758	2,0464	2,3566	2,7119	3,1187	3,5840	4,1161	4,7241	5,4184	7,1143	9,3173	12,1722	15,8631	20,6237	26,7499	57,5755	197,8136
30	1,3478	1,5631	1,8114	2,0976	2,4273	2,8068	3,2434	3,7453	4,3219	4,9840	5,7435	7,6123	10,0627	13,2677	17,4494	22,8923	29,9599	66,2118	237,3763

Tab. 2: Abzinsungsfaktoren $q^{-t} = (1 + i)^{-t}$

t \ i	1,0%	1,5%	2,0%	2,5%	3,0%	3,5%	4,0%	4,5%	5,0%	5,5%	6,0%	7,0%	8,0%	9,0%	10,0%	11,0%	12,0%	15,0%	20,0%
1	0,9901	0,9852	0,9804	0,9756	0,9709	0,9662	0,9615	0,9569	0,9524	0,9479	0,9434	0,9346	0,9259	0,9174	0,9091	0,9009	0,8929	0,8696	0,8333
2	0,9803	0,9707	0,9612	0,9518	0,9426	0,9335	0,9246	0,9157	0,9070	0,8985	0,8900	0,8734	0,8573	0,8417	0,8264	0,8116	0,7972	0,7561	0,6944
3	0,9706	0,9563	0,9423	0,9286	0,9151	0,9019	0,8890	0,8763	0,8638	0,8516	0,8396	0,8163	0,7938	0,7722	0,7513	0,7312	0,7118	0,6575	0,5787
4	0,9610	0,9422	0,9238	0,9060	0,8885	0,8714	0,8548	0,8386	0,8227	0,8072	0,7921	0,7629	0,7350	0,7084	0,6830	0,6587	0,6355	0,5718	0,4823
5	0,9515	0,9283	0,9057	0,8839	0,8626	0,8420	0,8219	0,8025	0,7835	0,7651	0,7473	0,7130	0,6806	0,6499	0,6209	0,5935	0,5674	0,4972	0,4019
6	0,9420	0,9145	0,8880	0,8623	0,8375	0,8135	0,7903	0,7679	0,7462	0,7252	0,7050	0,6663	0,6302	0,5963	0,5645	0,5346	0,5066	0,4323	0,3349
7	0,9327	0,9010	0,8706	0,8413	0,8131	0,7860	0,7599	0,7348	0,7107	0,6874	0,6651	0,6227	0,5835	0,5470	0,5132	0,4817	0,4523	0,3759	0,2791
8	0,9235	0,8877	0,8535	0,8207	0,7894	0,7594	0,7307	0,7032	0,6768	0,6516	0,6274	0,5820	0,5403	0,5019	0,4665	0,4339	0,4039	0,3269	0,2326
9	0,9143	0,8746	0,8368	0,8007	0,7664	0,7337	0,7026	0,6729	0,6446	0,6176	0,5919	0,5439	0,5002	0,4604	0,4241	0,3909	0,3606	0,2843	0,1938
10	0,9053	0,8617	0,8203	0,7812	0,7441	0,7089	0,6756	0,6439	0,6139	0,5854	0,5584	0,5083	0,4632	0,4224	0,3855	0,3522	0,3220	0,2472	0,1615
11	0,8963	0,8489	0,8043	0,7621	0,7224	0,6849	0,6496	0,6162	0,5847	0,5549	0,5268	0,4751	0,4289	0,3875	0,3505	0,3173	0,2875	0,2149	0,1346
12	0,8874	0,8364	0,7885	0,7436	0,7014	0,6618	0,6246	0,5897	0,5568	0,5260	0,4970	0,4440	0,3971	0,3555	0,3186	0,2858	0,2567	0,1869	0,1122
13	0,8787	0,8240	0,7730	0,7254	0,6810	0,6394	0,6006	0,5643	0,5303	0,4986	0,4688	0,4150	0,3677	0,3262	0,2897	0,2575	0,2292	0,1625	0,0935
14	0,8700	0,8118	0,7579	0,7077	0,6611	0,6178	0,5775	0,5400	0,5051	0,4726	0,4423	0,3878	0,3405	0,2992	0,2633	0,2320	0,2046	0,1413	0,0779
15	0,8613	0,7999	0,7430	0,6905	0,6419	0,5969	0,5553	0,5167	0,4810	0,4479	0,4173	0,3624	0,3152	0,2745	0,2394	0,2090	0,1827	0,1229	0,0649
16	0,8528	0,7880	0,7284	0,6736	0,6232	0,5767	0,5339	0,4945	0,4581	0,4246	0,3936	0,3387	0,2919	0,2519	0,2176	0,1883	0,1631	0,1069	0,0541
17	0,8444	0,7764	0,7142	0,6572	0,6050	0,5572	0,5134	0,4732	0,4363	0,4024	0,3714	0,3166	0,2703	0,2311	0,1978	0,1696	0,1456	0,0929	0,0451
18	0,8360	0,7649	0,7002	0,6412	0,5874	0,5384	0,4936	0,4528	0,4155	0,3815	0,3503	0,2959	0,2502	0,2120	0,1799	0,1528	0,1300	0,0808	0,0376
19	0,8277	0,7536	0,6864	0,6255	0,5703	0,5202	0,4746	0,4333	0,3957	0,3616	0,3305	0,2765	0,2317	0,1945	0,1635	0,1377	0,1161	0,0703	0,0313
20	0,8195	0,7425	0,6730	0,6103	0,5537	0,5026	0,4564	0,4146	0,3769	0,3427	0,3118	0,2584	0,2145	0,1784	0,1486	0,1240	0,1037	0,0611	0,0261
21	0,8114	0,7315	0,6598	0,5954	0,5375	0,4856	0,4388	0,3968	0,3589	0,3249	0,2942	0,2415	0,1987	0,1637	0,1351	0,1117	0,0926	0,0531	0,0217
22	0,8034	0,7207	0,6468	0,5809	0,5219	0,4692	0,4220	0,3797	0,3418	0,3079	0,2775	0,2257	0,1839	0,1502	0,1228	0,1007	0,0826	0,0462	0,0181
23	0,7954	0,7100	0,6342	0,5667	0,5067	0,4533	0,4057	0,3634	0,3256	0,2919	0,2618	0,2109	0,1703	0,1378	0,1117	0,0907	0,0738	0,0402	0,0151
24	0,7876	0,6995	0,6217	0,5529	0,4919	0,4380	0,3901	0,3477	0,3101	0,2767	0,2470	0,1971	0,1577	0,1264	0,1015	0,0817	0,0659	0,0349	0,0126
25	0,7798	0,6892	0,6095	0,5394	0,4776	0,4231	0,3751	0,3327	0,2953	0,2622	0,2330	0,1842	0,1460	0,1160	0,0923	0,0736	0,0588	0,0304	0,0105
26	0,7720	0,6790	0,5976	0,5262	0,4637	0,4088	0,3607	0,3184	0,2812	0,2486	0,2198	0,1722	0,1352	0,1064	0,0839	0,0663	0,0525	0,0264	0,0087
27	0,7644	0,6690	0,5859	0,5134	0,4502	0,3950	0,3468	0,3047	0,2678	0,2356	0,2074	0,1609	0,1252	0,0976	0,0763	0,0597	0,0469	0,0230	0,0073
28	0,7568	0,6591	0,5744	0,5009	0,4371	0,3817	0,3335	0,2916	0,2551	0,2233	0,1956	0,1504	0,1159	0,0895	0,0693	0,0538	0,0419	0,0200	0,0061
29	0,7493	0,6494	0,5631	0,4887	0,4243	0,3687	0,3207	0,2790	0,2429	0,2117	0,1846	0,1406	0,1073	0,0822	0,0630	0,0485	0,0374	0,0174	0,0051
30	0,7419	0,6398	0,5521	0,4767	0,4120	0,3563	0,3083	0,2670	0,2314	0,2006	0,1741	0,1314	0,0994	0,0754	0,0573	0,0437	0,0334	0,0151	0,0042

Tab. 3: Rentenendwertfaktoren $REF(t;i) = \frac{(q^t - 1)}{i}$

t \ i	1,0%	1,5%	2,0%	2,5%	3,0%	3,5%	4,0%	4,5%	5,0%	5,5%	6,0%	7,0%	8,0%	9,0%	10,0%	11,0%	12,0%
1	1,0000	1,0000	1,0000	1,0000	1,0000	1,0000	1,0000	1,0000	1,0000	1,0000	1,0000	1,0000	1,0000	1,0000	1,0000	1,0000	1,0000
2	2,0100	2,0150	2,0200	2,0250	2,0300	2,0350	2,0400	2,0450	2,0500	2,0550	2,0600	2,0700	2,0800	2,0900	2,1000	2,1100	2,1200
3	3,0301	3,0452	3,0604	3,0756	3,0909	3,1062	3,1216	3,1370	3,1525	3,1680	3,1836	3,2149	3,2464	3,2781	3,3100	3,3421	3,3744
4	4,0604	4,0909	4,1216	4,1525	4,1836	4,2149	4,2465	4,2782	4,3101	4,3423	4,3746	4,4399	4,5061	4,5731	4,6410	4,7097	4,7793
5	5,1010	5,1523	5,2040	5,2563	5,3091	5,3625	5,4163	5,4707	5,5256	5,5811	5,6371	5,7507	5,8666	5,9847	6,1051	6,2278	6,3528
6	6,1520	6,2296	6,3081	6,3877	6,4684	6,5502	6,6330	6,7169	6,8019	6,8881	6,9753	7,1533	7,3359	7,5233	7,7156	7,9129	8,1152
7	7,2135	7,3230	7,4343	7,5474	7,6625	7,7794	7,8983	8,0192	8,1420	8,2669	8,3938	8,6540	8,9228	9,2004	9,4872	9,7833	10,0890
8	8,2857	8,4328	8,5830	8,7361	8,8923	9,0517	9,2142	9,3800	9,5491	9,7216	9,8975	10,2598	10,6366	11,0285	11,4359	11,8594	12,2997
9	9,3685	9,5593	9,7546	9,9545	10,1591	10,3685	10,5828	10,8021	11,0266	11,2563	11,4913	11,9780	12,4876	13,0210	13,5795	14,1640	14,7757
10	10,4622	10,7027	10,9497	11,2034	11,4639	11,7314	12,0061	12,2882	12,5779	12,8754	13,1808	13,8164	14,4866	15,1929	15,9374	16,7220	17,5487
11	11,5668	11,8633	12,1687	12,4835	12,8078	13,1420	13,4864	13,8412	14,2068	14,5835	14,9716	15,7836	16,6455	17,5603	18,5312	19,5614	20,6546
12	12,6825	13,0412	13,4121	13,7956	14,1920	14,6020	15,0258	15,4640	15,9171	16,3856	16,8699	17,8885	18,9771	20,1407	21,3843	22,7132	24,1331
13	13,8093	14,2368	14,6803	15,1404	15,6178	16,1130	16,6268	17,1599	17,7130	18,2868	18,8821	20,1406	21,4953	22,9534	24,5227	26,2116	28,0291
14	14,9474	15,4504	15,9739	16,5190	17,0863	17,6770	18,2919	18,9321	19,5986	20,2926	21,0151	22,5505	24,2149	26,0192	27,9750	30,0949	32,3926
15	16,0969	16,6821	17,2934	17,9319	18,5989	19,2957	20,0236	20,7841	21,5786	22,4087	23,2760	25,1290	27,1521	29,3609	31,7725	34,4054	37,2797
16	17,2579	17,9324	18,6393	19,3802	20,1569	20,9710	21,8245	22,7193	23,6575	24,6411	25,6725	27,8881	30,3243	33,0034	35,9497	39,1899	42,7533
17	18,4304	19,2014	20,0121	20,8647	21,7616	22,7050	23,6975	24,7417	25,8404	26,9964	28,2129	30,8402	33,7502	36,9737	40,5447	44,5008	48,8837
18	19,6147	20,4894	21,4123	22,3863	23,4144	24,4997	25,6454	26,8551	28,1324	29,4812	30,9057	33,9990	37,4502	41,3013	45,5992	50,3959	55,7497
19	20,8109	21,7967	22,8406	23,9460	25,1169	26,3572	27,6712	29,0636	30,5390	32,1027	33,7600	37,3790	41,4463	46,0185	51,1591	56,9395	63,4397
20	22,0190	23,1237	24,2974	25,5447	26,8704	28,2797	29,7781	31,3714	33,0660	34,8683	36,7856	40,9955	45,7620	51,1601	57,2750	64,2028	72,0524
21	23,2392	24,4705	25,7833	27,1833	28,6765	30,2695	31,9692	33,7831	35,7193	37,7861	39,9927	44,8652	50,4229	56,7645	64,0025	72,2651	81,6987
22	24,4716	25,8376	27,2990	28,8629	30,5368	32,3289	34,2480	36,3034	38,5052	40,8643	43,3923	49,0057	55,4568	62,8733	71,4027	81,2143	92,5026
23	25,7163	27,2251	28,8450	30,5844	32,4529	34,4604	36,6179	38,9370	41,4305	44,1118	46,9958	53,4361	60,8933	69,5319	79,5430	91,1479	104,6029
24	26,9735	28,6335	30,4219	32,3490	34,4265	36,6665	39,0826	41,6892	44,5020	47,5380	50,8156	58,1767	66,7648	76,7898	88,4973	102,1742	118,1552
25	28,2432	30,0630	32,0303	34,1578	36,4593	38,9499	41,6459	44,5652	47,7271	51,1526	54,8645	63,2490	73,1059	84,7009	98,3471	114,4133	133,3339
26	29,5256	31,5140	33,6709	36,0117	38,5530	41,3131	44,3117	47,5706	51,1135	54,9660	59,1564	68,6765	79,9544	93,3240	109,1818	127,9988	150,3339
27	30,8209	32,9867	35,3443	37,9120	40,7096	43,7591	47,0842	50,7113	54,6691	58,9891	63,7058	74,4838	87,3508	102,7231	121,0999	143,0786	169,3740
28	32,1291	34,4815	37,0512	39,8598	42,9309	46,2906	49,9676	53,9933	58,4026	63,2335	68,5281	80,6977	95,3388	112,9682	134,2099	159,8173	190,6989
29	33,4504	35,9987	38,7922	41,8563	45,2189	48,9108	52,9663	57,4230	62,3227	67,7114	73,6398	87,3465	103,9659	124,1354	148,6309	178,3972	214,5828
30	34,7849	37,5387	40,5681	43,9027	47,5754	51,6227	56,0849	61,0071	66,4388	72,4355	79,0582	94,4608	113,2832	136,3075	164,4940	199,0209	241,3327

Tab. 4: Rentenbarwertfaktoren $RBF(t;i) = \frac{(1-q^{-t})}{i}$

t \ i	1,0%	1,5%	2,0%	2,5%	3,0%	3,5%	4,0%	4,5%	5,0%	5,5%	6,0%	7,0%	8,0%	9,0%	10,0%	11,0%	12,0%	15,0%	20,0%
1	0,9901	0,9852	0,9804	0,9756	0,9709	0,9662	0,9615	0,9569	0,9524	0,9479	0,9434	0,9346	0,9259	0,9174	0,9091	0,9009	0,8929	0,8696	0,8333
2	1,9704	1,9559	1,9416	1,9274	1,9135	1,8997	1,8861	1,8727	1,8594	1,8463	1,8334	1,8080	1,7833	1,7591	1,7355	1,7125	1,6901	1,6257	1,5278
3	2,9410	2,9122	2,8839	2,8560	2,8286	2,8016	2,7751	2,7490	2,7232	2,6979	2,6730	2,6243	2,5771	2,5313	2,4869	2,4437	2,4018	2,2832	2,1065
4	3,9020	3,8544	3,8077	3,7620	3,7171	3,6731	3,6299	3,5875	3,5460	3,5052	3,4651	3,3872	3,3121	3,2397	3,1699	3,1024	3,0373	2,8550	2,5887
5	4,8534	4,7826	4,7135	4,6458	4,5797	4,5151	4,4518	4,3900	4,3295	4,2703	4,2124	4,1002	3,9927	3,8897	3,7908	3,6959	3,6048	3,3522	2,9906
6	5,7955	5,6972	5,6014	5,5081	5,4172	5,3286	5,2421	5,1579	5,0757	4,9955	4,9173	4,7665	4,6229	4,4859	4,3553	4,2305	4,1114	3,7845	3,3255
7	6,7282	6,5982	6,4720	6,3494	6,2303	6,1145	6,0021	5,8927	5,7864	5,6830	5,5824	5,3893	5,2064	5,0330	4,8684	4,7122	4,5638	4,1604	3,6046
8	7,6517	7,4859	7,3255	7,1701	7,0197	6,8740	6,7327	6,5959	6,4632	6,3346	6,2098	5,9713	5,7466	5,5348	5,3349	5,1461	4,9676	4,4873	3,8372
9	8,5660	8,3605	8,1622	7,9709	7,7861	7,6077	7,4353	7,2688	7,1078	6,9522	6,8017	6,5152	6,2469	5,9952	5,7590	5,5370	5,3282	4,7716	4,0310
10	9,4713	9,2222	8,9826	8,7521	8,5302	8,3166	8,1109	7,9127	7,7217	7,5376	7,3601	7,0236	6,7101	6,4177	6,1446	5,8892	5,6502	5,0188	4,1925
11	10,3676	10,0711	9,7868	9,5142	9,2526	9,0016	8,7605	8,5289	8,3064	8,0925	7,8869	7,4987	7,1390	6,8052	6,4951	6,2065	5,9377	5,2337	4,3271
12	11,2551	10,9075	10,5753	10,2578	9,9540	9,6633	9,3851	9,1186	8,8633	8,6185	8,3838	7,9427	7,5361	7,1607	6,8137	6,4924	6,1944	5,4206	4,4392
13	12,1337	11,7315	11,3484	10,9832	10,6350	10,3027	9,9856	9,6829	9,3936	9,1171	8,8527	8,3577	7,9038	7,4869	7,1034	6,7499	6,4235	5,5831	4,5327
14	13,0037	12,5434	12,1062	11,6909	11,2961	10,9205	10,5631	10,2228	9,8986	9,5896	9,2950	8,7455	8,2442	7,7862	7,3667	6,9819	6,6282	5,7245	4,6106
15	13,8651	13,3432	12,8493	12,3814	11,9379	11,5174	11,1184	10,7395	10,3797	10,0376	9,7122	9,1079	8,5595	8,0607	7,6061	7,1909	6,8109	5,8474	4,6755
16	14,7179	14,1313	13,5777	13,0550	12,5611	12,0941	11,6523	11,2340	10,8378	10,4622	10,1059	9,4466	8,8514	8,3126	7,8237	7,3792	6,9740	5,9542	4,7296
17	15,5623	14,9076	14,2919	13,7122	13,1661	12,6513	12,1657	11,7072	11,2741	10,8646	10,4773	9,7632	9,1216	8,5436	8,0216	7,5488	7,1196	6,0472	4,7746
18	16,3983	15,6726	14,9920	14,3534	13,7535	13,1897	12,6593	12,1600	11,6896	11,2461	10,8276	10,0591	9,3719	8,7556	8,2014	7,7016	7,2497	6,1280	4,8122
19	17,2260	16,4262	15,6785	14,9789	14,3238	13,7098	13,1339	12,5933	12,0853	11,6077	11,1581	10,3356	9,6036	8,9501	8,3649	7,8393	7,3658	6,1982	4,8435
20	18,0456	17,1686	16,3514	15,5892	14,8775	14,2124	13,5903	13,0079	12,4622	11,9504	11,4699	10,5940	9,8181	9,1285	8,5136	7,9633	7,4694	6,2593	4,8696
21	18,8570	17,9001	17,0112	16,1845	15,4150	14,6980	14,0292	13,4047	12,8212	12,2752	11,7641	10,8355	10,0168	9,2922	8,6487	8,0751	7,5620	6,3125	4,8913
22	19,6604	18,6208	17,6580	16,7654	15,9369	15,1671	14,4511	13,7844	13,1630	12,5832	12,0416	11,0612	10,2007	9,4424	8,7715	8,1757	7,6446	6,3587	4,9094
23	20,4558	19,3309	18,2922	17,3321	16,4436	15,6204	14,8568	14,1478	13,4886	12,8750	12,3034	11,2722	10,3711	9,5802	8,8832	8,2664	7,7184	6,3988	4,9245
24	21,2434	20,0304	18,9139	17,8850	16,9355	16,0584	15,2470	14,4955	13,7986	13,1517	12,5504	11,4693	10,5288	9,7066	8,9847	8,3481	7,7843	6,4338	4,9371
25	22,0232	20,7196	19,5235	18,4244	17,4131	16,4815	15,6221	14,8282	14,0939	13,4139	12,7834	11,6536	10,6748	9,8226	9,0770	8,4217	7,8431	6,4641	4,9476
26	22,7952	21,3986	20,1210	18,9506	17,8768	16,8904	15,9828	15,1466	14,3752	13,6625	13,0032	11,8258	10,8100	9,9290	9,1609	8,4881	7,8957	6,4906	4,9563
27	23,5596	22,0676	20,7069	19,4640	18,3270	17,2854	16,3296	15,4513	14,6430	13,8981	13,2105	11,9867	10,9352	10,0266	9,2372	8,5478	7,9426	6,5135	4,9636
28	24,3164	22,7267	21,2813	19,9649	18,7641	17,6670	16,6631	15,7429	14,8981	14,1214	13,4062	12,1371	11,0511	10,1161	9,3066	8,6016	7,9844	6,5335	4,9697
29	25,0658	23,3761	21,8444	20,4535	19,1885	18,0358	16,9837	16,0219	15,1411	14,3331	13,5907	12,2777	11,1584	10,1983	9,3696	8,6501	8,0218	6,5509	4,9747
30	25,8077	24,0158	22,3965	20,9303	19,6004	18,3920	17,2920	16,2889	15,3725	14,5337	13,7648	12,4090	11,2578	10,2737	9,4269	8,6938	8,0552	6,5660	4,9789

Tab. 5: Annuitätenfaktoren $AF(t;i) = \frac{1}{RBF(t;i)} = \frac{i}{(1-q^{-t})}$

t \ i	1,0%	1,5%	2,0%	2,5%	3,0%	3,5%	4,0%	4,5%	5,0%	5,5%	6,0%	7,0%	8,0%	9,0%	10,0%	11,0%	12,0%	15,0%	20,0%
1	1,0100	1,0150	1,0200	1,0250	1,0300	1,0350	1,0400	1,0450	1,0500	1,0550	1,0600	1,0700	1,0800	1,0900	1,1000	1,1100	1,1200	1,1500	1,2000
2	0,5075	0,5113	0,5150	0,5188	0,5226	0,5264	0,5302	0,5340	0,5378	0,5416	0,5454	0,5531	0,5608	0,5685	0,5762	0,5839	0,5917	0,6151	0,6545
3	0,3400	0,3434	0,3468	0,3501	0,3535	0,3569	0,3603	0,3638	0,3672	0,3707	0,3741	0,3811	0,3880	0,3951	0,4021	0,4092	0,4163	0,4380	0,4747
4	0,2563	0,2594	0,2626	0,2658	0,2690	0,2723	0,2755	0,2787	0,2820	0,2853	0,2886	0,2952	0,3019	0,3087	0,3155	0,3223	0,3292	0,3503	0,3863
5	0,2060	0,2091	0,2122	0,2152	0,2184	0,2215	0,2246	0,2278	0,2310	0,2342	0,2374	0,2439	0,2505	0,2571	0,2638	0,2706	0,2774	0,2983	0,3344
6	0,1725	0,1755	0,1785	0,1815	0,1846	0,1877	0,1908	0,1939	0,1970	0,2002	0,2034	0,2098	0,2163	0,2229	0,2296	0,2364	0,2432	0,2642	0,3007
7	0,1486	0,1516	0,1545	0,1575	0,1605	0,1635	0,1666	0,1697	0,1728	0,1760	0,1791	0,1856	0,1921	0,1987	0,2054	0,2122	0,2191	0,2404	0,2774
8	0,1307	0,1336	0,1365	0,1395	0,1425	0,1455	0,1485	0,1516	0,1547	0,1579	0,1610	0,1675	0,1740	0,1807	0,1874	0,1943	0,2013	0,2229	0,2606
9	0,1167	0,1196	0,1225	0,1255	0,1284	0,1314	0,1345	0,1376	0,1407	0,1438	0,1470	0,1535	0,1601	0,1668	0,1736	0,1806	0,1877	0,2096	0,2481
10	0,1056	0,1084	0,1113	0,1143	0,1172	0,1202	0,1233	0,1264	0,1295	0,1327	0,1359	0,1424	0,1490	0,1558	0,1627	0,1698	0,1770	0,1993	0,2385
11	0,0965	0,0993	0,1022	0,1051	0,1081	0,1111	0,1141	0,1172	0,1204	0,1236	0,1268	0,1334	0,1401	0,1469	0,1540	0,1611	0,1684	0,1911	0,2311
12	0,0888	0,0917	0,0946	0,0975	0,1005	0,1035	0,1066	0,1097	0,1128	0,1160	0,1193	0,1259	0,1327	0,1397	0,1468	0,1540	0,1614	0,1845	0,2253
13	0,0824	0,0852	0,0881	0,0910	0,0940	0,0971	0,1001	0,1033	0,1065	0,1097	0,1130	0,1197	0,1265	0,1336	0,1408	0,1482	0,1557	0,1791	0,2206
14	0,0769	0,0797	0,0826	0,0855	0,0885	0,0916	0,0947	0,0978	0,1010	0,1043	0,1076	0,1143	0,1213	0,1284	0,1357	0,1432	0,1509	0,1747	0,2169
15	0,0721	0,0749	0,0778	0,0808	0,0838	0,0868	0,0899	0,0931	0,0963	0,0996	0,1030	0,1098	0,1168	0,1241	0,1315	0,1391	0,1468	0,1710	0,2139
16	0,0679	0,0708	0,0737	0,0766	0,0796	0,0827	0,0858	0,0890	0,0923	0,0956	0,0990	0,1059	0,1130	0,1203	0,1278	0,1355	0,1434	0,1679	0,2114
17	0,0643	0,0671	0,0700	0,0729	0,0760	0,0790	0,0822	0,0854	0,0887	0,0920	0,0954	0,1024	0,1096	0,1170	0,1247	0,1325	0,1405	0,1654	0,2094
18	0,0610	0,0638	0,0667	0,0697	0,0727	0,0758	0,0790	0,0822	0,0855	0,0889	0,0924	0,0994	0,1067	0,1142	0,1219	0,1298	0,1379	0,1632	0,2078
19	0,0581	0,0609	0,0638	0,0668	0,0698	0,0729	0,0761	0,0794	0,0827	0,0862	0,0896	0,0968	0,1041	0,1117	0,1195	0,1276	0,1358	0,1613	0,2065
20	0,0554	0,0582	0,0612	0,0641	0,0672	0,0704	0,0736	0,0769	0,0802	0,0837	0,0872	0,0944	0,1019	0,1095	0,1175	0,1256	0,1339	0,1598	0,2054
21	0,0530	0,0559	0,0588	0,0618	0,0649	0,0680	0,0713	0,0746	0,0780	0,0815	0,0850	0,0923	0,0998	0,1076	0,1156	0,1238	0,1322	0,1584	0,2044
22	0,0509	0,0537	0,0566	0,0596	0,0627	0,0659	0,0692	0,0725	0,0760	0,0795	0,0830	0,0904	0,0980	0,1059	0,1140	0,1223	0,1308	0,1573	0,2037
23	0,0489	0,0517	0,0547	0,0577	0,0608	0,0640	0,0673	0,0707	0,0741	0,0777	0,0813	0,0887	0,0964	0,1044	0,1126	0,1210	0,1296	0,1563	0,2031
24	0,0471	0,0499	0,0529	0,0559	0,0590	0,0623	0,0656	0,0690	0,0725	0,0760	0,0797	0,0872	0,0950	0,1030	0,1113	0,1198	0,1285	0,1554	0,2025
25	0,0454	0,0483	0,0512	0,0543	0,0574	0,0607	0,0640	0,0674	0,0710	0,0745	0,0782	0,0858	0,0937	0,1018	0,1102	0,1187	0,1275	0,1547	0,2021
26	0,0439	0,0467	0,0497	0,0528	0,0559	0,0592	0,0626	0,0660	0,0696	0,0732	0,0769	0,0846	0,0925	0,1007	0,1092	0,1178	0,1267	0,1541	0,2018
27	0,0424	0,0453	0,0483	0,0514	0,0546	0,0579	0,0612	0,0647	0,0683	0,0720	0,0757	0,0834	0,0914	0,0997	0,1083	0,1170	0,1259	0,1535	0,2015
28	0,0411	0,0440	0,0470	0,0501	0,0533	0,0566	0,0600	0,0635	0,0671	0,0708	0,0746	0,0824	0,0905	0,0989	0,1075	0,1163	0,1252	0,1531	0,2012
29	0,0399	0,0428	0,0458	0,0489	0,0521	0,0554	0,0589	0,0624	0,0660	0,0698	0,0736	0,0814	0,0896	0,0981	0,1067	0,1156	0,1247	0,1527	0,2010
30	0,0387	0,0416	0,0446	0,0478	0,0510	0,0544	0,0578	0,0614	0,0651	0,0688	0,0726	0,0806	0,0888	0,0973	0,1061	0,1150	0,1241	0,1523	0,2008

Literaturverzeichnis

Bosch, Karl (2010): Brückenkurs Mathematik, 15. Auflage, München

Christiaans, Thomas; Ross, Matthias (2019): Wirtschaftsmathematik für das Bachelor-Studium, 3. Auflage, Wiesbaden

Hettich, Günter; Jüttler, Helmut; Luderer, Bernd (2012): Mathematik für Wirtschaftswissenschaftler und Finanzmathematik, 11. Auflage, München

Kobelt, Helmut; Schulte, Peter (2006): Finanzmathematik, Methoden, betriebswirtschaftliche Anwendungen und Aufgaben mit Lösungen, 8. Auflage, Herne/Berlin

Luderer, Bernd; Würker, Uwe (2015): Einstieg in die Wirtschaftsmathematik, 9. Auflage, Stuttgart/Leipzig/Wiesbaden

Luderer, Bernd; Paape, Cornelia; Würker, Uwe (2012): Arbeits- und Übungsbuch Wirtschaftsmathematik, Beispiele-Aufgaben-Formeln, 6. Auflage, Wiesbaden

Mehler-Bicher, Anett (2002): Mathematik für Wirtschaftswissenschaftler, 2. Auflage, München

Opitz, Otto (2011): Mathematik, Lehrbuch für Ökonomen, 10. Auflage, München

Purkert, Walter (2014): Brückenkurs Mathematik für Wirtschaftswissenschaftler, 8. Auflage, Wiesbaden

Schwarze, Jochen (2010): Mathematik für Wirtschaftswissenschaftler, Elementare Grundlagen für Studienanfänger, 8. Auflage, Herne/Berlin

Schwarze, Jochen (2015): Mathematik für Wirtschaftswissenschaftler, Bd. 1, Grundlagen, 14. Auflage, Herne/Berlin

Schwarze, Jochen (2010): Mathematik für Wirtschaftswissenschaftler, Bd. 2, Differential- und Integralrechnung, 13. Auflage, Herne/Berlin

Schwarze, Jochen (2010): Mathematik für Wirtschaftswissenschaftler, Bd. 3, Lineare Algebra, Lineare Optimierung und Graphentheorie, 13. Auflage, Herne/Berlin

Tietze, Jürgen (2019): Einführung in die angewandte Wirtschaftsmathematik, 18. Auflage, Wiesbaden

Tietze, Jürgen (2015): Übungsbuch zur Finanzmathematik. Aufgaben, Testklausuren und Lösungen, 8. Auflage, Wiesbaden

Tietze, Jürgen (2015): Einführung in die Finanzmathematik, Klassische Verfahren und neuere Entwicklungen: Effektivzins- und Renditeberechnung, Investitionsrechnung, Derivative Finanzinstrumente, 12. Auflage, Wiesbaden

Stichwortverzeichnis

E

F

G

L

M

N

V

W

Z